제3판

소비자 행동과 마케팅액션

Consumer Behavior & Marketing Action

강명주

pnc
publishing and culture
피앤씨미디어

Preface 제3판 서 문

Consumer Behavior and Marketing Action

우리는 일상생활에서 매순간 각종 형태의 소비자행동을 수행한다. TV로 광고를 본다든지, 영화를 보고 나서 친구와 대화를 나눈다든지, 양치질을 한다든지, 공놀이를 한다든지, 새로운 음악 CD를 산다든지, 헌옷이나 헌구두를 내다버린다든지, 기대에 못 미치는 품질 때문에 소매점에 항의한다든지, 벼룩시장에 교환할 제품을 올린다든지 하는 것은 모두 우리가 매일 소비자로서 수행하는 행동의 몇 가지 예에 불과하다. 사실, 우리가 이처럼 소비자로서 행동하는 것은 우리 생활의 전부라고 해도 과언이 아니다.

소비자행동을 조사하고 분석한다는 것은 여러 모로 매력적인 분야라 할 수 있다. 소비자행동에 관한 연구는 고객의 욕구충족을 지향하는 마케팅콘셉트(marketing concept)에 입각해서 기업이 자사의 마케팅활동을 계획-실행-통제하는 데 유익한 기초자료를 제공해 준다는 중요한 의미가 있다. 고객을 제대로 분석하고 이해해야만 고객의 욕구를 충족시킬 수 있는 마케팅활동의 전개가 가능하기 때문이다. 이런 취지에서 이 책은 고객의 욕구충족을 추구하는 기업에게 소비자행동을 분석하고 이해하기 위한 이론적인 틀을 제공해서 그들이 취해야 할 마케팅액션의 기초로 삼게 한다는 것을 기본과제로 삼고 '소비자행동과 마케팅액션'이라는 제목을 붙였다.

하지만, 소비자행동에 관한 연구는 영리를 추구하는 기업의 마케팅활동에 도움을 주는 것으로 한정되지 않는다. 기업에 비해 상대적으로 약자의 위치에 있는 소비자를 보호하기 위한 공공정책을 입안하는 정부기관, 소비자운동을 주도하는 소비자옹호단체, 그리고 나름의 비영리 목표를 추구하는 각종 조직이나 단체도 소비자행동을 분석하고 이해함으로써 소기의 목표를 달성하는 데 도움을 받을 수 있다. 나아가 개인차원에서도 소비자행동연구는 소비자인 우리가 우리 자신에 대해서 더 잘 이해할 수 있는 기회를 제공한다는 부가적인 의미도 있다.

우리가 일반서점이나 인터넷서점을 살펴보면, 외서는 말할 것도 없고 국내에서도 '소비자행동'이라는 주제로 이미 여러 권의 책이 나와 있고 또 계속해서 추가되고 있음을 쉽게 확인할 수 있다. 이는 소비자행동 분야에 대한 높은 관심과 학문의 빠른 발전 속도를 반영하는 단면이라 하겠다. 지난 수년 간 이런 국내외 책들을 대학교재로 강의해온 저자는 최신의 연구흐름을 반영하면서 조직의 실무에 도움을 줄 수 있는 체계적인 이론서를 만들어 보고 싶은 소망을 갖게 되었는데, 이 책은 그런 소망의 결과라 할 수 있다. 따라서 이 책이 겨냥하는 주된 독자층은 대학이나 관련연수기관에서 '소비자행동'에 관련된 강좌를 수강하는 사람들과 각종 영리기업과 비영리조직에서 고객관련 업무의 계획과 실행을 담당하는 실무자들이다.

이 책의 체제는 총 4부 16장으로 구성되어 있다. 제3판의 기본적인 체제는 초판과 동일하지만, 그동안 교재로 사용하면서 아쉬웠던 부분을 중심으로 첨삭하였다. 제1부 소비자행동 입문에서는 독자를 소비자행동이론으로 안내하기 위한 기초로서 소비자행동의 의의, 이 책의 전체적인 구조를 나타내는 소비자행동모델 그리고 소비자행동을 연구해야 하는 이유를 주제로 해서 제1장 소비자행동의 기초를 담았다.

소비자의 의사결정프로세스를 다루는 제2부에서는 문제인식과 정보탐색(제2장), 판단과 의사결정(제3장과 제4장) 그리고 의사결정후 프로세스(제5장)를 주제로 해서 4개의 장으로 구성하였다.

소비자의 의사결정프로세스에 영향을 미치는 내부적인 영향요인을 설명하는 제3부 소비자행동의 내부적 영향요인에서는 소비자의 동기, 능력 및 기회(제6장), 소비자의 노출, 주의 및 지각(제7장), 소비자의 범주화와 이해(제8장), 태도형성과 태도변화(제9장과 제10장) 그리고 소비자의 기억과 인출(제11장)을 주제로 해서 6개의 장으로 구성하였다.

마지막으로 소비자의 의사결정프로세스에 대한 외부적인 영향요인을 설명하는 제4부 소비자행동의 외부적 영향요인에서 문화(제12장), 사회계층(제13장), 인구통계요인(제

14장), 준거집단과 사회적 영향력(제15장) 그리고 사이코그래픽스(제16장)를 주제로 해서 5개의 장으로 구성하였다.

이 책이 나오기까지 여러 분들의 따뜻한 배려와 격려가 있었는데, 이 자리를 빌어서 감사의 말씀을 드리고 싶다. 무엇보다도 국내의 어려운 출판사정에도 불구하고 이 책의 출간을 적극 지원해 주신 피앤씨미디어의 박노일 사장님과 빠듯한 출판일정 때문에 너무 수고가 많았던 편집부 심성보 이사님과 관계자 분들께 감사드린다. 또한, 마케팅과 소비자행동을 전공으로 하는 주요 학회활동에서 오랜 세월 지도편달해주시고 있는 국내 각 대학의 선후배 교수님들과 동의대학교 상경대학의 선후배 교수님들이 보내주신 격려에 특별히 감사드린다.

저자의 부족한 능력과 마감시간에 쫓긴 탓에 다소 미흡한 부문이 있겠지만, 차후에는 더 좋은 자료를 보완해서 더 완성도를 높인 책을 내기로 약속드린다. 독자의 기탄 없는 소견을 환영하며, 이 책을 읽는 분들의 연구와 실무에 조금이나마 도움이 되기를 소망한다.

2015. 8.
강 명 주

차 례 Contents

Consumer Behavior and Marketing Action

제 1 부 소비자행동 입문

제 1 장 소비자행동의 기초

제 2 부 소비자의 의사결정프로세스

제 2 장 문제인식과 정보탐색

제 3 장 판 단

제 4 장 의사결정

제3부 소비자행동의 내부적 영향요인

제6장 소비자의 동기, 능력 및 기회

제7장 소비자의 노출, 주의 및 지각

제 8 장 소비자의 범주화와 이해

제 9 장 고노력형 태도형성과 태도변화

제4부 소비자행동의 외부적 영향요인

제12장 문 화

제13장 사회계층

제 1 장 소비자행동의 기초

CONSUMER BEHAVIOR
AND
MARKETING ACTION

제 1 부

소비자행동 입문

Consumer Behavior
and
Marketing Action

제 1 장

소비자행동의 기초

제 1 절 소비자행동의 의의
제 2 절 소비자행동모델
제 3 절 소비자행동을 연구해야 하는 이유

제1부 소비자행동 입문

제 1 장 소비자행동의 기초

제2부 소비자의 의사결정프로세스

제 2 장 문제인식과 정보탐색	제 3 장 판 단
제 4 장 의사결정	제 5 장 의사결정후 프로세스

제3부 소비자행동의 내부적 영향요인

제 6 장 소비자의 동기, 능력 및 기회	제 7 장 소비자의 노출, 주의 및 지각	제 8 장 소비자의 범주화와 이해
제 9 장 고노력형 태도형성과 태도변화	제10장 저노력형 태도형성과 태도변화	제11장 소비자의 기억과 인출

제4부 소비자행동의 외부적 영향요인

제12장 문 화	제13장 사회계층	제14장 인구통계요인
제15장 준거집단과 사회적 영향력		제16장 사이코그래픽스

제 1 절 소비자행동의 의의

1. 소비자행동의 정의

일반 사람들에게 소비자행동(consumer behavior)이 무엇인지 그 정의를 한번 내려보라고 하면, "소비자행동이란 소비자가 어떤 물건을 구입하는 행동이다."라고 간단히 답할지도 모른다. 물론 이런 소비자의 구매행동이 소비자행동의 전체영역에서 중요한 비중을 차지하는 것은 사실이지만, 실제로 소비자행동은 그보다 훨씬 더 범위가 넓은 개념이다.

소비자행동에 대한 개념적인 정의는 학자에 따라 다소 차이가 있는데, 이는 소비자행동이라는 주제로 발간된 주요교재에서 채택하고 있는 소비자행동과 소비자행동론의 정의를 소개한 〈표 1-1〉에서 확인할 수 있다.

이 책에서는 이런 여러 개념정의에서 나타난 주요 요소를 적절히 포괄한다고 판단되는 것으로서 다음과 같은 소비자행동의 정의를 채택하기로 한다.

소비자행동은 ① 의사결정단위가 ② 시간이 경과하면서 ③ 제품, 서비스, 시간 및 아이디어를 ④ 획득하고, 소비하며, 처분하는 데 관련된 ⑤ 여러 가지 의사결정의 총체이다.[1]

2. 소비자행동의 정의를 구성하는 요소

〈표 1-2〉는 이 책에서 채택하는 소비자행동의 정의를 구성하는 다섯 가지 요소의 주요 내용을 요약하고 있는데, 이하에서는 이를 좀 더 자세히 살펴보기로 하자.

1 Jacob Jacoby, "Consumer Psychology: An Octennium", in eds. Paul Mussen and Mark Rosenzweig, *Annual Review of Psychology*, 1976, pp. 331–358.

표 1-1 소비자행동과 소비자행동론의 정의

A. 소비자행동의 정의

저 자	서명(발간연도, 페이지)	소비자행동의 정의
Anould/Price/Zinkhan	Consumers (2005, p. 9)	개인이나 집단이 제품, 서비스, 아이디어 혹은 경험을 획득, 사용 및 처분하는 행동
Black/Miniard/Engel	Consumer Behavior (2001, p. 6)	사람들이 제품과 서비스를 획득, 소비 및 처분할 때 취하는 행동
Sheth/Mittal/Newman	Customer Behavior (1999, p. 5)	가계고객과 사업고객이 취하는 정신적 및 육체적 활동으로서, 이는 제품과 서비스를 지불하고, 구매하여 사용하는 결정과 행동을 초래하는 것
Peter/Olson	Consumer Behavior and Marketing Strategy(1999, p. 6)	인간이 자기생활의 교환측면을 수행하는 데 관련되는 감정과 인지, 행동 그리고 환경의 동태적 상호작용
East	Consumer Behavior (1997, p. 3)	상업세계에서 인간의 반응, 즉 사람들이 제품을 구입하고 사용하는 방법과 이유; 가격, 광고 및 기타 촉진도구에 대해 사람들이 반응하는 방식 그리고 소비를 돕거나 방해하는 작용을 하는 기본적인 메커니즘

B. 소비자행동론의 정의

저 자	서명(발간연도, 페이지)	소비자행동론의 정의
Kardes	Consumer Behavior and Managerial Decision Making (2002, p. 5)	제품과 서비스 그리고 이것의 마케팅에 대한 인간의 반응을 연구하는 학문
Solomon	Consumer Behavior (2002, p. 5)	개인이나 집단이 욕구와 욕망을 충족시키기 위해 제품, 서비스, 아이디어 혹은 경험을 선택, 구매, 사용 혹은 처분할 때 참여하는 프로세스를 연구하는 학문
Hawkins/Best/Coney	Consumer Behavior (2001, p. 7)	개인, 집단 혹은 조직이 자신의 욕구를 충족시키기 위해 제품, 서비스, 경험 혹은 아이디어를 선택, 확보, 사용 및 처분하는 데 사용하는 프로세스와 그런 프로세스가 소비자와 사회에 미치는 영향을 연구하는 학문
Hanna/Woziak	Consumer Behavior (2001, p. 2)	개인의 소비관련활동에 초점을 두고, 개인적 필요와 욕구를 충족시키기 위해 상품과 서비스를 선택, 구매, 사용 및 처분하는 이유와 이에 영향을 미치는 요인을 연구하는 학문
Mowen/Minor	Consumer Behavior (1998, p. 5)	구매단위와 상품, 서비스, 경험 및 아이디어를 획득, 소비 및 처분하는 데 관련되는 교환 프로세스를 연구하는 학문
Onkvisit/Shaw	Consumer Behavior (1994, p. 2)	개인의 소비자역할에 초점을 두고 특수한 종류의 인간행동을 연구하는 학문

표 1-2 소비자행동의 정의를 구성하는 요소

의사결정단위	소요시간	행동의 대상	행동의 유형	의사결정의 유형
▪ 개인 ▪ 다수 – 발안자 – 정보수집자 – 영향력행사자 – 의사결정자 – 구매자 – 사용자 – 처분자	▪ 몇 시간 ▪ 며칠 ▪ 몇 주일 ▪ 몇 달 ▪ 몇 년	▪ 제품 ▪ 서비스 ▪ 시간 ▪ 아이디어	▪ 획득행동 ▪ 사용행동 ▪ 처분행동	▪ 수행여부 ▪ 수행대상 ▪ 수행이유 ▪ 수행방법 ▪ 수행시기 ▪ 수행장소 ▪ 수행량/수행빈도/수행기간

1) 소비자행동의 의사결정단위

소비자행동의 의사결정단위(decision-making unit)는 소비자행동을 수행하는 주체를 말하며, "누가(who)"에 해당된다. 이는 개인일 수 있지만, 소비자행동에 여러 사람이 포함되는 경우도 있다. 예컨대, 휴일에 가족이 놀러 갈 계획을 짜려는 경우는 개인이 단독으로 결정할 사안이 아니라 가족구성원이 함께 모여서 공동으로 결정해야 할 사안이다.

이처럼 특정한 소비자행동에 여러 사람이 참여하는 경우에는 각 개인이 한 가지 이상의 소비자역할(consumer role)을 담당하게 된다. 예컨대, 자녀들의 성장으로 인해서 현재 사용하고 있는 소형자동차의 내부공간이 너무 비좁아서 중형자동차를 새로 구입해야 하는 어떤 가족이 있다고 생각해 보자.

아마도 가족구성원 중에서 누군가가 중형자동차를 새로 구입해야 할 필요성을 제기하는 발안자(initiator)로서의 역할을 수행할 것이다. 그 가족구성원 중에서 어떤 사람은 구매후보가 되는 여러 중형자동차 모델에 관한 정보를 수집하는 정보수집자(information gatherer)로서의 역할을 수행할 것이고, 자신의 의견을 제시해서 구입할 중형자동차 모델을 결정하는 데 영향을 미치는 영향력행사자(influencer)로서의 역할을 수행하는 사람도 있을 것이다.

또한 그 가족구성원 중에는 구매후보가 되는 몇 개의 중형자동차 모델 중에서 이번에 구입할 자동차 모델을 결정하는 의사결정자(decider)로서의 역할을 수행하는 사람과 구입하기로 결정된 자동차 모델을 구입하러 실제로 자동차대리점에 가는 구매자(purchaser)로서의 역할을 수행하는 사람이 있을 것이다. 중형자동차를 구입한 후에는 가족구성원 모두가 새로 구입한 중형자동차를 사용하는 사용자(user)로서의 역할을 수행하게 될 것이고, 나중에 몇 년이 지나면 가족구성원 중의 누군가가 중고 자동차를 매각하거나 폐기하는 등의 처분자(disposer)로서의 역할을 맡게 될 것이다.

2) 소비자행동의 소요시간

소비자행동은 시간이 경과하면서 획득행동-사용행동-처분행동의 순서로 전개되는 하나의 동태적인 프로세스(dynamic process)이다. 즉, 소비자가 어떤 제품을 사용하는 행동은 애초에 그것을 획득하는 행동에 따른 당연한 결과이고, 일정한 수준의 사용행동을 수행한 후에는 그것을 처분하는 행동이 뒤따르게 된다. 소비자의 처분행동은 미래의 획득행동을 수행하기 위한 배경조건이 된다. 이런 행동순서가 실제로 전개되는 데 소요되는 시간은 제품에 따라서 그저 몇 시간이나 며칠에 불과할 수 있지만, 몇 주, 몇 달 혹은 몇 년이 될 수도 있다.

대개 소비재에 관련된 시장의 전체적인 순환구조는 어떤 소비자의 처분결정이 다른 소비자의 획득결정과 서로 연결되도록 짜여 있다. 예컨대, 소비자가 중고자동차를 구입한다는 것은 다른 소비자가 처분한 중고자동차를 새로 구입하는 셈이다. 또한, 골동품판매점이나 헌책판매점도 어떤 소비자의 처분행동과 다른 소비자의 획득행동을 서로 연결시키는 사업의 좋은 예이다.

3) 소비자행동의 대상

소비자행동에는 소비자가 우유나 세제, PC, 혹은 자동차와 같은 유형적인 제품을 획득하고 사용하며 처분하는 행동뿐만 아니라 소비자가 무형적인 서비스나 시간 혹은 아이디어를 획득하고 사용하는 행동도 포함된다. 예컨대, 충치 때문에 치료를 받으러 치과에 가는 것은 서비스를 획득해서 사용하는 소비자행동의 예이다.

소비자가 시간이나 아이디어를 사용하는 측면에 역점을 두는 마케팅활동도 있다. 예컨대, 프로야구팀, 유람선 그리고 TV오락프로는 소비자가 시간을 사용하는 방법에 영향을 미치기 위해 다각적인 마케팅활동을 전개한다. 또한, 헌혈, 금연 및 마약퇴치와 같은 아이디어를 소비자들에게 널리 전파하기 위해 노력하는 정부기관과 소비자단체도 있다. 요컨대, 소비자 행동은 유형적인 제품뿐만 아니라 무형적인 서비스, 시간 혹은 아이디어와 같은 다양한 실체를 대상으로 해서 전개된다.

4) 소비자행동의 유형

소비자행동은 구매행동보다 더 범위가 넓은 개념이다. 기업의 입장에서 보면 소비자가 자사 제품을 어떻게 구매하는지를 아는 것이 매우 중요하지만, 그렇다고 해서 소비자의 구매행동이 기업의 유일한 관심사인 것은 아니다. 소비자행동의 유형에는 구매행동을 비롯한 획득행동뿐만 아니라 사용행동과 처분행동도 포함된다.

(1) 소비자의 획득행동

구매는 소비자의 획득행동(acquisition behavior)의 한 가지 유형에 불과하다. 소비자의 획득행동에는 구매이외에 물물교환이나 리스 혹은 빌려쓰기와 같은 방식으로 소비자가 제품을 획득하는 것도 포함된다. 이에 대해서는 조금 뒤에 "의사결정의 유형"을 논의하는 부분에서 좀더 자세히 설명하기로 한다.

(2) 소비자의 사용행동

소비자가 어떤 제품을 획득한 후에는 어떤 형태로든 이를 사용하게 된다. 그동안 소비자행동연구에서는 주로 소비자의 획득행동에 관해서 많이 연구해 왔지만, 실은 소비자의 사용행동(usage behavior)이 소비자행동에서 핵심이 되는 행동이다.[2]

첫째, 어떤 제품을 사용하거나 사용하지 않는 행동이 소비자에게 어떤 중요한 상징적인 의미를 가질 수 있다. 예컨대, 행사리셉션의 준비에 사용되는 여러 가지 음식은 그 행사와 초대손님의 중요성을 상징적으로 표현한다. 또한, 개인이 즐겨듣는 음악도 그가 어떤 사람인가를 상징적으로 표현한다.

둘째, 소비자가 어떤 제품을 사용하거나 사용하지 않는 행동을 잘 분석해보면, 기업의 마케팅방안을 수립하는 데 유용한 지침을 얻을 수 있다. 예컨대, 일본시장에 진출한 맥도날드는 단지 쇠고기만 넣은 것이 아니라 쇠고기와 돼지고기 그리고 짤게 쓴 양파를 잘 섞어 넣은 것을 만들어 팔아서 매우 좋은 성과를 거두었다. 이는 일본인들이 원래 쇠고기를 많이 먹지 않는다는 사실을 적절히 간파했기 때문에 가능했던 일이었다.

셋째, 소비자가 어떤 제품을 사용하는 행동은 구전이나 불평행동과 같은 소비자의 후속행동에 영향을 미칠 수 있다. 어떤 제품을 사용한 결과 불만을 갖게 된 소비자는

2 Morris B. Holbrook, "What Is Consumer Research?", *Journal of Consumer Research*, June 1987, pp. 128-132; Russell W. Belk, "Manifesto for a Consumer Behavior of Consumer Behavior", *Scientific Method in Marketing*, 1984, AMA Winter Educators' Conference.

주위 사람들에게 자신이 겪은 부정적인 경험을 구전으로 전파하는 경우가 많은데, 이런 부정적인 구전은 해당 기업에 치명적인 타격을 주기도 한다.[3] 또한, 그런 소비자는 판매회사나 소비자단체를 대상으로 해서 적극적으로 불평을 토로하기도 한다.

(3) 소비자의 처분행동

소비자행동에는 소비자가 과거에 구입해서 써왔던 제품을 어떻게 처리하는가를 말하는 소비자의 처분행동(disposition behavior)도 포함된다. 이런 소비자의 처분행동을 적절히 이해하면, 기업의 입장에서 중요한 마케팅 시사점을 얻을 수 있다.[4] 예컨대, P&G사는 독일소비자들이 일반적으로 쓰던 물건을 어떻게 처분하는가를 분석해본 결과, 독일소비자들이 플라스틱용기를 내버리는 행위에 대해 일종의 경멸감을 갖고 있다는 사실을 알게 되었다. 이를 기반으로 해서 P&G사는 대개 플라스틱으로 된 세제의 포장용기를 환경친화적인 포장용기로 전환하여 판매에 성공하였다.

5) 의사결정의 유형

일상생활에서 소비자는 "무엇을" 획득하고, 사용하며, 처분해야 하는가에 관한 의사결정을 많이 하지만, 사실 소비자행동에는 이보다 훨씬 다양한 유형의 의사결정이 포함된다. 특히, 기업의 입장에서는 소비자가 자사 제품을 획득하고 사용하며 처분하는 행동과 관련해서, ① 수행여부, ② 수행대상, ③ 수행이유, ④ 수행방법, ⑤ 수행시기, ⑥ 수행장소, ⑦ 수행량, 수행빈도, 수행기간 등을 정확히 분석할 필요가 있다.

(1) 수행여부

소비자는 어떤 제품을 획득하고 사용하며 처분하는 행동을 수행할 것인지 여부를 결정해야 하는 상황에 자주 직면한다. 예컨대, 뜻밖의 수입이 생긴 소비자는 그 돈으로 필요한 물건을 살 것인지 말 것인지(획득여부)를 결정해야 하고, 식당에서 식사를 마친 소비자는 후식을 시켜먹을 것인지 말 것인지(사용여부)를 결정해야 하며, 집안의 장롱이 비좁아짐을 느끼는 소비자는 잘 입지 않는 옷을 정리할 것인지 말 것인지(처분여부)를 결정해야 할 것이다.

---

3 Jonathan Arndt, "Role of Product-Related Conversations in the Diffusion of a New Product", *Journal of Marketing Research*, August 1967, pp. 291-295.

4 Jacob Jacoby, Carol K. Berning, and Thomas F. Dietworst, "What About Disposition?", *Journal of Marketing*, April 1977, pp. 22-28.

(2) 수행대상

소비자는 "무엇을" 획득하고, 사용하며, 처분할 것인가에 관한 의사결정을 해야 한다. 대개 이런 수행대상의 결정에는 두 가지 유형의 선택이 포함된다. 그 하나는 여러 제품범주 중에서 어느 하나를 선택하는 제품범주선택(product category choice)이고, 다른 하나는 동일한 제품범주에 속하는 여러 상표 중에서 어느 하나를 선택하는 상표선택(brand choice)이다. 전자의 예로는 회사에서 받은 보너스로 PC를 새로 구입할 것인지 아니면 새 냉장고를 구입할 것인지를 선택하는 것을 들 수 있고, 후자의 예로는 PC를 새로 구입하려는 경우에 삼성 매직스테이션과 삼보 드림시스 중에서 어느 것을 구입할 것인지를 선택하는 것을 들 수 있다.

(3) 수행이유

소비자가 무엇을 획득하고, 사용하며, 처분할 것인가 하는 의사결정은 소비자가 그렇게 하는 이유와 서로 밀접한 관계가 있다. 소비자가 어떤 제품을 획득하고, 사용하며, 처분하는 행동을 수행하는 이유로는 여러 가지가 있을 수 있다.

우선, 소비자가 가진 욕구, 가치관 혹은 목표에 부합된다는 이유를 들 수 있다. 예컨대, 요즘 젊은이들 사이에는 피어싱(piercing)이라고 해서 얼굴을 비롯하여 자기신체에 일부러 다양한 형태의 구멍을 내고 장식물을 달고 다니는 것을 볼 수 있는데, 그렇게 하는 이유는 다양하다. 일종의 자기표현방식이라고 생각하는 사람이 있는가 하면, 소속 집단의 규범에 맞추기 위해 그렇게 하는 사람도 있다.

한편, 그저 멈출 수가 없다는 것이 소비자가 어떤 제품을 획득하고 사용하며 처분하는 행동을 계속 수행하는 이유가 되기도 한다. 예컨대, 소비자가 어떤 제품에 물리적으로 중독이 되어 있는 경우(예: 술, 담배, 마약)나 소비자가 스스로 어찌할 수 없는 어떤 강박감을 갖고 있는 경우(예: 도박, 중독구매, 거식증, 결벽증)가 바로 그런 예이다.

그런데, 기업은 소비자가 자사 제품을 획득하고 사용하며 처분하는 행동을 수행하는 이유가 무엇인지를 알아야 할 뿐만 아니라 그런 행동을 수행하지 않는 이유에도 관심을 가져야 한다. 이런 이유를 파악하면, 기업은 중요한 마케팅 시사점을 얻을 수 있다. 첫째, 기업이 자사의 기존제품을 개선하거나 신제품을 도입하는 마케팅전략을 수립하는 데 상당한 도움이 된다. 둘째, 소비자가 자사 제품을 획득하고 사용하며 처분하는 행동을 수행하거나 수행하지 않는 이유를 경쟁사보다 먼저 파악한 기업은 경쟁우위를 확보할 수 있다.

(4) 수행방법

기업이 소비자행동에 관해서 좀더 깊이 이해하려면, 소비자가 자사 제품을 획득하고 사용하며 처분하는 행동을 "어떻게" 수행하는가를 잘 파악해 보아야 한다.

① 획득행동의 수행방법

대개 소비자가 제품을 획득하는 방법이라고 하면 구매를 쉽게 떠올리게 된다. 하지만, 이처럼 소비자가 돈을 주고 물건을 사는 구매방법 이외에도 소비자가 획득행동을 수행하는 방법에는 여러 가지가 있다.

첫째, 물물교환(trade)인데, 이는 자신이 가진 물건을 주는 대신 상대방이 가진 물건을 받는 방법이다. 물물교환은 소비자들 사이에 발생하기도 하지만, 레코드 판매점에서 오래된 CD나 앨범 혹은 테이프를 새 것이나 현금으로 교환해 주는 것처럼 기업과 소비자 사이에 발생하기도 한다.

둘째, 선물증정(gift giving)이다. 생일, 크리스마스, 결혼식, 입학식이나 졸업식에 기념으로 사람들 사이에 선물을 주고받는 행위는 전 세계에서 보편적인 현상 중의 하나이다. 기업은 소비자의 선물증정 행위를 자극하는 방식의 마케팅활동을 구사할 수 있다. 소비자가 자선단체에 기부금을 내는 것도 선물증정 행위의 일종이기 때문에, 여러 조직이나 단체가 이런 형태의 획득행동에 관심을 두고 있다.

셋째, 빌려쓰기(borrowing)인데, 여기에는 소비자가 어떤 물건을 유상으로 빌려쓰는 방법과 무상으로 빌려쓰는 방법이 있다. 유상으로 빌려쓰는 방법의 예로는 소비자가 리스계약으로 결혼예복, 컴퓨터 소프트웨어, 자동차와 같은 물건을 빌려쓰는 것을 들 수 있다. 무상으로 빌려쓰는 방법은 소비자들 사이에서 공짜로 빌려쓰는 것을 말하는데, 이는 기업의 입장에서 문제시되는 소비자의 획득행동이다. 예컨대, 소비자 한 명이 구입하거나 대여 받은 서적이나 비디오, 카세트 등을 주위 사람들과 서로 돌려보는 것과 디지털 방식으로 제작된 제품을 컴퓨터를 통해서 복제하여 사용하는 것을 들 수 있다. 사실, 이런 소비자들의 불법행위로 서적출판사, 영화제작사, 소프트웨어 제작업체 및 음반회사는 막대한 타격을 받고 있는 실정이다.[5]

넷째, 주워쓰기(finding)인데, 이는 다른 사람이 내버린 물건이나 잃어버린 물건을 주워서 쓰는 것을 말한다. 경제적으로 어려운 시기에 저소득층 소비자에게는 이런 행위

5 1998년도에 국내에서 책을 불법으로 복사해서 사용하는 실태를 조사한 결과에 따르면, 77.5%의 대학생들이 교재를 복사해서 사용한다. 이에 따라, 8개 주요 학술도서 출판사가 출간한 110종 14,500부 중에서 실제 판매부수는 3,400부 정도에 불과하였다. 반품률이 70%를 상회하여, 출판업계는 불법복사로 연간 1,200억원대의 손실을 입고 있다.

가 필요한 물건을 획득하는 한 가지 중요한 방법이 될 수 있다.

다섯째, 절도(theft)인데, 남의 물건을 훔쳐서 물건을 획득하는 방법을 말한다. 이런 행위를 막기 위해 새로운 제품과 사업이 많이 개발되고 있다는 것은 흥미로운데, 자동차와 주택의 도난방지장치와 건물보안서비스회사들이 바로 그런 예이다.

② 사용행동의 수행방법

소비자가 자사 제품을 "어떻게" 사용하고 있는지를 잘 파악하면, 기업은 중요한 마케팅 시사점을 얻을 수 있다.[6] 첫째, 기업은 이런 지식을 기반으로 해서 적절한 마케팅방안을 수립할 수 있다. 예컨대, 미국의 가전제품회사인 메이태그사는 소비자들이 더러워진 접시를 식기세척기에 넣기 전에 먼저 물로 간단히 헹구는 버릇이 있다는 사실을 알게 되었다. 이 조사결과를 바탕으로 "메이태그 식기세척기를 쓰면, 접시를 식기세척기에 넣기 전에 먼저 헹굴 필요가 전혀 없습니다."라는 주제의 광고를 해서 대성공을 거두었다.

둘째, 기업은 소비자들이 과연 자사제품을 올바로 사용하고 있는지를 반드시 확인해 보아야 한다. 소비자가 제품을 잘못 사용하고 있다면, 당연히 원래의 성능이 제대로 발휘되지 못해서 결국 소비자의 불만이 초래되기 마련이다.

③ 처분행동의 수행방법

기업은 소비자가 과거에 구입해서 어느 정도 사용한 자사 제품을 어떻게 처분하는지를 잘 파악해야 한다. 이런 처분행동과 관련된 대안은 그냥 보관해두는 방안, 일시적으로 제거하는 방안 그리고 영원히 제거하는 방안이라는 세 가지 유형으로 구분할 수 있다.[7]

첫째, 그냥 보관해두는 방안을 택하는 경우에는 일단 보관해두었다가 나중에 다시 사용하거나 아니면 약간 변형시켜 전혀 다른 용도로 사용할 수 있다. 소비자들이 모아두는 물건에는 일반적인 수집대상 품목(예: 우표, CD, 인형)뿐만 아니라 정상적인 수집대상 품목이라고 보기에는 다소 애매한 물건(예: 빈 병이나 깡통뚜껑)이 포함되기도 한다. 또한, 소비자들은 못쓰게 된 칫솔을 공구를 손질하는 솔로 사용하는 것이나 이가 빠진 접시를 화분 받침대로 사용하는 것처럼 전혀 다른 용도로 바꾸어 사용하기도 한다.

둘째, 일시적으로 제거하는 방안은 다른 사람에게 유상이나 무상으로 빌려주었다가 나중에 다시 되돌려 받는 방식을 말한다.

---

6 Valerie S. Folkes, Ingrid M. Martin, and Kamal Gupta, "When to Say When: Effects of Supply on Usage", *Journal of Consumer Research*, December 1993, pp. 467–477.

7 Jacoby, Berning, and Dietworst (1977), *op. cit.*

셋째, 영원히 제거하는 방안을 택하는 경우에는 그냥 내다버리는 것이 가장 보편적인 형태이지만, 그 외의 다른 방안들도 있다. 예컨대, 벼룩시장을 이용해서 소비자들이 물물교환을 하거나 물건을 매각할 수 있다. 다른 사람에게 그냥 물려줄 수도 있는데, 대개 어릴 때는 가족이나 친척이 쓰던 옷이나 장난감을 물려받아 쓰는 경우가 많다.

(5) 수행시기

소비자는 어떤 제품을 획득하고 사용하며 처분하는 행동을 "언제" 수행할 것인가에 관하여 의사결정을 해야 한다. 이런 수행시기에 관한 소비자의 의사결정에는 다음과 같은 몇 가지 요인들이 영향을 미친다.

첫째, 소비의 계절적 변동이다. 아이스크림이나 선탠로션은 여름에 소비량이 가장 많고, 제산제(Antacid)는 소비자가 많이 먹고 마시는 시기인 크리스마스나 연휴기간에 가장 많이 팔린다.

둘째, 하루 중의 특정한 시간대이다. 점심때는 곧잘 끓여먹는 라면이라도 아침식사로는 잘 먹지 않을 것이다. 그런데, 소비자가 어떤 제품이나 서비스를 소비하길 원하는 때와 그런 소비가 가능한 때가 서로 일치하지 않아서 문제가 되는 경우가 있다.[8]

셋째, 소비자의 다양성추구 욕구(need for variety)이다. 지난 주의 점심때에 자장면을 많이 먹었다면, 이번 주의 점심때에는 비빔밥과 같은 다른 음식을 먹기로 결정할 수 있다.

넷째, 인생의 전환기(transition)이다. 결혼식 준비를 할 때 반지와 같은 예물을 구입하는 것이 바로 그런 예이다. 입학과 졸업 그리고 출생과 사망도 소비자가 어떤 제품을 획득하고, 사용하며 처분하는 데 영향을 미치는 중요한 인생사이다.

다섯째, 다른 사람들이 많이 사용하거나 많이 사용하지 않는 시기에 관해서 소비자가 가진 지식이다. 이런 지식은 제품의 사용시기에 관한 소비자의 의사결정에 영향을 미친다. 예컨대, 소비자는 이용하는 사람들이 적을 때에 맞추어 식당이나 헬스클럽 혹은 미장원에 가길 원할 수 있다. 또한, 백화점의 세일행사가 임박했다는 사실을 아는 소비자라면, 당연히 물건의 구입시기를 잠시 미룰 것이다.

여섯째, 현재의 소비추세(유행)이다. 한 때 브라질의 수도 리오데 자네이로의 해변에서는 치간 오물제거용 견사로 만든 비키니 수영복인 탕가(tanga)가 폭발적인 인기를 모은 적이 있다. 당시에 왜 그렇게 많은 소비자들이 탕가를 구입하는지 물어보았더니,

8 예컨대, 11세 이하의 어린이 중에서 35%는 저녁 8시에 TV를 본다는 조사결과가 있지만, 실제로 그 시간대에 방영되는 대부분의 TV프로그램은 주로 성인을 겨냥한 내용이어서 어린이가 보기에는 부적합하다.

그저 남들도 대부분 구입하고 있기 때문이라는 답이 많았다. 탕가는 일시적 유행(fad)에 불과했기에, 이제 리오데 자네이로에서 그것을 입는 사람은 별로 없다.

이렇게 소비자가 자사 제품을 획득하고 사용하며 처분하는 행동을 수행하는 시기가 언제인지를 파악하면, 기업은 중요한 마케팅 시사점을 얻을 수 있다. 첫째, 기업은 소비자들이 가장 편리한 시간에 자사 제품을 획득하거나 사용할 수 있게 해주는 방안을 모색할 수 있다. 예컨대, 연중무휴로 24시간 영업을 하는 편의점이나 카탈로그 주문시스템의 발전은 바로 그런 대표적인 사례들이다.

둘째, 기업은 자사 제품을 획득하고 사용하며 처분하는 시기에 관한 소비자의 의사결정에 영향을 미치는 방안을 모색할 수 있다. 예컨대, 어떤 오렌지주스 제조업체는 "오렌지주스는 이제 더 이상 아침식사 때만 마시는 음료가 아닙니다."라는 주제의 광고캠페인을 벌인 적이 있다. 여기에는 오렌지주스를 아침식사 때뿐만 아니라 하루 종일 틈틈이 마시도록 만들려는 저의가 깔려있다.

(6) 수행장소

소비자는 "어디서" 어떤 제품을 획득하고 사용하며 처분하는 행동을 할 것인가에 관한 의사결정을 해야 한다. 이런 수행장소에 관한 소비자의 의사결정에는 다음과 같은 두 가지 요인이 영향을 미친다. 첫째, 정보기술(IT)의 발전이다. 최근 정보기술의 발전은 소비자가 우편이나 홈쇼핑, 전화 혹은 인터넷을 통해서 필요한 제품을 편리하게 구입할 수 있게 해 주고 있다. 둘째, 소비자의 사생활보호에 대한 욕구(need for privacy)이다. 최근의 기술발전에 힘입어 이제 소비자는 굳이 병원에 가지 않더라도 자기 집에서 당뇨병을 치료하거나 임신여부를 판정할 수 있게 되었다.

기업은 자사 제품과 관련해서 수행장소에 관한 소비자의 의사결정에 영향을 미치는 방안을 모색할 수 있다. 첫째, 기업은 소비자가 자사 제품을 획득(구매)하는 장소에 영향을 미치는 방안을 모색할 수 있다. 예컨대, 미국의 시어즈 백화점은 "시어즈의 좀 더 부드러운 측면(the softer side of sears)"이라는 주제의 광고캠페인을 전개한 적이 있는데, 이는 소비자가 "시어즈=옷과 같은 소프트상품(soft good)을 구입하는 장소"라고 생각하도록 만드는 데 엄청난 효과를 발휘하였다.

둘째, 기업은 소비자가 자사 제품을 사용하는 장소에 영향을 미치는 방안을 모색할 수 있다. 예컨대, 요즘은 소비자가 음식을 식당의 테이블에 앉아서 먹거나 아니면 식당 밖으로 가져가서 먹을 수 있도록 음식을 포장해주는 테이크아웃(take-out) 방식 중에서 하나를 택할 수 있게 해주는 식당이 늘어나고 있다.

셋째, 기업은 소비자가 자사 제품을 처분하는 장소에 영향을 미치는 방안을 모색할 수 있다. 예컨대, HP는 다 쓴 프린터 토너카트리지 용기를 자사로 반송해주는 소비자에게 우송료를 보내준다. 이렇게 토너카트리지 용기를 재활용하는 것은 환경보호에 유익할 뿐만 아니라 새 용기를 만드는 것보다 훨씬 싼 비용으로 리필할 수 있기 때문에 재생 카트리지를 소비자에게 더 저렴한 가격으로 판매할 수 있는 이점도 있다.

(7) 수행량, 수행빈도 및 수행기간

소비자는 어떤 제품을 "얼마나 많이" 획득하고 사용하며 처분할 것인가(수행량의 문제), "얼마나 자주" 획득하고 사용하며 처분할 것인가(수행빈도의 문제) 그리고 "얼마나 오랫동안" 획득하고 사용하며 처분할 것인가(수행기간의 문제)에 관한 의사결정도 해야 한다.[9]

예컨대, 소비자는 특별한 경우에 한해서만 외식을 하기로 결정하거나, 외식을 하더라도 코스요리가 아닌 일품요리만 먹기로 결정할 수 있다. 또한, 주말에는 시간을 내어 클래식음악을 듣거나 양서를 읽기로 결정할 수 있다.

제품의 사용에 관한 소비자의 이런 의사결정은 개인별로 차이가 날 수 있지만, 문화권에 따라서도 상당한 차이를 보인다. 예컨대, 중국인은 미국인보다 커피를 훨씬 적게 마시지만 중국 차는 1년에 약 1,500컵 정도나 마신다.

기업은 소비자가 자사 제품을 더 많이 사용하도록 자극하는 방안을 모색해서 매출을 높일 수 있다. 구체적으로 이런 방안에는 ① 각 소비상황에서 소비자가 제품을 더 많이 사용하도록 만드는 방안(사용량의 증대방안), ② 소비자가 제품을 더 자주 사용하도록 만드는 방안(사용빈도의 증대방안) 그리고 ③ 소비자가 제품을 더 오래 사용하도록 만드는 방안(사용기간의 증대방안)이 있다.

미국의 한 주류메이커는 조사결과 많은 소비자들이 가정에서 스카치를 마시기는 하지만, 그리 자주 마시는 편은 아니라는 사실을 알게 되었다. 따라서, 이 회사는 소비자의 스카치 사용률을 높이기 위해 "금요일의 스카치(The Friday Scotch)"라는 슬로건을 내건 광고캠페인을 시행하였는데, 이는 소비자가 "금요일=스카치를 마시는 날"이라고 생각하도록 만드는 데 큰 효과를 발휘했다. 또한, 소비자의 사용량이나 사용빈도를 높이기 위한 방안의 좋은 예로는 보너스팩(bonus pack)을 제공하는 방법이나 상용고객 우대제도(frequent flyer program)를 채택하는 것을 들 수 있다.

그런데, 어떤 제품을 과도하게 많이 소비해서 문제가 되는 소비자가 있다. 대개

---

9 Morris B. Holbrook and Meryl P. Gardner, "How Motivation Moderates the Effects of Emotion on the Duration of Consumption," *Journal of Business Research*, July 1998, pp. 241–252.

이런 소비자는 어떤 제품을 더 많이 획득하고 사용하며 처분해야 한다는 일종의 강박관념(compulsion)(예: 강박적인 도벽, 낭비, 도박, 과식)에 사로잡혀 있거나 아니면 어떤 제품을 지나치게 많이 소비하도록 만드는 일종의 중독증세(addiction)(예: 중독적인 음주, 흡연, 마약, 운동)에 빠져있는 소비자이다.[10]

이상에서 논의한 바와 같이 소비자행동에는 〈표 1-2〉에 제시된 여러 요인들이 반영된다. 요컨대, 소비자행동에는 단지 소비자가 무엇을 구입하는 행동보다 훨씬 더 다양한 내용이 포함된다는 사실에 주목하기 바란다.

제 2 절 소비자행동모델

소비자는 어떤 제품을 획득하고 사용하며 처분하는 행동에 관한 의사결정을 어떻게 수행할까? 또한, 이런 소비자의 의사결정에 영향을 미치는 요인에는 어떤 것이 있을까?

[그림 1-1]은 본서의 전체적인 구조를 나타내는 소비자행동모델(consumer behavior model)을 제시하고 있는데, 이는 소비자의 의사결정프로세스와 이에 영향을 미치는 내부요인과 외부요인을 일목요연하게 보여준다.

[그림 1-1]에 제시된 소비자행동모델은 소비자의 의사결정프로세스(consumer deci-

그림 1-1 소비자행동모델: 본서의 전체적인 구조

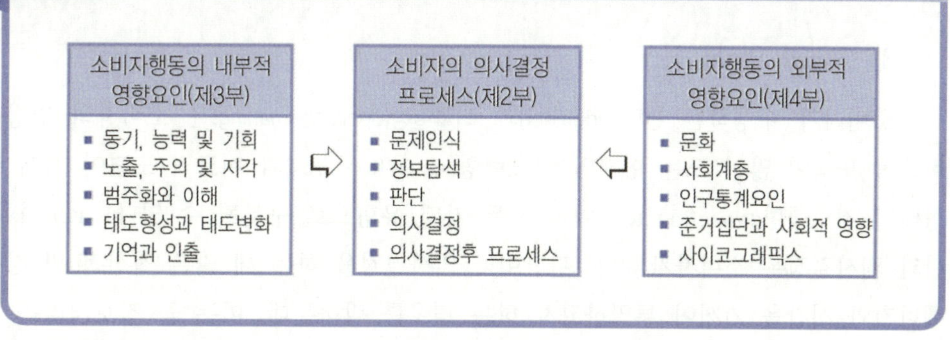

10 Thomas C. O'Guinn and Ronald J. Faber, "Compulsive Buying: A Phenomenological Explanation", *Journal of Consumer Research*, September 1989, p. 154.

sion-making process), 소비자행동의 내부적 영향요인(consumer internal influence) 그리고 소비자행동의 외부적 영향요인(consumer external influence)이라는 세 부분으로 구성되어 있다.

1. 소비자의 의사결정프로세스

소비자는 정보처리의 결과로 기억 속에 저장한 정보를 기반으로 해서, 의사결정프로세스를 시작할 수 있다. [그림 1-1]에 제시된 바와 같이, 소비자의 의사결정프로세스는 ① 문제인식, ② 정보탐색, ③ 판단과 의사결정, 그리고 ④ 의사결정후 프로세스라는 4단계로 구성된다.

1) 문제인식

소비자의 의사결정프로세스는 문제인식(problem recognition) 단계로부터 시작된다. 내부단서(예: 배고플 때 나는 꼬르륵 소리)나 외부단서(예: 맛있게 보이는 빵을 보여주는 광고)로 말미암아 소비자가 처한 현재의 상태와 이상적인 상태 사이의 차이를 크게 지각하게 되는 경우에 문제인식이 발생한다.

2) 정보탐색

이런 문제인식이 발생하면, 소비자는 의사결정을 하는 데 필요한 정보를 수집하는 정보탐색(information search)을 수행하게 된다. 소비자의 정보탐색에는 소비자가 자신의 기억 속에 저장된 정보를 인출하는 내부탐색(internal search)과 외부정보원천을 이용해서 자신에게 필요한 정보를 찾는 외부탐색(external search)이 있다.

3) 판단과 의사결정

소비자가 수행하는 판단(judgment)과 의사결정(decision making)은 소비자의 입장에서 비교적 노력이 많이 드는 형태인 고노력형(high-effort type)과 비교적 노력이 적게 드는 형태인 저노력형(low-effort type)이라는 두 가지 유형으로 구분될 수 있다. 고노력형 판단과 의사결정은 소비자가 어떤 판단이나 의사결정을 하는 데 많은 정신적 및 감정적 에너지와 시간을 기꺼이 투입하고자 하는 경우를 말하는데, 이는 곧 정보처리를 하고자 하는 소비자의 동기, 능력 및 기회의 수준이 높은 편이라는 것을 의미한다.

4) 의사결정후 프로세스

소비자는 어떤 제품을 구입하여 사용해 본 결과를 바탕으로 해서 그것에 대해 나름대로 평가를 하게 되는데, 이런 과정을 의사결정후 프로세스(post-decision process)라고 한다. 이런 의사결정후 프로세스에서는 소비자가 제품을 구입하기 전에 가졌던 사전 기대(prior expectation)가 중요한 평가기준으로 작용한다. 즉, 사전 기대와 실제로 사용해 본 경험을 비교해서 소비자의 만족과 불만족이 결정되는 것이다.

2. 소비자행동의 내부적 영향요인

소비자행동의 내부적 영향요인은 소비자의 의사결정프로세스에 영향을 미치는 내부적 투입요소로서의 역할을 한다. 즉, 소비자는 어떤 의사결정을 하기 전에, 우선 여러 정보원천에서 나오는 지식이나 정보를 수집해서 이를 자신의 의사결정에 대한 근거자료로 삼는다. 소비자행동의 내부적 영향요인에는 ① 동기, 능력 및 기회, ② 노출, 주의 및 지각, ③ 범주화와 이해, ④ 태도형성과 태도변화, 그리고 ⑤ 기억과 인출이라는 주제들이 포함된다.

3. 소비자행동의 외부적 영향요인

소비자의 의사결정프로세스는 소비자행동의 내부적 영향요인뿐만 아니라 소비자행동의 외부적 영향요인에 의해서도 영향을 받는다. 소비자행동의 외부적 영향요인은 소비자가 속하는 사회의 여러 가지 사회문화적인 요인이 소비자의 의사결정에 영향을 미치는 것을 말한다. 각 소비자는 사회문화적으로 특유한 특성을 가진 집단의 구성원이기 때문에, 각자가 가지는 느낌, 지각 및 태도는 서로 다를 수 있다. 소비자행동의 외부적 영향요인에는 ① 문화, ② 사회계층, ③ 인구통계요인, ④ 준거집단과 사회적 영향, 그리고 ⑤ 사이코그래픽스라는 주제가 포함된다.

제 3 절 소비자행동을 연구해야 하는 이유

도대체 소비자행동을 연구해야 하는 이유는 무엇일까? 소비자행동을 연구하면, 기업의 마케팅관리자를 비롯해서 소비자옹호단체, 정부의 정책입안자 그리고 소비자 자신에게 유익한 정보를 얻을 수 있다.

1. 기업의 마케팅관리자

기업의 마케팅관리자가 소비자행동을 연구하면, 고객을 효율적으로 공략하는 마케팅방안을 개발하는 데 필요한 기초자료를 얻을 수 있다. 마케팅에 대한 코틀러(Kotler) 교수의 고전적인 정의는 바로 이 점을 분명히 하고 있다. 그는 마케팅이란 "인간의 교환프로세스를 통해서 필요와 욕구를 만족시키려는 인간의 활동"[11]이라고 정의했다. 즉, 기업의 마케팅관리자가 자사 제품을 효과적으로 판매하려면 먼저 소비자가 가진 필요와 욕구가 무엇인지부터 명확히 파악해야 한다.

요컨대, 기업의 마케팅관리자가 소비자행동을 연구하면 첫째, 소비자가 필요로 하고 원하는 것이 무엇인가와 관련해서 STP전략의 기획에 유용한 정보와 둘째, 교환이 발생하도록 하기 위해서 마케팅믹스 프로그램을 어떻게 설계해야 하는가에 관련된 중요한 정보를 얻을 수 있다.

1) STP전략의 기획

기업의 마케팅관리자가 소비자행동을 연구하면 자사 제품과 관련된 STP전략 즉, 시장세분화(segmenting)-표적시장선정(targeting)-포지셔닝(positioning)을 기획하는 데 유익한 정보를 얻을 수 있다.

(1) 시장세분화

어떤 시장에 있는 모든 소비자가 서로 동일한 욕구를 가질 것으로 기대하는 것은

11 Philip Kotler, *Marketing Management: Analysis, Planning, and Control*, 4th ed. (Englewood Cliffs, N.J.: Prentice-Hall, 1980).

무리이다. 그보다는 한 시장 내에서도 각각 서로 다른 욕구를 가진 소비자집단이 존재한다고 보는 것이 좀더 현실적인 시각일 것이다. 이처럼 전체시장을 동일한 욕구를 가진 부분시장으로 분할하는 것을 시장세분화(segmenting)라고 한다. 여기서 전체시장을 구성하는 일부로서 각각 서로 다른 욕구를 가진 부분시장들을 세분시장(market segment)이라고 부른다. 이런 세분시장들은 각각 상이한 소비자특성을 갖고 있기 때문에, 각 세분시장의 세부적인 프로파일이 어떠한가와 기존의 여러 기업들이 각 세분시장의 욕구에 얼마나 잘 부응하고 있는가를 적절히 파악함으로써, 기업의 마케팅관리자는 마케팅전략의 개발에 유용한 지침을 얻을 수 있다.

소비자행동을 분석하면, 각 세분시장의 규모를 파악할 수 있다. 특히, 규모는 크지만 현재 경쟁사들이 제대로 공략하지 못하고 있는 세분시장을 파악할 수도 있는데, 기업이 이런 세분시장을 적절히 공략하면 상당한 이익을 올릴 수 있다. 한편, 소비자행동을 분석하면, 명확히 식별되는 어떤 욕구를 갖고 있지만 그런 욕구가 전혀 충족되지 못하고 있는 소비자집단인 미충족 세분시장(underserved segment)을 파악할 수도 있는데, 기업이 이런 세분시장을 경쟁사보다 먼저 파악해서 적절히 공략하면 상당한 이익을 누릴 수 있다.

(2) 표적시장선정

소비자행동을 연구하면 표적시장선정(targeting), 즉 기업의 마케팅활동에 가장 효과적인 표적이 될 만한 소비자집단을 결정하는 데 유익한 정보를 얻을 수 있다. 예컨대, 최근 중국에서는 어린이를 주요 표적으로 삼고 있는 기업들이 많다. 중국 정부의 "1가족 1자녀" 정책으로 인해서 부모나 조부모, 그리고 삼촌과 숙모가 만족시켜야 할 어린이의 수가 과거보다 훨씬 줄어들었기 때문에, 중국 어린이들이 가지는 소비자로서의 위상이 상당히 높아졌다. 따라서, 기업들은 속칭 "어린 황제(Little Emperors)"라 불리는 중국 어린이들의 낙점을 받기 위해 애쓰고 있는 중이다.

또한, 소비자행동을 연구하면, 어떤 제품을 획득하고 사용하며 처분하는 행동에 참여하는 모든 사람들을 파악할 수 있다. 어떤 제품에 관련된 소비자행동에는 각자 나름대로 소비자역할을 수행하는 사람들이 여러 명 포함될 수도 있기 때문에, 이런 정보는 기업의 마케팅관리자에게 상당히 중요하다. 예컨대, 자동차 제조기업들은 전통적으로 여성을 홀대해 왔지만, 이제는 자동차 구매프로세스에서 여성의 영향력이 점차 커지고 있다는 사실에 주목하고 있다. 특히, 현대의 여성들은 자동차 구매프로세스에서 정보탐색, 의사결정에 대한 영향력의 행사, 자동차 대금의 결재, 자동차의 사용, 그리고 자동차의 처분 등에서 상당히 중요한 역할을 담당하고 있는 것으로 알려지고 있다.

(3) 포지셔닝

기업의 마케팅전략이 추구하는 핵심 목표 중의 하나는 표적소비자의 마음속에 자사 제품의 위치를 적절히 심어주는 것인데, 이것을 포지셔닝(positioning)이라고 한다. 현대의 기업들은 자사 제품에 특정한 이미지를 불어넣기 위해 많은 노력을 하고 있는데, 여기서 특정한 이미지란 자사 제품이 어떤 제품이고 또한 경쟁사의 제품과 어떤 차이가 있는가를 반영하는 이미지를 말한다.

주요 기업들이 내걸고 있는 슬로건들은 각 기업이 자사 제품에 대해 소비자들이 가져주기를 바라는 이미지를 반영한다. 예컨대, IBM의 "더 이상 없는 최종적인 운전기계(The Ultimate Driving Machine)"나 UPS의 "사업의 속도로 이동한다(Moving at the Speed of Business)"는 슬로건은 그 좋은 예이다.

포지셔닝에 관한 기업의 의사결정이 신제품의 성패를 좌우하기도 하는데, 여기에도 소비자행동의 연구가 매우 중요한 역할을 한다. 예컨대, 레버 브라더스(Lever Brothers)는 세면비누 '레버 2000(Lever 2000)'을 출시하면서 "당신의 피부에 더 좋은 탈취비누(Deodorant Soap That's Better for Your Skin)"라고 명확하게 포지셔닝하였는데, 이에 힘입어 이 제품은 업계의 매출 2위 상표로 급부상하였다.

요컨대, 표적소비자들이 특정한 방식으로 포지셔닝된 제품을 좋아할 것인지 여부와 그 포지셔닝방식을 가장 명확하고 설득력 있게 전달하는 방법을 파악하는 것이 신제품의 성공에 매우 중요하다. 또한, 소비자행동을 연구하면, 기업이 자사의 기존제품을 재포지셔닝(repositioning)하는 데 도움이 되는 정보를 얻을 수도 있다.

2) 마케팅믹스 프로그램의 설계

기업의 마케팅관리자가 소비자행동을 연구하면, 효과적인 마케팅믹스 프로그램을 설계하는 데 유익한 정보를 얻을 수 있다.

(1) 제품의사결정

표적소비자의 욕구를 만족시킬 수 있는 제품개발은 기업의 중요한 마케팅 의사결정 중의 하나이다. 소비자행동을 연구하면, 이와 관련된 제품의사결정(product decision)에 유용한 정보를 얻을 수 있다.

첫째, 기업은 표적시장의 소비자행동을 철저히 연구해서 이들이 원하는 편익을 전달하는 제품을 개발하도록 노력해야 한다. 하지만, 때로는 이를 오판해서 큰 낭패를 본 기업들도 많다. 둘째, 기업은 소비자조사의 정기적인 시행으로 자사 제품에 대한 소비자의 만족도를 파악해 보아야 한다. 셋째, 기업이 새로운 고객집단의 욕구를 충족시키고자 할 때 소비자행동을 적절히 분석하면, 자사의 기존제품을 수정해야 하는지 아니면 아예 신제품을 개발해야 하는지를 판단할 수 있다.

넷째, 기업이 소비자행동을 연구하면, 신상품의 개발에 유익한 정보를 얻을 수 있다. 즉, 기업은 현재 충족되지 못하고 있는 소비자의 욕구가 무엇인지를 파악함으로써, 신제품개발을 위한 아이디어를 얻을 수 있다. 다섯째, 기업이 소비자행동을 연구하면 상표명, 포장, 로고 및 보증과 같은 제품의 여러 측면에 관한 의사결정을 하는 데 유익한 정보를 얻을 수 있다.

(2) 가격의사결정

제품의 가격은 소비자의 구매의사결정에 영향을 미치는 중요한 마케팅믹스요소 중의 하나이다. 미국에서 그동안 맥도날드(McDonald), 타코 벨(Taco Bell) 및 도미노 피자(Domino Pizza)와 같은 주요 패스트푸드 체인들이 '높은 가치와 저렴한 가격'이라는 점을 앞 다투어 강조해 왔는데, 그 결과 해당 기업들의 수익성이 크게 악화되었다. 따라서, 기업의 마케팅관리자는 자사가 내리는 가격의사결정(price decision)에 대해 소비자가 과연 어떤 반응을 나타낼 것인지를 충분히 조사할 필요가 있다. 소비자가 가격에 매우 민감한 경우도 있지만, 별로 그렇지 않은 경우도 있기 때문이다.

경제학이론에 따르면 일반적으로 가격인하는 소비자의 구매가능성을 높이는 방향으로 작용하지만, 소비자행동조사에 따르면 반드시 그런 것은 아니다. 예컨대, 어떤 제품이나 서비스의 가격이 지나치게 낮으면, 소비자는 가격이 싸다고 마냥 좋아하는 것이 아니라 오히려 해당 제품이나 서비스의 품질수준을 의심하기도 한다.[12] 특히, 패션상품이나 품위를 반영하는 상품의 경우에 높은 가격은 소비자의 사회적 지위를 상징적으로 표현하기도 한다. 요컨대, 기업의 가격의사결정이 소비자의 구매와 나아가 기업의 매출에 미치는 영향을 예측하기 위해서는 이에 관한 소비자행동을 적절히 분석하고 이해하는 노력이 필요하다.

(3) 유통의사결정

자사 제품을 어떻게 유통시켜야 할 것인가 하는 문제는 기업의 중요한 마케팅

12 Kent B. Monroe, "The Influence of Price Differences and Brand Familiarity on Brand Preference", *Journal of Consumer Research*, June 1976, pp. 42–49.

의사결정 중의 하나이다. 소비자행동을 연구하면, 기업이 자사 제품의 유통의사결정(distribution decision)에 유용한 정보를 얻을 수 있다.

첫째, 소비자행동을 연구하면 여러 가지 유통방식의 이미지 관리에 유익한 정보를 얻을 수 있다. 소비자조사에 따르면 소비자들은 소매점판매, 전화판매, 직접우송판매 및 대면판매와 같은 여러 가지 유통방식에 대해 각각 상이한 이미지를 갖고 있는데, 이런 각 유통방식이 가진 이미지는 이를 통해서 판매되는 제품에 대한 소비자의 지각에도 중요한 영향을 미친다. 이와 관련해서 소비자행동을 조사하면 소매점의 이미지가 어떻게 형성되는가와 그런 이미지를 어떻게 바람직한 방향으로 바꿀 수 있는가를 이해하는 데 도움이 되는 정보를 얻을 수 있다.

둘째, 소비자행동을 연구하면 누가, 어떤 소매점에 가는지 그리고 그 이유는 무엇인지와 같은 쇼핑행동의 패턴을 이해하는 데 유익한 정보를 얻을 수 있다. 예컨대, 현대의 소비자들은 "코쿠닝(cocooning)"[13]이라고 해서 과거에 비해 집에서 시간을 더 많이 보내는 추세를 보이고 있는데, 피자배달 서비스를 비롯한 각종 가정배달 서비스업이 성장세를 보이고 있는 것은 바로 코쿠닝 현상 때문이라고 할 수 있다.

셋째, 소비자행동을 연구하면 유통환경을 설계하는 데 유익한 정보를 얻을 수 있다. 예컨대, 슈퍼마켓의 내부배치는 소비자가 원하는 상품을 손쉽게 발견할 수 있도록 설계되어야 하는데, 유사한 품목이거나 보완성이 있는 품목을 서로 가까운 위치에 진열하는 방식이 바로 그런 예이다.

넷째, 소비자행동을 연구하면 소매점환경의 세부적인 요소를 개발하는 데 유익한 정보를 얻을 수 있다. 예컨대, 소매점 내부를 밝은 색깔로 인테리어를 하고 속도가 빠른 음악을 크게 틀면 소비자가 소매점 내부를 빨리 이동하도록 만드는 효과가 있는 반면, 소매점 내부를 더 부드럽고 차분한 색깔로 인테리어를 하고 그런 분위기의 음악을 틀면 정반대의 효과가 나타나는 것으로 알려져 있다.[14]

(4) 촉진의사결정

기업의 마케팅 의사결정에는 광고, 판매촉진, 인적판매 및 마케팅PR를 비롯한 다양한 촉진수단을 어떻게 활용할 것인가를 결정하는 촉진의사결정(promotion decision)이 포

13 페이스 팝콘(Faith Popcorn)에 의한 코쿠닝의 개념정의는 너무도 거칠고 위험스러운 외부 세상을 피해 집 내부로 들어오고자 하는 충동이다. 이에 대한 세부적인 설명에 대해서는 다음의 자료를 참고할 것. 페이스 팝콘 지음/조은정 옮김, 팝콘리포트, 21세기북스, 1995, pp. 48–57.

14 Richard Yalch and Eric Spannenberg, "Effects of Store Music on Shopping Behavior", *Journal of Service Marketing*, Winter 1990, pp. 31–39; A. Bellizi, Ayn E. Crowley, and Ronald W. Hasty, "The Effects of Color in Store Design", *Journal of Retailing*, Spring 1983, pp. 21–45.

함되는데, 기업은 소비자행동을 연구해서 이런 촉진수단을 효과적으로 활용하는 방안을 모색할 수 있다.

첫째, 기업은 각종 촉진수단을 활용하여 자사 제품이 소비자의 욕구를 특별히 잘 충족시킨다는 점을 부각시킴으로써 소비자의 의사결정에 영향을 미칠 수 있다.

둘째, 기업은 각종 촉진수단을 활용하여 소비자행동의 내부적 영향요인에 관련된 여러 측면에 영향력을 발휘해서 소비자의 의사결정에 영향을 미칠 수 있다. 예컨대, 에너자이저 배터리(Energizer Battery)는 커피나 감기치료제 혹은 포도주와 같은 전혀 다른 제품을 위한 가상광고물에 자사의 배터리로 작동되는 토끼를 등장시키는 광고캠페인을 전개한 적이 있다. 이 광고캠페인의 기본취지는 에너자이저 배터리의 수명이 너무나 길기 때문에, 이 배터리로 작동되는 토끼는 이어지는 다른 광고에도 계속해서 등장한다는 것이었다. 이런 광고기법은 소비자의 주의를 끌어서 결국 소비자가 광고메시지를 잘 기억하도록 만든다.

셋째, 기업은 각종 촉진수단을 활용하여 자사 제품에 대한 소비자의 태도에 영향을 미치는 방안을 모색할 수 있다. 예컨대, 미군당국은 정체상태에 빠진 군대 지원자의 수를 늘리기 위한 노력의 일환으로, 군대생활이 제대 후의 민간생활에 얼마나 큰 도움이 되는지를 보여주는 모병광고를 시행하였다. 이 광고에서는 군대생활이 급변하는 기술정보환경에 잘 대처할 수 있는 준비를 충분히 시켜준다는 내용을 담아, 군대생활에 대한 젊은이들의 긍정적인 태도를 이끌어내고자 했다.

넷째, 기업은 각종 촉진수단을 활용하여 소비자가 제품의 속성, 상표명 및 회사명을 잘 기억하도록 만드는 방안을 모색할 수 있다. 광고에서 징글과 슬로건을 사용하는 것, 광고의 메시지를 자주 반복하는 것, 사람들의 눈에 잘 띄는 장소에 상표명을 드러내 보이는 것은 상표명의 인지도와 이에 대한 소비자의 기억을 강화하는 데 효과적인 방법이다.

다섯째, 기업은 각종 촉진수단을 활용해서 자사 제품에 대한 소비자의 기대수준을 적절히 설정하는 방안을 모색할 수 있는데, 결국 이는 소비자의 구매후 만족판단에 영향을 미친다. 여기서 주의해야 할 것은 기업이 소비자에게 자사 제품으로는 도저히 충족시킬 수 없을 정도로 지나치게 높은 수준의 기대를 갖게 만든다면, 이는 소비자의 불만족을 초래하는 원인이 될 수 있다는 점이다.

여섯째, 특정한 문화의 구성원으로서 소비자가 가진 특성을 분석하면 기업의 촉진수단을 설계하는 데 유익한 정보를 얻을 수 있다. 특히, 색깔, 언어 및 신체언어는 문화권별로 상이한 의미를 가져 소비자의 반응과 해석이 달라질 수 있기 때문에, 기업이 촉진수단에 이런 요소들을 사용하는 경우에는 신중을 기해야 한다.

2. 소비자옹호단체

최근에는 기업의 마케팅활동이 초래하는 윤리적인 문제에 관심을 가진 소비자들이 비윤리적일 소지가 있거나 사회적으로 부적절한 기업의 마케팅관행에 대한 일반대중의 인지도를 높이기 위해 각종 소비자옹호단체(advocacy group)를 결성하고 있는 추세이다.

소비자옹호단체는 바람직하지 못한 기업의 마케팅관행에 대해서 나름대로의 소비자저항전략(consumer resistance strategy)을 구사한다. 미국의 어떤 소비자옹호단체는 타임워너(Time Warner)사가 여성의 강간, 고문 및 살인을 찬양하는 랩음악을 제작해서 떼돈을 벌고 있다고 공개적으로 비판한 바 있다.

또한, 소비자옹호단체는 살인, 폭력 및 강간과 같은 과격하고 비윤리적인 행위를 조장하는 비디오게임이 성행하는 것에 대해 상당히 우려하고 있다. 특히, 이런 비디오게임에서 여성이 가혹한 폭행을 당하거나, 너무 외설적이거나 나약한 존재로 자주 묘사되고 있는 것도 성차별이라는 시각에서 비난의 대상이 되고 있다.

요컨대, 소비자옹호단체가 소비자행동을 연구하면 위와 같은 문제를 제기해서 그 목적을 달성하는 데 필요한 기초자료를 얻을 수 있다.

3. 정부의 정책입안자

입법활동과 정책결정업무를 담당하는 정부기관도 기업의 불공정하거나, 안전하지 못하거나 혹은 부적절한 마케팅관행으로부터 소비자를 보호하기 위해 소비자행동을 연구할 필요가 있다. 1960년대에 미국의 케네디대통령은 ① 안전할 권리, ② 정보를 받을 권리, ③ 선택할 권리 및 ④ 들을 권리라는 소비자의 4대 기본권을 선포하였는데, 그 후에 깨끗한 환경을 누릴 권리와 소수민족과 가난한 사람이 보호받을 권리가 추가되었다.[15] 정부기관이 소비자조사를 시행하면, 소비자의 이런 기본권을 보호하는 데 기반이 되는 중요한 기초자료를 수집할 수 있다.

---

15 James F. Engel, Roger D. Blackwell, and Paul W. Miniard, *Consumer Behavior*, 6th ed. (Chicago: Dryden Press, 1990), p. 759.

소비자행동 연구자들은 소비자의 '정보를 받을 권리'와 관련해서 문제가 되는 기만광고와 오도광고를 많이 연구해 왔다. 이런 문제를 적절히 이해하기 위해서는 소비자행동이론에서 논의되는 '정보의 이해와 범주화'와 같은 주제를 충분히 연구해야 한다. 특히, 오도광고의 판정에 관련된 중요한 이슈는 해당 광고가 과연 소비자에게 어떤 인상을 안겨주는지와 그런 인상이 과연 진실인지 여부를 파악하는 것이다.

또한, 소비자행동 연구자들은 어린이를 겨냥한 광고의 위해성에 대해서도 많이 조사해 왔다. 이런 조사에 따르면, 6세 미만의 어린이는 광고가 자신을 설득시키려고 한다는 사실 자체를 이해할 만한 인지적 능력이 없기 때문에, 광고로부터 보호를 받아야 할 대상이 된다. 미국에서는 카멜(Camel)이라는 담배회사가 전개한 '조 카멜(Joe Camel)' 광고캠페인이 비난의 대상이 된 바 있다. 어린이들에게 조 카멜의 인지도가 미키마우스의 인지도를 능가한다는 조사결과가 발표되자, 미국정부는 이 광고캠페인으로 말미암아 어린이들이 담배를 피우게 되는 부정적인 영향을 받을 소지가 있음을 깨닫게 되었다. 결국, 미국정부는 소비자들에게 담배를 피우게 만드는 외압을 줄여 소비자를 보호하려는 취지에서 담배광고 금지조치를 입안하게 되었다.

소비자를 보호하기 위한 정부의 공공정책결정은 기업의 마케팅활동에 영향을 미친다. 예컨대, 최근에는 건강에 대한 소비자들의 높은 관심에 편승하여 식품의 상표명이나 광고에 '저지방'이나 '가벼운'과 같은 수식어를 많이 붙이는 추세가 나타나자, 미국정부는 이런 수식어를 붙이기 위해 필요한 단서규정을 법으로 명시하였다. 그 결과 자사 제품이 그런 속성을 갖고 있다고 주장하는 광고의 수가 대폭 줄어드는 효과가 나타났다. 이처럼 정부기관이 소비자행동을 연구하면 소비자를 보호하는 법과 규제를 입안하는 데 유익한 기초자료를 얻을 수 있다.

4. 소비자 자신

소비자가 소비자행동을 연구하면 소비자 자신을 위해 보다 나은 소비자환경, 즉 소비자의 의사결정에 도움을 주는 여건을 조성하는 데 유익한 정보를 얻을 수 있다. 예컨대, 소비자행동 연구결과에 따르면 시판 중인 여러 상표에 관한 정보를 매트릭스 형태로 제시해주면, 소비자는 손쉽게 비교할 수 있어서 그런 정보를 훨씬 효과적으로 처리할 수 있다.[16] 따라서, 기업이 자사 제품에 관한 정보를 매트릭스 형태로 제시해준다

16 James R. Bettman, *An Information Processing Theory of Consumer Choice* (Reading, Mass.: Addison-Wesley, 1979).

면, 소비자가 효과적이고 만족스러운 의사결정을 하는 데 큰 도움이 될 것이다.

제품의 사용방법에 관련된 경고표찰이 소비자의 제품사용률에 미치는 효과를 조사한 연구에 따르면, 소비자는 제품의 표찰이나 설명서에 제시된 경고문을 제대로 이해하지 못하거나 아예 무시하는 경우가 많다. 따라서, 제품의 사용과 관련하여 보다 안전한 소비자환경을 조성하기 위해서는 소비자의 주의를 끌면서도 그 내용을 손쉽게 이해할 수 있는 경고표찰을 개발하기 위한 노력이 필요하다.

간혹 소비자행동을 연구한 결과가 특정한 소비자집단을 보호하려는 목적을 가진 신제품을 개발하게 된 계기가 되기도 한다. 예컨대, 과도한 TV시청 때문에 자녀들이 공부를 제대로 하지 못하게 되는 것을 걱정하는 부모가 많다는 사실에 착안해서, 타임슬롯(Timeslot)사는 지정한 시간이 되면 TV의 전원이 자동으로 꺼지는 제어장치를 개발하였다.

소비자의 처분행동을 연구하면 기업이 환경보호 프로그램을 개발하는 데 유익한 정보를 얻을 수 있다. 현대의 소비자들은 환경보호에 대한 관심이 높아서 환경친화적인 용기나 포장재로 만든 제품을 구입하기를 원한다. 이런 맥락에서 소비자행동 조사는 이에 관한 여러 포장대안의 유효성을 테스트해서 소비자들이 환경보호를 위해 가장 바람직한 대안이 무엇이라고 생각하는지를 파악하는 데 유익하다.

핵심용어

Keyword

가격의사결정, 고노력형과 저노력형, 구매자, 문제인식, 물물교환, 미충족 세분시장, 발안자, 빌려쓰기, 사용자, 사용행동, 상표선택, 선물증정, 세분시장, 소비자역할, 소비자옹호단체, 소비자의 4대 기본권, 소비자의 의사결정프로세스, 소비자저항전략, 소비자행동, 소비자행동모델, 소비자행동의 내부적 영향요인, 소비자행동의 외부적 영향요인, 소비자환경, 시장세분화, 영향력행사자, 유통의사결정, 의사결정단위, 의사결정자, 의사결정후 프로세스, 재포지셔닝, 절도, 정보수집자, 정보탐색, 제품범주선택, 제품의사결정, 주워쓰기, 처분자, 처분행동, 촉진의사결정, 판단과 의사결정, 포지셔닝, 표적시장선정, 획득행동, STP전략

CONSUMER BEHAVIOR
AND
MARKETING ACTION

제 2 부

소비자의 의사결정프로세스

Consumer Behavior and Marketing Action

제 2 장

문제인식과 정보탐색

제 1 부 소비자행동 입문

제 1 장 소비자행동의 기초

제 2 부 소비자의 의사결정프로세스

제 1 절 문제인식
제 2 절 내부탐색
제 3 절 외부탐색

제 2 장 문제인식과 정보탐색	제 3 장 판 단
제 4 장 의사결정	제 5 장 의사결정후 프로세스

제 3 부 소비자행동의 내부적 영향요인

제 6 장 소비자의 동기, 능력 및 기회	제 7 장 소비자의 노출, 주의 및 지각	제 8 장 소비자의 범주화와 이해
제 9 장 고노력형 태도형성과 태도변화	제10장 저노력형 태도형성과 태도변화	제11장 소비자의 기억과 인출

제 4 부 소비자행동의 외부적 영향요인

제12장 문 화	제13장 사회계층	제14장 인구통계요인
제15장 준거집단과 사회적 영향력	제16장 사이코그래픽스	

본서에서는 편의상 소비자의 의사결정프로세스가 [그림 2-1]에서 제시된 바와 같이 '문제인식 → 정보탐색 → 판단 혹은 의사결정 → 의사결정후 프로세스'의 순서로 진행된다고 가정해서 설명하기로 한다.

그림 2-1 소비자의 의사결정프로세스

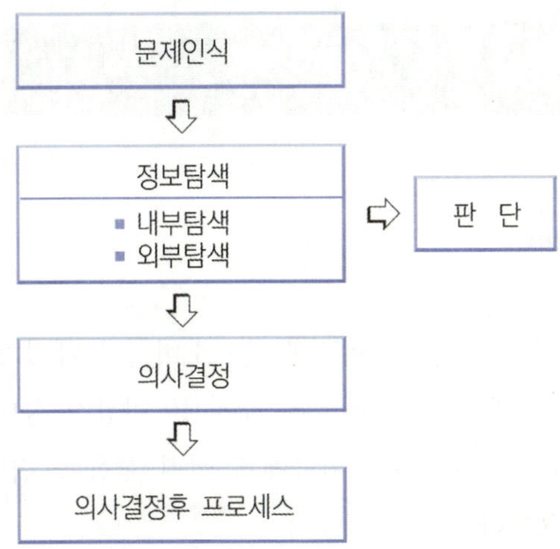

본서에서는 설명의 편의상 소비자의 의사결정프로세스가 위의 순서에 따라서 순차적으로 진행된다고 가정하고 있지만, 다음과 같이 예외적인 경우도 있다는 사실에 유의해야 한다.

첫째, 소비자의 의사결정프로세스에서 여러 단계가 동시에 발생하거나 다른 순서로 진행되기도 한다. 예컨대, 소비자는 정보탐색을 수행함과 동시에 적극적으로 대안평가를 할 수도 있고, 정보탐색을 수행하는 도중에 해결해야 할 문제가 있음을 갑자기 인식하게 될 수도 있다.

둘째, 소비자가 모든 제품을 평가할 때마다 정확히 각 단계의 순서를 거치는 것은 아니고, 제품의 종류에 따라 다소 차이가 날 수 있다.

제2부에서는 소비자의 의사결정프로세스를 상세히 논의한다. 기업이 이런 의사결정프로세스의 각 단계들을 잘 검토하면, 자사의 마케팅활동을 위한 시사점을 도출하는 데 유익한 정보를 얻을 수 있다.

제2장에서는 소비자의 의사결정프로세스의 처음 두 단계인 문제인식과 정보탐색이라는 두 가지 주제를 다룬다. 제3장과 제4장에서는 각각 판단과 의사결정이라는 주

제를 다루지만, 고노력형과 저노력형으로 구분해서 논의한다. 그리고 제5장에서는 소비자의 의사결정프로세스의 마지막 단계인 의사결정후 프로세스에 대해서 상세히 설명하기로 한다.

제 1 절 문제인식

1. 문제인식의 개념

일반적으로 소비자의 의사결정프로세스는 소비자가 해결해야 할 소비문제를 인식하면서부터 시작된다. 문제인식(problem recognition)은 이상적 상태와 실제적 상태 사이의 지각된 차이로 정의되며,[1] 이것은 소비자에게 어떤 행동을 취하도록 동기유발하는 역할을 하기 때문에 중요하다.

우선, 이상적 상태(ideal state)란 각 소비상황에서 소비자가 좋아하거나 바라는 상태 즉, 소비자가 그렇게 되길 원하는 상태를 말한다. 예컨대, 소비자가 원하는 좋은 신형자동차를 소유하고 있는 상태나 유행에 맞는 멋진 옷을 입고 있는 상태를 말한다.

한편, 실제적 상태(actual state)란 소비자가 지각하는 현재 있는 그대로의 상태 즉, 소비자가 현재 존재하고 있는 상태를 말한다. 예컨대, 소비자가 아주 오래된 자동차를 소유하고 있는 상태나 유행에 뒤떨어진 매우 허름한 옷을 입고 있는 상태를 말한다.

그런데, [그림 2-2]에서 보는 것처럼 이상적 상태와 실제적 상태 사이에 어느 정도 큰 차이(불일치)가 존재하는 것으로 지각되면, 이는 소비자의 문제인식을 활성화시키고 소비자가 그에 따른 갈등을 해결하도록 동기유발한다. 이상적 상태와 실제적 상태 사이에 존재하는 차이를 크게 지각할수록 또한 소비자의 MAO(정보처리 동기, 능력, 기회) 수준이 높을수록, 소비자가 인식된 문제를 해결하기 위한 행동을 취할 가능성은 더 높아진다.

문제인식은 소비자의 획득행동뿐만 아니라 소비자의 사용행동 및 처분행동과도 관계가 있다. 예컨대, 소비자의 사용행동과 관련된 문제인식의 예로는 "오늘 저녁식사로 무엇을 준비할까?"나 "오늘 어떤 옷을 입고 나갈까?"를 들 수 있다. 소비자의 처분행동

1 Gordon C. Bruner and Richard J. Pomazal, "Problem Recognition: The Crucial First Stage of the Consumer Decision Process", *Journal of Consumer Marketing*, Winter 1988, pp. 53-63.

과 관련된 문제인식의 예로는 "장롱에 옷이 가득 차서 비좁은데, 어떻게 정리하면 좋을까?"나 "너무 오래 되어 자주 고장이 나는 진공청소기를 처분할까 아니면 그냥 둘까?"를 들 수 있다.

그림 2-2 소비자의 문제인식

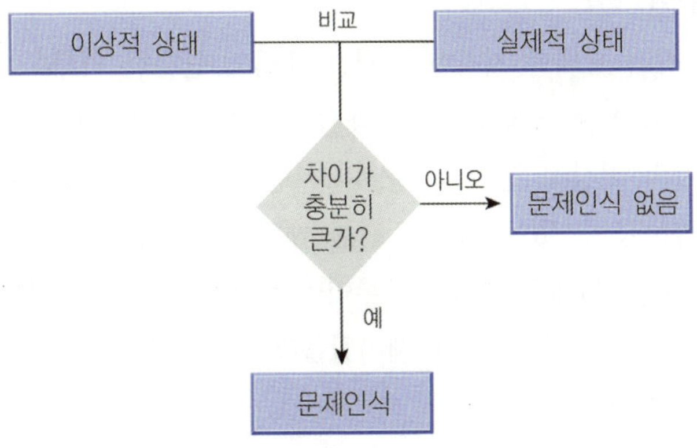

2. 문제인식의 영향요인

문제인식은 소비자의 의사결정프로세스가 출발하도록 자극하는 중요한 역할을 한다. 기업의 입장에서는 소비자의 문제인식에 영향을 미치는 요인을 파악하고 이상적 상태와 실제적 상태 사이의 지각된 차이를 파악하는 것이 중요하다. 〈표 2-1〉은 문제인식의 영향요인을 요약하고 있다.

표 2-1 문제인식의 영향요인

이상적 상태의 지각에 영향을 미치는 요인	실제적 상태의 지각에 영향을 미치는 요인
■ 개인적 요인 ■ 사회문화적 요인 ■ 소비자의 상황전환	■ 단순한 물리적 요인 ■ 소비자의 욕구 ■ 외부적 자극

1) 이상적 상태의 지각에 영향을 미치는 요인

소비자의 이상적 상태는 소비자가 원하는 특정한 상황에 대한 기대이다. 이런 이상적 상태의 지각은 ① 개인적 요인, ② 사회문화적 요인 및 ③ 소비자의 상황전환을 비롯한 여러 가지 요인에 의해 영향을 받는다.

(1) 개인적 요인

소비자가 이상적 상태를 지각하는 것은 개인의 단순한 기대(simple expectation)와 미래의 목적(future goal)이나 열망(aspiration)과 같은 개인적 요인에 의해서 영향을 받는다.

첫째, 소비자의 이상적 상태는 일상의 사용상황 및 처분상황에서 어떤 제품이 자신의 욕구를 충족시킬 수 있는 정도에 관한 개인의 단순한 기대를 기반으로 해서 형성된다. 여기서 단순한 기대의 예로는 "루이비통 가방을 들면, 얼마나 멋져 보일까?", "유럽으로 휴가여행을 가면, 얼마나 재미있을까?", "오래된 구두 중에서 어느 것을 처분해야 할까?"를 말한다.

둘째, 소비자가 이상적 상태를 지각하는 것이 미래의 목적이나 열망의 함수인 경우도 있다. 예컨대, 소비자는 자신에게 높은 사회적 지위를 부여해줄 고급자동차를 소유하고픈 바람, 타인에게 자신의 좋은 인상을 심어주고픈 바람, 혹은 타인의 인정을 받을 수 있는 단체에 가입하고픈 바람을 가질 수 있는데 이런 것들은 곧 소비자의 이상적 상태와 연결된다.

(2) 사회문화적 요인

소비자가 이상적 상태를 지각하는 것은 물질주의적 성향의 강도, 사회계층 및 준거집단과 같은 사회문화적 요인에 의해서 자극을 받을 수 있다. 첫째, 어떤 사회는 다른 사회보다 물질주의적인 성향이 더 강하다. 예컨대, 서구의 소비자들은 불교문화권의 아시아 소비자들보다 물질주의적인 성향이 강하기 때문에, 제품에 대한 욕구가 더 높은 편이다.

둘째, 소비자가 속하는 사회계층도 소비자가 이상적 상태를 지각하는 것에 영향을 미칠 수 있다. 대개 소비자는 자신이 속하는 사회계층의 다른 구성원들로부터 자신이 인정받거나 자신의 사회적 지위를 더 높이길 원한다.

셋째, 준거집단도 소비자가 이상적 상태를 지각하는 것에 중요한 역할을 할 수 있다. 소비자는 자신이 타인에게 잘 받아들여지는 존재가 되길 바라기 때문에, 준거집단은 소비자가 수행하는 행동에 대한 안내자와 같은 역할을 한다.

(3) 소비자의 상황전환

소비자의 상황전환(transformation), 즉 생활상황의 변화가 새로운 이상적 상태의 지각을 불러일으키기도 한다. 이런 상황전환의 예로는 직장에서 승진하거나 새로운 자녀를 얻게 된 것을 들 수 있다. 예컨대, 대학을 졸업해서 새로운 직장생활을 하기 시작하는 소비자는 거처나 옷 혹은 자동차와 관련해서 새로운 이상적 상태를 지각하게 될 것이다. 또한, 공산주의의 붕괴 후, 다수의 동유럽 소비자들은 과거에는 잘 구입할 수 없었던 서구의 제품을 이제 더 열렬히 원하게 되었다.

2) 실제적 상태의 지각에 영향을 미치는 요인

소비자가 실제적 상태를 지각하는 것에 영향을 미치는 요인으로는 ① 단순한 물리적 요인, ② 소비자의 욕구 그리고 ③ 외부적 자극을 들 수 있다.

(1) 단순한 물리적 요인

소비자가 실제적 상태를 지각하는 것에 영향을 미치는 단순한 물리적 요인의 예로는 제품재고의 소진(예: 세숫비누가 거의 다 떨어진 경우), 제품의 고장(예: 스테레오가 고장난 경우), 제품의 진부화(예: 컴퓨터의 모델이 너무 오래되어 메모리용량이 부족한 경우) 혹은 긴급서비스의 필요성(예: 충치 때문에 통증이 너무 심해서 빨리 치과에 가야 하는 경우)을 들 수 있다.

(2) 소비자의 욕구

소비자의 욕구도 소비자가 실제적 상태를 지각하는 것에 중요한 역할을 한다. 예컨대, 배가 너무 고프거나 친구들이 자신의 옷을 보고 자꾸 놀린다면, 소비자는 그런 상태를 그대로 방치하기는 어려울 것이다.

(3) 외부적 자극

어떤 외부적 자극이 소비자가 실제적 상태를 지각하는 것을 갑자기 바꾸어 버리기도 한다. 예컨대, "다음 토요일이 어버이날이다."라는 말을 전해들은 소비자는 부모님에게 드릴 선물을 아직 준비하지 못했다는 사실을 깨닫게 될 수 있다. 밤도둑이 많이 설치고 있음을 알려주는 광고를 본 소비자는 집에 주택보안시스템을 설치해야 할 필요성을 깨닫게 될 수 있다. 장롱 문을 여는 순간 너무 많은 옷들이 빼곡히 차 있는 것을 본 소비자는 이제 장롱의 옷을 정리할 필요가 있음을 깨닫게 될 수 있다.

3. 문제인식을 이용한 마케팅액션

기업이 소비자로 하여금 문제인식을 하게 만들면, 이는 소비자의 의사결정프로세스를 자극하여 자사 제품을 획득하고 사용하며 처분하는 행동을 유발할 수 있다. 일반적으로, 기업이 소비자의 문제인식을 자극하기 위해서는 소비자의 새로운 이상적 상태(new ideal state)를 창출하는 방안과 실제적 상태에 대한 소비자의 불만족(dissatisfaction with the actual state)을 창출하는 방안이라는 두 가지 방안을 사용할 수 있다.

1) 소비자의 새로운 이상적 상태를 창출하는 방안

최근 운동화 제조기업의 마케팅활동은 소비자의 새로운 이상적 상태를 창출하는 방안을 이용하여 소비자의 문제인식을 자극한 좋은 예이다. 과거에는 소비자들이 운동화의 성능에 대해 별로 깊이 생각하지 않았지만, 1990년대에 들어서면서 더 빨리 달릴 수 있게 해주고 더 높이 점프할 수 있게 해주는 우수한 신제품들이 많이 나와 운동화에 대한 새로운 이상적 상태가 형성되고 있다. 이에 따라 소비자들은 새로운 하이테크 모델[2]의 운동화를 구입하는 데 적지 않은 돈을 기꺼이 지불한다.

또한, 일본에서 포드사의 무스탕(Mustang) 자동차가 성공한 이유도 "크고, 멋지며, 내구성이 높지만" 일본의 국산 스포츠카보다 가격이 싼 이 자동차가 일본소비자들에게 스포츠카에 대한 새로운 이상적 상태를 창출하였기 때문이었다.

2) 실제적 상태에 대한 소비자의 불만족을 창출하는 방안

실제적 상태에 대한 소비자의 불만족을 창출하는 방안을 이용하여 소비자의 문제인식을 자극한 예로는 기존 제품들이 너무 어려워 이해하기 어렵다고 주장하는 컴퓨터 광고, 기존 제품들의 작동방법이 너무 복잡하다고 주장하는 VCR광고, 그동안 너무 열심히 일했기 때문에 이제는 휴가여행을 떠나는 것이 필요함을 암시하는 신용카드회사 광고를 들 수 있다.

미스터 커피(Mr. Coffee)는 '포테이토 퍼펙트(Potato Perfect)'라는 신제품을 도입하여 성공한 바 있다. 그 이유는 이 제품이 전자오븐에 감자를 데우면 구수한 냄새가 사라

---

2 그 예로는 최근 리복(Reebok)이 도입한 펌프(Pump) 제품계열의 트레이너용 인스타 펌프(Insta-Pump)를 들 수 있는데, 이는 휴대용 탄산이산화물 용기와 디지털 정보를 제공하는 조그만 전기 압력계기를 이용하여 공기를 채울 수 있는 세 개의 공기 주머니를 갖고 있는 첨단 운동화이다.

져버리는 문제를 해결해줌과 동시에 적당한 시간 내에 군 감자의 맛을 즐길 수 있도록 해 주었기 때문이다.

위의 두 가지 방안 중에서 어느 것을 사용하든, 기업의 입장에서는 자사 제품이 소비자가 인식한 문제를 해결하는 데 가장 좋은 방법이라는 식으로 적절히 포지셔닝하는 것이 중요하다. 단순히 소비자의 문제인식만 창출하는 것에 그친다면, 이는 곧 소비자가 여러 가지 다른 해결책을 고려하도록 허용하는 셈이 된다. 하지만, 자사 제품이 인식된 문제에 대한 최선의 해결책이라고 분명하게 포지셔닝한다면, 그만큼 자사 제품이 소비자에게 선택될 확률이 높아질 것이다.

제 2 절 내부탐색

문제인식을 한 소비자는 그 문제를 해결하기 위해 의사결정프로세스를 시작하는데, 일반적으로 문제인식의 후속단계는 정보탐색(information search)이다. 정보탐색은 내부적 정보원천을 대상으로 정보를 탐색하는 내부탐색(internal search)과 외부적 정보원천을 대상으로 정보를 탐색하는 외부탐색(external search)이라는 두 가지 유형으로 구분된다. [그림 2-3]에서 보듯이, 정보탐색이 진행되는 순서는 내부탐색이 외부탐색보다 선행된다.

내부탐색이란 소비자가 어떤 제품과 관련하여 자신의 장기기억 속에 저장된 정보, 느낌 및 경험을 회상(인출)하는 것을 말하는데, 이는 소비자의 판단과 의사결정에 사용되는 중요한 요소들 중의 하나이다.[3] 대개 소비자의 의사결정에는 몇 가지 형태의 기억정보처리(memory processing)가 포함되며,[4] 소비자는 어떤 제품에 관련되는 다양한 정보,

3 판단과 의사결정에서 기억이 수행하는 역할에 관해서는 다음의 자료를 참고할 것. Joseph W. Alba and J. Wesley Hutchinson, and John G. Lynch, Jr., "Memory and Decision Making", in eds. Thomas S. Robertson and Harold H. Kassarjian, *Handbook of Consumer Behavior* (Englewood Cliffs, N.J.: Prentice-Hall, 1991), pp. 1-49.

4 John G. Lynch and Thomas K. Srull, "Memory and Attentional Factors in Consumer Choice: Concepts and Research Method", *Journal of Consumer Research*, June 1982, pp. 18-37; Gabriel Biehal and Dipankar Chakravarti, "Consumers' Use of Memory and External Information in Choice: Macro and Micro Perspectives", *Journal of Consumer Research*, March 1986, pp. 382-405.

그림 2-3 소비자의 정보탐색

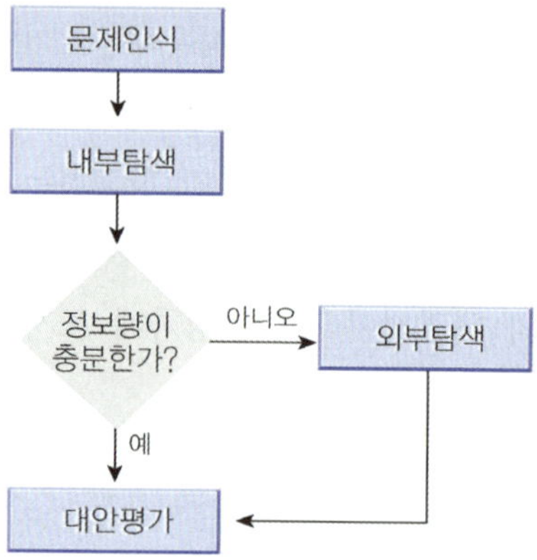

느낌 및 경험을 자신의 장기기억 속에 저장해두었다가 나중에 의사결정을 할 때 그것을 인출하여 사용할 수 있다. 이렇게 인출된 정보는 소비자의 의사결정에 중요한 영향을 미친다.

그런데, 소비자의 정보처리용량(능력)에 제한이 있고 시간이 지나면서 기억흔적이 쇠퇴할 수 있기 때문에, 소비자가 내부탐색을 수행할 때는 장기기억 속에 저장되었던 여러 가지 정보들 중에서 단지 일부만이 인출될 가능성이 있다. 지금까지 소비자행동 연구에서는 ① 내부탐색의 정도, ② 내부탐색의 내용 및 ③ 내부탐색의 정확성이라는 세 가지 주제를 규명하는 데 많은 관심을 가져왔다.

1. 내부탐색의 정도

내부탐색의 정도(extent of internal search)는 소비자가 내부탐색을 얼마나 많이 하는가를 말하는데, 이는 상표명만 간단히 회상(인출)하는 것으로부터 제품에 관련되는 정보, 느낌 및 경험에 대한 기억을 이용하여 방대한 탐색을 수행하는 것에 이르기까지 매우 다양하다. 일반적으로 소비자가 내부탐색을 수행하는 데 기울이는 노력의 크기는 소비자가 가진 정보처리의 동기, 능력 및 기회(MAO)의 수준에 의존한다.

첫째, 소비자의 정보처리동기이다. 감지된 관여도, 지각된 위험 및 인지욕구가 높은 소비자의 경우에는 고노력형 내부탐색을 수행할 동기가 유발될 가능성이 있다. 즉, 소비자는 자신에게 중요하지 않은 사안의 의사결정보다는 중요한 사안의 의사결정을 위해 더 많은 정보를 인출하려고 노력할 것이다.

둘째, 소비자의 정보처리능력이다. 내부탐색은 소비자가 자신의 장기기억 속에 저장되어 있는 정보에 한해서 탐색을 수행하는 것이기 때문에, 어떤 제품과 관련하여 지식과 경험이 많은 소비자일수록 내부탐색의 수행능력이 그만큼 더 높아진다. 따라서, 초보자소비자보다는 전문가소비자의 경우에 정보의 회상능력이 더 높다.

셋째, 소비자의 정보처리기회이다. 소비자는 단지 그렇게 할 기회가 있는 경우에 한해서 기억으로부터 정보를 회상할 수 있다. 따라서, 시간압박이나 주의분산과 같은 일종의 방해요인이 존재하면, 소비자가 내부탐색을 수행하는 정도는 제한될 것이다.

2. 내부탐색의 내용

내부탐색의 내용(content of internal search)은 소비자가 내부탐색을 수행할 때 어떤 정보가 회상되는가 즉, 내부탐색으로 인출되는 정보의 유형을 말한다. 기억이 소비자의 판단과 의사결정에서 담당하는 역할을 규명한 다수의 연구들은 소비자가 내부탐색을 수행할 때 회상되는 내용이 무엇인가를 파악하는 데 중점을 두어 왔다. 특히, 소비자행동 연구에서는 ① 상표의 회상, ② 속성의 회상, ③ 평가의 회상 및 ④ 경험의 회상이라는 네 가지 정보유형의 회상 문제를 많이 다루어 왔다.[5]

1) 상표의 회상

문제인식이 된 후 소비자의 장기기억에서 회상되는 상표들의 집합(상표군)은 내부탐색이 소비자의 의사결정에 영향을 미치는 한 가지 중요한 측면이다. 소비자는 어떤 상황에서 이용가능한 모든 상표를 기억해내는 것이 아니라 선택을 위한 평가대상이 되는 일부의 상표(통상 2~8개 정도의 상표)만 회상하는 경향이 있는데, 이를 환기상표군(evoked set)이라고 부른다.[6] [그림 2-4]에서 보듯이 이런 환기상표군은 다시 외부탐색을 통해서 파악된 상표군과 함께 고려상표군(consideration set)을 형성하여 대안평가의 대상이 된다.

대개 환기상표군은 소비자가 의사결정을 할 때 가장 먼저 떠오르는 상표인 최초상기상표(top-of-mind brand)와 기억해내기 쉬운 상표들로 구성된다. 그런데, 환기상표군의 크기가 클수록 소비자가 상표에 관한 세세한 정보를 회상할 수 있는 능력은 낮아지기

5 Alba, Hutchinson, and Lynch, Jr (1991). *op. cit.*

6 John R. Hauser and Birger Wenerfelt, "An Evaluation Cost Model of Consideration Sets", *Journal of Consumer Research*, March 1990, pp. 393-408.

그림 2-4 환기상표군과 고려상표군

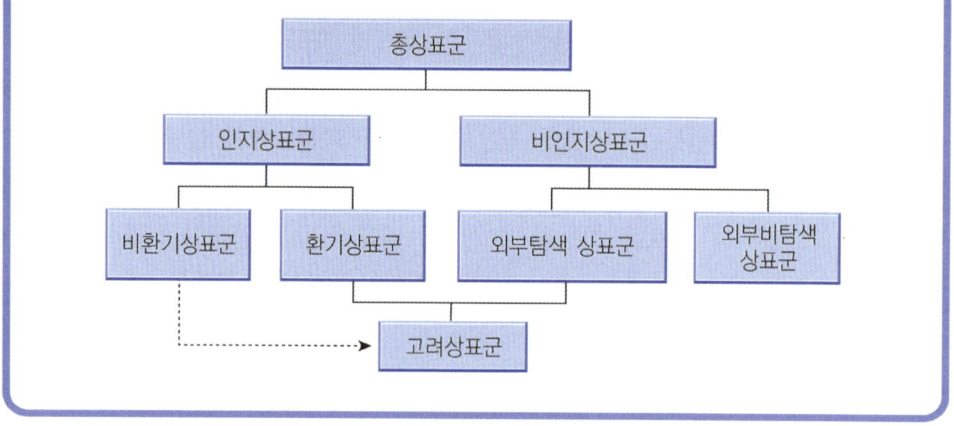

* 점선은 내부탐색에서 상기되지 않은 상표들 중 일부 혹은 전부가 외부탐색에서 발견되어 고려상표군에 포함될 수 있음을 의미한다.

때문에, 보통 적은 수의 환기상표군이 필요하게 된다.

한편, 환기상표군이 소비자의 장기기억으로부터 전혀 회상되지 않는 경우에는 소비자의 장기기억 속에 저장된 정보가 소비자를 관련성 있는 제품으로 안내하는 역할을 하기도 한다. 예컨대, 소비자의 장기기억 속에 저장된 정보는 소비자가 전화번호부에 나와 있는 서비스를 식별하게 해주거나 소매점에 진열되어 있는 상표를 식별하도록 도와주는 식으로 소비자의 재인 프로세스를 도와주기도 한다.

소비자행동 연구에 따르면, 소비자의 상표회상과 소비자의 상표선택 사이에 강력한 상관관계가 존재한다. 즉, 회상되는 상표는 그만큼 선택될 가능성이 더 높아진다.[7] 또한, 상표에 대한 소비자의 선호에는 별다른 변화가 없더라도 소비자가 회상할 수 있는 상표를 간단히 조작함으로써 소비자의 상표선택이 바뀔 수 있다.[8] 소비자가 필요한 상표를 장기기억에서 회상할 수 없는 경우에 소비자의 상표선택은 외부적인 요인(예: 구입가능성이나 판매원)에 의해 결정되는 경향이 있다.[9] 이렇게 보면, 기업의 입장에서는 자사 상표가 반드시 소비자의 고려상표군에 들어가도록 만드는 것이 매우 중요하다는 것을 알 수 있다.

---

7 Prakash Nedungadi, "Recall and Consumer Consideration Sets: Influencing Choice Without Altering Brand Evaluations", *Journal of Consumer Research*, December 1990, pp. 263-276.

8 *Ibid*.

9 Alba, Hutchinson, and Lynch, Jr (1991), *op. cit*.

이런 맥락에서 소비자행동 연구에서는 소비자가 내부탐색을 수행하는 동안 특정한 상표를 잘 회상하도록 만들어 결국 해당 상표가 고려상표군에 들어갈 가능성을 높여주는 요인이 무엇인가를 파악하는 데 많은 관심을 가져왔다.[10] 이에 관련된 주요요인의 예로는 ① 상표전형성, ② 상표친숙성, ③ 소비자의 목적과 사용상황, ④ 상표선호도, 그리고 ⑤ 인출단서를 들 수 있다.

(1) 상표전형성

소비자가 내부탐색을 할 때 특정한 제품범주에서 전형적인 상표일수록 더 손쉽게 회상되기 때문에, 전형적인 상표는 비전형적인 상표보다 고려상표군에 들어갈 가능성이 더 높아진다.[11] 다음은 이런 상표전형성(brand prototypicality)의 원리를 이용한 기업의 두 가지 예이다.

첫째, 일본의 혼다 자동차는 아큐라(Acura) 자동차의 이미지를 "고성능자동차(performance car)"로부터 "고급자동차(luxury car)"로 바꾸기로 결정하였다. 그 이면에는 아큐라가 고급자동차 범주에서 소비자의 환기상표군에 들어가도록 만들려는 의도가 깔려 있었는데, 이를 위해 일본 고급자동차의 전형인 렉서스(Lexus)와 아큐라를 직접 비교하는 내용을 담은 일련의 광고를 도입하였다.

둘째, 브라질의 현지식품체인 미스터 피자(Mr. Pizza)는 자사 제품에 대한 소비자의 회상을 높이려는 노력의 일환으로 자사를 수입피자의 전형인 피자헛(Pizza Hut)에 가까운 것으로 포지셔닝해 왔다.

(2) 상표친숙성

소비자가 내부탐색을 수행할 때 생소한 상표보다 친숙한 상표가 더 잘 회상되는데, 그 이유는 친숙한 상표일수록 더 강한 기억의 연결고리를 가지는 경향이 있기 때문이다. 따라서, 상표의 인지도를 높이고 강한 연상을 유지하기 위해서는 마케팅 커뮤니케이션을 반복적으로 시행하는 것이 중요한데, 다음은 이런 상표친숙성(brand familiarity)의 원리를 이용한 기업의 두 가지 예이다.

첫째, 에너자이저의 토끼(Energizer Bunny) 광고캠페인은 빈번한 반복을 통해서 이에

---

10 단순히 회상되는 것이 어떤 상표가 고려상표군에 들어가도록 보장하는 것은 아니라는 점에 주의해야 한다. 바람직하지 못한 대안이라면, 회상이 되더라도 나중에 다시 제외될 가능성도 있기 때문이다.

11 Prakash Nedungadi and J. Wesley Hutchinson, "The Prototypicality of Brands: Relationships with Brand Awareness, Preference, and Uasge", in eds. Elizabeth C. Hirshman and Morris B. Holbrook, *Advances in Consumer Research*, Vol. 12 (Provo, Utah: Association for Consumer Research, 1985), pp. 498-503.

대한 소비자의 회상과 제품의 매출을 높이는 데 성공해 왔다. 둘째, 말보로는 범세계적으로 "카우보이 이미지(cowboy-image)" 광고캠페인을 오랫동안 반복해 온 덕분에 세계에서 가장 잘 팔리는 상표의 위치를 차지하고 있다.

사실, 소니, IBM, 맥도날드, 코카콜라와 같은 다수의 글로벌 상표들은 범세계적으로 높은 상표친숙성을 확보하고 있기 때문에, 각 제품범주에서 소비자의 고려상표군에 들어갈 가능성이 높다. 이런 상표친숙성은 소매점에서 구입할 수 있는 수많은 상표들 중에서 소비자가 주목해야 할 상표를 재인하는 데 도움을 줄뿐만 아니라 상표를 잘못 식별하는 것을 줄이는 데도 도움을 준다.[12]

(3) 소비자의 목적과 사용상황

소비자의 장기기억 속에는 목적파생범주(예: "해변에 가지고 갈 음료")와 사용특정범주(예: "회식용으로 구입하는 맥주")가 형성되어 있을 수 있는데, 이런 범주의 활성화는 소비자가 내부탐색을 수행할 때 회상될 상표를 결정한다.[13] 기업은 자사 제품과 소비자의 특정한 목적(goal)이나 사용상황(usage situation)을 서로 연결시키는 방안을 모색할 수 있는데, 다음은 이런 원리를 이용한 기업의 예이다.

코닥(Kodak)은 "독신자용" 카메라 펀 세이버 35(Fun-Saver 35)라는 신제품을 개발하였고, 일본에서 도미노 피자(Domino's Pizza)는 "배달용 식품(food for delivery)"이라는 포지셔닝을 이용해서 강한 영향력을 발휘하였다.

(4) 상표선호도

소비자가 긍정적인 태도를 갖고 있는 상표는 부정적인 태도를 유발하는 상표보다 더 손쉽게 회상되기 때문에, 소비자의 환기상표군에 잘 들어가는 경향이 있다.[14] 기업이 이런 상표선호도(brand preference)의 원리를 이용하기 위해서는 다양한 태도형성 및 태도변경 전략을 통하여 상표에 대한 소비자의 긍정적인 태도를 개발하는 방안을 모색해야 한다.

(5) 인출단서

기업은 자사 상표와 인출단서(retrieval cue)를 서로 강하게 연결시킴으로써 자사 상표

12 Alba, Hutchinson, and Lynch, Jr. (1991), *op. cit.*

13 S. Ratneshwar and Allan D. Shocker, "Substitution in Use and the Role of Uasge Context in Product Category Structures", *Journal of Marketing Research*, August 1991, pp. 281-295.

14 James Ward and Barbara Loken, "The Quintessential Snack Food: Measurement of Product Prototypes", in ed. Richard J. Lutz, *Advances in Consumer Research*, Vol. 13 (Provo, Utah: Association for Consumer Research, 1986), pp. 126-131.

가 소비자의 환기상표군에 들어갈 가능성을 높일 수 있다. 예컨대, 매킨토시(Macintosh) 컴퓨터의 사과모양 로고나 말보로(Marlboro) 담배의 말로보맨(Marlboro Man)과 같은 인출 단서는 소비자가 의사결정을 할 때 그런 상표를 기억해내어 이를 고려하도록 만드는 효과를 발휘한다.

2) 속성의 회상

내부탐색에서는 소비자의 장기기억 속에 실제로 저장된 정보들 중의 일부만 접근되기 때문에, 어떤 상황에서 실제로 소비자의 선택프로세스에 들어가는 정보도 기억된 전체 정보들 중의 일부에 불과하다. 또한, 어떤 대상의 세부내역에 관한 기억은 시간이 지나면서 감소하는 경향이 있기 때문에, 소비자는 제품에 관한 구체적인 여러 사실들을 잘 기억해내지 못하는 경우가 많다.[15] 즉, 소비자가 어떤 제품의 속성정보를 회상할 때는 원래의 상세한 내용보다는 요약정보(약식정보)의 형태로 회상되는 경향이 있다. 예컨대, 소비자는 어떤 자동차의 세부적인 속성보다는 그저 "비교적 연비가 좋은 자동차"라거나 "가격에 비해 쓸 만한 자동차"라는 사실 정도만 기억해 낼 가능성이 있다.

하지만, 소비자가 내부탐색을 수행할 때 어떤 제품의 속성에 관한 세부적인 내용을 전혀 회상할 수 없는 것은 아니고 속성정보가 실제로 회상되기도 하는데, 이런 경우에는 소비자의 상표선택이 그런 속성정보에 의해서 강한 영향을 받는다.[16] 소비자행동연구에 따르면, 정보탐색과 의사결정에서 소비자가 속성정보를 회상하는 데 영향을 미치는 요인의 예로는 ① 속성정보의 접근가능성, ② 속성정보의 진단성, ③ 속성정보의 부각성, ④ 속성정보의 생생함 그리고, ⑤ 소비자의 목적 등이 있다.

(1) 속성정보의 접근가능성

가장 강한 연상고리를 갖고 있어서 접근가능성(accessibility)이나 이용가능성(availability)이 높은 정보일수록 회상이 잘 되기 때문에, 소비자의 의사결정프로세스에 들어갈 가능성이 높아진다.[17] 특히, 기업의 마케팅 커뮤니케이션에서 제시되는 속성에 대한 소비자의 주의를 반복해서 끌면, 해당 속성정보의 접근가능성을 높일 수가 있다.[18] 예컨대, 매킨토시(Macintosh) 컴퓨터의 광고에서는 항상 "사용의 용이함"이라는 특징을 반복해서

15 Alba, Hutchinson, and Lynch, Jr. (1991), *op. cit.* p. 16.

16 Biehal and Chakravarti (1986), *op. cit.*

17 Gabriel Biehal and Dipankar Chakravarti, "Information Accessibility as a Moderator of Consumer Choice", *Journal of Consumer Research*, June 1983, pp. 1-14.

18 Meryl Paula Gardner, "Advertising Effects on Attributes Recalled and Criteria Used for Brand Evaluations", *Journal of Consumer Research*, December 1983, pp. 310-318.

강조하고 있는데, 이는 소비자가 컴퓨터를 구입할 때 자사 제품의 그런 특징을 잘 기억해주기를 바라기 때문이다.

(2) 속성정보의 진단성

속성정보의 진단성(diagnosticity)은 속성정보가 여러 대상을 판별하는 데 유익한 정도를 말한다.[19] 예컨대, 모든 상표의 컴퓨터제품들이 모두 동일한 가격으로 판매하고 있다면, 이런 정보는 소비자가 구매의사결정을 하는 데 진단성이 낮기 때문에 별로 유익하지 못할 것이다. 하지만, 각 상표의 컴퓨터제품의 판매가격이 다양하다면, 판별력이 있기 때문에 그런 정보는 진단성이 높아서 유익할 것이다. 진단성이 높은 속성은 회상이 잘 되는 정보라서 소비자의 의사결정프로세스에 영향을 미칠 가능성이 높다.[20] 한편, 접근가능성이 높더라도 진단성이 낮은 정보는 회상될 가능성이 낮다.[21]

그런데, 부정적인 정보는 상대적으로 더 뚜렷한 경향이 있기 때문에, 긍정적인 정보나 중립적인 정보보다 진단성이 높은 경향이 있다.[22] 즉, 대부분의 상표에는 여러 가지 긍정적인 속성이 연결되어 있기 때문에, 부정적인 정보는 특정한 상표가 다른 상표와 다른 범주에 속한다는 것을 더 쉽게 알도록 해준다. 또한, 부정적인 정보는 소비자의 판단과 의사결정에서 더 중요시되는 경향이 있는데, 이는 그런 부정적인 정보와 관련된 대안이 고려대상에서 제외될 가능성을 높인다.

따라서, 기업의 입장에서는 자사 제품이 부정적인 정보와 연결되는 것을 피하도록 노력해야 할뿐만 아니라 경우에 따라서는 양면식 메시지를 이용한 광고캠페인을 기획하거나 제품의 부정적인 특징으로부터 소비자의 주의를 분산시키는 노력이 필요할 수도 있다. 예컨대, 재규어(Jaguar) 자동차는 "오늘날의 재규어는 완벽하게 재검토, 재설계 및 재구성되었기 때문에, 이는 곧 품질 면에서 엄청난 도약을 대표합니다."라는 광고메시지를 이용해서 자사 제품에 대한 과거의 부정적인 평판, 즉 "자주 고장이 나는 자동

19 Jack M. Feldman and John G. Lynch, Jr., "Self-Generated Validity and Other Effects of Measurement on Belief, Attitude, Intention, and Behavior", *Journal of Applied Psychology*, August 1988, pp. 421-435.

20 Carolyn L. Costley and Marrie Brucks, "Selective Recall and Information Use in Consumer Preferences", *Journal of Consumer Research*, March 1992, pp. 464-474.

21 John G. Lynch, Howard Marmorstein, and Michael F. Weigold, "Choices from Sets Including Remebered Brands: Use of Recalled Attributes and Prior Overall Evaluations", *Journal of Consumer Research*, September 1988, pp. 169-184.

22 Paul M. Herr, Frank R. Kardes, and John Kim, "Effects of Word-of-Mouth and Product-Attribute Information on Persuasion: An Accessibility-Diagnosticity Perspective", *Journal of Consumer Research*, March 1991, pp. 454-462.

차"라는 인식을 극복하기 위해 많은 노력을 해왔다.

또한, 기업은 특정한 제품범주에서 진단성이 높은 속성을 파악하고 그런 속성에서 자사의 경쟁우위를 확보하기 위해 노력할 수 있다. 고급자동차의 경우에 진단성이 높은 세 가지 속성은 승차감, 구조의 질, 및 음향시스템의 성능인데, 렉서스(Lexus) 자동차는 이런 세 가지 속성을 강조하기 위해 일련의 광고를 내보낸 바 있다. 첫째, 부드러운 승차감을 강조하기 위해 주행 중인 자동차의 엔진 뚜껑 위에 샴페인 잔을 피라미드로 만들어 세워두어도 잘 무너지지 않는 장면을 보여주었다. 둘째, 우수한 구조의 질을 강조하기 위해 강철 공을 자동차의 라인 아래로 굴리는데 자동차가 그 위를 지나가더라도 궤도를 이탈하지 않는 장면을 보여주었다. 셋째, 음향시스템의 우수한 성능을 강조하기 위해 자동차에 장착된 음향시스템에서 나오는 소리가 마치 현악사중주의 공연장에서 실제로 듣는 것에 비견될 정도라는 것을 연출해서 보여주었다.

(3) 속성정보의 부각성

속성정보의 부각성(salience)이란 속성정보가 소비자의 마음속에 가장 먼저 떠오르는 정도를 말한다.[23] 회상은 정보의 부각성과 직접적인 관계가 있는데, 부각성이 높은 속성은 소비자가 그것을 처리할 기회가 낮은 경우라도 잘 회상될 수 있다.[24] 다음은 부각성이 높은 속성을 이용한 기업의 두 가지 예이다.

욕실용품과 화장품의 경우에는 소비자들이 "천연(natural)"이라는 속성을 매우 중요시하기 때문에, 브리튼즈 바디숍(Britain's Body Shop)과 같은 소매점들은 이런 천연이라는 속성을 주제로 해서 건물을 꾸며 왔다. 또한, 팀버랜드(Timberland)는 자사의 글로벌 광고에서 하이킹 부츠의 "튼튼함(sturdiness)"이라는 부각성이 높은 속성을 강조하면서, 모든 국가에 동일한 이미지를 구축하였다.

소비자가 어떤 속성의 부각성에 대해 강한 신념을 갖고 있지 않은 경우[25]에는 기업이 마케팅 커뮤니케이션을 통하여 그 속성에 대한 소비자의 주의를 반복적으로 끌어서, 그 속성의 부각성을 높이고 따라서 그 속성이 소비자의 의사결정에 미치는 효과를

---

23 이는 자극이 환경에서 두드러져서 잘 부호화될 수 있는 능력을 부각성으로 보는 제11장의 설명과 다소 차이가 있다는 데 주의해야 한다.

24 S. Ratneshwar, David G. Mick, and Gail Reitinger, "Selective Attention in Consumer Information Processing: The Role of Chronically Accessible Attributes", in eds. Marvin E. Goldberg, Gerald Gorn, and Richard W. Pollay, *Advances in Consumer Research*, Vol. 17 (Provo, Utah: Association for Consumer Research, 1990), pp. 547-553.

25 Jacob Jacoby, Tracy Troutman, Alfred Kuss, and David Mazursky, "Experience and Expertise in Complex Decision Making", in ed. Richard J. Lutz, *Advances in Consumer Research*, Vol. 13 (Provo, Utah: Association for Consumer Research, 1986), pp. 469-475.

높일 수 있다.[26] 다음은 이런 원리를 이용한 기업의 두 가지 예이다.

콜맨(Coleman)은 성장호르몬, 항생제, 화학약품 및 기타 유해성분이 일체 들어있지 않은 소고기를 판매하는 회사인데, 이 회사는 광고를 통해서 이런 속성의 부각성을 높이고자 많은 노력을 한다. 또한, 경제가 점차 둔화되고 있는 상황에서 많은 일본기업들은 "국산"이라는 속성의 부각성을 높이면서 일본소비자들이 "국산품"을 더 많이 애용하고 해외여행보다는 국내여행을 더 많이 하라고 권하고 있다.

그런데, 부각성은 높지만 진단성은 낮은 속성이 있을 수 있는데, 그런 예는 손목시계의 경우에 "시간을 알려준다."는 속성이다. 하지만, 어떤 정보가 회상되어 소비자의 의사결정에 들어가기 위해서는 부각성과 진단성이 모두 높지 않으면 안 되는데, 이를 속성결정성(attribute determinance)이라고 부른다.[27]

(4) 속성정보의 생생함

속성정보의 생생함(vividness)이란 속성정보가 구체적인 단어, 그림, 상상지시법 혹은 구전커뮤니케이션을 이용하여 생생하게 제시되는 정도를 말한다. 일반적으로 생생한 정보는 덜 생생한 정보보다 회상하기가 용이하지만,[28] 속성의 생생함은 소비자에게 사전평가(특히, 부정적인 것)가 강하게 형성되어 있지 않은 경우에만 소비자의 판단과 의사결정에 영향을 미치는 경향이 있다.[29]

(5) 소비자의 목적

소비자가 추구하는 목적(goal)은 기억 속에서 어떤 속성이 회상될지를 결정하는 요인 중의 하나이다. 예컨대, 알뜰여행을 하려는 목적을 가진 소비자라면, 여행비용이라는 속성부터 회상할 가능성이 높다. 따라서, 기업은 소비자의 선택을 안내하는 중요한 목적이 무엇인지를 파악해서 그런 목적을 달성하는 데 자사 제품이 가장 적합하다는 식으로 포지셔닝하는 방안을 모색할 수 있다. 예컨대, 여행사가 알뜰여행을 하려는 소비자를 겨냥해서 저가격의 실속형 여행패키지를 안내하는 것은 그 좋은 예이다.

또한, "실속 있는 간식"을 구입하려는 소비자의 경우에는 대개 맥도날드와 같은

---

26 Scott B. Mackenzie, "The Role of Attention in Mediating the Effect of Advertising on Attribute Importance", *Journal of Consumer Research*, September 1986, pp. 174-195.

27 Mark I. Alpert, "Identification of Determinant Attributes: A Comparison of Methods", *Journal of Marketing Research*, May 1971, pp. 184-191.

28 Jolita Kiselius and Brian Sternthal, "Examining the Vividness Controversy: An Availability-Valence Interpretation", *Journal of Consumer Research*, March 1986, pp. 418-431.

29 Herr, Kardes, and Kim (1991), *op. cit.*

햄버거 체인을 떠올리게 될 것이다. 그래서, 도미노(Domino) 피자는 이런 목적을 가진 소비자들에게 자사 피자가 손쉽게 회상되도록 만들기 위해 일종의 가격할인방법(예컨대 한 개를 구입하면, 무료로 한 개를 더 주거나 할인쿠폰을 주는 것)을 동원한 바 있다.

3) 평가의 회상

어떤 대상의 구체적인 세부내용에 관한 기억은 시간이 지나면서 빠르게 쇠퇴하지만,[30] 해당 대상에 관한 전반적인 평가는 상표와 강한 연상고리를 형성하는 경향이 있기 때문에, 구체적인 속성정보보다는 전반적인 평가가 더 기억이 잘 난다. 이 원리는 곧 기업이 자사 제품에 대한 소비자의 긍정적인 태도를 형성하는 것이 중요함을 시사한다.

또한, 소비자가 정보에 노출되는 시점에 상표를 평가하려는 목적이 작동해서 그 상표를 적극적으로 평가했다면, 그런 평가결과는 나중에 회상될 가능성이 높아진다. 예컨대, 새 컴퓨터를 구입하려고 전자제품시장에 나갔는데 우연히 특정 상표의 컴퓨터에 대한 광고를 보게 되었다면, 소비자는 그 광고를 본 시점에서 자신이 과연 그 상표를 좋아하는지 여부를 결정하게 될 것인데, 이를 온라인정보처리(on-line processing)라고 부른다.[31] 나중에 가면, 자신의 평가를 유도했던 구체적인 속성정보들보다는 전반적인 평가 그 자체가 회상될 가능성이 더 높다.

하지만, 광고에 노출되는 시점에서 소비자가 광고되는 상표를 처리하려는 목적을 갖고 있지 않은 경우가 많다. 소비자의 관여도가 높아서 정보처리가 된다는 전제하에, 이런 경우에는 소비자가 전반적인 평가를 형성하지 않기 때문에 구체적인 속성정보를 더 잘 회상할 수 있다.[32]

4) 경험의 회상

내부탐색에는 자전적 기억으로부터 구체적인 이미지와 이에 연상된 감정이라는 형태로 경험을 회상하는 것이 포함될 수 있다.[33] 어의적 기억으로부터 정보를 회상하는

30 Lynch, Marmorstein, and Weigold (1988), *op. cit.*

31 Reid Hastie and Bernadette Park, "The Relationship Between Memory and Judgment Task is Memory-Based or On-Line", *Psychological Review*, June 1986, pp. 258-268.

32 Jong-Won Park and Manoj Hastak, "Memory-Based Product Judgments: Effects of Involvement at Encoding and Retrieval", *Journal of Consumer Research*, December 1994, pp. 534-547.

33 Hans Baumgartner, Mita Sujan, and James R. Bettman, "Autobiographical Memories, Affect, and Consumer Information Processing", *Journal of Consumer Psychology*, 1 (1), 1992, pp.

경우와 마찬가지로, 이런 경험도 생생하거나 부각적이거나 혹은 빈번한 경험일수록, 회상될 가능성이 더 높아진다.

소비자가 어떤 제품과 관련해서 이례적으로 긍정적인 경험(예: 어떤 식당에서 아주 탁월한 서비스를 받았던 경우)이나 부정적인 경험(예: 통조림 안에서 이물질이 발견된 경우)을 가졌다면, 이런 생생한 경험은 나중에 다시 회상될 가능성이 높다. 또한, 어떤 제품에 대한 소비자의 긍정적인 경험이 반복되면 될수록, 그런 경험은 회상하기가 더 용이해진다.

기업은 소비자가 자사 제품과 관련하여 긍정적인 경험을 회상하게 만드는 방안을 모색할 수 있다. 예컨대, 오벌틴(Ovaltine)의 초콜릿음료와 쿠키믹스제품에 대한 광고는 소비자에게 이런 제품과 더불어 가질 수 있는 "간편하고 행복한 시간(simple, happy times)"을 잘 상기시켜주었기 때문에 매출이 많이 신장되었다.

또한, 기업은 기억의 회상 가능성을 높이기 위해 자사 제품과 어떤 보편적인 긍정적 경험이나 이미지를 서로 연결시키는 방안을 사용할 수 있다. 예컨대, 푸르덴셜 보험회사(Prudential Insurance)와 소니(Sony)는 "감동적인 경험의 정수(quintessential breathtaking experience)"라는 평을 받고 있는 미국의 그랜드 캐니언을 배경으로 해서 광고를 찍었는데, 그 이유는 이런 그랜드 캐니언에 대한 긍정적인 기억이 자사 상표와 서로 잘 연결될 수 있기를 바라기 때문이었다.

3. 내부탐색의 정확성

내부탐색의 정확성(accuracy of internal search)이란 소비자가 내부탐색을 하는 동안에 기억 속에 저장된 정보를 얼마나 정확하게 회상하는가를 의미한다. 소비자가 내부탐색을 하는 동안 기억나게 되는 정보가 무엇인지를 좌우하는 요인에는 앞에서 설명했던 여러 요인이외에도, 소비자가 내부탐색의 본질을 바꾸어버리는 탐색편향(search bias)이 존재할 수 있다. 이는 편향된 정보의 회상을 초래하여 결국 최적이 아닌 판단과 의사결정을 유도하기도 한다. 기업의 마케팅활동에 중요한 시사점을 가지는 탐색편향요인으로는 ① 확인편향, ② 방해 및 ③ 기분이라는 세 가지 요인을 들 수 있다.

1) 확인편향

확인편향(confirmation bias)이란 소비자는 자신이 갖고 있는 전반적인 신념과 상충되

53-82.

는 정보보다는 이를 강화하는 정보를 더 잘 회상하기 때문에, 실제보다 더 긍정적인 판단과 의사결정이 초래되는 현상을 말한다.[34] 확인편향은 소비자가 있는 그대로를 보는 것이 아니라 자신이 보길 원하는 것을 선택해서 보는 현상을 말하는 선택적 지각(selective perception)과 깊은 관계가 있다. 선택적 지각이 발생하는 이유는 소비자가 자신의 시각에서 일관성을 유지하고자 하기 때문이다. 따라서, 소비자가 내부탐색을 할 때는 자신이 싫어하거나 기각시켰던 상표보다는 자신이 좋아하거나 선택했던 상표에 관한 정보를 더 잘 회상할 가능성이 있다.[35]

그런데, 소비자는 자신이 좋아하는 상표에 관해서도 부정적인 정보보다는 긍정적인 정보를 더 잘 회상할 가능성이 있지만, 그렇다고 해서 소비자가 자신의 입장과 상충되는 증거를 전혀 회상하지 못하는 것은 아니다. 사실, 소비자는 자신의 전반적인 신념과 상충되는 정도가 보통수준인 정보를 회상하는 경우가 많은데, 그 이유는 소비자가 처음에 그런 정보를 이해하려고 노력할 때 이에 대해 정교화를 하기 때문이다.[36] 하지만, 대체로 소비자는 자신의 전반적인 신념과 상충되는 정보보다는 이를 강화하는 정보를 잘 회상하는 경향이 있다.

기업의 입장에서 이런 확인편향이 문제시되는 것은 소비자가 내부탐색을 할 때 경쟁상표의 긍정적인 정보만 회상하는 경우이다. 이 문제를 해결하는 한 가지 방안은 비교광고를 통해 소비자가 경쟁상표의 부정적인 측면에 주목하도록 만드는 것이다. 컴퓨터산업(예: Dell과 Compaq)과 통신산업(예: AT&T와 MCI)에서는 비교광고를 많이 사용하고 있는데, 이런 비교광고에서 소비자에게 확신을 주면서 신뢰성 있는 방식으로 정보를 제시한다면 확인편향의 문제는 어느 정도 해결될 수 있다.

2) 방 해

소비자가 어떤 속성을 회상하는 데 영향을 미치는 요인(예: 접근가능성, 생생함 및 부각성)은 단기기억의 제한된 처리용량으로 인해 소비자가 진단성이 높은 다른 속성을 회상하려는 것을 방해(inhibition)할 수 있기 때문에 또 다른 탐색편향이 발생하기도 한다.[37] 아

34 Alba, Hutchinson, and Lynch (1991), *op. cit.*

35 Barbara Loken and Ronald Hoverstad, "Relationships Beween Information Recall and Subsequent Attitudes: Some Exploratory Findings", *Journal of Consumer Research*, September 1985, pp. 155-168.

36 Michael J. Houston, Terry L. Childers, and Susan E. Heckler, "Picture-Word Consistency and the Elaborative Processing of Advertisements", *Journal of Marketing Research*, November 1987, pp. 359-369.

37 Joseph W. Alba and Amitava Chattopadhyay, "Salience Effects in Brand Recall", *Journal of*

파트를 구입하려는 소비자라면 아파트의 판매가격이나 평수처럼 접근가능성이 높고 생생하며 부각적인 정보는 손쉽게 회상할 수 있겠지만, 그 때문에 부엌의 크기와 학군과 같은 다른 중요한 속성은 쉽게 회상하지 못할 수도 있다.

방해는 중요하면서도 유익한 정보를 무시하게 만들어 결국 소비자의 편향된 판단과 의사결정을 초래할 수도 있는데, 내부탐색의 관점에서 이런 방해현상이 중요한 이유는 두 가지가 있다.

첫째, 방해로 인해 접근가능성이 더 높은 다른 속성들이 그 대신에 회상되기도 하기 때문에, 어떤 상표의 핵심적인 측면이라고 해서 항상 소비자의 의사결정에 고려되는 것은 아니라는 점이다. 특히, 이렇게 해서 회상되지 못하는 속성이 실제로는 여러 상표를 서로 구별해주는 특징(즉, 진단성이 높은 속성)이라면, 기업은 소비자들이 이런 속성에 주목하도록 만드는 방안을 모색해야 한다. 예컨대, 저가격을 내세운 광고가 성행하는 PC시장에서 델(Dell) 컴퓨터는 소비자들이 자사의 차별적 특징 중의 하나인 '우수한 서비스'를 잘 기억해주길 바라기 때문에, 저가격과 더불어 우수한 서비스도 집중적으로 강조하는 광고를 시행한다.

둘째, 기업은 소비자가 더 생생하거나 접근가능한 속성에 주목하도록 만들어 자사제품의 단점과 경쟁제품의 장점이 가지는 효과를 상쇄시킬 수 있다는 점이다. 예컨대, 스낵웰(SnackWell) 쿠키는 소비자의 주의를 자사제품이 주요 경쟁제품에 비해 지방이 많다는 사실로부터 다른 것으로 돌리기 위해 "탐닉(indulgence)"이라는 주제를 강조하는 광고를 시행했다. 또한, 크리스털 펩시(Crystal Pepsi)의 도입광고에서는 소비자의 주의를 콜라의 다른 중요한 속성에서 탈피하여 이 콜라가 가진 차별적인 속성인 "투명함(clearness)"으로 돌리기 위해 많이 노력하였다.

3) 기 분

소비자가 내부탐색을 할 때는 당시의 기분(mood)과 조화를 이루는 정보, 느낌 및 경험을 회상할 가능성이 매우 높다.[38] 따라서, 기업은 좋은 기분이 들게 만드는 마케팅 커뮤니케이션을 통해서 소비자가 자사제품의 긍정적인 속성정보를 회상할 가능성을 높이는 방안을 모색할 수 있다.

Marketing Research, November 1986, pp. 363-369.

38 Gordon H. Bower, "Mood and Memory", *American Psychologist*, February 1981, pp. 129-148.

제 3 절 외부탐색

소비자가 전적으로 장기기억에서 회상된 정보에 근거하여 의사결정을 하는 경우가 없지 않지만, 장기기억에서 회상된 정보로는 부족하거나 이렇게 회상된 정보와 관련하여 어떤 불확실성이 존재하는 경우도 있기 마련이다. 대개 이런 경우에는 여러 가지 외부정보원천에서 정보를 추가로 수집할 수 있는데, 이처럼 소비자가 필요한 정보를 외부환경에서 수집하는 것을 외부탐색(external search)이라고 한다.

소비자가 외부탐색을 수행할 대상이 되는 외부정보원천의 예로는 소매점, 친구나 친지, 각종 출판물(예: 잡지, 팸플릿 혹은 서적), 광고 혹은 포장 등을 들 수 있는데, 이로부터 소비자는 시장에서 구입할 수 있는 상표에 관한 정보와 환기상표군에 포함되는 상표들의 속성과 편익에 관한 정보를 수집한다.

외부탐색은 탐색의 수행시기를 기준으로 해서 구매전 탐색(prepurchase search)과 지속적 탐색(ongoing search)으로 구분될 수 있다.[39] 우선, 구매전 탐색은 문제인식이 활성화된 것에 따른 하나의 반응으로써 소비자가 수행하게 되는 외부탐색을 말한다. 구입할 컴퓨터를 결정하려는 소비자가 컴퓨터판매점을 방문하거나 친구들과 대화를 나누거나 혹은 컴퓨터잡지를 읽는 것은 구매전 탐색의 예이다. 한편, 지속적 탐색은 문제인식이 활성화되지 않았더라도 평소에 소비자가 정기적이고 연속적으로 외부탐색을 수행하는 것을 말한다. 컴퓨터에 대한 관심이 많은 소비자가 평소에 컴퓨터잡지를 많이 읽고 컴퓨터전시회에도 잘 참석하는 것은 지속적 탐색의 예이다. 〈표 2-2〉는 이런 두 가지 유형의 외부탐색이 가진 특성을 비교한 결과이다.

소비자행동연구에서는 외부탐색의 여섯 가지 주요측면에 대해 관심을 두어 왔는데, 구체적으로 이는 ① 외부탐색의 정도, ② 외부탐색의 내용, ③ 정보탐색의 원천, ④ 탐색자의 유형화, ⑤ 탐색의 순서 및 ⑥ 탐색의 방식이다.[40]

---

39 Peter H. Bloch, Daniel L. Sherrell, and Nancy M. Ridgway, "Consumer Search: An Extended Framework", *Journal of Consumer Research*, June 1986, pp. 119-126.

40 Jacob Jacoby, Robert W. Chestnut, Karl Weigl, and William A. Fisher, "Prepurchase Information Acquisition: Description of a Process Methodology, Research Paradigm, and Pilot Investigation", in ed. Beverlee B. Anderson, *Advances in Consumer Research*, Vol. 3 (Cincinnati: Association for Consumer Research, 1976), pp. 306-314.

표 2-2 외부탐색의 유형

	구매전 탐색	지속적 탐색
결정요인	▪ 구매관여도 ▪ 시장환경 ▪ 상황요인	▪ 제품관여도 ▪ 시장환경 ▪ 상황요인
탐색동기	▪ 더 나은 구매결정을 하기 위해	▪ 나중에 사용하기 위한 정보은행을 구축해 두기 위해 ▪ 경험의 재미와 쾌락 때문에
탐색결과	▪ 제품 및 시장지식의 증가 ▪ 더 나은 구매결정 ▪ 구매결과에 대한 만족의 증가	▪ 제품 및 시장지식의 증가 – 미래 구매효율성의 증가 – 개인적 영향력의 증가 ▪ 충동구매의 증가 ▪ 탐색으로부터 만족의 증가

※ 자료: Peter H. Bloch, Daniel L. Sherrell, and Nancy M. Ridgway, "Consumer Search: An Extended Framework," *Journal of Consumer Research*, June 1986, p. 120.

1. 외부탐색의 정도

외부탐색의 정도(extent of external search)란 소비자가 외부탐색을 얼마나 많이 수행하는가를 말한다. 소비자의 정보탐색에 관한 대부분의 연구에서는 소비자가 판단과 의사결정을 수행하기 전에 얼마나 정보를 많이 수집하는가를 규명하는 데 중점을 두었다. 그 주요 연구결과 중의 하나는 비교적 중요시하는 상품을 구입하는 경우라도 소비자는 꽤 한정된 정보탐색활동을 수행한다는 것이다.[41] 예컨대, 호주의 자동차구매자 중에서 1/3 이상은 자동차를 구입하기 전에 대리점을 방문한 횟수가 2회 미만인 것으로 나타났다.[42] 여러 제품과 서비스의 경우에 소비자가 이를 구입하고자 할 때는 대개 소수의 소매점만 방문하고, 참조하는 정보원천의 수도 소수에 불과하다.[43]

그런데, 소비자가 수행하는 외부탐색의 폭은 한두 개의 정보만 포함하는 간단한 탐

41 Jacob Jacoby, Robert W. Chestnut, and William Silberman, "Consumer Use and Comprehension of Nutrition Information", *Journal of Consumer Research*, September 1977, pp. 119–128.

42 Geoffrey C. Kiel and Roger A. Layton, "Dimensions of Consumer Information Seeking", *Journal of Marketing Research*, May 1981, pp. 233–239.

43 Kiel and Layton, "Dimensions of Consumer Information Seeking", op. cit.; John O. Claxton, Joseph N. Fry, and Bernard Portis, "A Taxonomy of Prepurchase Information Gathering Patterns", *Journal of Consumer Research*, December 1974, pp. 35–42.

색(simple search)으로부터 여러 정보원천에 의거하는 광범위한 탐색(extensive search)에 이르기까지 상당히 다양하다. 소비자행동 연구는 소비자가 수행하는 외부탐색의 정도가 이렇게 차이가 나는 이유를 규명하기 위해 노력한 결과, 소비자의 MAO(정보처리의 동기, 능력 및 기회)와 관련된 다수의 요인을 식별하게 되었다.

1) 소비자의 정보처리동기

일반적으로 정보처리의 동기가 높을수록, 소비자는 간단한 탐색을 수행하기보다는 광범위한 탐색을 수행할 것이다. 소비자가 외부탐색을 이용하여 정보처리를 수행할 동기에 영향을 미치는 요인으로는 ① 관여도 및 지각된 위험, ② 탐색의 지각된 비용과 편익, ③ 환기상표군의 크기, ④ 탐색에 대한 태도 및 ⑤ 정보의 불일치수준을 들 수 있다.

(1) 관여도 및 지각된 위험

관여도(involvement)와 외부탐색의 정도 사이에 존재하는 관계를 이해하기 위해서는 우선 관여도의 개념을 상황적 관여도(situational involvement)와 지속적 관여도(enduring involvement)를 구분할 필요가 있다. 전자는 특정한 상황에 대한 반응이라는 성격의 관여도를 말하고, 후자는 시간의 경과에 따른 지속적인 반응이라는 성격의 관여도를 말한다.

상황적 관여도가 높으면 구매전 탐색수준이 높아지고,[44] 지속적 관여도는 문제인식의 발생 여부와 무관한 지속적 탐색으로 연결된다.[45] 예컨대, 컴퓨터에 대한 지속적 관여도가 높은 소비자는 컴퓨터잡지를 많이 읽고, 컴퓨터전시회에 자주 방문하는 것을 비롯해서 평소에 컴퓨터에 관한 지식을 얻기 위해 다각적인 노력을 할 가능성이 높다.

또한, 지각된 위험(perceived risk)은 관여도를 결정하는 주요 요인 중의 하나이므로, 의사결정에 대한 소비자의 지각된 위험이 높을수록 소비자가 외부탐색을 더 많이 수행한다는 것은 극히 당연한 이치이다.[46] 지각된 위험을 구성하는 핵심요소 중의 하나가 행동결과에 대한 불확실성인데,[47] 이런 불확실성을 줄이는 한 가지 방안이 바로 외부탐

---

44 Sharon E. Beatty and Scott M. Smith, "External Search Effort: An Investigation Across Several Product Categories", *Journal of Consumer Research*, June 1987, pp. 83-95.

45 Bloch, Sherrell, and Ridgway (1986), *op. cit.*

46 R. A. Bauer, "Consumer Behavior as Risk Taking", in ed. Robert S. Hancock, *Dynamic Marketing for a Changing World* (Chicago: American Marketing Association, 1960), pp. 389-398.

47 Rohit Deshpande and Wayne D. Hoyer, "Consumer Decision Making: Strategies, Cognitive Effort, and Perceived Risk", in *1983 Educators' Conference Proceedings* (Chicago: American Marketing Association, 1983), pp. 88-91.

색을 수행하는 것이다.

특히, 특정한 속성에 대한 불확실성이 높은 경우보다는 선택할 상표에 대한 불확실성이 높은 경우에 소비자가 정보탐색을 수행할 가능성이 더 높다.[48] 또한, 서비스는 제품보다 더 불확실성이 높은 것으로 지각되기 때문에, 소비자가 서비스를 평가하려는 경우에는 정보탐색을 더 많이 수행한다.[49] 그리고, 제품이나 서비스에 관련된 지각된 위험의 종류가 다양하고 그 수준이 높을수록(예: 재무적 위험, 심리적 위험 혹은 사회적 위험이 모두 높은 경우), 소비자가 외부탐색을 수행할 동기는 더 높아질 것이다. 바로 이는 소비자가 고가격의 제품이나 서비스를 구입할 경우에 광범위한 정보탐색을 수행하는 이유라 하겠다.

(2) 탐색의 지각된 비용과 편익

탐색의 지각된 편익(perceived benefit)과 지각된 비용(perceived cost)은 소비자가 외부탐색을 수행하는 정도에 영향을 미친다. 지각된 탐색비용보다 지각된 탐색편익이 더 클수록, 소비자는 그만큼 외부탐색을 더 많이 수행한다.[50] 일반적으로, 외부탐색은 소비자가 지각된 탐색비용이 지각된 탐색편익을 능가한다고 생각되는 지점까지 지속되는 경향이 있다.

외부탐색과 관련된 주요편익에는 불확실성의 축소,[51] 더 나은 결정을 할 가능성의 증가, 더 나은 가치의 획득 그리고 쇼핑을 즐기는 것 등이 있다. 한편, 외부탐색과 관련된 주요비용에는 시간소비, 노력투입, 불편함, 그리고 돈소비(소매점을 방문하는 비용을 포함해서) 등이 있는데, 이런 비용요인들은 소비자에게 육체적으로나 심리적으로 압력(strain)을 가하는 역할을 한다.

(3) 환기상표군의 크기

환기상표군에 매력적인 대안이 여러 개 포함되는 경우에는 소비자가 최종적으로 선택할 상표를 결정하기 위해 외부탐색을 수행할 동기가 유발될 것이다. 한편, 환기상

---

48 Joel E. Urbany, Peter R. Dickson, and William L. Wilkie, "Buyer Uncertainty and Information Search", *Journal of Consumer Research, September* 1989, pp. 208-215.

49 Keith B. Murray, "A Test of Services Marketing Theory: Consumer Information Acquisition Activities", *Journal of Marketing*, January 1991, pp. 10-25.

50 Narasimhan Srinivasan and Brian T. Ratchford, "An Empirical Test of a Model of External Search for Automobiles", *Journal of Consumer Research*, September 1991, pp. 233-242.

51 Jacob Jacoby, James J. Jaccard, Imran Currim, Alfred Kuss, Asim Ansari, and Tracy Troutman, "Tracing the Impact of Item-by-Item Information Accessing on Uncertainty Reduction", *Journal of Consumer Research*, September 1994, pp. 291-303.

표군의 크기가 비교적 작은 경우(예: 한두 개의 상표만 포함되는 경우)에는 소비자가 외부탐색을 수행해야 할 필요성도 그만큼 더 적어진다.

(4) 탐색에 대한 태도

소비자가 탐색활동에 대해 가지는 태도, 즉 탐색에 대한 태도(attitude toward search)는 개인별로 다소 차이가 있다. 원래 정보를 탐색하는 것을 좋아하기 때문에 광범위한 탐색을 수행할 가능성이 높은 소비자가 있는데,[52] 대개 이런 소비자는 탐색활동의 가치와 편익에 대해 긍정적인 신념을 갖고 있는 경향이 있다. 특히, 이런 소비자는 "중요한 구매를 너무 서둘러 결정하면, 결국 후회하게 된다."는 신념과 탐색활동을 강하게 서로 연결해 두고 있다.[53] 하지만, 단순히 탐색하는 것 그 자체를 싫어하기 때문에, 탐색활동을 별로 수행하지 않는 사람도 있는 것은 사실이다.

(5) 정보의 불일치수준

소비자가 자신의 주위환경에서 어떤 대상에 접하게 되면, 장기기억 속에 저장된 자신의 지식을 이용하여 그것을 범주화하려고 시도한다. 그런데, 그런 대상이 기존에 있는 범주 중의 어느 하나에 속하는 것으로 보기어렵다면, 소비자는 정보탐색을 수행함으로써 불일치(차이)를 해결하려고 노력한다. 특히, 이런 현상은 정보의 불일치수준(discrepancy of information)이 중간정도일 때 잘 적용되며, 정보의 불일치수준이 너무 높은 정보는 단순히 기각되어 버릴 가능성이 있다.[54]

이런 원리에 따라서, 기업은 자사상표와 타사상표 사이에 중간수준으로 불일치되는 정보를 도입하는 방안을 모색할 수 있다. 예컨대, 아큐라(Acura) 자동차는 고급자동차시장에 진출하면서 자신과 렉서스(Lexus)를 직접 비교하는 광고를 시행했다. "도로에서 완전히 분리되는 자동차가 진정한 고급자동차이다."라고 주장하는 렉서스의 광고에 대해, 아큐라는 "당신을 주행경험에서 분리시키는 자동차는 진정한 주행경험을 주지 못한다."고 주장하는 광고를 시행하였다. 이렇게 중간수준으로 불일치되는 정보를 도입한 결과, 소비자에게 정보를 탐색할 동기를 유발할 수 있었다.

신제품에 대한 소비자의 정보탐색에 대해서도 위와 동일한 논리가 적용된다. 어떤

---

52 Girish N. Punj and Richard Staelin, "A Model of Information Search Behavior for New Automobiles", *Journal of Consumer Research*, September 1983, pp. 181-196.

53 Calvin P. Duncan and Richard W. Olshavsky, "External Search: The Role of Consumer Beliefs", *Journal of Marketing Research*, February 1982, pp. 32-43.

54 Joan Meyers-Levy and Alice Tybout, "Schema-Congruity as Basis for Product Evaluation", *Journal of Consumer Research*, June 1989, pp. 39-54.

신제품이 기존범주에 속하는 제품들과 비교해서 중간수준의 불일치를 가진다면, 소비자에게 그런 불일치를 해결하고자 하는 동기가 유발될 것이다.[55] 다만, 이런 경우에 소비자는 추가적인 속성을 여러 개 탐색하기보다는 가장 부각성이 높은 속성을 깊이 탐색한다.

신제품을 출시하는 기업은 신제품과 기존제품 사이에 중간수준의 차이가 있다고 포지셔닝하면, 소비자들이 정보탐색을 더 많이 하게 되기 때문에 결국 소비자의 의사결정에 영향을 미칠 수 있다. 그 좋은 예는 사진CD기술(photo CD technology)이다. 이 기술은 소비자가 우선 사진을 찍고 나서 나중에 그것을 현상하는 대신에 찍은 사진을 CD에 수록했다가 즉시 보거나 편집할 수 있게 해 준다. 이 사진CD기술은 기존의 사진기술과 비교해서 중간 정도의 차이가 있는 기술이기 때문에, 소비자로 하여금 이에 관한 추가적인 정보를 탐색하게 만들었고, 결국 소비자의 구매의사결정에 영향을 미칠 수 있었다.

2) 소비자의 정보처리능력

소비자가 외부탐색을 수행하는 정도는 소비자의 정보처리능력에 의해서도 영향을 받는다. 소비자가 외부탐색을 이용하여 정보처리를 수행하는 능력에 영향을 미치는 요인으로는 ① 소비자지식, ② 소비자의 인지능력 및 ③ 소비자의 인구통계요인을 들 수 있다.

(1) 소비자지식

초보자소비자에 비해 전문가소비자는 장기기억 속에 복잡한 지식이 저장되어 있는 상태이기 때문에 외부탐색을 더 적게 할 것이다. 소비자가 보유하는 지식(소비자지식)과 외부탐색을 수행하는 정도 사이에 반비례의 관계가 존재한다는 것을 지지하는 증거들이 있지만,[56] 실제의 연구결과를 보면 양자의 관계에 관하여 상당한 차이를 보이고 있다. 이런 차이가 발생하게 된 중요한 이유 중의 하나는 연구자에 따라서 소비자지식(consumer knowledge)을 정의하는 방식이 다르기 때문이다.

소비자지식을 주관적 지식(subjective knowledge)으로 측정한 연구가 있는데, 주관적 지식이란 다른 사람들과 비교해서 자신이 알고 있는 것에 관한 소비자 스스로의 지각

---

55 Julie L. Ozanne, Merrie Brucks, and Dhruv Grewal, "A Study of Information Search Behavior During Categorization of New Products", *Journal of Consumer Research*, March 1992, pp. 452-463.

56 Punj and Staelin (1983), op. cit.; Kiel and Layton (1981), *op. cit.*

을 말한다. 예컨대, 자동차에 관한 주관적 지식은 “당신은 다른 사람들에 비해 자동차에 관해서 얼마나 많이 알고 있습니까?”라는 질문으로 측정할 수 있다.

한편, 공식적인 지식테스트 문항을 통하여 소비자지식을 객관적 지식(objective knowledge)으로 측정한 연구가 있는데, 객관적 지식이란 소비자의 장기기억 속에 실제로 저장되어 있는 정보를 말한다. 소비자행동 연구자들은 이런 객관적 지식과 소비자의 정보탐색 사이의 관계에 대해서도 많이 연구해 왔다.[57]

그런데, 소비자지식과 정보탐색의 수행정도 사이에 역U자형의 관계가 존재한다고 보는 연구들도 있다.[58] 여기서 역U자형의 관계는 초보자소비자나 전문가소비자보다는 중간수준의 지식을 가진 소비자가 정보탐색을 가장 많이 수행한다는 것을 의미한다. 중간수준의 지식을 가진 소비자는 정보처리 동기가 비교적 높고 또한 새로운 정보를 해석하는 데 필요한 기초지식을 어느 정도 보유하고 있기 때문에 정보탐색을 많이 한다는 것이다.

한편, 전문가소비자는 중간수준의 지식을 가진 소비자보다 정보탐색을 더 적게 수행할 수 있다. 그 이유는 원래 전문가소비자는 장기기억 속에 이미 많은 지식이 저장되어 있고 또한 탐색프로세스에서 자신과 무관한 것을 무시하면서 가장 관련성(진단성)이 있는 정보만 수집하는 요령을 체득해둔 상태이기 때문이다.

다만, 이런 법칙의 적용에서 예외적인 상황은 탐색프로세스에 신제품이 포함되는 경우이다. 즉, 전문가소비자는 이미 잘 개발된 기억구조를 갖고 있기 때문에 신제품에 관련된 참신한 정보를 학습하는 데 이점이 있으므로, 신제품에 관한 정보를 더 많이 수집할 수도 있다.

(2) 소비자의 인지능력

소비자의 인지능력(cognitive ability)과 정보탐색을 수행하는 정도 사이에는 긍정적인 관계가 존재할 것으로 기대된다. 즉, IQ나 복잡한 정보를 통합하는 능력과 같은 기초적인 인지능력이 높은 소비자는 인지능력이 낮은 소비자보다 더 많은 정보를 수집할

---

57 Merrie Brucks, “The Effects of Product Class Knowledge on Information Search Behavior”, *Journal of Consumer Research*, June 1985, pp. 1–16.

58 Brucks(1985), *op. cit.*; James R. Bettman and C. Whan Park, “Effects of Prior Knowledge and Experience and Phase of the Choice Process on Consumer Decision Process: A Protocol Analysis”, *Journal of Consumer Research*, December 1980, pp. 234–248; Eric J. Johnson and J. Edward Russo, “Product Familiarity and Learning New Information”, *Journal of Consumer Research*, June 1984, pp. 542–550; Joseph W. Alba and J. Wesley Hutchinson, “Dimensions of Consumer Expertise”, *Journal of Consumer Research*, March 1987, pp. 411–454.

뿐만 아니라, 정보처리를 수행할 때도 좀더 복잡한 방식으로 처리한다.[59]

(3) 소비자의 인구통계요인

소비자행동연구에서는 다른 소비자들보다 정보탐색을 더 많이 수행하는 소비자의 유형에 대해서도 관심을 두어 왔다. 이에 따르면, 소비자의 학력, 소득수준 및 나이가 소비자가 정보탐색을 수행하는 정도와 관계가 있다.

첫째, 소비자의 학력과 정보탐색의 정도 사이에는 긍정적인 관계가 있을 것으로 기대된다. 고학력 소비자는 저학력 소비자보다 정보탐색을 더 많이 수행하는 경향이 있다. 그 이유는 고학력 소비자는 일정수준 이상의 지식을 이미 보유하고 있고, 여러 정보원천에 더 많이 접근하기 때문이다.[60]

둘째, 소비자의 소득수준과 정보탐색의 정도 사이에는 부정적인 관계가 있을 것으로 기대된다. 즉, 고소득 소비자는 저소득 소비자보다 정보탐색을 더 적게 수행하는 경향이 있다. 그 이유는 고소득 소비자일수록 제품의 구매에 따른 재무적 위험을 상대적으로 낮게 느낄 것이기 때문이다.[61]

셋째, 소비자의 나이와 정보탐색의 정도 사이에는 부정적인 관계가 있을 것으로 기대된다. 즉, 소비자가 외부탐색을 수행하는 정도는 소비자의 나이가 증가함에 따라 감소하는 경향이 있다.[62]

3) 소비자의 정보처리기회

소비자가 정보탐색을 수행하려는 동기와 능력을 보유하고 있더라도 실제로 광범위한 정보탐색을 수행하기 위해서는 그런 정보를 처리할 수 있는 기회가 있어야 한다. 따라서, 정보처리의 기회는 소비자가 실제로 정보탐색을 수행하는 정도에 영향을 미치는 중요한 요인 중의 하나이다. 소비자가 정보탐색을 수행하는 정도에 영향을 미치는 정보처리기회

59 Noel Capon and Roger Davis, "Basic Cognitive Ability Measures as Predictors of Consumer Information Processing Strategies", *Journal of Consumer Research*, June 1984, pp. 551-563.

60 Joseph W. Newman, "Consumer External Search: Amount and Determinants", in eds. Arch Woodside, Jagdish Sheth, and Peter Bennett, *Consumer and Industrial Buying Behavior* (New York: North-Holland, 1977), pp. 79-94; Charles M. Schaninger and Donald Sciglimpaglia, "The Influences of Cognitive Personality Traits and Demographics on Consumer Information Acquisition", *Journal of Consumer Research*, September 1981, pp. 208-216.

61 Jon C. Udell, "Prepurchase Behavior of Buyers of Small Electrical Appliances", *Journal of Marketing*, August 1966, pp. 50-52.

62 Donald J. Hempel, "Search Behavior and Information Utilization in the Home Buying Process", in *Marketing Involvement in Society and the Economy* (Chicago: American Marketing Association, 1969), pp. 241-249.

요인으로는 ① 이용가능한 정보량, ② 정보양식 및 ③ 시간가용성을 들 수 있다.

(1) 이용가능한 정보량

어떤 의사결정상황에서 소비자가 이용가능한 정보량(amount of information available)은 시판 중인 상표의 수, 각 상표에 관하여 이용가능한 속성정보, 각 상표를 판매하는 소매점의 수 그리고 여타 정보원천(예: 잡지나 해당분야에 전문가인 친구)의 수 등과 같은 면에서 상당히 차이가 있다. 일반적으로, 이용가능한 정보량이 많을수록 소비자가 정보탐색을 수행하는 정도도 더불어 증가한다.[63]

하지만, 소비자에게 이용가능한 정보량이 제한되어 있거나 아예 정보를 이용할 수 없는 경우도 있다. 당연히 이런 경우에는 소비자가 광범위한 외부탐색을 수행하기가 어려워지는데, 이는 현재 다수의 후진국과 구공산권 국가의 소비자들이 처해 있는 현실이다. 이런 국가들은 시장경제로 전환하는 어려운 시기를 맞이하고 있기 때문에, 소비자가 필요한 정보를 구하기 어렵고 제품의 물량 자체도 많이 부족한 실정이다.[64]

(2) 정보양식

소비자에게 정보가 어떻게 제시되는가를 말하는 정보양식(information format)도 소비자가 정보탐색을 수행하는 정도에 중요한 영향을 미칠 수 있다. 다양한 원천에서 많은 정보를 이용가능한 상황이라도, 소비자의 입장에서 실제로 정보를 수집하는 데 상당한 노력이 요구되는 경우도 있다. 그런 예로는 보험회사의 정책에 관한 정보를 수집하기 위해 여러 회사의 보험사원을 만나 볼 필요가 있는 보험상품이나 여러 전시장을 둘러볼 필요가 있는 자동차를 구입하려는 경우를 들 수 있다.

그런데, 기업이 소비자가 수행해야 할 노력을 줄여주는 방식으로 정보를 제공하면, 소비자가 그런 정보를 탐색하고 활용하는 수준이 더 높아진다.[65] 소비자가 식품의 영양관련 정보를 더 많이 활용하도록 만들기 위한 노력의 일환으로, 어떤 연구에서는 소비자가 정보를 더 손쉽게 획득할 수 있도록 만들어 결국 정보탐색의 기회를 높여주는 정보양식(예: 요약표나 매트릭스형태)에 관해서 조사하였다.[66] 이와 관련된 한 연구에서는

---

63 Beatty and Smith(1987), *op. cit.*

64 Ger, Belk, and Lascu(1993), *op. cit.*

65 Scott Painton and James W. Gentry, "Another Look at the Impact of Information Presentation Format", *Journal of Consumer Research*, September 1985, pp. 240–244.

66 J. Edward Russo, Rochard Staelin, Catherine A. Nolan, Gary J. Russell, and Barbara L. Metcalf, "Nutrition Information in the Supermarket", *Journal of Consumer Research*, June 1986, pp. 48–70.

제품에 함유된 영양성분이 초래하는 결과를 보다 명시적으로 제시하면, 영양관련 정보의 활용도를 높일 수 있다는 사실이 발견되었다.[67]

(3) 시간가용성

시간가용성(time availability)이란 일상생활에서 소비자가 여유시간을 가진 정도를 말한다. 소비자에게 여유시간이 부족하다면, 당연히 정보탐색활동은 상당히 제한된다.[68] 하지만, 시간압박(즉, 시간의 제약)이 별로 없다면, 정보처리기회가 많아져서 그만큼 소비자의 정보탐색활동도 증가된다. 또한, 시간압박이 증가할수록, 소비자는 여러 가지 정보원천을 탐색하는 데 더 적은 시간을 투입한다.[69]

4) 외부탐색의 정도를 이용한 마케팅액션

소비자가 외부탐색을 수행하는 정도를 파악하면, 기업이 마케팅전략을 수립하는 데 중요한 시사점을 얻을 수 있다.

표적시장 소비자들이 자사 제품에 관한 정보를 많이 탐색하는 경향이 있다면, 기업은 소비자의 의사결정프로세스가 수월하게 진행될 수 있도록 소비자가 필요한 정보를 손쉽게 활용할 수 있는 여건을 만들어주어야 한다. 이런 경우에는 자사 제품에 대한 소비자의 태도를 좀더 호의적인 방향으로 바꿀 수 있는 정보를 제공하여 결국 소비자의 행동도 바꾸는 데 주된 목표를 두어야 한다.

어떤 차별적 우위를 갖고 있는 상표라면, 이와 관련된 부각성과 진단성이 높은 속성정보를 제공함으로써 그 목표를 달성할 수 있다. 요컨대, 고객이 필요한 정보를 손쉽게 이용할 수 없는 상표라면, 소비자가 이를 고려상표군에서 제외시킬 가능성이 높다는 것을 잊어서는 안 된다.

기업은 소비자가 정보탐색을 수행하는 정도에 따라 시장세분화하는 방안을 모색할 수 있다. 예컨대, 이런 시장세분화의 결과로, 전체시장을 고탐색자집단(high searcher)과 저

---

67 Christine Moorman, "The Effects of Stimulus and Consumer Utilization of Nutrition Information", *Journal of Consumer Research*, December 1990, pp. 362-374.

68 William L. Moore and Donald L. Lehman, "Validity of Information Display Boards: An Assessment Using Longitudinal Data", *Journal of Marketing Research*, November 1980, pp. 296-307; C. Whan Park, Easwar S. Iyer, and Daniel C. Smith, "The Effects of Situational Factors on In-Store Grocery Shopping Behavior: The Role of Store Environment and Time Available for Shopping", *Journal of Consumer Research*, March 1989, pp. 422-433.

69 John R. Hauser, Glen L. Urban, and Bruce D. Weinberg, "How Consumers Allocate Their Time When Searching for Information", *Journal of Marketing Research*, November 1993, pp. 452-466.

탐색자집단(low searcher)으로 구분한다고 하자. 이런 경우 고탐색자집단에 대해서는 부각성과 진단성이 높은 속성정보를 제공하도록 노력해야 하지만, 저탐색자집단에 대해서는 다음과 같은 세 가지 방안 중의 하나를 활용할 수 있다.

첫째, 저탐색자집단에게 정보를 선택적으로 제공하는 방안이다. 이는 자사 제품이 가진 가장 부각적이고 진단적인 속성만 강조하는 방식이 되어야 할 것이다.

둘째, 저탐색자집단이 가장 접근하기 쉬운 방식으로 정보를 제공함으로써 이들의 외부탐색을 자극하는 방안이다. 이는 저탐색자집단이 정보를 추가로 탐색하는 과정에서 그들의 태도를 변경시킬 수 있는 어떤 정보에 접하게 되길 기대하는 방식이라고 말할 수 있다.

셋째, 저탐색자집단에게 어떤 탐색유인을 제공하는 방안이다. 예컨대, 프랑스의 퀵버거(Quick Burger)는 소비자가 상호작용식 TV로 자사의 광고를 읽기만 하면 포인트를 획득하도록 하고 나중에 누적 포인트로 옷, 스테레오, 휴가여행과 같은 사은품을 받을 수 있게 해주는 혁신적인 프로그램을 개발하여 시행한 바 있다.

2. 외부탐색의 내용

외부탐색의 내용(content of external search)이란 소비자가 외부탐색을 수행할 때 수집하는 정보유형에는 어떤 것이 있는가를 말한다. 이처럼 외부탐색으로 수집되는 정보유형이 소비자의 판단과 의사결정에 영향을 미칠 가능성이 크기 때문에, 소비자행동연구에서는 외부탐색의 내용에 대해서 많은 관심을 가져 왔다. 일반적으로 외부탐색의 내용에는 상표명과 가격을 비롯해서 제품의 여타 속성들이 포함된다.

1) 상표명

상표명(brand name)은 소비자의 장기기억 속에서 각종 정보들이 그 주변에 연결되는 중심마디(central node)이기 때문에, 가장 빈번하게 접근되는 정보유형 중의 하나이다.[70] 소비자가 어떤 상표명을 안다면, 그 상표명과 연결된 여러 가지 다른 마디들을 즉각 활성화할 수 있다. 예컨대, 그 상표명이 '맥도날드'라는 것을 안다면, 소비자는 이와 관련된 여러 가지 사전지식과 연상을 즉각 이끌어 낼 수 있다. 이런 맥락에서 기업들은

70 Jacob Jacoby, Robert W. Chestnut, and William A. Fisher, "A Behavioral Process Approach to Information Acquisition in Nondurable Purchasing", *Journal of Marketing Research*, November 1978, pp. 532-544.

자사의 상표인지도를 구축하는 데 총력을 기울이고 있다.

2) 가 격

일반적으로 소비자는 가격정보를 많이 탐색하는 편인데, 그 이유는 가격정보가 진단성이 높은 경향이 있을 뿐만 아니라 품질이나 가치와 같은 다른 속성의 수준을 추론하는 데도 사용될 수 있기 때문이다.[71] 하지만, 대개 소비자가 외부탐색을 수행하는 정도는 절대적으로 낮은 편이기 때문에, 소비자가 가격정보를 탐색하는 정도도 일반적으로 기대되는 정도보다 낮은 편이다. 이는 다양한 가격변형제품이 증가하는 경우이거나 제품원가가 인상되는 경우에도 마찬가지다.[72]

그런데, 가격이 소비자에게 차지하는 중요성은 문화권과 시간의 추이에 따라 차이가 날 수 있다. 예컨대, 과거에 일본소비자들은 할인점을 별로 선호하지 않는 편이었지만, 요즈음은 할인점이 문전성시를 이루고 있고 최고의 할인가격을 제공하는 소매점을 찾아내는 것을 즐기는 소비자들도 많다. 또한, 현재 시장경제로 전환되고 있는 동유럽 국가의 경우에는 소매점별로 가격차이가 엄청나기 때문에, 가격이 소비자에게 차지하는 중요성은 상당히 높다.

3) 여타 속성들

상표명과 가격 이외에 소비자가 탐색하는 정보에는 어떤 것이 있을까? 이런 의문에 대한 답은 해당 제품범주에서 부각성과 진단성이 높은 속성이 무엇인가에 의해 좌우된다. 예컨대, 소비자가 부각성이 높은 속성에 관한 정보를 회상할 수 없다면, 그는 그런 속성에 관한 정보를 탐색할 가능성이 높을 것이다. 미국소비자들은 자동차를 선택할 때 신뢰성, 내구성 및 저가격을 중심으로 검토하고, 러시아소비자들은 각종 제품에 대해 정보탐색을 할 때는 품질과 가격을 위주로 탐색한다.

또한, 소비자는 자신이 가진 목적과 관계가 있는 정보에 접근할 가능성이 높다. 예컨대, 휴가여행지를 선택하려는 소비자가 추구하는 목적이 흥분감을 만끽하는 것이라면, 각 휴가후보지에서 할 수 있는 활동, 밤의 유흥, 및 그곳에 가는 사람들의 유형에 관한 정보를 수집하게 될 것이다.

---

71 Kent B. Monroe, “The Influence of Price Differences and Brand Familiarity on Brand Preferences”, *Journal of Consumer Research*, June 1976, pp. 42–49.

72 Dhruv Grewal and Howard Marmorstein, “Market Price Variation, Perceived Price Variation, and Consumers’ Price Search Decision for Durable Goods”, *Journal of Consumer Research*, December 1994, pp. 453–460.

4) 외부탐색 내용의 정확성

내부탐색의 경우와 마찬가지로, 소비자가 외부탐색을 수행할 때도 탐색편향(search bias)이 나타날 수 있다. 특히, 소비자는 자신의 전반적인 신념과 다른 정보보다는 이를 확인해주는 정보를 더 많이 탐색하는 경향이 있는데, 이를 확인편향(confirmation bias)이라고 한다.[73] 예컨대, 강력한 가격-품질 신념(price-quality belief)을 가진 소비자는 가격대가 높은 상표에 관한 정보를 더 많이 탐색하는 경향이 있다.[74]

하지만, 이런 확인편향은 소비자에게 실은 중요할 수도 있는 정보를 피하게 만드는 결과를 초래하는 문제점이 있다. 예컨대, 더 가격이 싸고 품질도 우수한 다른 상표들이 존재하더라도 소비자가 이에 관한 정보를 아예 수집하려 들지 않기 때문에, 소비자가 이를 선택할 가능성도 당연히 낮아질 수밖에 없는 것이다.

5) 외부탐색의 내용을 이용한 마케팅액션

소비자가 외부탐색을 수행할 때 수집하는 정보유형은 기업에게 중요한 시사점을 준다. 우선, 소비자가 자사제품과 관련된 특정한 정보를 손쉽게 활용할 수 있게 되기를 바라는 기업이라면, 광고나 포장, 팸플릿 혹은 판매원활동을 비롯한 다양한 방법을 통해서 그런 정보를 배포하는 데 중점을 둘 수 있다. 또한, 소비자가 자주 접근하는 속성에서 자사상표의 성과가 그다지 우수하지 못하다면, 소비자의 의사결정에서 자사상표가 선택될 가능성은 낮아진다. 그렇다면, 기업은 소비자가 자주 접근하는 속성에서 자사상표가 소비자의 마음속에 강력한 위치를 차지하도록 만들기 위해 실질적인 개선노력을 해야 한다.

3. 정보탐색의 원천

정보탐색의 원천(information sources of search)이란 소비자가 외부탐색을 할 때 정보를 탐색하는 출처를 말한다. 소비자는 필요한 정보를 다양한 정보원천으로부터 수집할 수 있는데, 소비자가 정보탐색을 수행하는 원천은 다음과 같은 다섯 가지 유형으로 분류될 수 있다.[75]

---

73 Alba, Hutchinson, and Lynch(1991), *op. cit.*

74 Deborah Roedder John, Carol A. Scott, and James R. Bettman, "Sampling Data for Covariation Assessment", *Journal of Consumer Research*, March 1986, pp. 406–417.

75 Beatty and Smith(1987), *op. cit.*

첫째, 소매상탐색(retailer search)이다. 이는 소매점을 직접 방문하여 상표에 관한 포장이나 팸플릿을 검토하거나 전화로 문의해 보는 것을 말한다.

둘째, 매체탐색(media search)이다. 이는 광고를 비롯하여 기업이 제작한 각종 유형의 커뮤니케이션에서 나오는 정보를 탐색하는 것을 말한다.

셋째, 개인간 탐색(interpersonal search)이다. 이는 친구, 친지 및 이웃과 대화해서 이들로부터 조언을 구하는 것을 말한다.

넷째, 독립원천탐색(independent search)이다. 이는 서적, 정부발행 팸플릿 혹은 잡지와 같은 독립적인 정보원천을 참조하는 것을 말한다.

다섯째, 경험적 탐색(experiential search)이다. 이는 제품샘플의 사용이나 제품의 시용을 통하여 제공물에 대한 직접적인 경험을 시도하는 것을 말한다.

위의 다섯 가지 정보원천 중에서 탐색빈도가 가장 높은 것은 소매상탐색과 매체탐색이고 그 다음이 경험적 탐색이다. 특히, 소비자의 관여도가 높고 소비자의 지식수준이 낮은 경우에는 소매상탐색과 매체탐색이 높아지는데,[76] 이 두 가지 정보원천은 기업이 가장 직접적으로 통제할 수 있기 때문에 기업의 입장에서 매우 중요한 의미가 있는 정보원천이다.

소비자의 지식수준이 낮은 경우에는 타인의 의견을 구하려는 동기가 유발되기 때문에, 소비자의 지식수준이 낮을수록 개인간 탐색을 사용하는 정도가 높아진다. 또한, 규범적 요인이 중요한 경우에도 개인간 탐색을 사용하는 비중이 높아진다. 패션, 음악 및 가구와 같은 쾌락적 제품이나 상징적 제품을 구매하거나 소비하는 경우에는 이로써 자신이 어떤 사람인지를 타인이 판단하기 때문에, 종종 타인의 의견을 중요시한다.[77]

소비자가 감각적 자극이 중요한 제품을 구입하려는 경우에는 먼저 이에 대한 "감(feel)"을 잡을 수 있기를 바라기 때문에 예컨대, 새 옷을 구입하기에 전에 먼저 한번 입어 본다거나 새로운 오디오를 구입하기 전에 그 소리가 어떤지 먼저 한번 들어본다는 식의 경험적 탐색이 중요하다. 그리고, 독립원천탐색은 소비자의 시간가용성(즉, 시간여유)이 증가함에 따라 더불어 높아지는 경향이 있지만, 전반적으로 상당히 낮은 편이다.[78]

---

76 Beatty and Smith(1987), *op. cit.*

77 David F. Midgley, "Patterns of Interpersonal Information Seeking for the Purchase of a Symbolic Product", *Journal of Marketing Research*, February 1983, pp. 74–83.

78 Beatty and Smith(1987), *op. cit.*

4. 탐색자의 유형화

탐색자의 유형화(search typology)란 소비자가 취하는 정보탐색패턴을 기준으로 소비자의 유형을 구분하는 것을 말한다. 외부탐색의 정도, 내용 및 정보원천을 종합적으로 고려하여 유사한 정보탐색패턴을 가진 소비자집단을 식별한 연구에서는 소비자가 정보탐색을 수행하는 데에 개인적인 차이가 있다는 것을 전제로 해서 소비자의 정보탐색패턴에 존재하는 공통성에 입각하여 집단분류를 시도해 왔다.

자동차를 구매하려는 경우에는 저탐색형, 구매동료의존형, 고탐색형, 자기의존형, 소매점중심형, 보통탐색형이라는 여섯 가지 유형의 탐색자군집(searcher cluster)이 존재하는 것으로 나타났다.79

첫째, 저탐색형(low search)의 소비자는 탐색관련활동에 가장 시간을 적게 소비하고, 사전 구매경험이 가장 많다. 평균보다 더 많은 자동차를 소유하고, 과거의 구매에 더 만족하는 편이다. 정보탐색을 수행하지 않더라도 좋은 거래를 얻어낼 자신감이 있고, 자신이 구매하기를 원하는 제조업자와 딜러를 사전에 잘 알고 있는 편이다. 자동차를 구매하는 이유는 몇 년마다 자동차를 바꾸는 것이 좋다고 생각하기 때문이다. 나이가 많은 편이고, 가장 소득수준이 높다. 좀더 높은 가격대의 자동차를 탐색하고 구매한다. 대형 4도어 자동차모델을 가장 많이 고려하는데, 포드자동차와 GM자동차(예: 캐딜락)를 많이 고려하는 편이며, 크라이슬러자동차와 수입차를 덜 고려하는 편이다.

둘째, 구매동료의존형(purchase pal assisted)의 소비자는 자동차 구매경험이 가장 적고, 과거에 가장 적은 수의 자동차를 소유했다. 의사결정에 남자가장이 참여한다는 응답이 가장 많고, 자동차에 관해 잘 안다고 지각되는 타인(구매동료)이 참여하는 경향이 있다. 자동차를 판단하는 능력에서 낮은 자신감을 표현하며, 가장 최근의 자동차 구매에 덜 만족하는 편이다. 자신이 구입할 자동차의 제조업자는 알지만 딜러는 알지 못한다. 독신자의 비율이 가장 높고, 사무직이나 판매직에 종사하는 경향이 있다. 자동차가 없기 때문이거나 자동차를 몇 년마다 바꾸는 것이 좋다고 생각하기 때문에 자동차를 구입하는 비율이 가장 높고, 2도어 자동차모델을 많이 구입하는 편이다. 공식적인 탐색 시점에서 고려된 것이 아닌 크기와 가격의 자동차를 구입하는 비율이 다른 군집보

79 David J. Furse, Girish N. Punj, and David W. Stewart, "A Typology of Individual Search Strategies Among Purchasers of New Automobiles," *Journal of Consumer Research*, March 1984, pp. 417-431.

다 높은 편이다.

셋째, 고탐색형(high search)의 소비자는 탐색활동에 가장 많은 시간을 소비하고, 자동차를 판단하는 능력에서 자신감이 가장 낮다. 자동차를 잘 구매하기 위해서는 광범위한 정보탐색이 필요하다고 생각한다. 과거 구매에 대한 만족도가 가장 낮고, 새로운 자동차에 대한 구매후 만족도가 평균 이하이다. 탐색활동에 타인이 참여하는 경향이 있지만, 이런 타인은 특별한 전문지식을 갖추지 못한 사람일 수도 있다. 실제로 구입한 자동차의 정가가 평균적으로 가장 낮고, 보상판매(trade-in)에 적게 참가하는 편이다. 교육수준은 가장 높지만, 소득은 보통수준이다. 남자가 절반 이상을 차지하지만, 다른 집단에 비해 여자가 많은 편이다. 경차, 소형차, 해치백(hatchback)을 많이 고려하는 편이고, 인기있는 수입차를 고려한다. 다수가 GM 자동차를 선호하지만, GM을 선호하는 자동차제조업자로 선택하는 비율이 가장 낮다.

넷째, 자기의존형(self reliant shopper)의 소비자는 탐색프로세스에 자신의 가장 많은 시간을 소비하지만, 탐색에 타인을 참여시키지 않는다. 다수의 자동차 제조업체와 자동차모델을 고려한다. 자신이 자동차를 구입할 딜러를 사전에 잘 알지 못하는 편이다. 보상판매에 적게 참여하는 편이다. 교육수준이 높고 소득수준은 중-상이며, 남자이다. 새로운 자동차를 구매하는 이유가 연료효율성 때문이거나 과거와 다른 목적으로 자동차를 원하기 때문인 경우가 가장 많다. 경차와 소형차를 가장 많이 고려한다. 수입차, 포드자동차 및 닷지(dodge)를 가장 많이 고려하고, GM 자동차를 고려하는 비율이 평균이하이다.

다섯째, 소매점중심형(retail shopper)의 소비자는 가장 많은 수의 의사결정자가 참여하고, 특히 주의사결정자가 아닌 부인이 참여한다(이 집단은 결혼비율이 최대이다). 사전에 딜러를 잘 모르는 편이고, 보상판매에 적게 참여하는 편이다. 다수의 자동차제조업체를 고려하고, 탐색프로세스에 다수의 타인이 참여한다. 교육수준은 높지만, 반드시 소득수준이 높은 것은 아니며, 보편적인 직업은 관리자, 공무원, 자영업자이다. 새로운 차를 구입하는 주된 이유는 좀더 높은 연료효율성 때문이거나 기존의 자동차가 고장이 나서 대체할 필요가 있기 때문이다. 자동차에 대해 가장 높은 가격을 지불하고, GM이나 포드의 중형세단을 선호한다(올즈모빌과 폰티악을 특별히 선호한다). 최초에 고려한 제조업자군에 속하지 않는 제조업자의 자동차를 구입하는 편이지만, 최초에 고려한 가격범위를 벗어난 가격의 자동차는 구입하지 않는 편이다.

여섯째, 보통탐색형(moderate search)의 소비자는 탐색활동에 평균 이하의 시간을 소비하고, 정보탐색 없이도 자동차를 잘 구매할 수 있다는 자신감이 높다. 제조업자를 사전에 잘 아는 편이지만, 반드시 딜러를 잘 아는 편은 아니다. 탐색프로세스에 타인이 가장 적게 참여한다. 나이가 든 남자이고, 평균 이상의 소득을 가진다. 보상판매에 가장 많이 참여한다. 자동차를 구입하는 주된 이유는 좀더 높은 연료효율성 때문이거나 몇 년마다 자동차를 바꾸는 것이 가장 좋다고 생각하기 때문이다. 4도어 자동차모델을 가장 많이 고려하고, 최초에 고려한 가격범위를 벗어난 가격의 자동차를 가장 많이 구입한다. 제조업자에 대한 선호가 이집단의 구성원 사이에 골고루 분포되어 있다.

기업은 이런 정보를 이용하여 자사제품에 대해 가장 발생가능성이 높은 정보탐색패턴의 유형을 파악하고 이에 적절한 마케팅활동을 계획할 수 있다. 예컨대, 저탐색형의 소비자는 좋은 가격을 확보하는 데 중점을 두지만, 고탐색형의 소비자는 자신의 낮은 확신수준과 낮은 과거 만족을 상쇄시키기 위해 상당한 주의와 정보를 필요로 할 것이다.

기업은 소비자의 정보탐색이 용이해지도록 소비자의 정보환경을 개선할 수 있다. 비록, 과거에는 이를 위해 필요한 정보목록이나 정보매트릭스를 개발하고 갱신하는 데 비용과 노력이 많이 들었기 때문에 이를 실천에 옮기기는 어려웠다. 하지만, 이제는 정보기술의 발전으로 인해 소비자가 각종 정보에 거의 무한대로 접근할 수 있게 되었기 때문에, 향후에는 소비자가 사용하기 쉬운 형태로 정보를 제공하는 혁신적인 방법들을 속속 등장할 것으로 기대된다.

5. 탐색의 순서

탐색의 순서(order of the search)는 소비자가 외부탐색을 수행할 때 어떤 순서로 진행하는가를 말한다. 소비자의 외부탐색은 일련의 순차적인 단계로 이루어지는 하나의 프로세스인데, 이는 기업에게 소비자의 의사결정에 관한 추가적인 통찰력을 제공한다. 특히, 정보탐색프로세스의 초기단계에서 수집되는 정보일수록 소비자의 의사결정에서 더 중요한 역할을 한다는 것을 전제로 해서, 평가를 수행하는 동안 정보를 수집하는 순서에 대해 조사한 연구들이 많았다.[80]

기초수준의 정보탐색프로세스는 개관단계(orientation), 평가단계(evaluation), 검증단계(verification)의 3단계로 진행된다.[81] 개관단계는 정보디스플레이의 전체적인 개요를 포착

80 Jacoby, Chestnut, Weigl, and Fisher(1976), *op. cit.*

81 J. Edward Russo and France Leclerc, "An Eye-Fixation Analysis of Choice for Consumer Nondurables", *Journal of Consumer Research*, September 1994, pp. 274-290.

하는 단계이고, 평가단계는 핵심속성을 기준으로 해서 여러 대안들을 비교하는 단계이며, 검증단계는 선택의 결과를 확인하는 단계이다.

정보탐색프로세스의 단계별로 소비자가 사용하는 정보원천에 차이가 나는 경향이 있다. 정보탐색프로세스의 초기단계에는 대중매체와 기업관련 정보원천의 영향력이 더 강하지만, 실제로 의사결정이 이루어지는 단계에 이르면 개인간 정보원천(개인간 탐색)이 더 중요해진다.[82]

정보탐색프로세스의 초기단계에는 소비자가 부각성과 진단성이 높고 소비자의 목적에 관련되는 정보에 많이 접근하는 경향이 있다. 하지만, 자신의 장기기억에서 그런 정보를 회상할 수 있는 소비자라면, 그런 정보를 얻기 위해 굳이 외부탐색을 수행할 필요성은 당연히 낮아질 것이다. 따라서, 정보탐색프로세스의 초기단계에는 불확실성이 높거나 덜 호의적인 신념에 관련된 정보가 많이 수집되는 경향이 있다.[83] 소비자는 지각된 매력도가 높은 상표를 우선적으로 탐색하는 경향이 있는데, 이는 기업이 자사상표에 대한 소비자의 긍정적인 태도를 개발하는 것이 중요하다는 것을 시사한다.

6. 탐색의 방식

소비자가 정보탐색을 진행하는 방식에는 상표별 탐색(searching by brand)과 속성별 탐색(searching by attribute)이라는 두 가지 대표적인 유형이 있다. 상표별 탐색은 소비자가 먼저 어떤 상표에 관해 필요한 모든 정보를 수집한 후에 그 다음 상표로 넘어가서 필요한 정보를 수집하는 탐색방식이고, 속성별 탐색은 어떤 속성에 대해 여러 상표들을 서로 비교하면서 정보를 수집한 후에 그 다음 속성으로 넘어가서 마찬가지로 필요한 정보를 수집하는 탐색방식이다.[84]

상표별 처리(processing by brand: PBB)보다는 속성별 처리(processing by attribute: PBA)가 인지적으로 더 간단해서 수행하기가 용이하기 때문에 일반적으로 소비자는 상표별 탐색보다 속성별 탐색을 더 선호하는 것으로 알려져 있다.[85] 소비자가 속성별 탐색을

82 Carol A. Berning and Jacob Jacoby, "Patterns of Information Acqusition in New Product Purchases", *Journal of Consumer Research*, September 1974, pp. 18-22.

83 Itamar Simonson, Joel Huber, and John Payne, "The Relationship Between Prior Brand Knowledge and Information Acquisition Order", *Journal of Consumer Research*, March 1988, pp. 566-578.

84 Jacoby, Chestnut, Weigl, and Fisher(1976), *op. cit.*

85 James R. Bettman, *An Information Processing Theory of Consumer Choice* (Reading, Mass.: Addison-Wesley, 1979).

수행하는 예로는 가격비교 쇼핑을 들 수 있다.

그런데, 소비자는 장기기억 속에 정보가 저장되는 방식[86]과 소매점에서 정보가 제시되는 양식[87]에 대해 매우 민감하다. 즉, 상표별 지식을 많이 보유하는 전문가소비자는 상표별 처리를 많이 하는 경향이 있고, 대부분의 소매점처럼 정보가 상표별로 제시되는 경우에 소비자는 상표별 탐색을 수행하게 된다. 또한, 정보가 속성별로 제시되는 경우라도 소비자가 상표별 처리를 수행하기도 하는데, 이런 경우에는 정보의 처리과정에 편향이 개입할 소지가 있다.[88]

지식수준이 낮은 초보자소비자에게 속성별 처리를 수행할 수 있는 기회(예: '소비자시대'에 제시된 매트릭스형태의 정보를 보는 것)가 주어지거나 정보탐색을 보다 용이하게 만드는 어떤 양식으로 정보가 주어진다면, 소비자는 속성별 탐색을 수행할 수 있다. 예컨대, 식품점에서 목록으로 만들어 제시해 주는 식품의 영양성분 정보는 소비자에게 인기가 높다.[89]

소비자가 정보탐색을 수행하는 방식에 따라 소비자가 느끼는 불확실성의 수준이 달라진다.[90] 즉, 소비자가 상표별 탐색을 수행하는 경우에는 정보탐색프로세스의 마지막 시점까지도 불확실성의 수준이 비교적 높은 상태로 유지되지만, 소비자가 속성별 탐색을 수행하는 경우에는 정보탐색 프로세스가 진행될수록 불확실성의 수준이 점차 낮아지는 경향이 있다.

---

86 Eric J. Johnson and J. Edward Russo, "Product Familiarity and Learning New Information", *Journal of Consumer Research*, June 1984, pp. 542-550.

87 James R. Bettman and P. Kakkar, "Effects of Information Presentation Format on Consumer Information Acquisition Strategies", *Journal of Consumer Research*, March 1977, pp. 223-240.

88 Raj Sethuraman, Catherine Cole, and Dipak Jain, "Analyzing the Effect of Information Format and Task on Cutoff Search Strategies", *Journal of Consumer Psychology*, 3 (1994), pp. 103-136.

89 Russo, Staelin, Nolan, Russell, and Metcalf(1986), *op. cit.*

90 Jacoby, Jaccard, Currim, Kuss, Ansari, and Troutman(1994), *op. cit.*

핵심용어

Keyword

가격정보, 간단한 탐색, 개인간 탐색, 객관적 지식, 경험적 탐색, 고려상표군, 고탐색자집단, 관여도, 광범위한 탐색, 구매전 탐색, 기분, 내부탐색, 내부탐색의 내용, 내부탐색의 정도, 내부탐색의 정확성, 독립원천탐색, 매체탐색, 목적, 문제인식, 방해, 부각성, 상표별 탐색, 상표선호도, 상표명, 상표전형성, 상표친숙성, 상황적 관여도, 생생함, 선택적 지각, 소매상탐색, 소비자지식, 속성결정성, 속성별 탐색, 시간가용성, 실제적 상태, 온라인정보처리, 외부탐색, 외부탐색의 내용, 외부탐색의 정도, 이상적 상태, 이용가능성, 이용가능한 정보량, 인지능력, 인출단서, 접근가능성, 정보양식, 정보의 불일치수준, 정보탐색, 정보탐색의 원천, 주관적 지식, 지각된 위험, 지속적 관여도, 지속적 탐색, 진단성, 탐색에 대한 태도, 탐색의 방식, 탐색의 순서, 탐색의 지각된 비용과 편익, 탐색자군집, 탐색자의 유형화, 탐색편향, 확인편향, 환기상표군

Consumer Behavior and Marketing Action

제 3 장

판 단

제 1 부 **소비자행동 입문**

제 1 장 소비자행동의 기초

제 2 부 **소비자의 의사결정프로세스**

제 2 장 문제인식과 정보탐색	**제 3 장** 판 단
제 4 장 의사결정	**제 5 장** 의사결정후 프로세스

제 1 절 고노력형 판단프로세스
제 2 절 저노력형 판단프로세스

제 3 부 **소비자행동의 내부적 영향요인**

제 6 장 소비자의 동기, 능력 및 기회	**제 7 장** 소비자의 노출, 주의 및 지각	**제 8 장** 소비자의 범주화와 이해
제 9 장 고노력형 태도형성과 태도변화	**제10장** 저노력형 태도형성과 태도변화	**제11장** 소비자의 기억과 인출

제 4 부 **소비자행동의 외부적 영향요인**

제12장 문 화	**제13장** 사회계층	**제14장** 인구통계요인
제15장 준거집단과 사회적 영향력	**제16장** 사이코그래픽스	

소비자의 판단과 의사결정은 소비자의 의사결정프로세스에서 문제인식과 정보탐색의 후속단계이다. 제3장과 제4장에서는 각각 소비자의 판단과 의사결정이라는 주제를 다루는데, 이는 소비자가 정보처리를 수행할 동기, 능력 및 기회(MAO)의 수준에 따라 달라진다.

따라서, 제3장 판단에서는 소비자가 정보처리를 수행할 동기, 능력 및 기회의 수준이 높을 때와 낮을 때 나타나는 고노력형 판단과 저노력형 판단을 설명하고, 제4장 의사결정에서는 소비자가 정보처리를 수행할 동기, 능력 및 기회의 수준이 높을 때와 낮을 때 나타나는 고노력형 의사결정과 저노력형 의사결정을 설명한다.

기업이 이런 소비자의 판단과 의사결정에 투입되는 요인을 잘 분석하면, 자사의 마케팅활동을 계획하는 데 도움을 주는 귀중한 시사점을 얻을 수 있다.

그림 3-1 소비자의 판단

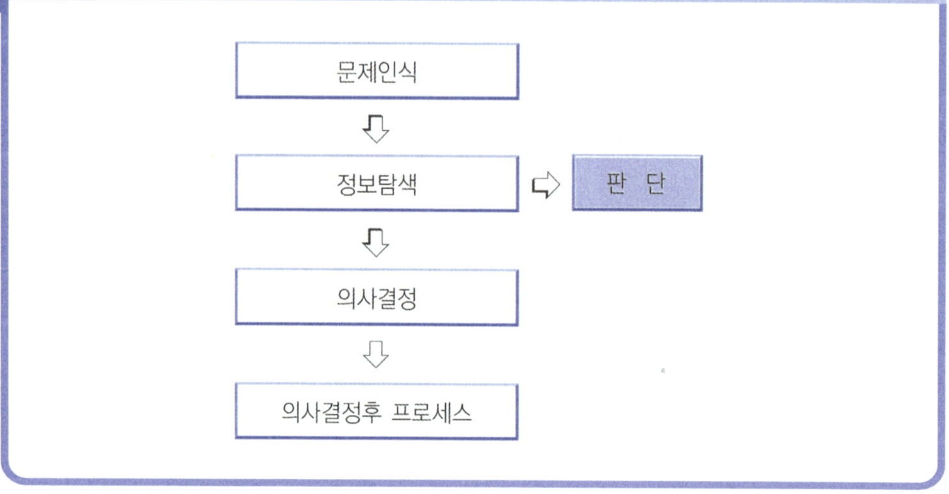

제 1 절 고노력형 판단프로세스

소비자가 과거에 방문한 경험이 있는 어떤 식당에 갔다면, 음식을 주문하기 전에 메뉴를 살펴보면서 지난번에 먹었던 음식이 얼마나 맛이 있었던가를 생각해볼 것이다. 이 경우에 소비자는 판단을 수행하는 셈인데, 이는 어떤 사건이 발생할 가능성에 관해 평가하거나 추정하는 것을 말한다.[1] 판단은 소비자의 의사결정프로세스에 들어가는 중요한 투입요소 중의 하나로, 문제인식과 정보탐색의 후속단계로 발생한다.

1. 판단과 의사결정의 비교

간혹 판단과 의사결정을 서로 혼동하는 경우가 있지만, 양자 간에는 분명히 개념적인 차이가 있다. 소비자의 판단(judgment)이란 어떤 제품이 어떤 특징을 보유할 가능성이나 어떤 방식으로 성능을 발휘할 가능성에 관하여 소비자가 나름대로 평가하거나 추정하는 것을 의미하며, 이는 소비자에게 어떤 의사결정이나 선택을 하는 것을 요구하지 않는다.[2]

예컨대, 새로운 식당의 개업을 알리는 광고를 보게 된 소비자는 그 식당을 좋아하게 될 런지, 다른 식당과 비교할 때 그 식당은 어떻게 다른지, 그 식당의 음식값은 얼마나 비싼지 등에 관하여 나름대로 판단을 수행하게 될 수 있다. 이렇게 수행되는 판단은 소비자가 그 식당에서 음식을 사먹을 것인지 여부를 결정하는 데 있어서 한 가지 투입요소가 되겠지만, 소비자에게 실제적인 선택을 요구하는 것은 아니다.

판단과 의사결정은 서로 다른 프로세스를 포함한다. 관련 연구에 따르면, 판단과제와 의사결정과제에서 속성들이 탐색되는 순서가 각각 다르다.[3] 또한, 높은 수준의 상

1 Michael D. Johnson and Christopher P. Puto, "A Review of Consumer Judgment and Choice", in ed. Michael J. Houston, *Review of Marketing* (Chicago: American Marketing Association, 1987), pp. 236-292.

2 Johnson and Puto(1987), *ibid.*

3 Itamar Simonson, Joel Huber, and John Payne, "The Relationship Between Prior Brand Knowledge and Information Acquisition Order", *Journal of Consumer Research*, March 1988, pp. 566-578.

표친숙성은 판단과제에서는 정보를 기억해내는 것을 높이는 역할을 하지만 의사결정과제에서는 오히려 정보를 기억해내는 것을 낮추는 역할을 한다.[4]

2. 판단프로세스의 세 가지 연구주제

판단이 소비자의 정보처리에서 중요한 역할을 한다는 사실을 인식해서, 소비자행동연구에서는 판단프로세스에 대해 많은 관심을 두어왔다. 그 동안 이런 연구에서는 발생가능성의 추정, 좋고 나쁨의 판단, 결합확률의 평가라는 세 가지 연구주제를 가장 많이 다루었다.

첫째, 발생가능성의 추정이란 '소비자가 어떤 사건이 발생할 가능성을 어떻게 추정하는가?'를 다루는 연구주제이다. 둘째, 좋고 나쁨의 판단이란 '소비자는 좋고 나쁨을 어떻게 판단하는가?'를 다루는 연구주제이다. 셋째, 결합확률의 평가란 '소비자는 어떤 사건들의 병발가능성을 어떻게 예측하는가?'를 다루는 연구주제이다.

1) 발생가능성의 추정과 좋고 나쁨의 판단

발생가능성의 추정(estimation of likelihood)이란 소비자가 어떤 사건이 발생할 가능성이 얼마나 되는지를 추정하는 것을 말한다. 소비자가 어떤 제품을 구입하려할 때는 그 품질수준과 그것이 자신의 욕구를 만족시킬 가능성은 얼마나 될지를 추정한다. 소비자가 옷을 구입할 때는 주위의 사람들이 그 옷을 승인해줄 가능성이 얼마나 될지를 추정한다. 소비자가 광고를 볼 때는 그 내용이 진실할 가능성이 얼마나 될지를 추정한다. 이런 판단은 소비자의 일상생활에서 자주 나타나는 현상이기 때문에 이를 제대로 이해할 필요가 있다.

좋고 나쁨의 판단(judgment of goodness vs badness)에 관한 연구는 대개 태도모델의 맥락에서 수행되어 왔다. 이런 시각에서 보면 좋고 나쁨의 판단이란 소비자가 어떤 제품이 갖고 있는 특징이 바람직한 정도(desirability)를 평가하는 것이라고 말할 수 있다. 이렇게 각 특징의 바람직한 정도가 평가되었다면, 이런 개별적인 판단들은 좋고 나쁨의 전반적인 평가로 결합되어 해당 제품에 대한 소비자의 태도를 형성하게 된다.

그러면, 발생가능성의 추정과 좋고 나쁨의 판단에 공통적으로 적용되는 세 가지 주제(정박과 조정 프로세스, 심상, 판단프로세스의 편향)를 논의한 후, 이런 두 가지 유형의 판단이

4 Eric J. Johnson and J. Edward Russo, "Product Familiarity and Learning New Information", *Journal of Consumer Research*, June 1984, pp. 528-541.

기업에게 주는 마케팅시사점을 설명하기로 한다.

(1) 정박과 조정 프로세스

소비자가 발생가능성의 추정과 좋고 나쁨의 판단을 수행할 때는 정박과 조정 프로세스(anchoring and adjustment process)[5]를 사용하는 경향이 있다. 정박과 조정 프로세스란 소비자가 어떤 초기값(initial value)[6]을 기반으로 해서 먼저 판단의 닻을 내린 후(정박), 추가적인 정보를 고려하여 이를 적절히 조정하는 프로세스를 말한다. 여기서 말하는 초기값은 장기기억에서 이용가능성이 가장 높은 정보이거나 감정적인 반응 혹은 최초로 접하게 된 외부환경에서 나온 속성정보일 수 있는데, 경우에 따라서는 소비자의 가치나 규범적 영향도 이에 대한 강한 결정요인이 되기도 한다.

스타일은 재규어(Jaguar)와 비슷하지만 가격은 훨씬 싼 닛산(Nissan) 알티마(Altima)의 광고를 본 소비자가 그것의 품질을 판단하려 한다고 가정하자. 첫째, 닛산에 대한 소비자의 사전평가가 긍정적이라면, 이런 평가는 초기값으로 사용된다. 그리고 그 광고로부터 얻어진 알티마 자동차에 관한 추가적인 정보는 이런 초기값을 상향이나 하향으로 조정하는 데 사용되는데, 그 품질에 대한 판단은 긍정적일 가능성이 높다. 둘째, 닛산에 대한 소비자의 사전평가가 부정적이라면, 이런 초기값 때문에 알티마의 품질이 부정적이라는 판단이 초래될 가능성이 높다. 요컨대, 동일한 정보를 평가하는 경우라도 소비자가 가진 초기값이 어떠하냐에 따라서 그것에 대한 상이한 판단이 초래될 수 있다.

초기값의 본질은 소비자의 판단이 수행되는 결과에 큰 영향을 미치기 때문에, 기업의 입장에서 보면 이는 대단히 중요하다. 한 연구에서는 두 집단의 소비자에게 갈아 만든 쇠고기(ground beef)에 관해서 판단을 해주도록 요청하였다.[7] 첫 번째 집단의 소비자에게는 "쇠고기의 살코기가 75%(75% lean)"라고 말해 주었고, 두 번째 집단의 소비자에게는 "쇠고기의 지방이 25%(25% fat)"라고 말해 주었다. 따라서, 두 집단에게 사실상 동일한 정보를 제시한 셈이지만, 첫 번째 집단의 소비자가 두 번째 집단의 소비자보다 훨씬 더 긍정적인 평가를 내린 것으로 나타났다.[8] 또한, 서로 다른 두 개 이상의 품목

---

5 Daniel Kahneman and Amos Tversky, "On the Psychology of Prediction", *Psychology Review*, July 1973, pp. 251-275.

6 이를 초기닻(initial anchor)이라고도 한다.

7 Irwin Levin, "Associative Effects of Information Framing", *Bulletin of the Psychometric* Society, March 1987, pp. 85-86.

8 이런 프로세스를 프레이밍(framing)이라고 하는데, 이에 대해서는 제4장에서 설명하기로 한다.

을 하나로 묶어서 판매하는 묶음판매방식(bundling)에 대한 소비자의 판단에서는 그중에서 가장 중요한 품목이 초기값의 역할을 하고, 나머지 품목에 대한 평가를 기반으로 해서 초기값을 약간 조정하는 식으로 수행된다.[9]

(2) 심 상

소비자의 판단프로세스에서는 심상(imagery), 즉 시각화(visualization)가 중요한 역할을 한다. 소비자는 어떤 사건의 발생가능성을 추정하거나 좋고 나쁨의 판단을 수행하기 위해서 그 사건의 이미지를 구성하려고 노력하기도 하는데, 이처럼 어떤 사건을 시각화하려는 행동 그 자체가 해당 사건의 발생가능성이 더 높아 보이게 만들 수 있다.

이런 맥락에서 소비자 자신이 어떤 제품을 사용하는 사건(장면)을 상상해보는 경우에는 긍정적 편향(positivity bias)이 작용하기 쉽다.[10] 예컨대, 유럽으로 휴가여행을 떠나면 얼마나 좋을지 한번 상상해보라고 요청하면, 소비자는 실제 이상으로 긍정적인 상상을 하게 될 가능성이 있다. 또한, 이렇게 자신이 제품을 사용하는 모습을 상상해보라고 요청하면, 어떤 제품이나 서비스에 대해 얼마나 만족하게 될 것인지에 관하여 소비자의 과대평가가 초래되기도 한다.[11]

(3) 판단프로세스의 편향

소비자가 정보처리를 수행할 때는 확인편향(confirmation bias)이 작용해서 자기판단을 과신하게 되는 경향이 있다.[12] 말하자면, 소비자는 자기판단을 확인해주는 증거를 위주로 정보를 수집해서 처리하는 경향이 있기 때문에, 자기판단에 상충되는 정보를 수집하는 경우보다 자기판단을 더 확신하게 된다. 이는 미래의 구매에 대해 부정적인 사용결과 즉, 최적의 선택이 아닌 어떤 선택을 하게 되는 것을 초래하기도 한다. 또한, 이렇게 자기판단을 과신하는 소비자는 자신이 알아야 할 것이 별로 없다고 믿기 때문에, 외부탐색을 수행할 가능성이 낮아진다.[13]

9 Manjit S. Yadav, "How Buyers Evaluate Product Bundles: A Model of Anchoring and Adjustment", *Journal of Consumer Research*, September 1994, pp. 342–353.

10 John Carroll, "The Effect of Imagining an Event on Expectations for the Event", *Journal of Experimental Social Psychology*, January 1978, pp. 88–96.

11 Deborah J. MacInnis and Linda L. Price, "The Role of Imagery in Information Processing: Review and Extensions", *Journal of Consumer Research*, March 1987, pp. 473–491.

12 Hillel J. Einhorn and Robin M. Hogarth, "Confidence in Judgment: Persistence of the Illusion of Validity", *Psychological Review*, September 1978, pp. 395–416.

13 Calvin P. Duncan and Richard W. Olshavsky, "External Search: The Role of Consumer Beliefs", *Journal of Marketing Research*, February 1982, pp. 32–43.

소비자의 기분(mood)이 판단에 대해 편향효과를 가지기도 한다.[14] 즉, 소비자가 기분이 좋을 때는 기분이 보통이거나 나쁠 때보다 제품을 더 긍정적으로 평가하게 된다. 말하자면, 소비자의 기분상태가 판단에 대해 정박과 조정 프로세스의 초기값과 같은 역할을 한다. 예컨대, 기분이 좋은 상태에서 새로운 CD를 사려는 소비자는 레코드점 내에서 듣게 되는 음악을 좋아하게 될 가능성이 높다. 그 이유 중의 하나는 소비자가 모처럼의 좋은 기분을 망치지 않길 원해서 설사 어떤 부정적인 정보가 있더라도 가급적이면 이를 피하려 하기 때문이다.

2) 결합확률의 평가

결합확률의 평가(conjunctive probability assessment)란 소비자가 두 사건이 동시에 발생할 가능성이나 속성들 간에 어떤 관계가 존재할 가능성을 추정하는 것을 말한다. 이런 결합확률의 평가가 정확하게 수행되는 정도에는 소비자의 사전기대가 영향을 미친다.[15] 소비자의 사전기대(prior expectation)의 예로는 "풍부한 맛이 곧 높은 칼로리를 의미한다."는 것이나 "전국광고를 하는 상표가 지역광고를 하는 상표보다 품질이 더 우수하다."는 것을 들 수 있다.

또한, 의미 있는 차이가 존재하거나 애매모호함이 낮아서 속성의 진단성이 높을 때는 소비자가 변수들 간의 실제적 관계를 잘 알아볼 수 있기 때문에 판단의 정확성이 높아진다. 예컨대, 애매모호하지 않은 정보가 제시되면, 전문가소비자는 원산지기대(효과)에 의한 영향을 덜 받게 된다.[16]

그런데, 소비자가 갖고 있는 정보가 애매모호하면 환상적 상관관계(illusory correlation)가 발생하기도 하는데, 이는 소비자가 이런 판단의 수행에 미숙하기 때문에 실은 그렇지 않은데도 어떤 관계가 존재한다고 생각하는 현상을 말한다.[17] '가격이 높으면 품질도 높다.'고 보는 가격-품질 연상(price-quality association)이 좋은 예이다. 자사제품과 관련하여 소비자에게 이런 형태의 인식상의 오류가 있다면, 기업은 이를 적절히 지적하고

---

14 Meryl Paula Gardner, "Mood States and Consumer Behavior: A Critical Review", *Journal of Consumer Research*, December 1985, pp. 281-300.

15 Hans Baumgartner, "On the Utility of Consumers' Theories in Judgments of Covariation", *Journal of Consumer Research*, March 1995, pp. 634-643.

16 Durairaj Maheswaran, "Country of Origin as a Stereotype: Effects of Consumer Expertise and Attribute Strength on Product Evaluations", *Journal of consumer Research*, September 1994, pp. 354-365.

17 Amos Tversky and Daniel Kahneman, "Extensional Versus Intuitive Reasoning: The Conjunction Fallacy", *Psychological Review*, October 1983, pp. 293-315.

교정하는 노력을 하지 않으면 안 된다. 한국의 전자제품들이 외국시장에 처음 진출했을 때는 '품질이 낮은 싸구려제품'이 대부분이었지만, 외국의 고급시장을 겨냥하고 있는 지금은 'Made in Korea'에 대한 부정적인 인식을 불식하기 위한 한국기업들의 다각적인 노력이 성과를 거두고 있다.

3. 소비자의 판단프로세스를 이용한 마케팅액션

기업은 소비자의 판단프로세스에 관한 지식을 이용하여 효과적인 마케팅활동을 전개할 수 있는데, 다음은 그 몇 가지 사례이다.

첫째, 자사제품이 우수한 속성에 대한 소비자의 주의를 끌어서 자사 제품에 대한 판단의 닻이 긍정적인 초기값에 정박될 가능성을 높이는 방안이다. 예컨대, 앞의 닛산 알티마 광고라면, 먼저 알티마의 우수한 품질 특징으로 소비자의 주의를 끈 후, 이어서 가격이 저렴함을 밝히는 방법을 사용할 수 있다. 또한, 어떤 제품에 대한 판단이 다른 제품에 대한 노출에 의해 영향을 받기도 하는데,[18] 기업은 이런 원리를 이용할 수 있다. 예컨대, 재규어와 알티마의 그림을 나란히 배치하면, 이런 그림은 소비자에게 판단의 닻과 같은 역할을 할 수 있다.

둘째, 제품의 원산지(country of origin)가 소비자에게 판단의 닻과 같은 역할을 해서 후속적인 판단에 영향을 미치기도 하는데, 이를 원산지효과(effect of country-of-origin)라고 한다.[19] 기업은 이런 원리를 이용하는 방안을 모색할 수 있다. 예컨대, 제품이 일본제품이나 독일제품이라고 밝히는 것이 소비자에게 긍정적인 판단의 닻과 같은 역할을 할 수 있다. 터키 소비자들은 서구의 제품이 품질이 우수할 뿐만 아니라 현대적인 추세와 좋은 생활의 첨단을 대변한다고 판단하고 있다.

셋째, 기업이 구체적인 정보를 제시하기 전에 소비자에게 어떤 긍정적인 느낌을 기각(priming)시켜서, 소비자가 감정적으로 이와 일치된 방향으로 제품을 평가하도록 유도하는 방안이다.[20] 예컨대, 미놀타(Minolta) 복사기 광고에서는 어떤 농부 부부가 보통

18 Paul M. Herr, "Priming Price: Prior Knowledge and Context Effects", *Journal of Consumer Research*, June 1989, pp. 67-75.

19 Sung-Tai Hong and Robert S. Wyer, Jr., "Effects of Country-of-Origin and Product-Attribute Information: An Information Processing Perspective", *Journal of Consumer Research*, September 1989, pp. 175-187.

20 James R. Bettman and Mita Sujan, "Effects of Framing on Evaluation of Comparable and Noncomparable Alternatives by Expert and Novice Consumers", *Journal of Consumer Research*, September 1987, pp. 141-151.

딸기보다 엄청나게 커서 마치 작은 동산만한 딸기를 바라보고 있는 모습을 보여준 적이 있는데, 이처럼 유머가 담긴 영상은 미놀타 복사기에 대한 소비자의 평가에서 긍정적인 판단의 닻과 같은 역할을 할 수 있다. 또한, 판매원은 자신이 파는 제품을 자기도 진심으로 좋아하고 있다고 말해 줌으로써 소비자를 기각시킬 수 있고, 기업은 자사가 자선사업 기부금을 낸 사실을 공포함으로써 소비자들이 자사를 판단할 때 긍정적인 판단의 닻에 정박하도록 만들 수 있다.

넷째, 소비자에게 광고에 있는 심상에 몰입하도록 지시하는 방식을 사용해서 광고에서 제시되는 제품에 대한 소비자의 긍정적인 판단을 유도할 수 있다.

다섯째, 소비자의 판단프로세스는 기업이 새로 출시하는 상표에 그것과 다른 제품범주에 속하는 기존상표의 이름을 붙이는 방식인 상표확장(brand extension)의 도입 문제에 대해 중요한 시사점을 가진다. 예컨대, 스웨트 셔츠, 터틀넥 스웨터 및 반바지를 판매하는 의류회사인 미국의 푸르트 오브 더 룸(Fruit of the Loom)사는 미국 내의시장을 넘어서 유럽에서 더 스타일이 좋은 상품에 이르기까지 폭넓게 상표확장을 시도하고 있다. 이런 상표확장의 논리적 근거는 소비자가 상표확장된 신제품에 노출되면, 기존상표의 이름이 장기기억에서 어떤 좋은 감정을 이끌어내어 그 신제품에 관련된 후속적인 판단에서 긍정적인 판단의 닻과 같은 역할을 하게 된다는 것이다.

제 2 절 저노력형 판단프로세스

제1절에서는 소비자의 MAO 수준이 높을 때, 소비자가 사건의 발생가능성을 추정하고 좋고 나쁨을 판단하는 것이 인지적으로 복잡한 과제라는 것을 설명하였다. 한편, 소비자의 MAO 수준이 낮으면, 소비자는 인지적 단순성추구자(cognitive simplifier)[21]가 되어 판단을 수행하는 데 투입하는 노력을 줄이기 위해 판단을 수행하는 간편법(shortcuts in making judgment)인 휴리스틱(heuristic)을 사용하려는 동기가 유발된다.[22] 소비자의 판단에 영향을 미치는 휴리스틱으로는 대표성 휴리스틱과 가용성 휴리스틱이 있다.

21 Alan Newell and Herbert A. Simon, *Human Problem Solving* (Englewood Cliffs, N.J.: Prentice-Hall, 1972).

22 Daniel Kahneman and Amos Tversky, "On the Psychology of Prediction", *Psychological Review*, July 1973, pp. 237-251.

1. 대표성 휴리스틱

1) 대표성 휴리스틱의 의의

대표성 휴리스틱(representativeness heuristic)이란 해당 범주의 전형(prototype)이나 범례(exemplar)와 비교하는 식의 간단한 범주화프로세스를 채택하여 소비자가 추정이나 판단을 간단하게 수행하는 방법을 말한다.[23] 다음은 소비자가 이런 대표성 휴리스틱을 적용하여 판단을 수행하는 두 가지 예이다.

첫째, 새로 나온 어떤 다이어트식품의 품질을 추정하려는 소비자는 이 신제품을 다이어트식품 범주의 전형이나 범례와 비교할 수 있다. 그 결과 신제품이 해당 범주의 전형에 근접하는 것으로 보인다면, 그 신제품도 품질이 좋을 것이라고 판단하게 될 것이다.

둘째, 새로 나온 어떤 가전제품의 품질이 낮은 것은 아닌지를 판단하려는 소비자는 이 신제품을 품질이 낮은 가전제품 범주의 전형과 비교할 수 있다. 그 결과 신제품이 해당 범주의 전형과 유사한 것으로 보인다면, 그 신제품의 품질도 낮을 것이라고 기대하게 될 것이다.

2) 대표성 휴리스틱의 편향오류

대표성 휴리스틱은 소비자가 정보를 다루는 보편적인 방식 중의 하나이지만, 이는 소비자에게 특정한 방향으로 치우쳐진 판단, 즉 편향된 판단(biased judgment)을 초래할 소지가 있다. 예컨대, 앞의 두 번째 예에서 새로 나온 가전제품이 이미 잘 알려져 있는 품질이 낮은 가전제품과 어떤 특성을 공유한다고 해서, 반드시 그 두 제품이 가진 모든 특성이 서로 같다고 볼 수는 없기 때문이다. 말하자면, 대표성 휴리스틱을 적용하는 범주화프로세스는 실은 그렇지 않은데도 새로 나온 가전제품이 '또 하나의 조잡한 제품'에 불과하다는 판단을 하도록 유도할 수 있는 문제점이 있다.

3) 대표성 휴리스틱을 이용한 마케팅액션

대표성 휴리스틱을 적용하는 범주화프로세스는 마케팅 관점에서 상당히 중요한 의

---

23 Daniel Kahneman and Amos Tversky, "Subjective Probability: A Judgment of Representativeness", *Cognitive Psychology*, July 1972, pp. 237-251.

미가 있다. 첫째, 기업은 소비자의 마음속에서 자사제품을 긍정적인 연상을 가진 범주의 전형이나 범례에 근접하는 것으로 포지셔닝하는 방법을 사용할 수 있다.

둘째, 대표성 휴리스틱의 적용이 소비자로 하여금 편향된 판단을 수행하도록 유도하고 있다면, 기업은 이런 편향오류를 해결하기 위해 적절한 방안을 모색하지 않으면 안 된다. 바로 이는 1960년대에 일본에서 만든 휴대용 라디오와 가전제품이 안고 있었던 보편적인 문제 중의 하나였다. 당시에 이런 일본제품들은 품질이 낮은 제품범주의 전형으로 간주되고 있었기에, 일본의 제조기업들은 이런 편향오류를 교정하기 위해 고품질 제품의 생산과 집중적인 마케팅활동의 수행에 전력투구했다.

2. 가용성 휴리스틱

1) 가용성 휴리스틱의 의의

가용성 휴리스틱(availability heuristic)은 사건의 발생이 마음속에 쉽게 떠오르는 정도를 이용하여 소비자가 판단을 수행하는 것을 말한다.[24] 일반적으로 접근가능성이 높거나 생생한 사건일수록 회상이 잘 되기 때문에, 소비자의 판단에 영향을 미칠 가능성이 높다. 예컨대, 구입한 지 얼마 되지도 않은 세탁기가 자꾸 말썽을 부렸다면, 수년이 지난 뒤라도 그 세탁기만 보면 화가 치밀어 오를 것이다. 말하자면, 실제의 고장발생률이 매우 낮더라도, 어떤 제품에 대한 소비자의 생생한 부정적인 경험은 현재 소비자가 해당 제품의 품질을 추정하는 데 상당한 영향을 미칠 수 있다는 것이다.

소비자가 판단을 수행하는 데 가용성 휴리스틱을 적용하도록 유도하는 접근가능한 정보의 예로는 구전 커뮤니케이션을 들 수 있다. 예컨대, 친구로부터 자신이 가진 세탁기에 발생했던 어떤 문제에 관한 이야기를 들은 적이 있다면, 비록 친구의 그런 경험이 좀처럼 발생하지 않는 사건일지라도 소비자가 해당 세탁기의 품질을 추정하는 데 적지 않은 영향을 미칠 것이다.

2) 가용성 휴리스틱의 편향오류

소비자가 보다 생생하거나 접근가능한 정보를 사용하여 판단을 수행하는 가용성

24 Valerie S. Folkes, "The Availability Heuristic and Perceived Risk", *Journal of Consumer Research*, June 1988, pp. 13-23; Michael D. Johnson and Christopher P. Puto, "A Review of Consumer Judgment and Choice", in ed. Michael J. Houston, *Review of Marketing* (Chicago: American Marketing Association, 1987), pp. 236-292.

휴리스틱은 기초발생률 정보(base-rate information)를 무시하게 만드는 경향이 있다. 기초발생률 정보란 어떤 사건이 모든 소비자들에게 실제로 얼마나 자주 발생하는가를 나타내는 정보를 말한다. 따라서, 가용성 휴리스틱은 소비자의 편향된 판단을 초래하기도 한다.

이런 편향오류는 소비자에게 냉장고가 고장날 가능성을 추정하는 과제를 제시한 연구에서 입증된 바 있다.[25] 이 연구에서는 한 응답자집단에게 여러 소비자들이 말한 내용을 정리한 사례목록 시나리오(case history scenario)를 제시하고, 다른 응답자집단에게 고장발생률에 관한 실제의 통계치를 제시하였다. 그 결과, 사례목록 시나리오를 제시받은 응답자집단은 실제의 통계치를 제시받은 응답자집단보다 냉장고가 고장날 가능성을 30%나 더 높게 추정하였다.

다른 연구에서는 소비자가 기초발생률 정보와 사례목록 시나리오 정보를 모두 사용할 수 있지만, 소비자의 판단은 정보가 어떻게 구조화되어 있는가에 의존한다는 사실을 발견하였다.[26] 즉, 사례목록 시나리오 정보가 더 구체적일수록, 기초발생률 정보는 덜 사용되는 것으로 나타났다. 이렇게 기초발생률 정보가 덜 사용되는 이유 중의 하나는 소비자가 그것을 손쉽게 이용할 수 없는 경우가 많기 때문이다.

이와 관련된 편향오류의 일종으로 소수의 법칙(the law of small numbers)이라는 것이 있는데, 이는 사람들이 단지 소수의 사례로부터 얻은 정보가 더 큰 모집단에 대해서도 전형적일 것이라고 기대하는 현상을 말한다.[27] 예컨대, 한두 명의 친구로부터 어떤 식당의 음식이 지독하게 맛이 없다는 이야기를 들었다면, 비록 대부분의 사람들이 그렇게 느끼지 않더라도 소비자는 그런 친구의 이야기를 믿는 경향이 있다. 사실, 구전커뮤니케이션이 강력한 힘을 발휘하는 이유 중의 하나는 사람들이 이처럼 소수의 사례에 의존하는 판단을 수행하기 때문이다.

가용성 휴리스틱의 편향오류는 초점집단면접(focus group interview: FGI)을 통하여 기업의 마케팅프로그램을 평가하려는 마케팅조사에서 꽤 보편적으로 나타나는 현상이다. 대개 이런 마케팅조사는 통상 8~12명 정도의 소비자로 편성되는 초점집단에게 제품디

---

25 Peter R. Dickson, "The Impact of Enriching Case and Statistical Information on Consumer Judgments", *Journal of Consumer Research*, March 1982, pp. 398-408.

26 Chezy Ofir and John G. Lynch, Jr., "Context Effects on Judgment Under Uncertainty", *Journal of Consumer Research*, September 1984, pp. 668-679.

27 Amos Tversky and Daniel Kahneman, "Belief in the Law of Small Numbers", *Psychological Bulletin*, August 1971, pp. 105-110; Amos Tversky and Daniel Kahneman, "Judgment Under Uncertainty: Heuristics and Biases", *Science*, September 1974, pp. 1124-1131.

자인에서 광고메시지에 이르는 여러 주제에 관한 자신의 의견을 제시해달라고 요청한 후 자유롭게 토론하도록 하는 식으로 진행된다.

그런데, 초점집단면접에는 단지 소수의 소비자만 참여하는데도 불구하고 기업은 이런 소수의 소비자가 제시한 견해가 마치 전체 소비자의 견해를 반영하는 것으로 간주하는 잘못을 저지르기도 한다.[28] 하지만, 이렇게 하기 위해서는 대표성이 있는 대규모 소비자표본을 대상으로 정량적 조사를 시행하여 초점집단면접에 의한 조사결과를 확인하지 않으면 안 된다.

3) 가용성 휴리스틱을 이용한 마케팅액션

기업은 소비자가 적용하는 가용성 휴리스틱을 자사에 유리하게 활용하거나 이에 따른 편향오류를 적절히 해결하는 방안을 모색할 수 있는데, 다음은 그런 방안의 몇 가지 예이다.

첫째, 기업은 마케팅커뮤니케이션을 이용하여 소비자에게 긍정적이고 생생한 제품정보를 제공하거나 아니면 소비자에게 어떤 상황을 상상해보도록 유도하는 방법을 사용할 수 있다.[29] 이 두 가지 방법은 소비자가 어떤 사건의 발생가능성을 높게 추정하도록 만드는 역할을 한다.

둘째, 기업이 자사에 대해 긍정적인 내용의 구전커뮤니케이션을 창출하는 방안이다. 예컨대, 대개 영화제작사는 새로 만든 영화가 개봉되기 전에 특별시사회를 열거나 대학캠퍼스에서 무료시사회를 개최한다. 여기에는 이렇게 영화를 먼저 본 사람들이 다른 사람들에게 좋은 이야기를 잘 전파하도록 해서 결국 대중의 판단에 영향을 미치려는 의도가 깔려 있다.

셋째, 기업은 소비자에게 일반적인 모집단에 관한 기초발생률 정보를 제공함으로써 가용성 휴리스틱의 편향오류를 해결하고자 노력할 수 있다. 특히, 이 때 생생하고 구체적인 정보를 제공한다면, 소비자의 편향된 판단을 줄일 수 있다. 예컨대, 지난 수년간 크레스트(Crest) 치약의 광고에서는 "치과의사 8명 중에서 7명은 크레스트치약이 다른 치약보다 충치예방에 더 우수하다는 데 동의한다."는 메시지를 꾸준히 전하고 있는 것은 바로 이런 노력의 한 가지 예라고 말할 수 있다.

---

28 Hanjoon Lee, Actio Actio, and Ralph Day, "Evaluation and Use of Marketing Research by Decision Makers: A Behavioral Simulation", *Journal of Marketing Research*, May 1987, pp. 187-196.

29 이에 대해서는 제9장과 제10장에서 소개하는 주요 예들을 참고할 것.

핵심용어

Keyword

가격－품질 연상, 가용성 휴리스틱, 결합확률의 평가, 고려상표군, 긍정적 편향, 기각, 기분, 기초발생률 정보, 대표성 휴리스틱, 발생가능성의 추정, 사례목록 시나리오, 상표확장, 소수의 법칙, 심상, 원산지효과, 인지적 단순성추구자, 정박과 조정 프로세스, 좋고 나쁨의 판단, 초점집단면접, 판단, 편향된 판단, 확인편향, 환상적 상관관계, 휴리스틱

Consumer Behavior and Marketing Action

제 4 장

의사결정

제 1 부 소비자행동 입문

제 1 장 소비자행동의 기초

제 2 부 소비자의 의사결정프로세스

제 2 장 문제인식과 정보탐색	제 3 장 판 단
제 4 장 의사결정	제 5 장 의사결정후 프로세스

제 1 절 고노력형 의사결정프로세스
제 2 절 비교불능대안의 의사결정
제 3 절 의사결정에 영향을 미치는 맥락요인
제 4 절 저노력형 의사결정프로세스
제 5 절 저노력형 인지기반 의사결정
제 6 절 저노력형 감정기반 의사결정

제 3 부 소비자행동의 내부적 영향요인

제 6 장 소비자의 동기, 능력 및 기회	제 7 장 소비자의 노출, 주의 및 지각	제 8 장 소비자의 범주화와 이해
제 9 장 고노력형 태도형성과 태도변화	제10장 저노력형 태도형성과 태도변화	제11장 소비자의 기억과 인출

제 4 부 소비자행동의 외부적 영향요인

제12장 문 화	제13장 사회계층	제14장 인구통계요인
제15장 준거집단과 사회적 영향력	제16장 사이코그래픽스	

소비자가 정보처리를 수행할 동기, 능력 및 기회(MAO) 수준이 높은 경우에 비해 소비자의 MAO 수준이 낮은 경우에는 소비자의 판단과 의사결정 프로세스가 훨씬 더 제한적으로 진행된다. 고노력형과 저노력형의 판단을 논의한 제3장에 이어 제4장에서는 고노력형과 저노력형의 의사결정을 설명한다. 먼저, 소비자의 MAO 수준이 높은 고노력형 상황에서는 소비자의 의사결정이 어떻게 이루어지는가를 살펴본다. 이어서 저노력형 의사결정의 이론과 프로세스를 검토하는데, 소비자가 의사결정을 수행하는데 사용하는 인지적 및 감정적 간편법(휴리스틱)을 설명하고 그 마케팅시사점을 논의한다.

그림 4-1 소비자의 의사결정

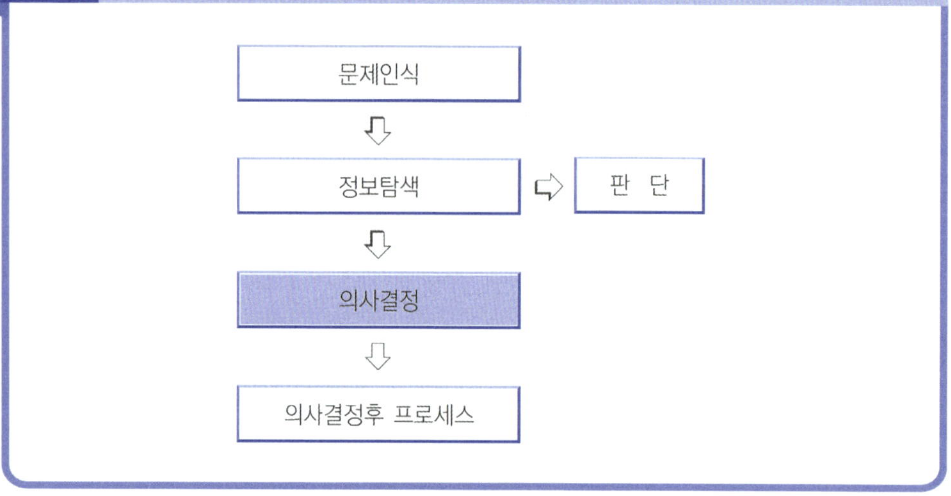

제 1 절 고노력형 의사결정프로세스

소비자는 여러 제품, 상표 혹은 행동방안 중에서 어느 하나를 선택하는 의사결정을 해야 하는 경우가 많다. 소비자가 선택을 해야 하는 상황에서는 여러 대안이 존재할 수 있는데, 상표의 선택상황에서는 고려상표군(consideration set), 부적격상표군(inept set),

비활성상표군(inert set)이라는 세 가지 대안의 집합체가 포함된다.[1] 고려상표군은 소비자에 의해 평가대상이 되는 대안의 집합체이고, 부적격상표군은 소비자에 의해 수용되지 못한 대안의 집합체이며, 비활성상표군은 소비자에 의해 무관심하게 취급되는 대안의 집합체이다.

또한, 소비자는 어떤 제품을 소비(사용)할 것인지에 대한 의사결정과 제품을 언제, 어떻게 처분할 것인지에 대한 의사결정을 수행해야 한다. 요컨대, 소비자는 자신이 선택을 하지 않기로 결정하는 경우를 포함해서, 각종의 소비자행동을 수행하기 위해 모종의 의사결정을 해야만 한다.

소비자의 의사결정에 관하여 수행된 방대한 연구들은 대부분 "내부탐색과 외부탐색으로 수집된 정보들이 의사결정을 하기 위해 어떻게 서로 결합되는가?"라는 의문에 대한 답을 구하기 위해 노력해 왔다. 이런 프로세스를 설명하기 위해 그동안 여러 모델들이 제안되어 왔는데, 이런 모델들은 "소비자가 인지적이면서 이성적으로 행동한다."는 기본전제를 두고 있다. 말하자면, 소비자는 어떤 제품을 선택할 때는 자신의 욕구를 가장 잘 충족시키는 방식으로 여러 특징들을 가장 잘 조합한 제품을 선택한다는 것을 그 전제로 하고 있다.

하지만, 소비자의 의사결정을 논의할 경우에는 다음과 같은 몇 가지 사항을 고려해야만 한다. 첫째, 소비자는 반드시 이성적인 행동이 아닌 비이성적인 행동을 수행하는 경우도 있다. 특히, 정교화 수준이 높은 상황에서는 소비자가 어떤 물건(예: CD나 신발)을 이미 많이 갖고 있음에도 불구하고 이에 대한 강한 감정적인 집착 때문에 그런 물건을 계속해서 새로 구입하기도 한다. 따라서, 최근의 소비자행동연구에서는 의사결정의 본질이 쾌락적이거나 정서적일 때 소비자의 선택(의사결정)이 어떻게 수행되는가에 많은 관심을 두고 있다.

둘째, 소비자는 주어지는 과제에 대한 적응성이 높은 편이기 때문에, 소비자가 처한 선택상황에 따라 의사결정프로세스가 달라질 수 있다.[2] 소비자가 처한 선택상황은 고려되는 제품의 종류와 소비자의 정보처리 동기, 능력 및 기회(MAO)라는 측면에서 차이가 날 수 있다. 예컨대, 자동차의 선택에 사용되는 의사결정프로세스는 주택의 선택

1 F. May and R. Homans, "Evoked Set Size and the Level of Information Processing in Product Comprehension and Choice Criteria", *Advances in Consumer Research*, Vol. 4, 1977, pp. 172-175.

2 John W. Payne, James R. Bettman, and Eric J. Johnson, "The Adaptive Decision-Maker", in ed. Robin M. Hogarth, *Judgment and Decision Making Theory and Applications: A Tribute to Hillel Einhorn* (Chicago: University of Chicago Press, 1998).

에 사용되는 의사결정프로세스와 매우 다를 것이다. 또한, 동일한 종류의 의사결정상황이라도 시간이 지나면 새로운 상표가 도입되거나 기존의 정보가 구식화되기 마련이므로, 이런 이유로 의사결정프로세스가 달라질 수도 있다.

셋째, 문화권에 따라 소비자의 의사결정스타일에 차이가 날 수 있다.[3] 소비자의 의사결정을 주제로 비교문화분석(cross-cultural analysis)을 시도한 연구에 따르면, 문화권에 따라서 소비자들이 의사결정에 접근하는 방식에 차이가 있다.

소비자의 의사결정프로세스를 논의할 때 유념해야 할 것은 소비자가 의사결정을 수행할 때마다 항상 따르는 한 가지 통일된 프로세스라는 것이 존재하지 않는다는 것이다.[4] 즉, 소비자는 주어지는 과제의 본질에 따라 적절한 전략을 구성하는데, 이 때는 한 개의 의사결정규칙(decision rule)만 사용하기도 하고 여러 개의 의사결정규칙을 결합해서 사용하기도 한다.

그동안 소비자행동연구에서는 여러 가지 형태의 소비자선택모델(consumer choice model)을 제안해 왔다. 이런 모델들을 종합해보면, 〈표 4-1〉에서 보듯이 고노력형 의사결정프로세스의 유형은 인지기반(cognition-based) 의사결정프로세스와 감정기반(affect-based) 의사결정프로세스로 구분된다. 각 유형에 포함된 의사결정모델들은 나름대로 특정한 상황의 의사결정프로세스를 표현하는 모델이라고 볼 수 있다.

표 4-1 고노력형 의사결정프로세스의 유형

인지기반 의사결정프로세스	감정기반 의사결정프로세스
▪ 보상적 상표별 처리모델 ▪ 보상적 속성별 처리모델 ▪ 비보상적 상표별 처리모델 ▪ 비보상적 속성별 처리모델 ▪ 복합모델	▪ 정서와 느낌에 의거한 의사결정 ▪ 경험에 의거한 의사결정 ▪ 심상에 의거한 의사결정

3 Itamar Simonson, “Get Closer to Your Consumers by Understanding How They Make Choices”, *California Management Review*, Summer 1993, pp. 68-84.

4 Mariele K. De Mooij and Warren Keegan, *Worldwide Advertising* (London: Prentice-Hall International, 1991).

1. 고노력형 인지기반 의사결정

인지기반 의사결정모델(cognition-based decision-making model)은 소비자가 여러 속성을 서로 결합해서 어떤 의사결정에 도달하는 프로세스를 표현한다. 인지기반모델이 상정하는 소비자는 이성적이면서 체계적으로 의사결정을 수행하는 소비자이다. 인지기반모델에는 소비자가 의사결정을 수행할 때 발생할 수 있는 상이한 프로세스를 식별하는 여러 모델이 있다.

인지기반모델을 논의할 때는 다음의 몇 가지 사항에 유념해야 한다.

첫째, 여러 인지기반모델 중에서 소비자가 어떤 모델을 따르게 되는지는 소비와 의사결정의 본질에 의해 좌우된다.

둘째, 같은 인지기반모델에 속하더라도 구체적인 모델이 다르면, 소비자의 전혀 다른 선택이 초래될 수 있다.

셋째, 소비자는 단 한 개의 모델만 사용하는 것이 아니라 여러 모델을 순차적으로 결합해서 사용하기도 한다.

넷째, 소비자는 자신이 따르는 의사결정프로세스가 정확히 어떤 것인지를 잘 알지 못할 수도 있다.

1) 인지기반 의사결정프로세스의 유형

인지기반 의사결정모델은 [그림 4-2]에서 보듯이 대안의 평가방식과 정보처리의 순서라는 두 가지 차원을 기준으로 해서 분류될 수 있다. 우선, 대안의 평가방식은 보상적 모델과 비보상적 모델로 구분된다. 한편, 정보처리의 순서는 상표별 처리와 속성별 처리로 구분된다.

(1) 대안의 평가방식에 따른 구분: 보상적 모델과 비보상적 모델

보상적 모델(compensatory model)은 소비자가 부정적인 특징에 비해 긍정적인 특징이 가장 많은 상표를 선택한다고 보는 모델이다. 보상적 모델은 소비자가 정신적 비용-편익분석(mental cost-benefit analysis)을 수행한다고 본다. 보상적 모델의 핵심적인 특징은 한 속성에서 받은 부정적인 평가(즉, 제품의 단점)가 다른 속성에서 받은 긍정적인 평가(즉, 제품의 장점)에 의해 '보상'될 수 있다고 보는 것이다. 예컨대, 비록 '연비가 낮다'는 부정적인 특징을 가진 자동차라도 '승차감'이나 '안전성'과 같은 다른 특징에서 높은 평가

그림 4-2 인지기반 의사결정모델의 유형

	보상적 모델	비보상적 모델
상표별 처 리	다속성 모델 (기대가치모델)	속성결합모델 속성분리모델
속성별 처 리	가산적 차이모델	사전편집모델 측면별 제거모델

를 받는다면 전체적인 평가에서 이런 단점은 어느 정도 커버될 수 있다는 것이다.

한편, 비보상적 모델(noncompensatory model)은 소비자가 부정적인 정보가 있는 제품 대안을 고려상표군에서 즉각 제거한다고 보는 모델이다. 따라서, 한 속성에서 받은 부정적인 평가(즉, 제품의 단점)가 다른 속성에서 받은 긍정적인 평가(즉, 제품의 장점)에 의해 '보상'될 수 없다고 보는 것이다. 예컨대, 어떤 자동차의 연비가 낮다는 사실은 경제성을 중시하는 소비자로 하여금 그 자동차를 더 이상 고려하지 않게 만들 수 있다. 보상적 모델과 비교할 때, 비보상적 모델은 소비자가 수행하기가 더 용이하고 인지적인 부담도 더 적다.

(2) 정보처리의 순서에 따른 구분: 상표별 처리모델과 속성별 처리모델

상표별 처리모델(processing by brand: PBB)이란 소비자가 우선 상표 한 개를 택하여 그 세부적인 특징을 모두 평가한 후 그 다음 상표로 넘어가 동일한 방식으로 평가를 계속 진행해 간다고 보는 모델이다. 예컨대, 컴퓨터를 구입하려는 소비자라면, 일단 삼성컴퓨터에 관한 정보를 모두 수집하여 이에 대해 평가를 한 후에 LG컴퓨터로 넘어가서 마찬가지 방식으로 평가를 하는 식으로 진행할 수 있다. 소비자의 일상생활에서 정보환경이 상표별로 구조화되어 있는 경우가 많기 때문에, 상표별 처리는 비교적 자주 발생하는 편이다.

한편, 속성별 처리모델(processing by attribute: PBA)이란 소비자가 우선 속성 한 개를 기준으로 택하여 여러 상표를 서로 비교하면서 평가한 후 그 다음 속성으로 넘어가서 동일한 방식으로 평가를 계속 진행해 간다고 보는 모델이다. 소비자가 가격을 기준으로 해서 여러 상표를 비교하여 가장 가격이 저렴한 상표를 선택하는 가격비교쇼핑

(price-comparison shopping)이 그 좋은 예다. 속성별 처리는 상표별 처리보다 인지적으로 간단하기 때문에 대부분의 소비자들은 속성별 처리를 선호한다. 하지만, 소비자가 속성별 처리를 용이하게 수행할 수 있도록 해주는 방식으로 정보가 제시되지 않는 경우가 많다.

2) 인지기반 의사결정프로세스의 주요 모델

[그림 4-2]에서 보듯이 인지기반 의사결정프로세스를 설명하는 모델은 앞의 두 가지 차원을 기준으로 해서 ① 보상적 상표별 처리모델, ② 보상적 속성별 처리모델, ③ 비보상적 상표별 처리모델, ④ 비보상적 속성별 처리모델로 구분할 수 있다. 실제로 소비자가 의사결정을 할 때는 어느 한 가지 모델을 사용하기도 하지만, 여러 모델들을 적절히 결합하여 사용하기도 한다.

(1) 보상적 상표별 처리모델: 다속성모델

소비자의 의사결정에 관한 연구는 대부분 다속성모델(multiattribute model) 혹은 기대가치모델(expectancy-value model)이라는 상표기반의 보상적 모델에 초점을 두어 왔다.

다속성모델의 대표적인 모델은 추리된 행동이론모델(TORA)인데,[5] 이 모델은 어떤 행동에 대한 소비자의 태도(A_{act})가 ① 의사결정이 가져다 줄 결과에 관한 소비자의 부각적 신념, ② 이런 결과가 발생할 것이라고 소비자가 강하게 믿는 정도(b_i 요소) 그리고 ③ 이런 결과가 좋거나 나쁘다고 소비자가 생각하는 정도(e_i 요소)에 근거해서 형성된다고 본다. 즉, 어떤 행동에 대한 소비자의 전반적인 태도는 각 속성에 대한 제품의 bi 요소와 ei 요소를 서로 곱한 후 모두 합산한 점수로 평가된다. 또한, 추리된 행동이론모델은 주관적 규범(SN)요소를 고려하여 제품에 대한 소비자의 구매의도(BI)를 예측한다. 따라서, 추리된 행동이론모델을 소비자의 고려상표군에 포함된 모든 대안에 적용하면, 소비자가 어떤 대안을 선택할 것인지를 예측할 수 있다.

지금까지 소비자행동연구에서는 다양한 형태의 다속성모델이 제안되어 왔지만, 대부분은 추리된 행동이론모델에서 행동에 대한 태도(A_{act})를 계산하는 공식과 비슷한 형태의 공식을 가진다는 유사점이 있다. 즉, 이런 다속성모델에서 평가점수는 대개 한 요소와 다른 요소를 곱한 후 모두 합산하는 방식으로 계산된다.

하지만, 여러 다속성모델들은 ① 신념강도, ② 평가 및 ③ 소비자가 속성이나 결과에 부여하는 중요도와 같은 주요요소들을 조합하여 모델에 포함시키는 방식에 서로 차

5 추리된 행동이론모델의 세부적인 내용에 대해서는 제9장에서 자세히 설명한다.

이가 있다.

그러면, 여기서는 이 장에서 논의하는 다른 모델들과 손쉽게 비교할 수 있도록 하기 위해 여러 다속성 모델 중에서 속성의 중요도와 속성에 대한 신념강도라는 두 요소로 구성된 간단한 다속성모델을 소개하기로 한다.

$$A_b = \sum(b_i \times I_i) \quad (\text{단, } i = 1 \cdots n) \qquad \text{(공식 4.1)}$$

A_b: 상표에 대한 태도
b_i: 속성 i에 관련된 신념강도
I_i: 속성 i의 중요도

이 다속성모델은 고려상표군에 속하는 각 대안에 대한 상표태도(A_b)를 평가하기 때문에, 소비자의 의사결정상황에 손쉽게 적용될 수 있다. 〈표 4-2〉에 제시된 사례를 이용하여 이 다속성모델이 소비자의 의사결정에 어떻게 적용되는지를 알아보자.

어떤 소비자가 세 가지의 휴양지 중에서 휴가여행을 어디로 갈 것인지 결정하려하는 상황이라고 하자. 그에게 부각적인 속성은 "재미있다," "교육적이다," "비용이 저렴하다," "위험하지 않다"라는 네 가지 속성이다.

다속성모델에서는 각 대안에 따른 결과(속성)의 중요도와 그 신념강도를 곱한 값을 결과별로 모두 합산하여 가중평점이 가장 높은 대안이 선정된다. 〈표 4-2〉의 계산에 따르면, 휴양지A의 가중평점은 29점이고, 휴양지B의 가중평점은 17점이며, 휴양지C의 가중평점은 16점이다. 따라서, 소비자는 세 가지의 휴양지 중에서 가중평점이 가장 높은 휴양지A를 휴가여행지로 선택하게 될 것으로 예측된다.

여기서 주의해야 할 점은 소비자가 의사결정을 할 때 이런 평가를 공식적으로 수

표 4-2 다속성모델의 적용 예

의사결정의 결과 (속성)	중요도 가중치 (1~7점)	대안에 대한 신념강도(−3~+3점)		
		휴양지A	휴양지B	휴양지C
재미있다	6	+3	+2	+3
교육적이다	4	+3	+1	−2
비용이 저렴하다	3	−1	+1	+2
위험하지 않다	2	+1	−1	0
가중 합계		29	17	16

행하는 것은 아니기 때문에 위와 같이 수치로 표시한 것은 소비자가 수행하는 정신적 비용-편익분석을 표현하기 위한 것에 불과하다는 것이다. 하지만, 이런 보상적 모델은 소비자가 의사결정을 수행할 때 가장 영향력이 있는 요인을 파악하는 데 유익하다. 예컨대, 소비자는 휴양지A가 가장 재미있고(+3) 가장 교육적인(+3) 곳이라고 생각하는데, 이런 장점들이 상대적으로 높은 비용이 드는(-1) 단점을 어느 정도 '보상'해주기 때문에 휴양지A를 휴가여행지로 선택하게 될 것이다.

보상적 상표별 처리모델은 제품의 구매행동, 사용행동 혹은 처분행동과 관련되는 결과나 속성에 관하여 소비자가 가진 신념을 파악하기 때문에, 어떤 대안이 선택되고 어떤 대안이 제외될지를 파악하는 데 유익하다. 또한, 보상적 상표별 처리모델은 기업이 자사제품과 관련하여 어떤 결과나 속성을 강화하거나 변경해야 하는지에 관한 지침을 제공해 주는데, 이런 측면에서 기업은 다음과 같은 몇 가지 방안을 모색할 수 있다.

첫째, 소비자가 자사에게 유리한 어떤 긍정적인 결과나 속성이 의사결정과 관련성이 있다는 사실을 제대로 인식하지 못하고 있다면, 기업은 그런 면에서 소비자의 신념 강도를 높이기 위해 자사의 마케팅활동에서 그런 결과나 속성을 강조해야 한다.

일본에서는 토요타의 Previa나 미쯔비시의 Expo-LRV와 같은 비포장도로용 자동차(off-road vehicles)가 매우 인기가 높다. 그 이유는 이런 자동차 제조업체들이 교통체증 속에서도 자녀들이 자동차 내부에서 비교적 자유롭게 움직일 수 있다는 이점을 잘 강조해 왔고 또한 그 모습도 매우 튼튼하게 보이기 때문이다. 또한, 일본인들은 소매점에서 파는 빵이 갓 구운 것이라고 믿지 않기 때문에, 갓 구운 빵을 사기 위해 빵집 앞에서 긴 행렬로 서서 기다린다. 따라서, 갓 구운 빵을 판매하고 있는 세븐일레븐(7-Eleven)은 이 속성에 관한 소비자의 신념을 변경하여 다른 식품소매점에 대한 경쟁우위를 확보하려고 애쓰고 있다.

둘째, 소비자의 의사결정프로세스를 분석하여 자사제품에 어떤 약점이 있는 것으로 밝혀진다면, 기업은 자사제품을 개선한 후에 그런 사실을 소비자에게 적절히 알리도록 해야 한다.

주름과 여드름 상처를 제거하기 위해 정제된 우지를 피하에 주사하는 치료법인 콜라겐 대치요법(collagen replacement therapy)의 광고에서는 이 치료법의 적용으로 알레르기 반응이 발생할 수 있는 문제를 처리하기 위해 먼저 의사의 진료를 받아보는 것이 중요하다는 것을 강조한다. 또한, 요즘 커피전문점에서는 주문한 음식이 나왔음을 알리는 안내방송이 주는 소음을 줄이기 위해 음식을 주문할 때 사람들에게 미리 전자 삐삐를 나눠주고 있다.

셋째, 기업은 경쟁제품의 약점을 파악하여 이를 비교광고와 같은 자사의 마케팅커뮤니케이션에 적극 이용할 수 있다. 바로 이는 델(Dell) 컴퓨터가 가격으로 컴팩(Compaq)을 공격했을 때 사용했던 전략이었다.

(2) 보상적 속성별 처리모델: 가산적 차이모델

보상적 속성별 처리모델의 대표적인 모델은 가산적 차이모델(additive difference model)이다. 이 모델은 소비자가 여러 대안을 평가할 때 한 번에 대안 두 개를 하나의 짝으로 만들어서 속성별로 비교한다고 보는 모델이다.[6] 이렇게 각 속성별로 대안 간의 차이가 평가한 후, 이를 합산하면 전반적인 선호 측정치가 계산된다.

〈표 4.3〉의 예에서 보듯이 소비자가 휴양지A와 휴양지B를 하나의 짝으로 만들어서 먼저 "재미있다"는 속성으로 비교한 결과 (+1)이라는 차이점수를 얻었고, 그 다음 "교육적이다"라는 속성에서는 (+2)라는 차이점수를 얻었다. 나머지 두 속성에 대해서도 이런 과정을 그대로 반복하면, 가산적 차이점수의 합계(+3)을 얻게 되어 결국 휴양지B보다는 휴양지A가 더 선호된다는 것을 알 수 있다. 그 후, 휴양지A과 휴양지C를 짝으로 하는 비교와 휴양지B와 휴양지C를 짝으로 하는 비교에서도 위와 동일한 과정을 반복하게 된다.

그런데, 이 과정에서는 속성간의 상쇄관계(trade-off)가 허용된다는 점에 주목해야 한다. 즉, 한 속성에서의 부정적 차이점수는 다른 속성에서의 긍정적 차이점수로 상쇄될 수 있다는 것이다.

가산적 차이모델은 여러 상표간에 가장 큰 차이를 보이는 속성이나 결과를 파악할 수 있게 해 주는데, 이런 정보는 기업이 상표를 개선하고 포지셔닝하는 데 유익하게

표 4-3 가산적 차이모델의 적용 예

의사결정의 결과 (속성)	대안 간 신념강도의 비교		
	휴양지A 대 휴양지B	휴양지A 대 휴양지C	휴양지B 대 휴양지C
재미있다	(+3)-(+2)=+1	(+3)-(+3)= 0	(+2)-(+3)=-1
교육적이다	(+3)-(+1)=+2	(+3)-(-2)=+5	(+1)-(-2)=+3
비용이 저렴하다	(-1)-(+1)=-2	(-1)-(+2)=-3	(+1)-(+2)=-1
위험하지 않다	(+1)-(-1)=+2	(+1)-(0)=+1	(-1)-(0)=-1
가산적 차이의 합계	+3	+3	0

6 Amos Tversky, "Intransitivity of Preferences", *Psychological Review*, January 1969, pp. 31-48.

사용된다.

첫째, 제품개선노력의 결과로 자사상표가 특정한 속성에서 주요 경쟁상표에 못지 않게 우수하다면, 그런 우수성에 관한 소비자의 신념을 높이는 노력이 중요하다. 예컨대, 델(Dell) 컴퓨터로부터 가격차원에서 엄청난 공격을 받은 컴팩(Compaq)은 바로 이 차원에서 자사의 경쟁위치를 상당히 개선하게 되었다.

둘째, 자사상표가 핵심적인 속성에서 경쟁상표보다 우수하다면, 기업은 이런 이점을 중심으로 자사상표를 포지셔닝해서 이에 관한 소비자의 신념을 높여야 한다. 볼보(Volvo) 자동차는 안전성에 관한 강력한 지각을 중심으로 자사 자동차를 잘 포지셔닝해서 성공한 대표적인 기업이다. 또한, 포드의 무스탕(Mustang)은 이와 엇비슷한 일본 스포츠카보다 가격이 무려 7,000달러나 낮다는 강점을 적절히 부각시켰기 때문에, 일본 시장에서의 판매에 성공하였다.

(3) 비보상적 상표별 처리모델: 속성결합모델과 속성분리모델

앞에서 설명한 두 가지 보상적 모델은 다수의 속성을 기준으로 해서 여러 대안을 평가하는 방식이기 때문에 소비자의 입장에서 인지적 노력이 많이 요구되는 방식이다. 하지만, 소비자가 이처럼 많은 인지적 노력을 투입하지 않으려는 경우도 많은데, 이런 경우에는 간단한 비보상적 모델을 사용하게 된다. 비보상적 모델이라고 부르는 이유는 어떤 핵심적인 속성에서 부정적인 평가를 받는 상표는 곧바로 제거되어 버리기 때문이다. 즉, 비보상적 모델은 소비자가 어떤 핵심적인 속성을 기준으로 각 대안을 평가하여 이에 적합하지 못한 대안을 제외시킨다고 보는 모델이다.[7]

비보상적 모델의 공통적인 특징은 의사결정프로세스가 간단하면서 순차적인 방식으로 진행된다는 점이다. 소비자는 속성별로 절사수준(cut-off level)을 정해서 이에 미달하는 대안을 제거하는데, 이런 절사수준은 수용되는 대안과 제거되는 대안을 최대로 판별하도록 하는 수준으로 선택되는 경향이 있다.[8] 비보상적 모델에는 이런 절사수준이 어떠한가와 정보처리의 방식에서 차이가 있는 여러 모델이 있는데, 여기서는 비보상적 상표별 처리모델의 대표적인 형태인 속성결합모델과 속성분리모델을 설명하기로 한다.

---

7 Peter Wright, "Consumer Choice Strategies: Simplifying vs. Optimizing", *Journal of Marketing Research*, February 1975, pp. 60-67.

8 Noreen Klein and Stewart W. Bither, "An Investigation of Utility-Directed Cutoff Selection", *Journal of Consumer Research*, September 1987, pp. 240-256.

가. 속성결합모델

소비자가 의사결정에 속성결합모델(conjunctive model)을 사용하는 경우에는 어떤 속성에 대해 자신이 수용할 수 있는 최저수준인 최소절사치(minimum cutoff)를 설정한다.[9] 예컨대, 구입할 자동차의 연비수준이 최소한 갤런당 15마일은 되어야 한다고 보는 소비자라면, 이런 수준의 연비보다 낮다고 지각되는 자동차는 제거될 것이다. 이런 최소절사치는 필수적인 최소한의 신념강도 수준을 나타내기 때문에, 속성결합모델의 저변에는 부적합한 대안들을 가급적 신속하게 제거하려는 의도가 깔려 있다고 말할 수 있다. 따라서, 속성결합모델은 긍정적인 정보보다는 부정적인 정보에 더 많은 비중을 두는 모델인 셈이다.

표 4-4 속성결합모델의 적용 예

의사결정의 결과 (속성)	최소 절사치	대안에 대한 신념강도(-3~+3점)		
		휴양지A	휴양지B	휴양지C
재미있다	+2	+3	+2	+3
교육적이다	+2	+3	+1	-2
비용이 저렴하다	-2	-1	+1	+2
위험하지 않다	0	+1	-1	0

속성결합모델은 한 번에 대안 하나에 최소절사치를 적용하는 상표별 처리모델이다. 예컨대, 소비자가 〈표 4-4〉에 제시된 바와 같이 신념강도의 최소절사치를 정했다고 하자.[10] 속성결합모델에서는 단순히 각 신념강도와 그에 대응되는 최소절사치를 서로 비교한다. 그 결과를 보면, 휴양지A은 모든 속성의 최소절사치를 넘기 때문에 통과된다. 하지만, 휴양지B는 "교육적이다"라는 속성(+1)과 "위험하지 않다"는 속성(-1)에서 그리고 휴양지C는 "교육적이다"라는 속성(-2)에서 각각 최소절사치에 미달하기 때문에 모두 제외된다.

속성결합모델에서는 부적합한 대안을 신속히 제거하려는 의도에서 최소절사치를 기준으로 대안을 선택하기 때문에, 이 모델을 적용하면 수용가능한 대안이 두 개 이상 남게 되는 경우도 발생한다. 이런 경우에는 최종적인 선택을 하기 위해 다른 의사결정

9 David Grether and Louis Wilde, "An Analysis of Conjunctive Choice: Theory and Experiments", *Journal of Consumer Research*, March 1984, pp. 373-385.

10 여기서 주의할 것은 소비자가 일반적으로 이런 구체적인 수치를 자신의 절사치로써 공식적으로 할당하기보다는 최소한의 수준에 대한 일반적인 아이디어만 가질 것이라는 점이다.

모델을 다시 적용하게 된다.

나. 속성분리모델

속성분리모델(disjunctive model)은 속성결합모델과 유사한 모델이지만, 다음의 두 가지 측면에서 차이가 있다. 첫째, 속성분리모델에서는 소비자가 절사치를 설정할 때는 필수적인 최소한의 수준인 최소절사치보다 좀더 높은 수준인 바람직한 수준의 절사치(desirable level of cutoff)로 설정한다고 본다. 예컨대, 갤런당 15마일이 수용가능한 최소한의 연비수준이라면, 갤런당 20마일은 좀더 바람직한 연비수준이 될 것이다. 둘째, 속성분리모델에서는 중요한 속성 전부가 아니라 한두 개의 속성만을 기준으로 해서 평가가 이루어진다고 본다. 따라서, 속성분리모델은 부정적인 정보보다는 긍정적인 정보에 더 많은 비중을 두는 모델인 셈이다.

표 4-5 속성분리모델의 적용 예

의사결정의 결과 (속성)	바람직한 수준의 절사치	대안에 대한 신념강도(-3~+3점)		
		휴양지A	휴양지B	휴양지C
재미있다	+3	+3	+2	+3
교육적이다	+3	+3	+1	-2
비용이 저렴하다	-1	-1	+1	+2
위험하지 않다	+1	+1	-1	0

〈표 4-5〉에서 신념강도에 대한 소비자의 절사치가 속성결합모델의 최소절사치보다 더 높은 수준인 바람직한 수준의 절사치로 설정되어 있는 것을 볼 수 있다. 속성분리모델에 따라 한 번에 속성 한 개씩 평가를 진행하면, 휴양지A는 모든 속성에서 바람직한 수준의 절사치를 통과하지만 휴양지B와 휴양지C는 각각 몇 개의 속성에서 바람직한 수준의 절사치에 미달하기 때문에 제외된다.

기업의 입장에서 소비자가 정하는 절사치의 수준을 파악하면 매우 유익하다. 첫째, 대다수의 소비자들이 정하는 바람직한 수준의 절사치보다 낮은 수준의 속성을 가진 것으로 지각되는 제품은 당연히 고려에서 제외될 것이므로, 그런 제품을 가진 기업은 해당 속성에 대한 소비자의 신념을 변경시키는 방안을 모색해야 한다. 예컨대, 자사 자동차의 연비수준이 실제로 갤런당 20마일을 상회하지만 대부분의 소비자들이 그렇게 믿지 않고 있다면, 기업은 이런 소비자의 신념을 더 강화하도록 노력할 수 있다.

둘째, 기업이 자사제품에 소비자들이 별로 원하지도 않는 불필요한 특징을 추가하면 자승자박하는 결과가 초래될 수 있다는 점에 주의해야 한다. 그 이유는 바로 이런 특징이 소비자에게 해당 제품의 구매를 거부할 빌미를 주는 셈이기 때문이다.[11] 이와 관련해서 한 연구에서는 수집용 접시와 골프용 우산을 경품으로 제공하는 상표는 소비자의 눈에 덜 바람직한 상표로 비치게 된다는 사실을 발견하였다.[12]

(4) 비보상적 속성별 처리모델: 사전편집모델과 측면별 제거모델

비보상적 속성별 처리모델의 대표적인 모델에는 사전편집모델과 측면별 제거모델이 있다.

가. 사전편집모델

사전편집모델(lexicographic model)은 소비자가 먼저 속성의 중요도를 기준으로 해서 여러 속성들의 순위를 정한 후, 가장 중요한 속성부터 한 번에 속성 한 개를 기준으로 대안들을 서로 비교한다고 보는 모델이다.[13]

만약 가장 중요한 속성에서 어느 한 대안의 수준이 지배적으로 높으면 그 대안이 선택된다. 하지만, 동률을 이루는 대안이 두 개 이상 있으면, 두 번째 중요한 속성으로 넘어가서 마찬가지 방식으로 서로 비교한다. 이런 과정은 오직 한 개의 대안만 남을 때까지 계속된다.

표 4-6 사전편집모델의 적용 예

의사결정의 결과 (속성)	중요도 가중치 (1~7점)	대안에 대한 신념강도(−3~+3점)		
		휴양지A	휴양지B	휴양지C
재미있다	6	+3	+2	+3
교육적이다	4	+3	+1	−2
비용이 저렴하다	3	−1	+1	+2
위험하지 않다	2	+1	−1	0

그런데, 여기서 주의해야 할 것은 어느 한 속성에서 대안들 간의 차이가 최소가지 차이(just noticeable difference: JND)보다 작으면, 동률을 이루는 대안들이 발생하게 된다는 점이다. 예컨대, 가격이 각각 5,200원과 5,300원으로 100원이라는 근소한 가격차이를

11 Simonson(1993), *op. cit.*

12 Itamar Simonson, Ziv Carmon, and Suzanne O'Curry, "Experimental Evidence on the Negative Effect of Product Features and Sales Promotions on Brand Choice", *Marketing Science*, Winter 1994, pp. 23-40.

13 Wright(1975), *op. cit.*

가진 두 상표는 가격이라는 측면에서 소비자에게 동률을 이루는 대안(즉, 가격이 서로 대등한 대안)으로 비춰질 가능성이 있다는 것이다.

〈표 4-6〉의 예에서 휴가여행지를 선택하려는 소비자는 먼저 가장 중요한 속성인 "재미있다"는 속성으로 비교한 결과 휴양지A와 휴양지C가 +3점으로 동률이라는 것을 발견하고, "교육적이다"라는 속성으로 넘어가 이 속성에서 점수가 더 높은 휴양지A를 선택하게 될 것이다. 사전편집모델을 적용하는 보편적인 예로는 소비자가 가격이라는 가장 중요한 속성으로 여러 상표를 서로 비교해서 구입할 상표를 정하는 가격비교쇼핑을 들 수 있다.

나. 측면별 제거모델

측면별 제거모델(elimination-by-aspect model)은 사전편집모델과 유사한 모델이지만, 수용가능한 절사치(acceptable cutoff)라는 개념을 포함한다는 점에 차이가 있다.[14] 측면별 제거모델은 사전편집모델만큼 엄격하지는 않기 때문에, 더 많은 속성이 고려될 수 있다는 특징이 있다. 이 모델은 먼저 중요도를 기준으로 해서 여러 속성의 순위를 정한 후 가장 중요한 속성으로 대안을 서로 비교하는데, 여기서 각 속성의 수용가능한 절사치보다 속성점수가 낮은 대안은 제거된다고 본다. 이 과정은 오직 한 개의 대안이 남을 때까지 계속된다.

〈표 4-7〉의 예에서 속성결합모델과 동일한 절사치를 수용가능한 절사치로 사용한다 하자. 소비자는 우선 가장 중요한 속성인 "재미있다"는 속성에서는 모든 휴가여행 후보지를 통과시키지만, "교육적이다"라는 속성에서 휴양지B와 휴양지C를 제거하게 될 것이다.

속성별 처리모델은 결정적 속성(determinant attribute)이 어떤 속성인지를 파악하는 데 도움을 줄 뿐만 아니라 속성이 평가되는 순위에 관한 정보도 제공해 주기 때문에 기업의 입장에서 매우 유익하다.

첫째, 대다수의 소비자들이 사전편집모델을 사용하여 의사결정을 하고 있는데 가장 중요시되는 속성에서 자사상표가 취약하다면, 해당 기업이 소비자의 선택을 받기 위해 이런 속성에서 자사상표의 수준을 개선하는 방안을 모색해야 한다. 예컨대, 미국 자동차시장에서 가장 중요시되는 두 가지 속성은 성능과 신뢰성이기 때문에, 미국 자동차제조업체들은 그동안 상실된 소비자들의 확신을 회복하기 위해 이런 속성을 집중

14 Amos Tversky, "Elimination by Aspects: A Theory of Choice", *Psychological Review*, July 1972, pp. 281-299.

표 4-7 측면별 제거모델의 적용 예

의사결정의 결과 (속성)	중요도 가중치 (1~7점)	수용가능한 절사치	대안에 대한 신념강도(-3~+3점)		
			휴양지A	휴양지B	휴양지C
재미있다	6	+2	+3	+2	+3
교육적이다	4	+2	+3	+1	-2
비용이 저렴하다	3	-2	-1	+1	+2
위험하지 않다	2	0	+1	-1	0

적으로 강조해 왔다.

둘째, 기업은 경쟁상표에 비해 자사상표가 우위에 있는 속성이 소비자에게 가장 중요시되는 속성이 되도록 만들기 위해 속성의 중요도 순위를 변경시키는 방안을 모색할 수 있다. 닛산의 알티마 자동차는 낮은 가격으로도 얼마든지 우수한 품질의 중형세단 자동차를 구입할 수 있다는 사실을 소비자들이 충분히 깨닫게 만드는 전략을 구사하였다. 또한, 크리스털 펩시(Crystal Pepsi) 콜라, 밴클리어(Ban Clear) 탈취제, 아이보리(Ivory) 투명 주방세제와 같은 상표들은 소비자들에게 해당 제품의 주요 특징인 "투명하다(clear)"는 속성의 중요도를 높이는 전략을 구사하였다.

(5) 복합모델의 활용

소비자는 오직 하나의 의사결정모델만 사용하기보다는 여러 의사결정모델을 적절히 결합하여 사용하는 경우가 많은데,[15] 다음은 소비자들이 이렇게 복합모델(multiple models)을 사용하는 몇 가지 상황을 나타낸다.

첫째, 평가해야 할 대안의 수가 상당히 많은 경우에 소비자들은 우선 비보상적 모델(예: 속성결합모델)을 사용해서 부적절한 상표들을 제거하여 고려상표군의 전체적인 크기를 줄인 후, 좀더 철저하게 평가하는 모델(예: 보상적 전략)을 사용하여 나머지 대안들을 평가한다.

둘째, 소비자들 여러 의사결정모델을 부분적으로 사용해서 의사결정프로세스를 나름대로 적절히 재구성하기도 한다.[16] 즉, 대안이나 의사결정과제에 관하여 이미 많이

15 Denis A. Lussier and Richard W. Olshavsky, "Task Complexity and Contingent Processing in Brand Choice", *Journal of Consumer Research*, September 1979, pp. 154-165; Eric J. Johnson and Robert J. Meyer, "Compensatory Choice Models of Noncompensatory Processes: The Effect of Varying Context", *Journal of Consumer Research*, June 1984, pp. 542-551.

16 James R. Bettman and Michael A. Zins, "Constructive Choice Processes in Consumer Choice", *Journal of Consumer Research*, September 1977, pp. 75-85.

학습한 소비자는 자신의 새로운 지식에 맞추어 사용하는 의사결정모델을 적절히 변경시켜 사용하기도 한다는 것이다.

셋째, 소비자들은 의사결정프로세스에서 속성의 중요도 순위를 바꾸거나 전혀 다른 의사결정모델을 사용하기도 한다.[17] 즉, 소비자는 기회주의적이고 적응적인 성격의 정보처리자(opportunistic and adaptive processor)인 경향이 있다.[18]

기업의 입장에서 소비자의 의사결정프로세스를 충분히 이해한다는 것은 대단히 중요한 의미가 있다. 소비자가 사용하는 의사결정모델에 따라 상이한 상표선택이 초래될 수 있다는 사실을 감안한다면, 경우에 따라서는 기업이 자사에 유리하게 소비자가 사용하는 의사결정프로세스를 변경시키려고 노력할 수 있다.

첫째, 대다수의 소비자들이 보상적 모델을 사용하고 있는데 경쟁상표에 어떤 중요한 약점이 있다면, 기업은 소비자들이 보상적 모델 대신 비보상적 모델을 사용하도록 유도할 수 있다. 예컨대, "이처럼 중요한 속성에서 수준이 낮은 상표를 수용해서는 안 된다."는 식으로 소비자를 설득함으로써, 소비자가 경쟁상표를 고려대상에서 제외시키도록 만들 수 있다.

둘째, 대부분의 소비자들이 비보상적 모델을 사용하기 때문에 자사상표를 구입하지 않고 있다면, 기업은 소비자들이 비보상적 모델 대신에 보상적 모델을 사용하도록 유도할 수 있다. 즉, 자사상표가 가진 긍정적인 속성들이 자사상표가 가진 부정적인 속성을 충분히 보상해준다는 점을 소비자에게 설득시키는 방식이다.

2. 고노력형 감정기반 의사결정

앞에서 설명한 인지기반 의사결정모델은 소비자의 의사결정프로세스가 이성적이고 순차적인 방식으로 진행된다고 보는 기본특징을 갖고 있다. 하지만, 이제 소비자행동연구에서는 소비자가 전반적인 느낌이나 정서를 기반으로 해서 좀더 총괄적인 방식으로 의사결정을 수행하는 또 다른 처리방식을 갖고 있다는 사실에 주목하고 있다.[19] 말하자면, 소비자가 대안의 상세하고 체계적인 평가만 수행하기보다는 "그저 좋다"식의 느낌

17 Payne, Bettman, and Johnson(1998), *op. cit.*

18 B. Hayes-Roth and F. Hayes-Roth, "A Cognitive Model of Planning", *Cognitive Science*, October-December 1979, pp. 275-310.

19 Seymour Epstein, "Integration of the Cognitive and the Psychdynamic Unconscious", *American Psychologist*, August 1994, pp. 709-724.

때문에 간단하게 의사결정을 수행하기도 한다는 것이다.

사실, 이런 정서적 정보처리(emotional processing)가 이성적인 사고를 압도해서 소비자가 자신의 이성적인 선호와 거리가 먼 대안을 선택하기도 하는데, 종종 이는 나중에 후회를 수반한다.[20] 이런 감정적 의사결정(affective decision making)이 수행하는 역할에 관해서 그동안 축적된 지식은 아직 많이 부족한 편이지만, 이와 관련해서 수행된 연구결과를 요약하면 다음과 같다.

1) 정서와 느낌에 의거한 의사결정

제품이 소비자의 정서와 느낌과 서로 연결되기도 한다. 어떤 상표는 소비자에게 어떤 정서(emotion), 즉 긍정적 정서(예: 사랑, 즐거움, 자부심, 의기양양함)나 부정적 정서(예: 죄책감, 증오, 공포, 근심, 분노, 슬픔, 수치심, 탐욕)를 연상시키기도 한다. 이런 정서는 소비자가 무엇을, 얼마나 오랫동안 소비할 것인가를 결정하는 데 핵심적인 역할을 한다.[21] 말하자면, 소비자는 자신에게 더 자주 더 오랫동안 좋은 정서를 가져다주는 제품을 많이 소비한다.

제품이 소비자가 가진 부정적인 정서를 줄이는 수단과 같은 역할을 하기도 한다. 간혹 소비자는 그저 자신이 좀더 좋은 사람인 것처럼 느끼도록 만들기 위해 어떤 제품을 구입하기도 하는데, 새 옷을 구입하는 경우가 바로 그런 예이다. 또한, 어떤 부정적인 정서가 소비자가 어떤 제품을 선택하도록 만드는 직접적인 원인이 되기도 한다. 예컨대, 체중이 비만인 소비자가 다이어트식품이나 다이어트음료를 구입하는 주된 이유는 그들이 비만 때문에 느끼는 강한 수치심 때문이다.

한편, 쾌락적 특성, 상징적 특성 혹은 심미적 특성을 가진 제품을 구입하려는 경우에는 소비자가 가지는 느낌(feeling)이 매우 중요한 역할을 한다.[22] 예컨대, 소비자가 식당을 선택하거나 옷, 음악, 오락, 가구 혹은 미술품을 구입할 때는 이로써 연상되는 긍정적인 느낌에 기반을 두고 의사결정을 하기도 한다. 록음악에 관한 연구에 따르면, 록음악 구매에 대한 호감과 구매의도를 결정하는 가장 중요한 요인은 록음악에 대한

---

20 Stephen J. Hoch and George F. Lowenstein, "Time-Inconsistent Preferences and Consumer Self-Control", *Journal of Consumer Research*, March 1991, pp. 492-507.

21 Morris B. Holbrook and Meryle P. Gardner, "An Approach to Investigating the Emotional Determinants of Consumption Durations: Why Do People Consume What They Consume for as Long as They Consume It?", *Journal of Consumer Psychology*, 2 (2), 1993, pp. 123-142.

22 Morris B. Holbrook and Elizabeth C. Hirschman, "The Experimental Aspects of Consumption: Consumer Fantasies, Feelings, and Fun", *Journal of Consumer Research*, September 1982, pp. 132-140.

소비자의 정서적이고 감각적이며 심상적인 반응이다.[23]

소비자가 기능성이 강한 제품을 구입하는 경우라도 이에 대해 소비자가 가지는 느낌이 의사결정의 중요한 요소가 되기도 한다. 그런 예로는 자동차나 집을 구입하는 경우를 들 수 있다.

2) 경험에 의거한 의사결정

감정적 정보처리(affective processing)가 소비자의 경험에 기반을 두고 수행되기도 한다.[24] 즉, 소비자는 자신의 과거경험과 이에 연상된 감정을 회상한 것을 기반으로 해서 대안을 선택하기도 한다. 예컨대, 지난번에 갔을 때 아주 분위기가 좋았던 사실이 기억나서 어떤 식당에 다시 가기로 선택하는 것은 바로 그런 예라 할 수 있다.

3) 심상에 의거한 의사결정

심상(imagery)은 소비자가 수행하는 정서적 의사결정에서 핵심적인 역할을 한다.[25] 소비자는 자신이 제품을 사용하는 모습을 머릿속에 그려보기도 하는데, 이때 경험하게 되는 모든 정서가 소비자의 의사결정에 대한 투입요소로 사용될 수 있다. 예컨대, 휴가 여행지를 선택하려는 소비자는 각 휴가여행 후보지에서 자신이 경험하게 될 흥분감이 어떨지를 머릿속에 그려볼 수 있다. 이렇게 해서 나타나는 이미지가 긍정적인 즐거움을 준다면, 이는 소비자의 의사결정에서 긍정적인 영향을 미칠 것이다. 따라서, 기업은 소비자가 자사제품을 사용하는 모습을 한번 상상해보도록 유도하는 광고를 제작할 수 있다. 이와 관련된 연구결과는 다음과 같다.

첫째, 소비자에게 너무 많은 정보를 제시하면 오히려 정보과부하(information overload) 현상이 발생할 수도 있는 인지적 정보처리(cognitive processing)의 경우와는 달리, 소비자에게 제시되는 정보가 많으면 많을수록 심상적 정보처리(imagery processing)를 수행하기는 더 쉬워진다. 그 이유는 정보가 많을수록 정확한 이미지를 형성하기가 더 용이해지기 때문이다.

---

23 Kathleen T. Lacher and Richard W. Mizerski, "An Exploratory Study of the Responses and Relationships Involved in the Evaluation of, and in the Intention to Purchase New Rock Music", *Journal of Consumer Research*, September 1994, pp. 366–380.

24 Epstein(1994), *op. cit.*

25 Ann L. McGill and Punam Anand Keller, "Differences in the Relative Influence of Product Attributes Under Alternative Processing Conditions: Attribute Importance Versus Ease of Imaginability", *Journal of Consumer Psychology*, 3 (1), 1994, pp. 29–50.

둘째, 이미지는 속성별로 조직화되기보다는 상표별로 조직화되기 때문에, 심상은 상표기반의 정보처리를 유도하는 경향이 있다.

소비자가 어떤 의사결정을 수행할 때 인지적 정보처리와 감정적 정보처리를 모두 사용하기도 한다. 즉, 소비자가 먼저 보상적 인지적 모델이나 비보상적 인지적 모델을 택해서 선택상표군(choice set)에 포함되는 대안의 수를 적절한 수로 줄인 후, 심상과 정서를 이용해서 최종적인 의사결정을 수행하는 식으로 일종의 결합전략을 사용할 수 있다.[26] 예컨대, 아파트를 구입하려는 소비자는 우선 가격, 평수 및 방의 수를 고려하여 선택상표군에 포함되는 대안의 수를 적절히 줄이고 나서, 가장 좋은 느낌을 주는 아파트를 선택할 수 있다.

4) 고노력형 감정기반 의사결정을 이용한 마케팅액션

소비자의 의사결정프로세스에서 정서와 심상이 가지는 중요성을 감안하면, 기업은 다양한 촉진기법을 사용해서 자사제품에 관련되는 어떤 정서적 경험을 부가하는 방안을 모색할 수 있다. 다음은 그런 방안의 몇 가지 예이다.

첫째, 소매점이 좋은 서비스를 제공하거나 쾌적한 환경(ambiance)을 조성하면 소비자에게 긍정적인 느낌과 경험을 갖게 만들기 때문에, 미래의 소비자 선택에 긍정적인 영향을 미칠 수 있다.

둘째, 대개 향수나 화장품 판매에서 보는 것처럼, 구매하면 간단한 사은품을 끼워주는 방법을 사용하면 소비자의 제품구매에 긍정적인 영향을 미칠 수 있다.

셋째, 미국의 스키리조트업체들은 유럽에서 오는 여행자들을 스키장으로 유인하기 위해 서부개척시대식 살롱과 카우보이 이미지를 강조하는 전략을 구사하고 있다. 유럽인들은 그 동안 옛날 서부개척시대의 미국영화를 많이 보아 왔기 때문에, 이런 이미지는 소비자의 긍정적인 느낌을 자아낼 수 있다.

넷째, 최근에 HP는 그동안 자사가 많이 시행해왔던 정보제공적 광고를 버리고 그 대신 소비자가 레이저프린트를 사용하는 동안 경험했던 부정적인 정서를 어떻게 없앨 수 있는가를 보여주는 광고를 내보내고 있다.

요컨대, 이런 정서적 소구법은 제품의 기능적 특징에 초점을 두는 방식에서 탈피

26 Joel B. Cohen, "The Role of Affect in Categorization: Toward a Reconceptualization of the Attitude", *Advances in Consumer Research*, Vol. 9, 1982, pp. 94–100; C. Whan Park and Banwari Mittal, "A Theory of Involvement in Consumer Behavior: Problems and Issues", *Research in Consumer Behavior*, JAI Press, 1985, pp. 201–231.

하여 자사제품에 대한 소비자의 긍정적인 이미지를 형성하도록 만들어 구매에 긍정적인 영향력을 행사하려는 기업의 시도라 하겠다.

제 2 절 비교불능대안의 의사결정

1. 비교불능대안의 의사결정의 의의

지금까지는 소비자가 유사한 속성이나 정서를 기반으로 해서 서로 동일한 제품에 속하는 여러 대안들을 서로 비교해서 의사결정을 수행하는 경우를 설명했다. 하지만, 소비자가 동일한 구체적인 속성으로는 직접 비교할 수 없는 여러 대안들 중에서 어느 하나를 선택하는 의사결정을 해야 하는 경우도 있는데, 이를 비교불능대안의 의사결정(noncomparable decision)이라고 한다.

예컨대, 오는 주말을 어떻게 보낼 것인가를 생각하는 소비자라면 영화관람, 멋진 식당의 외식, 비디오대여 혹은 스포츠경기관람 등과 같은 여러 대안을 고려할 수 있을 텐데, 이런 여러 대안들은 서로 다른 속성을 갖고 있기 때문에 직접 비교하기가 어렵다.

2. 비교불능대안의 의사결정전략

소비자가 비교불능대안의 의사결정을 수행할 때는 대안기반형 전략(alternative-based strategy)이나 속성기반형 전략(attribute-based strategy)이라는 두 가지 전략 중에서 어느 하나를 사용하는 경향이 있다.[27]

첫째, 대안기반형 전략은 소비자가 대개 보상적 모델이나 감정적 모델을 사용하여 각 대안을 전반적으로 평가한 후, 이런 평가를 기반으로 해서 의사결정을 하는 것을 말하는데, 이를 하향식 정보처리(top-down processing)라고도 부른다. 예컨대, 오는 주말을 어떻게 보낼 것인가를 생각하는 소비자라면 여러 대안들의 장단점을 별도로 평가해서

27 Michael D. Johnson, "Consumer Choice Strategies for Comparing Noncomparable Alternatives", *Journal of Consumer Research*, December 1984, pp. 741-753; Michael D. Johnson, "Comparability and Hierarchical Processing in Multialternative Choice", *Journal of Consumer Research*, December 1988, pp. 303-314.

가장 강력한 전반적인 평가나 호감을 가진 대안을 선택할 수 있다.

둘째, 속성기반형 전략은 소비자가 비교가능한 속성들의 추상적인 표상을 형성함으로써 여러 대안들을 서로 비교하는 것을 말하는데, 이는 소비자가 선택방식을 나름대로 구성하는 일종의 상향식 정보처리(bottom-up processing)이다. 예컨대, 오는 주말을 어떻게 보낼 것인가를 생각하는 소비자라면 어떤 추상적인 속성(예: "재미", "데이트를 인상 깊게 만들 수 있는 가능성", "시행의 용이성")을 새로 구성해서 비교불능대안들을 보다 직접 비교할 수 있게 만들 수 있다. 이와 관련하여 한 가지 흥미로운 사실은 소비자가 여러 대안들을 손쉽게 서로 비교할 수 있는 경우라도 의사결정프로세스를 단순화시키기 위해 소비자가 이런 추상화(abstraction)를 수행하는 경향이 있다는 점이다.[28]

위의 두 가지 전략이 채택될 수 있는 상황에는 차이가 있는데, 이에 관련된 두 가지 요인을 소개하면 다음과 같다.

첫째, 대안간의 비교가능성이다. 비교불능대안의 의사결정에서 속성을 추상화하는 것은 그리 쉬운 일이 아니기 때문에, 대안간의 비교가능성이 낮을수록 소비자는 대안기반형 전략을 더 많이 사용하는 경향이 있다.[29]

둘째, 소비자의 목적이다. 소비자가 잘 규정된 목적을 가진 경우에는 여러 대안들과 이에 연결된 감정을 잘 회상할 수 있기 때문에, 대안기반형 전략을 많이 사용하는 경향이 있다. 예컨대, "데이트할 때 할 만한 재미있는 것"이라는 목적을 가진 소비자라면, 이에 관련된 여러 대안들(예: 영화관람, 멋진 식당에서의 외식, 스포츠경기관람)과 각 대안에 대한 전반적인 평가를 즉각 회상해서 그중에서 가장 높은 감정적 평가치를 가진 대안을 선택하게 될 것이다. 한편, 소비자가 잘 규정된 목적을 갖지 못한 경우라면, 속성기반형 전략을 사용할 가능성이 높다.

그런데, 비교불능대안의 의사결정에 관해서 한 가지 유의해야 할 것은 여러 대안들을 직접 비교할 수 있는 속성이 가격(혹은 비용)인 경우가 많다는 사실이다. 이런 경우에 가격은 비교불능대안들을 비교하는 주된 기준으로 사용되기보다는 고려상표군에 포함될 대안을 선별하는 기준으로 많이 사용된다.[30] 예컨대, 주말을 보낼 수 있는 여러 대안들 중에서 어느 하나를 선택하려는 소비자라면, 먼저 가격(혹은 비용)을 기준으로 해서 큰 부담이 되지 않는 대안들로 추리고 난 후, 다시 대안기반형 전략이나 속성기반

28 Kim P. Corfman, "Comparability and Comparison Levels Used in Choices Among Consumer Products", *Journal of Marketing Research*, August 1991, pp. 368-374.

29 C. Whan Park and Daniel Smith, "Product-Level Choice: A Top-Down or Bottom-Up Process?", *Journal of Consumer Research*, December 1989, pp. 289-299.

30 Park and Smith(1989), *op. cit.*

형 전략을 사용해서 최종적인 의사결정을 할 수 있다.

3. 비교불능대안의 비교조사

고객에게 서로 종류가 달라서 일반적으로 비교하기 어려운 비교불능대안을 비교해 주도록 요청하는 조사는 고객의 뿌리 깊은 욕구와 가치에 관해서 중요한 통찰력을 얻을 수 있는 하나의 간단한 비전통적인 조사방법이다.[31] 이것은 기업의 경영자가 높은 수준의 고객 편익과 가치뿐만 아니라 기초적이거나 고객을 자극할 수 있는 구체적인 속성도 잘 이해할 수 있게 해준다. 대개 기업의 경영자들은 어떤 특정범주에 국한해서 시장을 바라보는 것을 더 편하게 생각하지만, 비교불능대안의 비교조사는 경영자가 여러 제품범주의 경계 사이에 존재하는 공간을 탐구하도록 만든다.

이런 공간의 본질에 대한 고객의 정보는 매우 중요하다. 만약 동일한 제품범주에 속하는 상표들(예: A상표 사과와 B상표 사과)을 서로 비교해 달라고 요청하면, 고객들은 구체적인 속성과 그 상대적인 중요성을 위주로 해서 평가한다. 하지만, 사과와 오렌지를 서로 비교해 달라고 요청한다고 한번 생각해보자. 그러면, 고객들은 선택기준으로 추상적인 편익과 개인적 가치관을 자유롭게 활용하며, 심지어 대개 무시해 버리거나 그저 당연한 것이라고 생각해 버릴 수도 있는 어떤 부각적인 구체적 속성을 지적해 주기도 한다.

1980년대 초에 시행되었던 한 연구에서는 응답자들이 전혀 다른 제품범주에 속하는 제품들을 서로 비교한 후 그중에서 하나를 선택해 달라고 요청하였다. 예컨대, TV와 자전거를 서로 비교해 달라고 했더니, 사람들은 TV는 친구 및 가족과 함께 사용하기가 더 용이하다고 말했다. 반면, 오락상품으로서 자전거는 TV와는 달리 사회적 용도라는 측면('함께 사용한다'는 측면)에서 한계점이 있었다. 따라서, 자전거 제조회사들이 어린이용 시트와 트레일러를 개선할 뿐만 아니라 최신식의 2인승 자전거와 산악용 자전거 시장을 개발한 것은 그다지 놀랄 만한 일도 아니다.

또한, 모터사이클과 자동차를 서로 비교해 주도록 요청했더니, 고객들은 자동차에 비해서 모터사이클은 다소 편리성이 떨어지지만, 혼자서 타기 때문에 훨씬 더 자유로운 느낌을 가져다준다고 말했다. 이렇게 보면, 일상적인 편리성을 가지면서 동시에 자유로운 느낌을 가져다주는 자동차의 신제품이나 신기술을 개발한다면, 이를 갈망하는 고객들의 열렬한 환영을 받을 것으로 기대된다.

---

31 Michael D. Johnson 저/김재진·강명주 공역, 고객지향과 마켓액션, 시그마프레스, 2001. pp. 52-54.

제 3 절 의사결정에 영향을 미치는 맥락요인

소비자는 동일한 의사결정사안이라도 의사결정맥락(decision context)에 따라 상이한 의사결정전략을 사용한다. 특정한 의사결정에 대한 최선의 의사결정전략은 소비자와 의사결정의 본질에 따라 달라진다.[32]

소비자의 의사결정에 미치는 맥락요인으로는 〈표 4-8〉에 제시된 바와 같이 소비자특성(consumer characteristic), 과제특성(task characteristic) 및 의사결정프레이밍(decision framing)이라는 세 가지 요인을 들 수 있는데, 이 절에서는 이런 세 가지 요인이 소비자의 의사결정에 미치는 영향을 설명하기로 한다.

표 4-8 소비자의 의사결정에 영향을 미치는 맥락요인

소비자특성	과제특성	의사결정프레이밍
▪ 정보처리동기 ▪ 정보처리능력 ▪ 정보처리기회	▪ 고려상표군의 크기와 구성내역 ▪ 정보가용성	▪ 소비자프레이밍 ▪ 외부적 프레이밍

1. 소비자특성

소비자 개인에 관련된 여러 가지 특성들이 의사결정프로세스의 본질에 영향을 미치는데, 이런 소비자특성은 소비자의 MAO(정보처리동기, 정보처리능력 및 정보처리기회) 수준에 따라 구분될 수 있다.

1) 정보처리동기

이 장에서는 정보처리동기가 높을 때 발생하는 소비자의 의사결정프로세스를 설명하고 있지만, 여러 의사결정모델들은 의사결정을 수행하는 데 요구되는 노력(effort)이라

32 Girish N. Punj and David W. Stewart, "An Interaction Framework of Consumer Decision Making", *Journal of Consumer Research*, September 1983, pp. 181–196.

는 측면에서 차이가 있다. 의사결정을 정확하게 수행해야 할 유인(incentive)이 높을수록, 소비자는 대안을 더 신중하게 검토하고,[33] 비보상적 모델보다는 보상적 모델을 사용할 가능성이 높다. 또한, 관여도가 높을수록, 소비자는 더 많은 속성을 사용하여 의사결정을 수행한다.[34]

기분이 좋은 소비자는 그렇지 못한 소비자에 비해 정보처리와 의사결정을 수행하는 데 더 많은 시간을 소비한다.[35] 또한, 소비자가 가진 기분이 평가의 본질에 영향을 미치기도 한다.

한 연구에 따르면, 소비자가 음악의 영향을 받아 기분이 나쁠 때보다는 기분이 좋을 때 스피커 제품을 더 긍정적으로 평가한다. 다만, 이런 효과가 발생하는 것은 음악이 자신의 기분에 영향을 미치고 있다는 것을 소비자가 알지 못하는 경우로 한정되었기 때문에, 결국 인지가 소비자의 기분을 조정하는 역할을 한 셈이었다.[36]

2) 정보처리능력

상표기반의 사전경험과 지식이 많은 전문가소비자는 상표기반의 의사결정전략을 채택하는 경향이 있다.[37] 또한, 전문가소비자는 자신의 의사결정에 도움이 되는 진단성이 높은 정보를 잘 식별하고 의사결정에 무관한 속성을 무시하는 방법을 잘 안다.

3) 정보처리기회

소비자가 의사결정을 하는 데 소비할 수 있는 여유시간의 크기가 의사결정프로세스에 영향을 미칠 수 있다. 여유시간의 반대개념인 시간압박이 클수록, 소비자는 애초부터 빨리 처리하기 위해서 서두른다.[38] 그래도 별 효과가 없다면, 소비자는 적은 수의 속성을 기반으로 해서 의사결정을 수행하거나 속성결합모델과 같은 비보상적 모델을

---

33 Payne, Bettman, and Johnson(1998), *op. cit.*

34 Dennis H. Gensch and Rajshelhar G. Javalgi, "The Influence of Involvement on Disaggregate Attribute Choice Models", *Journal of Consumer Research*, June 1987, pp. 71-82.

35 Elaine Sherman and Ruth Belk Smith, "Mood State of Shoppers and Store Image: Promising Ibnteractions and Possible Behavioral Effects", *Advances in Consumer Research*, Vol. 14, 1987, pp. 251-254.

36 Gerald J. Gorn, Marvin E. Goldberg, and Kunal Basu, "Mood, Awareness, and Product Evaluation", *Journal of Consumer Psychology*, 2 (3), 1993, pp. 237-256.

37 James R. Bettman and C. Whan Park, "Effects of Prior Knowledge and Experience and Phase of the Choice Process on Consumer Decision Processes: Protocol Analysis", *Journal of Consumer Research*, December 1980, pp. 234-248.

38 Payne, Bettman, and Johnson(1998), *op. cit.*

사용하여 부정적인 정보에 더 많은 비중을 두고 부적절한 대안들을 제거한다.[39] 이런 시간압박은 소비자가 의도된 구매를 수행하지 못하게 되는 주요 이유 중의 하나로 작용하며, 충동구매의 수와 소비자의 쇼핑시간을 줄이는 역할을 한다.[40]

한 가지 부언해야 할 것은 소비자의 시간지향성(time orientation)이 의사결정에 미치는 효과이다. 즉, 소비자가 현재지향적(present-oriented)인가 아니면 미래지향적(future-oriented)인가에 따라 여러 제품에 대한 소비자의 동기와 선택이 달라질 수 있다.[41] 현재지향적인 소비자는 현재의 복지를 개선하는 데 도움을 주는 제품을 잘 선택하지만, 미래지향적인 소비자는 자기계발에 도움을 주는 제품을 잘 선택한다. 전자의 예로는 긴장을 풀어주는 휴가여행이나 오락서적을 들 수 있고, 후자의 예로는 생활을 풍부하게 만드는 휴가여행과 서적을 들 수 있다.

2. 과제특성

소비자가 당면한 과제의 특성이 소비자가 선택하는 의사결정전략에 영향을 미칠 수 있다. 과제특성은 ① 고려상표군의 크기와 구성내역과 ② 정보가용성이라는 두 가지 주제를 중심으로 논의될 수 있다.

1) 고려상표군의 크기와 구성내역

소비자가 가진 고려상표군(consideration set)의 크기와 구성내역은 소비자의 의사결정 프로세스를 결정하는 핵심적인 요인 중의 하나이다.

(1) 고려상표군의 크기

고려상표군에 포함되는 대안의 수를 말하는 고려상표군의 크기가 클수록 소비자가 의사결정을 수행하는 데 투입해야 할 인지적 노력이 더 많아진다. 대개 소비자는 복합모델을 사용함으로써 이런 인지적 부담이 증가하는 문제를 처리한다. 즉, 먼저 비보상적 모델을 사용하여 선택상표군의 크기를 적절히 줄인 후, 보상적 모델이나 감정기반

---

39 Peter L. Wright and Barton Weitz, "Time Horizon Effects on Product Evaluation Strategies", *Journal of Marketing Research*, November 1977, pp. 429-443.

40 C. Whan Park, Easwar S. Iyer, and Daniel C. Smith, "The Effects of Situational Factors on In-Store Grocery Shopping Behavior: The Role of Store Environment and Time Available for Shopping", *Journal of Consumer Research*, March 1989, pp. 429-443.

41 Michelle M. Bergadaa, "The Role of Time in the Action of the Consumer", *Journal of Consumer Research*, December 1990, pp. 289-302.

형 전략을 사용해서 최종적으로 선택한다.[42]

(2) 고려상표군의 구성내역

어떤 상표에 대한 평가는 그 상표가 어떤 다른 상표와 비교되는가에 따라 달라지기 때문에, 고려상표군에 어떤 대안들이 포함되는가를 말하는 고려상표군의 구성내역도 소비자의 의사결정프로세스를 결정하는 중요한 요인 중의 하나이다. 특히, 소비자의 고려상표군에 속하는 대안들의 상대적인 매력도가 소비자의 의사결정에 영향을 미친다.

첫째, 고려상표군에 속하는 여러 상표 중에서 특정한 상표가 나머지 상표들보다 명확히 더 매력적이거나 지배적인 경우라면, 소비자는 선택하기가 쉬워서 인지적 노력을 많이 투입할 필요가 없다.[43] 대개 이런 경우에 소비자는 정보를 선택적으로 사용하고, 상표별 처리를 수행한다.[44]

둘째, 고려상표군에 속하는 여러 상표들의 매력도가 거의 대등한 경우라면, 소비자는 의사결정을 하기가 어려워서 더 많은 인지적 노력이 필요하게 된다. 대개 이런 경우에 소비자는 보상적 모델이나 상세한 비보상적 모델을 사용한다.[45]

고려상표군의 구성내역이라는 주제는 기업의 마케팅활동에 유익한 시사점을 준다. 즉, 기업은 소비자의 고려상표군에 속하는 대안을 변경시킴으로써 비록 소비자의 선호에는 변화가 없지만 소비자의 의사결정에 중요한 영향을 미치는 방안을 모색할 수 있다.[46] 이와 관련된 두 가지 심리학적 원리로 유인효과와 극단성회피 심리가 있다.

첫째, 유인효과(attraction effect)란 소비자의 고려상표군에 어떤 열등한 대안이 새로 들어오면, 소비자의 인지적 노력이 줄어들면서 의사결정의 정확성이 높아지는 현상을 말한다. 이런 현상이 발생하는 이유는 새로 추가되는 열등한 대안이 현재의 지배적인 상표가 가지는 상대적인 매력도를 더 높여서 소비자가 의사결정을 더 손쉽게 수행할 수 있도록 만들어주기 때문이다.[47]

---

42 Lussier and Olshavsky(1979), *op. cit.*; Johnson and Meyer(1984), *op. cit.*

43 Noreen M. Klein and Manjit S. Yadav, "Context Effects on Effort and Accuracy: An Enquiry into Adaptive Decision Making", *Journal of Consumer Research*, March 1989, pp. 411–421.

44 Payne, Bettman, and Johnson(1998), *op. cit.*

45 Simonson(1993), *op. cit.*

46 Itamar Simonson and Amos Tversky, "Choice in Context: Tradeoff Contrast and Extremeness Aversion", *Journal of Marketing Research*, August 1992, pp. 281–295.

47 Yigang Pan, Sue O'Curry, and Robert Pitts, "The Attraction Effect and Political Choice in Two Elections", *Journal of Consumer Psychology*, 4 (1), 1995, pp. 85–101.

기업이 비교광고를 수행할 때는 자사와 대등하거나 더 우수한 경쟁사보다는 자사보다 열등한 경쟁사와 비교하는 것이 유리하다. 이렇게 하면 유인효과를 극대화해서 소비자가 자사상표를 더 긍정적으로 평가하게 만들 수 있다. 예컨대, 델(Dell)은 당해 연도의 1/4분기에만 430만 달러의 적자를 보았던 인텔리전트 일렉트로닉스(Intelligent Electronics)와 자사를 비교하는 광고를 내보낸 적이 있다. 원래 의도한 것은 아니었지만, 델은 이렇게 열등하게 보이는 경쟁사와 자사를 비교함으로써 결국 상당한 이득을 보았다.

둘째, 극단성회피(extremeness aversion) 심리는 소비자가 어떤 속성에서 극단적인 수준을 가진 대안을 해당 속성에서 보통수준인 대안보다 덜 매력적인 것으로 보는 현상을 말한다.[48] 즉, 가격이라는 속성을 예로 들면, 소비자는 가격이 너무 비싸거나 너무 싼 대안보다는 가격이 보통수준인 대안을 더 매력적인 것으로 보는 경향이 있다는 것이다.

예컨대, 미국의 우편주문판매업체인 윌리암스 소노마(Williams-Sonoma)사는 가정용 빵제조기를 두 가지의 제품형태로 판매하였는데, 그중에서 먼저 시판된 제품의 가격은 275달러였고, 나중에 도입된 제품의 가격은 그보다 50% 정도 더 비쌌다. 그런데, 가격이 50% 정도 더 비싼 두 번째 제품의 도입은 가격이 상대적으로 낮은 첫 번째 제품의 매출을 두 배로 증가시키는 결과를 초래하였다.[49] 이런 현상은 크로스(Cross) 펜과 전자오븐을 판매하는 경우에서도 마찬가지로 나타났다.[50]

이를 기업의 마케팅활동에 응용하면, 기업은 가격이 더 높은 새로운 품목을 제공함으로써 마진이 높은 기존품목의 매출을 높이는 방안을 모색할 수 있다.[51] 예컨대, 파나소닉(Panasonic)은 사이즈가 더 큰 199달러짜리 전자오븐을 새로 도입함으로써 기존에 판매해왔던 179달러짜리 전자오븐의 매출을 크게 신장시킬 수 있었다. 고가격 신제품의 도입이 상대적으로 가격이 낮은 기존제품을 더 좋아보이게 만들었기 때문이다.[52]

---

48 Payne, Bettman, and Johnson(1998), *op. cit.*

49 Simonson(1993), *op. cit.*

50 Simonson and Tversky(1992), *op. cit.*

51 Simonson(1993). *op. cit.*

52 이는 결국 신제품의 매출을 떨어뜨리는 결과를 초래하지만, 기업은 신제품이 더 좋아 보이게 만들기 위해 구형 모델(기존제품)과 새로 개선된 신형 모델(신제품)을 나란히 진열해서 판매하는 방법을 구사할 수도 있다.

2) 정보가용성

정보가용성(information availability)도 소비자가 사용하는 의사결정전략에 영향을 미치는데, 이는 정보의 양, 질 및 양식이라는 세 가지 측면으로 구분하여 설명할 수 있다.

(1) 정보의 양

소비자가 이용할 수 있는 정보의 양이 많을수록 의사결정은 더 복잡해지고 인지적 노력이 더 많이 들기 때문에, 소비자는 더 세밀한 의사결정전략을 채택하게 된다. 그런데, 소비자가 이용가능한 정보량이 증가하면 어느 수준까지는 보다 나은 선택이 초래되지만, 그 수준을 넘어서 소비자가 지나치게 많은 정보를 갖게 되면 정보과부하(information overload) 현상이 발생하게 된다.[53] 말하자면, 소비자에게 이용가능한 정보량이 많을수록 소비자가 의사결정의 근거로 삼을 수 있는 자료는 더 많아지는 셈이지만, 지나치게 정보가 많으면 오히려 의사결정의 정확성을 떨어뜨리는 결과가 초래된다는 것이다. 이런 정보과부하 현상이 발생할 소지가 있는 경우의 예는 다음과 같다.

첫째, 법적으로 제약회사는 처방내역과 부작용에 관한 세부정보를 소비자에게 제공하도록 되어 있다. 이런 맥락에서 의약품 광고에서 제공되는 엄청난 양의 정보(보통 작은 지면에서 전면을 차지하는 것)는 대부분의 소비자를 양적으로 압도할 가능성이 높다.

둘째, 많은 제품범주에서 이미 막대한 수의 상표와 확장제품이 존재하는 시장일수록, 정보과부하 현상이 발생할 가능성이 높다.

그러므로, 기업은 너무 많은 정보를 제공해서 정보과부하 현상을 초래하기보다는 핵심 포인트를 중심으로 해서 소비자에게 적절한 양의 정보를 제시할 필요가 있다. 위와는 반대로, 이용할 수 있는 정보가 절대적으로 부족하면, 소비자의 의사결정이 어렵게 되어 결국 의사결정의 질과 만족 수준이 모두 낮아지는 결과가 초래되는 문제점이 있다.[54]

(2) 정보의 질

정보탐색에서 수집되는 정보의 질(즉, 진단성)이 높을수록, 소비자의 처리노력은 절감

53 Jacob Jacoby, "Perspectives on Information Overload", *Journal of Consumer Research*, March 1984, pp. 569-573; Kevin Lane Keller and Richard Staelin, "Effects of Quality and Quantity of Information on Decision Effectiveness", *Journal of Consumer Research*, September 1987, pp. 200-213.

54 Guliz Ger, Russell Belk, and Dana-Nicoleta Lascu, "The Development of Consumer Desire in Marketing and Developing Economies: The Cases of Romania and Turkey", *Advances in Consumer Research*, Vol. 20, 1993, pp. 102-107.

되고 의사결정의 유효성도 증가한다.[55] 즉, 이런 경우에는 더 적은 수의 속성만으로도 충분히 의사결정을 수행할 수 있기 때문에, 고려상표군의 크기를 더 신속하게 줄일 수 있다. 이는 제공하는 정보의 양에만 치중하기보다는 정보를 선택적으로 제공하는 것이 더 유리하다는 것을 시사한다.

또한, 소비자에게 어떤 속성에 관한 언어적 정보보다는 수치적 정보를 제공하면, 소비자의 대안비교가 더 빠르고 손쉬워진다.[56] 비디오게임 제조업체들은 부모가 자녀를 위한 비디오게임을 선택하는 데 도움을 주고자, 비디오게임에 섹스와 폭력이 등장하는 양을 숫자로 표시해주는 수치적 평가시스템을 개발한 것은 바로 이런 원리를 이용한 예라고 할 수 있다.

(3) 정보의 양식

정보의 양식(format)이란 소비자의 장기기억이나 외부환경에서 정보가 조직화되어 있는 방식을 말하는데, 이는 소비자가 사용하는 의사결정전략에 중요한 영향을 미친다. 예컨대, VCR 구매자 조사에 따르면, 제품이 상표별로 디스플레이(상표별 조직화)되는 경우에 비해 모델별로 디스플레이(모델별 조직화)되는 경우[57]에 소비자가 가장 가격이 싼 상표를 선택할 가능성이 훨씬 낮아진다.[58] 그렇다면, 가격이 비싼 상표를 판매하는 기업은 모델별 디스플레이를 하는 것이 바람직하지만, 가격이 싼 상표를 판매하는 기업은 상표별 디스플레이를 하는 것이 바람직할 것이다.

정보가 상표별로 조직화되어 있으면, 소비자는 상표별 처리전략(예: 보상적 모델이나 속성결합모델 혹은 속성분리모델)을 사용하게 될 것이다. 한편, 정보가 속성별로 조직화되어 있거나 매트릭스의 형태로 조직화되어 있으면, 소비자는 속성별 처리전략(예: 가산적 차이모델이나 사전편집모델 혹은 측면별 제거모델)을 사용할 수 있다.

소비자에게 더 적은 노력을 요구하는 정보의 양식으로 정보를 제공하면, 소비자의 의사결정의 유효성과 정확성이 높아지는 효과가 있다.[59] 한 연구에 따르면, 요구르트를 상표기준이 아니라 맛기준으로 조직화하면 소비자가 비교쇼핑(속성별 처리의 일종)을 더 많

---

55 Keller and Staelin(1987), *op. cit.*

56 Madhubalan Viswanathan and Sunder Narayanan, "Comparative Judgmemts of Numerical and Verbal Attribute Labels", *Journal of Consumer Psychology*, 3 (1), 1994, pp. 79-100.

57 서로 다른 기업들이 만든 유사한 경쟁제품들을 한 곳에 모아두는 경우를 말한다.

58 Itamar Simonson, Stephen Nowlis, and Katherine Lemon, "The Effect of Local Consideration Sets on Global Choice Between Lower Price and Higher Quality", *Marketing Science*, Fall 1993, pp. 357-377.

59 Johnson and Russo(1984), op. cit.; J. Edward Russo, "The Value of Unit Price Information", *Journal of Marketing Research*, May 1977, pp. 193-201.

이 하게 만드는 결과가 초래된다는 사실을 발견하였다.[60] 또한, 소비자 스스로가 더 유익한 방식(특히, 매트릭스의 형태)으로 정보를 재구성하기도 한다는 사실도 발견되었다.[61]

3. 의사결정프레이밍

소비자의 의사결정프로세스에 가장 중요한 영향을 미치는 맥락요인 중의 하나는 의사결정프레이밍(decision framing)인데, 이는 어떤 과제가 규정되거나 표현되는 방식을 말한다.[62] 프레임(frame)이란 의사결정프로세스에서 초기준거점(initial reference point)이나 초기닻(initial anchor)을 의미하는데, 모든 후속정보는 이 프레임에 비추어 처리된다.

자동차의 구매에 대해 "내가 감당할 만한 경제적인 자동차를 사자."와 "친구들이 모두 부러워할 만한 멋진 자동차를 사자."라는 두 개의 프레임이 있다면, 각 프레임에서 처리되는 모델과 정보의 유형은 달라질 것이 분명하다.

프레이밍에 관한 초기연구에서는 사람들이 도박에서 위험을 감수할 의도를 많이 연구하였다. 이런 연구에 따르면 선택이 이득으로 프레이밍되는 경우보다는 손해로 프레이밍되는 경우에 사람들이 위험을 감수할 의도가 더 커진다.[63]

한 연구에서는 다음과 같은 두 가지 조건이 제시된 쿠폰에 대한 소비자의 선호를 조사하였다.[64]

첫 번째 조건에서는 소비자들에게 다음과 같은 두 쿠폰 중에서 하나를 선택해달라고 요청하였다.

(쿠폰 1) 프레고(Prego) 스파게티 소스 큰 병을 1.89달러에 구입하고, 캠벨의 포테이토 앤 라이스수프(Tomato and Rice Soup)(49센트 상당의 가치) 캔을 무료로 받아가세요.

(쿠폰 2) 프레고(Prego) 스파게티 소스 큰 병을 구입하고, 25센트를 할인 받으세요.

---

60 Itamar Simonson and Russell S. Winer, "The Influence of Purchase Quantity and Display Format on Consumer Preference for Variety", *Journal of Consumer Research*, June 1992, pp. 133-138.

61 Eloise Coupey, "Restructuring: Constructive Processing of Information Displays in Consumer Choice", *Journal of Consumer Research*, June 1994, pp. 83-99.

62 Baruch Fischoff, "Predicting Frames", *Journal of Experimental Psychology: Learning*, Memory, and Cognition, January 1983, pp. 103-116.

63 Daniel Kahneman and Amos Tversky, "Prospect Theory: An Analysis of Decisions Under Risk", *Econometrica*, March 1979, pp. 263-291.

64 William B. Diamond and Abhijit Sanyal, "The Effect of Framing on the Choice of Supermarket Coupons", *Advances in Consumer Research*, Vol. 17, 1990, pp. 488-493.

두 번째 조건에서는 소비자들에게 다음과 같은 두 쿠폰 중에서 하나를 선택해달라고 요청하였다.

(쿠폰 1) 프레고(Prego) 스파게티 소스 큰 병과 캠벨의 포테이토 앤 라이스 수프(Tomato and Rice Soup) 캔을 구입하고, 총 49센트를 할인 받으세요.

(쿠폰 2) 프레고(Prego) 스파게티 소스 큰 병을 구입하고, 25센트를 할인 받으세요.

위의 첫 번째 조건은 이득증가(즉, 어떤 것을 무료로 받는 것)를 중심으로 프레이밍되어 있고, 두 번째 조건은 손해감소(즉, 총액에서 49센트를 할인 받는 것)를 중심으로 프레이밍되어 있다. 이 두 쿠폰은 실은 서로 동일한 가치(49센트)를 가진 쿠폰이지만, 조사대상자들의 선택은 달랐다. 첫 번째 조건에서는 조사대상자의 56%가 쿠폰 1을 선택하였지만, 두 번째 조건에서는 조사대상자의 27%만 쿠폰 1을 선택하였다.

이런 프레이밍은 다른 유형의 소비자 의사결정맥락에서도 중요한 역할을 한다. 의사결정프레이밍의 유형은 프레이밍의 주체가 누구인가에 따라서 소비자프레이밍과 외부적 프레이밍으로 구분된다.

1) 소비자프레이밍

소비자프레이밍(framing by consumer)은 소비자 스스로가 의사결정을 프레이밍하는 것을 말한다. 의사결정프레이밍의 프로세스가 구매상황에 대한 소비자지식(즉, 장기기억 속에 저장된 마디와 연상고리로 조직화된 네트워크)에서 출발하기도 한다.[65] 소비자는 자신의 목적과 사용상황에 관련된 지식을 활성화시킨다.

첫째, "다이어트에 먹을 식품을 찾는다."는 목적과 "내가 좋게 느끼도록 만드는 식품을 찾는다."는 목적은 각각 장기기억에서 상이한 상표와 정보를 활성화시킬 것이고 또한 상이한 의사결정프로세스를 초래할 것이다.

둘째, 제품이 사용되는 맥락(사용상황)이 소비자의 의사결정프로세스에 영향을 미칠 수 있다. 즉, 자신이 혼자 먹을 다과를 구입하려는 경우와 잔치에 쓸 다과를 구입하려는 경우는 각각 상이한 고려상표군, 상이한 의사결정기준, 상이한 수준의 의사결정노력을 초래하게 될 것이다. 예컨대, 잔치에 쓸 경우에는 다량의 다과가 필요하기 때문에 비교적 가격이 저렴한 다과를 구입하겠지만, 이미지에도 신경을 쓰지 않을 수 없을 것이다.

---

65 Christopher P. Puto, "The Framing of Buying Decisions", *Journal of Consumer Research*, December 1987, pp. 301-316.

사람의 입과 관련된 제품(예: 구강청결제, 민트, 껌 및 캔디, 구강용 스프레이)에 관한 연구에 따르면, 제품의 의도된 용도가 ① 집안에서 사용하는 것인지 아니면 집 밖에서 사용하는 것인지 여부와 ② 제품을 자신이 쓸 것인지 아니면 타인이 쓸 것인지 여부에 따라 소비자가 서로 다른 제품을 구입하는 경향이 있다.[66]

다른 연구에서는 소비자에게 ① 주중의 점심식사, ② 쇼핑하는 동안 먹을 스낵, ③ 시간이 바쁠 때의 저녁식사, 그리고 ④ 한가할 때 가족과 함께 하는 저녁식사라는 네 가지 상황에서 식사의 여러 속성들이 가지는 중요도를 평가해 주도록 요청한 결과, 상황에 따라 속성의 중요도가 달라지는 것으로 나타났다.[67] 즉, 상황 ①과 ③에서는 속도와 편리성이 가장 중요한 속성인 반면, 상황 ④에서는 메뉴의 다양함과 어린이에 대한 인기도가 가장 중요하였다.

PC사용자를 대상으로 한 조사에 따르면, "널리 사용된다."는 속성과 "네트워크 상에서 잘 작동된다."는 속성이 가족용 PC보다는 사무용 PC의 경우에 더 중요하였다.[68]

의사결정프레이밍의 프로세스는 기업의 포지셔닝과 시장세분화를 위해 중요한 시사점을 준다. 첫째, 기업은 제품을 포지셔닝할 때 소비자의 목적관련범주나 사용상황범주를 기준으로 해서 포지셔닝할 수 있다. 그렇게 하면, 소비자가 의사결정을 프레이밍할 때 상표와 중요한 관련정보를 고려할 가능성이 더 높아진다.

예컨대, 컴팩(Compaq)의 TV광고는 교통체증으로 택시에 갇혀버렸지만, 컴팩제품으로 급한 팩스를 보내어 낭패를 피할 수 있었던 어떤 여성사업가의 모습을 보여준 적이 있다. 또 다른 광고에서는 어떤 식당주인이 걸려오는 전화에 응답하는 일, TV에서 자기식당을 소개하는 것을 보는 일, 메뉴판에서 가격을 바꾸는 일 등을 모두 컴팩컴퓨터 한 대로 척척 해결하는 모습을 보여주기도 했다. 이 두 광고에서의 의사결정프레임은 "사업문제를 손쉽게 해결해주는 컴퓨터"이다.

둘째, 시장세분화로 유사한 목적관련범주나 사용상황범주를 가진 대규모 소비자집단이 파악되면, 기업은 그런 집단을 대상으로 하는 마케팅활동을 전개할 수 있다. 예컨대, AT&T사는 세계 어디서든 수신된 팩스를 검색할 수 있게 해주는 사업여행자용의 팩스메일박스(Fax Mailbox)를 개발하였다. 또한, 중국의 어떤 기업은 마시는 차에 "운전

66 Rajendra K. Srivastava, Allan D. Schocker, and George S. Day, "An Exploratory Study of the Influences of Uasge Situations on Perceptions of Product Markets", *Advances in Consumer Research*, Vol. 5, 1978, pp. 32-38.

67 Kenneth E. Miller and James L. Ginter, "An Investigation of Situational Variation in Brand Choice Behavior and Attitude", *Journal of Marketing Research*, February 1979, pp. 111-123.

68 Sam Bradley, "Consumers Loyal to Computer Makers", *Brandweek*, December 5, 1994, p. 21.

자용 차"나 "TV 시청자용 차"처럼 다양한 이름을 붙여 소비자가 해당 상표의 차와 특정한 용도를 손쉽게 서로 연결시킬 수 있도록 만들었다.

2) 외부적 프레이밍

외부적 프레이밍(external framing)이란 외부환경에 대한 노출에 의해서 의사결정이 프레이밍되는 것을 말한다. 외부자극에 대한 노출로 상이한 의사결정기준이 기각(priming)되면, 초기준거점이 바뀌므로 소비자의 의사결정프로세스가 중요한 영향을 받을 수 있다.

앞에서 소개했던 연구에서 실은 동일한 제품이지만, "쇠고기의 75%가 살코기"라는 정보를 들은 소비자들은 "쇠고기의 지방이 25%"라는 정보를 들은 소비자들보다 이 제품을 상당히 더 높게 평가한 것으로 나타났다.[69] 다른 연구에 따르면, 낮은 가격을 초기준거점으로 사용한 산업재 구매자는 중간 가격이나 높은 가격을 초기준거점으로 사용한 산업재 구매자보다 위험을 감수하려는 의도가 더 낮은 것으로 나타났다.[70] 그리고, 의사결정을 긍정적으로 프레이밍하는 방식(예: "이 제품은 얼마나 좋은가?"라는 측면)과 부정적으로 프레이밍하는 방식(예: "이 제품은 얼마나 나쁜가?"라는 측면)은 동일한 제품에 대한 서로 다른 평가를 초래하였다.[71]

소비자에게 어떤 속성을 기각시키면, 비교가능대안(예: 여러 사진기 상표들로 구성된 대안)과 비교불능대안(예: 컴퓨터와 사진기로 구성된 대안)에 대한 소비자의 판단을 상당히 바꿀 수 있다.[72] 특히, 이런 기각은 보통 비교불능대안의 경우처럼 소비자로 하여금 추상적인 기준을 새로 형성해서 처리하도록 만드는 것이 아니라 특정한 속성에 초점을 두고 처리하도록 만든다.

자선기부금에 관한 연구에 따르면, 사회단체가 기부금을 조성할 때 소비자에게 높은 정박점(anchor point)을 제시하는 방식(예: 20달러의 기부금을 요구하는 것)을 사용하면, 낮은 정박점을 제시하는 방식(예: 1페니의 기부금을 요구하는 것)을 사용하는 경우보다 기부금을 더 많이 거둘 수 있다.[73] 또한, 소비자에게 속성을 기각시킬 때 기능적 속성보다는 쾌락적

69 Levin(1987), *op. cit.*

70 Christopher P. Puto, W. E. Patton, and Ronald H. King, "Risk Handling Strategies in Industrial Vendor Selection Decisions", *Journal of Marketing*, January 1987, pp. 89-98.

71 Yaacov Schul and Yoav Ganzach, "The Effects of Accessibility of Standards and Decision Framing on Product Evaluations", *Journal of Consumer Psychology*, 4 (1), 1995, pp. 61-83.

72 Bettman and Sujan(1987), *op. cit.*

73 Cynthia Fraser, Robert E. Hite, and Paul L. Sauer, "Increasing Contributions in Solicitation Campaigns: The Use of Large and Small Anchor-Points", *Journal of Consumer Research*,

속성이나 상징적 속성을 기각시키면, 소비자가 어떤 품목을 구입할 의도나 어떤 사회사업 프로그램을 위해 돈을 기부할 의도를 높일 수 있다.[74]

기업은 소비자의 준거점과 의사결정 프레이밍에 영향을 미치는 방안을 모색할 수 있는데, 다음은 이와 관련된 몇 가지 예이다.

첫째, GM사는 오로라(Aurora)라는 새로운 자동차모델을 시판할 때, 소비자의 의사결정프레임을 바꾸기 위해 그 자동차가 올즈모빌(Oldsmobile)이 제작한 자동차라는 사실을 일체 언급하지 않았다. 그 이유는 올즈모빌이 "크고, 투박하며, 멋없는 자동차"라는 부정적인 이미지를 갖고 있었기 때문이다.

둘째, 판매촉진은 손해감소(예: 총액에서 얼마를 할인 받는 것)를 중심으로 프레이밍되는 경우보다는 이득증가(예: 무료로 무엇인가를 얻는 것)를 중심으로 프레이밍되는 경우에 더 성공적이다.[75]

셋째, 소매점에서 제품의 진열장소로 의사결정을 프레이밍하는 방식을 잘 이용하면 소비자가 제품을 비교하는 방식에 영향을 미칠 수 있다. 예컨대, 요구르트를 상표별로 디스플레이하는 것이 아니라 맛별로 디스플레이를 하면 요구르트의 총구매량이 많아지는데, 그 이유는 의사결정환경이 상이하게 프레이밍되기 때문이다.[76]

제 4 절 저노력형 의사결정프로세스

소비자가 수행하는 저노력형 판단과 의사결정은 그 자체가 대부분 소비자의 입장에서 그리 중요한 사안이 아니기 때문에, 대개 소비자는 이런 판단과 의사결정에 많은 노력을 투입하기를 원하지 않을 것이다.[77] 소비자행동연구에서는 이런 저노력형 상황에서 소비자의 의사결정이 어떻게 수행되는지를 검토하는 데 많은 관심을 두어 왔다.

September 1988, pp. 284-287.

74 Donald P. Green and Irene V. Blair, "Framing and Price Elasticity of Private and Public Goods", *Journal of Consumer Psychology*, 4 (1), 1995, pp. 1-32.

75 Diamond and Sanyal(1990), *op. cit.*

76 Simonson and Winer(1992), *op. cit.*

77 Wayne D. Hoyer, "An Examination of Consumer Decision Making for a Common Repeat Purchase Product", *Journal of Consumer Research*, December 1984, pp. 822-829.

그러면, 저노력형 의사결정의 본질부터 설명한 후, 저노력형 의사결정프로세스의 두 가지 유형인 인지기반 의사결정프로세스와 감정기반 의사결정프로세스를 상세히 논의하기로 한다(〈표 4-9〉 참조).

표 4-9 저노력형 의사결정프로세스

인지기반 의사결정프로세스	감정기반 의사결정프로세스
▪ 성과관련전술 ▪ 습관전술 ▪ 상표애호도전술 ▪ 가격관련전술 ▪ 규범적 전술	▪ 감정적 전술 ▪ 다양성추구전술 ▪ 충동구매전술

1. 효과계층

1) 고노력형 효과계층

고노력형 의사결정프로세스는 대략 다음과 같이 진행된다. 소비자는 각 대안에 대해 여러 가지 신념을 갖고 있는데, 이런 신념들이 결합되어 각 대안에 대한 소비자의 태도를 형성하고, 이는 다시 소비자의 행동(선택)을 유도한다.[78]

말하자면, 고노력형 의사결정프로세스에서 소비자는 '사고(thinking) → 느낌(feeling) → 행동(doing)'의 순서를 거치는 셈인데, 세 가지 요소가 이렇게 진행되는 순서를 거치는 경우를 고노력형 효과계층(high effort type hierarchy of effects)이라고 하며, 고MAO 효과계층 혹은 고관여 효과계층(high-involvement hierarchy of effects)이라고도 부른다.

2) 저노력형 효과계층

[그림 4-3]의 왼쪽에 제시되어 있는 고MAO 효과계층은 전통적인 효과계층이지만, 소비자의 모든 의사결정상황을 표현해주는 것은 아니다. 이런 사실을 최초로 인식한 연구자는 크루그맨(Krugman)이다.[79] 그는 TV광고가 시청자에게 미치는 영향을 연구

78 Michael L. Ray, *Marketing Communications and the Hierarchy of Effects* (Cambridge, Mass.: Marketing Science Institute, 1973).

79 Herbert E. Krugman, "The Impact of Television Advertising: Learning Without Involvement", *Public Opinion Quarterly*, Fall 1965, pp. 349-356.

그림 4-3 효과계층의 유형

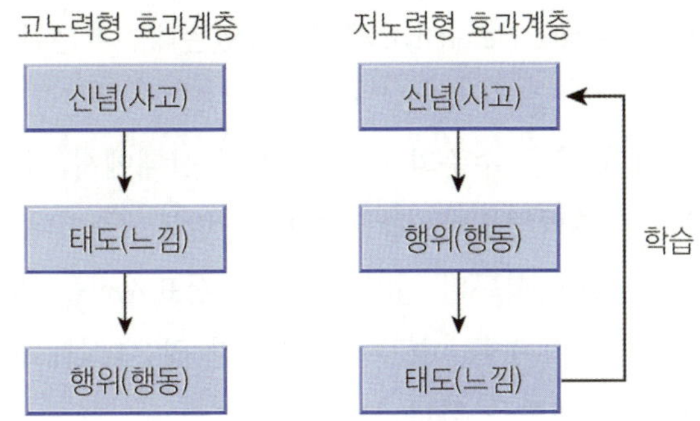

하는 과정에서, 비록 시청자가 TV광고를 보았더라도 그 광고는 해당 광고에서 제시된 상표에 대한 시청자의 태도에 별로 영향을 미치지 못한다는 사실에 주목하게 되었다.

이런 연구결과는 일반적으로 생각되는 신념-태도의 연결관계(belief-attitude link)와 일치되지 않는 것이었다. 그는 이런 현상을 설명하기 위해 "광고는 수동적 학습(passive learning)이나 우발적 학습(incidental learning)이라는 학습프로세스를 통해 소비자에게 영향을 미칠 수 있다."는 가설을 수립하였다. 그는 TV가 시청자들이 별로 주의를 기울여 보지 않는 일종의 저관여매체(low-involvement medium)이기 때문에, 시청자는 TV광고에 나오는 제품이나 광고를 자신의 과거경험이나 신념과 서로 연결시키지 않는다고 보았다.

하지만, TV광고를 계속 반복해서 보게 되면, 시청자는 그 메시지를 수동적으로 획득하고 유지할 수 있기 때문에 광고에서 제시되는 제품에 관한 낮은 수준의 신념(기초적인 친숙성)을 가질 수 있지만, 강한 태도는 형성되지 않는다고 보았다. 이런 경우 소비자의 태도는 구매 후에 소비자가 제품을 사용하고 있는 시점에서 형성되는 경향이 있는데, 이는 소비자의 강한 태도가 형성되지 않은 상태에서도 구매의사결정이 이루어질 수 있다는 것을 시사한다.

우연히 TV에서 하이트맥주 광고를 본 소비자는 그 광고에 별로 주의를 기울이지 않을 수도 있지만, 그 광고를 반복해서 본다면 하이트맥주에 대한 기초적인 인지도와 "천연 암반수를 이용해서 만들기 때문에 맛이 좋다."는 광고의 핵심적인 주장을 획득하게 된다. 소비자가 맥주를 사러 소매점에 가는 경우에는 이런 낮은 수준의 지식이라도 그의 선택에 영향을 미치기에는 충분할 수 있다. 그러나, 그 맥주를 좋아하는가 아니면 싫어하는가의 태도는 단지 하이트맥주를 마셔 본 후에야 비로소 결정될 것이다.

소비자행동연구에서는 이런 크루그맨의 사고에 입각해서 소비자의 MAO 수준이 낮은 저노력형에 적용될 수 있는 하나의 대안적인 효과계층으로 저MAO 효과계층 혹은 저관여 효과계층(low-involvement hierarchy)을 제안하였는데, 이는 [그림 4-3]의 오른쪽에 제시되어 있다.[80]

우선, 소비자는 어떤 낮은 수준의 신념을 가진 상태에서 의사결정프로세스에 들어가게 된다. 이런 낮은 수준의 신념은 광고에 대한 반복노출이나 소매점에서의 노출 혹은 과거의 사용경험으로부터 획득된 상표친숙성과 상표지식을 기반으로 해서 형성되는데, 이는 소비자에게 아직 뚜렷한 태도가 형성되지 않은 상태에서 마치 의사결정이나 행동에 대한 토대와 같은 역할을 한다.

일단 의사결정을 수행한 후 제품을 사용하면서, 소비자는 그 상표를 평가하게 된다. 그 상표가 얼마나 좋은가 혹은 자신의 욕구를 만족시키는가에 따라, 소비자의 태도가 형성될 수도 있고 형성되지 않을 수도 있다. 요컨대, 소비자의 MAO 수준이 낮은 상황의 효과계층은 '사고(thinking) → 행동(behavior) → 느낌(feeling)'의 순서를 따른다.

그런데, 이런 저관여 효과계층에서 표현하는 신념-행동의 연결관계(belief-behavior link)에 대해서 도전하는 연구자들이 등장했다. 이들은 소비자가 순수한 감정적 선택(pure affective choice)을 수행하기도 한다는 것을 주장하는데, 이는 소비자가 "어떻게 생각하는가?"(사고)가 아니라 "어떻게 느끼는가?"(감정)에 입각해서 의사결정을 수행한다는 것을 의미한다.[81] 예컨대, 소비자는 어떤 제품에 관하여 자신이 가진 신념이나 지식 때문이 아니라 단지 그 제품에 관련된 긍정적인 느낌(예: 흥분이나 즐거움) 때문에 해당 제품을 구입하기도 하는데, 새로 나온 아이스크림이나 음악CD를 구입하는 경우가 바로 그런 예이다. 이런 경우에 소비자의 효과계층은 '감정(affect) → 행동(behavior) → 평가(evaluation)'의 순서로 진행된다. 실제로 소비자는 인지적 방식이나 아니면 감정적 방식으로 다양한 형태의 의사결정을 수행할 수 있다.

2. 저노력형 단순화전략

소비자의 MAO 수준이 낮은 상황에서 이루어지는 구매는 소비자가 일상생활에서

80 Ray(1973), *op. cit.*

81 Robert B. Zajonc, "Feeling and Thinking: Preferences Need No Inferences", *American Psychologist*, February 1980, pp. 151-175; Robert B. Zajonc and Hazel B. Markus, "Affective and Cognitive Factors in Preferences", *Journal of Consumer Research*, September 1982, pp. 122-131.

가장 빈번하게 수행하는 의사결정의 대표적인 형태로, 별로 시간을 들이지 않은 상태에서 최소한의 노력으로 이루어진다. 다음은 이런 의사결정을 입증하는 두 가지 연구결과이다.

첫째, 소매점에서 세탁세제를 구매하는 행동을 조사했던 연구에 따르면, 소비자가 구입할 세탁세제를 선택하는 데 소요되는 시간이 평균 8.5초에 불과하였다.[82]

둘째, 커피와 화장지의 구매행동을 조사한 연구[83]와 진통제의 구매행동을 조사한 연구[84]에 따르면, 제품을 자주 구매하고 강한 상표선호도를 가진 소비자는 매우 낮은 수준의 의사결정 활동을 수행한다.

여러 제품범주에 대한 소비자의 의사결정프로세스를 검토했던 연구[85]에서는 "도대체 의사결정프로세스라는 것이 존재하기는 하는가?"라는 의문을 제기하기도 했다. 일반적으로 말하자면, 소비자의 MAO 수준이 낮은 상황에서도 의사결정 프로세스가 존재할 가능성은 있지만, 그 프로세스는 소비자의 MAO 수준이 높은 경우보다 더 간단하고, 노력이 더 적게 들며, 양적으로도 차이가 있다.

소비자의 MAO 수준이 낮은 상황에서 수행되는 저노력형 의사결정프로세스에 대해서는 다음과 같이 두 가지 중요한 사실을 지적할 수 있다. 첫째, 저노력형 의사결정에서 소비자는 고노력형 의사결정처럼 가능한 최선의 상표를 발견하려는 최적화목적(optimizing goal)을 추구하지 않는다. 이런 최적화 목적을 달성하기 위해서는 소비자가 보통 하고자 하는 수준보다 훨씬 더 높은 수준의 노력이 필요하다. 한편, 소비자의 MAO 수준이 낮은 상황에서 소비자는 적당한 만족목적(satisficing goal)[86]을 추구할 수 있다. 즉, 단순히 자신의 욕구를 어느 정도 만족시켜주는 그런 상표를 추구할 가능성이 있는데,[87] 이런 상표는 최선의 상표는 아니더라도 "그런 대로 괜찮은 것(good enough)"

---

82 Hoyer(1984), *op. cit.*

83 Cathy J. Cobb and Wayne D. Hoyer, "Direct Observation of Search Behavior in the Purchase of Two Nondurable Product", *Psychology and Marketing*, Fall 1983, pp. 161-179.

84 Alain d'Astous, Idriss Bensouda, and Jean Guindon, "A Reexamination of Consumer Decision Making for Repeat Purchase Product: Variations in Product Importance and Purchase Frequency", *Advances in Consumer Research*, Vol. 16, 1989, pp. 433-438.

85 Richard W. Olshavsky and Donald H. Granbois, "Consumer Decision Making: Fact or Fiction?", *Journal of Consumer Research*, September 1979, pp. 93-100.

86 satisfy와 suffice라는 두 단어를 결합해서 ing를 붙여 만든 조어.

87 Rohit Deshpande, Wayne D. Hoyer, and Scott Jeffries, "Low Involvement Decision Processes: The Importance of Choice Tactics", in eds. R. F. Bush and S. D. Hunt, *Marketing Theory: Philosophy of Science Perspectives* (Chicago: American Marketing Association, 1982), pp. 155-158.

이라 말할 수 있다.

둘째, 대개 저노력형 의사결정은 빈번하게 수행되고 또한 시간이 지나면서 반복적으로 수행된다. 따라서, 소비자는 과거의 정보나 소비경험에 입각해서 만족이나 불만족에 대한 판단을 할 수 있다. 예컨대, 소비자가 치약처럼 구매빈도가 높은 제품을 구입하는 경우를 한번 생각해 보자. 소비자는 이미 여러 치약을 사용해보았고, 치약광고를 보았으며, 치약에 관해서 친구와 대화도 나누어 보아서 치약제품에 관한 정보를 어느 정도 획득해 둔 상태이기 때문에, 소매점에 갈 때마다 정보탐색을 새로 수행할 필요는 없다. 단지 과거에 자신이 수행했던 의사결정의 내용을 기억해내고 이를 기반으로 선택을 하면 될 것이다.[88]

3. 저노력형 선택전술

1) 선택전술의 의의

보편적인 반복구매 상황에서는 소비자가 선택전술(choice tactic)을 개발할 수 있는데, 이는 소비자가 의사결정을 적은 노력으로 신속하게 수행할 수 있게 해 주는 의사결정 휴리스틱(decision heuristic)이다.[89] 소비자는 의사결정프로세스를 단순화하기 위해서 여러 상표를 상세하게 비교하는 대신에 이런 의사결정규칙을 적용한다.

앞에서 소개한 세탁세제의 구매행동에 관한 연구[90]는 바로 이런 시각을 지지하는 좋은 예이다. 이 연구에서는 소비자에게 "세탁세제 상표를 어떻게 선택했는가?"라고 물었더니, 소비자는 다음과 같은 네 가지 선택전술을 사용하는 것으로 나타났다.

첫째, 가격전술(price tactic)인데, "최저 가격이므로" 혹은 "세일 중이어서"라는 응답이 나왔다. 둘째, 감정적 전술(affective tactic)인데, "내가 좋아하기 때문에"라는 응답이 나왔다. 셋째, 성과전술(performance tactic)인데, "옷을 잘 세탁해주기 때문에"라는 응답이 나왔다. 넷째, 규범적 전술(normative tactic)인데, "어머니께서 평소 그것을 구입했기 때문에"라는 응답이 나왔다.

다른 연구[91]에서는 소비자가 사용하는 몇 가지 선택전술을 추가로 발견하였다. 첫

88 Hoyer(1984), *op. cit.*

89 Deshpande, Hoyer, and Jeffries(1982), *op. cit.*

90 Hoyer(1984), *op. cit.*

91 Wayne D. Hoyer, "Variations in Choice Strategies Across Decision Contexts: An Examination of Consumer Factors", *Advances in Consumer Research*, Vol. 13, 1986, pp. 32-36.

째, 습관전술(habit tactic)인데, "내가 최근에 구입한 상표를 구입한다."는 응답이 나왔다. 둘째, 상표애호도전술(brand loyalty tactic)인데, "내가 강한 선호도를 가진 상표를 구입한다."는 응답이 나왔다. 셋째, 다양성추구전술(variety seeking tactic)인데, "무언가 색다른 것을 시도할 필요가 있다."는 응답이 나왔다.

싱가포르에서 시행된 샴푸와 세탁세제 연구[92]에서도 이와 유사한 연구결과가 나타났으며, 독일, 태국 및 미국 소비자를 비교한 연구[93]에서도 이와 관련된 선택전술의 사용패턴이 발견된 바 있다.

그런데, 소비자가 사용하는 선택전술은 제품범주별로 차이가 날 수 있다.[94] 예컨대, 케첩에 대해서는 상표애호도가 높은 소비자가 화장지는 항상 가장 가격이 싼 상표만 구입할 수도 있다. 또한, 동일한 문화 내에서 여러 제품 사이에 존재하는 선택전술 사용의 유사성보다는 동일한 제품에 대해 상이한 문화(예: 미국과 싱가포르) 사이에 존재하는 선택전술 사용의 유사성이 더 높다.[95] 그리고, 광고의 물량, 가격변형, 및 상표의 수와 유사성과 같은 과제의 특성이 소비자가 사용하는 선택전술의 형태에 영향을 미칠 수 있다.[96]

2) 선택전술의 학습

소비자는 반복구매를 통하여 저노력형 의사결정을 수행하기 위한 선택전술을 개발하기도 하기 때문에, 소비자의 의사결정프로세스를 조사할 때 1회만 관찰한다면 대단히 제한된 조사결과만 얻게 될 우려가 있다. 과거에 수행했던 모든 구매는 현재의 의사결정에 대한 투입요소로서의 역할을 하기 때문에, 소비자의 의사결정프로세스를 제대로 이해하고자 한다면 시간의 경과에 따라 이루어지는 선택과 소비상황에 대한 전체적인 구도를 잘 살펴보지 않으면 안 된다. 따라서, 시간이 지나면서 소비자가 어떻게 선택전술을 학습하게 되는지를 검토하는 것은 의미가 있다.

---

92 Siew Meng Leong, "Consumer Decision Making for Common Repeat-Purchase Products: A Dual Replication", *Journal of Consumer Psychology*, 2 (2), 1993, pp. 193-208.

93 Dana L. Alden, Wayne D. Hoyer, and Guntalee Wechasara, "Choice Strategies and Involvement, A Cross-Cultural Analysis", *Advances in Consumer Research*, Vol. 16, 1989, pp. 119-126.

94 Wayne D. Hoyer, "Variations in Choice Strategies Across Decision Contexts: An Examination of Contingent Factors", *Advances in Consumer Research*, Vol. 13, 1986, pp. 32-36.

95 Leong(1993), *op. cit.*

96 Wayne D. Hoyer and Cathy J. Cobb-Walgren, "Consumer Decision Making Across Product Category: The Influence of Task Environment", *Psychology and Marketing*, Spring 1988, pp. 45-69.

(1) 강화와 처벌

저노력형 의사결정프로세스에는 소비자가 선택전술의 사용을 학습하는 방식이 포함되는데, 이를 이해하기 위해서는 행동주의 심리학(behaviorist psychology)에서 설명하는 몇 가지 개념이 유용하다. 특히, 작동적 조건형성(operant conditioning) 이론에서는 소비자의 행동이 과거에 그가 취한 행동과 그런 행동에서 획득된 강화나 처벌의 함수라고 본다.97 이런 강화와 처벌이 소비자의 구매상황에서 어떤 역할을 하는지 설명하기로 한다.

첫째, 소비자의 구매상황에서 강화(reinforcement)는 구매로 인해 소비자의 욕구가 적절히 충족되었다고 지각할 때 발생하는 만족감에서 비롯되며, 이는 소비자가 동일한 상표를 재구매할 가능성을 높이는 역할을 한다. 예컨대, 소비자가 한스푼이라는 세탁세제를 구입하여 써 본 결과, 소량만 넣고도 세탁력이 대단히 우수하다는 느낌을 받았다고 하자. 그러면, 한스푼을 구입한 행동은 일종의 보상을 받은 셈이기 때문에, 소비자가 나중에 그것을 재구매할 가능성이 높아질 것이다. 이와 관련해서 소비자의 상표선택에서는 상표에 대한 소비자의 과거경험이 상표의 품질, 가격 및 친숙성보다 더 중요한 요인이라는 사실을 발견한 연구98가 있는가 하면, 제품의 시용으로부터 얻는 정보가 광고로부터 얻는 정보보다 더 강력하고 영향력이 있다는 것을 발견한 연구99도 있다.

오늘날 다수의 제품범주에서는 상표들 사이에 지각된 차이가 별로 없는 경우가 많다.100 이런 경우에는 다른 것들보다 딱히 더 우수하게 보이는 상표가 없기 때문에 비록 긍정적인 상표태도가 형성될 가능성은 낮지만, 소비자가 써본 결과 특별히 불만족하지 않았다면 선택전술이 강화될 수도 있다. 예컨대, 소비자가 가장 가격이 싼 어떤 화장지를 구입했는데 그 화장지가 자신의 욕구를 그런 대로 만족시켰다면, 소비자는 나중에 그 화장지를 재구매할 가능성이 있다. 요컨대, 소비자에게는 특정한 상표나 선

---

97 Walter A. Nord and J. Paul Peter, "A Behavior Modification Perspective on Marketing", *Journal of Marketing*, Spring 1980, pp. 36-47; Michael L. Rothschild and William C. Gaidis, "Behavioral Learning Theory: Its Relevance to Marketing and Promotions", *Journal of Marketing*, Spring 1981, pp. 70-78.

98 Holly Heline, "Brand Loyalty Isn't Dead-But You're Not Off the Hook", *Brandweek*, June 7, 1994, p. 14.

99 Robert E. Smith and William R. Swinyard, "Information Response Models: An Integrated Approach", *Journal of Marketing*, Winter 1982, pp. 81-93; Robert E. Smith and William R. Swinyard, "Attitude-Behavior Consistency: The Impact of Product Trial vs. Advertising", *Journal of Marketing Research*, August 1983, pp. 257-267.

100 Michael L. Rothschild and Michael J. Houston, "The Consumer Involvement Matrix: Some Preliminary Findings", in eds. Barnett A. Greenberg and Danny N. Bellenger, *Proceedings of the American Marketing Association Educators' Conference*, Series No. 41, 1977, pp. 95-98.

택전술에 대한 강화가 발생할 수 있다.

둘째, 소비자의 구매상황에서 처벌(punishment)은 구입한 제품이 소비자의 욕구를 제대로 충족시키지 못해 어느 정도 불만족하게 될 때 발생하는데, 이로써 소비자는 해당 제품을 다시 구입하지 말아야 한다는 것을 학습하게 된다. 어떤 제품에 대해 부정적인 경험을 가진 소비자는 그 제품에 대해 부정적인 평가를 형성해서 나중에 다시 구입하지 않을 것인데, 작동적 조건형성 이론에서는 이를 처벌이라고 부른다.

또한, 처벌은 선택전술을 재평가하도록 유도해서, 소비자가 다음 구매에 새로운 선택전술을 사용하거나 기존의 선택전술을 수정하게 만드는 결과를 초래하기도 한다. 예컨대, 무턱대고 가격이 제일 싼 여행가방을 구입했다가 여행 중에 가방이 찢어져버려 너무 당혹스러웠던 경험이 있는 소비자라면, 차후에는 여행가방의 구매와 관련해서 새로운 선택전술을 사용하거나 기존의 선택전술을 약간 수정해서 사용할 수 있다. 전자의 예로는 "가장 가격이 비싼 상표를 구입한다."거나 "가장 친숙한 상표를 구입한다."는 선택전술을 사용하는 것을 들 수 있고, 후자의 예로는 "가장 가격이 싼 전국상표를 구입한다."는 선택전술을 사용하는 것을 들 수 있다.

(2) 선택전술의 학습프로세스

[그림 4-4]에 제시된 것처럼, 소비자의 학습이 발생하는 이유는 동일한 행동이 시간이 지나면서 반복해서 강화되거나 처벌되기 때문이다. 이런 학습프로세스는 소비자가 일반적인 반복구매형 제품을 구입할 때 잘 발생한다. 소비자는 시간이 경과하면서 각 의사결정상황에서 만족스러운 선택을 하게 해줄 일단의 선택전술을 학습한다. 대부분의 소비자행동연구에서는 주로 의사결정이 이루어지기 직전까지 발생하는 문제에 초점을 두어왔기 때문에, 의사결정프로세스에서 소비(사용)가 담당하는 핵심적인 역할이 상대적으로 간과되어왔다.

하지만, 제품이 소비되는 과정에 발생하는 여러 가지 일들은 미래에 발생할 소비자의 획득, 사용 및 처분 의사결정에 중요한 시사점을 가진다. 즉, 소비자가 어떤 상표나 선택전술에 대해 형성되는 긍정적인 평가나 부정적인 평가는 미래의 의사결정에 중요한 투입요소가 될 수 있다.

소비자가 특정한 제품범주에 대해 어떤 선택전술을 학습하는가는 이용가능한 상표에는 어떤 것이 있는지와 이에 대한 소비자의 경험에 의존한다. 요컨대, 소비자가 제품범주별로 효과적인 선택전술을 학습하는 데는 소비자의 경험이 도움을 주며, 소비자는 미래의 구매에 대한 의사결정 노력을 최소화하기 위해 이런 선택전술을 사용할

그림 4-4 선택전술의 학습프로세스

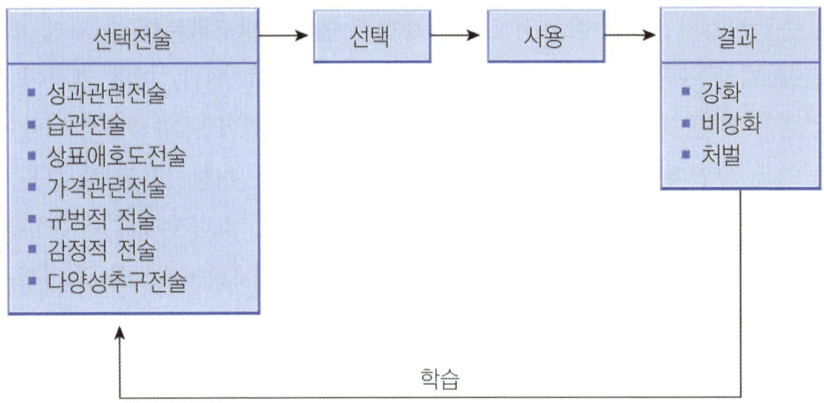

수 있다.

제 5 절 저노력형 인지기반 의사결정

고노력형 의사결정프로세스의 경우와 마찬가지로, 저노력형 의사결정프로세스도 인지기반 의사결정프로세스와 감정기반 의사결정프로세스라는 두 가지 유형으로 구분될 수 있다(〈표 4-1〉 참조). 우선, 이 절에서는 저노력형 인지기반 의사결정프로세스에 사용되는 ① 성과관련전술, ② 습관전술, ③ 상표애호도전술, ④ 가격관련전술, 그리고 ⑤ 규범적 전술의 개념과 그것을 이용한 마케팅방안을 살펴보기로 한다.

1. 성과관련전술

1) 성과관련전술의 의의

소비프로세스가 진행된 결과로 긍정적인 강화가 발생한 경우에는 소비자가 성과관련전술(performance-related tactic)을 사용할 가능성이 있다. 대개 이런 선택전술은 제품에 대한 전반적인 평가(예: "가장 효과가 크다.")나 제품의 구체적인 속성 혹은 편익(예: "옷을 잘 세탁해 준다.", "맛이 더 좋다.", "신속한 서비스를 해 준다.")을 반영한다. 성과관련전술의 개발 여부를 좌우하는 열쇠는 바로 만족이다. 즉, 구입한 제품에 대해 만족한 소비자는 그 주요 특징을 기반으로 해서 그것에 대한 긍정적인 평가를 형성하고, 나중에 이를 재구매할 가능성이 높아진다.

2) 성과관련전술을 이용한 마케팅액션

기업은 습관전술에 입각한 소비자의 의사결정에 관한 지식을 이용해서 자사의 마케팅목표를 달성하는 데 유익한 방안을 모색할 수 있다. 다음은 그런 방안의 몇 가지 예이다.

첫째, 우수한 품질의 제품을 제공함으로써 소비자의 만족이 발생할 가능성을 높이는 방안이다. 이렇게 하면, 기업은 소비자의 반복구매와 상표애호도가 높은 사용자를 확보할 수 있다. 예컨대, 미국의 캠벨수프는 오랫동안 양질의 제품을 제공하기 위해 주력해 왔는데, 이는 이 회사가 차지하고 있는 75% 수준의 높은 시장점유율로 여실히 입증된다고 하겠다.

둘째, 광고를 이용하여 강화에 대한 소비자의 기대를 높이고 또한 소비자의 부정적인 소비경험이 초래하는 악효과를 줄이는 방안이다.[101] 일반적으로 사람들은 어떤 대상의 실제 그대로보다는 자신이 원하는 것을 보는 경향이 있기 때문에, 소비자의 지각 프로세스에서는 기대가 중요한 역할을 한다. 따라서, 기업은 소비자가 이런 기대를 설정할 때 중요한 제품 특징이나 편익을 선택해서 자사상표와 경쟁상표를 손쉽게 판별할 수 있게 도와주는 광고를 해야 한다. 또한, 자사제품을 구입하면 반드시 만족하게 될 것이라는 확신을 소비자에게 심어주는 그런 광고를 해야 한다.

셋째, 소비자로 하여금 제품을 시용해보도록 만들기 위한 각종 유인책(incentive)을 제공하는 방안이다. 이런 유인책의 예로는 무료샘플제공, 가격할인, 쿠폰배포, 및 경품제공(예: 무료 선물이나 상품)을 들 수 있다. 여기에는 소비자가 그 제품을 써보고 만족스럽다는 것을 알게 되면, 나중에 유인책을 철회하더라도 그 제품을 계속 구입해주기를 바라는 기업의 희망이 깔려 있다. 다만, 이런 유인책을 제공하는 방안은 제품 자체의 성능이 우수해서 소비자에게 만족감을 주고 강화하는 역할을 하는 경우에만 성공할 수

101 Robert E. Smith, "Integrating Information from Advertising and Trial: Processes and Effects on Consumer Response to Product Information", *Journal of Marketing Research*, May 1993, pp. 204-219.

있다는 사실을 잊어서는 안 된다.[102] 즉, 아무리 매력적인 유인책을 사용하더라도 그것이 저품질에 기인하는 소비자의 부정적인 평가(즉, 불만족)를 극복할 수는 없다는 것이다.

2. 습관전술

1) 습관전술의 의의

인간은 습관의 피조물이다. 일을 편하게 할 수 있는 어떤 방법을 알게 되면, 사람은 이를 별 생각 없이 그대로 반복하는 경향이 있다. 예컨대, 대개 우리는 매일 아침에 일어나 늘 같은 일을 반복하고, 동일한 경로를 거쳐 등교하거나 출근하며, 동일한 소매점에서 쇼핑을 한다. 이렇게 하는 이유는 그것이 우리의 일상생활을 더 단순하게 만들고 또한 더 잘 관리할 수 있게 만들어주기 때문이다.

소비자는 이런 습관에 입각하여 획득, 사용 및 처분 의사결정을 수행하기도 한다. 습관전술(habit tactic)은 가장 간단하면서 노력도 적게 드는 소비자 의사결정의 일종으로, 소비자가 정보탐색과 대안평가를 거의 하지 않는다는 특징이 있다. 말하자면, 습관전술은 어떤 제품에 대한 강한 선호를 요구하지 않는 소비자의 단순한 반복행동과 반복구매라고 말할 수 있다.[103]

소비자가 이렇게 습관적으로 획득, 사용 및 처분 의사결정을 수행하는 데는 나름대로 이유가 있는데, 그 주된 이유로는 다음의 두 가지를 들 수 있다.[104]

첫째, 습관전술은 소비자의 의사결정프로세스를 단순화시켜 주는 이점이 있다. 즉, 습관전술을 사용하는 소비자는 매번 여러 상표들을 평가하지 않기 때문에, 의사결정을 수행하는 데 많은 노력이나 시간을 투입할 필요도 없다.

둘째, 습관전술에 입각한 의사결정은 소비자의 지각된 위험을 줄여주는 이점이 있다.[105] 즉, 습관전술을 사용하는 소비자는 이미 수차례 어떤 제품을 구입하거나 사용한 경험이 있기 때문에, 그 제품이 자신의 욕구를 만족시킬 것이라는 것을 잘 안다.

---

102 Rothschild and Gaidis(1983), *op. cit.*

103 Jacob Jacoby and David B. Kyner, "Brand Loyalty vs. Repeat Purchasing Behavior", *Journal of Marketing Research*, February 1973, pp. 1-9.

104 Henry Assael, *Consumer Behavior and Marketing Action*, 4th ed. (Boston, Mass.: Kent Publishing Company, 1992).

105 Ted Roselius, "Consumer Rankings of Risk Reduction Methods", *Journal of Marketing*, January 1971, pp. 56-61.

2) 습관전술을 이용한 마케팅액션

기업은 습관전술에 입각한 소비자의 의사결정에 관한 지식을 이용해서 자사의 마케팅목표를 달성하는 데 유익한 방안을 모색할 수 있다. 여기서는 ① 소비자의 반복구매행동을 개발하는 방안, ② 경쟁상표의 습관적 구매자를 유치하는 방안 그리고 ③ 자사상표의 습관적 구매자를 유지하는 방안이라는 세 가지 마케팅방안을 중심으로 설명하기로 한다.

(1) 소비자의 반복구매행동을 개발하는 방안

소비자의 반복구매행동은 기업의 수익성을 높여주기 때문에, 소비자가 자사제품을 반복해서 획득하거나 사용하도록 만드는 것은 기업이 추구하는 중요한 마케팅목표 중의 하나이다. 이렇게 하기 위해서 기업은 조형(shaping)이라는 일종의 작동적 조건형성 기법을 사용할 수 있다. 조형은 소비자에게 일련의 연속적인 단계를 거치도록 해서 궁극적으로 기업이 원하는 어떤 반응(예: 구매)에 도달하도록 만드는 기법을 말한다.[106]

기업은 소비자의 반복구매행동을 조형하기 위해 여러 가지 판매촉진기법을 결합해서 사용할 수 있다.[107] 즉, 소비자의 상표시용을 유도하기 위해 무료샘플을 제공하거나, 소비자의 구매를 유도하기 위해 무료샘플과 함께 고가형 쿠폰(high-value coupon)을 제공한 후 소비자의 재구매를 조장하기 위해 저가형 쿠폰(low-value coupon)을 제공할 수 있다. 물론, 여기에는 나중에 기업이 제공하는 유인책이 철회되더라도 소비자가 습관적으로 이를 계속해서 구매해 주길 바라는 기업의 의도가 깔려 있다.

(2) 경쟁상표의 습관적 구매자를 유치하는 방안

경쟁상표의 습관적 구매자를 공략하려는 기업은 다양한 마케팅기회를 이용할 수 있는데, 이런 경우에 기업이 추구하는 목적은 소비자가 현재 갖고 있는 습관(즉, 경쟁상표의 습관적 구매)을 없애고 자사상표의 구매자로 전환하도록 유도하는 것이다. 대개 어떤 상표를 습관적으로 구매하는 소비자는 해당 상표에 대해 강한 선호도를 갖고 있는 것은 아니기 때문에, 상표애호도가 높은 소비자의 경우보다 상표전환을 시키기가 훨씬 더 쉽다. 다음은 기업이 경쟁상표의 습관적 구매자를 자사상표의 구매자로 유치하는 데 사용할 수 있는 방안의 몇 가지 예이다.

첫째, 경쟁상표로부터 자사상표로 소비자의 상표전환을 유도하기 위해 가격할인,

---

106 Rothschild and Gaidis(1983), *op. cit.*

107 Rothschild and Gaidis(1983), *ibid.*

쿠폰배포, 무료샘플제공, 경품제공과 같은 판매촉진기법을 사용하는 방안이다. 원래 습관적 구매자는 특정한 상표에 대해 강한 선호도가 있는 사람은 아니기 때문에, 이런 일종의 특판방식은 소비자의 주의를 끌어서 다른 상표를 한번 시도해보도록 만들기에 충분할 수 있다. 물론 여기에는 소비자의 기존습관이 파괴되면, 자사상표를 좋아하게 되거나 아니면 새로운 습관을 형성해서 자사상표를 계속 구매해 주길 바라는 기업의 희망이 깔려 있다.

둘째, 소비자가 경쟁상표를 습관적으로 구매하는 것을 막기 위해 기존상표들보다 소비자의 욕구를 더 잘 충족시키는 새롭고 독특한 편익을 가진 상표를 도입하는 방안이다. 물론, 이렇게 할 경우에는 자사상표의 차별적 우위가 되는 편익을 소비자들에게 충분히 알리기 위해 집중적인 광고활동이 필요하다. 이는 미국의 담배회사들이 중국소비자들을 중국산 담배보다 맛이 더 좋은 미국산 담배의 습관적인 구매자로 만드는 데 사용해서 성공했던 방법이다. 하지만, 이런 미국의 담배회사들이 흡연이 건강에 미치는 해독을 충분히 인식하지 못하고 있는 소비자를 일방적으로 희생시키고 있다는 윤리적인 측면의 비판이 있다.

셋째, 기업의 유통정책을 이용하여 경쟁상표의 습관적 구매자를 공략하는 방안이다. 일반적으로 소매점에서 특정한 상표가 진열되는 공간의 크기가 클수록, 해당 상표가 소비자의 주의를 끌 가능성은 그만큼 더 높아진다.[108] 이 원리를 응용하려는 기업은 소매점에서 자사상표의 진열면적을 많이 확보하는 유통정책을 모색해야 할 것이다. 하지만, 그렇게 하더라도 기업이 경쟁상표를 습관적으로 구매하고 있는 소비자의 주의를 자사상표로 돌리려면, 소비자의 흥미를 끌 수 있는 기발한 아이디어가 필요하다.

예컨대, 통로끝 진열방식을 이용하면 상표의 매출이 100~400% 정도 증가된다는 연구결과[109]가 있고, 소비자의 눈길을 끄는 디스플레이를 사용하면 냉동식품의 매출이 245%, 세탁세제의 매출이 207%, 그리고 짭짤한 스낵의 매출이 172%나 증가한다는 조사결과[110]도 있다. 따라서, 기업은 소비자의 흥미를 끌 수 있는 디스플레이를 개발하기 위해 많은 노력을 해야 할 것이다. 이런 맥락에서 요즘은 전자게시판, 쇼핑카트광고, 그리고 깜박거리는 불빛을 사용해서 소비자를 쿠폰발급기로 유인하는 방식 등을

108 Ronald Curhan, “The Relationship of Shelf Space to Unit Sales: A Review”, *Working Paper*, Marketing Science Institute, 1972.

109 Gary F. McKinnon, J. Patrick Kelly, and E. Doyle Robinson, “Sales Effects of Point-of-Purchase In-Store Signing”, *Journal of Retailing*, Summer 1981, pp. 49-63.

110 Kathleen Deveny, “Displays Pay Off for Grocery Marketers”, *Wall Street Journal*, October 15, 1992, pp. B1, B5.

사용하여 소비자의 주의를 끌려는 기업들이 늘고 있다.

(3) 자사상표의 습관적 구매자를 유지하는 방안

현재 많은 소비자들이 자사상표를 습관적으로 구매하고 있는 경우라면, 기업은 소비자들의 그런 습관이 그대로 잘 유지되도록 하는 방안을 모색해야 한다. 다음은 기업이 자사상표의 습관적 구매자를 유지하는 데 사용할 수 있는 방안의 몇 가지 예이다.

첫째, 습관적 소비자는 경쟁사의 할인전술에 넘어갈 가능성이 높은 사람이기 때문에, 자사상표의 습관적 구매자가 경쟁상표의 구매자로 전환하는 것을 저지하기 위해 경쟁사의 할인전술과 대등한 할인전술을 사용하는 방안이다. 예컨대, 동유럽지역에서 코카콜라가 추첨해서 소비자에게 상품을 나눠주는 판촉방법을 시행하자, 펩시콜라는 2.25리터들이 콜라를 코카콜라의 2리터들이 콜라와 같은 가격으로 파는 판촉방법으로 이에 대항한 적이 있다. 또한, 대개 항공산업에서는 한 항공사가 항공요금을 인하하면, 나머지 항공사들도 일제히 인하해서 이에 즉각 대응한다.

둘째, 자사상표의 습관적 구매자가 경쟁상표의 구매자로 전환하는 것을 방지하기 위해 유통측면에 중점을 두는 방안이다. 소비자의 기존습관을 없애게 만들 수 있는 주요요인 중의 하나는 바로 제품의 품절이다. 습관적인 구매자는 특정한 상표에 대해 강한 선호도가 있는 것은 아니기 때문에, 늘 구입하던 상표가 품절되어 없으면 다른 소매점에 가서라도 기어이 늘 구입하던 상표를 구입하기보다는 기존의 습관을 깨고 대신 다른 상표를 구입해버릴 가능성이 높다. 따라서, 기업이 자사제품에 대한 폭넓은 유통을 확보하는 것은 습관적 소비자가 항상 자사상표를 구입하기 쉽게 만들고 또한 경쟁상표를 구입하는 일을 막는 데 큰 도움이 된다.

셋째, 효과적인 광고를 이용해서 자사상표의 습관적 소비자가 경쟁상표의 구매자로 전환하는 것을 저지하는 방안이다. 기업이 적절한 광고활동을 통해서 소비자에게 자사상표를 구입해야 할 이유를 충분히 상기시키고 또한 자사상표를 어떤 제품을 말할 때 소비자의 마음속에 가장 먼저 떠오르는 최초상기상표(top-of-mind brand)로 만든다면, 자사상표의 습관적 구매자가 경쟁상표의 구매자로 전환할 가능성은 당연히 낮아질 것이다.

3. 상표애호도전술

1) 상표애호도의 의의

상표애호도(brand loyalty)는 어떤 상표의 제품이 다른 상표의 제품보다 자신의 욕구를 매우 잘 충족시킨다고 의식적으로 평가해서 소비자가 동일한 상표를 반복적으로 구입하는 현상을 말한다.[111] 상표애호도는 기업의 성과관련전술에 의한 긍정적인 강화에서 비롯되며, 이는 소비자가 특정한 상표에 몰입하는 수준에서 습관적 구매와 차이가 있다.

시간이 지나면서 특정한 상표에 대한 소비자의 긍정적인 평가가 강해질수록, 상표애호도의 수준은 더 높아진다. 예컨대, 오뚜기케첩을 사먹어 본 결과 그것이 다른 케첩보다 맛이 더 진하다고 판단한다면, 소비자는 나중에 그 케첩을 재구매하게 될 것이다. 또한, 이런 평가가 반복적으로 강화되면, 소비자는 오뚜기케첩에 대한 강한 상표애호도를 개발하게 된다.

소비자는 다중상표애호도(multibrand loyalty)를 가질 수 있는데, 이는 소비자가 두 개 이상의 여러 상표에 몰입해서 시간이 지나면서 이를 반복적으로 구입하는 현상을 말한다.[112] 예컨대, 코카콜라와 칠성사이다를 좋아해서 마실 것을 구입할 때는 항상 이 두 가지를 위주로 구입하는 소비자라면, 그는 청량음료에 대해 다중상표애호도를 가진 셈이다.

상표애호도가 높은 소비자가 의사결정을 할 때는 따로 정보처리를 수행하지 않고 단순히 한 상표만 반복해서 구입하는 저노력형 의사결정을 한다. 이런 소비자는 특정한 상표에 대해 높은 수준의 관여도를 가지는데, 이는 제품범주에 대한 관여도 수준과 무관하게 발생한다.[113] 예컨대, 대개 케첩은 저관여제품으로 간주되지만, 오뚜기케첩을 애호하는 소비자는 이 상표에 대해 높은 수준의 관여도를 보일 수 있다는 것이다.

---

111 George S. Day, "A Two-Dimensional Concept of Brand Loyalty", *Journal of Advertising Research*, August-September 1969, pp. 29-36.

112 Jacob Jacoby, "A Model of Multi-Brand Loyalty", *Journal of Advertising Research*, June-July 1971, p. 26.

113 Andrew A. Mitchell, "The Dimensions of Advertising Involvement", *Advances in Consumer Research*, Vol. 8, 1981, pp. 25-30.

2) 상표애호도의 측정

자사상표에 대한 상표애호도가 높은 소비자는 기업에게 자사상표의 수익성을 구축하는 견고한 기반이라는 중대한 의미가 있다. 따라서, 기업은 소비자의 특성을 잘 분석해서 자사상표에 대한 소비자의 상표애호도를 강화하는 방법을 모색해야 한다.

하지만, 모든 제품범주에 공통적으로 적용될 수 있는 일반적인 소비자 프로파일(consumer profile)이 존재하는 것은 아니기 때문에, 기업이 자사상표에 대한 소비자의 상표애호도를 강화하는 방법을 모색한다는 것은 그리 쉬운 일이 아니다.[114] 예컨대, 케첩에 대한 상표애호도가 높은 사람이라도 화장지에 대한 상표애호도는 낮을 수 있듯이, 소비자가 상표애호도를 가지는 정도는 제품범주별로 차이가 있다. 따라서, 기업은 자사제품이 속하는 특정한 제품범주별로 소비자의 상표애호도를 평가하지 않으면 안 된다.

그동안 소비자의 상표애호도를 측정하기 위한 다양한 접근법이 제안되어 왔다. 그중의 하나가 소비자의 구매패턴에 초점을 두는 접근법인데, 여기서는 구매순서(sequence of purchase)나 구매비율(proportion of purchase)을 기준으로 해서 소비자의 상표애호도를 파악한다.[115] 예컨대, 구매순서를 기준으로 하는 경우에는 소비자가 동일한 상표를 연속적으로 3~4회 구매하면 상표애호도가 높은 소비자로 간주하고, 구매비율을 기준으로 하는 경우에는 10회 구매 중에서 동일한 상표를 구입한 횟수가 7~8회 정도 되면 상표애호도가 높은 소비자로 간주한다.

그런데, 상표애호도라는 것은 외부조건으로서 상표의 반복구매(repeat purchase)와 내부조건으로서 상표에 대한 심리적 몰입(psychological commitment) 즉, 선호도를 동시에 내포하는 개념이기 때문에, 위와 같은 **구매의존형 측정치(purchase-only measure)**를 사용하면 습관적 소비자와 상표애호도가 높은 소비자를 제대로 구분하지 못하는 문제점이 발생한다.

따라서, 기업이 상표애호도가 높은 소비자를 정확하게 파악하기 위해서는 소비자의 반복구매(행동)와 상표에 대한 심리적 몰입(선호도)을 모두 조사할 필요가 있다. 이와 관련해서 한 연구에 따르면, 반복구매만 파악하는 측정치를 사용하여 조사해 본 결과

114 Ronald E. Frank, William F. Massy, and Thomas L. Lodahl, "Purchasing Behavior and Personal Attributes", *Journal of Advertising Research*, December 1969-January 1970, pp. 15-24.

115 Jacob Jacoby and Robert W. Chestnut, *Brand Loyalty: Measurement Management* (New York: Wiley, 1978); R. M. Cunningham, "Brand Loyalty-What, Where, How Much", *Harvard Business Review*, January-February 1956, pp. 116-128.

전체표본 중의 70% 이상이 상표애호도가 높은 소비자로 판정되었지만, 선호도를 파악하는 측정치를 추가해서 조사하였더니 상표애호도가 높은 소비자로 판정되는 비율이 50% 이하로 떨어졌다.[116]

이런 문제점이 있음에도 불구하고 마케팅분야에서는 구매의존형의 상표애호도 측정치가 여전히 폭넓게 사용되고 있다. 이제 기업은 소매점에서 나오는 스캐너자료(scanner data)를 활용하여 소비자의 구매패턴에 관한 풍부한 정보를 얻을 수 있게 되었다. 기업이 이런 스캐너자료를 잘 분석해 보면 예컨대, 쿠폰배포가 소비자의 구매에 미치는 영향이나 가격변경이 소비자의 구매패턴에 미치는 영향과 같은 유익한 정보를 얻을 수 있다. 요컨대, 소비자의 상표애호도를 정확히 조사하려면, 소비자의 구매패턴과 선호도를 모두 측정하는 방법을 사용하는 것이 바람직하다.

3) 소비자의 상표애호도를 개발하는 방안

상표애호도가 높은 소비자는 해당 상표에 대해 강한 몰입을 갖고 있기 때문에, 상표전환을 유도하는 경쟁사의 활동에 대해 다른 소비자들보다 더 많이 저항한다. 예컨대, 오뚜기케첩에 대한 상표애호도가 매우 높은 소비자라면, 다른 케첩이 제공하는 쿠폰이나 가격할인에 의해 영향을 적게 받을 것이다. 따라서, 기업들은 자사상표에 대한 상표애호도의 개발을 중요한 마케팅목표 중의 하나로 설정하고 있다. 하지만, 요즈음에는 가격할인이 워낙 폭넓게 사용되고 있어서 소비자의 상표애호도가 시간이 지날수록 감소하는 추세이고, 또한 점차 많은 소비자들이 가격을 기준으로 해서 구매를 하고 있는 실정이다.

기업이 자사상표에 대한 소비자의 상표애호도를 개발하기 위해 사용할 수 있는 방안으로는 품질을 이용하는 방안과 판매촉진기법을 이용하는 방안을 들 수 있다. 여기서는 이 두 가지 방안을 살펴본 후, 경쟁상표를 애호하는 구매자를 공략하는 방안에 대해 간략히 설명하기로 한다.

(1) 품질을 이용한 상표애호도의 개발방안

기업이 자사상표에 대한 소비자의 상표애호도를 개발하는 가장 중요한 방안은 소비자에게 양질의 제품을 제공해서 소비자가 만족하도록 만드는 것이다. 다음은 이에 관련된 몇 가지 사례이다.

첫째, 지난 20년 동안 미국자동차업체들이 자동차를 판매하는 데 많은 어려움을

116 Day(1969), *op. cit.*

겪었던 주된 이유 중의 하나는 바로 품질에 대한 미국소비자들의 높은 관심 때문이었다. 품질이 우수한 외국의 자동차상표에 대해 높은 상표애호도를 가진 미국소비자들이 많은데, 특히 볼보자동차나 혼다자동차를 소유하는 사람들은 각각 해당 자동차에 대해 높은 상표애호도를 내보이고 있다.

둘째, 미국의 제약산업은 고품질의 제품을 제공함과 동시에 집중적인 광고를 시행하고 있는데, 이는 소비자의 상표애호도를 전반적으로 끌어올리는 결과를 초래했다.

셋째, 기업이 품질이 좋은 상표를 적절한 가격으로 판매하면, 소비자는 이에 대해 높은 상표애호도를 갖게 되기 마련이다. 바로 이는 P&G 제품을 비롯해서 품질이 좋은 다수의 유명상표들이 가격인하를 시도하고 있는 주된 이유이다.[117]

(2) 판매촉진기법을 이용한 상표애호도의 개발방안

기업은 여러 가지 판촉촉진기법을 이용해서 자사상표에 대한 소비자의 상표애호도를 개발할 수 있는데, 여기서는 쿠폰경품과 마일리지 프로그램을 중심으로 설명하기로 한다.

첫째, 쿠폰경품(coupon premium)은 특별쿠폰, 구매증명표(proof-of-purchase seal) 혹은 공통상품코드(UPC)를 모은 소비자에게 무료나 약간의 비용부담으로 선물을 주거나 상품을 탈 수 있게 해주는 방식을 말한다. 또한, 피자나 CD를 열 개 구입하면 한 개를 공짜로 주는 방식도 쿠폰경품의 한 가지 예이다.

둘째, 마일리지 프로그램(milage program)의 대표적인 형태로 상용고객 우대제도(frequent-flyer program)가 있다. 이는 비행기탑승객이 동일한 항공사를 자주 이용해서 소정의 마일리지 포인트가 쌓이면 무료 탑승권을 발급해주는 방식인데, 항공사가 비행기탑승객의 상표애호도를 구축하는 데 성공적으로 사용되고 있다. 이제는 다른 업종에 있는 기업들과의 제휴협정을 통해서 다른 여러 제품이나 서비스(예컨대, 신용카드의 사용이나 호텔숙박, 전화통화)를 구입하더라도 소비자가 마일리지 포인트를 쌓을 수 있도록 마일리지의 적용범위가 더욱 확장되고 있다.

그런데, 이런 형태의 판매촉진기법에 대해서는 너무 단조롭다거나 너무 신경을 많이 쓰게 만든다는 비판이 있다. 즉, 너무 단가가 낮은 품목의 경우에는 소비자가 혜택을 받을 만한 수준의 마일리지 포인트를 쌓기가 어렵고, 공통상품코드를 일일이 오려 모으는 것도 적잖은 노력이 드는 일이며, 대개 상품을 탈 수 있는 마일리지 포인트를 쌓는 데 시간이 너무 오래 걸리는 경우가 많다는 것이다.

117 Heline(1994), *op. cit.*

하지만, 기업이 제공하는 보상의 가치가 어느 정도 된다면, 마일리지 프로그램은 소비자에게 반복구매의 동기를 유발할 수도 있다. 다음은 마일리지 프로그램으로 성공한 기업의 몇 가지 사례이다.

첫째, 프랑스의 퀵버거(Quick Burger)라는 식당에서는 손님이 그곳에서 식사를 할 때마다 일정한 포인트를 주는데, 소정의 포인트가 쌓이면 쓸 만한 가치가 있는 상품이나 할인권으로 상환해준다.

둘째, 타코벨(Taco Bell)은 FRC(Frequent Rewards Club)라는 프로그램을 제정하였는데, 이는 반복구매를 하는 소비자에게 상으로 무료로 식음료, 영화관람권 혹은 음악을 제공해주는 제도이다.

셋째, 닌텐도(Nintendo)는 동키 콩 컨츄리(Donkey Kong Country) 게임에 대한 소비자의 상표애호도를 높이기 위해 바나나 벅스(Banana Bucks) 광고를 도입하였는데, 여기서는 소비자가 그 게임을 구입할 때마다 얻는 포인트로 옷, CD, 그리고 인물화를 구입할 수 있다는 사실을 강조하였다.

그 외에 기업은 자사상표에 대한 소비자의 상표애호도를 개발하기 위해 앞에서 소개한 바 있는 조형기법을 사용할 수 있고, 소비자가 자사상표를 많이 구입하도록 유도하기 위해 제품과 함께 소액할인쿠폰을 제공하는 방법을 사용할 수도 있다.

(3) 경쟁상표를 애호하는 구매자를 공략하는 방안

대개 기업은 경쟁상표를 애호하는 소비자를 자사상표를 애호하는 소비자로 전환할 수 있기를 바라지만, 이런 소비자는 현재 자신이 사용하고 있는 상표에 대해 이미 강하게 몰입하고 있는 상태이기 때문에 이들의 상표전환을 유도한다는 것은 사실 대단히 어려운 일이다.

따라서, 노력의 효율성을 고려한다면, 기업은 이렇게 경쟁상표에 대한 애호도가 높은 소비자는 피하고, 경쟁상표에 대한 애호도가 낮은 소비자나 경쟁상표의 습관적 구매자를 공략하는 편이 훨씬 더 낫다.

다만, 경쟁상표들과 비교해서 자사상표에 어떤 강력한 장점이나 차별점이 있는 경우는 예외이다. 자사상표가 그런 강력한 속성을 갖고 있다면, 이는 아무리 경쟁상표를 애호하는 소비자라도 상표전환을 하도록 설득하는 데 충분한 힘을 발휘할 수 있다.

4. 가격관련전술

1) 가격관련전술의 의의

가격관련전술(price-related tactics)은 여러 상표들 간의 지각된 차이가 작거나 고려상표군에 속하는 상표들에 대한 관여도가 낮은 경우에 소비자가 "가장 가격이 싼 것을 산다.", "세일 중인 상표를 구입한다.", 혹은 "쿠폰을 이용해서 구입한다."와 같은 가격 중심의 간단한 의사결정 휴리스틱에 의거하여 의사결정을 수행하는 것을 말한다.[118] 한 연구에 따르면, 구매자 10명 중에서 9명은 나름대로 돈을 절약하는 어떤 구매전략을 갖고 소매점에 쇼핑하러 간다고 하는데,[119] 〈표 4-10〉에는 바로 그런 전략의 몇 가지 예가 제시되어 있다.

표 4-10 쇼핑객의 구매전략

구매자의 유형	구매전략의 주요 특징	비율
실용적 상표애호자	어떻게든 자신이 구입하려는 소수의 상표나 제품에서 비용을 절감하기 위해 다각적인 방법을 모색하는 소비자	29%
최저가격 구매자	상표를 고려하지 않고 가장 가격이 싼 제품을 구입하는 소비자	26%
기회주의적 전환자	고려상표군에 속하는 상표나 제품 중에서 구입할 상표를 결정하는 데 쿠폰이나 세일을 이용하는 소비자	24%
세일 추구자	최고의 세일상품을 찾고 상표애호도가 없는 소비자	13%
무전략자	가격에 관련된 전략을 짜는 데 시간과 노력을 들이지 않는 소비자	8%

※ 자료: Laurie Peterson, "The Strategic Shopper", *Adweek's Marketing Week*, March 30, 1992, pp. 18–20.

많은 의사결정에서 가격이 중요한 결정요인이라는 것은 분명하다. 하지만, 일반적으로 소비자는 가격정보를 잘 기억하지 못하는데, 이는 심지어 자신이 방금 선택했던 상표의 가격에 대해서도 마찬가지로 적용될 수 있다.[120] 이런 가격정보는 항상 소매점에서 손쉽게 얻을 수 있으므로, 굳이 그것을 기억해야 할 이유가 없기 때문일 수 있다.

118 John L. Lastovicka, "The Low Involvement Point of Purchase: A Case Study of Margarine Buyers", *The First Consumer Involvement Conference*, New York University, June 1982.

119 Laurie Peterson, "The Strategic Shopper", *Adweek's Marketing Week*, March 30, 1992, pp. 18–20.

120 Peter D. Dickson and Alan G. Sawyer, "Methods to Research Shoppers' Knowledge of Supermarket Prices", *Advances in Consumer Research*, Vol. 12, 1986, pp. 584–587.

2) 가격지각

기업은 "소비자가 가급적이면 가장 가격이 싼 제품을 찾는다."는 것을 전제로 해서 마케팅계획을 수립하기도 하는데, 이런 전제는 실제로 맞을 수도 있지만 틀릴 수도 있다. 소비자들은 제품범주별로 적절하다고 생각하는 가격범위에 관하여 나름대로 강한 기대를 갖고 있는데, 이런 가격범위를 수용영역(zone of acceptance)이라고 부른다.[121] 소비자가 어떤 제품을 구매하려 할 때는 그런 가격범위에 속하는 상표는 고려하지만, 그런 가격범위를 벗어나는 상표는 고려에서 제외시킬 것이다.

그런데, 소비자가 너무 가격이 높은 상표를 고려에서 제외시키는 이유는 너무나 명백하지만, 가격이 너무 싸도 오히려 소비자가 제품의 품질에 어떤 문제가 있을 수 있다고 추론하기 때문에 역시 거부될 수 있다는 점에 주목해야 한다.

또한, 소비자는 가격을 제품의 품질을 판단하는 단서로 사용하기도 하는데, 이처럼 소비자가 "가격이 높으면, 품질도 좋을 것"이라고 보는 현상을 가격-품질 연상(price-quality association)이라고 한다.[122]

소비자가 가격관련전술을 사용하는 데는 지각(perception)이 중요한 역할을 한다. 소비자가 두 가격을 서로 다른 가격이라고 지각하기 위해서는 그 가격차이가 최소가지차이(just noticeable difference: JND)를 넘어야 한다. 예컨대, 치약을 구입하려는 소비자가 각각 1,000원과 1,050원인 두 상표의 가격에 대해서는 별로 신경 쓰지 않는다면, 이는 50원의 가격차이가 최소가지차이를 넘지 못하는 수준이기 때문이라고 말할 수 있다.

소비자가 상이한 가격 포인트에 대해 보이는 반응이 소비자의 가격지각에 중요한 역할을 한다. 소비자는 '우수리 없이 딱 떨어지는 가격(even price)'보다는 우수리가 있는 단수가격(odd price)을 매기는 경우에 훨씬 가격이 낮다고 지각한다. 한 연구에 따르면 11.99달러의 가격을 매긴 CD와 12달러의 가격을 매긴 CD의 가격차이는 겨우 1센트에 불과하지만, 소비자는 전자의 가격이 훨씬 더 싸다고 지각한다.[123]

소비자는 가격인상보다는 가격인하에 더 민감하게 반응하는 경향이 있다.[124] 즉,

---

121 Kent B. Monroe and Susan M. Petroshius, "Buyerers' Perception of Price: An Update of the Evidence", in eds. Harold H. Kassarjian and Thomas S. Robertson, *Perspectives in Consumer Behavior*, 3rd ed. (Dallas, Tex.: Scott-Foreman, 1981), pp. 43-55.

122 James R. Bettman, Deborah Roedder John, and Carol A. Scott, "Covariation Assessment by Consumers", *Journal of Consumer Research*, December 1986, pp. 316-326.

123 Zarrel V. Lambert, "Perceived Prices as Related to Odd and Even Price Endings", *Journal of Retailing*, Fall 1975, pp. 13-22.

124 Kent B. Monroe, "The Influence of Price Differences and Brand Familiarity on Brand

기업이 제품의 가격인하를 시도하는 경우에 발생하는 매출증가의 폭은 동일한 금액만큼 가격인상을 시도하는 경우에 발생하는 매출감소의 폭보다 더 크다.

3) 가격관련전술을 이용한 마케팅액션

기업들은 가격에 민감한 소비자(price-sensitive consumer)를 파악해서 이들을 대상으로 가격관련전술을 구사하는 데 많은 관심을 두고 있지만, 연구결과는 별로 일관성이 없다. 즉, 가격에 민감한 소비자는 나이가 많고, 학력수준과 소득수준이 낮은 경향이 있음을 발견한 연구결과[125]가 있는가 하면, 소득수준이 높은 소비자는 가격정보에 더 잘 접근하므로 이런 정보에 입각한 행동을 더 잘 할 수 있음을 발견한 연구결과[126]도 있다. 이렇게 볼 때, 여기서 내릴 수 있는 결론은 소비자는 언제든 가격에 민감한 행동을 내보일 수 있다는 것이다.

기업은 쿠폰배포, 가격할인, 리베이트 및 한 개의 가격으로 두 개를 주는 방식(two-for-one)과 같은 다양한 가격할인기법을 사용할 수 있다. 기업이 이런 형태의 가격할인을 제공하려는 경우에는 가격할인의 폭을 적어도 소비자의 최소가지차이(JND)를 넘도록 책정해야 하고 그 가격이 소비자의 수용영역에 속하도록 가격을 매기는 것이 중요하다. 예컨대, 펩시콜라가 2리터들이 코카콜라와 동일한 가격으로 2.25리터들이 펩시콜라를 판매한 것은 그 좋은 예이다.

최근에 주요 소비재 제조기업들은 전국상표와 품질수준은 대등하지만 가격은 더 싼 소매점상표(store brand)와 경쟁하기 위한 노력의 일환으로 가격인하를 시도해왔다. 이런 소매점상표는 강한 성장세를 보이고 있는데, 영국에서는 소매점의 자체상표(private brand)의 수익성이 매우 높은 편이고 슈퍼마켓의 진열대에서도 가장 좋은 위치를 차지하고 있다.

요즈음의 소비자들은 구매에서 '좋은 가치(good value)'를 추구하는 경향이 있다. 즉, 소비자들은 품질이 좋으면서 동시에 가격도 저렴한 상표를 찾는다. 월마트(Walmart)는 양질의 상품을 저렴한 가격으로 판매해서 성공한 예이다. 이미 지적한 바와 같이, 고품질의 상표가 적절한 가격으로 제공되면 소비자는 이에 대해 높은 상표애호도를 가질 수 있다.

Preference", *Journal of Consumer Research*, June 1976, pp. 42-49.

125 *Supermarket Shoppers in a Period of Economic Uncertainty* (New York: Yankelovich, Skelly, and White, 1982), p. 53.

126 Robert Blattberg, Thomas Buesing, Peter Peacock, and Subrata K. Sen, "Who is the Deal Prone Consumer?", *Advances in Consumer Research*, Vol. 5, 1978, pp. 57-62.

그런데, 여기서 한 가지 주의해야 할 것은 "가치가 곧 더 낮은 가격"을 의미하는 것은 아니라는 것이다. 어떤 제품이 자신에게 중요한 편익을 제공한다고 믿는 소비자라면, 이에 대해 더 높은 가격이라도 기꺼이 지불하려 한다.[127] 예컨대, 외모를 매우 중요시하는 멕시코여성들은 화장품 구입에 결코 돈을 아끼지 않으며, 일본소비자들은 버드와이즈 맥주에 대해서 "유행에 맞고 멋지다(trendy and chic)"는 이미지를 갖고 있기 때문에 이 맥주의 높은 가격을 기꺼이 지불하려고 한다. 따라서, 기업이 가격인하를 피할 수 있는 한 가지 방법은 소비자에게 차별적인 편익을 제공하고, 소비자가 더 높은 가격을 지불해야 할 정도로 자사상표가 가치가 있는 상표라는 이유를 소비자들에게 충분히 확신시키는 것이다.

기업의 가격할인전술은 국가의 경제적 요인에 의해서 영향을 받는다. 우선, 국가별로 가격할인이 사용되는 정도에 차이가 있다. 영국과 이탈리아에서는 양보다 질을 추구하는 경향이 있기 때문에, 기업이 쿠폰을 배포하는 횟수는 적은 편이지만 비교적 높은 가치를 가진 쿠폰을 배포한다. 한편, 스페인은 강한 경제 때문에 기업이 쿠폰배포를 적게 사용한다.

기업이 쿠폰배포를 잘 사용하지 않는 국가들이 있는데, 그 주요 이유는 다음과 같다. 독일은 법적으로 허용되는 할인금액이 너무 적은 경우이고, 네덜란드와 스위스는 소매업자가 쿠폰을 잘 받아주지 않는 경우이며, 러시아와 그리스는 쿠폰을 취급하는데 필요한 하부구조가 충분하지 못한 경우이다.

경제적으로 어려운 시기에는 소비자의 가격의식도가 높아지는 경향이 있다. 예컨대, 일본의 경우 경기후퇴는 과거에 경멸의 대상이었던 할인점의 인기가 엄청나게 상승하는 결과를 초래했고, 쿠폰배포의 사용이 증가세를 보이고 있으며, 높은 가격으로 악명이 높았던 화장품회사들도 이제 가격을 무려 30% 정도나 할인해주고 있다.

그런데, 기업이 가격할인전술을 너무 자주 사용하면, 문제가 발생할 수 있다는 점에 유의해야 한다. 즉, 기업이 가격할인을 너무 자주 사용하면, 특별할인가격이 정상적인 가격이라고 인식하게 되어버려 세일을 하지 않으면 소비자들이 좀처럼 구매하려 들지 않는 문제가 발생할 수 있다. 또한, 기업이 가격할인을 너무 자주 사용하면, 소비자가 가격할인을 지향하는 성향을 높여 상표전환을 많이 하도록 만들기 때문에, 소비자의 상표애호도가 낮아지는 결과가 초래될 수 있다. 그러므로, 가격할인은 간헐적이고 선택적으로 사용될 때 최선의 효과를 얻을 수 있다는 사실을 기업은 명심해야 한다.

---

127 Betsy Spethman, "Re-Engineering the Price-Value Equation", *Brandweek*, September 20, 1993, pp. 44-47.

5. 규범적 전술

1) 규범적 전술의 의의

다른 사람들이 소비자의 저노력형 의사결정에 영향을 미치기도 한다. 즉, 다른 사람에 의해 소비자의 구매동기가 유발되는 경우가 있는데, 어떤 물건을 처음으로 구입할 때 "어머니가 구입하시던 것"(예: 세탁세제)이나 "친구들이 좋아하는 것"(예: 옷)을 그대로 따라서 구입하는 경우나 주부가 "남편이 사라고 권하는 것"나 "가족이 좋아하는 것"을 구입하는 경우는 그 좋은 예이다.

소비자가 이렇게 타인의 영향을 받아서 의사결정을 수행하는 것을 규범적 전술(normative tactic)이라고 하는데, 이런 규범적 전술의 사용은 상품에 대한 지식과 경험이 적은 소비자들 가운데 보편적으로 나타나는 현상이다. 소비자가 이런 선택전술을 사용하게 되는 이유로는 다음과 같은 세 가지 경우를 들 수 있다.[128]

첫째, 직접적 영향(direct influence)인데, 다른 사람들이 소비자 자신을 직접 조종하려고 드는 경우이다. 예컨대, 주위 사람들이 사라고 권해서 사는 경우이다.

둘째, 대리관찰(vicarious observation)인데, 소비자 자신이 취할 행동의 지침을 얻기 위해 다른 사람들의 행동을 관찰하는 경우이다. 예컨대, 주위 사람들이 사는 것을 보고 따라 사는 경우이다.

셋째, 간접적 영향(indirect influence)인데, 소비자 스스로가 타인의 의견에 신경을 쓰는 경우이다. 예컨대, 주위 사람들에게 물어보고 사는 경우이다.

2) 규범적 전술을 이용한 마케팅액션

어떤 제품범주에서 소비자들이 규범적 전술을 사용하고 있다면, 기업은 이를 적절히 이용하는 방안을 모색할 수 있다.

첫째, 기업은 광고에서 타인을 의식하는 구매동기를 강조하는 방법을 쓸 수 있다. 예컨대, 리츠(Ritz) 크래커 광고에서는 그 크래커를 대접해서 파티에 참석한 손님들이 매우 즐거워하는 모습을 연출하였다. 미국소비자들이 하이네켄(Heineken)과 같은 고급수입

128 Harold H. Kelley, "Two Functions of Reference Groups", in eds. Harold Proshansky and Bernard Siedenberg, *Basic Studies in Social Psychology* (New York: Holt, Rinehart, and Winston, 1965), pp. 21–214; Albert Bandura, *Principle of Behavior Modification* (New York: Holt, Rinehart, and Winston, 1969).

맥주를 구입하는 이유 중의 하나는 다른 사람에게 멋진 인상을 심어주기 위해서이다.

둘째, 기업은 소비자들 사이에 자사제품에 대한 긍정적인 구전커뮤니케이션을 창출하는 방법으로서 입소문 마케팅을 사용할 수도 있다.

제 6 절 저노력형 감정기반 의사결정

앞 절에서는 인지적 처리를 포함하는 저노력형 의사결정프로세스를 설명했지만, MAO 수준이 낮은 상황에서 소비자는 감정기반 의사결정을 수행하기도 한다. 여기서는 소비자가 감정기반 의사결정을 수행하는 데 사용하는 것으로 ① 감정적 전술, ② 다양성추구전술 및 ③ 충동구매전술이라는 세 가지 선택전술을 설명하기로 한다.

1. 감정적 전술

1) 감정적 전술의 의의

소비자가 그 정확한 이유를 알지는 못하지만 왠지 그것이 좋아서 어떤 제품을 선택하기도 하는데, 이렇게 감정(affect)이 개입되는 소비자의 선택전술을 감정적 전술(affective tactic) 혹은 감정관련전술(affect-related tactic)이라고 한다.[129] 이런 감정은 반드시 욕구충족에 대한 의식적인 인식에서 비롯되는 것이 아니라는 점에서 성과관련 태도와 차이가 있고 또한 대개 태도보다 약하다.

감정이 소비자의 의사결정프로세스에서 중요한 역할을 할 가능성이 높은 경우는 원래 쾌락적인 성격이 강한 제품이나 서비스의 경우와 다른 중요한 요인들(예: 성과평가, 가격, 습관 및 규범적 영향)이 작용하지 않는 경우이다. 예컨대, 자신의 욕구를 가장 잘 충족시켜주기 때문에 오뚜기케첩을 구입하는 경우나 가장 가격이 싼 것을 구입하려는 동기 때문에 어떤 화장지를 구입하는 경우라면, 감정이 소비자의 의사결정에 중요한 역할을

129 Rajeev Batra and Michael L. Ray, "Affective Responses Mediating the Acceptance of Advertising", *Journal of Consumer Research*, September 1986, pp. 234-249; David Aaker, Douglas M. Stayman, and Michael R. Hagerty, "Warmth in Advertising: Measurement, Impact, and Sequence Effects", *Journal of Consumer Research*, March 1986, pp. 365-381.

할 가능성은 낮다. 하지만, 소비자의 MAO 수준이 낮은 상황에서는 이런 다른 중요한 요인들이 크게 작용하지 않으므로, 감정이 소비자의 의사결정에서 중심적인 역할을 하게 되는 경우가 많다.

이런 감정적 전술은 나중에 제8장에서 설명할 범주기반형 정보처리(category-based processing)의 일종이다.[130] 말하자면, 소비자가 선택을 수행할 때 감정준거(affect referral)라는 프로세스를 통하여 어떤 상표가 장기기억에서 회상될 수 있는 전반적인 감정적 평가를 연상시킬 수 있다는 것이다.[131] 다음은 이런 감정적 전술의 수행과 관련된 두 가지 예이다.

첫째, 맥도날드라는 이름은 행복함이나 즐거움에 관한 어떤 일반적인 느낌을 연상시키기 때문에, 소비자는 맥도날드의 특징을 상세하게 평가하기보다는 이런 전반적인 느낌에 입각하여 그곳에서 식사를 하기로 결정하기도 한다.

둘째, 독일을 여행하는 미국관광객들에게 가장 인기 높은 관광지 중의 하나는 노이쉬반스타인(Neuschwanstein) 성(城)이다. 그 이유는 이 성이 미국의 디즈니월드 성을 만들 때 모델로 사용했던 바로 그 성이어서, 미국인 관광객에게 환상, 동화 그리고 로맨스에 관련된 어떤 긍정적인 느낌을 불러일으키기 때문이다. 그래서인지, 이 성의 입구에는 영어권에서 온 관광객의 행렬이 독일 내국인의 행렬보다 더 긴 경우가 많다.

새로 나온 상표에 접한 소비자는 이를 동일한 범주에 속하는 다른 상표들과 비교를 하는데, 그 비교결과에 따라 처리방식이 달라질 수 있다. 우선, 새로 나온 상표가 기존의 다른 상표와 유사한 것으로 지각되는 경우에는 해당 범주에서 연상되는 감정이 새로 나온 상표에도 전이되어 소비자의 선택에 영향을 미칠 수 있다.[132] 하지만, 새로 나온 상표가 기존의 다른 상표와 별로 유사하지 않은 것으로 지각되는 경우에는 소비자가 단편적 정보처리(piecemeal processing)를 수행할 가능성이 높아지는데, 여기에는 세부적인 속성에 대한 평가가 포함된다.[133]

---

130 Mita Sujan, James R. Bettman, and Harish Sujan, "Effects of Consumer Expectations on Information Processing and Selling Encounters", *Journal of Marketing Research*, November 1986, pp. 346-353.

131 Peter L. Wright, "An Adaptive Consumer's View of Attitudes and Choice Mechanisms as Viewed by an Equally Adaptive Advertiser", in ed. William D. Wells, *Attitude Research at Bay* (Chicago: American Marketing Association, 1976), pp. 113-131.

132 David M. Boush and Barbara Loken, "A Process-Tracing Study of Brand Extension Evaluation", *Journal of Consumer Research*, February 1991, pp. 16-28.

133 Susan T. Fiske and Mark A. Pavelchak, "Category-Based Versus Piecemeal-Based Affective Responses: Developments in Schema-Triggered Affect", in eds. R. M. Sorrentino and E. T. Higgins, *The Handbook of Motivation and Cognition: Foundations of Social Behavior* (New

또한, '자꾸 보면 정든다'는 속담처럼 감정은 단순노출효과를 통한 상표친숙성(brand familiarity)에 의해서 생성되기도 하는데,134 이것이 소비자의 선택에 영향을 미치는 능력에 대해서는 이미 충분히 이론화되어 있다.135 다음은 이런 사실을 반증하는 연구결과의 몇 가지 예이다.

첫째, 잘 확립된 상표선호도를 가진 맥주소비자라도 블라인드 맛테스트(blind taste test)에서는 평소에 자신이 선호하는 상표와 다른 상표를 잘 구별하지 못했다. 하지만, 맥주의 이름을 표시해주고 맛테스트를 시행한 경우에는 다른 상표보다 평소에 자신이 선호하는 상표의 맛이 훨씬 더 좋다고 평가했다.136

둘째, 땅콩버터를 구입한 경험이 적은 구매자는 "가장 친숙한 상표를 구입한다."는 선택전술을 가장 많이 사용한다. 심지어, 가장 친숙한 상표의 품질이 별로 친숙하지 못한 상표의 품질보다 낮도록 일부러 조작한 경우에도, 소비자는 여전히 친숙한 상표를 선호하는 것으로 나타났다.137

셋째, 싱가포르에서 시행된 한 연구에서도 위와 엇비슷한 연구결과가 나타났는데, 이는 상표친숙성의 효과가 문화를 초월하는 하나의 교차문화적인 현상(cross-cultural phenomenon)이라는 것을 시사한다.138

넷째, 상표명은 고노력형 상황보다는 저노력형 상황에서 더 중요한 휴리스틱이다.139

다섯째, 1930년 미국에서 각 제품범주의 1위 상표였기 때문에 소비자에게 가장 친숙한 상표라고 말할 수 있는 상표들 중에서 캠벨수프와 아이보리비누를 비롯한 27개의 상표는 현재에도 여전히 1위 자리를 고수하고 있다.140

York: Guilford, 1986), pp. 167-203.

134 Zajonc(1980), *op. cit.*; Zajonc and Markus(1982), *op. cit.*

135 William Baker, J. Wesley Hutchinson, Danny Moore, and Prakash Nedungadi, "Brand Familiarity and Advertising: Effects on the Evoked Set and Brand Preference", *Advances in Consumer Research*, Vol. 13, pp. 637-642.

136 Ralph I. Allison and Kenneth P. Uhl, "Influence of Beer Brand Identification on Taste Perception", *Journal of Marketing Research*, August 1964, pp. 36-39.

137 Wayne D. Hoyer and Stephen P. Brown, "Effects of Brand Awareness on Choice for a Common, Repeat-Purchase Product", *Journal of Consumer Research*, September 1990, pp. 141-148.

138 Leong(1993), *op. cit.*

139 Durairaj Maheswaran, Diane M. Mackie, and Shelly Chaiken, "Brand Name as a Heuristic Cue: The Effects of Task Importance and Expectancy Confirmation on Consumer Judgments", *Journal of Consumer Psychology*, 1 (4), 1992, pp. 317-336.

140 Richard W. Stevenson, "The Brands with Billion Dollar Names", *New York Times*, October

2) 감정적 전술을 이용한 마케팅액션

소비자의 의사결정프로세스에서 감정이 중요한 역할을 할 수 있다는 사실을 고려하면, 기업은 자사상표에 대한 소비자의 긍정적인 감정을 창출하는 방안을 통해서 자사상표가 소비자에게 선택될 수 있는 가능성을 높일 수 있다. 구체적으로 말하자면, 기업은 광고를 비롯한 여러 가지 마케팅 커뮤니케이션수단을 이용하여 상표친숙성을 창출하고, 범주기반형 연상을 구축하며, 긍정적인 감정(광고태도)을 생성시키는 방안을 모색할 수 있다. 다음은 이와 관련된 몇 가지 사례이다.

첫째, 상표친숙성이 발휘하는 힘은 오래 전에 코카콜라가 제품의 형태를 변경하려 했을 때 미국에서 발생했던 유명한 사건으로 이미 입증된 바 있다. 즉, 코카콜라사가 블라인드 맛테스트를 시행했을 때는 대부분의 소비자가 뉴코크(New Coke)의 맛을 선호하는 것으로 나타났지만, 상표명을 표시한 맛테스트에서는 기존의 콜라에 대한 선호가 대단히 강한 것으로 나타났다. 기존의 콜라에 대한 소비자의 수요가 너무 강한 나머지 기존의 콜라를 계속 유지하도록 하자는 전국적인 소비자운동으로 확산되면서 이 회사를 강하게 압박했기 때문에, 코카콜라사로서는 코카콜라 클래식(Coca-Cola Classic)을 다시 도입하지 않을 수 없었다.

둘째, 최근에 미국의 제약회사들은 소비자를 대상으로 의약품광고를 시행할 수 있게 되었다. 이는 처방약품에 대한 소비자의 상표친숙성을 높여서 결국 환자의 구매주문과 의약품의 매출을 높이는 결과를 초래하였다.

셋째, 존슨앤존슨(Johnson & Johnson)사는 유명한 비영리단체에 100만 달러를 기부하고 자사의 아스리티스 파운데이션 패인 릴리버(Arthritis Foundation Pain Reliever)라는 진통제제품에 그 비영리단체의 이름을 새겨두고 있다. 여기에는 이런 유명한 비영리단체에서 연상되는 친숙감과 긍정적인 감정이 자사상표에 그대로 전이되기를 바라는 의도가 깔려 있다.

넷째, 요즈음은 두 회사의 상표명을 결합해서 하나의 상표명으로 표시하는 기업공동상표(co-branding)를 사용하는 기업들이 늘어나고 있다. 이는 양측의 힘으로부터 어떤 이득을 보기 위해 두 회사의 상표가 제휴관계를 결성한다는 의미가 있다.[141] ConAgra-Kellogg, Kraft-Boboli 및 Ocean Spray-Pepsi가 그 대표적인 예인데, 이런 형태로 이루어지는 제휴의 수는 미국에서만 매년 40% 정도 증가하고 있다.

28, 1988, p. A1.

141 Eric Yang, "Co-brand or Be Damned", *Brandweek*, November 21, 1994, pp. 21-24.

다섯째, 기업은 문화를 초월해서 소비자들이 긍정적인 감정을 가진 주제를 이용하는 국제마케팅방안을 모색할 수 있다. 예컨대, 미국담배회사들은 동유럽지역에서 담배를 팔기 위해 그 지역의 사람들도 긍정적인 연상을 갖고 있는 "서부개척시대"라는 주제를 사용하고 있다. 이런 주제의 사용은 P&G, 콜게이트-팔몰리브(Colgate-Palmolive), 존슨앤존슨(Johnson & Johnson)과 같은 회사들이 중국에서 화장품과 세제를 판매하는 데도 큰 효과를 발휘하였다.

여섯째, 영국시장에서 차가운 홍차를 최초로 시판할 당시 영국소비자들은 차가운 홍차가 따뜻한 음료의 전형인 따뜻한 홍차와 전혀 다르다고 생각하였다. 따라서, 차가운 홍차를 판매하는 기업은 청량음료와 비교해서 차가운 홍차를 포지셔닝하는 방식을 취했는데, 여기에는 청량음료의 긍정적인 범주연상이 차가운 홍차에도 전이되기 바라는 기업의 의도가 깔려 있었다.

일곱째, 스타일이나 맛과 관련해서 쾌락적인 성격이 강한 제품이나 서비스는 소비자의 감정적 연상(affective association)에 많이 의존한다. 예컨대, 프리토레이(Frito-Lay)는 "사람들이 먹을거리에 관해서 더 좋게 느끼도록 만들 수만 있다면, 항상 거기에는 더 많이 소비하는 성향이 존재하기 마련이다."라는 마케팅철학을 갖고 있다.

여덟째, 소비자의 상표선택에 영향을 미치고자 할 때는 포장에 대한 소비자의 친숙성이 중요한 역할을 할 수 있다. 바로 이는 코카콜라사가 소비자들에게 친숙한 자사의 유리병 용기를 닮은 플라스틱 용기를 도입했던 이유이다.

2. 다양성추구전술

1) 다양성추구전술의 의의

다양성추구전술(variety-seeking tactic)은 소비자가 평소에 서로 다른 상표들의 구매를 지속적으로 시도하는 것으로 저노력형 상황에서 많이 채택되는 또 하나의 선택전술이다. 소비자는 현재 사용하고 있는 상표에 대해 별다른 불만이 없더라도, 다른 상표나 다른 제품을 한번 구입해 보고 싶은 열망을 가질 수 있다. 예컨대, 소비자가 평소에는 주로 코카콜라를 마시지만, 어느 날 갑자기 다른 콜라나 사이다를 먹고 싶은 충동을 느끼게 될 수 있다. 물론, 차후의 구매에서 다시 코카콜라를 구입하는 것으로 복귀하기도 한다. 소비자행동이론에서는 소비자들의 이런 행동을 다양성추구행동(variety-seeking behavior)이라고 부른다.

소비자가 다양성추구행동을 수행하는 주요 이유로는 현재 쓰고 있는 것에 대한 포만감(satiation)과 지루함(boredom)을 들 수 있다.[142] 예컨대, 저녁식사로 매일 같은 음식을 먹거나 오직 한 장의 CD에 들은 음악만 반복해서 계속 듣는다면, 결국 이에 대한 포만감이 발생해서 어떤 다른 것을 시도해보고 싶은 생각이 들기 마련이다.[143] 또한, 소비자의 많은 의사결정들은 시간이 지나면서 반복적으로 발생하기 때문에, 그것이 단조롭고 지루하게 느껴질 수도 있다.[144]

소비자가 이런 포만감이나 지루함을 느껴 다양성추구행동을 수행하게 되는 상황조건으로는 ① 빈번하게 구매되는 제품인 경우, ② 다수의 이용 가능한 상표가 존재하는 경우, ③ 지각된 위험과 관여도의 수준이 낮은 경우, ④ 상표들 간의 차이가 별로 없는 경우를 들 수 있다.[145]

다양성추구행동은 최적자극수준이론과 자극을 추구하는 욕구로 어느 정도 설명이 가능하다. 첫째, 최적자극수준이론에 따르면, 인간의 환기수준(arousal level)이 인간내부의 이상적인 자극수준인 최적자극수준(optimal stimulation level: OSL)보다 낮아지면, 지루함을 느끼게 되고 그런 지루함을 줄이려는 동기가 유발된다.[146] 대개 동일한 상표를 반복구매하는 것은 인간내부의 자극수준을 최적자극수준 아래로 떨어뜨리는 역할을 하지만, 이전과 다른 어떤 상표를 구입하는 것은 인간내부의 자극수준을 적절한 수준으로 끌어올리는 역할을 한다.

둘째, 다른 사람들보다 자극을 추구하는 욕구(need for stimulation)가 높아서 지루함을 잘 참지 못하는 소비자를 감각추구자(sensation seeker)라고 한다. 감각추구자는 다른 사람들보다 다양성추구행동을 수행할 가능성이 높고 새로 유행하는 제품을 가장 먼저 시도해보는 사람일 가능성이 높아서,[147] 신제품을 위한 좋은 표적시장이 된다.

---

142 M. Venkatesan, "Cognitive Consistency and Novelty Seeking", in eds. Scott Ward and Thomas S. Robertsion, *Consumer Behavior: Theoretical Sources* (Englewood Cliffs, N. J.: Prentice-Hall, 1973), pp. 354-384.

143 Leigh McAlister, "A Dynamic Attribute Satiation Model of Variety Seeking Behavior", *Journal of Consumer Research*, September 1982, pp. 141-150.

144 John A. Howard and Jagdish Sheth, *The Theory of Buyer Behavio*r (New York: Wiley, 1969), pp. 27-28.

145 Wayne D. Hoyer and Nancy M. Ridgway, "Variety Seeking as an Explanation for Exploratory Purchase Behavior: A Theoretical Model", *Advances in Consumer Research*, Vol. 11, 1984, pp. 114-119.

146 Erich A. Joachimsthaler and John L. Lastovicka, "Optimal Stimulation Level-Exploratory Behavior Models", *Journal of Consumer Research*, December 1984, pp. 830-835.

147 Albert Mehrabian and James Russell, *An Approach to Environmental Psychology* (Cambridge, Mass.: MIT Press, 1974).

그런데, 소비자가 다양성추구충동을 표현하는 방식에는 소비자가 평소와 다른 어떤 것을 구입하는 것만 있는 것은 아니다. 소비자는 대리탐구나 사용혁신을 통하여 자신의 다양성추구충동을 표현하기도 한다.[148]

첫째, 대리탐구(vicarious exploration)는 소비자가 책을 읽거나 친구와의 대화를 통하여 정보를 수집하거나 혹은 소비자 스스로가 자극을 주는 쇼핑환경에 들어가는 것을 의미한다. 예컨대, 소비자들은 그저 한번 둘러보기 위해 소매점에 가는 것을 좋아하는데, 여기에는 반드시 어떤 물건을 구입하려는 명백한 의도보다는 단순히 자신이 즐거운 자극을 받으려는 목적을 가진 경우가 많다.

둘째, 사용혁신(use innovativeness)은 소비자가 기존의 제품을 현재와 다른 어떤 새로운 방식으로 사용하는 것을 의미한다. 예컨대, 수프나 야채를 담는 데 사용했던 알루미늄 용기를 손톱을 손질하는 데 사용하거나 주로 빵을 만드는 데 사용하는 베이킹소다를 어떤 냄새를 없애는 데 사용하기도 한다. 특히, 암앤해머(Arm & Hammer)는 소비자의 사용혁신을 이용해서 베이킹소다를 주요 성분으로 하는 새끼고양이 깔짚상자용 탈취제를 출시하게 되었다.

2) 다양성추구전술을 이용한 마케팅액션

다양성추구행동은 기업이 마케팅계획을 수립하는 데 몇 가지 중요한 시사점을 준다. 우선, 기업은 소비자들에게 다양성을 추구하는 욕구가 있음을 잘 인식해서 이에 상응하는 조치를 취할 필요가 있는데, 다음은 기업의 이런 조치와 관련된 몇 가지 사례이다.

첫째, 자사의 오리지널 비누에서 나는 냄새에서 소비자들이 "일종의 신체적 및 정신적 피로감"을 경험할 수도 있다는 사실을 인식한 P&G사는 레몬향이 나는 코스트(Coast) 비누를 새로 도입하였다. 바로 여기에는 다양성을 추구하는 욕구 때문에 소비자들이 다른 회사의 상표로 전환하기보다는 향이 다른 자사의 코스트 비누를 구입하게 만들려는 의도가 깔려 있다.

둘째, 많은 소비자들이 기존 콜라의 맛에 물리게 되었기 때문에, 이와 다른 맛을 담은 음료의 매출이 증가세를 보이고 있다. 그 대표적인 예가 닥터페퍼(Dr. Pepper), 마

148 Linda L. Price and Nancy M. Ridgway, "Use Innovativeness, Vicarious Exploration, and Purchase Exploration: Three Facets of Consumer Varied Behavior", in ed. Bruce Walker, *American Marketing Association Educator's Conference Proceedings* (Chicago: American Marketing Association, 1982), pp. 56–60.

운틴듀(Mountain Dew) 및 미스터핍(Mr. Pibb)인데, 이들은 모두 펩시콜라나 코카콜라가 비교적 최근에 내놓은 제품들이다. 특히, 이런 제품들이 1인용 자동판매기에서 가장 높은 증가세를 보이고 있는 것은 음료부문에서 소비자의 다양성추구행동을 반증하는 사례라 하겠다.

셋째, 쿠어스(Coors)가 도수가 낮고 과일 맛이 나는 찌마 클리어몰트(Zima Clearmalt)라는 맥주를 새로 도입한 것도 소비자들에게 선택의 다양성을 제공하려는 노력의 일환이다.

한편, 다양성을 추구하는 욕구는 기업이 경쟁상표의 구매자를 경쟁상표로부터 이탈하도록 유도할 수 있는 기회를 준다는 중요한 의미가 있다. 즉, 경쟁상표에서 자사상표로 소비자의 상표전환을 유도하려는 기업은 소비자에게 '한번쯤 다른 것으로 바꿔봄으로써 생활의 새로운 풍취를 느껴 보라.'는 식으로 권장하는 방안을 모색할 수 있다.

3. 충동구매전술

1) 충동구매전술의 의의

충동구매전술(impulse purchasing tactic)은 소비자가 원래 구매계획(예정)에 없었던 것을 갑자기 구입하기로 결정하는 것을 말한다. 이는 순간적으로 강한 감정적 요소를 내포하는 소비자 의사결정의 한 가지 보편적인 유형으로서 ① 즉시 제품을 구입해야 한다는 주체할 수 없는 강한 느낌, ② 부정적인 구매 결과가 발생할 가능성의 무시, ③ 도취감 및 흥분감, ④ 통제와 탐닉 사이의 갈등유발이라는 주요 특징을 가진다.[149]

말하자면, 충동구매의 저변에는 소비자가 정상적인 의사결정프로세스와 심사숙고를 뛰어넘을 정도의 강한 매력을 느낀다는 사실이 깔려 있다.[150] 이런 충동구매는 소매점 내부의 디스플레이, 카탈로그, 전화번호를 알려주는 TV광고와 같은 외부자극에 대한 노출로 유발되는 경우가 많다. 또한, 신용카드, 현금인출기 및 24시간 영업을 하는 소매점과 같은 여러 가지 혁신적인 마케팅방식들도 소비자의 충동구매를 조장하는 역할을 한다.

149 Dennis W. Rook, "The Buying Impulse", *Journal of Consumer Research*, September 1987, pp. 189–199.

150 Craig J. Thompson, William B. Locander, and Howard R. Pollio, "The Lived Meaning of Free Choice: Existential-Phenomenological Description of Everyday Consumer Experiences of Contemporary Married Woman", *Journal of Consumer Research*, December 1990, pp. 346–361.

소비자의 구매 중에서 충동구매가 차지하는 비중은 27~62% 정도라고 추정되고 있지만,[151] 이런 추정을 할 때는 충동구매와 부분적 계획구매(partially planned purchase)를 잘 구분해야 한다. 부분적 계획구매는 소비자가 원래 어떤 제품범주에 속하는 것을 구입하려는 의도를 갖고 있지만, 실제로 선택할 상표는 소매점 내부의 디스플레이를 이용하여 결정하는 것을 의미한다. 이렇게 두 개념을 구분한다면, 소비자의 구매 중에서 충동구매가 차지하는 비중은 앞의 추정치보다 당연히 더 낮아진다.[152]

또한, 충동구매의 성향은 소비자 개인별로 차이가 있다. 즉, 충동구매를 많이 하는 소비자가 있는 반면, 별로 그렇지 않은 소비자도 있다.[153] 이런 충동구매의 성향은 ① 일반적인 욕심과 물질주의,[154] ② 감각추구[155] 및 ③ 여가선용쇼핑에 대한 호감[156]과 같은 개성적 특질과 관계가 있는 것으로 생각된다.

2) 충동구매전술을 이용한 마케팅액션

기업의 입장에서는 소비자의 충동구매를 조장하여 매출을 올리기 위한 다각적인 방안을 모색할 수 있다.

첫째, 소매점은 소비자의 충동구매를 극대화하는 방향으로 점포의 내부구조를 조성하는 방안을 모색할 수 있다. 예컨대, 소매점에서 소비자들이 많이 찾는 품목의 판매코너를 가급적 소매점의 안쪽에 배치해서, 이런 판매코너로 갈 때는 소비자들이 마진이 높은 충동구매품목을 진열해 둔 디스플레이를 반드시 거쳐 가도록 만들 수 있다.

둘째, 기업은 소비자의 충동구매를 유도하기 위해 소비자의 눈길을 끄는 각종 디스플레이방식을 사용할 수 있다. 그런 예로는 통로끝 진열, 전자게시판, 깜박거리는 불빛을 이용하여 소비자의 주의를 쿠폰발급기로 끄는 방식, 쇼핑카트광고를 들 수 있다. 이는 모두 소비자의 충동구매를 이용해서 매출을 높이는 데 효과적인 방법이다.

셋째, 포장디자인도 소비자의 충동구매를 높이는 데 중요한 역할을 할 수 있다.

---

151 Danny Bellenger, D. H. Robertson, and Elizabeth C. Hirschman, "Impulse Buying Varies by Product", *Journal of Advertising Research*, December 1978–January 1979, pp. 15–18.

152 Cathy J. Cobb and Wayne D. Hoyer, "Planned vs. Impulse Purchase Behavior", *Journal of Retailing*, Winter 1986, pp. 384–409.

153 Rook(1987), *op. cit.*

154 Russell W. Belk, "Materialism: Trait Aspects of Living in a Material World", *Journal of Consumer Research*, December 1985, pp. 265–280.

155 P. S. Raju, "Optimum Stimulation Level: Its Relationship to Personality, Demographics, and Exploratory Behavior", *Journal of Consumer Research*, December 1980, pp. 272–282.

156 Danny Bellenger and P. K. Korgaonkar, "Profiling the Recreational Shopper", *Journal of Retailing*, Fall 1980, pp. 77–92.

예컨대, 충동구매의 비율이 높은 편인 캔디산업의 브라치(Brach's)사가 좋은 예이다. 이 회사는 그 동안 주로 핑크색 포장백에 캔디를 담아 팔아왔지만, 최근에 소비자의 충동구매를 높이려는 노력의 일환으로 포장디자인을 더 자극적이고 현대적인 모습으로 변경하였다.

경제가 어려운 시기에는 소비자의 충동구매가 감소하는 경향이 있는데, 그 좋은 예가 일본소비자들의 경우이다. 즉, 요즈음 경제적으로 어려운 시기를 맞이하고 있는 일본소비자들은 반드시 필요한 물건을 구입하는 데만 돈을 지출하기 때문에, 기업들은 자사제품이 충동구매품이 아닌 필수구매품이라는 식으로 포지셔닝방식을 바꾸고 있다.

››› 핵심용어

Keyword

가격관련전술, 가격전술, 가격지각, 가격-품질 연상, 가산적 차이모델, 감정관련전술, 감정적 의사결정, 감정적 전술, 감정적 정보처리, 감정준거, 강화, 결정적 속성, 고관여 효과계층, 고노력형 효과계층, 고려상표군, 고MAO 효과계층, 과제특성, 구매의존형 측정치, 규범적 전술, 극단성회피 심리, 기대가치모델, 느낌, 다속성모델, 다양성추구전술, 다양성추구행동, 다중상표애호도, 단수가격, 단편적 정보처리, 대리탐구, 대안기반형 전략, 마일리지 프로그램, 바람직한 수준의 절사치, 범주기반형 정보처리, 보상적 모델, 복합모델, 부분적 계획구매, 부적격상표군, 비교불능대안의 의사결정, 비보상적 모델, 비활성상표군, 사용혁신, 사전편집모델, 상표별 처리모델, 상표애호도, 상표애호도전술, 상향식 정보처리, 선택전술, 성과관련전술, 성과전술, 소비자선택모델, 소비자프레이밍, 소비자특성, 속성결합모델, 속성기반형 전략, 속성별 처리모델, 속성분리모델, 수동적 학습, 수용가능한 절사치, 수용영역, 순수한 감정적 선택, 습관전술, 시간지향성, 심상적 정보처리, 외부적 프레이밍, 우발적 학습, 유인효과, 의사결정맥락, 의사결정 프레이밍, 인지기반모델, 인지적 정보처리, 자극을 추구하는 욕구, 작동적 조건형성, 저관여 효과계층, 저관여매체, 저MAO 효과계층, 적당한 만족목적, 절사수준, 정보과부하, 정보가용성, 정서적 정보처리, 조형, 처벌, 최소가지차이, 최소절사치, 최적자극수준, 최적화목적, 최초상기상표, 추리된 행동이론모델, 추상화, 충동구매전술, 측면별 제거모델, 쿠폰경품, 하향식 정보처리, 행동주의 심리학, 휴리스틱

Consumer Behavior and Marketing Action

제 5 장

의사결정후 프로세스

제 1 절 소비자의 만족/불만족 판단
제 2 절 의사결정후 인지부조화
제 3 절 경험에 의한 소비자학습
제 4 절 불만족에 대한 소비자의 반응
제 5 절 소비자의 처분행동

제 1 부 소비자행동 입문

제 1 장 소비자행동의 기초

제 2 부 소비자의 의사결정프로세스

제 2 장 문제인식과 정보탐색	제 3 장 판 단
제 4 장 의사결정	제 5 장 의사결정후 프로세스

제 3 부 소비자행동의 내부적 영향요인

제 6 장 소비자의 동기, 능력 및 기회	제 7 장 소비자의 노출, 주의 및 지각	제 8 장 소비자의 범주화와 이해
제 9 장 고노력형 태도형성과 태도변화	제10장 저노력형 태도형성과 태도변화	제11장 소비자의 기억과 인출

제 4 부 소비자행동의 외부적 영향요인

제12장 문 화	제13장 사회계층	제14장 인구통계요인
제15장 준거집단과 사회적 영향력	제16장 사이코그래픽스	

제5장에서는 소비자의 의사결정프로세스의 마지막 단계로 소비자가 의사결정을 한 뒤에 발생하는 의사결정후 프로세스(post-decision process)를 설명한다. 여기에는 [그림 5-1]에서 보듯이 서로 관련된 다섯 가지 주제가 포함된다.

그림 5-1 의사결정후 프로세스

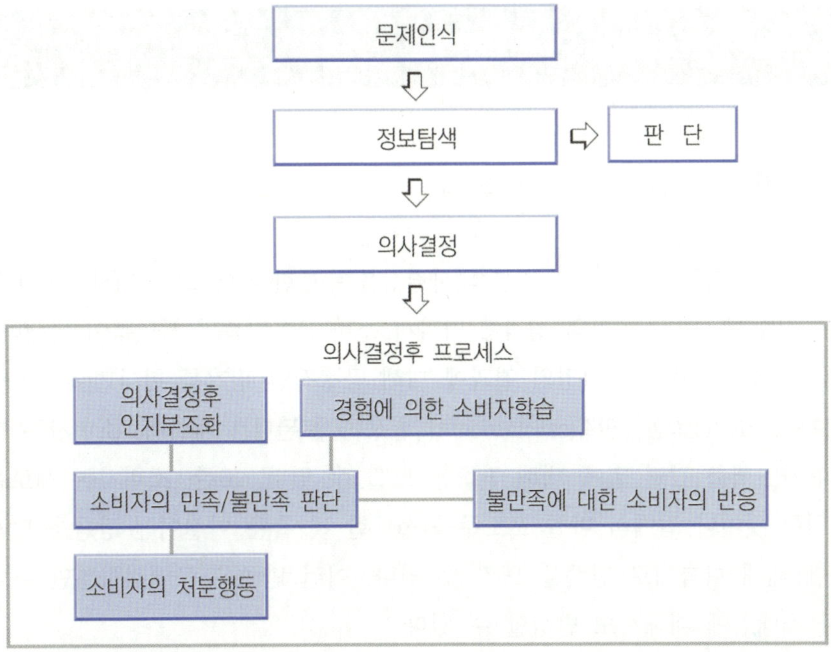

첫째, 소비자의 만족/불만족(satisfaction/dissatisfaction) 판단인데, 이는 소비자가 제품의 사용으로 자신의 욕구가 충족되었다고 생각하는지 여부를 의미한다.

둘째, 의사결정후 인지부조화(post-decision cognitive dissonance)인데, 이는 소비자 자신이 올바른 의사결정을 하지 못한 것은 아닌가 하는 소비자의 우려를 의미한다.

셋째, 경험에 의한 소비자학습(consumer learning from experience)인데, 이는 소비자가 제품을 실제로 사용함으로써 정보를 획득하는 방식을 의미한다.

넷째, 불만족에 대한 소비자의 반응(response to dissatisfaction)으로서 불평과 부정적 구전이 그 대표적인 형태이다.

다섯째, 소비자의 처분행동(disposition)인데, 이는 소비자가 다 사용한 상품을 어떻게 처리하는가를 의미한다.

그러면, 이 장에서는 위의 다섯 가지 서로 관련된 주제를 각 절로 나누어서 상세하게 설명하기로 한다.

제 1 절 소비자의 만족/불만족 판단

1. 소비자의 만족/불만족의 의의

소비자는 획득, 소비 혹은 처분 의사결정을 수행한 후에 그런 의사결정의 결과를 평가할 수 있는데, 이런 평가의 성격에 따라서 소비자의 만족과 불만족이 발생하게 된다.

우선, 소비자가 의사결정의 결과에 대해 긍정적인 평가를 한다면(즉, 자신의 욕구나 목적이 충족되었다고 느낀다면), 만족(satisfaction)이 발생하게 된다.[1] 예컨대, 소비자는 어떤 휴양지로 휴가여행을 갔던 일에 대해 만족을 느낄 수 있다. 또한, 소비자는 새로운 냉장고를 구입한 것이나 집에서 마실 포도주를 선택한 것 혹은 어질어진 장롱을 말끔히 정리한 것에 대해 나름대로 만족을 느낄 수 있다. 이런 만족은 구매경험뿐만 아니라 판매원이나 소매점에 대해서도 발생할 수 있다.[2]

한편, 소비자가 의사결정의 결과에 대해 부정적인 평가를 한다면, 불만족(dissatisfaction)이 발생하게 된다. 예컨대, 소비자가 어떤 휴양지에 휴가여행을 가서 충분히 즐기지 못했거나 집에서 마시기 위해 소비자가 선택했던 포도주의 맛이 별로 좋지 않았거나, 혹은 장롱에 있던 어떤 옷도 사실은 내버리고 싶지 않았다면, 불만족이 발생할 것이다.

소비자의 만족/불만족에 관한 대부분의 연구는 소비자가 실용적 차원(즉, 기능이 어떠한가의 문제)과 쾌락적 차원(즉, 어떤 느낌을 갖게 만드는가의 문제)을 모두 평가할 수 있는 그런 제품과 서비스에 초점을 두었다.[3] 즉, 소비자가 발생할 것으로 생각되는 기대성과와 실

---

1 Robert A. Westbrook, Joseph W. Newman, and James R. Taylor, "Satisfaction/Dissatisfaction in the Purchase Decision Process", *Journal of Marketing*, October 1978, pp. 54-60.

2 Youjae Yi, "A Critical Review of Consumer Satisfaction", in *Review of Marketing* (Chicago: American Marketing Association, 1992), pp. 68-123.

3 Haim Mano and Richard L. Oliver, "Assessing the Dimensionality and Structure of the Consumption Experience: Evaluation, Feeling, and Satisfaction", *Journal of Consumer*

제성과를 의식적으로 비교한 결과, 긍정적인 평가는 만족을 초래하고 부정적인 평가는 불만족을 초래한다고 보았다. 그리고, 만족은 수용, 행복, 긴장완화, 흥분 및 감동과 같은 느낌과 서로 연결되고, 불만족은 인내, 우울, 슬픔, 후회, 동요, 격분과 같은 느낌과 서로 관련될 수 있다.[4]

그런데, 이런 평가와 느낌은 일반적으로 일시적인 것이어서 시간이 지나면 다시 변할 수 있다. 즉, 현재 만족한다고 해서 다음에도 반드시 만족하게 될 것이 보장되는 것은 아니다.[5] 또한 이런 평가는 특정한 소비상황(즉, 현재 어떤 제품을 사용하는 것)에 연결되는 경향이 있다. 따라서, 만족은 비교적 지속적이고 특정한 상황에 더 독립적인 성격을 가진 태도와 차이가 있다.[6] 또한, 의사결정후 평가에서는 서로 다른 속성과 절사수준이 사용될 수 있다는 점에서, 의사결정전 평가와 차이가 날 수 있다.[7]

만족의 수준은 관여도와 시간에 따라서도 차이가 날 수 있다.[8] 우선, 고관여 소비자는 더 광범위한 평가를 수행하기 때문에 구매 직후에 더 높은 수준의 만족을 표현하는 경향이 있지만, 그 만족수준은 시간이 지나면서 감소한다. 한편, 저관여 소비자는 처음에는 낮은 수준의 만족을 표현하지만, 시간이 지나 더 많이 사용하게 되면서 그 만족수준이 더 높아지는 경향이 있다.

소비자의 만족과 만족한 소비자의 중요성은 다음과 같은 여러 가지 연구결과에서 찾아 볼 수 있다.

첫째, 기업의 입장에서 만족한 소비자는 사업성공의 토대라는 중요한 의미가 있다.[9]

둘째, 만족은 소비자의 재구매, 상표애호도 및 긍정적인 구전커뮤니케이션을 유도

Research, December 1993, pp. 451-466.

4 Richard L. Oliver, "Processing of the Satisfaction Response in Consumption: A Suggested Framework and Research Propositions", *Journal of Consumer Satisfaction, Dissatisfaction, and Complaining Behavio*r, 2 (1989), pp. 1-16; Mano and Oliver(1993), *op. cit.*

5 Ralph L. Day, "Modeling Choices Among Alternative Responses to Satisfaction", *Advances in Consumer Research*, Vol. 11, 1984, pp. 496-499.

6 Richard L. Oliver, "Measurement and Evaluation of Satisfaction Processes in Retail Settings", *Journal of Retailing*, Fall 1981, pp. 25-48.

7 Sarah Fisher Gardial, D. Scott Clemons, Robert W. Woodruff, David W. Schumann, and Mary Jane Burns, "Comparing Consumers' Recall of Prepurchase and Postpurchase Evaluation Experiences", *Journal of Consumer Research*, March 1994, pp. 548-560.

8 Marsha L. Richins and Peter L. Bolch, "Post-Purchase Satisfaction: Incorporating the Effects of Involvement and Time", *Journal of Business Research*, September 1991, pp. 145-158.

9 Charlotte Klopp and John Sterlickhi, "Customer Satisfaction Just Catching On in Europe", *Marketing News*, May 28, 1990, p. 5.

하기 때문에 매우 중요하다.[10]

셋째, 만족은 반복적인 사업에 의존하는 기업의 경우에 특별히 중요하다.[11] 그 대표적인 예가 바로 코카콜라이다. 회사의 사장인 고이주에타(Roberto C. Goizueta)의 말 따르면, "고객만족은 코카콜라의 가장 귀중한 자산이다. (중략) 하지만, 진정하게 성공한 기업은 단순한 만족 이상의 그 무엇을 창출한다. 즉, 제품과 소비자 사이에 정서적 유대를 형성한다".[12]

넷째, 만족한 소비자는 자동차딜러에게 평생 동안 15만 달러 정도의 사업을 그리고 가정용품딜러에게 20년 동안 3천 달러의 사업을 제공하는 것으로 추정되고 있는데, 고객유지율을 5% 증가시키면 이익을 25~85% 정도 높일 수 있다.[13]

그런데, 한 가지 흥미로운 사실은 대부분의 소비자가 자신의 구매경험에서 즐거움과 만족을 발견한다는 점인데, 이는 다음과 같은 몇 가지 연구결과에서 확인된다.

첫째, 내구재 구매의 90% 이상이 소비자에게 어떤 긍정적인 느낌을 연상시킨다.[14] 둘째, 대부분의 유럽국가들 사이에는 만족수준이 서로 유사한 경향이 있다.[15] 셋째, 1990년대 초에 스웨덴 소비자의 만족수준이 약간 증가했음을 발견하였다.[16] 넷째, 캐나다 소비자의 90% 이상이 여러 가지 전문 서비스에 만족하고 있는 편이었는데, 그 중에서 약사의 경우에 99%로 만족도가 가장 높았고 회계사의 경우에는 85%로 만족도가 가장 낮았다.[17]

한편, 불만족은 소비자의 부정적인 구전, 불평 및 구매량의 축소에 따른 이익감소와 같은 다양한 부정적인 결과를 초래할 수 있다. 이는 다음과 같은 몇 가지 연구결과에서 확인된다.

첫째, 백화점 고객 중에서 한 달에 167명이 이탈한다면, 1년 동안 240만 달러의

10 Mary C. Gilly and Betsy D. Gelb, "Post-purchase Consumer Processes and the Complaining Consumer", *Journal of Consumer Research*, December 1982, pp. 323-328.

11 Claes Fornell, "A National Customer Satisfaction Barometer: The Swedish Experience", *Journal of Marketing*, January 1992, pp. 6-21.

12 Roberto C. Goizueta, "The Business of Customer Satisfaction", *Quality Process*, February 1989, pp. 42-43.

13 Tim Triplett, "Product Recall Spurs Company to Improve Customer Satisfaction", *Marketing News*, April 11, 1994, p. 6.

14 Robert A. Westbrook, "Product/Consumption-Based Affective Responses and Postpurchase Processes", *Journal of Marketing Research*, August 1987, pp. 258-270.

15 Klopp and Sterlickhi(1990), *op. cit.*

16 Fornell(1992), *op. cit.*

17 F. G. Crane, "Consumer Satisfaction/Dissatisfaction with Professional Services", *Journal of Professional Services Marketing*, 7 (2), 1991, pp. 19-25.

매출액(즉, 28만 달러의 이익)을 잃게 될 것으로 추정된다.[18]

둘째, 1회의 부정적인 경험을 만회하기 위해서는 12회의 긍정적인 경험을 갖게 만드는 것이 필요하고, 신규고객을 유치하는 비용은 기존고객을 유지하는 비용의 5배나 된다.[19]

셋째, 서비스산업의 열악한 서비스에 대한 소비자의 불만이 증가하고 있다. 마스터카드(MasterCard)의 조사에 따르면 소비자가 좋은 서비스를 느끼게 만드는 것은 너무나 중요하며, 응답자의 48%는 자신이 새로운 웨이터를 요구할 권리가 있다고 응답하였다.[20]

2. 소비자의 만족/불만족의 주요이론

그동안 소비자의 만족/불만족을 설명하려는 연구는 주로 미확인 패러다임, 귀인이론 및 공평성이론이라는 세 가지 주요이론이 이끌어 왔다. 그러면, 여기서는 이 세 가지 이론을 다소 상세하게 살펴보기로 한다.

1) 미확인 패러다임

미확인 패러다임(disconfirmation paradigm)에 따르면, 소비자의 만족/불만족을 설명하려는 연구에서 가장 중요한 개념은 미확인(disconfirmation)이다. 미확인은 소비자의 사전기대와 제품의 실제성과 사이에 어떤 불일치가 존재하는 경우에 발생한다([그림 5-2] 참조).[21]

(1) 기대와 성과의 비교

소비자의 기대(expectation)란 제품의 바람직한 결과로, 어떤 제품의 전반적인 성과나 어떤 제품이 가진 수준이나 속성에 대해서 소비자가 가진 소비전 신념(pre-consumption belief)을 포함한다.[22] 예컨대, 소비자는 현대자동차가 '신뢰할 수 있고, 경제적이며, 디자인이 좋은 자동차'라고 기대할 수도 있다.

---

18 Vavra(1992), *op. cit.*

19 Klopp and Sterlickhi(1990), *op. cit.*

20 Richard Gibson, "Waiter, I'd Like Another Waiter", *Wall Street Journal*, July 14, 1993, p. B1.

21 Richard L. Oliver, "A Cognitive Model of the Antecedents and Consequences of Satisfaction Decisions", *Journal of Marketing Research*, November 1980, pp. 460-469.

22 Douglas M. Stayman, Dana L. Alden, and Karen H. Smith, "Some Effects of Schematic Processing on Consumer Expectations and Disconfirmation Judgments", *Journal of Consumer Research*, September 1992, pp. 240-255.

그림 5-2 미확인 패러다임

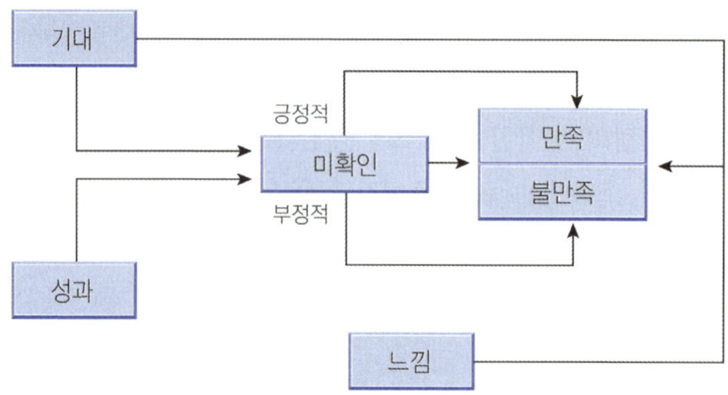

이런 소비자의 기대는 광고, 소매점의 활동, 유사한 제품에 대한 사전경험 그리고 중요한 타인의 경험 등에 의해 형성된다.[23] 예컨대, 자동차를 처음 구입하려는 소비자라면, 대개 자동차회사에 대한 자신의 지식이나 TV에서 본 광고 혹은 각 회사제품에 대한 친구의 경험 등을 기반으로 해서 자동차에 대한 어떤 기대를 형성할 수 있다.

한편, 성과(performance)는 이런 소비자의 기대가 달성되었는지 여부를 결정하는 요인으로, 객관적 성과(objective performance)와 주관적 성과(subjective performance)라는 두 종류의 성과가 있다. 객관적 성과는 실제적인 성능에 기반을 두는 성과이므로 소비자들 사이에 꽤 비슷하지만, 주관적 성과는 소비자의 개인적인 느낌에 기반을 두는 성과이므로 소비자들 사이에 상당한 차이가 날 수 있다. 예컨대, 자동차의 객관적 성과는 "얼마나 주행이 잘 되는지", "연비가 어떠한지", "얼마나 자주 수리할 필요가 있는지"를 말하는 반면, 자동차의 주관적 성과는 "얼마나 멋진지"나 "얼마나 자신을 좋게 느끼도록 만드는지"를 말한다. 관련연구에 따르면, 미확인이 객관적 성과보다는 주관적 성과에 기반을 두는 경우가 많다.[24]

소비자는 이런 성과와 기대를 비교해서 만족 혹은 불만족을 갖게 된다. 두 가지 수준의 비교이므로 세 가지 상황이 발생할 수 있다.

23 Ernest R. Cadotte, Robert B. Woodruff, and Roger L. Jenkins, "Expectations and Norms in Models of Consumer Satisfaction", *Journal of Marketing Research*, August 1987, pp. 305–314.

24 David K. Tse and Peter C. Wilson, "Models of Consumer Satisfaction Formation: An Extension", *Journal of Marketing Research*, May 1988, pp. 204–212.

첫째, 성과가 소비자의 기대를 능가하는 경우에는 긍정적 미확인(positive disconfirmation)이 발생해서 만족이 초래된다.25

둘째, 성과가 소비자의 기대만큼 좋은 경우에는 단순한 확인(simple confirmation)이 발생해서 역시 만족이 초래된다.

셋째, 성과가 소비자의 기대에 미달하는 경우에는 부정적 미확인(negative disconfirmation)이 발생해서 불만족이 초래된다.

서비스에 대한 평가는 예상된 성과와 지각된 성과간의 불일치로부터 야기되는 미확인에 의해 주로 영향을 받는데,26 이런 경우의 기대는 무형성, 신뢰성, 반응성, 보증성 및 공감성과 관련된다.27 스웨덴 소비자를 조사한 연구에 따르면, 성과와 기대를 파악하는 시장수준지수(market-level index)가 전반적인 집단수준의 만족을 예측할 수 있다.28

(2) 성과, 기대 및 느낌이 만족/불만족에 직접적으로 미치는 영향

[그림 5-2]에서 보는 바와 같이, 성과, 기대 및 느낌은 미확인과는 무관하게 소비자의 만족/불만족에 직접적으로 영향을 미칠 수도 있다.29 따라서, 소비자의 만족/불만족이 발생하는 이유를 충분히 이해하기 위해서는 한편으로는 이런 모든 요인들을 서로 결합해서 설명하고 다른 한편으로는 각각 별도로도 설명할 수 있어야 한다.30

첫째, 성과가 소비자의 만족/불만족에 직접적으로 미치는 영향이다. 우선, 제품의 성과가 우수하다는 단순한 사실이 소비자의 기대와는 무관하게 만족에 긍정적인 영향을 미칠 것인데,31 이는 지각된 위험과 관여도가 높은 내구소비재의 경우에 잘 적용된

---

25 Oliver(1981), *op. cit.*

26 Ruth N. Bolton and James H. Drew, "A Multistage Model of Customers' Assessments of Service Quality and Value", *Journal of Consumer Research*, March 1991, pp. 375-384.

27 A. Parasuraman, Valerie A. Zeithaml, and Leonard Berry, "SERVQUAL: A Multiple-Item Scale for Measuring Consumer Perceptions of Service Quality", *Journal of Retailing*, Spring 1988, pp. 12-36.

28 Michael D. Johnson, Eugene W. Anderson, and Claes Fornell, "Rational and Adaptive Performance Expectations in a Customer Satisfaction Framework", *Journal of Consumer Research*, March 1995, pp. 695-707.

29 Tse and Wilson(1988), *op. cit.*

30 Richard L. Oliver, "Cognitive, Affective, and Attribute-Based of the Satisfaction Response", Journal of Consumer Research, December 1993, pp. 418-430; Richard L. Oliver and Wayne S. Desarbo, "Response Determinants in Satisfaction Judgments", *Journal of Consumer Research*, March 1988, pp. 495-507.

31 Paul G. Patterson, "Expectations and Product Performance as Determinants of Satisfaction for High Involvement Purchase", *Psychology and Marketing*, September-October 1993, pp.

다. 예컨대, 새로 나온 컴퓨터의 성능에 관하여 별다른 기대를 갖고 있지 않았던 소비자라도, 그 컴퓨터의 도움으로 많은 일을 손쉽게 할 수 있음을 알게 된 후에는 깜짝 놀라게 될 수도 있다. 한편, 제품의 열등한 성과는 소비자의 불만족을 직접적으로 유도할 수 있다.[32] 예컨대, 구입한 지 얼마 되지도 않는 냉장고가 고장났다면, 소비자의 기대가 전혀 없었더라도 불만족이 발생하게 될 것이다.

둘째, 기대가 소비자의 만족/불만족에 직접적으로 미치는 영향이다. 소비자가 제품의 성과에 관하여 긍정적인 기대를 갖고 있다면, 이것이 실제로 만족의 발생가능성을 높일 수 있다. 이런 현상은 소비자가 자신이 보기를 원하는 것을 보는 경향이 있음을 의미하는 선택적 지각(selective perception)에 기인한다.[33] 예컨대, 휴가여행에서 좋은 시간을 갖기를 간절히 원했던 소비자라면, 휴가여행 중에 있었던 긍정적인 측면에 더 중점을 둘 가능성이 높다.

셋째, 느낌이 소비자의 만족/불만족에 직접적으로 미치는 영향이다. 의사결정 후에 소비자가 갖게 되는 긍정적이거나 부정적인 감정적 반응을 말하는 의사결정후 느낌(post-decision feeling)은 미확인과는 무관하게 소비자의 만족/불만족 판단을 설명하는 데 도움을 줄 수 있다.[34] 소비자가 제품을 사용하는 동안 좋은 느낌이나 나쁜 느낌을 가졌다면, 자신의 기대나 성과평가와는 무관하게 만족하거나 불만족하게 될 가능성이 높다. 예컨대, 소비자가 자신의 휴가여행에서 긍정적인 느낌을 경험했다면, 이런 느낌은 자신의 만족을 높여줄 것이다. 만족하게 될 가능성이 가장 높은 것은 '행복하거나 만족한 경우'이고, 그 다음이 '유쾌한 놀라움을 경험한 경우'이다. 한편, 불만족하게 될 가능성이 가장 높은 것은 '소비자가 화났거나 당혹스러웠던 경우'이고, 그 다음이 '불쾌한 놀라움을 경험한 경우'이다. 그리고, 소비경험이 소비자의 강한 정서를 유발하지 않을 때에는 소비자의 기분이 의사결정후 평가에 영향을 미치기도 한다.[35]

449-465.

32 Robert A. Westbrook and Michael D. Reilly, "Value-Percept Disparity: An Alternative to the Disconfirmation of Expectations Theory of Consumer Satisfaction", *Advances in Consumer Research*, Vol. 10, 1983, pp. 256-261.

33 William O. Bearden and Jesse E. Teel, "Selected Determinants of Consumer Satisfaction and Complaint Reports", *Journal of Marketing Research*, February 1983, pp. 21-28; John E. Swan and I. Frederick Trawick, "Disconfirmation of Expectations and Satisfaction with a Retail Service", *Journal of Retailing*, Fall 1981, pp. 49-67.

34 Robert A. Westbrook and Richard L. Oliver, "The Dimensionality of Consumption Emotion Patterns and Consumer Satisfaction", *Journal of Consumer Research*, June 1991, pp. 84-91.

35 Paul W. Miniard, Sunil Bhatla, and Deepak Sirdeshmukh, "Mood as a Determinant of Postconsumption Product Evaluations: Mood Effects and Their Dependency on the Affective

(3) 미확인 패러다임을 이용한 마케팅액션

미확인 패러다임은 기업에게 몇 가지 중요한 시사점을 준다. 첫째, 기업은 제품의 품질과 성과에 관해 많은 관심을 가질 필요가 있다는 것이다. 더 좋은 성과는 소비자의 기대를 충족시켜서 소비자의 만족을 초래한다. 이런 측면에서 기업의 노력을 보여주는 예로는 피자헛(Pizza Hut)을 들 수 있다. 중국인은 치즈에 대한 기호가 별로 없기 때문에, 중국시장에 진출한 피자헛은 토핑의 맛으로 압도되는 부드러운 치즈를 사용하여 고객의 만족을 유도하였다. 또한 중국인은 단맛을 매우 좋아하는 편이기 때문에, 토핑에 넣는 올리브를 파인애플로 대체하였다.

둘째, 기업이 자사제품의 성과에 관하여 소비자의 기대수준을 창출하는 노력은 소비자의 만족/불만족 수준에 영향을 미칠 수 있다는 것이다. 우선, 기업이 자사제품의 성과에 관한 소비자의 기대수준을 높이면, 실제로 이에 대한 성과의 평점을 높일 수 있다.[36] 대부분의 중국인은 피자에 별로 친숙하지 않기 때문에, 중국시장에 진출한 피자헛은 피자가 '천연원료로 만든 건강식품'이라는 것을 중국소비자들에게 교육시키기 위해 이런 내용을 담은 탁상용 카드(tabletop card)를 개발하여 널리 배포하였다.

또한, 소비자에게 적절한 보증을 제공하는 것도 소비자의 긍정적인 기대를 창출해서 소비자의 만족을 유도할 수 있는 방법이다.[37] 예컨대, 터키와 루마니아와 같은 다수의 개발도상국에서는 시판되는 제품의 품질이 대개 나쁘고 적절한 보증도 없다는 사실과 소비자가 제품의 올바른 사용방법을 제대로 이해하지 못하는 경우가 많다는 사실이 소비자의 불만족을 높이는 중요한 문제이기 때문에, 제품에 대한 적절한 보증을 제공하는 것이 효과를 발휘할 수 있다.

하지만, 기업이 지킬 수도 없는 약속을 남발해서 소비자의 기대를 지나치게 높인다면, 결국 이는 부정적인 미확인과 소비자의 불만족을 자초할 소지가 있다는 것을 잊어서는 안 된다. 예컨대, 애플(Apple)은 뉴턴(Newton) 모델을 시판하기 시작할 당시에 제품의 초기 버전에서는 이행할 수도 없는 무리한 약속을 남발하였기 때문에, 결국 소비

Intensity of the Consumption Experience", *Journal of Consumer Psychology*, 1992, pp. 173-195.

36 Richard W. Olshavsky and John A. Miller, "Consumer Expectations, Product Performance, and Perceived Product Quality", *Journal of Marketing Research*, February 1972, pp. 469-499.

37 Diane Halstead, Cornelia Droge, and M. Bixby Cooper, "Product Warranties and Post-Purchase Service", *Journal of Service Marketing*, 7 (1), 1993, pp. 33-40; Joshua Lyle Wiener, "Are Warranties Accurate Signals of Product Reliability?", *Journal of Consumer Research*, September 1985, pp. 245-250.

자의 불만족만 높아지는 결과가 초래되었다.

셋째, 기업은 자사제품의 획득과 소비에 대해 소비자의 긍정적인 감정적 반응이 연상되도록 만들기 위해 노력할 수 있다는 것이다. 말하자면, 기업은 자사제품을 구매하고 사용하는 것과 관련하여 소비자들이 좋은 느낌을 갖게 되도록 만들 수 있다.

우선, 판매원이 고객과의 상호작용에서 쾌활한 모습으로 즐거움을 안겨주려고 노력하면, 소매점과 구매에 대한 소비자의 만족을 유도할 수 있다. 요즘 많은 식당들은 자사의 서비스접객요원이 곧 '일선판매원(front-line salesforce)'이라는 전제하에, 고객을 행복하게 만들기 위해 그들에게 더 많은 재량권을 주고 있다.

또한, 기업은 소비자가 자사제품을 소비하는 동안 긍정적인 느낌을 갖게 해주는 여러 가지 판촉수단을 사용할 수 있는데, 다음은 그런 판촉수단의 사용을 보여주는 몇 가지 예이다. 코카콜라사와 쿠어스맥주회사는 소비자에게 경품에 당첨되었음을 음성으로 알려주는 소위 '말하는 캔'을 사용한 적이 있는데, 이 캔은 소비자가 뚜껑을 따면 빛으로 활성화되는 음성칩을 내장한 것이었다. 키스톤(Keystone)맥주회사는 미국 500개 지역의 어종별 낚시현황정보를 제공하는 피싱 핫라인(Fishing Hotline)을 후원하였는데, 이 핫라인이 엄청나게 많이 이용되면서 소비자들은 키스톤맥주에 대해 더 호의적으로 느끼게 되었다. 버드와이저는 매년 7월 4일에 열리는 무료 록콘서트를 후원하는데, 여기에는 록음악과 불꽃놀이를 즐기는 동안 소비자가 버드와이즈 맥주를 마시면서 긍정적인 느낌을 형성하게 되기를 바라는 기업의 의도가 깔려 있다.

2) 귀인이론

(1) 귀인이론의 의의

귀인이론(attribution theory)은 소비자의 불만족이 언제, 어떻게 발생하는지 설명하는 데 유용한 또 하나의 이론인데,[38] 원래는 사회심리학에서 개인이 어떤 결과나 행동에 대한 원인(설명)을 어떻게 발견하는지를 이해하기 위해 개발된 이론이었다.[39] 예컨대, 생판 모르는 사람이 갑자기 어떤 선물을 보내왔다면, 도대체 그 이유가 무엇인지 알아보려는 동기가 유발될 것이다.

---

38 Valerie S. Folkes, "Consumer Reactions to Product Failure: An Attributional Approach", *Journal of Consumer Research*, March 1984, pp. 398-409; Valerie S. Folkes, "Recent Attribution Research in Consumer Behavior: A Review and New Directions", *Journal of Consumer Research*, March 1988, pp. 548-565.

39 Richard W. Mizerski, Linda L. Golden, and Jerome B. Kernan, "The Attribution Process in Consumer Decision Making", *Journal of Consumer Research*, September 1979, pp. 123-140.

어떤 제품이 자신의 욕구를 충족시키지 못할 때, 소비자는 이에 대한 원인(설명)을 발견하려고 노력하게 되는데, 귀인이론은 소비자가 이런 경험의 미확인을 어떻게 설명하는지를 이해하는 데 도움을 준다.

귀인이론에 따르면, 다음과 같은 세 가지 주요요인이 이런 설명의 본질에 영향을 미친다.[40]

첫째, 안정성(stability)인데, 이는 사건의 발생원인이 일시적인가 아니면 영구적인가를 말한다.

둘째, 초점(focus)인데, 이는 문제의 원인이 자신(소비자)과 관련되는가 아니면 타인(기업)과 관련되는가를 말한다.

셋째, 통제가능성(controllability)인데, 이는 사건의 발생이 인간의 의지에 달려 있는 것인가 아니면 전혀 통제 불가능한 것인가를 말한다.

만약 사건의 발생원인이 영구적이고, 기업에 관련되고 그리고 인간의 의지에 달려있다고 판단되면, 소비자의 불만족이 발생할 가능성이 높아진다. 예컨대, 새로 구입한 자동차의 앞 유리에 갈라진 금이 나있는 것을 발견했다고 하자. 이런 경우에 이것이 우연히 발생한 일(일시적으로 발생한 사건)이라고 지각하거나 혹은 자신이 잘못한 탓이므로 기업의 통제범위를 넘어선 일이라고 지각한다면(예: 주행하는 동안에 갑자기 튀어온 돌에 맞아서 유리창에 금이 간 경우), 소비자는 별로 불만족하지 않을 것이다. 하지만, 이런 문제가 다른 사람들에게서도 많이 발견되고(즉, 그 원인이 영구적이고), 문제의 원인이 소비자가 아닌 기업에 관련되며, 기업의 통제범위 내에 있는 것으로 지각되는 경우라면, 소비자는 불만족하게 될 것이다.

서비스에 관한 조사에서도 이런 원리를 지지하는 증거가 발견되었다. 예컨대, 휴가여행을 가서 어떤 문제가 발생했는데, 그것이 안정적이고 여행사(기업)가 통제 가능한 문제였다면, 소비자는 해당 여행사에 대해 불만족하는 것으로 나타났다.[41] 또한, 연착된 비행기의 승객을 대상으로 한 현장조사에서도 소비자가 불평을 토로하려는 열망과 해당 항공사를 다시 이용하려는 열망을 설명하는 데 귀인이론이 도움을 주는 것으로 나타났다. 즉, 비행기 연착이 영구적이고 항공사의 통제범위 내에 있는 것으로 보이면, 소비자가 불평을 토로할 가능성은 높아지고 해당 항공사를 다시 이용할 가능성은 낮아진다.[42]

---

40 Mizerski, Golden, and Kernan(1979), *op. cit.*

41 Mary Joe Bitner, "Evaluating Service Encounters: The Effects of Physical Surrounding and Employee Responses", *Journal of Marketing*, April 1990, pp. 69-82.

42 Valerie S. Folkes, Susan Koletsky, and John L. Graham, "A Field Study of Casual Inferences and Consumer Reaction: The View from the Airport", *Journal of Consumer Research*, March

(2) 귀인이론을 이용한 마케팅액션

귀인이론은 기업이 소비자가 현재 지각하는 불만족이나 잠재적인 불만족을 적절히 처리하는 데 유용한 지침을 제공한다.

첫째, 불만족의 원인이 영구적이고, 기업에 관련되며, 인간의 의지에 달려 있다면, 기업은 즉각 해당 문제를 교정하는 조치를 취하거나 소비자에게 손해배상(restitution) 조치를 취해야 한다.

다음은 기업의 그런 노력을 보여주는 몇 가지 예이다. TWA사는 비행기 좌석에 관한 승객의 불만을 해결하고 만족도를 높이기 위해 좌석의 다리 두는 공간을 더 넓혔다. 휘티즈(Wheaties) 시리얼은 많은 소비자들이 시리얼의 '뒷맛'을 별로 좋아하지 않는다는 조사결과에 따라 최근에 '더 부드럽고 완전한 곡물 맛'이 나는 시리얼을 새로 개발하였다. 만족한 사람과 불만족한 사람의 비율이 대략 1:2 정도 되는 미국의 금융산업에서는 많은 은행들이 고객의 만족도를 높이기 위해 슈퍼마켓 내부에 자사의 지점을 두고 금융조언을 제공하는 것과 같은 추가적인 서비스로 적극적인 마케팅 공세를 펴고 있다.

기업의 즉각적인 손해배상을 제공한 예로 어떤 소비자가 코카콜라 병 안의 위 부분에 곰팡이가 나있는 것을 발견한 적이 있는데, 이에 대해 코카콜라사는 콜라 한 상자를 무료로 배달해주는 대단히 신속한 반응을 보여주었다.

둘째, 실은 그렇지 않은데도 소비자가 불만족의 원인이 영구적이고, 기업에 관련되며, 인간의 의지에 놓여 있다고 지각한다면, 기업은 소비자의 이런 부정확한 지각(misperception)을 바로 교정해야 할 필요가 있다. 이런 경우에는 기업 측의 잘못이 아닌데도 소비자에게 문제가 발생한 것에 대해 논리적인 설명을 제시하거나 일종의 보상으로 환불이나 간단한 선물을 제공하면, 소비자가 느끼는 불만족을 줄일 수 있다.[43]

다음은 그런 노력을 보여주는 기업의 두 가지 예이다. 다이어트펩시(Diet Pepsi) 캔에서 주사기가 발견된 사건이 발생하자, 펩시콜라사는 소비자의 불만이 확산될 수 있는 심각한 위기에 처하게 되었다. 조사결과 이 사건은 소비자가 다이어트펩시 캔을 갖고 장난을 치다가 발생한 것으로 나타났다. 즉, 문제의 원인이 소비자에게 관련되고 기업의 통제범위 밖에 있는 일시적인 문제라는 사실을 알게 된 펩시콜라사는 이 점을 특별히 강조하면서 이로 인해 발생할 수 있는 소비자의 부정확한 지각을 교정하기 위해

1987, pp. 534-539.

43 Bitner(1990), *op. cit.*

즉시 광고를 제작하여 내보냈다.

시애틀 지역의 어린이 몇 명이 자기 식당에서 햄버거를 먹고 식중독에 걸린 사건이 발생하자 잭인더박스(Jack-in-the-box)라는 패스트푸드체인은 앞의 펩시콜라사와 유사한 전략을 개발하였다. 즉, 이 회사는 광고를 이용하여 식중독이 발생한 것은 일시적인 문제에 불과하므로, 향후에 재발하는 일이 없을 것이라는 점을 소비자에게 재차 확인해주었다.

3) 공평성이론

(1) 공평성이론의 의의

공평성이론(equity theory)은 심리학에서 개발된 이론으로 소비자의 만족/불만족을 이해하는 데 유익한 또 하나의 접근법이다.[44] 원래 공평성이론은 개인간 교환의 본질과 이런 교환의 지각에 초점을 두는 이론이지만, 마케팅분야에서는 구매자와 판매자의 교환 혹은 더 일반적인 구성주체 간의 교환을 논의하는 데 많이 적용해 왔다.[45]

공평성이론에 따르면, 소비자는 특정한 교환에 대한 자신의 투입요소(input) 및 산출요소(output)에 대한 지각을 형성한 후에 이런 지각을 타인(즉, 판매원, 딜러 혹은 회사)의 투입요소 및 산출요소와 서로 비교한다. 〈표 5-1〉는 소비자가 스테레오를 구입하는 경우에 대한 소비자와 판매자의 투입요소와 산출요소를 보여준다.

표 5-1 소비자와 판매자의 투입요소와 산출요소의 예: 스테레오 구매

소비자	투입요소	정보탐색, 의사결정노력, 심리적 걱정 및 돈
	산출요소	만족스러운 스테레오 사운드시스템
판매자	투입요소	양질의 상품제조, 판매노력 및 재무계획
	산출요소	적절한 이익

그런데, 이런 비교과정에서 공평성이 발생하기 위해서는 구매자가 교환에서 공정성(fairness)이 존재한다고 지각해야 한다. 예컨대, 스테레오 구매자가 적절한 가격에 바람직한 스테레오를 구입했다면, 그는 공정한 교환을 지각하여 만족하게 될 것이다. 하

44 Elaine G. Walster, G. William Walster, and Ellen Berscheid, *Equity: Theory and Research* (Boston: Allyn and Bacon, 1978).

45 Richard L. Oliver and John E. Swan, "Equity and Disconfirmation Paradigms as Influences on Merchant and Product Satisfaction", *Journal of Consumer Research*, December 1989, pp. 372-383.

지만, 판매원이 자신에게 충분한 주의를 기울이지 않았거나 거래가 공정하지 못했기 때문에 교환에서 지각된 불공평(perceived inequity)이 존재한다면, 구매자의 불만족이 초래된다.

하지만, 진정한 의미의 공평성이 발생하기 위한 조건은 교환당사자 모두가 공정성을 지각해야 한다는 것이다. 교환에서 소비자는 판매자가 공정한 거래(즉, 적절한 이익을 얻는 거래)를 수행하고 있다고 지각해야 하는데, 이런 공정성의 지각은 자기중심적인(self-centered) 경향이 있다. 즉, 구매자의 투입요소와 판매자의 산출요소보다는 구매자의 산출요소와 판매자의 투입요소에 더 많은 비중을 두는 경향이 있다는 것이다.[46]

공평성이론은 불만족이 발생할 수 있는 또 다른 수단을 명시한다는 점에서, 미확인 패러다임과 서로 보완적인 관계에 있다고 말할 수 있다.[47] 즉, 이 두 종류의 프로세스는 동시에 작용할 수도 있다. 미확인 패러다임이 소비자의 기대와 성과에 초점을 두는 반면, 공평성이론은 좀더 일반적인 개인간 규범(즉, 무엇이 옳고 그른가의 문제)에 관심을 둔다는 차이가 있다. 또한, 미확인 패러다임에서는 구매자의 결과만 고려하지만, 공평성이론에서는 판매자와 구매자 양측의 결과를 모두 고려한다.

공평성이론은 마케팅교환에서 공정성이 중요함을 잘 지적해준다. 판매자의 투입요소 및 산출요소와 비교해서 자신의 투입요소 및 산출요소가 공평하다고 지각한다면, 소비자는 만족할 것이다. 하지만, 이런 비교과정에서 지각된 불공평이 존재한다면, 소비자의 불만족과 이에 따른 부정적인 결과가 초래될 수 있다.

(2) 공평성이론을 이용한 마케팅액션

공평성이론이 기업에게 전하는 한 가지 분명한 시사점은 기업이 소비자에게 공정한 교환을 제공하도록 노력해야 한다는 것이다. 원래 소비자의 공정성 지각은 자기중심적인 경향이 있기 때문에, 이것이 그리 쉬운 일은 아니다. 하지만, 기업은 다음과 같은 몇 가지 방안을 고려할 수 있다.

첫째, 소비자가 지각하는 공평성에 기업이 가장 직접적인 영향을 미칠 수 있는 분야로는 판매원-고객의 상호작용(salesperson-customer interaction)을 들 수 있다. 이런 교환에서 판매원은 자신의 투입요소[48]가 소비자의 투입요소와 대등해지도록 만들기 위해 총

46 Richard L. Oliver and John E. Swan, "Consumer Perceptions of Interpersonal Equity and Satisfaction in Transactions, A Field Survey Approach", *Journal of Marketing*, April 1989, pp. 21-35.

47 Oliver and Swan(1989), *op. cit.*

48 예컨대, 판매원이 소비자의 욕구를 경청하고 이에 주의를 기울이는 것, 질문에 성의 있게 대답하는 것, 좋은 거래를 제공하기 위해 애쓰는 것을 들 수 있다.

력을 다해야 한다. 새턴(Saturn) 자동차는 소비자들에게 소위 '색다른 종류의 회사(a different kind of company)'라는 이미지 즉, 소비자의 욕구에 진정으로 관심을 갖고 이를 충족시키기 위해 전력을 다하는 회사라는 이미지를 심어주기 위해 많은 노력을 한 결과 이에 성공하였다.

둘째, 기업은 각종 촉진수단을 사용해서 소비자가 교환에서 지각하는 공정성을 높일 수 있다. 예컨대, 기업이 더 저렴한 가격이나 무료상품을 제공하면, 소비자가 교환에서 '더 많은 것을 얻는다.'는 느낌을 갖게 만들 수 있다. 바로 이는 향수판매회사들이 구매자에게 커피 머그잔, 라디오, 스웨터와 같은 무료상품을 끼워주는 이유 중의 하나이다.

셋째, 기업은 자사의 투입요소가 소비자들에게 만족스러운 것(예: 공정한 가격의 양질 제품)이 되도록 만들기 위해 노력해야 한다. 즉, 제조기업은 양질의 제품을 생산하여 공정한 가격으로 판매해야 하고, 소매기업은 월마트처럼 '매일 좋은 가치(good value every day)'를 제공함으로써 강력한 고객만족을 창출하려는 노력이 필요하다.

제 2 절 의사결정후 인지부조화

1. 의사결정후 인지부조화의 의의

페스틴저(Festinger)는 소비자행동을 이해하는 데 매우 유익한 인지부조화이론(cognitive dissonance theory)을 제시하였다.49 '인지부조화'라는 용어에서 인지(cognition)라는 용어는 환경이나 자신에 관한 모든 지식, 의견 또는 신념이라는 의미로 사용되었고, 부조화(dissonance)라는 용어는 모순이나 갈등을 의미한다.

의사결정후 인지부조화(post-decision cognitive dissonance)란 소비자가 어떤 의사결정을 수행한 후에 과연 자신이 정확하게 선택을 했는지에 관해 느끼는 불확실성으로서 일종의 심리적 긴장상태를 말한다. 인간은 항상 평정한 상태를 추구하기 때문에 조화롭지 않고 내적 갈등을 초래하는 인지적 긴장상태를 싫어한다. 따라서 인지부조화가 발생하

49 L. Festinger, *A Theory of cognitive dissonance*, Row Peterson, 1957.

면 이를 해소하고자 하는 노력이 뒤따르게 된다.

세 개의 휴양지 중에서 고민하다가 휴양지A로 휴가여행을 떠나기로 결정한 소비자는 '차라리 휴양지B나 휴양지C로 가야만 했던 것은 아닌가?'라는 의구심을 가질 수 있다. 또한, 소비자는 '친구의 결혼식에 다른 옷을 입고 갔어야 했던 것은 아닌가?'라든지 '오래된 가재도구를 이제 내버렸어야 했던 것은 아닌가?'라는 생각을 할 수도 있다. 이런 의사결정후 인지부조화는 두 개 이상의 매력적인 대안이 존재하고 그 의사결정이 중요한 고관여 조건에서 발생할 가능성이 높다.50

좀 더 구체적으로 말하자면, 일반적으로 소비자의 입장에서 의사결정후 인지부조화가 일어나는 상황은 구매의사결정에 대한 경제적 심리적 중요성이 큰 경우, 구매에 선택된 제품과 기각된 제품들 사이에 유사성이 커서 객관적 비교가 곤란한 경우, 구매자가 행한 의사결정을 번복할 수 있는 기회가 적은 경우 등이다.

2. 의사결정후 인지부조화의 해소방안

소비자에게 인지부조화가 발생하면, 그는 인지부조화를 해소하기 위해 다양한 방안을 활용할 수 있다. 흡연을 하는 사람은 나름대로 흡연이 주는 이득을 강조하지만, 그것이 주는 해악 때문에 금연을 종종 시도하기도 한다. 이런 흡연자의 입장에서 인지부조화가 발생한 경우에 그것을 어떻게 줄여서 심리적인 안정 상태로 되돌아 올 수 있을까? 이에 대해서는 크게 세 가지 방안을 생각할 수 있다.

첫째, 행동에 관한 기존의 인지요소를 바꾸는 방안이다. 예컨대, 흡연이 건강유지에 치명적이라고 말하는 것을 듣고 나서 아예 담배를 끊어버리는 것이다.

둘째, 환경에 관한 기존의 인지요소를 바꾸는 방안이다. 예컨대, 흡연에 따른 해악을 인정하고 흡연에 대한 자신의 견해를 부정적으로 바꾸는 방안이다.

셋째, 새로운 인지요소를 부가하는 방안이다. 이는 각종 정보원천(예: 전문가, 잡지)에서 정보를 추가로 탐색하는 것인데, 이런 정보탐색은 자신이 선택한 대안을 더 매력적으로 보이게 만들거나 자신이 선택하지 않은 대안을 덜 매력적으로 보이게 만드는 식으로 매우 선택적으로 진행되어, 결국 인지부조화를 줄이게 해 준다. 예컨대, 자동차사고에 의한 사망률을 조사하여, 자동차사고의 위험성에 비하면 흡연의 위험성은 아무것도 아니라고 생각하는 것이다.

---

50 William H. Cummings and M. Venkatesan, "Cognitive Dissonance and Consumer Behavior: A Review of the Evidence", *Journal of Marketing Research*, August 1976, pp. 303–308.

3. 의사결정후 인지부조화를 이용한 마케팅액션

기업은 소비자가 의사결정후 인지부조화를 줄이는 데 도움을 주는 자료를 제공하는 방안을 통해서 자사제품의 구매에 관련될 수 있는 부정적인 느낌을 감소시키거나 긍정적인 느낌을 강화시킬 수 있다.

마쯔다(Mazda) 자동차는 RX-7 모델을 구입하는 소비자에게 그 자동차가 우승했던 자동차레이스, 그 자동차를 소유하고 있는 유명인사, 그리고 그 자동차의 역사에 관한 흥미로운 이야기들로 가득 찬 로터리 매거진(Rotary Magazine)이라는 잡지를 한 권씩 준다. 마쯔다사가 그런 잡지를 제공하는 목적은 자사제품을 구입한 소비자가 가질 수 있는 인지부조화를 감소시킴과 동시에 자사제품에 대한 소비자의 긍정적인 태도를 형성시키려는 데 있다.

또한, 광고로 자사제품의 우수성을 반증하는 정보를 제공하는 것도 소비자의 의사결정후 인지부조화를 줄이는 데 도움이 되는 방법이다.

제 3 절 경험에 의한 소비자학습

경험에 의한 소비자학습(consumer learning from experience)은 소비자가 의사결정을 수행한 뒤에 발생하는 또 하나의 중요한 프로세스이다. 소비자는 정보탐색, 마케팅커뮤니케이션에 대한 노출, 그리고 타인의 관찰과 같은 프로세스를 통해서 제품에 관한 지식을 획득할 수 있다.

기업의 실무적인 관점에서 보면, 마케팅커뮤니케이션을 통해 소비자에게 정보를 제공하는 방식이 기업이 직접적으로 통제할 수 있는 부분이다. 따라서, 소비자학습이라고 하면 대개 마케팅커뮤니케이션을 통한 소비자학습을 생각하게 되는 경우가 많다.

하지만, 기업의 마케팅커뮤니케이션은 소비자에게 신뢰성이 낮기 때문에, 대개 그 효과가 적고 제한적이다.[51] 즉, 기업이 제시하는 메시지에는 결국 자신을 설득하여 자

51 Stephen J. Hoch and John Deighton, "Managing What Consumer Learn from Experience", *Journal of Marketing*, April 1989, pp. 1–20.

사제품을 사도록 만들려는 의도가 깔려 있다고 보기 때문에, 소비자들은 기업이 제시하는 마케팅커뮤니케이션의 진실성에 대해 일반적으로 비판적인 자세를 취한다.

소비자가 획득행동, 사용행동 혹은 처분행동을 수행하는 동안 실제로 겪게 되는 여러 가지 경험은 꽤 중요한 소비자지식원천으로서의 역할을 할 수 있는데, 그 몇 가지 이유는 다음과 같다.[52]

첫째, 이런 경우에는 소비자에게 무엇인가를 학습하려는 동기가 유발되는 경향이 있다. 어떤 사건을 실제로 경험하는 것은 그것에 관하여 간접적으로 듣게 되는 경우보다 소비자의 관여도를 더 높이고, 더 흥미롭게 만들며, 소비자가 더 많이 통제할 수 있게 한다.

둘째, 경험으로부터 얻는 정보는 더 생생하기 때문에, 소비자가 나중에 그것을 기억해내기가 더 쉽다.[53]

셋째, 반드시 경험이 필요한 속성(예: 맛, 촉감)의 경우에는 경험으로부터 얻는 정보가 광고나 구전 커뮤니케이션으로부터 얻는 정보보다 소비자의 태도와 미래행동에 더 강한 영향을 미칠 수 있다.[54]

예컨대, 광고에서 어떤 제품이 맛있다는 것을 전해들을 수도 있지만, 그보다는 소비자가 그 제품을 실제로 경험(소비)해보는 것이 더 강한 태도를 초래할 가능성이 높다. 한편, 기업은 소비자에게 탐색속성 혹은 정보제공적 속성(예: 가격, 성분)을 반복적으로 노출시키는 광고를 통해서 직접적인 경험의 효과에 근접하는 효과를 얻을 수 있다.[55] 말하자면, 광고를 충분히 반복해서 시행하면, 소비자가 강력한 신념을 갖도록 유도할 수 있다.

1. 경험에 의한 소비자학습모델

경험에 의한 소비자학습모델에 따르면, 소비자는 일종의 가설검증프로세스(hypothesis

---

52 Hoch and Deighton(1989), *ibid.*

53 Allan Pavio, *Imagery and Verbal Processes* (New York: Holt, Rinehart, and Winston, 1981).

54 Robert E. Smith and William R. Swinyard, "Information Response Models: An Integrated Approach", *Journal of Marketing*, Winter 1982, pp. 81–93.

55 Ida E. Berger and Andrew A. Mitchell, "The Effect of Advertising on Attitude Accessibility, Attitude Confidence, and the Attitude-Behavior Relationship", *Journal of Consumer Research*, December 1989, pp. 269–279; Alice A. Wright and John G. Lynch, Jr., "Communication Effects of Advertising vs. Direct Experience When Both Search and Experience Attributes Are Present", *Journal of Consumer Research*, March 1995, pp. 708–718.

testing process)를 이용해서 경험으로부터 학습할 수 있다.[56] 즉, 소비자는 자신의 과거 경험이나 어떤 정보원천(예: 광고나 구전 커뮤니케이션)에서 수집한 정보에 입각하여 제품, 소비자의 경험 혹은 처분방안에 관한 어떤 가설[57](혹은 기대)을 설정하고, 이런 가설을 검증한다. 이런 가설이 설정되지 않으면, 소비자가 학습하는 데 필요한 증거를 수집할 가능성이 낮아지기 때문에, 이는 중요하다고 하겠다.

그림 5-3 경험에 의한 소비자학습모델

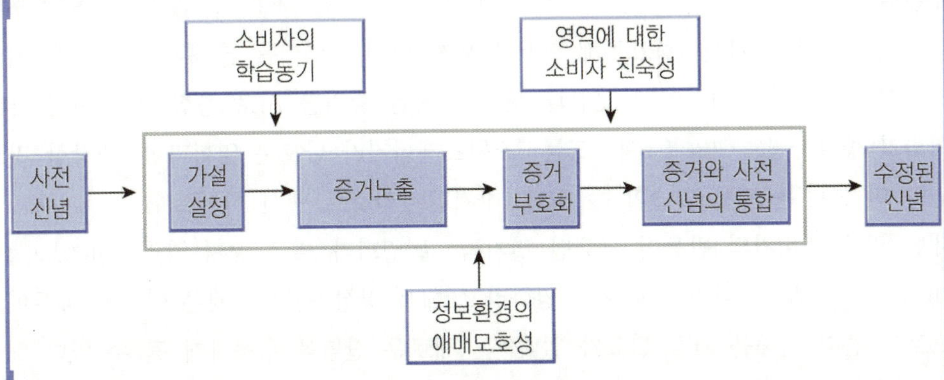

※ 자료: Stephen J. Hoch and John Deighton, "Managing What Consumers Learn from Experience", *Journal of Marketing*, April 1989, p. 3.

소비자가 학습하기 위한 가설검증프로세스를 수행할 때는 기본적으로 4단계를 거친다. [그림 5-3]의 경험에 의한 소비자학습모델의 가운데 네모 안에 제시된 바와 같이, 이런 가설검증의 기본 4단계는 ① 가설설정단계(hypothesis generation), ② 증거노출단계(exposure to evidence), ③ 증거부호화단계(encoding of evidence), 그리고 ④ 증거와 사전신념의 통합단계(integration of evidence and prior belief)로 이루어져 있다. 그러면, 이에 관련된 한 가지 예를 들어보자.

소비자가 TV를 보고 있는 중에 미국의 유명한 액션배우인 아놀드 스왈츠제너거가 나오는 새 영화에 관한 흥분을 자아내는 어떤 광고를 보았다고 하자. 그러면, 그는 학습을 위한 가설검증프로세스의 첫 번째 단계로 과거에 슈바제너거가 출연했던 '터미네이터(The Terminator)'나 '트루 라이즈(True Lies)'와 같은 영화를 기억해낼 것이고, 그런

56 Hoch and Deighton(1989), *op. cit.*

57 여기서 가설이란 제4장에서 설명했던 발생가능성의 추정이나 좋고 나쁨의 판단을 말한다.

정보원천을 기반으로 해서 이 새 영화의 품질에 관한 어떤 가설(예: "그 영화는 틀림없이 굉장할 것이다")을 설정하게 된다.

그 후, 그는 학습을 위한 가설검증프로세스의 두 번째 단계로 그 영화를 직접 보거나(경험) 아니면 이에 관련된 어떤 증거에 노출됨으로써 그런 가설을 확인해줄 증거를 찾는다. 말하자면, 소비자는 자신의 가설이 과연 정확한지를 결정하기 위해 그 영화를 보러 갈 수 있다. 영화를 보면서, 그는 학습을 위한 가설검증프로세스의 세 번째 단계로 그 영화가 실제로 굉장한 영화인지를 평가하게 되는데, 이를 증거부호화라고 부른다.

학습을 위한 가설검증프로세스의 네 번째 단계로 영화를 본 후에 소비자는 기존에 자신이 갖고 있는 지식이나 신념과 새로 수집된 증거를 서로 통합한다. 진정으로 그 영화가 좋았다면(즉, 가설의 확인), 그는 "스왈츠제너거가 나오는 영화라면, 굉장한 것으로 믿을 만하다."는 것을 학습할 수 있다. 하지만, '라스트 액션 히어로(Last Action Hero)'에 대한 많은 소비자의 반응이 그랬던 것처럼 그 영화가 별로 좋지 않았다면(즉, 가설의 기각), 그는 "스왈츠제너거가 나오는 영화라고 해서 항상 굉장한 것은 아니기 때문에, 앞으로는 좀더 신중을 기할 필요가 있다."는 새로운 신념을 형성하게 될 수 있다.

이런 형태의 소비자학습 프로세스는 획득행동, 소비행동 및 처분행동이라는 소비자행동의 모든 측면에서 발생할 수 있다. 획득행동에 관해서 형성되는 가설의 예로는 "이 제품은 나의 욕구를 잘 충족시킬 것이다."라는 가설을 들 수 있고, 소비행동에 관해서 형성되는 가설의 예로는 "새로 만든 놀이기구를 타면, 정말 스릴이 있을 것이다."라는 가설을 들 수 있으며, 처분행동에 관해서 형성되는 가설의 예로는 "이 냉장고를 버리는 것은 손쉬울 것이다."라는 가설을 들 수 있다. 이렇게 보면, 경험에 의한 소비자학습은 소비자행동연구에서 상당히 중요한 프로세스 중의 하나라 하겠다.

2. 경험에 의한 소비자학습에 영향을 미치는 요인

경험에 의한 소비자학습에는 [그림 5-3]에 제시된 소비자의 학습동기, 영역에 대한 소비자 친숙성 및 정보환경의 애매모호성이라는 세 가지 요인과 더불어 정보처리의 편향오류라는 요인이 영향을 미친다.[58]

58 Hoch and Deighton(1989), *op. cit.*

1) 소비자의 학습동기

소비자에게 학습동기가 유발되면, 여러 개의 가설을 설정하고 이를 확인해줄 정보를 찾게 된다. 즉, 소비자는 경험에 의한 소비자학습 프로세스에 들어가게 된다. 하지만, 소비자의 학습동기 유발수준이 낮고 고전적 조건형성나 작동적 조건형성과 같은 좀더 간단한 프로세스에 의거하지 않을 경우, 소비자는 가설을 설정하지 않기 때문에 가설검증을 통해서 학습을 할 가능성도 낮아진다.

2) 영역에 대한 소비자 친숙성

영역에 대한 소비자 친숙성은 소비자가 가진 사전지식(일종의 소비자능력요인)을 말하는데, 그런 사전지식의 수준은 소비자가 경험에 의한 학습을 수행하는 정도에 영향을 미친다.

우선, 사전지식의 수준이 높은 전문가소비자는 이미 잘 규정된 신념과 기대를 갖고 있을 가능성이 있기 때문에, 새로운 가설을 설정할 가능성이 낮다. 또한, 중간 수준의 사전지식을 가진 소비자에 비해 전문가소비자는 정보탐색을 수행할 가능성이 낮다.[59] 결국 이런 요인들은 모두 소비자가 학습하는 것을 방해하는 역할을 한다.

한편, 사전지식의 수준이 낮은 초보자소비자는 학습프로세스로 이끌어줄 가설을 개발하는 데 필요한 기량(skill)이 부족하다.[60] 이런 초보자소비자의 경우에는 설정되는 가설 자체가 없기 때문에, 어떤 증거를 수집해서 이로부터 학습을 하기가 어려워진다.

따라서, 가설을 설정하고 경험으로부터 학습을 할 가능성이 가장 높은 소비자는 사전지식의 수준이 너무 높지도 낮지도 않은 중간 수준의 사전지식을 가진 소비자이다. 다만, 한 가지 흥미로운 사실은 전문가소비자는 방대한 지식 기반을 갖고 있기 때문에 신제품에 관한 정보를 학습하는 데 이점이 있다는 것이다.[61]

3) 정보환경의 애매모호성

정보환경이 소비자가 경험에 의한 학습을 수행할 수 있는 기회를 항상 제공해주는 것은 아니다. 소비자의 경험 그 자체가 소비자에게 가설을 확인하거나 기각하게

---

59 Merrie Brucks, "The Effects of Product Class Knowledge on Information Search Behavior", *Journal of Consumer Research*, June 1985, pp. 1-16.

60 Joseph W. Alba and J. Wensley Hutchinson, "Dimensions of Consumer Expertise", *Journal of Consumer Research*, March 1987, pp. 411-454.

61 Eric J. Johnson and J. Edward Russo, "Product Familiarity and Learning New Information", *Journal of Consumer Research*, June 1984, pp. 542-551.

하는 정보를 제공해 주지 못하기도 하는데, 이런 것을 정보환경의 애매모호성(ambiguity of information environment)이라고 한다.[62] 이런 현상이 발생하는 이유는 대개 시판되고 있는 여러 제품의 품질이 서로 유사하거나 소비자가 경험을 하더라도 이를 통해 얻게 되는 정보가 별로 없기 때문이다.

정보환경의 애매모호성 수준은 경험에 의한 학습을 할 수 있는 소비자의 능력에 강한 영향을 미친다. 첫째, 소비경험이 상당히 애매모호해서 제품의 품질을 판단하기가 어려운 경우에는 가설을 기각하게 하는 정보가 발견되지 않고 학습수준도 낮은 편이기 때문에, 소비자는 광고로부터 도출된 가설을 지지하는 경향이 있다.[63] 바로 이는 증거가 애매모호할 때 소비자는 그 정보가 자신의 사전기대와 일치한다고 전제하는 경향이 있다는 것과 일맥상통한다.[64]

둘째, 자신이 경험한 제품이 분명하게 좋거나 나빠서 증거가 애매모호하지 않을 때, 소비자는 자신의 실제적인 경험에 기반을 두고 지각하며, 학습수준도 높아진다. 이처럼 애매모호하지 않은 정보는 나중에 기억해내기도 쉬워서 차후의 의사결정에 더 큰 영향을 미치는 경향이 있다.[65] 예컨대, 정보가 애매모호한 경우에는 전문가소비자와 초보자소비자의 평가는 모두 원산지효과에 의한 기대(예컨대, 독일에서 만든 제품이라는 지식 때문에 해당 제품에 대해 유발되는 기대)에 의해 강한 영향을 받지만, 정보가 애매모호하지 않은 경우에는 전문가소비자가 원산지정보를 무시하는 것으로 나타났다.[66]

어떤 제품의 특징이 이와 경쟁관계에 있는 다른 제품의 특징과 구분하기 어려울 때는 소비자의 품질지각이 불안정적인 성격을 띠게 되고 또한 자신의 경험보다는 광고나 구전커뮤니케이션에 의한 기대에 더 많이 의존하게 된다.[67] 예컨대, 감기약 광고에

---

62 Stephen J. Hoch and Young-Won Ha, "Consumer Learning: Advertising and the Ambiguity of Product Experience", Journal of Consumer Research, *Journal of Consumer Research*, October 1986, pp. 221-233.

63 Hoch and Ha(1986), *op. cit*.

64 Paul Herr, Steven J. Sherman, and Russell H. Fazio, "On the Consequences of Priming: Assimilation and Contrast Effects", *Journal of Experimental Social Psychology*, July 1983, pp. 323-340.

65 Reid Hastie, "Causes and Effects of Causal Attributions", *Journal of Personality and Social Psychology*, July 1984, pp. 44-56; Thomas K. Srull, Meryl Lichtenstein, and Myron Rothbart, "Associative Storage and Retrieval Processes in Person Memory", *Journal of Experimental Psychology: General*, 11 (6), 1985, pp. 316-435.

66 Durairaj Maheswaran, "Country of Origin as a Stereotype: Effects of Consumer Expertise and Attribute Strength on Product Evaluations", *Journal of Consumer Research*, September 1994, pp. 354-365.

67 Hoch and Ha(1986), *op. cit*.

서 해당 감기약이 감기를 예방해준다고 주장하거나 자동차 연료첨가제 광고에서 해당 자동차 연료첨가제가 엔진성능을 개선해준다고 주장하면, 소비자로서는 그렇게 믿을 수밖에 없다. 그 이유는 소비자가 그런 제품을 실제로 사용해보더라도 그런 주장을 미확인(부정)하기가 그리 쉽지 않기 때문이다.

이렇게 생각해보면, 기업은 소비자에 비해서 불공정한 이점(unfair advantage)을 가진다고 말할 수 있는데, 바로 이는 광고의 기만성이 중요한 주제로 논의되고 있는 이유라 하겠다.

4) 정보처리의 편향오류

증거가 애매모호한 경우에는 확인편향오류와 과잉확신이라는 정보처리의 편향오류(processing bias)가 소비자학습 프로세스에 중요한 문제를 유발할 수 있다.[68] 특히, 이런 편향오류는 소비자가 가설을 기각(미확인)하게 할 수도 있는 진단성이 높은 정보를 피하도록 만들어 결국 소비자학습을 방해하는 역할을 한다. 예컨대, '미국제품은 모두 품질이 우수하다'고 믿는 소비자는 그런 생각과 상충되는 증거가 있으면 아예 무시하고, 해당 제품에 관한 새로운 정보를 학습하려 들지 않을 것이다.

소비자학습 프로세스에서는 가설에 대해 부정적인 정보인 미확인 정보가 매우 중요할 수 있다. 그 이유는 그런 정보가 주어진 상황에 대해 보다 균형적인 시각을 갖게 해 줄 뿐만 아니라 가설검증을 더 정확하게 수행할 수 있도록 해 주어서 결국 소비자학습을 개선하게 만들기 때문이다. 관련 연구에 따르면, 소비자가 획득한 미확인 증거는 학습에 신속하고 강한 효과를 미친다.[69]

3. 경험에 의한 소비자학습을 이용한 마케팅액션

기업의 관점에서 보면, 이런 소비자학습의 원리는 제품의 시장위치(강자 대 약자)에 따른 중요한 전략적 시사점을 준다(〈표 5-2〉 참조).[70]

---

68 John Deighton, "The Interaction of Advertising and Evidence", *Journal of Consumer Research*, December 1984, pp. 763-770; Hoch and Ha(1986), *op. cit.*

69 Bernard Weiner, "Spontaneous Causal Thinking", *Psychological Bulletin*, January 1985, pp. 74-84.

70 Hoch and Deighton(1989), *op. cit.*

표 5-2 경험에 의한 소비자학습을 관리하는 전략

(a) 약자전략

<table>
<tr><th rowspan="2">소비자의 학습동기 유발수준</th><th rowspan="2">소비자의 사전지식 수준</th><th colspan="2">경험에 의한 학습량</th></tr>
<tr><th>적다(높은 애매모호성)</th><th>많다(낮은 애매모호성)</th></tr>
<tr><td rowspan="2">높은 동기유발 수준</td><td>친숙하지 않은</td><td colspan="2" rowspan="2">소비자가 학습하기를 원할 때, 그들의 자연스러운 호기심이 약자의 우위에 유리하게 작용한다. 여기서는 학습동기유발수준이 낮은 소비자를 위한 전략도 적절하다.</td></tr>
<tr><td>친숙한</td></tr>
<tr><td rowspan="2">낮은 동기유발 수준</td><td>친숙하지 않은</td><td>논제방해 방안</td><td rowspan="2">시용조장 방안</td></tr>
<tr><td>친숙한</td><td>가능한 모든 수단을 동원하는 방안</td></tr>
</table>

(b) 강자전략

<table>
<tr><th rowspan="2">소비자의 학습동기 유발수준</th><th rowspan="2">소비자의 사전지식 수준</th><th colspan="2">경험에 의한 학습량</th></tr>
<tr><th>적다(높은 애매모호성)</th><th>많다(낮은 애매모호성)</th></tr>
<tr><td rowspan="2">높은 동기유발 수준</td><td>친숙하지 않은</td><td>논제강화 방안</td><td rowspan="2">경험설명 방안</td></tr>
<tr><td>친숙한</td><td>증거노출 차단방안</td></tr>
<tr><td rowspan="2">낮은 동기유발 수준</td><td>친숙하지 않은</td><td colspan="2" rowspan="2">소비자의 동기유발수준이 낮을 때 타성이 강자의 우위에 유리하게 작용한다. 여기서는 학습동기유발수준이 높은 소비자를 위한 전략도 적절하지만, 그 실행은 더 용이하다.</td></tr>
<tr><td>친숙한</td></tr>
</table>

※자료: Stephen J. Hoch and John Deighton, "Managing What Consumers Learn from Experience", *Journal of Marketing*, April 1989, pp. 11－12.

1) 약자전략

약자전략(underdog strategy)은 시장점유율이 비교적 낮은 상표가 구사해야 할 전략을 말한다. 새로운 정보는 소비자의 상표전환을 유도할 수도 있기 때문에, 약자의 입장에서는 소비자에게 학습하도록 권해서 득될 것이 많다. 즉, 소비자의 학습동기 유발수준이 높으면 약자에게 유리하게 작용하지만, 소비자의 학습동기 유발수준이 낮으면 약자에게 불리하게 작용한다. 따라서, 약자는 학습에 관련되는 비용이나 지각된 위험을 줄여줌으로써 소비자학습을 자극하는 노력을 하지 않으면 안 된다.

(1) 소비자의 학습동기 유발수준이 낮은 경우의 약자전략

첫째, 소비자의 지식이 부족하고 증거가 상당히 애매모호하다면, 약자는 논제방해 방안(disrupting the agenda)을 채택할 수 있다. 이는 소비자의 기대를 형성시키는 광고를 시행하거나 소비자가 실제로 경험해보도록 무료샘플을 제공하는 것을 말한다. 이런 경우에는 증거가 애매모호한 상태이기 때문에, 소비자의 기대가 미확인(기각)될 가능성이 낮다.

둘째, 소비자들이 시장선도자인 강자의 상표에 관해서 호의적인 지식을 갖고 있지만 증거가 애매모호하다면, 약자는 소비자가 강자의 상표와 자사상표를 비교하도록 유도하기 위해 가능한 모든 수단을 동원하는 방안(do everything)을 사용할 수 있다. 예컨대, 비교광고를 시행하거나 소매점의 진열대에서 이 두 상표를 나란히 진열하는 방법을 사용할 수 있다. 하지만, 소비자의 확인편향오류나 과잉확신이 이런 약자의 노력을 어렵게 만들 수 있기 때문에, 강하고 뚜렷한 이점을 갖고 있는 약자가 아니라면 이런 방안이 성공할 가능성은 낮다고 하겠다.

셋째, 소비자의 학습동기 유발수준이 낮고 증거가 애매모호하지 않다면, 증거가 소비자에게 긍정적인 학습경험을 초래할 것이기 때문에 약자는 시용조장방안(facilitating trial)을 사용해야 한다. 이를 위해 사용되는 두 가지 보편적인 방법은 무료샘플제공과 쿠폰배포이다. 예컨대, 인근지역의 경쟁업체보다 더 멋지고 현대적인 시설을 갖춘 헬스클럽이 새로 개장했다면, 소비자들에게 무료이용권을 나눠주어 한번 써보도록 권할 수 있다.

(2) 소비자의 학습동기 유발수준이 높은 경우의 약자전략

소비자가 학습하기를 원할 때는 그들의 자연스러운 호기심이 약자의 우위에 유리하게 작용한다. 여기서는 학습동기 유발수준이 낮은 소비자를 위한 전략도 적절하다.

2) 강자전략

강자전략(topdog strategy)이란 시장선도자이거나 상당히 높은 시장점유율을 가진 상표가 구사해야 할 전략을 말하는데, 이는 소비자가 학습을 하려는 동기유발 수준의 고저에 따라 구분된다.

(1) 소비자의 학습동기 유발수준이 낮은 경우의 강자전략

소비자가 학습을 하려는 동기유발 수준이 낮은 경우에는 소비자가 단순히 기존에 자신이 갖고 있는 신념과 기대를 확인하고 이를 과잉확신하는 경향을 내보이는데, 이렇게 제한된 소비자학습은 강자에게 유리하게 작용한다. 즉, 이런 경우에는 소비자가 새로운 정보를 학습해서 상표전환을 할 가능성이 낮다.

(2) 소비자의 학습동기 유발수준이 높은 경우의 강자전략

소비자가 학습하려는 동기유발 수준이 높은 경우에는 소비자가 가설을 미확인(기각)

해서 상표전환을 초래할 수도 있는 그런 정보를 획득하고자 노력한다. 이런 경우의 강자전략은 소비자의 사전지식 수준과 증거의 애매모호성 정도에 따라서 세 가지 방안으로 구분된다.

첫째, 소비자가 학습하려는 동기유발 수준이 높지만 자신이 강자를 좋아해야 할 이유를 잘 알지 못한다면(즉, 높은 애매모호성과 낮은 지식의 조건), 강자는 논제강화방안(reinforcing the agenda)을 사용할 수 있다. 이는 과거에 마이크로소프트가 윈도우95의 다양한 응용력을 강조했던 것처럼 자사상표의 평가를 정당화해주는 어떤 구체적인 주장을 제시하는 것을 말한다.

둘째, 소비자가 학습하려는 동기유발 수준이 높고 동시에 높은 수준의 사전지식을 갖고 있다면, 강자의 입장에서는 소비자학습으로 득될 것이 별로 없다. 따라서, 강자는 소비자가 새로운 정보를 수집하지 말라고 권해야 하는데, 이를 증거노출 차단방안(blocking exposure to evidence)이라고 부른다. 말하자면, 강자는 "효과가 있는데, 굳이 바꿀 이유가 무엇입니까?"라는 메시지를 소비자에게 전달할 수 있다.

셋째, 소비자가 학습하려는 동기유발 수준이 높고 강자에 관한 증거가 애매모호하지 않다면, 강자는 경험설명방안(explaining the experience)을 채택할 수 있다. 이는 자사상표가 소비자에게 만족을 주는 이유를 단순히 강화하면서 소비자가 자사제품을 시도해 보도록 권하는 것을 말한다. 예컨대, 렉서스(Lexus) 자동차는 '부드러운 승차감'을 강조하는데, 이는 소비자가 자동차를 운전할 때 비교적 확인하기가 쉽다.

제 4 절 불만족에 대한 소비자의 반응

소비자의 불만족은 여러 가지 부정적인 결과를 초래하기 때문에, 기업은 불만족에 대한 소비자의 반응을 잘 이해할 필요가 있다. 구입한 제품에 대해 불만족한 소비자는 ① 아무런 행동도 취하지 않거나, ② 제품의 구매를 중단하거나, ③ 기업이나 제3자에게 불평을 토로하거나, ④ 부정적인 구전을 전파할 수 있다.[71] 특히, 이 중에서 소비자의 불평행동과 부정적인 구전의 전파라는 주제는 소비자행동연구에서 상당한 관심의

71 Day(1984), *op. cit.*; Marsha L. Richins, "Word-of-Mouth Communication as Negative Information", *Journal of Marketing*, Winter 1983, pp. 68-78.

대상이 되고 있기 때문에, 이 절에서는 이 두 가지 주제를 중심으로 설명하기로 한다.

1. 소비자의 불평행동

1) 소비자의 불평행동의 의의

불만족한 소비자들 중의 대다수는 전혀 자신의 불평을 토로하지 않는데, 이는 실로 놀라운 사실이다.[72] 하지만, 불평의 토로 여부와 관계없이 소비자불평(consumer complaint)이 존재한다는 것 그 자체가 기업에게 어떤 문제가 있음을 지적하는 것이라는 데 주목해야 한다. 대개 소비자가 불평을 토로할 때에는 제조기업이나 소매점, 정부규제기관 혹은 대중매체에 자신의 불평을 토로하지만, 소송과 같은 법적 수단을 통해 공식적인 손해배상을 모색하는 것처럼 좀더 극단적인 행동을 취하기도 한다. 소비자불평의 대상이 되는 사안은 주로 제품이나 서비스, 소매점 및 판매원 등이다.

불평을 토로하는 소비자(불평자)의 유형을 구분해 보면, 〈표 5-3〉과 같이 크게 네 가지 유형이 존재한다.[73]

표 5-3 불평자의 유형

소극적인 불평자(passives)	불평을 토로할 가능성이 가장 낮은 소비자
표현하는 불평자(voicers)	소매업자나 서비스 제공자에게 직접 불평을 토로할 가능성이 높은 소비자
성난 불평자(irates)	화가 단단히 나서 부정적인 구전을 전파하고, 애고행동을 중단하며, 제3자(예: 대중매체나 정부기관)가 아닌 제품과 서비스의 제공자에게 불평을 토로할 가능성이 가장 높은 소비자
적극적인 불평자(activists)	제3자에게 불평을 토로하는 것을 비롯해서 각종의 불평행동을 강력하게 행하는 소비자

※자료: Jagdip Singh, "A Typology of Consumer Dissatisfaction Response Styles", *Journal of Retailing*, *Spring* 1990, pp. 57–99.

소비자의 불평행동은 소비자의 MAO 수준이 높을 때 발생가능성이 높은데, 특히 소비자가 느끼는 불만족의 수준(문제의 심각성)이 클수록 소비자의 불평행동이 발생할 가

72 Day(1984), *op. cit.*; Arthur Best and Alan R. Andreasen, "Consumer Response to Unsatisfactory Purchases", *Law and Society*, Spring 1977, pp. 701–742.

73 Jagdip Singh, "A Typology of Consumer Dissatisfaction Response Styles", *Journal of Retailing*, Spring 1990, pp. 57–99.

능성은 높아진다.[74] 이런 소비자의 불평행동은 공평성이론과 귀인이론을 이용해서 어느 정도 설명될 수 있다.

첫째, 공평성이론에 따르면, 교환의 지각된 불공정성이 클수록 소비자가 어떤 행동을 취하려는 동기유발수준이 높아진다.[75] 따라서, 소비자가 느끼는 불만족의 수준이 높을수록 소비자가 불평행동을 수행할 가능성은 더 높아진다. 하지만, 이런 불만족의 수준만으로 소비자의 불평행동을 충분히 설명하기는 어렵다. 특히, 소비자가 불평을 토로하는 데 시간과 노력이 많이 들고, 불평을 토로해도 득을 볼 가능성이 낮으며, 자신에게 별로 중요하지 않은 제품이라면, 소비자가 실제로 불평행동을 수행할 가능성은 낮아진다.[76]

둘째, 귀인이론에 따르면, 불만족의 원인을 타인(특히, 기업이나 사회 전체)의 탓으로 돌릴수록, 불평의 동기유발수준과 불평행동의 발생가능성은 그만큼 더 높아진다.[77] 즉, 문제의 발생원인이 소비자로부터 심리적 거리(psychological distance)가 먼 곳에 있을 때 (즉, 문제의 발생원인이 안정적이고, 기업에 관련되며, 인간의 의지에 놓여 있는 것이라고 지각되는 경우), 불평행동의 발생가능성은 더 높아진다.[78] 이런 상황에 처한 소비자는 기업에 대한 자신의 분노를 실제로 표현하고 손해배상을 요구할 가능성이 높다.

2) 불평행동의 발생가능성에 영향을 미치는 요인

관련연구에 따르면, 소비자의 불평행동이 발생할 가능성에 영향을 미치는 요인에는 다음과 같은 몇 가지 요인이 있다.

첫째, 소비자의 개성유형이다. 공격적이고 자신감이 강한 소비자일수록, 불평을 토로할 가능성이 높다.[79]

둘째, 불평토로의 소비자경험이나 불평토로방법에 관한 소비자지식이다. 이런 경험이나 지식이 많은 소비자일수록, 불평을 토로할 가능성이 높다. 관련연구는 개성유형

---

74 Bearden and Teel(1983), *op. cit.*

75 Cathy Goodwin and Ivan Ross, "Consumer Evaluations of Responses to Complaints: What's Fair and Why", *Journal of Service Marketing*, Summer 1990, pp. 53-61.

76 Day(1984), *op. cit.*; Jagdip Singh and Roy D. Howell, "Consumer Complaining Behavior: A Review", in eds. H. Keith Hunt and Ralph L. Day, *Consumer Satisfaction, Dissatisfaction, and Complaining Behavior* (Bloomington, Ind.: Indiana University Press, 1985).

77 S. Krishnan and S. A. Valle, "Dissatisfaction Attributions and Consumer Complaint Behavior", *Advances in Consumer Research*, 1979, pp. 445-449.

78 Folkes(1984), *op. cit.*

79 Kjell Gronhaug and Gerald R. Zaltman, "Complainers and Noncomplainers Revisited: Another Look at the Data", *Advances in Consumer Research*, pp. 159-165.

에 의한 설명보다는 경험에 의한 설명을 더 강하게 지지했지만, 이 두 요인은 모두 불평행동과의 관련성이 다소 미약한 것으로 나타났다.[80]

셋째, 불평토로의 기회이다. 소비자에게 불평할 기회(예: 시간, 공식적인 커뮤니케이션 경로)가 있으면, 불평을 토로할 가능성이 높아진다. 이와 관련해서 다수의 개발도상국에서는 소비자가 불평을 토로할 수 있는 기회와 지식이 절대적으로 부족하다는 것이 중요한 문제가 되고 있다. 예컨대, 단지 최근에 와서야 소비자가 불평을 토로할 수 있는 수단을 갖게 된 터키에서는 이런 불평토로의 수단이 사업을 수행하는 방식에 점차 많은 영향을 미치고 있다.

넷째, 인구통계요인이다. 불평을 토로하는 사람은 불평을 토로하지 않는 사람보다 나이가 더 적고, 소득수준이 더 높으며, 상표애호도가 더 낮은 경향이 있다.[81]

다섯째, 민족집단의 차이이다. 멕시코계 미국인은 제품과 서비스의 특정한 측면(예: 시간지연과 무배달)에 대해 불평을 많이 토로하는 경향이 있고, 푸에르토리코 사람들은 그들의 문화적 규범과 가치 때문에 비교적 불평을 적게 토로하는 경향이 있다.

인구통계요인과 사회경제요인이 소비자의 불평행동과 어떤 관계가 있는지를 검토한 연구들 사이에는 일관성이 부족하기는 하지만, 그래도 위와 같은 몇 가지 추세가 존재하는 것은 사실이다.

3) 소비자의 불평행동에 대한 기업의 대처

소비자의 불평행동에 대해서 기업은 도대체 어떻게 대처해야 하는가? 이런 관점에서 소비자의 불평행동이 기업에게 주는 시사점을 중심으로 몇 가지 관련 연구결과를 정리해보면 다음과 같다.

첫째, 상당한 비율의 소비자들이 실제로 불만이 있더라도 불평을 토로하지 않는 것은 사실이지만, 일단 소비자가 불평을 토로하면 이에 대해 적극적으로 반응하는 것이 기업에게 최선의 이익이 된다. 특히, 쿠폰이나 선물을 동봉해서 서면답신을 보내주면, 소비자의 차후평가에서 주목할 만한 효과를 거둘 수 있다.[82]

---

80 이에 대해서는 Gronhaug and Zaltman(1981), *op. cit.*를 참고할 것.

81 Larry M. Robinson and Robert L. Berl, "What About Complaints? A Follow-Up Study on Consumer Complaints and Compliments", in eds. H. Keith Hunt and Ralph L. Day, *Refining Concepts and Measures of Consumer Satisfaction and Complaining Behavior* (Bloomington, Ind.: Indiana University Press, 1980), pp. 144-148.

82 Denise T. Smart and Charles L. Martin, "Manufacturer Responsiveness to Consumer Correspondence: An Empirical Investigation of Consumer Perceptions", *Journal of Consumer Affairs*, Summer 1992, pp. 104-128.

둘째, 불평을 토로하는 소비자에게 신속한 반응, 특히 금전적인 손해배상이나 공정한 교환 혹은 환불정책을 포함하는 신속한 반응을 보여주면, 소비자의 만족과 반복구매를 높일 수 있다.[83] 싱가포르에서 시행된 한 연구[84]에 따르면, 소비자의 불평에 대해 기업이 반응을 하는 데 소요된 시간의 길이가 소비자의 만족수준을 결정하는 데 중요하다. 즉, 기업의 반응에 소요된 시간이 짧을수록, 소비자의 만족은 더 높았다. 유럽 지역의 기업들은 불평하는 것 자체가 나쁜 일이라고 보기 때문에 불평관리에 다소 더딘 경향이 있었지만,[85] 이제 많은 기업들이 '고객만족' 개념을 채택해서 소비자의 불평을 적절히 처리하기 위해 적극 노력하고 있다.

셋째, 불만족한 소비자라도 불평을 토로한 후에 공정한 처우를 받게 되면, 차후에 더 높은 상표애호도를 갖게 될 수도 있다. 이는 마치 비 온 뒤에 땅이 더 단단하게 다져지는 것과 같은 이치이다.

넷째, 경영자를 대상으로 조사한 어떤 서베이[86]에서는 소비자의 불평에 반응하는 주된 이유를 물었더니 90%의 응답자가 '고객만족'이라고 응답했다. 즉, 기업이 소비자의 불평문제를 효율적이고 신속하게 처리할 수 있는 메커니즘을 갖추는 것은 고객만족을 달성하기 위해 무엇보다도 중요하다.

다섯째, 보증과 서비스 기대의 긍정적인 미확인은 소비자의 불평해소에서 소비자의 만족을 초래하는 역할을 한다.[87] 즉, 소비자의 기대를 능가하는 수준의 보증과 서비스는 높은 수준의 고객만족을 유도한다. 하지만, 일반적으로 제공되는 서비스수준이 열악하고 보증도 별로 없는 개발도상국에서 이는 중요한 문제가 되고 있다.

여섯째, 불만족한 소비자는 불평을 실제로 토로하지 않더라도 앞으로 구매를 중단해버릴 가능성이 높기 때문에, 소비자가 불평을 토로해주도록 권하는 것이 오히려 기업에게 최선의 이익이 되기도 한다.[88] 사유가 정당하다면 소비자의 불평토로를 권하고 또한 환불이나 손해배상을 통해 문제를 적극적으로 관리함으로써, 기업은 자사고객의

---

83 Mary Gilly and Betsy Gelb, "Post-Purchase Consumer Processes and the Complaining Consumer Behavior", *Journal of Consumer Research*, December 1982, pp. 323-328.

84 Chow-Hou Wee and Celine Chong, "Determinants of Consumer Satisfaction/Dissatisfaction Towards Dispute Settlements in Singapore", *European Journal of Marketing*, 25 (10), 1991, pp. 6-16.

85 Klopp and Sterlickhi(1990), *op. cit.*

86 Alan J. Resnick and Robert R. Harmon, "Consumer Complaints and Managerial Response: A Holistic Approach", *Journal of Marketing*, Winter 1983, pp. 86-97.

87 Halstead, Droge, and Cooper(1993), *op. cit.*

88 Claes Fornell and Nicholas M. Didow, "Economic Constraints on Consumer Complaining Behavior", *Advances in Consumer Research*, Vol. 7, 1980, pp. 318-323.

유지율을 높일 수 있다.[89]

일곱째, 기업이 소비자의 불평에 둔감한 것은 문제이지만, 소비자의 불평에 지나치게 민감한 것도 경계해야 할 일이다. 기업이 그저 고객을 기쁘게 해주려고 너무 애쓰다보면, 정당한 사유가 없는데도 단지 '불평을 토로하기만 하면 성공할 가능성이 높다'는 생각에 소비자들이 불평을 남발할 가능성도 있다.[90] 특히, 그 원인이 애매모호해서 문제의 책임자가 누구인지 분명하지 않은 경우에는 소비자가 무조건 불평을 토로할 가능성이 높아진다. 따라서, 기업은 정당한 사유가 있는 소비자의 불평에 한해서 적절하게 반응하도록 주의해야 한다.

2. 부정적인 구전의 전파

소비자가 구입한 제품에 대해 불만이 있으면, 자신의 좌절감을 해소하고 다른 사람들이 그것을 구입하지 않도록 만들기 위해(즉, 회사에 '타격'을 주려는 의도에서) 그 문제에 관해 다른 사람들에게 말해 주고자 하는 동기가 유발된다. 이에 따라 소비자는 해당 제품에 대한 부정적인 구전(negative word-of-mouth communication)을 전파하게 된다.

소비자의 부정적인 구전이 가지는 주요 특성을 요약하면 다음과 같다.

첫째, 문제가 심각하고, 불평행동에 대한 기업의 반응이 소비자에게 만족스럽지 못하며, 잘못의 원인이 기업에 있는 것으로 지각되는 경우에는 소비자의 부정적인 구전이 발생할 가능성이 높아진다.[91]

둘째, 소비자의 부정적인 구전은 매우 설득력이 높고 매우 생생해서 손쉽게 기억나는 경향이 있다. 또한 소비자가 의사결정을 할 때는 이것에 대해 큰 비중을 두기 때문에, 부정적인 구전은 기업의 입장에서 매우 중요한 사안이다.[92]

셋째, 소비자의 부정적인 구전은 소비자가 기업을 상대로 하는 것이 아니라 다른 소비자들을 상대로 해서 특정한 기업의 제품을 "구매하지 마라"고 권하는 것이기 때문에, 이는 불평행동보다 기업에게 더 치명적인 영향을 줄 수 있다.

---

89 Claes Fornell and Birger Wernerfelt, "Defensive Marketing Strategy by Consumer Complaint Management", *Journal of Marketing Research*, November 1987, pp. 337-346.

90 Claes Fornell and Robert A. Westbrook, "The Vicious Cycle of Consumer Complaints", *Journal of Marketing*, Summer 1984, pp. 68-78.

91 Richins(1983), *op. cit.*

92 Yi(1992), *op. cit.*; Johan Arndt, "Word-of-mouth Advertising and Perceived Risk", in eds. Harold H. Kassarjian and Thomas R. Robertson, *Perspectives in Consumer Behavior* (Glenview, Ill,: Scott-Foresman, 1968).

기업은 소비자의 부정적인 구전에 대해 기민하게 대처할 필요가 있다. 무엇보다 중요한 것은 부정적인 구전이 발생하게 된 이유나 원천을 정확히 파악해서 문제를 적절히 교정할 수 있는 조치를 적시에 취해야 한다는 것이다.[93] 그런 조치의 예로는 관련 소비자에게 적절한 손해배상을 해주거나 소비자들의 부정확한 지각을 교정하기 위해 공식적인 마케팅커뮤니케이션을 시행하는 것을 들 수 있다.

제 5 절 소비자의 처분행동

소비자는 제품을 구입해서 사용하다가 어떤 이유로 제품을 처분(disposition)하는 행동을 수행한다. 이 절에서는 이런 처분행동의 본질과 프로세스에 대해 검토하고, 이 주제가 기업에게 중요한 이유를 논의한다. 또한, 소비자의 처분행동과 재활용 프로그램의 개발과의 관계를 설명한다.

1. 처분행동의 개념

가장 기초적인 수준의 처분행동은 소비자가 자신에게 더 이상 의미가 없거나 다 쓴 제품을 단순히 내다 버리는 것이다. 분명히, 이런 형태의 처분행동은 소비자의 일상생활에서 자주 발생하는 일이지만, 사실 처분행동은 우리의 통상적인 생각보다 내용이 훨씬 더 풍부하면서도 더 세부적인 개념이다.[94]

처분행동(disposition behavior)은 소비자가 자신의 소유물(possessions)에 대해서 취하는 행동의 일종이다. 대개 소유물이라고 하면 단지 물리적인 제품만 생각하는 경향이 있지만, 소유물을 '자기의 연장체(extension of the self)를 반영하는 모든 것'이라고 보다 넓게 정의하면, 여기에는 자신의 신체와 그 일부, 다른 사람, 애완동물, 장소, 서비스, 시간 및 사건 등이 모두 포함될 수 있다.[95]

---

93 이런 구전의 원인과 결과에 대해서는 제15장에서 상세하게 설명하기로 한다.

94 Melissa Martin Young and Melanie Wallendorf, "Ashes to Ashes, Dust to Dust: Conceptualizing Consumer Disposition of Possessions", in *Marketing Educators' Conference Proceedings* (Chicago: American Marketing Association, 1989), pp. 33-39.

95 Young and Wallendorf(1989), *op. cit.*

예컨대, 소비자는 어떤 관계를 끝내거나, 친구에게 어떤 아이디어를 주거나, 장기를 기증하거나, 잘못된 라이프스타일을 그만두거나, 헬스클럽의 회원에서 탈퇴하는 행동을 수행할 수 있는데, 이런 것들은 모두 소비자의 처분행동에 속한다고 말할 수 있다. 소비자의 처분행동에 관한 연구에서는 이런 여러 형태의 소유물을 대상으로 하는 소비자의 처분행동을 분석한다.

2. 처분방안의 유형

소비자가 자신이 소유하는 어떤 물건이 더 이상 쓸모가 없다고 판단되는 경우에는 다양한 처분방안을 선택할 수 있다. 〈표 5-4〉에서 보듯이 처분방안의 구체적인 형태로는 ① 타인이 사용하도록 그냥 물려주거나 세금공제를 받거나 받지 않고 기부하는 양도(give away), ② 타인에게 주고 다른 것을 받는 물물교환(trade or exchange), ③ 다른 용도로 전환해서 사용하는 재활용(recycle), ④ 팔아서 돈을 받는 매각(sell), ⑤ 소비가 곧 처분과 대등한 경우인 소모(use up), ⑥ 사회적으로 수용되는 방식으로 내다버리는 폐기(throw away), ⑦ 사회적으로 수용되지 않는 방식으로 내다버리는 불법폐기(abandon) 그리고 ⑧ 의도적으로 부수어 버리는 파괴(destroy)를 들 수 있다.[96]

또한, 처분행동의 유형에는 유상임대 및 무상임대와 같은 일시적 처분(temporary disposition)[97]과 분실, 불법양도, 혹은 파손과 같은 비자발적 처분(involuntary disposi- tion)[98]도 있지만, 여기서는 영구적이고 자발적인 처분(permanent, voluntary disposition)에 초점을 두기로 한다.

소비자가 선택하는 여러 가지 처분방안의 이면에는 그 나름대로 논리적이고 적절한 동기가 깔려있는 경우가 많다.[99] 예컨대, '매각'에는 경제적인 대가를 얻기 위해 빨리 공매에 부치려는 동기가 작용하고, 세금공제를 받지 않는 '기부'에는 타인을 도우려는 열망이 작용하며, '양도'의 저변에는 타인을 도우려는 열망과 제품을 그냥 폐기하지 않는다는 느낌이 깔려 있다.

---

96 Young and Wallendorf(1989), *op. cit.*; Gilbert D. Harrell and Diane M. McConocha, "Personal Factors Related to Consumer Product Disposal", *Journal of Consumer Affair*, Winter 1992, pp. 397–417.

97 Jacob Jacoby, Carol K. Berning, and Thomas F. Dietvorst, "What About Disposition?", *Journal of Marketing*, April 1977, pp. 22–28.

98 Young and Wallendorf(1989), *op. cit.*

99 Harrell and McConocha(1992), *op. cit.*

상황요인과 제품관련요인이 소비자가 선택하는 처분방안에 영향을 미칠 수 있다.[100] 예컨대, 시간이나 저장공간이 부족한 경우에는 소비자가 소유물을 쓰레기로 폐기하거나 타인에게 양도하거나 심지어 불법폐기를 자행할 가능성도 있다. 높은 가치를 가진 소유물을 처분하는 경우에는 매각하거나 특별한 사람에게 양도할 가능성이 높고, 그냥 내다버릴 가능성은 매우 낮다. 또한, 여러 가지 형태의 처분행동이 발생하는 빈도는 제품범주별로 차이가 있다.[101]

소비자가 원하지 않는 선물을 받았을 때, 이를 어떻게 처분할까? 관련 연구에 따르면, 이런 경우에 받은 선물의 처분은 다음과 같은 세 가지 형태 중의 하나로 나타난다.[102]

첫째, 측면순환(lateral cycling)인데, 이는 받은 선물을 교환 혹은 매각하거나 타인에게 양도하는 것을 말한다.

둘째, 파괴(destroying)인데, 이는 선물을 준 사람에 대한 일종의 보복행위로 선물을 부수어버리는 것을 말한다. 보통은 이것이 실제행동으로 나타나기보다는 환상에 그치는 경우가 더 많다.

셋째, 반환(returning)인데, 선물을 소매점에 반환하는 경우에는 소매업자가 이에 대해 민감한 반응을 보여서 소비자가 감정적으로 부정적인 경험을 하게 되기도 한다.

소비자의 처분행동에는 2인 이상이 포함되는 경우와 어떤 사회적 성격의 활동이 포함되는 경우가 있다.[103] 전자의 예로는 헌옷을 남에게 연속적으로 물려주는 것, 자동차의 매각, 이웃돕기 재고정리에 참가하는 것을 들 수 있다. 후자의 예로는 바다에 쓰레기를 내다버리는 것이나 폐수의 재활용을 들 수 있다.

세 가지 초점에 의한 여덟 가지 유형의 처분방안을 제시한 〈표 5-4〉를 살펴보면, 소비자의 처분행동에는 매우 다양한 형태가 있다는 것을 알 수 있다. 그동안 소비자행동연구에서는 주로 개인적 초점(personal focus)에 의한 처분행동을 많이 연구해 왔다. 하지만, 다양한 형태로 나타나는 소비자의 처분행동을 충분히 이해하기 위해서는 개인간 초점(interpersonal focus)과 사회적 초점(social focus)에 의한 처분행동에 대해서도 더 많은 연구가 필요하다.

---

100 Jacoby, Berning, and Dietvorst(1992), *op. cit.*

101 Jacoby, Berning, and Dietvorst(1992), *op. cit.*

102 John B. Sherry, Mary Ann McGrath, and Sidney J. Levy, "The Disposition of the Gift and Many Unhappy Returns", *Journal of Retailing*, Spring 1992, pp. 40–65.

103 Young and Wallendorf(1989), *op. cit.*

3. 의미 있는 대상의 처분행동

대개 소비자는 자신의 소유물을 더 이상 원하지 않거나 의미가 없거나 혹은 다 썼기 때문에 처분행동을 한다. 하지만, 어떤 이유로 그것을 처분하는 프로세스에 소비자가 상당히 몰입하게 되는 소유물도 있다. 바로 이는 해당 소유물이 자신에게 중요한 상징적 의미가 있는 소위 '자기의 반영체(reflection of the self)'인 경우에 해당된다.[104] 이런 소유물은 소비자가 어떤 사람인지를 규정할 뿐만 아니라 개인의 이력목록에도 들어간다. 이런 소유물의 처분행동에는 물리적 이탈(physical detachment)과 정서적 이탈(emotional detachment)이라는 두 가지 프로세스가 포함된다.[105]

대개 소비자의 처분행동이라고 하면 물리적 이탈, 즉 어떤 물건이 타인이나 다른 장소로 물리적으로 이전되는 현상을 많이 떠올리게 되지만, 실은 정서적 이탈이 더 구체적이고 긴 고통스러운 프로세스가 되기도 한다. 사실 소유물이 물리적으로 이탈된 후 상당한 시간이 지났는데도, 소비자가 정서적으로는 그런 소유물에 여전히 집착하고 있는 경우도 많다. 예컨대, 자신이 소중하게 생각했던 집이나 자동차를 매각한 사실을 현실로 받아들이는 데 수년이 걸리는 사람도 있다. 타인에게 입양하기 위해 아기나 애완동물을 보내는 것도 정서적 이탈이 어려운 또 다른 예인데, 이런 경우에는 대개 비탄과 애통함이 수반된다.

특히, 사춘기나 졸업, 혹은 결혼과 같은 소비자의 역할전환기(period of role transition)에는 소비자가 과거의 역할을 상징하는 소유물을 많이 처분한다.[106] 예컨대, 결혼을 하게 되면, 과거의 관계를 상징하는 물건(예: 그림, 보석, 선물)을 처분하는 것이 상례이다. 한편, 이혼을 할 때는 부부가 공유하던 소유물을 처분하는 것이 중요한 문제가 된다.

부부가 공유하던 소유물을 처분하는 것에는 탈피하기 위한 처분(disposition to break free)과 보류하기 위한 처분(disposition to hold on)이라는 두 가지 종류가 있다.[107] 탈피하기

104 Russell W. Belk, "Possessions and the Extended Self", *Journal of Consumer Research*, September 1988, pp. 139-168.

105 Young and Wallendorf(1989), *op. cit.*

106 Nelissa Martin Young, "Disposition of Possessions During Role Transitions", *Advances in Consumer Research*, Vol. 18, 1991, pp. 33-39.

107 James H. Alexander, "Divorce, The Disposition of the Relationship, and Everything", *Advances in Consumer Research*, Vol. 18, 1991, pp. 43-48.

표 5-4 소비자의 처분방안

처분방안의 유형	개인적 초점	개인간 초점	사회적 초점
양도(give away): 타인이 사용하도록 주는 것	반드시 수용자로서 타인의 존재가 필요하다.	장기기증, 불우이웃에게 옷을 주는 것, 아기를 양자로 보내는 것, 친구에게 아이디어를 주는 것	새로운 정착자에게 땅을 주는 것, 불우이웃에게 잉여음식을 주는 것, 동맹국에게 군사적 조언을 해 주는 것
물물교환(trade or exchange): 타인에게 주고 다른 것을 받는 것	피부이식, 작업시간을 위해 수면시간을 바꾸는 것, 세일쇼핑을 위해 작업시간을 바꾸는 것	자동차교환, 증권교환, 물물교역, 동료와 아이디어교환, 남자친구교환, 중고품교환	석유를 얻기 위해 탱크를 교환하는 것, 골프 코스를 위해 폐수를 교환하는 것
재활용(recycle): 다른 용도로 전환해서 사용하는 것	헛간 대들보를 판벽널로 전환하는 것, 옷감조각으로 누비이불을 만드는 것, 추수감사절후에 칠면조고기 샌드위치를 만드는 것	신문지 재활용, 알루미늄캔의 재활용, 제조업자에 의한 결함부품의 재활용	폐수의 재활용, 빈민가를 모범가로 전환하는 것, 전쟁폐허를 국가기념물로 재활용하는 것
매각(sell): 팔아서 돈을 받는 것	구매자로서 타인의 존재가 필요하다. 매춘, 예술작품의 판매, 아이디어의 판매	사업, 매혈, 정치적 목적을 달성하기 위한 아이디어의 판매	밀판매, 무기판매, 토지판매
소모(use up): 소비가 곧 처분과 대등한 경우	음식먹기, 운전에 의한 연료소모, 탄약발사, 시간소비, 나무 태우기	종업원의 시간과 에너지 사용, 타인 돈의 사용, 이웃사람의 가스를 사용	천연연료나 전기의 사용, 국가의 생산능력의 사용, 전쟁에서 사람을 군인으로 사용하는 것
폐기(throw away): 사회적으로 수용되는 방식으로 내다버리는 것	물건을 쓰레기통에 버리는 것, 화장실 변기의 물을 내리는 것, 음식찌꺼기를 사용하는 것, 아이디어를 버리는 것	이웃 청소, 이혼, 관계의 종료, 직장 사임 혹은 퇴직	음식쓰레기를 바다에 내다 버리는 것, 핵폐기물을 매장하는 것
불법폐기(abandon): 사회적으로 수용되지 않는 방식으로 내다버리는 것	노변에 자동차를 내버리는 것, 도덕심을 버리는 것, 불건전하고 불행한 라이프스타일을 버리는 것	자녀나 가족을 버리는 것, 현관의 계단에 애완동물을 버리는 것, 타인의 신뢰를 저버리는 것	베트남을 내버리는 것, 이란의 왕을 버리는 것, 우주에 오래된 인공위성을 버리는 것, 가난한 사람을 버리는 것
파괴(destroy): 의도적으로 부수어 버리는 것	개인적 메일을 찢어버리는 것, 자살을 기도하는 것, 주택을 태워버리는 것, 오래된 그림을 찢어버리는 것	건물을 없애는 것, 살인, 안락사, 화장, 자녀를 유산시키는 것	전쟁수행, 계획적 대량학살, 죄수집행, 혁명수행, 국기소각

※ 자료: Melissa Martin Young and Melanie Wallendorf, "Ashes to Ashes, Dust to Dust: Conceptualizing Consumer Disposition of Possessions", in *Marketing Educators' Conference Proceedings* (Chicago: American Marketing Association, 1989), pp. 33-39.

위한 처분은 과거의 관계로부터 자신을 완전히 자유롭게 만들기 위해 처분하는 것을 말하고, 보류하기 위한 처분은 관계가 회복되기를 희망하면서 소유물에 집착하는 의도를 가진 처분을 말한다. 물론, 두 가지 중에서 더 일반적인 패턴은 탈피하기 위한 처분이다.

이혼을 할 때는 공정을 기하기 위해 부부가 공유하던 소유물을 균등하게 분배하지만, 배우자 중의 한 명(대개 먼저 이혼을 요구한 사람)이 자신의 죄책감을 줄이기 위해 공유하던 소유물 대부분을 상대방에게 넘겨주기도 한다. 하지만, 이혼하려는 부부에게 이런 재산분배와 관련하여 상당한 갈등과 이견이 발생하기도 하는데, 이런 경우에는 배우자와 대결하거나, 배우자를 처벌하거나 혹은 그 관계에서 파워에 의지하려는 동기가 유발되는 경향이 있다.[108]

또한, 소비자는 자신의 사후에 소유물을 배분하는 방법을 유언으로 명시해두기도 한다. 여기에는 가족구성원, 타인 및 조직(예: 자선단체, 학교)에게 물건을 물려주는 것 이외에 금전적인 재산을 분배해주는 것도 포함된다. 이런 세대간 양도와 상속이라는 주제는 그동안 사회과학자들의 주요 관심사로 연구되어 왔다.

4. 소비자의 처분행동이 주는 마케팅시사점

소비자의 처분행동에 관한 연구결과는 이에 관련된 주체의 마케팅활동에 몇 가지 중요한 시사점을 준다.

첫째, 소비자의 처분의사결정이 차후의 획득의사결정에 영향을 미치는 경우가 많다.[109] 예컨대, 오래된 냉장고가 고장이 잘 나서 새로 구입하려는 소비자는 오래된 냉장고모델의 내구성이 부족하다는 이유로, 향후의 구매에서는 고려대상에서 제외하기로 결정할 수 있다. 특히, 처분문제에 대한 소비자의 관여도가 높은 경우에는 기업이 소비자들이 자사제품을 처분하는 이유를 파악해서 자사제품을 개선하기 위한 기초자료로 활용할 수 있다.

둘째, 소비자는 중고품을 구입하기 위해 자신이 쓰던 물건을 물물교환하거나 매각하거나 타인에게 물려주기도 하는데, 이런 행동에 대한 관심이 증가하고 있다. 소비자가 자신이 쓰던 오래된 물건을 그냥 내다버리는 대신 매각이나 물물교환하는 방식을 더 많이 선택하면서부터, 중고품판매점, 벼룩시장 및 항목별 안내광고(classified ad)가 더욱 확산되는 추세이다.

미국의 경우 중고품소매상의 증가율이 전통적인 소매상의 증가율의 10배에 달하

108 James H. Alexander, John W. Shouten, and Scott D. Roberts, "Consumer Behavior and Divorce", *Research in Consumer Behavior*, Vol. 6, 1993, pp. 153-184.

109 Jacoby, Berning, and Dietvorst(1977), *op. cit.*

고 있다.[110] 음악산업에서는 이제 중고 CD시장의 규모가 상당히 커져서 아티스트와 회사에 막대한 손해를 입히고 있기 때문에, 주요 레코드회사들은 중고 CD를 판매하는 소매점에 대해 법적 행동을 취하고 있는 실정이다. 또한, 중고 컴퓨터시장과 중고 교과서시장도 그 규모가 크고 또한 성장세에 있다. 벼룩시장은 소비자가 제품을 처분하고 획득하는 하나의 방식일 뿐만 아니라 쾌락적 경험을 제공해주는 측면도 있기 때문에, 소비자들 사이에 꽤 인기가 있는 편이다.[111] 소비자들은 벼룩시장에서 물건을 찾고 흥정하는 과정, 옛 장날 같은 즐거운 분위기, 그리고 사교적 기회를 즐기고 있다.

셋째, 소비자가 제품을 처분하는 행동은 사회전반에 중요한 영향을 미칠 수 있다. 예컨대, 미국의 텍사스(Texas) 주정부는 사람들이 고속도로와 길거리에 쓰레기를 마구 내버리는 문제 때문에 심각한 고민에 빠진 적이 있다. 그래서, 주민들이 쓰레기를 함부로 내버리지 않도록 만들기 위해 달라스 카우보이(Dallas Cowboy), 휴스턴 오일러(Houston Oiler) 그리고 현지의 인기 뮤지션인 스티비 본(Stevie Vaughn)과 페이뷸러스 썬더버드(Fabulous Thunderbirds)를 내세워 “텍사스를 난장판으로 만들지 맙시다.”라는 캠페인을 전개한 결과, 쓰레기 양이 무려 60%나 감소하는 대성공을 거두었다. 또한, 소비자에게 물물교환이나 매각과 같은 대안적인 처분방안을 사용하도록 유도한다면, 제품의 수명이 좀더 연장되므로 결국 쓰레기양과 자원소모를 그만큼 줄일 수 있다.

넷째, 소비자의 처분행동패턴을 폭넓게 검토하면, 귀중한 통찰력을 얻을 수 있다. 예컨대, 식품소비패턴의 차이를 파악하기 위해 소비자가정의 창고를 조사한 연구에 따르면, 식품소비패턴의 차이를 가장 잘 설명해주는 것은 국가의 지역이고 그 다음이 소수민족 지위였다.[112] 예를 들어, 미국의 남서부지역에서는 멕시코음식이 인기가 높은 편이기 때문에, 그 음식에 들어가는 콩의 소비가 많았다. 이런 종류의 흔적분석(trace analysis)을 시행하면, 자기보고식 설문조사보다 더 정확한 정보를 수집할 수 있는 장점이 있다.

다섯째, 소비자의 처분행동패턴이 일종의 경제지표(economic indicator)와 같은 역할을 하기도 한다.[113] 경제가 어려운 시기에는 소비자가 보유하던 제품의 정리판매를 더

110 John F. Sherry, Jr., “A Sociocultural Analysis of a Midwestern Flea Market”, *Journal of Consumer Research*, June 1990, pp. 13-30.

111 Russell W. Belk, John F. Sherry, and Melanie Wallendorf, “A Naturalistic Inquiry into Buyer and Seller Behavior at a Swap Meet”, *Journal of Consumer Research*, September 1987, pp. 289-294.

112 Michael D. Reilly and Melanie Wallendorf, “A Comparison of Group Difference in Food Consumption Using Household Refuse”, *Journal of Consumer Research*, September 1987, pp. 289-294.

113 Jacoby, Berning, and Dietvorst(1977), *op. cit.*

많이 하고, 자선단체에 기부하는 물품의 양과 질을 더 줄인다. 특히, 소비자는 스토브, 냉장고, 및 세탁기와 같은 주요 가전제품을 더 오랫동안 보유한다.

5. 재활용행동

우리는 자연자원이 급속히 고갈되고 있는 시대에 살고 있기 때문에, 과거처럼 자원을 낭비하면서 살 만한 여유가 없다. 이런 상황에서 소비자의 처분행동에 관한 연구는 자원의 재활용 프로그램을 개발하는 데 귀중한 통찰력을 제공할 수 있다.

1) 재활용행동의 영향요인

다수의 연구자는 소비자의 재활용행동(recycling behavior)에 관련되는 요인을 많이 검토해 왔다.[114] 이에 따르면, 인구통계변수와 사이코그래픽 변수는 재활용행동의 강력한 예측요인이 되지 못했다. 또한, 재활용에 대한 전반적인 태도보다는 특정한 재활용행동(예: 병과 종이의 분리수거)에 대한 태도는 재활용행동을 설명하는 꽤 유망한 변수인 것으로 나타났다.[115] 그런데, 소비자의 재활용행동을 설명하는 데 가장 유망한 요인은 재활용의 동기, 능력 및 기회이다. 그러면, 이하에서는 이 세 가지 요인이 소비자의 재활용행동에 미치는 영향을 논의하기로 한다.

(1) 재활용동기

소비자가 재활용에 따른 편익이 재활용에 수반되는 비용보다 크다고 지각할 때, 재활용동기가 높아져서 재활용행동을 수행할 가능성이 높아진다.[116] 재활용의 비용에는 소비자가 재활용행동을 수행하는 데 소요되는 돈, 시간 및 노력이 포함되고, 재활용의 편익은 즉각적인 편익과 좀더 높은 차원의 편익으로 구분된다.

재활용의 즉각적인 편익의 예로는 "매립지가 넘쳐나는 일을 피하는 것", "쓰레기를 줄이는 것", "자원을 재활용하는 것", "환경을 살리는 것" 등이 있고, 좀더 높은 차원의 편익의 예로는 "건강을 증진시키고 질병을 피하는 것", "생명을 지탱하는 목적을

114 L. J. Shrum, Tina M. Lowrey, and John A. McCarty, "Recycling as a Marketing Problem: A Framewior for Strategy Development", *Psychology and Marketing*, July-August 1994, pp. 393-416.

115 J. M. Hines, H. R. Hungerford, and A. N. Tomera, "Analysis and Synthesis of Research on Responsible Environmental Behavior: A Meta-Analysis", *Journal of Environmental Education*, Winter 1987, pp. 1-8.

116 Risk G. M. Pieters, "Changing Garbage Disposal Patterns of Consumers: Motivation, Ability, and Performance", *Journal of Public Policy and Marketing*, Fall 1991, pp. 59-76.

달성하는 것", "미래의 세대를 위하여" 등이 있다.[117]

소비자가 이런 재활용의 편익을 지각하는 정도는 소비자집단별로 차이가 날 수 있다. 예컨대, 환경에 미치는 영향을 고려하는 것 그 자체는 좋은 일이기는 하지만, 생계유지조차 어려운 저소득층 소비자들에게는 별 의미가 없을 수도 있다.[118]

또한, 소비자는 높은 통제의 소재를 지각하는 경우에, 즉 재활용을 하기 위해 자신이 들이는 노력이 효과가 있다고 지각할 때 재활용행동을 수행하려는 동기가 유발될 것이다.[119]

(2) 재활용능력

소비자가 재활용을 할 수 있는 능력을 갖고 있을수록, 재활용행동을 수행할 가능성이 높아진다.[120] 다음은 재활용능력에 관련된 몇 가지 연구결과의 예이다.

첫째, 지식의 부족은 올바르지 못한 처분행동을 초래한다.[121]

둘째, 소비자가 재활용행동을 수행하기 위해서는 재활용이 환경에 미치는 긍정적인 효과에 관한 일반적인 지식을 갖고 있어야 한다.[122]

셋째, 소비자가 재활용행동을 수행하기 위해서는 일상생활에서 항상 재활용 문제를 염두에 두고 있어야 한다.[123]

(3) 재활용기회

소비자의 입장에서 재활용하는 일이 너무 어렵거나 불편하다면, 당연히 재활용행동을 피하려 들 것이다. 따라서, 소비자가 편리하고 간단하게 재활용하는 방법을 제시하면, 소비자의 재활용기회가 높아져서 소비자가 재활용행동을 수행할 가능성을 높일 수 있다. 예컨대, 독일에서는 재활용품을 분리수거할 수 있도록 색깔이 다른 두 개의 큰 플라스틱 용기를 제공해주는 재활용 프로그램을 시행했는데, 이는 꽤 인기가 높아서 대성공을 거두었다.[124]

---

117 Richard P. Bagozzi and Pratibha Dabholkar, "Consumer Recycling Goals and Their Effect on Decisions to Recycle", *Psychology and Marketing*, July-August 1994, pp. 313-340.

118 E. Howenstein, "Marketing Segmentation for Recycling", *Environment and Behavior*, March 1993, pp. 86-102.

119 Shrum, Lowrey, and McCarthy(1994), *op. cit.*

120 Susan E. Heckler, "The Role of Memory in Understanding and Encouraging Recycling Behavior", *Psychology and Marketing*, July-August 1994, pp. 375-392.

121 Pieters(1991), *op. cit.*

122 Heckler(1994), *op. cit.*

123 Pieters(1991), *op. cit.*

124 Pieters(1991), *op. cit.*

또한, 재활용의 일상생활화를 달성하기 위해서는 쓰레기를 그냥 내다버리는 기존의 습관을 버리고 새로운 습관을 형성하도록 만들어야 한다.[125] 이런 측면에서 사용하기 쉬운 수거용기를 제공해주는 것도 소비자에게 큰 도움이 될 것이다.

2) 소비자의 재활용행동 제고방안

재활용할 동기, 능력 및 기회를 높여줌으로써 소비자들이 재활용행동을 수행하도록 유도하는 방안을 모색할 수 있다.

첫째, 소비자의 재활용동기를 높이는 데는 복권과 콘테스트와 같은 특별한 유인책(incentive)을 제시하는 것이 효과가 있다. 또한, 소비자에게 재활용하도록 설득하는 데는 개인적으로 아는 사람이 긍정적인 결과에 초점을 둔 메시지를 전하도록 하는 방식이 가장 효과적이다.[126] 예컨대, 보이스카웃 단원을 이용하여 재활용의 이점에 관한 메시지를 개별적으로 전하게 했더니, 재활용행동의 수행비율이 11%에서 42%로 크게 증가했다.[127] 이웃의 의견선도자(block leader)를 활용하는 방법도 효과적일 수 있다. 하지만, 이런 기법들의 효과는 보통 일시적이기 때문에, 정기적으로 시행하는 노력이 필요하다.

둘째, 기업은 소비자에게 재활용행동을 수행하는 방법을 교육시켜 소비자의 재활용능력을 높일 수 있다. 이런 경우에는 개인적 커뮤니케이션(예: 이웃의 의견선도자)이나 전단 혹은 공익광고를 활용할 수 있는데, 여기서 전하는 메시지는 개인적인 관련성이 있고, 기억해내기 쉬워야 한다. 또한, 냉장고 문에 붙이는 태그를 만들어 제공하는 것도 소비자에게 재활용을 상기시키는 데 도움이 된다.[128]

셋째, 소비자의 재활용기회를 높이는 방안으로는 물품별로 손쉽게 집어넣거나 빼낼 수 있는 재활용품 수거용기를 각각 별도로 제공하는 재활용 프로그램을 시행하는 것을 들 수 있다. 미국, 독일 및 네덜란드는 이런 종류의 재활용 프로그램이 비교적 잘 운용되고 있는 대표적인 국가들이다. 또한, 손쉽게 재활용할 수 있는 제품을 제공하는 것도 재활용의 기회를 높이는 또 하나의 방식이다.

---

125 Pieters(1991), *op. cit.*

126 Kenneth R. Lord, "Motivating Recycling Behavior: A Quasi-Experimental Investigation of Message and Source Strategies", *Psychology and Marketing*, July-August 1994, pp. 341-358.

127 S. M. Burn and Stuart Oskamp, "Increasing Community Recycling with Persuasive Communications and Public Commitment", *Journal of Applied Social Psychology*, Vol. 16, 1986, pp. 29-41.

128 Heckler(1994), *op. cit.*

핵심용어

Keyword

가능한 모든 수단을 동원하는 방안, 강자전략, 객관적 성과, 경험설명방안, 경험에 의한 소비자학습, 경험에 의한 소비자학습모델, 공정성, 공평성이론, 귀인이론, 긍정적 미확인, 기대, 논제강화방안, 논제방해방안, 단순한 확인, 만족, 물리적 이탈, 미확인, 미확인 패러다임, 반환, 보류하기 위한 처분, 부정적 미확인, 부정적인 구전, 불만족, 비자발적 처분, 선택적 지각, 성과, 소비자불평, 소비전 신념, 시용조장방안, 안정성, 약자전략, 영구적이고 자발적인 처분, 의사결정후 느낌, 의사결정후 인지부조화, 의사결정후 프로세스, 인지부조화이론, 일시적 처분, 재활용기회, 재활용능력, 재활용동기, 재활용행동, 정보처리의 편향오류, 정서적 이탈, 주관적 성과, 증거노출 차단방안, 지각된 불공평, 처분행동, 초점, 측면순환, 탈피하기 위한 처분, 통제가능성, 파괴, 판매원-고객의 상호작용

CONSUMER BEHAVIOR
AND
MARKETING ACTION

제 3 부

소비자행동의 내부적 영향요인

Consumer Behavior and Marketing Action

제6장

소비자의 동기, 능력 및 기회

제1부 소비자행동 입문

제 1 장 소비자행동의 기초

제2부 소비자의 의사결정프로세스

제 2 장 문제인식과 정보탐색	제 3 장 판 단
제 4 장 의사결정	제 5 장 의사결정후 프로세스

제3부 소비자행동의 내부적 영향요인

제 6 장 소비자의 동기, 능력 및 기회	제 7 장 소비자의 노출, 주의 및 지각	제 8 장 소비자의 범주화와 이해
제 9 장 고노력형 태도형성과 태도변화	제10장 저노력형 태도형성과 태도변화	제11장 소비자의 기억과 인출

제 1 절 소비자동기
제 2 절 소비자능력
제 3 절 소비자기회

제4부 소비자행동의 외부적 영향요인

제12장 문 화	제13장 사회계층	제14장 인구통계요인
제15장 준거집단과 사회적 영향력	제16장 사이코그래픽스	

제1장의 [그림 1-1]에 제시된 소비자행동모델에서 소비자행동의 내부적 영향요인의 첫 번째 요소인 소비자의 동기(motivation), 능력(ability) 및 기회(opportunity)(이하 MAO로 약칭)는 소비자행동의 내부적 영향요인과 소비자의 의사결정프로세스를 구성하는 여러 요소에 영향을 미친다.

첫째, 소비자의 MAO 수준은 ① 소비자가 어떤 정보에 주의를 기울이는가, ② 소비자는 어떻게 태도를 형성하는가, 그리고 ③ 소비자는 무엇을 기억하는가와 같은 소비자의 내부프로세스에 속하는 여러 측면에 중요한 영향을 미친다.

둘째, 소비자의 MAO 수준은 소비자가 제품의 획득(구매)-사용-처분 행동에 관한 의사결정을 할 때 ① 소비자가 얼마나 정보를 많이 탐색하는가, ② 여러 가지 행동대안 중에서 하나를 어떻게 선택하는가, 그리고 ③ 결과의 만족 여부를 어떻게 판단하는가와 같은 소비자의 의사결정프로세스에 속하는 여러 측면에 중요한 영향을 미친다.

그림 6-1 소비자의 동기, 능력 및 기회의 효과

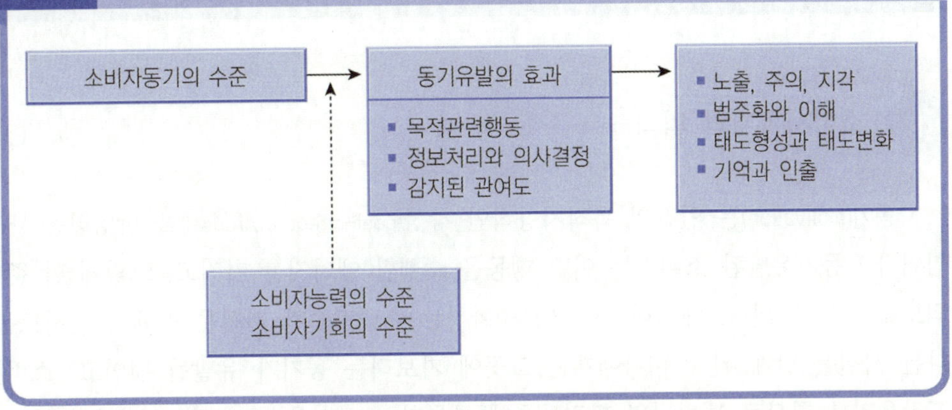

※ 자료: Wayne D. Hoyer and Deborah J. MacInnis, *Consumer Behavior*, Houghton Mifflin, 1997, p. 30 일부수정.

제6장에서 논의하는 주제는 소비자의 MAO인데, 그 개괄적인 내용은 [그림 6-1]에 제시되어 있다. 우선, 소비자동기의 수준은 어떤 동기유발 대상이 소비자에게 ① 개인적인 관련성이 있고, ② 자신의 욕구, 가치 및 목적과 일관성이 있으며, ③ 높은 위험이 지각되고 그리고 ④ 자신의 기존 태도와 보통 수준으로 불일치되는 경우에 높아진다. 이에 따라 동기유발된 소비자는 ① 고노력형 목적관련행동을 수행하고, ② 고노력형 정보처리와 의사결정을 수행하며, 그리고 ③ 목적관련행동에 대해 높은 수준의

관여도를 느끼게 된다.

그런데, 동기유발된 소비자가 실제로 자신의 목적을 달성하는지 여부는 그가 그런 목적을 달성할 수 있는 능력과 기회를 갖고 있는지 여부에 의존한다. 소비자가 자신의 목적을 달성할 수 있는 능력(즉, 소비자능력)에 영향을 미치는 요인에는 ① 지식 및 경험, ② 인지스타일, ③ 지능, 학력, 나이 그리고 ④ 화폐자원(돈)이 있고, 소비자가 목적을 달성할 수 있는 기회(즉, 소비자기회)에 영향을 미치는 요인에는 ① 시간, ② 주의분산 그리고 ③ 정보의 양, 복잡성 및 반복이 있다.

이 장에서는 소비자의 MAO가 무엇이고, 이에 영향을 미치는 요인이 무엇이며, 그것이 기업에 주는 마케팅시사점에는 어떤 것이 있는가를 설명한다.

제 1 절 소비자동기

1. 소비자동기의 의의

동기(motivation)는 인간의 목적지향적인 각성(goal-directed arousal)을 반영하는 내적인 힘이다.[1] 동기유발된 소비자는 어떤 행동을 수행할 에너지를 가지고, 그렇게 할 준비와 의도를 가지게 된다. 예컨대, 자신이 좋아하는 대중가수가 가까운 곳에서 콘서트를 연다는 사실을 알게 된 소비자에게는 그곳에 가보려는 동기가 유발될 것이고, 소비재의 포장용기를 함부로 내버리면 환경보호에 해롭다는 사실을 알게 된 소비자에게는 이를 재활용하거나 분리수거하려는 동기가 유발될 것이며, 가까운 친구가 화재로 재산을 몽땅 잃게 되었다는 사실을 알게 된 소비자에게는 그 친구를 도우려는 동기가 유발될 것이다.

그런데, 이렇게 소비자에게 동기유발을 시킬 수 있는 대상[2]에는 아무런 제한이 없다. 즉, 동기유발의 대상에는 자동차구매, 우표수집 혹은 다이어트개시와 같은 어떤 구

1 Deborah J. MacInnis, Christine Moorman, and Bernard J. Jaworski, "Enhancing and Measuring Consumers' Motivation, Opportunity, and Ability to Process Brand Information from Ads", *Journal of Marketing*, October 1991, pp. 32–53.

2 이는 소비자가 달성하려고 노력하는 목적과 동일한 의미이다.

체적인 행동(specific action), 취업할 직장을 결정하는 것과 같은 어떤 의사결정(decision making) 혹은 광고의 내용을 읽는 것과 같은 어떤 정보처리활동(information processing activity)이 포함될 수 있다. 요컨대, 소비자에게는 어떤 구체적인 행동을 수행하거나 어떤 의사결정을 하거나 혹은 어떤 정보처리를 수행할 동기가 유발될 수 있는데, 여기서 우리의 관심사는 소비자가 어떤 제품이나 서비스를 획득, 사용 혹은 처분할 행동에 대한 동기가 어떻게 유발되는가 하는 것이다.

하지만, 이런 획득, 사용, 혹은 처분 행동을 수행할 동기가 유발되더라도 실제로는 소비자가 이를 실천에 옮기지 못할 수도 있다는 데 주의해야 한다. 즉, 소비자의 동기유발은 소비자의 각성이나 의도를 반영하는 것이지 목적의 실제적인 달성을 반영하는 것은 아니기 때문이다. 따라서, 목적과 목적의 실제적인 달성은 반드시 구분되어야 하는데, 이렇게 소비자의 동기유발이 목적의 실제적인 달성으로 이어지거나 이어지지 못하게 만드는 요인이 바로 소비자능력과 소비자기회이다.

2. 동기유발의 효과

소비자의 동기유발이 소비자의 행동에 어떤 영향을 미치는가에 관해서는 그동안 다양한 이론들이 제안되었다. 여기서는 소비자의 동기유발이 미치는 세 가지 주요효과로서 ① 고노력형 목적관련행동의 유발효과, ② 고노력형 정보처리와 의사결정의 유발효과 그리고 ③ 감지된 관여도의 유발효과를 중심으로 간략히 설명하기로 한다.

1) 고노력형 목적관련행동의 유발효과

소비자의 동기유발은 소비자가 목적관련행동(goal-relevant behavior)을 수행하도록 만드는 효과를 가진다. 예컨대, 자동차를 새로 구입하려는 동기가 유발된 소비자는 자동차 대리점을 방문해보거나, 자동차 관련 잡지나 사이트를 살펴보거나, 자동차를 갖고 있는 친구에게 이것저것 물어 보는 것과 같은 목적관련행동을 수행할 것이다. 이렇게 동기가 유발된 소비자는 자신이 추구하는 목적과 일관된 행동을 수행할 뿐만 아니라, 그런 행동을 수행하는 데 많은 시간과 에너지(노력)를 기꺼이 투입할 의도도 갖게 된다. 예컨대, 자신이 좋아하는 대중가수의 콘서트에 가려는 동기가 강하게 유발된 소비자는 어떻게든 입장권 구입비용을 마련할 것이고, 입장권 판매창구 앞에서 밤새워 줄을 서서 기다려서라도 입장권을 확보할 것이며, 공연 당일에 아무리 악천후라도 콘서트 장소에 가는 수고를 마다하지 않을 것이다.

2) 고노력형 정보처리와 의사결정의 유발효과

소비자의 동기유발은 소비자가 정보를 처리하는 방식과 소비자가 의사결정을 수행하는 방식에도 영향을 미친다. 소비자의 동기유발 수준이 높은 상황과 낮은 상황에서 소비자가 자신의 목적을 달성하기 위해 투입하는 노력의 양은 큰 차이가 있다.[3] 이런 소비자노력(consumer's effort)은 소비자가 ① 정보에 반응하는 방식, ② 의사결정을 수행하는 방식 그리고 ③ 태도를 형성하고 변경하는 방식을 표현하는 하나의 핵심적인 개념이다. 따라서, 이 책에서는 정보탐색(제2장), 판단과 의사결정(제3장과 제4장) 그리고 태도형성과 태도변화(제9장과 제10장)라는 소비자행동의 주요 주제를 설명할 때 고노력형(high effort type)과 저노력형(low effort type)으로 구분해서 설명하기로 한다. 또한, 기억과 인출을 논의하는 제11장에서는 고노력형 집중적인 사고를 의미하는 정교화가 소비자의 기억에 어떤 영향을 미치는가를 설명한다.

우선, 어떤 목적을 달성하려는 동기유발 수준이 높은 소비자는 그런 목적대상에 대해 주의를 많이 기울이거나, 그것에 대해 깊이 생각하거나, 그것에 관해 제시된 정보를 이해하려고 애쓰거나, 그것을 비판적으로 평가하거나, 차후에 쓰기 위해 그 정보를 기억 속에 저장하려고 할 가능성이 높아진다.[4]

자동차를 구입하려는 동기가 유발된 소비자는 여러 자동차 모델들을 서로 비교하거나, 자동차의 특정한 속성(예: 연료분사식)이 의미하는 바가 무엇인지를 이해하려 하거나, 자신이 운전하는 모습을 상상해 보거나, 친구들이 그것에 관해서 어떻게 생각하는가를 알아보는 데 많은 시간과 에너지를 투입할 가능성이 높아진다. 또한, 소비자는 수집된 정보를 신중하게 평가하고 분석해서 각 상표(자동차 모델)에 대한 자신의 태도를 형성하게 된다. 예컨대, 어떤 상표를 알리는 광고에서 제품의 세부적인 내용에 관해서는 별로 말해주는 바가 없다면, 그 상표가 그다지 좋은 제품은 아닐 것이라는 부정적인 결론을 내릴 수도 있다.

한편, 어떤 목적을 달성하려는 동기유발 수준이 낮은 소비자는 제시되는 자극에 관련된 정보를 처리하거나 의사결정을 하는 데 별로 많은 노력을 들이지 않는다. 예컨

---

3 Deborah J. McInnis and Bernard J. Jaworski, "Information Processing from Advertisements: Toward an Integrative Framework", *Journal of Marketing*, October 1989, pp. 1-23.

4 Richard E. Petty and John T. Cacioppo, *Communication and Persuasion: Central and Peripheral Routes to Attitude Change* (New York: Springer-Verlag, 1986), p. 116.

대, 가정의 화장실용 두루마리 화장지의 재고가 별로 없어서 이를 새로 구입하려는 경우라면, 이에 관한 소비자의 동기유발 수준은 그다지 높지 않을 것이다. 이런 경우에는 소비자가 두루마리 화장지의 여러 특성에 관해 학습하는 데 많은 주의를 기울일 가능성이 비교적 낮고, 각 상표의 두루마리 화장지를 사용하면 어떤 결과가 초래될 지에 관해 깊이 생각해 볼 가능성도 낮을 것이다. 또한, 소비자가 여러 두루마리 화장지 상표의 광고에 대해 많은 주의를 기울일 가능성이 낮고, 소매점에 구입하러 가서도 여러 두루마리 화장지 상표들을 신중하게 비교해보는 일도 적을 것이다.

대개 이처럼 소비자의 동기유발 수준이 낮은 경우에는 소비자가 비교적 간단한 의사결정 방식인 휴리스틱(heuristic)에 의거해서 구입할 상표를 선택할 수 있다. 휴리스틱은 비교적 단순하고 유연하며 변화하는 의사결정상황에 쉽게 적응할 수 있는 소비자 나름대로의 의사결정규칙으로서, 본격적이고 광범위한 정보처리를 하는 대신에 경험, 직관 혹은 논리적 사고에 의하여 문제해결의 과정을 단순화시킬 수 있는 규칙 혹은 지침이다.[5] 예컨대, 일반적인 식료품을 구매하는 상황에서 가장 가격이 싼 상표를 구입하거나 아니면 가장 최근에 구입했던 상표를 또다시 구입하기로 결정하는 것을 들 수 있다.

이런 소비자의 동기유발 수준과 고-저 노력형 정보처리의 관계는 여러 문화권에서 적용된다. 어떤 조사에서는 높은 동기와 낮은 동기를 경험했던 여러 제품에 대해 독일, 태국, 미국의 소비자는 서로 유사한 의사결정 패턴을 갖고 있는 것으로 나타났다.[6] 즉, 3개국 소비자들은 모두 동기유발의 수준이 높을수록, 좀더 방대한 고노력형 정보처리를 수행하였다.

소비자의 일상생활에서는 어떤 제품에 관련된 정보를 처리하려는 소비자의 동기유발 수준이 높은 경우보다는 낮은 경우가 더 많다. 소비자는 매일 수천 개나 되는 제품에 관련된 각종 정보에 노출될 수 있지만, 그중에서 소비자가 실제로 정보처리와 의사결정에 상당한 노력을 투입하는 것은 극소수에 불과하다. 따라서, 기업의 입장에서는 자사제품에 관한 소비자의 동기유발 수준을 높이는 방법을 적극 모색하는 것이 필요하다.

---

5 소비자 문제해결에 중요한 휴리스틱에는 탐색 휴리스틱(search heuristic), 평가 휴리스틱(evaluation heuristic) 그리고 선택 휴리스틱(choice heuristic)의 세 가지 유형이 있다(임종원 · 김재일 · 홍성태 · 이유재, **소비자 행동론**, 경문사, 1994, pp. 358-359).

6 Dana L. Alden, Wayne D. Hoyer, and Guntalee Wechasara, "Choice Strategies and Involvement: A Cross-Cultural Analysis", in ed. Thomas K. Srull, *Advances in Consumer Research*, Vol. 16 (Provo, Utah: Association for Consumer Research, 1989), pp. 119-126.

3) 감지된 관여도의 유발효과

소비자의 동기유발은 소비자에게 관여도(involvement)의 증가라는 특정한 심리적인 상태를 초래한다. 그 동안 소비자행동 연구자들은 관여도라는 개념을 여러 가지 의미로 사용해 왔다. 과거에는 관여도를 동기유발과 동의어로 사용하는 경우도 있었지만, 최근에는 관여도가 동기유발의 결과를 반영한다고 보는 시각이 등장하였다.

이에 따라서 '동기유발된 소비자가 겪게 되는 심리적인 경험(the psychological experience of the motivated consumer)'을 의미하는 감지된 관여도(felt involvement)라는 용어가 도입되었다.[7] 즉, 소비자의 동기유발은 소비자에게 일종의 각성을 초래할 뿐만 아니라, 목적관련 대상에 관해서 소비자가 수행하는 활동이 흥미나 흥분감, 걱정, 혹은 열정과 같은 어떤 심리적인 상태를 초래하기도 한다는 것이다.

소비자의 관여도는 〈표 6-1〉에 제시된 바와 같이 ① 관여의 지속기간, ② 관여의 성격 및 ③ 관여의 대상을 기준으로 해서 몇 가지 유형으로 구분해서 이해할 수 있다.

표 6-1 소비자 관여도의 유형

관여의 지속기간	관여의 성격	관여의 대상
▪ 지속적 관여도 ▪ 상황적 관여도	▪ 인지적 관여도 ▪ 감정적 관여도	▪ 제품범주관여도 ▪ 상표관여도 ▪ 광고관여도 ▪ 매체관여도 ▪ 매체수단관여도 ▪ 반응관여도

(1) 관여의 지속기간에 따른 관여도의 유형

소비자의 관여도는 관여의 지속기간을 기준으로 해서 지속적 관여도(enduring involvement)와 상황적 관여도(situational involvement)로 구분된다.[8]

첫째, 지속적 관여도는 연속적이고 장기적인 성격을 가진 관여도로, 소비자가 평소에 어떤 대상에 대해 높은 관심을 갖고 있는 경우에 해당된다. 예컨대, 자동차광(狂)

7 Richard L. Celsi and Jerry C. Olson, "The Role of Involvement in Attention and Comprehension Processes", *Journal of Consumer Research*, September 1988, pp. 210–224.

8 Andrew A. Mitchell, "The Dimensions of Advertising Involvement", in ed. Kent Monroe, *Advances in Consumer Research*, Vol. 8 (Ann Arbor, Mich.: Association for Consumer Research, 1981), pp. 25–30.

은 원래 자동차에 대해 관심이 많은 사람이기 때문에, 자동차에 대해 높은 지속적 관여도를 가진다고 말할 수 있다. 이런 자동차광은 평소에 신차 발표회의 관람, 자동차 전문잡지 읽기, 혹은 자동차 판매점 방문과 같은 자동차에 대한 깊은 관심을 반영하는 각종 활동을 수행할 것이다. 이렇게 소비자가 높은 지속적 관여도를 표현할 수 있는 대상에는 아무런 제한이 없지만, 대부분의 소비자는 비교적 소수의 제품에 한해서 높은 지속적 관여도를 가진다.

둘째, 상황적 관여도는 간헐적이고 단기적인 성격을 가진 관여도로, 어떤 대상에 대한 소비자의 높은 관여도가 단지 일시적인 것에 그치는 경우에 해당된다. 예컨대, 자동차광이 아닌 보통 소비자라면 자동차를 새로 구입하려는 시점에서는 자동차 구매에 대한 관여도가 일시적으로 높아지겠지만, 자동차를 구입한 후에는 자동차에 대한 관여도가 원래의 낮은 수준으로 되돌아갈 것이다. 또한, 다른 사람에게 줄 선물을 구입하려는 경우에도 소비자가 선물할 상품을 결정하려는 시기에는 일시적으로 관여도가 높아지더라도, 선물을 구입한 후에는 다시 관여도가 낮아질 것이다.

(2) 관여의 성격에 따른 관여도의 유형

소비자의 관여도는 관여의 성격을 기준으로 해서 인지적 관여도(cognitive involvement)와 감정적 관여도(affective involvement)로 구분된다.[9] 기업의 입장에서는 인지적 관여도와 감정적 관여도 중의 어느 하나나 두 가지 모두를 자극하는 방안을 모색할 수 있기 때문에, 이런 두 종류의 관여도를 구별하는 것이 중요하다고 하겠다.

첫째, 인지적 관여도는 소비자가 자신의 목적에 관련된 정보를 생각하고 처리하는 데 많은 관심을 가지는 것을 말한다. 즉, 인지적 관여도가 높은 소비자는 제품에 관해서 많이 학습하려는 목적을 가진다. 자신이 관심을 두고 있는 제품에 관해서 좀더 많은 것을 배우기 위해 이에 관련된 광고의 내용을 꼼꼼히 읽는 소비자는 인지적 관여도가 높은 소비자의 예라고 말할 수 있다.

둘째, 감정적 관여도는 소비자가 어떤 대상에 대해 정서적인 에너지와 고조된 느낌을 경험하는 것을 말한다. 즉, 어떤 대상에 대한 감정적 관여도가 높은 소비자는 그런 대상과 자신의 감정을 서로 연결시킨다. 어떤 노래를 듣고 정서가 고조됨을 느끼는 소비자나 영화에 나오는 애틋한 장면을 보고 감정이 복받쳐 눈물을 흘리는 소비자는 감정적 관여도가 높은 소비자의 예라고 말할 수 있다.

9 C. Whan Park and S. Mark Young, "Consumer Response to Television Commercials: The Impact of Involvement and Background Music on Brand Attitude Formation", *Journal of Marketing Research*, February 1986, pp. 11–24.

(3) 관여의 대상에 따른 관여도의 유형

기업의 입장에서 소비자의 관여도는 관여의 대상이 되는 마케팅 자극이 무엇인가를 기준으로해서 다음과 같은 몇 가지 형태로 구분할 수 있다.

첫째, 제품범주관여도(product category involvement)이다. 이는 소비자가 컴퓨터나 미장원과 같은 어떤 제품이나 서비스 범주에 대해 가지는 인지적 관여도나 감정적 관여도를 말한다.

둘째, 상표관여도(brand involvement)이다. 이는 소비자가 어떤 제품이나 서비스 범주에 속하는 여러 가지 상표 중에서 특정한 상표에 대해 가지는 인지적 관여도나 감정적 관여도를 말한다.

셋째, 광고관여도(ad involvement)이다. 이는 소비자가 광고에 대해 가지는 인지적 관여도나 감정적 관여도를 말한다. 소비자에게 개인적인 관련성이 있는 메시지를 제시하는 광고와 매우 흥미롭게 제작된 광고는 소비자의 광고관여도를 높이는 역할을 한다. 예컨대, 스포츠와 관한 흥미로운 문제를 내고 소비자에게 전화로 답해달라고 요청하는 식의 광고는 스포츠팬에게 높은 수준의 광고관여도를 유발할 수 있다. 하지만, 소비자의 광고관여도를 유발하는 광고의 형태는 문화권에 따라서 차이가 있다. 예컨대, 일본에서는 전달하려는 메시지가 명확하게 표현된 광고보다는 개인간 관계, 사회적 여건, 혹은 비언어적 표현을 강조하는 광고가 소비자의 광고관여도를 더 높인다고 한다.[10]

넷째, 매체관여도(media involvement)이다. 이는 소비자가 광고매체에 대해 가지는 인지적 관여도나 감정적 관여도를 말한다. 매체관여도의 수준에 따라서 광고매체는 고관여매체(high-involvement media)와 저관여매체(low-involvement media)로 구분될 수 있다. 대개 TV 시청자는 TV에서 방영되는 정보를 처리하기 위해 별로 많은 생각을 하지 않는 수동적인 존재이기 때문에, 일반적으로 TV는 저관여매체로 간주된다. 한편, 독자가 제시되는 자극과 적극적으로 상호작용을 해야 하는 인쇄매체(잡지와 신문)는 고관여매체로 간주된다.

다섯째, 매체수단관여도(media vehicle involvement)이다. 이는 소비자가 TV나 라디오에서 방송되는 어떤 구체적인 프로그램이나 어떤 특정한 신문이나 잡지와 같은 매체수단에 대해 가지는 관여도를 말한다. 매체수단관여도는 많은 광고주들이 인기 있는 TV쇼를 방영하는 시간대에 자사의 광고를 내보내길 원하는 이유를 설명한다. 그런데, 방영

---

10 Barbara Mueller, "Standardization vs. Specialization: An Examination of Westernization in Japanese Advertising", *Journal of Advertising Research*, January–February 1992, pp. 15–24.

되는 프로그램의 내용이 매우 흥미로우면 소비자가 광고에서 제시되는 정보를 처리하는 것을 일시적으로 유예하거나 광고에 대한 주의가 분산될 수 있기 때문에, 프로그램에 대한 높은 관여도는 오히려 소비자의 광고 관여도를 낮추는 역할을 할 수 있다는 주장도 있다.[11] 하지만, 프로그램에 대한 몰입(즉, 프로그램관여도)이 광고 메시지를 처리하려는 소비자의 주의를 분산시키는지 아니면 이를 조장하는지의 여부에는 소비자의 프로그램 관여도뿐만 아니라, 광고 관여도, 그리고 광고가 주의획득수단을 사용하는지 여부와 같은 여러 요인이 복합적으로 작용한다고 보는 것이 좀더 일반적일 견해일 것이다.[12]

여섯째, 반응관여도(response involvement)이다. 이는 소비자가 어떤 구매의사결정이나 사용활동에 대해 가지는 인지적 관여도나 감정적 관여도를 말한다. 소비자는 여러 상표 중에서 구입할 상표를 결정하는 프로세스에 대해 높은 관여도를 가질 수 있다. 예컨대, 쇼핑하기를 즐기는 소비자는 구매의사결정을 하는 프로세스에 대해 높은 관여도를 가질 수 있는데, 이런 경우에는 소비자가 구경만 실컷 하고 실제로는 아무것도 구입하지 않는 경우도 많다. 또한, 소비자는 어떤 제품이나 서비스를 사용하는 활동에 대해 높은 관여도를 느끼게 될 수도 있다. 예컨대, 사람들이 영화 관람이나 놀이공원에서 청룡열차 타기와 같은 활동을 즐기는 이유는 이것이 높은 관여도를 느끼도록 만들기 때문이다.

마지막으로, 이런 관여도의 개념에 대해서는 다음과 같은 두 가지 중요한 사항을 지적해 둘 필요가 있다. 첫째, 관여의 대상은 매우 다양할 수 있기 때문에, 관여도라는 용어를 사용할 때는 반드시 관여의 대상이 무엇인가를 분명하게 명시해야 한다. 예컨대, 상표애호도가 높은 소비자는 자신이 좋아하는 상표에 대한 관여도(즉, 상표관여도)는 당연히 높겠지만, 그 상표가 시장에서 최고라고 생각하기 때문에 구입할 상표를 결정하는 의사결정에 대한 관여도(즉, 반응관여도)는 낮을 가능성이 높다. 또한, 소비자는 어떤 광고에 대해 높은 관여도(즉, 광고관여도)를 가지더라도, 그 광고에서 제시되는 상표에 대한 관여도(즉, 상표관여도)가 낮을 수 있다.

둘째, 관여도는 하나의 연속선상에서 표현되는 상대적인 개념이다. 대개 소비자행

11 C. Whan Park and Gordon W. McClung, "The Effects of TV Program Involvement on Involvement with Commercials", in ed. Richard J. Lutz, *Advances in Consumer Research*, Vol. 13 (Provo, Utah: Association for Consumer Research, 1986), pp. 544-548.

12 Kenneth R. Lord and Robert E. Burnkrant, "Attention Versus Distraction: The Interactive Effect of Program Involvement and Attentional Devices on Commercial Processing", *Journal of Advertising*, March 1993, pp. 47-60.

동에 관한 여러 가지 이론과 연구에서는 편의상 관여도를 고관여-저관여의 2분법으로 표현하는 경향이 있다. 하지만, 실제로 관여도는 매우 높은 수준에서 매우 낮은 수준에 이르기까지 그 수준이 다양하며, 대부분의 자극은 이런 양극단 사이의 어느 지점에 속하게 된다는 사실에 유의해야 한다.

3. 소비자동기에 영향을 미치는 요인

소비자동기에 영향을 미치는 주요요인으로는 ① 소비자에 대한 개인적 관련성의 정도, ② 소비자의 욕구, 가치, 목적과의 일관성, ③ 지각된 위험의 크기, 그리고 ④ 태도불일치의 정도를 들 수 있다.

1) 소비자에 대한 개인적 관련성의 정도

소비자동기에 영향을 미치는 중요한 요인 중의 하나는 제시되는 자극이 소비자에게 개인적 관련성(personal relevance)이 얼마나 높은가 하는 정도이다.[13]

(1) 개인적 관련성이 높아지는 조건

어떤 경우에 제시되는 자극이 소비자에게 개인적 관련성이 높아지는 것일까? 이는 크게 두 가지 조건으로 정리할 수 있다.

첫째, 자기 자신과 직접적인 관계가 있고 자기 생활에 어떤 중요한 결과를 초래할 가능성이 있는 자극일수록, 소비자에 대한 개인적인 관련성이 높아진다. 예컨대, 현재 자신이 갖고 있는 자동차가 경미한 충격에도 연료탱크가 잘 폭발하기 때문에 리콜을 시행하고 있는 중이라는 정보를 접하게 되었다면, 이런 정보는 소비자 자신에게 직접적인 관계가 있고 또한 그것이 초래하는 결과도 대단히 중요하기 때문에 소비자는 이를 개인적 관련성이 높은 사안이라고 여길 것이다.

둘째, 자기개념(self-concept)과 관계가 있는 자극일수록, 소비자에 대한 개인적인 관련성이 높아진다. 자기개념은 소비자 스스로가 자기 자신을 바라보는 시각과 다른 사람들이 자신을 바라보는 시각이라고 생각하는 것인데, 이는 자신이 어떤 사람인가를 규정하는 데 도움을 주고 또한 자신이 취할 행동을 안내하는 경우가 많기 때문에 소비

13 Michael L. Rothschild, "Perspectives on Involvement: Current Problems and Future Directions", in ed. Tom Kinnear, *Advances in Consumer Research*, Vol. 11 (Ann Arbor, Mich.: Association for Consumer Research, 1984), pp. 216-217.

자에게 중요하다.

우리가 상점에서 구입할 옷을 고를 때는 점원에게 우리가 어떤 사람이고 무엇을 하는 사람인지(예: 학생 혹은 전문직 종사자)를 말해주는 경우가 종종 있는데, 이는 곧 자기를 규정하는 수단이 되는 제품이 소비자에게 개인적인 관련성이 있음을 암시한다. 최근에 유명상표의 운동화를 신는 것이 크게 유행하는 현상(sneaker craze)은 청소년들이 자기이미지를 규정하는 데 있어서 여러 가지 운동화 상표가 차지하는 중요성을 크게 부각시켰다. 청소년들은 자신이 구입하는 운동화 상표가 개인적 관련성이 높다고 보기 때문에, 자기개념에 적합한 상표를 구입하는 데 기꺼이 많은 돈을 지출하고 있다.

(2) 개인적 관련성이 미치는 효과

소비자가 어떤 사안이나 사물이 자신에게 개인적 관련성이 높다고 생각하면, 소비자에게 과연 어떤 결과가 초래될 것인가? 이는 동기유발효과와 동일하다.

첫째, 개인적 관련성이 낮은 사안이나 사물과 비교할 때, 개인적 관련성이 높은 사안이나 사물을 검토하는 경우에는 소비자가 의사결정하는 데 도움이 되는 여러 가지 목적관련행동을 수행할 동기가 유발될 가능성이 높다. 예컨대, 개인적 관련성이 낮은 사안(예: 어떤 껌을 구입할까를 결정하려는 문제)과는 달리, 개인적 관련성이 높은 사안(예: 어떤 대학에 진학할까를 결정하려는 문제)인 경우에 소비자는 관련정보의 목록을 만들어보거나 주위사람들과 상의해보는 것과 같은 각종의 목적관련행동을 취하려고 할 것이다.

둘째, 자신에게 개인적 관련성이 높다고 생각하는 사안이나 사물과 관련되는 정보처리와 의사결정에 대해 소비자는 많은 시간과 노력을 투입할 가능성이 높다. 예컨대, 진학할 대학을 결정하려는 경우에는 대학진학에 관련된 자료를 신중하게 읽거나 여러 가지 관련 정보에 주의를 기울일 것이고(고노력형 정보처리의 예), 여러 속성을 기준으로 해서 진학할 대학후보들을 서로 비교해볼 것이다(고노력형 의사결정의 예).

셋째, 이런 과정에서 소비자는 의사결정 사안 자체가 자신의 관여도를 높인다는 것을 느끼게 될 수 있다. 예컨대, 그 의사결정이 자신을 사로잡는다는 느낌을 갖게 되거나 혹은 관련 자료를 읽는 것이 자신에게 어떤 흥미나 공포감을 느끼게 한다는 것을 알게 될 수 있다.

요컨대, 제시되는 자극이 소비자에 대한 개인적 관련성이 높아서 동기유발이 되는 경우에는 소비자가 고노력형 목적관련 행동을 수행하고, 고노력형 정보처리와 고노력형 의사결정을 수행하며, 관여도가 높아짐을 느끼게 된다.

(3) 제품과 서비스의 개인적 관련성

1970년대에 시행된 조사에서는 학생들에게 맥주, 커피, 치약, 자동차 및 화장지와 같은 몇 가지 제품과 징병, 월남전쟁 및 세계평화와 같은 몇 가지 이슈의 개인적 중요성을 비교 평가해 달라고 요청하였는데, 조사결과 대부분의 제품은 그 중요성이 낮은 것으로 평가되었다.[14] 그중에서 다소 중요하다고 평가된 제품은 자동차뿐이었는데, 이런 자동차도 징병, 전쟁 및 세계평화와 같은 주요 이슈에 비해서는 그 중요성이 낮은 것으로 평가되었다.

한편, 1980년대 중반에 시행된 조사에서는 소비자에게 여러 가지 제품의 개인적 중요성을 평가해 달라고 요청하였는데, 조사결과 중요성이 높은 것으로 평가된 제품에는 드레스, 브래지어, 세탁기 및 TV수상기가 있었고, 중요성이 낮은 것으로 평가된 제품에는 세제, 세면비누, 초콜릿, 및 요구르트가 있었다.[15] 바로 이 조사결과는 소비자가 자기생활에서 관련성이 높다고 보는 제품이나 서비스가 존재한다는 사실을 지적하는데, 이처럼 개인적 관련성이 높다고 보는 제품이나 서비스를 획득, 사용 혹은 처분하는 행동을 하는 경우에 소비자는 보다 높은 수준의 동기유발을 경험하게 된다.

(4) 개인적 관련성을 이용한 마케팅액션

기업은 개인적 관련성이라는 개념을 이용해서 자사가 제시하는 정보를 소비자가 적절히 처리하도록 만드는 방안을 모색할 수 있다.

첫째, 소비자에게 개인적 관련성이 높아 보이도록 만드는 마케팅커뮤니케이션을 제시해서, 소비자가 이런 정보를 처리할 수 있는 동기유발 수준을 높이는 방안이다. 예컨대, 인적판매의 경우에 소비자가 자사제품을 구입해야 할 근본적인 이유가 무엇인지를 잘 탐구해서 그런 이유에 잘 맞는 판매 설득문구를 고안하는 것이다.

둘째, 광고의 내용을 소비자의 특별한 관심사에 잘 맞도록 조정해서, 소비자가 이런 정보를 처리할 수 있는 동기유발 수준을 높이는 방안이다. 예컨대, 볼보(Volvo)는 "바로 이 자동차가 제 목숨을 살렸습니다(This car saved my life)."라는 표제로 광고캠페인을 전개한 적이 있다. 실제로 자동차사고를 당했던 사람을 광고모델로 내세운 이 광고캠

14 Nancy T. Hupfer and David M. Gardner, "Differential Involvement with Products and Issues: An Exploratory Study", in ed. David M. Gardner, *Proceedings of the Annual Conference of the Association for Consumer Research* (College Park, Md.: Association for Consumer Research, 1971), pp. 262-269.

15 Gilles Laurent and Jean-Noel Kapferer, "Measuring Consumer Involvement Profiles", *Journal of Marketing Research*, February 1985, pp. 41-53.

페인은 다른 자동차가 아닌 볼보자동차였기에 더 큰 부상을 피할 수 있었다는 사실을 여실히 보여주었기 때문에, 소비자에 대한 개인적인 관련성을 효과적으로 높인 광고캠페인의 사례라 하겠다.

2) 소비자의 욕구, 가치 및 목적과의 일관성

어떤 사안이나 사물이 소비자에 대한 개인적 관련성이 높아지는 이유 중의 하나는 그것이 소비자가 가진 욕구, 가치 및 목적(NVG: need, value, goal)과 일관성이 있기 때문이다.16 이런 일관성은 소비자의 동기유발에 영향을 미친다.

(1) 소비자의 욕구

소비자가 가진 욕구는 소비자의 개인적 관련성과 동기유발에 매우 강력한 영향을 미치는 요인이다. 소비자의 욕구(need)란 소비자에게 긴장을 유발하는 근본적이고 내적인 힘을 말한다. 원래 욕구의 균형상태는 그것이 충족된 상태인데, 어떤 욕구가 이런 균형상태에서 벗어나면 긴장이 조성된다. 소비자의 입장에서 이런 긴장은 심리적으로 불편한 불균형상태이기 때문에 자연히 그것을 줄이려는 동기가 유발된다. 요컨대, 욕구의 활성화는 소비자에게 목적지향적 각성(goal-directed arousal)을 초래하는데, 이는 소비자에게 해당 욕구를 충족시킬 방법을 모색할 동기를 유발한다.

예컨대, 배가 출출해지면, 소비자는 무언가 먹을 시간이 되었다는 것을 깨닫게 된다. 허기진 정도가 균형상태의 식역수준을 넘어서 긴장이 초래되면, 이를 줄이기 위해 무언가를 먹으려는 동기가 유발된다. 이런 동기유발은 냉장고에서 먹을 것을 찾아보거나, 식당에 가서 음식을 사먹거나 혹은 음식배달을 주문하는 것과 같은 특정한 행동을 수행하도록 안내한다. 그리하여 무언가를 먹어서 배를 채웠다면, 이 욕구는 다시 균형상태를 회복하게 된다. 요컨대, 소비자의 기본적인 욕구 활성화-해소 과정은 긴장각성-긴장감소의 원칙(tension arousal-tension reduction principle)을 따른다고 말할 수 있다.

소비자의 욕구는 소비자에게 어떤 대상을 찾도록 만드는 역할을 하지만 다른 대상을 피하도록 만드는 역할도 한다. 예컨대, 충치치료를 받으러 치과에 가는 일을 자꾸만 뒤로 미루는 것은 충치치료에 따른 고통을 피하려는 동기가 유발된 좋은 예이다.

가. 욕구의 특성

소비자의 욕구는 ① 동태적이고, ② 계층구조의 형태를 취하며, ③ 단서에 의해 환

16 J. Craig Andrews, Srinivas Durvasula, and Syed H. Akhter, “A Framework for Conceptualizing and Measuring the Involvement Construct in Advertising Research”, *Journal of Advertising*, December 1990, pp. 27-40.

기되고, ④ 욕구갈등이 발생하기도 한다는 주요 특성을 가진다.

첫째, 소비자의 욕구는 동태성(dynamic)을 가진다. 원래 인간의 욕구는 완전히 충족될 수 없는 것이기 때문에, 욕구충족이란 그저 일시적인 현상에 불과하다. 또한, 일단 어떤 욕구가 충족되면, 다시 새로운 욕구가 등장하게 된다. 따라서, 소비자의 일상생활은 곧 욕구충족의 연속적인 과정이라고 생각할 수 있다.

둘째, 소비자의 욕구는 어떤 우선순위가 있는 계층구조(hierarchy)의 형태를 취한다. 특정 시점에서 몇 개의 욕구가 동시에 활성화되더라도, 그중에서 어떤 욕구는 다른 욕구보다 그 중요성이 더 높다. 예컨대, 어떤 중요한 시험을 치고 있는 동안 갑자기 배가 출출해져서 무언가 먹고 싶다는 욕구를 느낄 수도 있지만, 그런 허기를 메우려는 욕구보다는 시험에서 좋은 성적을 거두어야 한다는 성취 욕구의 우선순위가 좀더 높기 때문에 시험 도중에 그만두고 먹을 것을 사러 나가는 일은 결코 하지 않을 것이다.

그런데, 이처럼 욕구가 계층구조의 형태를 취하더라도 단지 어떤 하나의 욕구만이 주어진 의사결정에 영향을 미치는 것은 아니고, 여러 가지 욕구가 동시에 활성화되어 소비자의 획득, 사용 및 처분 행동에 영향을 미치기도 한다. 예컨대, 토요일 저녁에 친구와 함께 외식하러 가기로 한 소비자의 결정은 새로운 자극을 모색하는 동기, 식사를 하려는 동기 그리고 우정을 돈독히 하려는 동기라는 세 가지 동기가 복합적으로 작용한 결과일 수 있다.

셋째, 소비자의 욕구는 어떤 단서(cue)에 의해서 의해 환기될 수 있는데, 이는 내부단서(internal cue)와 외부단서(external cue)로 구분된다. 예컨대, 배에서 나는 꼬르륵 소리가 무언가 먹고 싶다는 욕구를 자극하는 것은 내부단서에 의해 욕구가 환기되는 예이고, 냉장고에 나는 웅웅 소리가 배고픔을 일깨워 주는 것은 외부단서에 의해 욕구가 환기되는 예이다. 이처럼 욕구를 활성화시키는 어떤 사건이 발생하면, 그런 욕구를 충족시키기 위해 필요한 행동을 취할 동기가 소비자에게 유발된다.

넷째, 여러 가지 욕구가 서로 갈등하는 상태에 놓이는 경우도 있는데, 이를 욕구갈등(need conflict)이라고 한다. 이런 욕구갈등에는 ① 접근-회피 갈등(approach-avoidance conflict), ② 접근-접근 갈등(approach-approach conflict) 그리고 ③ 회피-회피 갈등(avoidance-avoidance conflict)이라는 세 가지 주요 유형이 있다.

접근-회피 갈등은 특정한 행동을 취하는 것이 어떤 욕구는 충족시키지만 다른 욕구는 충족시키지 못하기 때문에, 한편으로는 바람직하지만 다른 한편으로는 바람직하지 못하게 보이는 경우에 발생하는 갈등이다. 예컨대, 중요한 시험이 있는 날의 전날

밤에 열리는 어떤 멋진 행사에 초대를 받았다면, 소비자는 접근-회피 갈등을 경험하게 될 것이다.

접근-접근 갈등은 서로 다른 욕구를 충족시키는 두 개 이상의 서로 대등하게 바람직한 대안들 중에서 오직 한 개만 선택을 해야 하는 상황에 발생하는 갈등이다. 예컨대, 직장의 중요한 저녁회식에 초대를 받았는데, 마침 같은 시간에 열리는 마을의 중요한 반상회모임에 참석해달라는 요청을 받았다면, 소비자는 접근-접근 갈등을 경험하게 될 것이다.

회피-회피 갈등은 서로 대등하게 바람직하지 못하게 보이는 두 개의 대안 중에서 어느 하나를 선택해야만 하는 상황에 발생하는 갈등이다. 예컨대, 회사 일로 출장을 갔다가 초저녁에 타고 돌아오려던 비행기의 출발시간이 갑자기 연기되었다는 사실을 알게 된 경우에는 좀더 기다렸다가 밤늦게 출발하는 비행기라도 타고 오는 방안과 호텔에서 하루를 더 묵고 다음날 아침 첫 비행기를 타고 오는 방안 중에서 어느 하나를 선택해야 할 것이다.

그런데, 첫 번째 대안을 택하면 집에 너무 늦게 도착하기 때문에 몹시 피곤할 것 같아서 이를 피하고 싶을 수 있고, 두 번째 대안을 택하면 다음날 아침 일찍 열리는 출장 결과보고 회의에 참석할 수 없기 때문에 이것 역시 피하고 싶을 수 있다. 결국 이런 경우에는 어느 방안도 바람직하지 못하기 때문에, 소비자는 회피-회피 갈등을 경험하게 될 것이다.

나. 욕구의 유형

인간으로서 소비자가 느끼는 욕구에는 어떤 것이 있는지를 규명한 연구들이 많이 있다. 그중에서 여기서는 ① 매슬로우의 욕구분류, ② 사회적-비사회적 욕구분류, 그리고 ③ 기능적-상징적-쾌락적 욕구분류를 중심으로 소비자가 가지는 욕구의 유형을 설명하기로 한다.

가) 매슬로우의 욕구분류

인간이 가진 욕구의 유형에 관해서 가장 널리 알려진 이론은 심리학자 매슬로우(Maslow)의 욕구계층이론(hierarchy of needs theory)인데, 이 이론의 요지는 욕구유형의 분류와 욕구의 우선순위이다.[17]

첫째, 욕구계층이론에서는 인간의 욕구가 ① 생리적 욕구(음식, 물 및 수면에 대한 욕구), ② 안전욕구(거주지, 보호 및 안전에 대한 욕구), ③ 사회적 욕구(애정, 우정 및 인정에 대한 욕구), ④ 자

17 Abraham H. Maslow, *Motivation and Personalty*, 2nd ed. (New York: Harper & Row, 1970).

기욕구(명성, 성공, 성취 및 자기존중감에 대한 욕구) 그리고 ⑤ 자기실현욕구(자기충족감과 풍부한 경험에 대한 욕구)라는 다섯 가지 유형으로 분류된다고 본다.

둘째, 이런 욕구들은 계층구조의 형태로 배열되어 있기 때문에, 그 중요도의 우선순위가 있다고 본다. 즉, 더 높은 수준의 욕구가 활성화되기 위해서는 더 낮은 수준의 욕구부터 먼저 충족되어야 한다고 본다. 예컨대, 명성이나 성공과 같은 높은 수준의 자기욕구를 충족시키는 문제를 해결하기 전에 그보다 낮은 수준의 욕구에 해당되는 의식주 문제가 먼저 해결되어야 한다.

그런데, 매슬로우의 욕구계층이론은 인간이 가진 복잡한 욕구의 유형을 이해하는 데 매우 유익하지만, 너무 단순하다는 점에서 다음과 같은 비판을 받고 있다.

첫째, 욕구가 항상 매슬로우의 위계구조에서 명시된 순서로 등장하는 것은 아니다. 예컨대, 식품이나 의류와 같은 생활필수품을 구입하는 것보다는 복권을 구입하는 데 더 높은 우선순위를 두는 소비자도 있다.

둘째, 매슬로우의 위계구조는 욕구의 강도를 무시한다. 욕구의 존재뿐만 아니라 욕구의 강도도 소비자의 동기유발에 영향을 미치는데, 바로 이는 우리가 밤샘까지 하면서 시험공부를 하거나 돈이 별로 없는데도 불구하고 복권을 구입하는 것과 같은 행동을 하기도 하는 주된 이유이다.

셋째, 욕구의 우선순위는 문화권에 따라 차이가 있다. 예컨대, 서양 문화권과는 달리, 동양 문화권에서는 자기욕구나 자기실현욕구보다는 사회적 욕구에 더 높은 가치를 둔다.

나) 사회적-비사회적 욕구분류

소비자의 욕구는 욕구의 충족이 다른 사람의 존재를 전제로 하는지 여부에 따라서 사회적 욕구와 비사회적 욕구로 분류될 수 있다.

첫째, 사회적 욕구(social need)는 욕구의 충족이 다른 사람의 존재를 전제로 하는 외부지향적인 욕구이다. 사회적 욕구의 예로는 다른 사람들이 자신을 존경해 주길 바라는 존경욕구, 다른 사람들이 자신의 부담을 덜어 주기를 바라는 원조욕구, 다른 사람들이 적절한 행동방식을 자신에게 보여주길 바라는 모방욕구를 들 수 있다.

이런 사회적 욕구가 활성화되면, 다른 사람들부터 호의적인 반응을 얻어내는 데 도움을 주는 어떤 제품이나 서비스를 구매하거나 소비하는 경우가 많다. 예컨대, 연하장이나 장거리 전화서비스는 친교욕구를 충족시키는 데 도움을 주는 제품의 예이다. 그 외에도 지위욕구나 독특한 존재가 되고자 하는 욕구에 부합되기 때문에 그 가치가 인정되는 제품이 있는가 하면, 사회적 배경에서 소비되므로 사회적 욕구와 밀접하게 관련되는 제품도 있다.

둘째, 비사회적 욕구(nonsocial need)는 욕구의 충족이 다른 사람의 존재를 전제로 하지 않는 내부지향적인 욕구이다. 비사회적 욕구의 예로는 수면욕구, 참신성추구욕구, 통제욕구, 이해욕구를 들 수 있다.

이런 비사회적 욕구도 활성화되면, 사회적 욕구의 경우와 마찬가지로 소비자의 욕구충족에 도움을 주는 특정한 제품이나 서비스를 획득하거나 사용하는 행동에 영향을 미친다. 예컨대, 소비자는 자기세계의 일관성(질서)을 유지하기 위해 같은 상표를 수차례 반복해서 구입하는가 하면, 다양성추구욕구를 충족시키기 위해 기존에 구입했던 것과는 다른 어떤 상표를 구입하기도 한다.

〈표 6-2〉에는 사회적-비사회적 욕구분류와 기능적-상징적-쾌락적 욕구분류의 몇 가지 예가 제시되어 있다.

표 6-2 소비자 욕구의 유형 분류

	사회적 욕구	비사회적 욕구
기능적 욕구	모방욕구, 복종욕구, 원조욕구, 비하(굴욕)욕구, 공격욕구, 지배욕구	허기회피욕구, 안전욕구, 질서욕구, 인지욕구, 인과관계추론욕구
상징적 욕구	거부회피욕구, 자기존중욕구, 친교욕구, 소속욕구, 표현욕구, 양육욕구, 성취욕구	자기통제욕구, 독립욕구
쾌락적 욕구	성욕, 놀이욕구	참신성추구욕구, 강화추구욕구, 인지적 자극욕구, 감각적 자극욕구, 다양성추구욕구, 감각성욕구

다) 기능적-상징적-쾌락적 욕구분류

소비자의 욕구는 욕구의 본질에 따라서 기능적 욕구, 상징적 욕구 및 쾌락적 욕구로 분류될 수 있다.[18]

첫째, 기능적 욕구(functional need)는 소비자에게 소비관련 문제를 해결해주는 제품이나 서비스를 탐색하려는 동기를 유발하는 욕구이다. 예컨대, 볼보 왜건 광고는 에어백을 장착해 두었기 때문에 자동차의 안전에 전혀 문제가 없다고 강조하는데, 이는 소비자의 기능적 욕구에 소구하는 광고의 예이다.

둘째, 상징적 욕구(symbolic need)는 소비자의 자아고양, 역할위치, 집단소속, 혹은 자

18 C. Whan Park, Bernard J. Jaworski, and Deborah J. McInnis, "Strategic Brand Concept-Image", *Journal of Marketing*, October 1986, pp. 135-145.

아일체감을 반영하는 욕구이다. 예컨대, 성취욕구, 자립욕구 및 자아통제욕구는 소비자의 자기개념을 반영하기 때문에, 상징적 욕구에 해당된다. 또한, 남에게 거부되는 것을 피하고 싶은 욕구(거부회피욕구)와 자기존중욕구, 지위욕구, 친교욕구 및 소속욕구는 사회적 집단 내에서 소비자의 위치나 역할을 반영하기 때문에, 역시 상징적 욕구에 해당된다. 예컨대, 소비자가 굳이 학교동문용 신용카드나 유명디자이너 신용카드를 많이 사용하는 이유는 그런 신용카드가 자신의 상징적 욕구(지위)에 소구하기 때문일 수 있다.

셋째, 쾌락적 욕구(hedonic need)는 소비자의 감각적인 즐거움을 반영하는 욕구이다. 예컨대, 놀이욕구, 참신성추구욕구, 감각적 자극욕구, 인지적 자극욕구 및 강화추구욕구는 쾌락적 욕구를 반영하는 예이다. 이런 쾌락적 욕구는 소비자의 소비활동에 중요한 영향을 미친다. 예컨대, 소비자가 콘서트와 스포츠경기를 관람하거나 음악CD와 미술작품을 구입하는 이유는 그런 것들이 일종의 감각적인 즐거움을 가져다주기 때문이다.

그런데, 두 가지의 개성 특성이 소비자의 욕구와 관계가 있는 것으로 알려져 있다. 그중의 하나는 인지욕구(need for cognition)이다. 인지욕구가 높은 소비자는 독서나 퍼즐풀기 혹은 게임놀이와 같이 심적으로 부담이 되는 활동에 대한 관여도가 높고, 의사결정을 하는 동안 적극적인 정보처리를 하거나 더 적극적인 인지적 처리를 수행할 가능성이 높은 사람이다. 한편, 인지욕구가 낮은 소비자는 TV시청이나 현실도피용 영화관람과 같이 별로 생각할 필요가 없는 활동에 대한 관여도가 높고, 의사결정을 하는 동안 적극적인 정보처리나 적극적인 인지적 처리를 수행할 가능성이 낮은 사람이다.

다른 하나는 최적자극수준(optimum stimulation level: OSL)으로서, 감각적 자극에 대한 욕구이다. 최적자극수준이 높은 소비자는 특정한 활동과 행동에 대해 더 높은 관여도를 가질 수 있다. 즉, 최적자극수준이 높은 소비자는 쇼핑에 대한 관여도가 높고, 상표에 관한 정보탐색에 높은 관여도를 가지며, 광고에 대해 높은 관여도를 드러내는 반응을 보인다.

(2) 소비자의 가치

소비자의 가치(value)는 소비자에게 자신과 관련되는 것을 보도록 안내하는 역할을 한다. 따라서, 소비자는 자신이 중요시하는 가치(관)와 관련성이 있다고 보는 정보에 주의를 기울일 가능성이 높다. 예컨대, 교육을 매우 중요시하는 소비자는 교육의 가치를 이상적인 자기개념의 일부로 갖고 있기 때문에, 이런 가치와 일관되는 행동을 수행할 동기가 유발된다.

(3) 소비자의 목적

소비자의 목적(goal)은 소비자의 개인적 관련성 정도와 동기유발 수준에 영향을 미치는 또 하나의 요인이다. 소비자의 목적은 소비자가 현 상황에서 달성하기를 바라는 것을 의미하는데, 이는 상황에 따라서 달라지며 주어진 행동과 활동에 대해 특정하다. 예컨대, 어젯밤에 잠을 제대로 자지 못해서 몹시 피곤하다면, 오늘밤 소비자가 가질 수 있는 목적 중의 하나는 일찍 잠자리에 드는 것이 될 것이다.

이처럼 어떤 목적이 활성화되면, 그 목적에 관련되는 행동(즉, 목적관련 행동)을 수행할 동기가 유발된다. 예컨대, 몹시 피곤한 소비자는 밤에 편안하게 잠을 자도록 도와주는 활동의 일환으로 따뜻한 물에 목욕을 하거나 평소보다 일을 좀 적게 하거나 혹은 적당한 양의 저녁식사를 할 수 있을 것이다.

(4) 소비자의 욕구, 가치 및 목적을 이용한 마케팅액션

기업은 소비자의 욕구, 가치 및 목적을 이용하여 효과적인 마케팅활동을 수행하기 위한 다양한 방안을 모색할 수 있다.

첫째, 소비자의 욕구, 가치 및 목적에 소구함으로써 소비자의 구매동기를 높이는 방안이다. 특정한 시점에서 강한 욕구를 가진 소비자는 그 욕구에 관련된 행동을 수행할 동기유발 수준이 높기 때문에, 그런 소비자를 대상으로 마케팅커뮤니케이션 정보를 집중적으로 제공하면 그런 정보가 처리될 가능성이 높아진다. 예컨대, 독신자와 비교해서 몇 명의 가족을 두고 있는 소비자는 '사랑하는 사람을 보호할 준비가 필요합니다.'라는 생명보험회사의 광고문구에 대해 더 관심을 가지고 깊이 생각하게 될 것이다.

둘째, 현재 충족되지 못하고 있는 소비자의 욕구를 파악해서 이를 충족시키거나 기존에 충족되고 있는 소비자의 욕구를 더 잘 충족시키는 방안이다. 예컨대, 최근에는 이부프로펜(비스테로이드성 진통소염제) 성분이 함유된 진통제의 매출이 신장되고 있는 추세인데, 이는 그동안 속을 매스껍게 만들지 않는 진통제에 대한 소비자의 욕구가 강했기 때문이다. 또한, 기저귀 제조업체들은 아기의 크기와 성별에 따라서 디자인을 적절히 조정한 기저귀 제품을 개발해서 시판하고 있는데, 이는 아기를 키우는 소비자가 기저귀 제품에 대해 가진 기능적 욕구를 더 잘 충족시키기 위한 것이다.

셋째, 소비자의 새로운 욕구를 창출하는 방안이다. 예컨대, 미국에서 스포츠 트레이딩 카드(sports trading card)는 총 11억 달러 규모의 시장을 형성하고 있을 정도로 그 인기가 높다. 이런 스포츠 트레이딩 카드의 높은 인기에 편승해서, 이제는 스포츠분야

가 아닌 다른 분야의 트레이딩 카드도 속속 도입되고 있다. 이미 엘비스 프레슬리 카드, 라디오 연속극 주인공 카드, 그리고 Home Alone("나 홀로 집에"라는 제목의 영화) 카드가 도입된 바 있다. 이런 트레이딩 카드가 성행하는 것은 신종 오락에 대한 소비자의 욕구를 창출하려는 기업의 노력에 따른 결과라 할 수 있다.

넷째, 소비자의 욕구를 기준으로 시장세분화하는 방안이다. 예컨대, 다이어트음료나 카페인이 없는 청량음료가 개발된 것은 소비자의 세분시장별로 음료에 대한 욕구가 다르다는 인식에서부터 비롯된 것이다. 식품분야에서는 건강을 많이 의식하는 세분시장이 존재한다는 사실이 확인되면서, 칼로리와 지방 성분을 줄인 신제품들이 대거 도입되고 있다. 또한, 금융서비스분야에서도 소득수준이 높은 소비자와 소득수준이 낮은 소비자에게 각각 소구하는 다양한 금융패키지 서비스를 개발하고 있다. 대개 소득수준이 높은 소비자들은 MMF(money market fund), 세금피난처에 관한 조언, 납세 준비에 대한 지원에 관심이 많은 반면, 소득수준이 낮은 소비자들은 은행저축구좌와 퇴직후의 준비에 관한 조언에 많은 관심을 갖고 있다.

다섯째, 자사제품이 소비자의 욕구, 가치 및 목적을 잘 충족시켜준다는 것을 암시하는 광고를 제작해서 소비자가 이에 관련된 행동을 수행할 가능성을 높이는 방안이다. 예컨대, 소비자의 사회적 수용욕구(다른 사람들에게 수용을 받고자 하는 욕구)가 강하다는 사실에 착안한 비듬치료용 전문샴푸 제조업체는 머리에 비듬이 있으면 다른 사람들로부터 거부당할 수 있지만, 자사제품을 사용하면 이런 당혹스러운 상황에 처하는 것을 피할 수 있음을 암시하는 광고를 제작할 수 있다. 또한, 이 원리는 소비자의 욕구를 잘 파악해서 자사의 제품이나 서비스가 소비자의 적절한 욕구충족 대안이 된다는 것을 설명하는 인적 판매의 경우에도 마찬가지로 적용된다.

여섯째, 자사제품이 소비자의 욕구, 가치 및 목적에 관련되는 것으로 보이도록 만드는 마케팅커뮤니케이션을 개발하는 방안이다. 예컨대, 포드(Ford)사의 피에스타(Fiesta) 자동차광고는 소비자의 기능적 욕구와 쾌락적 욕구에 동시에 소구한 좋은 예이다. 즉, 자동차의 성능과 특징에 관해 상세한 정보를 제공하는 광고문안으로 소비자의 기능적 욕구에 소구했고, 멋진 자동차의 모습을 보여주어 소비자의 쾌락적 욕구에 소구했다.

일곱째, 소비자의 욕구갈등을 해소해주는 신제품이나 마케팅커뮤니케이션을 개발하는 방안이다. 예컨대, 칼로리가 높은 자사제품에 대해 소비자가 겪는 접근-회피 갈등을 해소해주려는 식품회사라면, 이런 욕구갈등에서 존재하는 '회피요소'를 낮추어줌(예: 지방과 칼로리의 함량을 더 낮추어 더 건강에 이로운 제품을 만드는 것)과 동시에 '접근요소'를 적절히 유지해주는 특성(예: 여전히 맛있는 제품으로 만드는 것)을 가진 신제품을 개발할 수 있다.

한편, 기업은 효과적인 마케팅커뮤니케이션을 이용해서 소비자가 어떤 제품범주에 관해서 겪는 욕구갈등을 해소하는 데 도움을 줄 수 있다. 예컨대, 우유와 돼지고기는 살찌게 만드는 식품이라고 사람들이 생각하고 있기 때문에 판매에 많은 어려움을 겪어 왔던 미국의 낙농업계와 축산업계는 소비자의 욕구갈등에서 존재하는 '회피요소'를 낮추어주기 위해 우유와 돼지고기가 건강에 좋다는 사실을 특별히 강조함과 동시에 유명 스포츠 선수를 모델로 내세운 광고를 집중적으로 전개하였다.

3) 지각된 위험의 크기

소비자의 지각된 위험은 소비자의 개인적 관련성 정도와 동기유발 수준에 영향을 미치는 또 하나의 요인이다.[19] 어떤 소비자가 자신의 휴가여행계획에 관한 여러 가지 문제를 생각하고 있다고 하자. 아마도 그는 특정한 휴양지로 휴가여행을 간다면 발생할 수 있는 결과에 대해 생각해 볼 것이다. 예컨대, 스키여행을 하러 갔지만, 그곳에 내린 눈이 스키를 타기에는 부족할 수 있고, 스키시설 이용료나 숙박비 및 음식비가 많이 비쌀 수 있으며, 스키장의 난이도가 높아서 스키를 타다가 큰 부상을 입을 수도 있겠다는 생각이 들 수 있을 것이다.

이런 몇 가지 결과들은 상당한 위험을 수반하기 때문에, 소비자의 입장에서는 이에 관련된 정보가 개인적 관련성이 있다고 느끼게 될 것이고, 또한 이런 결과들이 실제로 발생할 것인지를 확인하고 싶은 동기가 유발될 것이다.

(1) 지각된 위험의 의의

소비자의 지각된 위험(perceived risk)은 소비자가 어떤 행동을 수행해서 나타나게 되는 결과에 대해 느끼는 불확실성의 정도이다.[20] 소비자가 어떤 제품을 구입하려고 할 때는 구입에 따라 발생할 수 있는 결과와 그런 결과의 발생 가능성을 생각하게 된다. 이 때 어떤 부정적인 결과가 발생할 가능성이 있다면, 소비자가 지각하는 위험은 높아진다.

소비자의 지각된 위험은 ① 어떤 결과가 발생할 가능성을 의미하는 불확실성

19 Graham R. Dowling, "Perceived Risk: The Concept and Its Measurement", *Psychology and Marketing*, Fall 1986, pp. 193-210.

20 Raymond A. Bauer, "Consumer Behavior as Risk Taking", in ed. Robert S. Hancock, *Dynamic Marketing for a Changing World* (Chicago: American Marketing Association, 1960), pp. 389-398.

(uncertainty) 요소와 ② 그런 결과가 긍정적인가 아니면 부정적인가의 여부와 그것이 얼마나 심각한 것으로 지각되는가를 의미하는 사용결과(consequence) 요소라는 두 가지 핵심 요소의 함수이다. 예컨대, 난이도가 높은 휴양지의 스키장에서 큰 부상을 당하지 않고 잘 적응할 수 있을지 여부가 상당히 불확실하고 또한 이것이 심각한 결과를 초래한다고 본다면, 소비자는 해당 휴양지로 스키여행을 떠나는 것에 대해 높은 위험을 지각할 것이다.

소비자의 지각된 위험은 소비자와 제품 및 서비스의 특성에 따라 차이가 있는데, 대개 다음과 같은 조건에서 소비자의 지각된 위험이 높아지는 경향이 있다.[21]

첫째, 제품에 관해서 소비자가 가진 정보가 별로 없는 경우

둘째, 제품이 새로 도입된 신상품인 경우

셋째, 제품의 가격이 높은 경우

넷째, 제품이 기술적으로 복잡한 경우

다섯째, 시판 중인 상표들 간의 품질차이가 꽤 커서 소비자가 열등한 선택을 할 가능성이 있는 경우

여섯째, 소비자가 제품을 평가하는 데 확신이나 경험이 부족한 경우

일곱째, 타인의 의견이 중요하고 그 구매로 소비자가 어떤 사람인지 판단을 받게 될 가능성이 있는 경우

소비자의 지각된 위험은 국가별로 차이가 있는데, 선진국에 비해서 제품의 품질수준이 전반적으로 낮은 후진국에서는 소비자가 높은 수준의 위험을 지각하는 제품이나 서비스의 수가 더 많다. 또한, 국내에서 상품을 구입하는 경우에 비해서 외국에서 상품을 구입하는 해외여행자의 경우에는 대개 더 높은 위험을 지각한다. 한편, 한 국가 내에서도 소비자의 인구통계적 특성에 따라서 지각된 위험의 크기에 차이가 날 수 있다. 예컨대, 증권투자의 경우에는 여자에 비해 남자가 그리고 나이 든 사람에 비해 젊은 사람이 위험을 더 많이 감수하는 행동을 보인다. 또한, 종교도 소비자의 지각된 위험에 영향을 미친다. 예컨대, 유태교 신자에 비해 가톨릭 신자는 자동차나 전자오븐의 구매에 따른 부정적인 사용결과에 더 민감하다고 한다.

(2) 지각된 위험의 유형

지각된 위험에는 ① 성능위험, ② 재무적 위험, ③ 신체적 위험, ④ 사회적 위험, ⑤ 심리적 위험 및 ⑥ 시간위험이라는 여섯 가지 유형이 있는 것으로 설명되고 있다.[22]

21 James R. Bettman, "Perceived Risk and Its Components: A Model and Empirical Test", *Journal of Marketing Research*, May 1973, pp. 184–190.

22 Jacob Jacoby and Leon Kaplan, "The Components of Perceived Risk", in ed. M. Venkatesan,

가. 성능위험

성능위험(performance risk)은 소비자가 어떤 제품이 기대되는 바대로 성능을 발휘할지 여부에 관해 느끼는 불확실성을 말한다. 예컨대, 어떤 자동차를 새로 구입하려는 소비자가 과연 그 자동차가 믿을 만한지 확실하지 않다면, 소비자가 지각하는 성능위험은 높아진다. 1970년대 말에는 아우디(Audi)자동차의 가속장치와 브레이크 페달에서 문제가 발생했던 적이 있었는데, 아직도 이런 문제점 때문에 아우디자동차를 구입하기를 꺼리는 미국 소비자들이 적지 않다. 사실 이런 문제점은 벌써 해결되었고 유럽에서 가장 많이 팔리는 자동차 중의 하나이지만, 지각된 성능위험이 아직도 미국 소비자로 하여금 아우디자동차의 구매를 주저하게 만들고 있다.

나. 재무적 위험

재무적 위험(financial risk)은 소비자가 어떤 제품을 구입하기 위해 지출하는 돈에 관해서 느끼는 우려를 말한다. 일반적으로 제품의 가격이 높을수록, 그 구매와 관련해서 소비자가 지각하는 위험은 더 높아진다. 예컨대, 비내구소비재의 구매에 비해서 주택구매나 대규모 증권투자에는 많은 자금이 소요되므로, 이에 대한 소비자의 지각된 위험은 훨씬 높은 편이다.

다. 신체적 위험

신체적 위험(physical risk)은 어떤 제품이 소비자의 신체나 건강에 미칠 수 있는 잠재적인 해악으로서 안전위험(safety risk)이라고도 한다. 예컨대, 1960년대의 폭스바겐 자동차는 엔진이 차체의 뒤쪽에 있어서 정면충돌하면 아무런 보호장치가 없었기 때문에, 이 자동차에 대한 소비자의 지각된 위험은 상당히 높았다. 또한, 2003년 초에는 중국과 동남아를 중심으로 괴질이라고도 불린 사스(Sars)라는 전염병이 번져서 많은 소비자들이 그곳으로 가는 해외여행을 주저하였다. 즉, 자신이 전염되지는 않을까 하는 점이 상당히 불확실하였고 또한 최악의 경우에 죽을 수도 있기 때문에(치사율 약 3%), 그런 해외여행은 너무 위험하다고 지각된 것이다.

라. 사회적 위험

사회적 위험(social risk)은 어떤 제품을 구매, 사용 혹은 처분하는 행동이 소비자의 사회적 위치에 미칠 수 있는 잠재적인 해악을 말한다. 예컨대, 자신의 나이에 걸맞지 않게 흘러간 트로트가요를 매우 좋아하는 고등학생이 있다고 하자. 하지만, 자기 또래의 친구들은 빠른 템포의 최신가요를 좋아한다는 것을 잘 알고 있기 때문에, 그는 공

Advances in Consumer Research, Vol. 3 (Chicago: Association for Consumer Research, 1972), pp. 382-383.

개적으로 트로트가요 중심의 콘서트에 가거나 그런 트로트가요를 담은 음악CD를 사는 것에 대해 일종의 사회적 위험을 느낄 수 있다. 자기또래의 친구들이 그런 사실을 알게 되면, 구식이라고 놀릴 수도 있기 때문이다.

마. 심리적 위험

심리적 위험(psychological risk)은 어떤 제품을 구매하거나 사용하는 행동이 과연 소비자의 자기이미지와 조화를 이루는지에 대해 느끼는 우려를 말한다. 예컨대, 환경보호주의자라고 자처하는 사람이 1회용 기저귀를 구매하거나 재활용할 수 없는 소재로 만든 제품을 사용할 때는 아마도 높은 심리적 위험을 지각하게 될 것이다.

바. 시간위험

시간위험(time risk)은 소비자가 어떤 제품을 구매, 사용 혹은 처분하는 데 투입해야 할 시간에 관해서 느끼는 우려를 말한다. 구매하거나 사용방법을 배우는 데 적지 않은 시간이 소요되는 제품의 경우나 소비자에게 명시된 기간 동안 사용하도록 요구하는 서비스의 경우(예: 헬스클럽의 3년 회원 계약제)에는 소비자의 지각된 시간위험은 높아진다.

그런데, 소비자의 지각된 위험은 다음과 같은 두 가지 측면에서 소비자행동에 영향을 미친다.

첫째, 소비자의 지각된 위험이 높으면, 소비자의 정보처리 동기가 유발되기 때문에 이에 관련된 마케팅커뮤니케이션에 더 많은 주의를 기울이고 또한 이를 신중하게 처리하는 고노력형 정보처리 프로세스를 수행하는 경향이 있다.

둘째, 소비자의 지각된 위험이 높으면, 소비자는 더 많은 정보를 수집하고 또한 이를 신중하게 평가하는 고노력형 의사결정 프로세스를 수행하는 경향이 있다.

(3) 지각된 위험의 축소방안

소비자 스스로가 이런 지각된 위험을 낮추기 위해 노력하기도 하지만, 기업이 소비자의 지각된 위험을 낮추어주는 방안을 모색해서 자사제품의 판매를 높일 수 있다. 이와 관련해서 소비자와 기업이 지각된 위험을 축소하는 방안의 주요 예를 〈표 6-3〉에 소개해 두었으니, 참고하기 바란다.

가. 소비자의 지각된 위험 축소방안

일반적으로 지각된 위험이 높은 상태는 소비자의 입장에서 편안하지 못한 상태(일종의 심리적 불균형상태)이기 때문에, 스스로 지각된 위험의 수준을 낮추기 위해 어떤 행동을 수행할 동기가 유발된다. 소비자의 지각된 위험을 구성하는 두 가지 요소를 기준으로 할 때 소비자 스스로가 지각된 위험을 낮추는 방안은 불확실성 요소의 축소방안과

표 6-3 지각된 위험의 축소방안

	불확실성요소의 축소방안 (구매결과확실성의 증대방안)	사용결과요소의 축소방안 (제품실패결과의 축소방안)
소비자의 지각된 위험 축소방안	▪ 추가적인 정보수집 ▪ 광범위한 정보처리 ▪ 상표 애호도의 유지 ▪ 가장 인기 있는 상표의 구매	▪ 가장 가격이 비싼 상표나 전국 광고된 상표의 구매 ▪ 가장 가격이 싼 상표를 구입하거나 소량구매 ▪ 제품보증의 획득 ▪ 기대수준의 축소
기업의 지각된 위험 축소방안	▪ 전문가의 보증 ▪ 무료샘플의 제공 ▪ 충분한 제품정보의 전달	▪ 보증제도 ▪ 자유로운 반품정책 ▪ 시용 사이즈/사용량의 제공 ▪ 특별저가판매

사용결과 요소의 축소방안으로 구분할 수 있다.

우선, 불확실성 요소의 축소방안으로는 위험스러운 결과의 발생 여부에 관한 불확실성을 줄이기 위해 소비자가 이에 관련된 뉴스기사를 읽거나, 비교쇼핑을 하거나, 친구나 전문가와 상담해서 정보를 추가로 수집하는 것을 들 수 있다. 또한, 적어도 가장 최근에 구입해서 얻은 만큼의 만족은 보장되기 때문에, 특정한 상표의 반복구매도 불확실성을 줄이는 한 가지 방법이 된다.

한편, 사용결과 요소의 축소방안으로는 소비자가 더 안전한 선택을 하게 해주는 간단한 의사결정 규칙(heuristic)을 채택하는 것을 들 수 있다. 예컨대, 소비자는 시중에서 가장 가격이 비싼 상표나 전국적으로 광고된 상표를 구입한다는 선택규칙을 채택할 수 있는데, 이는 그런 상표의 품질이 우수하기 때문에 부정적인 사용결과를 최소화할 수 있다는 생각에 근거한 것이다.

나. 기업의 지각된 위험 축소방안

기업이 소비자의 지각된 위험에 축소하는 방안을 모색할 때는 자사제품을 구매 혹은 사용하는 것과 관련해서 소비자가 지각하는 위험이 높은 경우와 낮은 경우로 구분해서 생각해야 한다.

우선, 소비자의 지각된 위험이 높은 경우라면, 기업은 그 수준을 낮추어 주는 전략을 구사해야 할 것이다. 이런 경우에는 소비자의 지각된 위험 축소방안과 마찬가지로, 지각된 위험을 구성하는 두 요소를 줄이는 방향을 모색할 수 있다. 첫째, 불확실성 요소의 축소방안의 예로는 소비자에게 제품이나 서비스의 무료샘플을 제공하거나, 제품포장에 제품에 관한 충분한 정보를 제시하거나, 제품의 성능에 관한 상세한 정보를 전하는 마케팅커뮤니케이션을 시행하는 방법이 있다. 둘째, 사용결과 요소의 축소방안의 예로는 충분한 내용의 보증제도, 자유로운 반품정책, 시용할 수 있는 사이즈나 사용량의 제공 혹은 특별 저가판매와 같은 다양한 전략이 있다.

한편, 소비자의 지각된 위험이 낮은 경우라면, 구입할 상표나 그 잠재적 사용결과에 대해 소비자가 깊이 생각해보려는 동기가 유발될 가능성이 낮기 때문에 오히려 그 수준을 높여주는 전략을 구사하는 것이 바람직할 수 있다. 이는 술이 태아의 발육에 심각한 영향을 미치는 것으로 알려져 있는데도 임신 중에 계속 술을 마시는 임산부처럼 실제로는 상당한 위험이 수반되지만 소비자들이 관련된 위험을 낮게 지각하는 제품, 상표 혹은 소비자행동의 경우에 잘 적용된다. 이런 바람직하지 못한 현상을 줄이려는 정부기관이나 소비자단체라면, 그런 제품을 사용할 때 초래될 수 있는 위험스러운 결과를 생생하게 보여주어 이에 대한 소비자의 인식을 높이는 공익광고를 시행할 수 있다. 예컨대, 음주운전으로 교통사고를 당한 사람이 사고를 당하기까지의 과정을 담은 필름을 거꾸로 돌려 보여주면서 '필름은 되돌릴 수 있지만 사고는 돌이킬 수 없다.'는 메시지를 전하는 음주운전추방 캠페인광고는 그 좋은 예라고 할 수 있다.

4) 태도불일치의 정도

소비자의 동기유발 수준에 영향을 미치는 또 하나의 요인은 태도불일치의 정도이다. 여기서는 태도불일치와 소비자의 동기유발 수준간의 관계와 그 마케팅시사점을 간략히 설명하기로 한다.

(1) 태도불일치의 의의

태도불일치(attitude inconsistency)는 소비자에게 제시되는 정보의 내용이 소비자의 기존태도와 일치하지 않는 정도를 말한다. 최근의 연구에 따르면, 메시지의 내용이 소비자의 기존태도와 일치하지 않는 정도가 너무 높거나 낮은 경우보다 보통수준일 때 소비자에게 이를 처리하려는 동기가 유발된다고 한다.

태도불일치의 정도가 보통수준인 메시지는 소비자에게 위협적이거나 불편한 것으로 지각되는 수준이 적당하기 때문에, 이런 태도불일치를 제거하거나 혹은 이를 더 잘 이해하려는 동기가 소비자에게 유발된다는 것이다.[23] 예컨대, 소비자가 현재 갖고 있는

23 Joan Meyers-Levy and Alice Tybout, "Schema-Congruity as a Basis for Product Evaluation", *Journal of Consumer Research*, June 1989, pp. 39-54.

자동차의 연비가 이와 경쟁하는 다른 자동차의 연비보다 낮다는 정보를 접하게 되었다면, 소비자는 이런 부정적인 정보에 따른 불편한 느낌을 해소하기 위해 해당 정보를 적절히 처리하고자 할 것이다. 이 때 소비자는 이런 태도불일치 문제를 해소하기 위해 다른 정보원천에서 정보를 추가로 수집하기도 한다.

하지만, 소비자에게 제시되는 정보가 소비자의 기존태도와 일치하지 않는 정도가 너무 높은 경우에는 소비자에게 이를 처리하고자 하는 동기가 유발될 가능성이 낮아진다. 예컨대, 특정한 상표에 대한 상표애호도가 매우 높은 소비자라면 해당 상표에 대한 편향된 태도를 갖고 있기 때문에 다른 상표의 우수성에 관한 내용을 전하는 정보에 노출되더라도 이를 처리할 동기가 별로 유발되지 않을 것이고, 이런 경우에 소비자가 다른 상표에 관한 정보를 처리한다고 하더라도, 정보처리방식이 내용적으로 편향될 가능성이 높다. 즉, 소비자는 자신의 태도일관성을 유지하기 위해 자신의 신념과 일치하지 않는 메시지를 아전인수격으로 해석할 수 있다.

(2) 태도불일치를 이용한 마케팅액션

태도불일치와 소비자의 동기유발 수준간의 관계를 고려하면, 기업은 소비자의 기존태도를 조사해서 이와 보통수준으로 일치하지 않는 메시지를 제시함으로써 소비자로 하여금 이에 대한 정보처리를 하도록 만들 수 있다. 굳이 소비자의 기존태도와 크게 차이가 나는 메시지를 전하고자 한다면, 이에 대한 소비자의 반박주장이 나타날 가능성이 높기 때문에 반드시 신뢰성이 높고 거부하기 어려운 증거를 제시하지 않으면 안된다.

제 2 절 소비자능력

1. 소비자능력의 의의

앞 절에서는 어떤 활동이나 노력이 많이 드는 의사결정을 수행할 소비자의 동기유발 수준이 높아지는 몇 가지 상황조건을 설명하였다. 하지만, 소비자의 동기유발 수준이 높아도 [그림 6-1]에 제시된 동기유발의 세 가지 효과가 발생하지 않을 수 있다. 예컨대, 어떤 소비자에게 일상생활 중에 매일 운동하고 싶은 동기가 높게 유발되었다면, 그는 여러 헬스클럽에 관한 정보를 많이 수집하고(목적관련행동의 수행), 이런 정보를 신중하게 검토해서(노력이 많이 들고 정교화된 정보처리의 수행) 특정한 헬스클럽의 회원에 가입하기로 결정할 수 있다.

하지만, 그가 결정한 헬스클럽에 실제로 가입할지 여부는 그렇게 할 수 있게 해주는 소비자능력과 소비자기회라는 두 가지 요인에 크게 의존한다. 즉, 소비자능력과 소비자기회는 동기유발이 실제로 세 가지 효과를 초래하는지 여부를 결정하는 역할을 한다. 이 두 가지 요인 중에서 소비자의 능력에 관해서는 제2절에서 설명하고, 소비자의 기회에 관해서는 제3절에서 설명하기로 한다.

소비자능력(consumer's ability)이란 일반적으로 어떤 결과가 발생하도록 만들기 위해 소비자가 필요한 자원(예: 지식, 지능, 돈)을 갖고 있는 정도를 말한다.[24] 정보처리능력이 높은 소비자는 정교한 정보처리와 노력이 많이 드는 의사결정을 수행할 수 있지만, 정보처리능력이 낮은 소비자는 그렇게 할 수 없다. 예컨대, 회비를 지불할 능력이 있는 소비자에게 헬스클럽에 가입할 동기가 유발되면, 이런 동기유발은 그가 실제로 헬스클럽에 가입하도록 유도할 수 있다. 하지만, 회비를 지불할 능력이 없는 소비자라면, 비록 헬스클럽에 가입할 동기가 유발되더라도 실제로는 가입하지 못할 것이다.

2. 소비자능력에 영향을 미치는 요인

소비자능력에 영향을 미치는 주요요인으로는 ① 제품의 지식과 경험, ② 인지스타일, ③ 지능, 학력 및 나이 그리고 ④ 돈을 들 수 있다.

1) 제품의 지식과 경험

어떤 제품에 관해서 소비자가 갖고 있는 지식은 개인별로 차이가 날 수 있다. 이런 소비자지식(consumer's knowledge)은 광고에 대한 노출, 판매원과의 대화, 친구나 매체로부터 얻는 정보, 과거의 의사결정이나 제품사용 혹은 기억 등과 같은 제품이나 서비스와 관련된 직·간접적인 경험에서 비롯된다.[25]

소비자가 가진 제품지식이나 전문지식을 기준으로 해서 전문가소비자(expert consumer)

24 MacInnis and Jaworski (1989), *op. cit.*

25 Joseph W. Alba and J. Wesley Hutchinson, "Dimensions of Consumer Expertise", *Journal of Consumer Research*, March 1987, pp. 411–454.

와 초보자소비자(novice consumer)로 구분하고 양자의 정보처리활동을 비교한 연구들이 있는데,[26] 그런 연구에 따르면 초보자소비자에 비해 전문가소비자는 제품에 관한 새로운 정보를 학습하는 데 이점이 있다. 특히, 소비자의 사전지식(prior knowledge)은 소비자가 새롭고 보다 복잡한 유형의 정보를 해석할 수 있는 능력을 제공한다. 따라서, 컴퓨터 분야의 전문가는 초보자에 비해 새로운 컴퓨터에 관한 정보를 학습하고 평가하는 데 있어서 더 유리한 입장에 선다. 이는 동기유발 수준과 지식 수준이 모두 높은 소비자는 동기유발 수준은 대등하게 높지만 지식수준이 낮은 소비자에 비해 주어진 사안을 깊이 생각하고 노력이 많이 드는 정보처리를 할 수 있는 능력이 우수하다는 것을 시사한다.

일반적으로 소비자의 지식이 부족한 상황의 좋은 예로는 소비자를 대상으로 하는 제약회사의 의약품광고를 들 수 있다. 대개 이런 의약품광고는 정부규제로 인해 기술적인 정보를 소비자에게 상세히 제공하도록 되어 있다. 그런데, 의약품에 관한 전문지식이 있는 소비자라면 이런 기술적인 정보를 잘 이해할 수 있겠지만, 대부분의 소비자들은 이해하는 데 어려움이 많은 실정이다.

초보자소비자와 전문가소비자는 모두 포괄적인 정보처리를 수행할 수 있지만, 그런 정보처리의 본질에는 차이가 있다.[27] 즉, 전문가소비자는 정보가 제품의 속성 측면에서 표현되는 경우(예: "제품에 제온칩이 내장되어 있다")에 포괄적인 정보처리를 수행할 수 있는 반면, 초보자소비자는 정보가 소비자의 편익 측면에서 표현되는 경우(예: "소비자가 업무를 효율적으로 수행하도록 도와준다")에 포괄적인 정보처리를 수행할 수 있다.

2) 인지스타일

인지스타일(cognitive style)은 정보형태에 대한 소비자의 선호도를 의미하며, 이는 개인적인 차이가 있다. 예컨대, 시각적인 정보처리에 숙달된 소비자가 있는 반면, 언어적인 정보처리를 더 선호하는 소비자가 있다. 또한, 어떤 장소를 찾아서 갈 때, 지도를 보고 찾아가는 것을 선호하는 사람도 있지만, 안내하는 글을 읽고 찾아가는 것을 선호

26 Eric J. Johnson and J. Edward Russo, "Product Familiarity and Learning New Information", *Journal of Consumer Research*, June 1984, pp. 542–550; Merrie Brucks, "The Effects of Product Class Knowledge on Information Search Behavior", *Journal of Consumer Research*, June 1985, pp. 1–16.

27 Durairaj Maheswaran and Brian Sternthal, "The Effects of Knowledge, Motivation, and Type of Message on Ad Processing and Product Judgements", *Journal of Consumer Research*, June 1990, pp. 66–73.

하는 사람이 있다.

이런 인지스타일의 중요한 측면 중의 하나로 인지적 복잡성(cognitive complexity)이라는 개념이 있다.[28] 일반적으로 인지적 복잡성이 높은 소비자는 마케팅커뮤니케이션에서 제시되는 더 복잡한 정보를 처리할 가능성이 높다. 특히, 이런 소비자는 새롭거나 자신의 태도와 상충되는 내용의 정보를 잘 수용하고, 정보처리를 할 때 구별을 잘하며 그리고 의사결정을 할 때 더 다양한 정보를 검토할 가능성이 높다. 요컨대, 인지적 복잡성이 높은 소비자일수록, 더 포괄적이고 노력이 많이 드는 정보처리를 수행한다.

또한, 소비자는 정보통합능력(information-integration ability)에서 개인적인 차이가 있다.[29] 의사결정을 할 때 여러 개의 속성을 처리하고 다시 이를 통합하는 소비자가 있는 반면, 단지 한두 개의 속성만을 기반으로 해서 결정을 내리는 소비자도 있다. 예컨대, 포도주를 구입하려고 할 때, 어떤 소비자는 포도산지, 숙성연도, 감각적 특성, 가격 그리고 함께 먹을 음식과 같은 여러 가지 속성을 기반으로 해서 여러 상표대안을 평가해 보는 반면, 다른 소비자는 오직 가격을 위주로 해서 구입할 포도주 상표를 결정하기도 한다. 당연히, 정보통합능력이 높은 소비자가 정보통합능력이 낮은 소비자보다 포괄적인 정보처리를 수행할 가능성이 높다.

3) 지능, 학력 및 나이

지능, 학력 및 나이와 소비자의 정보처리능력 사이에 어떤 관계가 있는지를 조사한 연구들이 있다. 우선, 소비자의 지능과 학력이 높을수록 보다 복잡한 정보를 처리하고 의사결정을 하는 소비자의 능력이 높아진다.[30] 또한, 나이가 들수록 인지적 기능이 저하되므로, 소비자의 정보처리능력도 낮아진다. 예컨대, 노인은 청소년보다 의사결정의 정확성이 떨어지며, 식품의 영양에 관련된 정보를 처리하는 데 더 많은 시간이 걸린다.[31]

---

28 Elizabeth C. Hirschman, "Cognitive Complexity, Intelligence, and Creativity: A Conceptual Overview with Implications for Consumer Research", *Research in Marketing*, 5, 1981, pp. 59-99.

29 Noel Capon and Roger Davis, "Basic Cognitive Ability Measures as Predictors of Consumer Information Processing Strategies", *Journal of Consumer Research*, June 1984, pp. 551-563.

30 Rolph Anderson and Marvin A. Jolson, "Technical Wording in Advertising: Implications for Market Segmentation", *Journal of Marketing*, Winter 1980, pp. 57-68.

31 Catherine A. Cole and Gary J. Gaeth, "Cognitive and Age-Related Differences in the Ability to Use Nutrition Information in a Complex Environment", *Journal of Marketing Research*, May 1990, pp. 175-184.

4) 돈

돈의 부족은 어떤 행동을 수행할 동기가 유발된 소비자에게 일종의 제약조건으로 작용한다. 즉, 돈이 부족하다는 사실이 동기가 유발된 소비자의 정보처리나 의사결정을 줄이지는 않지만, 소비자가 실제로 기업과 화폐적 교환을 수행하는 것을 제한하는 역할을 할 수 있다.

3. 소비자능력을 이용한 마케팅액션

서구기업들이 동유럽국가 소비자들에게 최초로 제품을 판매하기 시작했을 때, 그 지역의 소비자들은 사전지식과 경험이 별로 없었기 때문에 서구기업의 광고를 이해하는 데 어려움이 있지 않을까 하는 우려가 제기되었다. 조사결과, 위성통신으로 수신되는 TV프로그램을 통하여 서구기업들의 주요상표에 대한 지식을 어느 정도 갖고 있는 소비자들이 없지는 않았지만, 전반적으로 지식이 부족한 상태였다. 예컨대, Procter & Gamble사가 동독에서 Meister Popper(Mister Clean)를 판매하기 위한 광고를 시행했을 때, 동독소비자들은 전형적인 서구식 부엌에서 볼 수 있는 현대식 가정용품들을 전혀 본 적이 없어 광고의 내용을 제대로 이해하지 못하는 사람들이 많았다. 동독소비자들은 광고를 이해하는 데 필요한 사전지식이 절대적으로 부족했기 때문에, 제품에 관한 정보를 제공해주는 광고가 필요하였다.

기업은 소비자능력에 영향을 미치는 요인을 파악해서 이를 자사의 마케팅활동에 유익하게 활용하는 방안을 모색할 수 있다.

첫째, 기업은 자사의 제품이나 서비스에 관해서 표적소비자가 갖고 있는 지식을 조사해 보아야 한다. 그 결과 지식의 절대수준이 부족하거나 부정확한 지식을 갖고 있다면, 이를 교정하기 위한 마케팅 커뮤니케이션을 시행하는 방안을 모색할 수 있다.[32]

둘째, 기업은 표적소비자의 인지스타일, 학력수준 및 나이를 파악해서 이에 적절히 대처하는 노력이 필요하다. 예컨대, 장난감의 제품설명서가 너무 복잡하게 많은 글로 씌어져 있다면, 시각지향적인 인지스타일을 가진 부모는 그런 제품설명서가 자신의 인지스타일과 맞지 않기 때문에 그런 장난감을 자녀의 선물로 구입할 가능성은 낮을 것이다. 따라서, 제품설명서를 언어적 방식과 시각적 방식이라는 두 가지 방식으로 제

32 James F. Engel, Roger D. Black, and Paul W. Miniard, *Consumer Behavior*, 8th Edition, Dryden Press, 1995, pp. 335-338.

시한다면, 인지스타일이 서로 다른 부모들 모두에게 소구할 수 있을 것이다.

셋째, 돈의 부족은 소비자의 행동에 대해 일종의 제약조건으로 작용하기 때문에, 기업은 소비자에게 각종의 자금지원책을 제공함으로써 소비자의 최초구매와 반복구매를 더 용이하게 만들어 줄 수 있다. 이런 자금지원책의 예로는 무이자나 저이자의 신용구매, 대금지불 유예기간의 제공, 그리고 할부구매의 허용을 들 수 있다.

제 3 절 소비자기회

1. 소비자기회의 의의

소비자기회(consumer's opportunity)란 소비자가 어떤 결과를 달성하고자 하는데 상황이 도움이 되는 정도를 말한다.[33] 예컨대, 매일 운동하고자 하는 동기유발 수준이 높고 헬스클럽의 회비를 지불할 형편도 되지만, 여유시간이 별로 없어서 헬스클럽에 가기 어려운 소비자도 있다. 이처럼 동기유발 수준과 능력 수준이 모두 높은 소비자의 경우라도, 소비자기회가 동기유발의 효과가 발생하는 것을 방해하는 요인으로 작용할 수 있다.

2. 소비자기회에 영향을 미치는 요인

소비자기회에 영향을 미치는 요인으로는 ① 여유시간, ② 주의분산, ③ 정보의 양, ④ 정보의 복잡성 및 ⑤ 정보의 반복을 들 수 있다.

1) 여유시간

소비자가 가진 여유시간은 소비자가 정보처리를 하고, 의사결정을 하며, 행동을 수행할 기회에 영향을 미친다. 여유시간이 충분한 소비자에 비해 여유시간이 부족한 소비자는 제한된 정보처리를 할 수밖에 없을 것이다. 조사에 따르면, 여유시간이 부족한

33 McInnis and Jaworski (1989), *op. cit.*

소비자는 정보처리를 적게 수행할 뿐만 아니라 부정적인 정보에 더 많은 비중을 두기 때문에, 구입할 상표대안들을 평가할 때 어떤 부정적인 특징을 가진 상표를 신속하게 기각시킨다.[34]

광고의 맥락에서 소비자가 정보처리를 수행할 기회가 제한되는 상황으로는 ① 메시지를 극히 짧은 시간동안 제시하는 형태인 시간압축형 광고로 제시되는 경우, ② 메시지가 제시되는 속도를 소비자가 통제할 수 없는 광고매체(예: TV나 라디오)를 이용하는 경우 그리고 ③ 광고가 나오면 소비자가 리모콘의 빨리감기기능을 작동시켜 신속하게 넘겨버리는 경우(zipping)를 들 수 있다.

2) 주의분산

주의분산(distraction)이란 정보처리상황에서 소비자의 주의를 메시지의 정보처리 이외의 다른 곳으로 돌리게 만드는 여러 가지 측면을 말한다. 예컨대, 광고를 보고 있는데 어떤 사람이 자꾸 말을 건다면, 소비자가 광고에서 제시되는 정보를 처리할 능력은 방해를 받게 된다.[35] 또한, 소매점에 따라간 자녀가 자꾸 칭얼대거나 난폭한 장난을 친다면, 부모는 판매원이 해주는 말을 충분히 경청할 수 없다. 광고의 경우에도 배경음악이나 미녀모델과 같은 특정한 배경요인이 메시지의 정보처리로부터 소비자의 주의를 분산시키는 역할을 할 수 있다. 그리고, 광고가 삽입되는 프로그램에 소비자가 너무 빠져들게 되면, 해당 광고에 대한 소비자의 주의가 분산될 수 있다.

3) 정보의 양

제품과 관련하여 광고에 제시된 정보의 양이 소비자가 정보처리를 수행할 기회에 영향을 미칠 수 있다. 간혹 베네통 광고에서 보듯이 제품에 관한 정보를 너무 적게 담은 광고를 볼 수 있다. 이처럼 상표에 관한 언어적 정보나 시각적 정보를 너무 적게 담은 광고의 경우에는 소비자가 정보처리를 수행하기를 원하고 또한 정보처리를 수행할 능력이 있더라도, 그런 정보를 실제로 처리하기는 어려울 것이다.

---

34 Peter Wright, "The Time Harassed Consumer: Time Pressures, Distraction, and the Use of Evidence", *Journal of Applied Psychology*, October 1974, pp. 555-561.

35 Scott B. MacKenzie, "The Role of Attention in Mediating the Effect of Advertising on Attribute Importance", *Journal of Consumer Research*, September 1986, pp. 174-195.

4) 정보의 복잡성

소비자가 어떤 정보를 처리할 수 있는 기회는 정보의 복잡성, 즉 그런 정보가 얼마나 복잡한가에 따라 달라진다. 일반적으로 처리해야 할 정보가 복잡할수록, 소비자가 정보처리를 수행할 기회는 낮아진다. 즉, 정보의 복잡성은 소비자가 정보처리를 수행할 동기가 유발되어 있더라도 실제로 그것을 실행할 기회를 제한하는 역할을 할 수 있다.

다수의 기술제품 및 의약품의 경우에는 기술적인 정보나 수치적인 정보를 중심으로 해서 비교적 복잡한 정보가 제시되는 것이 보편적인데, 소비자의 입장에서 보면 이런 정보는 손쉽게 다루기가 어렵기 때문에 소비자의 정보처리를 방해하는 요인이 된다. 관련연구에 따르면, 충분한 언어적인 설명도 없이 시각적인 정보만 제시하는 메시지는 애매모호해서 소비자가 이를 처리하기가 쉽지 않다.[36] 또한, 분량이 지나치게 많은 정보도 소비자가 다시 정리해야 할 필요가 있기 때문에 복잡한 정보의 일종이라고 말할 수 있다.

5) 정보의 반복

주의분산, 정보의 양 및 정보의 복잡성은 모두 소비자가 정보처리를 수행할 기회를 제한하는 역할을 하는 요인인 반면, 정보의 반복은 소비자가 정보처리를 수행할 기회를 높이는 역할을 하는 요인이다.[37]

일반적으로 소비자가 어떤 정보에 반복해서 노출되면, 그 정보에 관해서 생각을 많이 하고, 엄밀하게 살펴보며, 기억할 수 있는 기회가 많아지기 때문에, 그만큼 정보처리를 수행하기가 용이해진다.

3. 소비자기회를 이용한 마케팅액션

소비자가 정보를 처리하고, 신중한 의사결정을 하며, 구매하고 사용하며 처분하는 행동을 수행할 수 있는 기회를 높이기 위해서 기업이 할 수 있는 일이라고는 별로 없는 경우도 있다. 예컨대, 자기 집의 거실에서 소비자가 TV를 보는 동안에 주의분산이

36 Capon and Davis (1984), *op. cit.*

37 Rajeev Batra and Michael L. Ray, "Situational Effects of Advertising Repetitions: The Moderating Influence of Motivation, Ability, and Opportunity to Respond", *Journal of Consumer Research*, March 1986, pp. 432-435.

적어지게 만들거나 혹은 원하는 행동을 수행할 시간을 더 많이 주거나 하는 따위의 일을 하는 것은 기업으로서는 거의 불가능하다. 하지만, 기업은 이런 측면에서 소비자의 기회를 높여주는 노력으로 다음과 같은 방안을 채택할 수 있다.

첫째, 마케팅커뮤니케이션을 계속해서 반복하는 방안이다. 이는 소비자가 자사의 마케팅커뮤니케이션에 주의를 기울여 그것을 처리할 가능성을 높여준다.

둘째, 하루 중에서 소비자에게 주의분산이나 시간압박(부족)이 발생할 가능성이 가장 낮은 시간대에 마케팅커뮤니케이션을 제시하는 방안이다. 이는 소비자가 메시지를 처리할 가능성을 높이는 또 하나의 방법이다.

셋째, 마케팅커뮤니케이션을 제시할 때 소비자가 쉽게 이해할 수 있도록 단순한 용어로 만들어서 속도가 너무 빠르지 않게 천천히 제시하는 방안이다.

넷째, 소비자가 어떤 행동을 수행하는 것을 어렵게 만드는 상황적 제약조건을 줄여주는 방안이다. 영업시간을 연장해서 소비자의 주의분산이 적거나 여유시간이 가장 많은 시간대에 소매점이나 제품이나 서비스를 이용할 수 있게 만드는 방안을 들 수 있다. 예컨대, 요즈음 다수의 카탈로그 회사들은 하루 24시간 전화주문체제를 갖추고 있기 때문에, 소비자의 입장에서 여유가 있는 시간대에 주문을 할 수 있는 편리성을 준다. 또한, 소비자의 상황적 제약조건을 제거시키는 각종의 부대서비스를 제공하는 방안을 들 수 있다. 예컨대, 어떤 헬스클럽에서는 소비자의 편의를 위해서 영업시간의 연장(오전 5시 개점~늦은 밤 폐점)과 베이비시팅 서비스를 제공한다.

다섯째, 소비자가 제품을 구매하거나 사용하는 데 필요한 시간의 양을 줄임으로써 시간적인 제약조건을 줄여주는 방안이다. 예컨대, 최근에 사용자우호적인 특성을 가진 컴퓨터가 등장한 것은 컴퓨터의 구매 및 사용과 관련해서 소비자가 지각하는 학습비용을 줄여주고자 컴퓨터 제조기업들이 노력한 결과라고 할 수 있다. 또한, 소매점이 선명한 간판과 사용자 안내판을 사용하는 것은 소비자가 필요한 상품을 손쉽게 찾을 수 있게 만들어서, 그 상품의 구입 가능성을 더욱 높인다.

이상에서 논의한 소비자의 동기, 능력 및 기회에 영향을 미치는 주요요인을 간략히 정리해보면, 〈표 6-4〉와 같다.

표 6-4 소비자의 동기, 능력 및 기회에 영향을 미치는 주요요인

소비자동기의 수준	소비자능력의 수준	소비자기회의 수준
▪ 개인적 관련성의 정도 ▪ 소비자의 욕구, 가치 및 목적과의 일관성 ▪ 지각된 위험의 크기 ▪ 태도불일치의 정도	▪ 소비자의 지식 및 경험 ▪ 인지스타일 ▪ 지능, 학력 및 나이 ▪ 돈(화폐적 자원)	▪ 여유시간 ▪ 주의분산 ▪ 정보의 양 ▪ 정보의 복잡성 ▪ 정보의 반복

>>> 핵심용어

Keyword

가치, 감정적 관여도, 감지된 관여도, 개인적 관련성, 계층구조, 고노력형, 관여도, 광고관여도, 기능적 욕구, 긴장각성-긴장감소의 원칙, 단서, 동기, 동태성, 매체관여도, 매체수단관여도, 목적, 목적관련행동, 목적지향적 각성, 반응관여도, 비사회적 욕구, 사전지식, 사회적 욕구, 사회적 욕구, 사회적 위험, 상징적 욕구, 상표관여도, 상황적 관여도, 생리적 욕구, 성능위험, 소비자기회, 소비자노력, 소비자능력, 소비자지식, 시간위험, 신체적 위험, 심리적 위험, 안전욕구, 안전위험, 여유시간, 욕구, 욕구갈등, 욕구계층이론, 인지스타일, 인지욕구, 인지적 관여도, 인지적 복잡성, 자기실현욕구, 자기욕구, 재무적 위험, 저노력형, 전문가소비자, 접근-접근 갈등, 접근-회피 갈등, 정보의 반복, 정보의 복잡성, 정보의 양, 정보통합능력, 제품범주관여도, 주의분산, 지각된 위험, 지속적 관여도, 초보자소비자, 최적자극수준, 쾌락적 욕구, 태도불일치, 프로그램관여도, 회피-회피 갈등, 휴리스틱

Consumer Behavior and Marketing Action

제 7 장

소비자의 노출, 주의 및 지각

제1장의 [그림 1-1] 소비자행동모델에서는 소비자행동의 내부적 영향요인의 두 번째 주제로 소비자의 노출, 주의 및 지각을 제시하고 있는데, 제3장에서는 이 세 가지 개념과 그 마케팅시사점을 설명한다. 소비자의 노출, 주의 및 지각이라는 세 가지 주제의 서술체계는 [그림 7-1]에 나타나 있다.

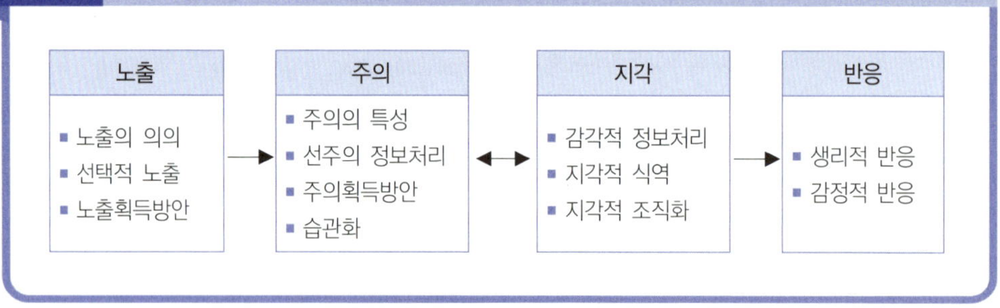

그림 7-1 소비자의 노출, 주의 및 지각

제1절에서는 소비자의 노출을 설명하고 소비자가 기업의 마케팅자극에 노출될 가능성을 높이기 위한 몇 가지 전략을 소개한다. 제2절에서는 소비자의 주의를 설명하고 소비자의 주의를 끌기 위해 활용할 수 있는 방안을 소개한다. 제3절에서는 마케팅자극이 소비자에게 영향을 미치기 위한 선결조건인 지각의 주요개념에 대해서 설명한다.

이런 소비자의 노출, 주의 및 지각은 기업의 마케팅자극에 대해 소비자가 이해하는 내용, 기업의 마케팅자극에 대한 소비자의 태도, 그리고 기업의 마케팅자극에 대해 소비자가 기억하는 내용에 영향을 미치고, 다시 이는 소비자의 의사결정에도 영향을 미치기 때문에 매우 중요하다.

제 1 절 소비자의 노출

1. 소비자의 노출의 의의

일상생활에서 소비자는 광고, 포장, 제품, 간판, 상표명, 로고 및 상표속성을 비롯한 여러 종류의 마케팅자극(marketing stimulus)에 노출된다. 마케팅자극이란 소비의 구매단계, 사용단계 혹은 처분단계에서 발생하는 것으로서 마케터나 비마케터 원천이 대중매체나 인적매체를 통해서 전달하는 상표명, 상표상징, 제품속성, 간판, 포장 등에 관한 정보를 말한다. 소비자의 노출(exposure)이란 소비자가 이런 마케팅자극에 물리적으로 접촉하게 되는 과정을 말하는데, 이는 기업이 제시하는 마케팅자극이 소비자에게 영향을 미치기 위해 필요한 선결조건이다. 소비자의 노출은 소비자가 마케팅자극을 처리하기 위해 거쳐야 할 첫 번째 관문이라는 의미가 있으므로, 기업으로서는 소비자들 자사의 마케팅자극에 많이 노출되도록 만들기 위한 노력이 중요하다.

2. 선택적 노출

일반적으로 외부자극에 대한 소비자의 노출은 선택적으로 이루어지는 특성이 있는데, 이를 선택적 노출(selective exposure)이라고 한다. 즉, 소비자가 적극적으로 찾는 외부자극이 있는 반면, 소비자가 적극적으로 피하는 외부자극도 있다. 이런 선택적 노출과 관련해서 기업이 해결해야 할 과제 중의 하나는 소비자가 자사의 마케팅자극에 노출되는 것을 피하려는 현상이다. 예컨대, 소비자가 어떤 잡지를 읽는 도중에 광고가 나오면 그 페이지를 빨리 넘겨버린다거나 TV를 시청하는 도중에 광고가 나오면 그 시간 동안에는 TV를 보지 않는 것이 바로 그런 예이다.

소비자가 TV광고를 피하는 보편적인 방식으로는 지핑(zipping)과 재핑(zapping)을 들 수 있다. 우선, 지핑은 소비자가 VCR로 녹화해둔 TV프로그램을 볼 때 광고가 나오면 리모콘의 빨리감기기능을 작동시켜 광고가 나오는 부분을 넘겨버리는 현상을 말한다. 녹화된 TV프로그램에 삽입된 광고 중의 50~60%가 리모콘의 빨리감기기능에 의해 그냥 넘겨져 버린다는 사실[1]은 바로 이 문제의 심각성을 잘 입증한다.

한편, 재핑이란 소비자가 TV를 시청하는 도중에서 광고가 나오면 리모콘을 사용하여 다른 채널로 돌려버림으로써 광고에 노출되는 것을 피하는 현상을 말한다. 조사에 따르면 특정 시점에서 소비자들 중의 약 20% 정도가 이런 재핑행동을 하고, 유선TV를 설치한 가구 중의 2/3 이상이 정기적으로 재핑행동을 한다.[2]

이런 지핑 및 재핑과 더불어 리모콘기능의 폭넓은 사용에서 비롯된 또 한 가지 현

1 Michael G. Harvery and James T. Rothe, "Video Cassette Recorders: Their Impact on Viewers and Advertisers", *Journal of Advertising Research*, December 1984–January 1985, pp. 10–19.

2 "Background on Zapping", *Marketing News*, September 14, 1984, pp. 10–19.

상으로 플리핑(flipping)이라는 것이 있는데, 이는 TV를 시청하는 도중에 광고가 나오지 않는데도 불구하고 시청자가 리모콘을 이용해서 이 프로그램에서 저 프로그램으로 채널을 이리저리 돌려가면서 보는 현상을 말한다.

그런데, 소비자가 마케팅자극에 대한 자신의 노출을 스스로 통제할 수 없는 경우에 문제가 발생할 수 있다. 이는 소비자가 포획오디언스(captive audience)가 되는 영화관과 같은 장소에서 주로 발생하는데, 그런 상황에서 광고된 제품에 대해 소비자들은 항의하거나 그 제품에 대한 불매운동을 벌이겠다고 위협하기도 한다. 또한, 광고에서 로드블로킹(roadblocking)이라는 기법을 적용하는 경우에도 소비자의 분노를 자아낼 소지가 있다. 이는 광고주가 여러 TV방송국의 같은 시간대의 광고방영시간을 모두 구입해서 동시에 광고를 내보내는 방식을 말하는데, 이렇게 되면 소비자는 어느 TV채널을 보더라도 해당 광고에 노출되지 않을 수 없게 된다.

3. 소비자의 노출 획득방안

기업이 자사의 마케팅자극에 대한 소비자의 노출을 획득하기 위해서는 표적시장의 소비자들이 많이 접하는 매체를 선택해서 활용하도록 해야 한다. 예컨대, 맥주음주가는 스포츠경기를 즐겨보는 편이기 때문에 맥주회사는 스포츠경기를 중계 방송하는 동안 광고를 내보내거나 스포츠경기를 후원하거나 혹은 스포츠경기장 내에서 자사의 상표를 부착한 광고소품(advertising specialties)(예: T셔츠나 맥주잔)을 판매하는 방안을 활용할 수 있는데, 결국 이런 방안들은 모두 소비자가 마케팅자극에 노출될 기회를 높여주는 방법이다.

광고주가 표적시장의 소비자에게 자사의 광고를 노출시키기 위해서는 이들에게 도달할 수 있는 효과적인 매체를 파악해야 하는데, 이런 측면에서 광고주는 조사전문회사들의 도움을 받을 수 있다.

기업이 소비자에게 도달하는 전통적인 방법은 인적 판매, 홍보, 잡지, 입간판, TV, 라디오, 직접우편, 신문, 광고소품, 특별이벤트 광고 등이었다. 하지만, 최근에는 이에 추가해서 소비자의 노출을 증대시키기 위해 새로운 유형의 마케팅커뮤니케이션이 많이 시도되고 있는데, 다음은 그 몇 가지 예이다.

첫째, 영화나 TV프로그램을 비롯한 각종 오락물에 특정한 제품을 소품으로 사용하는 제품배치법(PPL: product placement)을 적용하는 것이다.

둘째, 항공기의 기내 오락프로그램, 공항의 수화물 회전목마,[3] 대여용 홈비디오, 쇼핑카트, 교내 뉴스프로그램 그리고 슈퍼마켓 내의 쿠폰 즉석발급기와 같은 다양한 매체에 광고를 하는 방법이다.

셋째, 소비자를 마케팅커뮤니케이션에 노출시키기 위한 목적으로 인터넷을 활용하는 방법이다.

넷째, 소비자의 노출횟수를 높이기 위해 8초광고나 15초광고와 같은 짧은 길이의 광고를 사용하는 방법이다.

다섯째, 소비자의 노출을 높이기 위해 인포머셜(infomercial)을 사용하는 방법이다. 이는 information과 commercial의 합성어로 상품이나 서비스의 상세한 정보와 그 이용방법에 대한 정보를 정리한 것인데, 시청자에게는 생활정보의 제공을 의미한다. 보통 CM의 길이는 15~60초이지만 인포머셜의 길이는 5~30분으로 훨씬 더 길다.

여섯째, 소비자의 노출을 높이기 위한 기타의 혁신적인 방법으로서 화면 보호기용 고객맞춤식 3차원로고와 광고메시지를 제작하는 것이나 전국적으로 판매되는 제품에 대한 광고와 그 제품을 판매하는 쇼핑몰의 소매업체 이름을 주로 소개하는 TV프로그램을 쇼핑몰 내부의 식당에서 방영하는 것이다.

소비자의 노출은 ① 광고매체에서 광고가 배치되는 위치, ② 기업의 유통정책 및 ③ 소매점의 진열대 배치방법에 의해 영향을 받기 때문에, 기업은 이런 원리를 자사의 마케팅활동에 유익하게 활용할 수 있다.

첫째, 광고매체에서 광고가 배치되는 위치인데, 이는 방송광고와 인쇄광고로 구분해서 설명할 수 있다. 우선, 방송광고의 경우에는 광고방영시간의 서두나 말미에 배치되는 광고일수록 소비자의 노출이 더 커진다. 소비자가 이런 광고에 노출되는 시점은 그 다음 방영될 프로그램을 기다리고 있는 상태이거나 앞에 본 프로그램의 내용에 아직 빠져 있는 상태이므로, 리모콘을 사용해서 다른 채널로 돌려버릴 가능성이 보다 적기 때문이다. 한편, 잡지광고의 경우에는 잡지의 뒷표지에 게재되는 광고에 대한 소비자의 노출이 커진다. 그 이유는 표지가 밑으로 가도록 잡지를 엎어 둘 때마다 소비자가 그 광고를 보게 되기 때문이다. 또한, 기사 다음에 배치되는 광고나 그들을 흥미롭게 만드는 TV프로그램 속에 삽입되는 광고에 대한 소비자의 노출 가능성이 가장 높다.[4]

---

3 항공기탑승객들이 목적지 공항에 내려서 화물칸에 맡긴 수하물을 잘 찾을 수 있도록 컨베이어벨트를 이용하여 수하물을 이동시키면서 잠시 진열하는 장치로서 전문용어로는 BCA(baggage claim area)라고 한다.

4 Adam Finn, "Print Ad Recognition Readership Scores: An Information Processing Perspective", *Journal of Marketing Research*, May 1988, pp. 168-177.

둘째, 기업의 유통정책이다. 기업의 유통정책은 자사제품을 취급하는 중간상의 수를 기준으로 해서 개방적 유통정책, 선택적 유통정책 및 독점적 유통정책으로 구분된다. 그 중에서 기업이 자사제품을 폭넓게 유통시켜 제품의 시장노출도를 최대로 하는 방식인 개방적 유통정책을 취하는 경우, 소비자가 자사제품에 노출될 가능성은 커진다.

셋째, 소매점의 진열대 배치방법이다. 우선, 특정한 제품에 할애되는 진열대공간의 위치나 크기에 따라 소비자의 노출이 달라진다. 예컨대, 소비자는 복도끝 진열방식(end-of-aisle display: EAD)이 적용되는 제품이나 진열대에서 더 많은 공간을 차지하는 제품에 노출될 가능성이 크다. 특히, 사람의 허리높이에서 눈높이 사이의 높이로 진열되는 제품은 그런 범위를 벗어난 높이에 진열되는 다른 제품보다 소비자에게 더 많이 노출된다. 마지막으로, 소비자가 소매점을 방문해서 물건을 구입할 때 반드시 거쳐야 하는 위치에 제품을 진열하면, 소비자의 노출이 증가한다. 예컨대, 슈퍼마켓이나 식당의 계산대에 POP 디스플레이를 활용하면 제품의 매출이 증가하는 것으로 알려져 있다.

제 2 절 소비자의 주의

1. 소비자의 주의의 의의

특정한 시점에서 소비자에게 노출되는 외부자극의 수는 엄청나게 많을 수 있다. 예컨대, 현재 독자는 이 책의 정보에 노출되고 있지만, 동시에 필기구나 책상, 의자, 전등, 벽, 마루, 그리고 바닥에 기어 다니는 개미를 비롯한 다른 많은 수의 자극에도 노출되고 있다.

또한, 소비자는 기업이 자사제품을 팔기 위해 제시하는 수많은 마케팅자극에 노출된다. 예컨대, 슈퍼마켓에 청량음료를 사러 가는 소비자를 생각해 보자. 우선, 그는 슈퍼마켓에 진열되어 있는 여러 제품과 디스플레이에 노출된다. 또한, 청량음료가 진열되어 있는 통로에 들어서면, 청량음료 신제품의 "빅세일" 안내판이나 서로 다른 포장과 로고를 부착한 여러 가지 청량음료에 노출될 것이다.

하지만, 소비자의 입장에서 이런 모든 자극들을 동시에 살펴보는 것은 매우 어려운 일이기 때문에, 그중에서 자세히 검토할 만한 가치가 있는 것이 무엇인지를 결정해야 한다. 다행히도, 원래 인간은 이런 복잡함을 줄이기 위해 특정한 시점에서 제시되는 여러 외부자극들 중에서 가장 중요한 자극에만 초점을 두는데, 바로 이것이 소비자의 주의라는 개념이다.

소비자의 주의(attention)란 소비자가 어떤 외부자극에 대해 자신의 제한된 인지적 자원(즉, 정신적 활동)을 할당하는 과정을 말하며, 이는 소비자의 중요한 정보처리활동의 하나이다. 어떤 외부자극이 소비자의 감각수용기(sensory receptor)를 활성화시켜 지각되기 위해서는 이에 대한 특정한 양만큼의 주의가 필요하다. 또한, 외부자극이 소비자의 감각수용기에 도달하면, 소비자는 그것을 더 분석해서 더 높은 차원의 정보처리활동을 수행할 수도 있다. 즉, 소비자는 어떤 외부자극을 지각한 후 다시 이에 대해 인지적 자원을 추가로 할당하기도 한다. 바로 이는 [그림 7-1]에서 주의와 지각 사이에 쌍방향의 화살표를 표시해 둔 이유이다.

이처럼 소비자의 주의는 소비자의 지각과 지각 후의 분석에 영향을 미친다. 기업의 입장에서는 소비자의 주의가 가진 특성과 마케팅자극에 대한 소비자의 주의를 높이는 방식을 이용해서 자사의 마케팅활동을 더 효율적으로 수행하는 방법을 모색할 수 있다.

2. 소비자의 주의의 특성

소비자의 주의는 ① 선택성, ② 분리가능성 및 ③ 제한성이라는 세 가지 주요특성을 가지는 것으로 알려져 있다.

첫째, 주의의 선택성(selectivity)은 소비자가 자신에게 노출되는 모든 외부자극을 처리하는 것은 거의 불가능하기 때문에, 노출되는 외부자극 중의 일부에 대해 선택적으로 주의를 기울이게 된다는 것을 말한다. 이를 선택적 주의(selective attention)라고 부르기도 한다.

둘째, 주의의 분리가능성(capability of being divided)은 소비자가 특정 시점에서 자신의 주의자원(attention resource)을 적당히 분할해서 일부는 특정한 과제에 할애하고 나머지는 다른 과제에 할당할 수 있다는 것을 의미한다. 이처럼 소비자는 주변에 있는 여러 가지 일들의 요구에 대처하기 위해 자신의 주의를 융통성 있게 할당할 수 있다. 자동차 주행 시에 자동차를 운전하기 위해 전방도로를 주시하면서 동시에 동승한 다른 사람들과 대화를 나누는 경우가 좋은 예이다.

이렇게 소비자가 주의를 분할할 수 있고 또한 이 과제에서 저 과제로 주의의 대상을 융통성 있게 바꿀 수 있다는 사실은 곧 소비자의 주의가 분산될 가능성이 있음을 시사한다. 즉, 소비자가 기존에 주의를 기울이고 있던 어떤 자극으로부터 자신의 주의를 철회할 수 있다는 것이다. 예컨대, 운전 중에 개가 자동차 앞쪽으로 갑자기 끼어들었다면, 운전자가 동승한 다른 사람들과의 대화에 주었던 주의는 당연히 분산될 것이다. 마찬가지로, 마케팅자극에 대한 소비자의 주의를 분산시키는 요인이 존재하는 경우에도, 소비자가 해당 마케팅자극에 할당하는 주의의 양은 매우 감소된다.[5] 예컨대, TV에 나오는 광고를 보고 있는데 옆에서 누군가가 말을 걸었거나 전화가 왔거나 혹은 무언가를 골똘히 생각하고 있었다면, 그 광고가 소비자의 주의를 받을 가능성은 낮아진다.

셋째, 주의의 제한성(limitedness)이다. 소비자가 어떤 대상에 주의를 기울인다는 것은 소비자가 가진 한정된 양의 정보처리자원 중에서 일부를 그런 대상에 할애하는 것이다. 그러므로, 소비자가 몇 가지 대상에 대해서 동시에 주의를 기울일 수 있는 것은 그런 대상들의 처리방식이 비교적 자동적이고, 그동안 많이 실행된 바 있으며, 노력이 적게 드는 경우로 한정된다.[6] 도로교통의 사정이 너무 복잡하다면, 운전자는 자신의 주의자원을 운전하는 데 대부분 할애해야 할 것이므로 동승한 다른 사람들과 대화하면서 운전하기는 어려울 것이다. 마찬가지로, 자신에게 친숙하지 못한 소매점에 들어간 경우나 여유시간이 부족한 경우라면, 소비자가 그 속에서 신제품을 찾아낼 가능성이 낮아진다.

3. 선주의 정보처리

소비자의 주의는 선택성과 분리가능성이라는 특성을 가지기 때문에, "특정한 시점에서 어떤 과제를 처리하는 데 사용되지 않는 주의자원은 초점주의(focal attention)의 대상이 아닌 다른 어떤 대상을 조사하거나 분석하는 데 활용될 수는 없을까?"라는 의문을 가질 수 있다. 예컨대, 소비자가 어떤 잡지에 실린 기사에 대해 충분한 주의를 기울이고 있는 경우라도 그 주위에 제시된 다른 정보(예: 그 기사 바로 옆에 있는 광고)도 함께 처리

5 Scott B. MacKenzie, "The Role of Attention in Mediating the Effect of Advertising on Attribute Importance", *Journal of Consumer Research*, September 1986, pp. 174-195.

6 Daniel Kahneman, *Attention and Effort* (Englewood Cliffs, N.J.: Prentice-Hall, 1973).

될 수는 없을까? 오직 전방도로에만 초점을 두고 고속도로를 주행하는 경우라도 도로의 양쪽에 서 있는 옥외간판에 적혀 있는 정보도 함께 처리될 수는 없을까? 즉, "소비자가 그런 사실을 전혀 의식하지 못하는 사이에 어떤 정보를 처리하게 되는 경우는 없을까?"라는 의문이 제기될 수 있다.

이처럼 소비자가 전혀 의식하지 못하는 사이에 어떤 정보가 처리되는 현상을 선주의 정보처리(preattentive processing)라고 한다. 어떤 시점에서 소비자의 주의자원은 특정한 과제에 많이 할애되어버리기 때문에, 다른 어떤 과제를 처리하기 위해 남겨지는 주의자원은 얼마 되지 않는다. 즉, 초점주의의 대상이 아닌 나머지 대상에 할당되는 주의의 양은 너무 적어서, 이런 나머지 대상으로부터 얻어지는 정보는 의식수준의 주의에 도달하지 못한다.

소비자가 기업의 상표명을 선주의 정보처리를 할 수 있음을 시사하는 연구들이 있는데, 이에 따르면 선주의 정보처리가 이루어진 참신한 상표명은 소비자가 전혀 노출된 적이 없는 상표명보다 더 인기가 높다.[7] 이런 현상에 대한 한 가지 설명은 소비자가 참신한 자극을 자주 볼수록 그런 자극을 더 좋아하게 되고 또한 더 친숙해진다는 것이다.[8]

선주의 정보처리에 관한 연구에 따르면, 소비자가 어떤 대상을 선주의 정보처리할 수 있는 능력은 선주의 정보처리의 대상이 되는 자극의 형태와 위치라는 두 가지 요인에 따라서 달라진다. 자극의 형태는 자극이 시각적인 자극인가 아니면 언어적인 자극인가를 말한다. 자극의 위치는 자극이 소비자의 좌시계(left visual field)에 위치하는가 아니면 우시계(right visual field)에 위치하는가, 즉 자극이 초점대상의 왼쪽에 있는가 아니면 오른쪽에 있는가를 말한다.

자극의 이런 두 가지 요인은 인간의 뇌가 좌반구와 우반구라는 두 개의 반구로 나뉘어져 있고, 각 반구가 수행하는 기능이 다르다는 반구전문화의 원칙(the principle of hemispheric lateralization)과 긴밀한 관계가 있다.

첫째, 자극의 형태와 반구전문화의 관계부터 살펴보자. 좌반구는 결합될 수 있는 단위를 처리하는 데 최적이므로, 숫자세기, 친숙하지 못한 단어의 처리, 그리고 문장과 구문론적 표현의 형성 등이 좌반구에서 수행된다. 한편, 우반구는 총괄적인(holistic) 자극을 처리하는 데 최적이므로, 음악의 처리, 시각적이고 공간적인 정보의 처리, 추론형

7 Chris Janiszewski, "Preconscious Processing Effects: The Independence of Attitude Formation and Conscious Thought", *Journal of Consumer Research*, September 1988, pp. 199-209.

8 Chris Janiszewski, "Preattentive Mere Exposure Effect", *Journal of Consumer Research*, December 1993, pp. 376-392.

표 7-1 반구전문화의 주요특성과 마케팅시사점

		좌반구	우반구
주요 특성	취급정보 정보처리 기능 반응 통제	언어적 정보(말) 순차적 처리 정보의 의식적 구두보고 논리적 반응 이성적 사고	비언어적 정보(그림, 소리) 동시적 처리 정보의 시각화 창의적, 직관적 반응 이미지, 인상
마케팅 시사점	상황 내용 광고스타일	중요한 의사결정(고관여조건) 구두, 인지적 정보 문자, 구두 중심의 광고 (설명형, 정보제공형 광고)	일상적 반복적 의사결정 시각, 청각, 비인지적 정보 그림, 사진 중심의 광고 (감정유발형 광고)

성, 그리고 결론도출 등이 우반구에서 수행된다.[9] 〈표 7-1〉에는 이런 반구전문화의 주요특성과 그 마케팅시사점이 제시되어 있다.

둘째, 자극의 위치와 반구전문화의 관계이다. 선주의 정보처리에서 정보를 처리하는 데 사용되는 반구는 정보가 초점과제와 비교해서 어느 쪽에 위치하는가에 의해서 좌우된다.[10] 우시계에 위치하면서 선주의 정보처리된 자극은 좌반구에서 처리되는 경향이 있는 반면, 좌시계에 위치하면서 선주의 정보처리된 자극은 우반구에서 처리되는 경향이 있다. 하지만, 소비자의 완전한 주의(full attention)를 받는 초점과제인 자극은 두 개의 반구 모두에서 처리된다.

위의 연구결과로 미루어 볼 때, 우리는 다음과 같은 두 가지 사실을 알 수 있다. 첫째, 그림과 같은 자극이 좌시계에 위치하면, 이는 시각적 자극을 가장 잘 처리할 수 있는 우반구에서 처리될 것이기 때문에 선주의 정보처리가 될 가능성이 가장 높아진다. 둘째, 단어와 같은 자극이 우시계에 위치하면, 이는 좌반구에서 처리될 것이기 때문에 선주의 정보처리가 될 가능성이 가장 높아진다.

이와 관련해서 소비자가 상표명이나 광고주장을 선주의 정보처리할 수 있는 능력은 자극이 과연 적절한 시계에 위치하는가에 의존한다는 것을 발견한 연구결과와 정보가 이에 적절한 반구에서 선주의 정보처리되는 것이 오히려 소비자가 완전한 주의의 대상이 되는 자료를 처리하려는 것을 방해한다는 것을 시사하는 연구결과도 있다.

---

9 Joan Meyer-Levy, "Priming Effects on Product Judgments: A Hemispheric Interpretation", *Journal of Consumer Research*, June 1989, pp. 76-87.

10 Chris Janiszewski, "The Influence of Nonattended Material on the Processing of Advertising Claims", *Journal of Marketing Research*, August 1990, pp. 263-278.

4. 소비자의 주의 획득방안

소비자가 선주의 정보처리를 할 수도 있겠지만, 그보다는 소비자가 자사의 마케팅 자극에 대해 의식적인 주의를 기울이고 이에 완전한 주의자원을 투입하도록 하는 경우에 기업이 소비자에게 더 많은 영향을 미칠 수 있을 것이라는 사실은 자명하다. 일상생활에서 많은 수의 마케팅자극이 소비자의 주의를 획득하기 위해 치열하게 경합하고 있다. 하지만, 소비자가 이런 다수의 마케팅자극에 주의를 기울일 동기와 기회는 제한되어 있기 때문에, 기업은 소비자의 주의를 획득할 수 있는 마케팅믹스를 구성하도록 적극 노력하지 않으면 안 된다.

이런 의미에서 기업이 자사제품에 대한 소비자의 주의를 얻어내기 위해 활용 가능한 주요방안으로는 〈표 7-2〉에 제시된 바와 같이 ① 개인적 관련성이 있는 자극을 만드는 방안, ② 즐거움을 주는 자극을 만드는 방안, ③ 놀라움을 자아내는 자극을 만드는 방안, 그리고 ④ 처리되기 쉬운 자극을 만드는 방안을 들 수 있다. 이 중에서 앞의 세 가지 방안은 기업의 마케팅자극에 주의를 기울일 소비자의 동기를 유발하는 데 중점을 두는 방안인 반면, 처리되기 쉬운 자극을 만드는 방안은 기업의 마케팅자극을 처리하는 소비자의 능력을 높이는 데 중점을 두는 방안이다.

표 7-2 소비자의 주의 획득방안

개인적 관련성이 있는 자극을 만드는 방안	즐거움을 주는 자극을 만드는 방안	놀라움을 자아내는 자극을 만드는 방안	처리되기 쉬운 자극을 만드는 방안
▪ 소비자의 욕구, 가치 및 목적에 소구 ▪ 표적오디언스와 유사한 광고모델의 사용 ▪ 드라마광고의 사용 ▪ 수사적 질문의 사용	▪ 매력적 영상의 사용 ▪ 음악의 사용 ▪ 유머의 사용	▪ 참신성을 가진 자극의 사용 ▪ 의외성을 가진 자극의 사용	▪ 현저한 자극의 사용 ▪ 구체적 자극의 사용 ▪ 주위와 대조를 이루는 자극의 사용

1) 개인적 관련성이 있는 자극을 만드는 방안

소비자에게 개인적 관련성(personal relevance)이 있는 자극은 자신의 생활에 중요한 결과를 초래할 소지가 있기 때문에 소비자의 주의를 더 많이 끈다.[11] 자신의 생활에 중

11 Richard Celsi and Jerry C. Olson, "The Role of Involvement in Attention and Comprehension

요한 결과를 초래할 것으로 보이는 자극(지각된 위험의 문제)이나 자신이 갖고 있는 태도와 보통수준으로 일치하지 않는 자극(태도불일치의 문제)은 소비자에게 개인적 관련성이 있다.

어떤 마케팅자극이 여러 가지 다른 자극들 속에 존재한다면, 소비자의 주의를 높이는 바로 그 요인들이 소비자가 해당 마케팅자극을 처리하는 능력을 방해할 수 있다. 예컨대, 자신에게 개인적 관련성이 매우 높은 TV프로그램(예: 매우 흥미진진한 TV토크쇼나 눈물 나게 만드는 순정드라마) 속에 광고가 삽입되는 경우에는 그런 TV프로그램이 광고에 대한 소비자의 주의를 분산시키는 역할을 할 수 있다. 또한, 판매시점에 제시되는 경쟁사의 판촉자료가 소비자에게 더 개인적인 관련성이 높은 경우에도, 더 많은 소비자의 주의를 끌어서 결국 자사의 마케팅커뮤니케이션에 대한 소비자의 주의를 분산시킬 수 있다.[12]

기업이 소비자에게 개인적 관련성이 있는 자극을 만드는 구체적인 방법으로는 ① 소비자의 욕구, 가치 및 목적에 소구하는 방법, ② 표적오디언스와 유사한 광고모델을 내세우는 방법, ③ 드라마광고를 사용하는 방법 그리고 ④ 수사적 질문을 사용하는 방법을 들 수 있다.

(1) 소비자의 욕구, 가치 및 목적에 소구하는 방법

소비자의 욕구-가치-목적(NVG: need, value and goal)에 소구하는 방법은 마케팅자극이 소비자에게 개인적 관련성이 있게 만드는 데 가장 강력한 방법 중의 하나이다. 우선, 소비자는 다양한 생리적 욕구와 심리적 욕구를 갖고 있는데, 특정한 시점에서 그 중의 어느 하나가 활성화되면 소비자는 그런 욕구와 관련되는 마케팅자극에 주의를 기울일 가능성이 커진다. 또한, 기업이 소비자가 현재 갖고 있는 가치나 목적과 일치하는 마케팅자극을 제시한다면, 그런 마케팅자극은 소비자의 주의를 끌 가능성이 높다.

(2) 표적오디언스와 유사한 광고모델을 내세우는 방법

사람들은 자신과 유사하다고 지각하는 사람들에게 주목할 가능성이 높은데, 그 이유는 자신의 세계관과 자기개념이 더욱 강화되기 때문이다.[13] 요즈음 많은 광고에서 보

Processes", *Journal of Consumer Research*, September 1988, pp. 210-224.

12 Kenneth R. Lord and Robert E. Burnkrant, "Attention versus Distraction: The Interactive Effect of Program Involvement and Attentional Devices on Commercial Processing", *Journal of Advertising*, March 1993, pp. 47-60.

13 Arch Woodside and J. William Davenport, Jr., "The Effect of Salesman Similarity and Expertise on Consumer Purchasing Behavior", *Journal of Marketing Research*, May 1974, pp.

통소비자(typical consumers)를 광고모델로 내세우는 이유는 이를 보는 소비자가 해당 광고모델과 자신을 서로 잘 관련시켜서 결국 자사광고에 주의를 더 많이 기울여주기를 바라기 때문이다.

(3) 드라마광고를 사용하는 방법

강연식으로 제시되는 대부분의 광고에 비해서 드라마를 사용하는 광고를 하면, 소비자의 개인적 관련성을 더 높일 수 있다. 강연식 광고(lecture ad)란 아나운서나 가상적인 소비자를 내세워 특정한 제품을 사용해야 할 이유를 마치 강연하는 것처럼 오디언스에게 제시하는 광고를 말한다. 한편, 드라마광고(drama ad)에서는 일종의 미니스토리 형식으로 주인공이 겪는 경험을 표현하거나 해설하는데, 여기에는 연속시리즈로 펼쳐지는 드라마광고와 30초 이내에 드라마의 내용 전체를 전달하는 드라마광고라는 두 가지 형태가 있다. 드라마광고의 경우에는 소비자가 광고에서 연출되는 주인공의 사사로운 행동들을 살짝 엿보게 되는 셈인데, 이는 소비자에게 개인적 관련성을 높여서 소비자의 주의를 더 많이 끌 가능성이 있다.[14]

(4) 수사적 질문을 사용하는 방법

광고에 수사적 질문을 사용하는 것도 소비자의 주의를 끌 수 있는 또 하나의 방식이다. 수사적 질문(rhetorical question)은 예컨대, "멋쟁이 친구, 당신은 누구인가?"나 "당신은 어떻게 100만 달러를 벌 수 있을 것인가?"처럼 오직 주목효과만 노려서 내던지는 질문을 말한다.[15] 대개 이런 수사적 질문에 대한 답은 매우 모호하기 때문에, 누구도 이런 질문에 대한 정확한 답이 존재하리라고 기대하지 않는다. 그럼에도 불구하고, 이런 수사적 질문이 소비자에게 소구할 수 있는 이유는 "당신"이라는 단어가 포함되어 소비자에게 그 질문에 대한 답을 한번 생각해보도록 요구하기 때문이다. 요컨대, 수사적 질문은 소비자를 광고로 끌어들이려는 기업의 시도라 말할 수 있다.

2) 즐거움을 주는 자극을 만드는 방안

원래 인간은 즐거움을 주는 대상에 주의를 기울이는 경향이 있는데, 기업은 이런

198-202.

14 John Deighton, Daniel Romer, and Josh McQueen, "Using Drama to Persuade", *Journal of Consumer Research*, December 1989, pp. 335-343.

15 Robert E. Burnkrant and Daniel J. Howard, "Effects of the Use of Introductory Rhetorical Questions versus Statements on Information Processing", *Journal of Personality and Social Psychology*, 47 1984, pp. 1218-1230.

원리를 이용해서 자사의 마케팅자극에 대한 소비자의 주의를 높일 수 있다. 소비자에게 즐거움을 주는 자극을 만드는 구체적인 방법으로는 ① 매력적인 영상을 이용하는 방법, ② 음악을 이용하는 방법 그리고 ③ 유머를 이용하는 방법이 있다.

(1) 매력적인 영상을 이용하는 방법

매력적인 모델은 사람들에게 긍정적인 느낌이나 성적인 유혹을 유발하기 때문에, 이런 모델을 내세우는 광고는 소비자의 주목을 받을 가능성이 높다.[16] 인기연예인을 비롯해서 매력적인 인물을 모델로 내세우는 광고는 소비자의 주의를 생성하는 데 꽤 효과적이라는 사실이 판명되었다. 또한, 광고 속에 제시되는 각종 매력적인 영상들도 소비자의 주의를 끌 수 있다. 예컨대, 휴가여행을 계획 중인 소비자라면, 시각적으로 즐거움을 주는 휴양지의 멋진 경관을 담은 광고나 안내책자에 주의를 기울일 가능성이 높다. 특히, 쾌락적 욕구(즉, 즐거움 욕구)에 소구하고 또한 시각적으로 단순하면서도 호소력 있으며 구도가 멋지게 짜인 광고는 소비자의 주의를 끌 수 있다.

그런데, "무엇이 매력적인 것인가?" 하는 것은 다분히 주관적인 문제로 개인적인 차이와 문화적인 차이가 존재한다. 예컨대, 광고에 여성의 나신이 등장하는 것을 보고 즐기는 사람이 있는가 하면, 그런 장면 때문에 너무 불쾌하다고 비판하는 사람도 있다. 또한, 서양에서는 키가 크고 날씬한 사람이 미적 기준에 부합되는 좋은 모델이지만, 이런 모델을 불쌍하고 영양실조에 걸린 별로 매력이 없는 사람이라고 생각하는 문화권도 있다.

(2) 음악을 이용하는 방법

음악을 이용하는 것도 소구력 있는 자극으로 소비자의 주의를 끄는 데 효과적인 방법 중의 하나이다.[17] 우선, 친숙한 노래나 곡조 그리고 그런 노래를 부른 대중가수는 주의획득력(attention-getting power)이 높은데, 바로 이는 많은 기업들이 자사광고에 친숙한 음악과 유명한 아티스트를 사용하는 이유이다. 예컨대, 1992년에 코카콜라가 범세계적인 하계올림픽(Summer Olympics) 광고캠페인을 전개하자, 펩시콜라는 이에 대항하기 위해 마이클 잭슨의 "데인저러스(Dangerous)" 투어를 후원하는 광고시리즈를 시행한 바 있다.

---

16 Grant McCraken, "Who Is the Celebrity Endorser? Cultural Foundations of the Endorsement Process", *Journal of Consumer Research*, December 1989, pp. 310-321.

17 Deborah J. MacInnis and C. Whan Park, "The Differential Role of Characteristics of Music on High- and Low-Involvement Consumers' Processing of Ads", *Journal of Consumer Research*, September 1990, pp. 161-173.

즐거운 향수나 추억을 불러일으키는 음악도 소비자의 주의를 끄는 데 효과적으로 사용될 수 있는데, 리복(Reebok)이 클리프행어(Cliffhanger) 운동화 광고에서 영화 플린트스톤(Flintstone)의 주제음악을 사용한 것이 좋은 예이다. 광고음악과 관련해서 한 가지 흥미로운 사실은 미국에서는 대개 기존에 나와 있는 대중음악을 광고음악으로 활용하지만, 유럽에서는 광고에서 인기를 모았던 징글이 나중에 다시 히트 싱글로 제작된다는 점이다. 이런 현상은 자칫 단기적으로 그칠 수도 있는 광고캠페인의 효과를 더 연장시키는 결과를 초래하기 때문에, 광고주의 입장에서 상당히 유익하다고 말할 수 있다.

광고주제와 조화를 이루는 음악을 사용하면, 광고메시지에 대한 소비자의 주의를 높일 수 있다.18 예컨대, 나이키(Nike)는 비틀즈의 노래 "레볼루션(Revolution)"을 광고음악으로 사용해서 성공한 적이 있는데, 그 이유는 광고음악이 광고주제와 서로 잘 연결되었기 때문이다. 하지만, 흘러간 히트곡을 광고음악으로 사용하는 것은 일종의 "신성모독행위"라고 생각해서 싫어하는 소비자도 있다고 한다. 따라서, 기업이 광고음악을 사용하려는 경우에는 소비자조사를 통해서 과연 어떤 음악이 광고음악으로 적절한지를 확인해 볼 필요가 있다.

(3) 유머를 이용하는 방법

유머(humor)를 이용하는 것도 소비자의 주의를 효과적으로 획득하는 방식 중의 하나이다.19 대개 인간은 농담을 나누기를 좋아하는데, 이런 맥락에서 유머는 소비자를 광고로 이끄는 능력이 있기 때문에 소비자의 주의를 끈다. 사실, 농담을 던지는 것은 청중의 주의를 유지시켜주는 경향이 있기 때문에, 유머의 사용은 효과적인 대중연설을 위한 중요한 원리 중의 하나이다.

3) 놀라움을 자아내는 자극을 만드는 방안

소비자에게 놀라움을 자아내는 자극은 소비자의 주의를 높인다. 소비자의 놀라움을 자아내는 자극이 되기 위해서는 참신성이나 의외성이라는 특성을 가져야 한다.

(1) 참신성을 가진 자극을 이용하는 방법

소비자는 참신성(novelty)을 가진, 즉 새롭고 독특한 자극에 주목할 가능성이 높다.

---

18 James J. Kellaris, Anthony Cox, and Dena Cox, "The Effects of Background Music on Ad Processing: A Contingency Explanation", *Journal of Consumer Research*, October 1993, pp. 114-126.

19 Marc G. Weinberger and Charles S. Gulas, "The Impact of Humor in Advertising: A Review", *Journal of Advertising*, December 1992, pp. 35-61.

참신한 자극은 소비자를 놀라게 만들고 또한 해당 범주에서 일상적으로 접하는 것들과 차이가 있어서, 다른 자극들에 비해 두드러져 보이는 효과를 가진다.[20] 기업은 자사제품의 포장과 마케팅커뮤니케이션을 고안하는 데 이런 원리를 적용할 수 있다.

우선, 기업이 참신하거나 이례적인 형태의 포장을 사용하면, 경쟁제품과 비교해서 더 두드러져 보이기 때문에 소비자의 주의를 끌 수 있다. 제품의 포장용기에 참신성을 높인 예로는 일반적인 요구르트용기와는 정반대로 윗부분이 아랫부분보다 좁은 요플레 요구르트용기의 모양을 들 수 있다. 특히, 향수 및 화장품 제조업체들은 자사제품에 대한 소비자의 주의를 끌기 위해 참신한 포장용기를 많이 개발하고 있다. 예컨대, 미국의 '캐털리스트 포 멘(Catalyst for Men)'이라는 향수제품은 테스트튜브와 실험실 플라스크 모양의 포장용기를 사용하고 있는데, 그 모양이 화학실험용 기구세트와 너무 비슷하기 때문에 진열대에서 매우 두드러져 보인다.

한편, 기업은 참신한 방식의 마케팅커뮤니케이션을 사용하여 소비자의 주의를 끌 수 있는데, 다음은 그 몇 가지 예이다.[21]

첫째, 참신한 광고메시지를 사용하는 방법이다. 그동안 미국 항공사들은 자사의 요금이나 특별서비스를 부각시키는 데 중점을 둔 광고를 많이 내놓았다. 이런 상황에서 최근에 비행기의 안전문제와 기상에 의한 비행기이륙의 지연문제를 다룬 아메리칸 에어라인(American Airlines)의 광고는 비교적 참신하다는 평가를 받았다.

둘째, 참신한 광고집행방식을 사용하는 방법이다. 영국의 브리티시 에어웨이(British Airways)는 자사의 비행기가 매년 미국의 맨허턴에 거주하는 주민의 수보다 더 많은 사람을 태운다는 것을 전달하기 위해, 머리 위로 맨허턴 섬이 날아가는 모습을 보여준 참신한 광고캠페인을 전개한 바 있다.

셋째, 참신한 광고포맷을 사용하는 방법이다. 미국 프로디지(Prodigy)는 방영되기 몇 초 전에 제작이 완료되는 생방송 TV광고시리즈를 개발한 적이 있었는데, 이는 정규 프로그램의 장면 일부를 광고에 그대로 사용했기 때문에 매우 참신하였다. 또한, 1975년 미국에서 광고주의 제품이 명시적으로나 묵시적으로 거명된 경쟁사의 제품보다 더 우수하다는 것을 표현하는 비교광고가 FTC에 의해 처음으로 합법화되었을 당시에, 이는 하나의 새롭고 참신한 광고포맷이었다.[22]

---

20 Barbra Loken and James Ward, "Alternative Approaches to Understanding the Determinants of Typicality", *Journal of Consumer Research*, September 1990, pp. 111-126.

21 Lord and Burnkrant(1993), *op. cit.*

22 Michael Etgar and Steven M. Goodwin, "Planning for Comparative Advertising Requires Special Attention", *Journal of Advertising*, Winter 1979, pp. 26-32.

그런데, 참신한 자극이 소비자의 주의를 끄는 것은 사실이지만, 그렇다고 해서 그것이 항상 소비자의 호감을 받는 것은 아니다. 자신이 늘 먹는 것과 맛이 전혀 다른 음식이나 현재의 유행에서 벗어난 완전히 새로운 스타일의 옷, 혹은 너무 새롭고 이례적인 음악을 싫어하는 소비자들도 있다. 또한, 시험마케팅 단계에서 다수의 소비자들이 크리스털 펩시(Crystal Pepsi)를 싫어한 이유는 그 맛이 보통 펩시콜라의 맛과 다르기 때문이었다. 요컨대, 기업은 자사의 마케팅자극을 참신하게 만드는 것과 소비자가 그것을 좋아하도록 만드는 것은 전혀 별개의 문제라는 사실에 주의할 필요가 있다.

(2) 의외성을 가진 자극을 이용하는 방법

소비자는 의외성(unexpectedness)을 가진 자극에 주목할 가능성이 있다. 반드시 새로운 것은 아니더라도 의외성을 가진 자극은 그것의 배치가 소비자에게 평소에 친숙한 것들과 다르기 때문에, 소비자의 호기심을 유발하고 그 의미를 파악하기 위해 분석하도록 만든다.[23] 이런 의외성을 가진 마케팅자극을 활용한 예로는 다음과 같은 사례를 들 수 있다.

첫째, 뱀부 란제리(Bamboo Lingerie)는 뉴욕의 보도 위에 "From Here. It Looks Like You Could Use Some New Underwear."라는 문장을 찍어둔 적이 있었다. 그 자체가 재미있었고 보도 위에서 내의에 관한 어떤 메시지를 보게 되리라고 사람들이 기대하지 않았기 때문에, 이는 많은 주의를 끌었다.

둘째, 1995년도 슈퍼볼 게임기간 동안 롤드 골드(Rold Gold) 프레첼 광고에서는 "세인펠드(Seinfeld)"의 제이슨 알렉산더(Jason Alexander)가 낙하산을 타고 경기장에 내려오는 장면을 보여주었다. 이를 본 많은 사람들은 그 광고가 생방송 정규프로그램이라고 생각하였기 때문에, 상당한 주목을 받았다.

비록 참신하지는 않더라도, 시장점유율이 낮은 상표가 시장점유율이 높은 다른 상표와 비교하는 형태로 제시되는 비교광고도 소비자의 주의를 끈다.[24] 대개 소비자는 시장점유율이 낮은 상표가 시장점유율이 높은 상표보다 더 우수하다고 주장하리라고는 잘 기대하지 않기 때문이다.

---

23 Joan Meyers-Levy and Alice Tybout, "Schema Congruity as a Basis for Product Evaluation", *Journal of Consumer Research*, June 1989, pp. 39-54.

24 Cornelia Pechman and David W. Stewart, "The Effects of Comparative Advertising on Attention, Memory, and Purchase Intentions", *Journal of Consumer Research*, September 1990, pp. 180-191.

그런데, 의외성을 가진 자극이 소비자의 주의를 끌 수 있지만, 지나치게 이례적인 자극은 소비자에게 혼란만 줄 수 있다는 점에 유의해야 한다. 과거에 리복(Reebok)이 시행했던 광고캠페인(the U.B.U.)이 좋은 예이다. 이는 다리가 세 개인 남자와 잔디를 깎고 있는 발레리나를 보여주는 기괴한 이미지의 광고였다. 비록 이것이 소비자의 주의를 끄는 데는 매우 효과적이었을지 몰라도, 그것이 무엇을 의미하는가와 관련해서 소비자를 너무 혼란에 빠뜨렸기 때문에 그만 실패하고 말았다.

4) 처리되기 쉬운 자극을 만드는 방안

기업의 마케팅자극에 주의를 기울이도록 소비자의 동기를 유발하는 데 중점을 두는 앞의 세 가지 방안과는 달리, 처리되기 쉬운 자극을 만드는 방안은 기업의 마케팅자극을 처리하는 소비자의 능력을 높이는 데 중점을 둔다. 소비자에게 처리되기 쉬운 자극의 예로는 ① 현저한 자극(prominent stimuli), ② 구체적인 자극(concrete stimuli) 및 ③ 주위와 대조를 이루는 자극(stimuli that are in contrast)을 들 수 있는데, 기업은 이런 원리를 잘 이용해서 자사의 마케팅자극에 대한 소비자의 주의를 끌 수 있다.

(1) 현저한 자극을 이용하는 방법

현저한 자극이란 주위 환경에 비해 더 두드러져 보이기 때문에 소비자의 주의를 끄는 데 효과적인 자극을 말한다. 자극이 현저해지는 정도를 말하는 현저성(prominence)은 자극의 크기나 길이에 의해 영향을 받는다.

예컨대, 크기가 크거나 길이가 긴 광고는 크기가 작거나 길이가 짧은 광고보다 소비자의 주목을 받을 가능성이 높다. 즉, 전면광고가 반면광고나 1/4면광고보다 주의를 끌 가능성이 높고, 광고의 표제나 본문이 굵고 큰 활자체로 된 경우에는 정상적인 굵기와 크기의 활자체로 된 경우보다 더 많은 주목을 받을 것이다.

이에 관한 일반적인 원리는 주의획득력 증가가 공간 증가의 제곱근에 비례한다는 것이다. 즉, 광고의 크기가 4배로 커지면 주의획득력은 2배로 증가하고, 광고의 크기가 9배로 커지면 주의획득력은 3배로 증가한다. 하지만, 자극의 크기가 발휘하는 효과는 매체에 따라 다소 차이가 있는 것으로 알려져 있다. 예컨대, 전화번호부에 광고를 게재하는 경우에 광고의 크기를 2배로 증가시키면 매출이 5배로 증가한 반면, 광고의 크기를 4배로 증가시키면 매출이 15팩터만큼 증가된다고 한다.

또한, 고정된 자극보다는 움직이는 자극의 현저성이 더 높은 경향이 있다. 즉, 광고에서 역동적으로 신속하게 움직이는 행동을 연출하면, 이에 대한 소비자의 주의가 높아지는 경향이 있다.[25] 식품점에서 움직이는 옥외간판과 디스플레이를 사용하는 것도 움직임을 이용해서 현저성을 높이는 좋은 예이다. 그 외에도 방송광고에서 광고의 음량을 갑자기 높여 정규프로그램보다 광고를 더 두드러져 보이게 만드는 것도 현저성의 원리를 이용한 예인데, 광고에서는 대개 이런 목적으로 시끄러운 락음악이나 드라마틱한 클래식음악을 많이 활용한다.

(2) 구체적인 자극을 이용하는 방법

구체적인 자극이 추상적인 자극보다 소비자의 주의를 끄는 능력이 더 크다. 구체성(concreteness)은 자극에 관한 상세함과 특수성의 정도를 말한다. 마음속에서 어떤 구체적인 대상(예: 사과, 고양이, 다이아몬드)의 이미지를 떠올리기는 쉽지만, 어떤 추상적인 대상(예: 적성, 기회, 민주주의)의 이미지를 떠올리는 것은 그리 쉽지 않다.

이런 구체성의 원리를 이용한 좋은 예로는 미국에서 유명한 주방용 액체세제인 '선라이트(Sunlight)'라는 상표를 들 수 있다. 이는 'Dawn,' 'Joy' 혹은 'Palmolive'와 같은 경쟁상표들보다 훨씬 더 구체적인 상표명을 갖고 있기 때문에 주의획득력이라는 면에서 우위에 선다.

(3) 주위와 대조를 이루는 자극을 이용하는 방법

처리되기 쉽게 만들어 소비자의 주의를 높이는 또 하나의 방법은 주위와 대조(contrast)를 이루는 자극을 이용하는 방법이다. 예컨대, 각각 서로 다른 팀의 열렬한 축구팬인 두 사람이 각 팀의 응원복을 입고 축구경기를 보러 가는데, 가위바위보를 해서 이긴 사람은 자신이 응원하는 팀의 응원석에서 관전하고 가위바위보에 진 사람은 상대팀의 응원석에서 관전하기로 약속했다고 하자. 이런 경우에 가위바위보에 진 사람이 입은 응원복은 해당 응원석에 있는 주위의 다른 사람들이 입은 응원복과 차이가 나기 때문에 더 두드러져 보일 것이다.

그런데, 축구경기장에서는 상대팀의 응원복을 입은 사람이 있을 거라는 것은 충분히 예상되는 바이기 때문에, 이는 의외성을 가진 경우는 아니다. 또한, 사람들은 이미 오랫동안 상대팀의 응원복을 많이 보아왔기 때문에, 이는 참신성을 가진 경우도 아니다. 그리고 상대팀의 응원복을 입은 사람이 주위 사람보다 특별히 키가 크거나 특이한 얼굴을 가진 것도 아니기 때문에, 이는 현저성을 가진 경우도 아니다. 하지만, 가위바위보에 진 사람이 입은 응원복은 해당 응원석에서 주위에 있는 다른 사람들이 입은 응

25 Werner Krober-Riel, "Activation Research: Psychological Approaches in Consumer Research", *Journal of Consumer Research*, March 1979, pp. 240-250.

원복과 대조를 이루기 때문에, 두드러져 보여서 사람들의 주의를 끌게 된다.

이런 대조의 원리를 기업의 마케팅활동에 적용한 것으로는 다음과 같은 몇 가지 예를 들 수 있다.

첫째, 신문에 게재되는 컬러광고이다. 대개 신문의 경우에는 주위의 다른 기사들이 모두 흑백으로 되어 있기 때문에, 컬러광고는 소비자의 주의를 끌 가능성이 높다.

둘째, 컬러TV에서 방영되는 흑백광고이다. TV에서는 주위의 다른 프로그램이나 광고들이 모두 컬러로 되어 있기 때문에, 흑백광고는 더 두드러져 보일 수 있다. 이와 관련해서 최근에는 매팅(matting)이라는 광고제작기법이 많이 채택되고 있다. 매팅은 흑백그림의 배경에다 밝은 색상의 광고대상(예: 제품이나 로고)을 배치시켜 소비자의 주의를 끄는 광고제작기법인데, 이는 요즘처럼 컬러가 주류를 이루는 환경에서 효과적이다.

셋째, 소매점에서 평범한 흰색 표찰에다 상표로고를 배치하는 방법이다. 이는 슈퍼마켓의 기제식품 코너, 제과 코너 및 육류 코너에서 많이 사용되고 있는 방법인데, 이렇게 하면 표찰과 대조를 이루면서 점포 내에 있는 소비자의 주의를 끄는 효과가 있다.

일반적으로 다수의 유사한 제품들이 진열대에 가득 차 있는 경우처럼 다수의 유사한 자극들이 서로 가까운 위치에 놓여있다면, 그 중의 어느 한 자극이 더 두드러져 보이기는 어렵다. 이런 혼잡(clutter) 문제를 해결할 수 있는 한 가지 중요한 방법이 바로 대조의 원리를 이용하는 것이다.

5. 습관화

사람이 어떤 자극에 친숙해지면 그 자극의 주의획득력은 점차 사라지게 되는데, 이런 과정을 습관화(habituation) 혹은 적응수준(adaptation level)이라고 부른다. 이런 현상이 발생하게 되는 이유는 소비자에게 자극이 원래 개인적 관련성이나 참신성 혹은 의외성이 있었던 것으로부터 그런 것들이 없는 것으로 바뀌어버렸기 때문이다. 예컨대, 우리가 새로운 그림을 구입해서 집안에 걸어두었다고 생각해보자. 처음 며칠 동안은 집안에 들어갈 때마다 그 그림에 주목할 것이다. 하지만, 시간이 지나면서 그 그림에 점점 덜 주목하게 되고 나중에는 그 그림에 전혀 주목하지 않는 지경에 이르게 될 것이다. 바로 이는 습관화에 도달한 상태라고 말할 수 있다.

광고나 포장을 비롯한 기업의 여러 가지 마케팅활동에 대해 소비자의 습관화가 발생할 수 있기 때문에, 이는 기업의 입장에서 상당히 중요한 문제이다. 처음에는 소비자의 주의를 많이 끌었던 광고라도 그것이 반복되면 소비자의 주의를 점차 덜 끌게 된다. 또한, 소비자가 매일 같은 길로 출퇴근한다면, 그 길가에 서 있는 많은 옥외간판에 별로 주목하지 않을 것이다. 하지만, 그중에서 어느 하나가 갑자기 변했다면, 소비자가 다시 이에 친숙해질 때까지는 이에 주목할 가능성이 높다. 이런 습관화는 다른 종류의 광고와 포장에 대해서도 마찬가지로 발생한다.

그러면, 기업은 소비자의 습관화에 대해 과연 어떻게 대처할 수 있을까? 소비자의 습관화에 대한 가장 간단한 해결책은 기업이 소비자에게 제시하는 마케팅자극을 자주 바꾸어주는 것이다. 그런 예로는 시리즈광고를 개발하는 방법을 들 수 있는데, 이는 실제로는 모두 동일한 주제나 메시지를 전달하지만 습관화가 발생하는 것을 피하기 위해 조금씩 다른 방식으로 연출된 광고들을 연속적으로 내보내는 것을 말한다. 또한, 기업이 제품의 포장을 자주 바꾸는 이유도 결국 소비자에게 습관화가 발생하는 것을 피하려는데 있다. 새롭고 신선한 포장을 사용하면, 소비자의 주의를 끌 수 있기 때문이다.

제 3 절 소비자의 지각

소비자가 어떤 자극에 노출되었고 이에 대해 적어도 최소한의 주의자원을 할애했다면, 이제 그 자극을 지각할 수 있는 입장에 놓이게 된다. 소비자의 지각(perception)은 외부에서 유입된 자극이 인간의 감각기관(즉, 시각, 청각, 미각, 후각 및 촉각)을 통해서 내부적으로 등록되는 현상을 말한다. 이 절에서는 소비자의 지각과 관련해서 감각적 지각(즉, 감각적 정보처리), 지각적 식역 및 지각적 조직화라는 세 가지 주제를 중심으로 설명하기로 한다.

1. 감각적 지각

소비자의 감각적 지각(sensory perception)은 자극을 지각하는 감각기관의 유형에 따라서 ① 시각을 통한 지각, ② 청각을 통한 지각, ③ 미각을 통한 지각, ④ 후각을 통한 지각, 그리고 ⑤ 촉각을 통한 지각으로 구분해서 설명할 수 있다.

1) 시각을 통한 지각

시각(vision)은 소비자가 기업이 제시하는 마케팅자극을 처리함에 있어서 핵심적인 감각기관 중의 하나이다. 외부에서 제시되는 시각적 자극이 인간의 감각수용기(sensory receptor)에 포착되는지 여부에는 시각적 자극의 색상과 선명함이라는 두 가지 특징이 중요한 영향을 미친다.[26]

(1) 시각적 자극의 색상

색상(color)은 소비자가 시각적 자극을 지각하는 데 매우 중요한 요인 중의 하나이다. 색상지각은 소비자가 자극을 지각하는 방식뿐만 아니라 소비자의 생리적 반응이나 기분과 같은 다른 요인에도 영향을 미칠 수 있다.

일반적으로 색상은 적색, 오렌지색 및 황색과 같은 따뜻한 색(warm color)과 녹색, 청색 및 보라색과 같은 차가운 색(cool color)이라는 두 개의 넓은 범주로 분류된다. 색상 심리학자들에 따르면, 이 두 범주의 색상이 인간에게 미치는 효과에는 차이가 있다.[27] 따뜻한 색은 사람에게 활동과 흥분을 조장하는 효과가 있는 반면, 차가운 색은 사람의 마음을 진정시키고 긴장을 풀어주는 효과가 있다.

따라서, 따뜻한 색은 헬스클럽이나 패스트푸드식당처럼 일반적으로 높은 수준의 활동이 바람직한 곳에서 사용하는 것이 적절하다. 한편, 차가운 색은 온천장이나 병원처럼 소비자가 평온함을 느끼고 의사결정을 하는 데 많은 시간을 소비하도록 만드는 것이 바람직한 곳에서 사용해야 한다. 그리고 소비자들에게 서로 함께 속한다는 지각을 갖도록 만들기 위해서는 서로 보완하는 색상이 필요하다. 예컨대, 밝은 색조의 청색에 보완성을 주기 위해서는 특별한 색조의 적색을 함께 사용해야 한다.

앞에서는 자극이 적색인가 황색인가 아니면 청색인가 하는 문제를 다루었는데, 색상의 표현에서는 이를 색조(hue/pigment) 차원이라고 한다. 하지만, 색상을 표현하는 데는 색조 차원 이외에 채도(saturation/chroma)와 명암(lightness)이라는 두 개의 다른 차원도 있다.

우선, 채도란 같은 핑크 색이라도 밝고 옅은 핑크 색과 깊고 진한 핑크 색이 있는

---

26 Peter H. Lindsay and Donald A. Norman, *Human Information Processing: An Introduction to Psychology* (New York: Academic Press. 1973).

27 Ayn E. Crowley, "The Two-Dimension Impact of Color on Shopping", *Marketing Letters*, 4(1), 1993, pp. 59-69.

것처럼 색상의 풍부함(richness)을 말한다. 또한, 명암은 예컨대, 진한 핑크 색이라도 밝음이 강한 색(산뜻한 핑크 색)과 어두움이 강한 색(엷은 자주색)이 있는 것처럼 색상의 밝고 어두운 정도를 말한다. 이런 색상의 두 차원은 소비자의 생리적 반응과 감정에 영향을 미칠 수 있다. 예컨대, 진하고 어두운 색상은 엷고 밝은 색상보다 더 많은 흥분을 유발한다.

(2) 시각적 자극의 선명함

시각적 정보처리(visual processing)의 기본원리는 시각적 자극의 강도(intensity)가 강할수록, 지각될 가능성이 더 높아진다는 것이다. 시각적 자극의 강도는 자극의 선명함(brightness)에 의해서 결정되는데, 매우 명도가 밝은 선명한 자극일수록 인간의 감각수용기를 활성화시킬 가능성이 더 높다.

이 원리가 주는 마케팅시사점은 시각적 자극이 선명할수록, 소비자가 이를 지각할 가능성은 더 높아진다는 것이다. 바로 이는 오늘날 다수의 포장과 광고가 시각적으로 강렬한 디자인으로 만들어지고 있는 이유이다. 예컨대, 조르지오 아르마니(Giorgio Armani)의 레드(Red) 향수는 포장과 광고에서 매우 선명한 적색을 사용하고 있기 때문에, 그만큼 소비자에게 지각될 가능성이 높다.

2) 청각을 통한 지각

청각도 소비자가 기업이 제시하는 마케팅자극을 처리하는 데 있어서 핵심적인 감각기관 중의 하나이다. 청각적 강도(auditory intensity)는 외부에서 주어지는 청각적 자극이 인간의 감각등록기에 포착될지 여부를 결정한다.[28]

시끄러운 음악이나 목소리 혹은 소음과 같은 강한 자극은 소비자에게 지각될 가능성이 높다. 이와 관련하여 잡지에서 광고가 게재된 페이지를 펴면, 어떤 문구를 말하는 목소리가 나오거나 한 곡조의 징글이 나오는 기법을 사용하는 잡지광고가 등장하고 있다. 예컨대, 페이지 속에 컴퓨터 칩을 내장해서 말을 하는 잡지광고를 개발한 앱솔루트(Absolut) 보드카 광고나 광고가 게재된 페이지를 펴면 "데크 더 홀(Deck the Hall)"이라는 음악이 연주되는 잡지광고를 개발한 주류 광고가 좋은 예이다.

시각적 자극처럼, 청각적 자극도 소비자의 생리적 반응이나 기분에 영향을 미칠 수 있다. 즉, 속도가 빠른 음악은 인간에게 활력을 주는 효과가 있지만, 속도가 느린 음악은 사람의 마음을 진정시키는 효과가 있다.

28 Lindsay and Norman (1993), *op. cit.*

소매점에서 틀어주는 음악의 유형은 소비자의 쇼핑행동에 흥미로운 효과를 가진다.[29] 특히, 소비자는 소매점에서 틀어주는 음악과 조화를 이루는 행동을 내보인다. 빠른 템포의 음악은 소비자가 소매점 내에서 회유하는 속도를 빠르게 만드는 반면, 느린 템포의 음악은 정반대의 효과를 가진다. 소매점에서 느린 템포의 음악을 틀어주면 빠른 템포의 음악을 틀어주는 경우보다 매출이 38% 정도 증가되는데, 그 이유는 소비자들이 소매점 내부를 천천히 둘러보면서 쇼핑하는 데 더 많은 시간을 소비하게 되기 때문이다. 하지만, 소비자들은 소매점에서 틀어주는 음악이 자신의 쇼핑행동에 미친다는 사실을 전혀 인식하지 못하는 경향이 있다.

또한, 빠른 템포의 음악은 소비자가 음식을 서둘러 먹게 만드는 효과가 있다. 그래서, 일반식당에서는 빠른 템포의 음악을 틀어주어 회전율을 높이는 것이 바람직하지만, 조용한 저녁식사모임을 유치하는 식당에서는 느린 템포의 음악을 틀어주는 것이 더 적절하다.[30] 요컨대, 특정한 유형의 소매점이 특정한 표적시장의 소비자들에게 소구하고자 한다면, 각각에 걸맞는 서로 다른 유형의 음악을 틀어주는 바람직하다.

음악은 소비자의 기분에도 영향을 미칠 수 있다.[31] 즉, 자신이 좋아하고 친숙한 음악은 소비자에게 좋은 기분을 유발하는 반면, 자신이 싫어하는 스타일의 음악과 조화를 이루지 못하는 음악은 소비자에게 나쁜 기분을 유발할 수 있다.

3) 미각을 통한 지각

미각을 통한 지각은 식음료제품의 마케팅에서 매우 중요한 영역이다. 예컨대, 저칼로리 식품을 판매하는 기업이 해결해야 할 주요과제 중의 하나는 맛도 있고 건강에도 좋은 식품을 제공하는 것이다. 한 가지 흥미로운 사실은 소비자들이 말로는 건강에 좋은 식품을 원한다고 하지만, 결국 소비자의 식품선택을 좌우하는 가장 중요한 요인은 맛과 조리의 용이성이라는 점이다. 최근에 콜라의 매출이 꾸준히 감소되고 있는 주요 원인 중의 하나는 바로 맛이다. 이제 소비자들은 저칼로리의 건강음료를 더 선호하는 추세를 보이고 있다. 자연식품, 약차, 저지방 소고기, 그리고 완전히 곡물로 만든 시리얼의 맛이 과거보다는 훨씬 좋아졌기 때문에 이제는 더 폭넓은 소구력을 갖게 되었다.

---

29 Ronald E. Millman, "Using Background Music to Affect the Behavior of Supermarket Shoppers", *Journal of Marketing*, Summer 1982, pp. 86–91.

30 Ronald E. Millman, "The Influence of Background Music on the Behavior of Restaurant Patrons", *Journal of Consumer Research*, September 1986, pp. 286–289.

31 Gerald J. Gorn, "The Effects of Music in Advertising on Choice Behavior", *Journal of Marketing*, Winter 1982, pp. 94–101.

그런데, 맛에 대한 선호는 주관적인 문제이기 때문에 개인적인 차이와 문화적인 차이가 있다. 어떤 사람에게는 맛이 아주 좋더라도 다른 사람에게는 맛이 별로 없을 수 있다. 또한, 인도음식과 태국음식에는 향긋하고 싸한 맛의 조미료를 많이 쓰는 편인데, 이런 조미료는 다른 나라에서 새로운 식품조리방식을 찾고 있는 건강의식이 강한 여피족(yuppies)에게 인기가 높다. 하지만, 시간이 지나면서 새로운 맛의 참신성이 떨어지면, 그 인기도 사라지게 될 수 있다. 예컨대, 맥주양조산업에서 최근의 가장 위대한 혁신제품이라는 드라이맥주가 일본에 처음 도입되었을 때는 대성공을 거두었다. 하지만, 시간이 지나면서 드라이맥주의 인기는 점차 사라졌다. 일본소비자들의 맥주에 대한 선호가 더 전통적인 맛을 가진 일본식 맥주로 되돌아갔기 때문이다.

대개 새로운 식음료제품을 시판하고자 할 때는 소비자의 입맛을 모니터하기 위해 맛 테스트(taste test)를 철저히 시행하지만, 이런 맛 테스트가 화근이 된 사례도 있다. 코카콜라는 청소년들 가운데 자사의 시장점유율이 펩시콜라보다 감소되고 있었기 때문에, 자사의 기존 콜라제품을 대체하고자 펩시콜라와 맛이 비슷한 새로운 콜라제품을 개발하였다.

코카콜라의 이런 결정은 소비자를 대상으로 블라인드 맛 테스트를 시행한 결과(즉, 소비자들이 자사의 기존 콜라제품보다는 새로운 콜라제품을 더 선호한다는 것)에 근거한 것이었지만, 당시 코카콜라의 경영진들은 상표의 힘을 제대로 인식하지 못하는 오류를 범했다. 즉, 코카콜라의 기존 콜라제품과 새로운 콜라제품의 이름을 밝혀주고 어느 것을 더 좋아하는가를 물었더니, 소비자들은 기존 콜라제품을 강력하게 선호하였다. 심지어 탄원서를 내는 소비자가 있는가 하면, 새로운 콜라제품을 내려는 코카콜라의 결정을 철회하도록 압력을 행사하려는 목적의 소비자단체가 결성되기도 하였다. 결국, 코카콜라는 기존의 콜라방식인 '코카콜라 클래식(Coca-Cola Classic)'을 다시 도입하지 않으면 안되었다.

해외시장으로 진출하는 식품기업들은 맛의 현지화가 해외성공의 열쇠가 될 수 있는데, 다음은 그런 노력을 하는 기업들의 사례이다. 맥도날드는 식품의 맛을 현지에 맞도록 잘 조정하면, 매출을 상당히 높일 수 있다는 사실을 발견하였다. 따라서, 일본에서는 라이스버거와 해초수프를, 프랑스에서는 포도주를, 독일에서 맥주를, 그리고 인도에서 소고기를 함유하지 않는 햄버거를 제공한다. 피자의 경우, 일본에서는 쌀가루를 넣고 카레와 오징어로 토핑한 피자의 인기가 높지만, 독일에서는 마요네즈 소스를 첨가한 소시지-감자 피자에 대한 선호도가 높다.

하인쯔(Heinz)는 최근에 자사상표를 범세계적인 상표로 키우기 위해 대규모 광고캠페인을 전개함과 동시에 케첩의 맛을 현지인의 입맛에 잘 맞도록 조정하였다. 예컨대, 그리스에서는 파스타, 계란 및 육류에다 케첩을 사용하는 방법을 실연하는 광고를 방영하였고, 스웨덴에서는 케첩을 미트볼과 피쉬볼에 발라먹는 데 사용하는 것으로 포지셔닝하였다. 또한, 중유럽에서는 맵고 카레 맛이 나는 케첩을 판매하고 있는 중이다.

4) 후각을 통한 지각

후각은 하나의 흥미로운 지각 양식이다. 소비자에게 눈가리개를 하고 어떤 제품의 냄새를 맡아보라고 요청한다면, 그 냄새를 감지할 수 있을지는 몰라도 해당 제품의 이름을 식별하기는 상당히 어려울 것이다. 이처럼 소비자가 냄새로 어떤 제품의 이름을 식별할 수 있는 능력은 개인적인 차이가 있다. 즉, 나이가 든 사람은 젊은 사람에 비해 냄새를 식별하는 데 어려움이 있고, 냄새를 식별하는 능력은 남자보다 여자가 더 강하다.

후각을 통해 지각되는 냄새도 소비자의 생리적 반응과 감정적 반응을 유발한다. 예컨대, 페퍼민트 향의 냄새는 각성시키는 효과가 있고, 은방울꽃의 냄새는 푸근한 느낌을 갖게 만드는 효과가 있다. 방안에서 나는 냄새에 따라서, 사람은 긴장감을 느끼거나 아니면 푸근한 느낌을 갖게 된다.

인간의 기본적인 감정이 냄새와 긴밀한 관계가 있는 경우도 있다. 예컨대, 어린이는 아기담요를 세탁하는 것을 무척 싫어하는데, 그 이유는 아기담요를 세탁하면 이에 배어있는 자신을 편안하게 해 주던 냄새가 사라져버리기 때문이다. 또한, 바다냄새나 갓 구운 쿠키 냄새가 소비자에게 어린 시절의 감정어린 기억을 되살려 주는 효과를 발휘하기도 한다.

기업은 자사의 마케팅활동에 냄새를 유익하게 활용할 수 있다. 예컨대, 소비자들은 개인용 향수가 자신의 개성을 표현하는 일종의 커뮤니케이션 수단이라고 생각하는 경향이 있다. 이런 사실에 착안한 프랑스의 Lechic백화점은 소비자에게 각자의 개성에 관한 질문에 답을 해주는 상호작용식 키오스크의 터치 스크린을 사용해보도록 권하는 촉진활동을 전개하였다. 소비자가 이를 이용하면, 컴퓨터가 각자의 개성을 분석해서 적합한 향수를 권해주기 때문에, 소비자는 향수를 판매하는 매장에 가서 샘플을 써보면 된다.

소매업자는 냄새를 이용해서 소비자를 유인하는 방안을 모색할 수 있다. 예컨대, 최근에 슈퍼케이마트센터(Super Kmart Center)는 자사의 소매점들을 재단장해서 소비자가 소매점에 들어서면 갓 구운 빵, 프레첼, 계피 롤 및 옥수수빵의 좋은 냄새를 풍기는 제빵 키오스크를 가장 먼저 만나게 되는 장소가 되게 만들었는데, 여기서 풍기는 좋은 냄새는 소비자를 다른 식품구매로 유인하는 역할을 한다.

기업이 상쾌한 냄새를 나는 환경을 제공하면, 소비자의 쇼핑행동에 긍정적인 영향을 미칠 수 있다. 조사결과에 따르면, 꽃향기가 나는 방에 들어간 구매자는 아무런 냄새도 나지 않는 방에 들어간 구매자보다 나이키 신발을 더 긍정적으로 평가한다고 하는데, 이는 최근에 많은 백화점들이 매장에서 방향기기를 사용하고 있는 주된 이유이다.

냄새는 자극에 대한 소비자의 노출을 획득하기 위해서도 사용될 수 있다. 예컨대, 기업들은 향수를 비롯해서 냄새와 관련된 각종 제품에 소비자를 노출시키기 위해 긁으면 냄새가 나는 광고(scratch-and-sniff advertisement)를 사용하고 있다. 또한, 소비자들이 감각적 정보처리를 하도록 만들기 위해 향수 냄새로 절인 종이를 광고지로 사용한 향수제품 광고도 있다. 그리고 일반적으로 남녀에게 적절한 냄새가 다르다고 생각되지만, 캘빈클라인(Calvin Klein)은 남녀공용 향수인 'CK One'을 판매해서 대성공을 거두었다.

제품의 차별적인 이점이 좋은 냄새를 풍기는 것에 있는 방향형 제품(예: 향수와 향기가 나는 양초)도 있지만, 역으로 나쁜 냄새를 없애주기 때문에 소비자의 선호를 받는 탈취형 제품도 있다. 이처럼 냄새를 이용한 제품의 예로는 구강청결제, 쓰레기 악취를 없애기 위해 향기가 주입된 쓰레기봉투, 양파를 자를 때 나는 매운 냄새를 없애주는 제품, 담배 냄새를 없애주는 제품, 작동시 타는 냄새가 나는 것을 없애기 위해 향기필터를 내장한 헤어드라이어를 들 수 있다.

원래 제품에서 나는 냄새가 해당 제품의 매출에 불리하게 작용하는 경우도 많다. 기제식품 샐러드의 포장재로 사용되는 플라스틱 용기에서 나는 냄새나 가솔린, 페인트, 비료, 기름진 음식 및 표백제에서 나는 냄새가 좋은 예인데, 그런 냄새는 많은 사람들이 역겨워하고 심지어 어떤 사람에게 알레르기를 유발하기도 한다. 이와 관련해서 소매점에서 방향기기를 사용할 때 주의해야 할 것은 소비자가 그런 냄새를 싫어할 가능성이 있다는 것이다. 잡지에 향수광고와 같은 냄새가 너무 많이 난다고 독자들이 불평했기 때문에, 잡지에 향기가 나는 띠를 삽입했던 관례를 중단해버린 사례도 있었다.

5) 촉각을 통한 지각

촉각이란 피부가 온도나 아픔을 느끼는 감각이고, 촉감이란 우리가 손가락으로 무언가를 만지거나 어떤 물체가 우리의 피부에 닿았을 때 그것이 우리에게 주는 느낌을 말한다. 촉감의 효과에 관해서 그동안 축적된 지식은 냄새의 효과에 비해 훨씬 적지만, 촉감이 다수의 제품과 서비스에 있어서 매우 중요한 요소인 것은 사실이다. 예컨대, 소비자가 피부미용 크림과 아기용품을 구입하는 이유는 그것이 피부에 주는 진정효과 때문이며, 마사지 치료를 받는 이유도 그것이 주는 시원한 촉감과 몸을 푸근하게 만들어 주는 효과 때문이다.

또한, 소비자가 물건을 구매하기 전에 먼저 그것을 한번 만져보기를 원하는 경우가 종종 있어주는 효과 때문이다. 예컨대, 구두나 옷, 보석 그리고 틀니가 신체에 어떤 느낌을 가져다주는가 하는 것은 그런 제품의 구매결정에서 중요한 요인 중의 하나이다. 촉감은 광고전략에도 창의적으로 활용될 수 있다. 예컨대, 화장품 신제품광고에서는 블러쉬, 립스틱 혹은 아이섀도 샘플 띠를 제공해서 소비자가 그 제품을 사용해 볼 기회를 줄 수 있다. 또한, 의류광고라면, 천 조각을 광고지에 붙여서 소비자가 그 질감을 직접 느껴보게 만들 수 있다.

촉감도 소비자에게 생리적 효과와 정서적 효과를 가진다. 인간은 어떻게 만져지는가에 따라서, 자극을 받기도 하고 푸근한 느낌을 갖게 되기도 한다. 조사결과에 따르면, 소비자가 판매원과 피부를 닿게 되면 긍정적인 느낌을 갖게 되어 해당 판매원과 해당 소매점을 긍정적으로 평가할 가능성이 있다.[32] 또한, 판매원과 우연히 피부를 닿게 된 소비자는 판매원의 구매요청에 순응할 가능성이 높아진다. 하지만, 매매상황에서 이런 신체접촉이 초래하는 효과는 문화권에 따라서 차이가 있다. 예컨대, 남미소비자는 미국소비자보다 신체접촉과 포옹행위를 더 편안하게 생각하지만, 아시아소비자에게 신체접촉은 너무 친밀한 제스처이므로 잘 모르는 사람들 간에는 별로 적절하지 못한 행위로 여겨진다.

2. 지각적 식역

특정한 시점에 소비자의 감각수용기는 외부에서 유입되는 다수의 투입요소에 노출될 가능성이 있지만, 그런 투입요소를 모두 처리한다는 것은 너무 부담이 되고 지극히 어려운 일이다. 하지만, 소비자의 감각적 정보처리는 지각적 식역(perceptual thresholds)에 의해서 단순화되는데, 이는 감각수용기에 영향을 미치는 자극강도(stimulus intensity)와 밀접한 관계가 있다. 자극강도는 감각양식에 따라서 서로 다른 단위로 측정된다. 예컨대,

32 Jacob Hornik, "Tactile Stimulation and Consumer Response", *Journal of Consumer Research*, December 1992, pp. 449-458.

냄새의 자극강도는 방안에 들어있는 냄새의 농도로 측정된다. 소리의 자극강도는 데시벨과 빈도로 측정된다. 그리고 색상의 자극강도는 명도, 채도 및 색조와 같은 특징으로 측정된다.

1) 절대식역

절대식역(absolute threshold)은 개인이 자극의 존재유무를 경험할 수 있는 최저점이다. 즉, 절대식역은 무엇인가 존재하는 경우와 아무것도 존재하지 않는 경우 간의 차이를 감지할 수 있는 수준이다. 예컨대, 고속도로를 달리고 있는데, 저 먼 곳에 옥외간판이 서 있다고 하자. 점차 가까이 가면서 옥외간판에 어떤 내용이 적혀 있는지를 처음으로 알아볼 수 있는 지점이 바로 절대식역에 해당된다. 이런 지점에 도달하기 전까지의 먼 거리는 절대식역 이하에 속하며, 소비자의 감각수용기가 그것을 포착하기에 필요한 강도가 부족한 상태라고 말할 수 있다.

한 연구에 따르면, 인간의 감각기관별 절대식역은 〈표 7-3〉과 같이 정리될 수 있다고 한다.

절대식역이 기업에 주는 시사점은 마케팅자극이 소비자에게 지각되기 위해서는 절대식역을 넘어설 만큼의 충분한 자극강도를 갖도록 만들어야 한다는 것이다. 예컨대, 광고에서 제시되는 시각적 자극(예: 그림이나 단어)이 너무 작거나 혹은 소리의 크기(음량)가 너무 작다면, 소비자의 감각수용기가 활성화될 수 없기 때문에 그런 자극은 소비자에게 지각되지 못한다.

표 7-3 감각기관별 절대식역

감각기관	절대식역
시각	맑은 날 밤에 50km 떨어진 곳의 촛불
청각	조용한 분위기에 6m 떨어진 곳에서 나는 손목시계 소리
미각	8리터의 물에 들어 있는 설탕 한 숟갈의 맛
후각	방이 3개 있는 아파트 안에서 나는 향수 한 방울의 냄새
촉각	1cm 높이에서 뺨 위로 떨어진 날개의 무게

※ 자료: E. Galanter, "Contemporary Psychophysics," in *New Directions in Psychology*, eds. R. Brown er al., New York: Holt, Rinehart & Winston, 1962.

2) 차이식역

절대식역이 '과연 자극의 존재가 지각될 것인가?'의 문제를 다루는 반면, 차이식역(differential threshold)은 '과연 두 자극 간의 차이가 지각될 것인가?'의 문제를 다룬다. 차이식역은 두 자극 간에 차이가 존재함을 감지할 수 있는 최소한의 차이를 말하며, 최소가지차이(just noticeable difference: j.n.d.)라고도 많이 불린다.

안과의사가 시력검사를 할 때는 시력측정기에 특수한 렌즈를 끼워서 일단의 문자가 적혀있는 시력검사표를 보게 하고 나서 다시 다른 렌즈로 갈아 끼운 후 문자가 더 선명하게 보이는지 아니면 별 차이가 없는지를 묻는 경우가 많다. 여기서 두 렌즈간의 차이를 감지할 수 있다면, 새로 갈아 끼운 렌즈는 최초에 끼운 렌즈와 차이식역을 넘어서는 충분히 차이가 있다고 하겠다.

차이식역의 기본특성은 정신생리학자인 웨버(Ernst Weber)에 의해 처음으로 그 윤곽이 잡혔다. 즉, 그는 최초의 자극이 강할수록, 두 번째 자극이 최초의 자극과 다른 것으로 지각되기 위해 필요한 추가적인 강도는 더 커진다는 웨버의 법칙(Weber's law)을 제시하였다. 이런 웨버의 법칙은 다음과 같은 (공식 7.1)로 표현된다.

$$\Delta s/S = K \quad \text{(공식 7.1)}$$

S: 최초자극의 수치
Δs: 감지될 수 있는 자극 간의 최소가지차이(j.n.d.)
K: 비례상수

그러면, 이 원리를 실무적인 예에 적용해 보자. 소비자 테스트를 시행한 결과, 소비자가 두 개의 포장용기에 담긴 양이 다르다는 것을 알아차리기 위해서는 10온스들이 포장용기에 1온스를 더 추가해야 한다고 하자. 이제 50온스들이 포장용기를 갖고 있는데, 소비자가 그 차이를 감지하도록 만들기 위해서는 양을 얼마나 더 추가해야 하는지를 알려고 한다고 하자. 웨버의 법칙에 따르면 이 경우의 비례상수는 0.1이므로(K=1/10), 양을 얼마나 더 추가해야 하는지를 결정하기 위해서는 Δs/50=0.10에서 Δs를 구하면 된다. 따라서, 답은 5온스임을 쉽게 알 수 있다.

기업은 차이식역을 크게 두 가지 방향으로 응용할 수 있다. 첫째, 기업이 두 자극 간의 차이를 소비자들에게 알리고 싶지 않은 경우이다. 기업이 제품의 크기나 용량을 줄였거나 제품의 가격을 인상한 경우가 바로 그런 예이다. 이런 경우에는 최초의 자극과 변경된 자극 간의 차이가 최소가지차이(j.n.d.)보다 작아야 한다. 1980년대 초에 미국의 자판기로 판매되는 캔디바의 크기는 계속해서 조금씩 작아졌는데 결국 소비자의 차이식역을 넘어서고 말았다. 이에 대해 분노한 소비자들은 제조회사에게 캔디바의 크기를 더 크게 환원시키라는 압력을 가하게 되었다. 또한, 항공산업에서는 비행기 기내 좌석간의 간격이 점점 더 좁아졌는데, 탑승객들이 다리를 둘 공간이 줄어들었다는 사실을 깨닫게 된 시점은 곧 최소가지차이에 도달한 상태라고 말할 수 있다.

약간의 윤리적 문제를 내포하는 이런 관행과는 달리, 차이식역의 개념을 긍정적인 방향으로 활용하는 방안도 있다. 예컨대, 비알코올 맥주를 판매하는 기업은 소비자들이 일반맥주의 맛과 비알코올맥주의 맛을 잘 구분하지 못하게 되기를 바란다. 이런 맥락에서 비알코올맥주 쿠어스 커터(Coors Cutter)는 "비록 당신의 몸은 그 차이를 알지만, 당신의 입은 그 차이를 모른다."라는 슬로건의 광고를 시행해서 좋은 평가를 받은 바 있다.

둘째, 기업이 두 자극간의 차이를 소비자에게 알리고 싶은 경우이다. 그런 예로는 가격을 인하했거나 제품성능을 개선한 경우를 들 수 있다. 기업이 매출을 높이기 위해 가격을 인하하기로 결정했다면, 새로운 판매가격이 이전의 가격과 차이가 난다는 것을 소비자에게 지각시킬 필요가 있다. 이런 경우에는 가격인하의 폭을 적어도 차이식역을 약간 넘는 수준으로 책정해야 할 것이다. 또한, 제품성능을 개선하기로 결정한 경우에도 소비자가 그런 변화를 알도록 만들기 위해서는 제품성능을 개선한 수준이 적어도 차이식역을 넘어서는 수준이 되어야 한다. 효과의 지속시간을 기준으로 해서 경쟁제품과 차별화를 기한 선탠로션이 좋은 예이다. 즉, 경쟁제품의 경우 효과의 지속시간이 보통 80분 정도였지만, 그 제품은 무려 6시간이나 그 효과가 지속되었기 때문에 소비자들의 주목을 받고도 남음이 있었다.

그런데, 새로 개선된 제품을 개발한 경우 기업의 입장에서는 소비자가 기존제품과 개선제품간의 차이를 잘 구별해주기를 바라지만, 항상 그렇게 되는 것은 아니다. 그 이유 중의 하나는 여러 가지 감각양식의 차이식역이 서로 다르기 때문이다. 예컨대, 인간의 후각은 별로 잘 발달되어 있지 못한 편이기 때문에, 소비자가 여러 식음료제품을 서로 구별하는 데 어려움이 있다. 즉, 후각으로 경험되는 제품의 경우에는 차이식역이 더 높다.

3) 식역하 지각

식역하 지각(subliminal perception)은 너무나 빠른 속도로 제시되거나 혹은 퇴화된 방식으로 제시되기 때문에 소비자가 의식적으로는 잘 지각할 수 없는 자극을 지각하는 현상을 말하며, 잠재의식적 지각이라고도 한다. 그런 자극을 식역하 자극(subliminal stimulus)이라고 하는데, 이는 곧 인지의 식역수준인 식역(limen) 이하(sub)에 속하는 자극을 뜻한다.

그런데, 어쩌면 앞에서 설명한 선주의 정보처리와 이런 식역하 지각을 혼동할 수도 있겠지만, 양자 간에는 다음과 같은 중요한 차이가 있다.

첫째, 선주의 정보처리에서 소비자의 주의는 다른 어떤 대상(예: 잡지의 기사)을 향하고 있지만, 식역하 지각에서 소비자의 주의는 식역하 자극을 정면으로 향하고 있다.

둘째, 선주의 정보처리의 경우에는 자극(예: 광고)의 강도가 충분히 크기 때문에 소비자가 자신의 주의를 돌려서 그런 자극을 직접 보려고 한다면 얼마든지 그렇게 할 수 있지만, 식역하 지각의 경우에는 소비자가 자극을 지각하기 어렵기 때문에 그렇게 할 수 없다.

셋째, 선주의 정보처리의 경우에는 소비자의 정보처리용량이 다른 어떤 대상(예: 잡지의 기사)에 기울이는 주의에 의해 이미 점유되어 있기 때문에 자극이 소비자의 의식수준 밖에 존재한다. 하지만, 식역하 지각의 경우에는 소비자의 정보처리용량이 무한하다. 즉, 자극이 너무나 잠깐 동안 존재하기 때문에, 그것을 보았다는 사실조차 전혀 의식하지 못한다.

문제는 "식역하 자극이 과연 소비자의 반응에 어떤 영향을 미칠 것인가?" 하는 점이다. 광고업계에서는 이와 관련해서 1958년 미국 뉴저지주에서 비카리(vicary)라는 한 마케팅조사회사의 직원이 시행한 조사가 널리 알려져 있다. 극장내 광고대행을 맡았던 그는 효과적인 광고를 궁리한 끝에 영화필름 속에 "팝콘을 먹자", "콜라를 마시자"라는 글씨를 삽입시켜 화면을 내보냈다. 그리고 이 글씨는 일반인의 눈으로는 도저히 알아차릴 수 없도록 5초 간격으로 24분의 1초 동안만 비추도록 필름의 컷이 구성되어 있었기 때문에 식역하 자극에 해당되었다.

그 결과 이 영화를 본 관객들은 잠깐 쉬는 시간에 극장매점으로 앞다퉈 몰려들어 팝콘과 콜라의 판매량이 평소보다 각각 60%와 16% 늘어났다는 것이다. 당시에 비카리는 "관객들이 이성적으로는 알아차리지 못했지만 잠재의식 속에서 이 정보가 계속 들어감으로써 은연중에 팝콘과 콜라를 먹고 싶은 욕구를 불러일으켰다."고 설명했다. 이런 비카리의 실험에 의문을 가진 몇몇 회사들이 재실험을 요청해서 감독 입회하에 다시 시행해 본 결과 팝콘과 콜라의 판매량에는 아무 차이가 없었다. 결국 비카리는

"실제로는 아무 효과가 없었지만, 자기회사의 명성을 높이기 위해 조작했다."고 실토하였다.[33]

하지만, 이런 해프닝이 일어난 이후 광고분야에서 식역하 자극을 사용하는 것에 관한 대중의 관심이 상당히 높아졌고, 기업이 식역하 자극을 이용해서 소비자를 세뇌시키려 든다고 주장하는 사람도 생겼다. 광고대행사들은 식역하 자극을 사용한다는 것을 부인하고 있지만,[34] 다수의 소비자들은 광고주가 식역하 자극을 사용한다고 믿고 있고, 식역하 자극을 포함하는 광고가 효과적이라고 믿고 있다.[35] 이 때문에 미국광고대행사협회(AAAA)에서는 "식역하 광고에 관한 대중의 잘못된 생각을 극복하는 것"을 협회가 시행하는 공공캠페인의 의제로 채택하기도 했다.

이런 대중의 우려에도 불구하고, 식역하 자극이 소비자의 동기를 유발할 수 있음을 보여주려는 조사는 성공하지 못했다.[36] 식역하에서 제시되는 성적소구자극은 소비자의 태도나 선호에 아무런 영향도 미치지 못하는 것으로 나타났다. 또한, 식역하 자극이 광고나 상표에 대한 소비자의 기억에 어떤 영향을 미친다는 것을 보여주려는 조사도 실패했다.

그런데, 비록 소비자 스스로가 본다는 사실을 의식하지는 못하더라도, 식역하 자극이 소비자의 감각등록기에 도달한다는 두 가지 증거가 존재한다. 첫째, 소비자가 식역하에서 노출되는 단어(예: 면도칼)는 식역하에서 노출되지 않았던 단어보다 더 빠르게 재인되었다는 증거가 있다. 둘째, 식역하 자극이 소비자의 느낌에 영향을 미친다는 약간의 잠정적인 증거도 존재한다. 예컨대, 소비자들은 보통 광고에 비해 성적소구를 식역하에 삽입한 광고에 대해 더 강한 느낌을 가지는 반응을 보였다.

요컨대, 식역하에서 지각되는 자극은 그 의미를 파악하기 위해 다소 분석되기는 하지만, 이는 소비자의 의식수준 밖에서 발생한다. 또한, 식역하 자극의 효과는 소비자를 임의로 조종하거나 그들의 선호를 바꾸거나 혹은 광고나 상표를 보다 잘 기억하게 만들 만큼 그렇게 강하지는 않지만, 더 원시적인 느낌이라는 반응을 유발하는 능력은 있을 수도 있다.

---

33 이효준, 마케팅 열전, 그린비, 1995, pp. 68-70.

34 Martha Rogers and Christine A. Seiler, "The Answer is No", *Journal of Advertising Research*, March-April 1994, pp. 36-46.

35 Martha Rogers and Kirk H. Smith, "Public Perceptions of Subliminal Advertising: Why Practitioners Shouldn't Ignore This Issue", *Journal of Advertising Research*, March-April 1993, pp. 10-19.

36 Sharon Beatty and Del I. Hawkins, "Subliminal Stimulation: Some New Data and Interpretation", *Journal of Advertising*, June 1989, pp. 4-9.

식역하 자극이 소비자에게 어떤 느낌을 유발할 수도 있지만, 그 효과가 너무 미미해서 실무적인 입장에서는 별로 효과가 없다고 주장하는 사람도 있다. 이들은 소비자에게 어떤 단어를 식역하에서 노출시키면 기억 속에서 그 단어의 접근가능성이 높아질 수도 있지만, 그 단어를 아예 소비자의 의식수준 이상에서 노출시키더라도 적어도 그만큼의 효과는 있을 것이라고 주장한다. 이는 곧 식역하 광고가 필요 없음을 시사한다.[37]

더욱이, 식역하 지각을 지지하는 연구결과에 대해 비판하는 사람들도 많다. 그 이유는 이런 연구들이 단순히 응답자에게 식역하 자극을 보았는지를 물어보는 방식을 취했거나 아니면 소비자가 자극을 의식적으로 지각하는 것이 아니라 식역하에서 지각한다는 것을 기본전제로 깔고 있기 때문이다. 사실, 인지의 식역수준을 설정하는 더 객관적인 기준을 사용해서 조사한 경우에는 식역하 자극의 효과가 그다지 명확하게 나타나지 않았다.[38]

3. 지각적 조직화

소비자는 자신이 지각한 시각적 정보들을 과연 어떻게 조직화하거나 결합시킬까? 소비자는 외부에서 제시되는 여러 자극을 각각 별개로 지각하기보다는 그 주위에 있는 다른 자극들의 맥락에서 적절히 조직화하고 통합하는 경향이 있다. 또한, 많은 자극들은 실제로 여러 개의 단순한 자극들로 구성되어 있는 하나의 복합체이기 때문에 이런 자극들이 지각되기 위해서는 하나의 통합된 전체(a unified whole)로 조직화되지 않으면 안 된다.

이런 과정을 지각적 조직화(perceptual organization)라고 부르는데, 이는 외부자극을 단순히 감각수용기에 등록하는 것보다 더 높은 수준의 의미있는 정보처리이다. 이런 지각적 조직화 현상을 설명하는 데는 형태심리학(Gestalt psychology)의 기본원칙인 ① 형상과 배경의 원칙, ② 완결의 원칙 및 ③ 집단화의 원칙을 활용할 수 있다.

---

37 Timothy E. Moore, "Subliminal Advertising: What You See Is What You Get", *Journal of Marketing*, Spring 1982, pp. 38–47.

38 Nicholas E. Synodios, "Review and Appraisal of Subliminal Perception within the Context of Signal Detection Theory", *Psychology and Marketing*, December 1988, pp. 317–336.

1) 형상과 배경의 원칙

형상과 배경의 원칙(principle of figure and ground)은 소비자가 외부에서 유입되는 어떤 자극을 해석할 때 그 주위환경과 대조하면서 해석한다는 원리이다. 이에 따르면, 외부 자극은 형상(figure)과 배경(ground)으로 구성된다. 형상은 잘 정의되고 전면에 놓이는 것을 말하고, 배경은 여백부분에 해당되는 것으로 무한정하고 모호한 것을 말한다. 즉, 형상은 소비자의 주의와 지각의 초점대상이 되고, 배경은 그것을 둘러싼 나머지 모든 것이다.

여기서 중요한 것은 소비자가 자신의 지각을 형상과 배경의 관계로 조직화하는 경향이 있다는 것인데, [그림 7-2]처럼 이런 조직화가 어떻게 이루어지는가에 따라서 자극에 대한 소비자의 해석이 달라진다는 것이다.

그림 7-2 형상과 배경의 원칙

이런 형상과 배경의 원칙은 기업의 마케팅활동에 다음과 같은 시사점을 준다. 첫째, 기업이 소비자에게 전달하고자 하는 핵심적인 정보(예: 상표명이나 주요 메시지)가 형상이 되어야지 배경이 되도록 해서는 안 된다. 둘째, 배경이 형상에 대한 소비자의 주의를 분산시키는 역할을 하도록 해서는 안 된다. 예컨대, 섹시하고 매력적인 광고모델을 내세우는 광고에서는 이 원칙을 위배하는 경우가 많은데, 잘못하면 제품이나 상표명이 소비자의 주목을 받지 못하고 오히려 광고모델만 부각되어버리는 결과가 초래되기도 한다.

2) 완결의 원칙

완결의 원칙(principle of closure)은 소비자가 어떤 의미있는 세계를 구성하기 위해 자신의 지각을 조직화하려는 욕구를 갖고 있다는 것을 말하는 원리이다. 소비자는 완결추구욕구(need for closure)를 갖고 있기 때문에 어떤 불완전한 외부자극이 주어지면, 그것을 스스로 완전한 모습으로 채워보려고 노력한다. 즉, 불완전한 자극을 더 완전한 모습으로 만들기 위해 소비자가 정교한 정보처리를 수행하게 된다. 따라서, 기업이 소비자에게 완결의 욕구를 자극하는 열쇠는 소비자에게 불완전한 자극을 제공하는 것이다.

기업은 소비자가 자사의 광고메시지를 처리하도록 만들기 위해 이런 완결의 원칙을 활용할 수 있다. 예컨대, 잘 알려진 TV광고의 내용을 라디오광고에 다시 활용하면, 소비자로 하여금 그 광고메시지를 한 번 더 생각하도록 만드는 데 효과적이다. 이렇게 제시되는 라디오광고는 원래의 TV광고에서 시각적인 부분이 빠진 일종의 불완전한 자극이기 때문에, 이를 들은 소비자에게 완결을 위한 욕구가 발생해서 그 광고의 시각적인 부분을 마음속에 그려보게 된다는 것이다. 또한, 일부분을 잘라내어 쉽게 알아보지 못하도록 만든 어떤 대상을 담은 광고를 제시하면, 소비자는 과연 그것이 무엇인지 궁금하게 되고 스스로 완성된 모습을 그려보도록 유도하는 데 효과적이다.[39]

3) 집단화의 원칙

집단화의 원칙(principle of grouping)은 소비자가 외부에서 제시되는 여러 자극을 집단으로 묶어서 하나의 통일된 형상이나 인상을 형성한다는 원리로, 소비자가 외부에서 유입되는 자극을 보다 쉽게 처리하도록 만든다. 이런 집단화에는 [그림 7-3]처럼 근접성(proximity), 유사성(similarity) 및 연속성(continuity)의 세 가지 기본원리가 있는데,[40] 이런 원리는 소비자가 외부자극을 처리하는 데 있어서 매우 중요한 역할을 하기 때문에 기업은 자사의 마케팅활동에 이를 유익하게 활용할 수 있다.

첫째, 근접성의 원리는 거리가 서로 가까운 것끼리 한 집단을 이루어 지각된다는 원리이다. L.A. Gear는 자사의 운동화를 기타와 제임스 딘의 사진 옆에 놓아두는 광고를 보여줌으로써 록음악이나 반체제 문화의 상징과 자사제품을 연결시키려는 시도를 한 적이 있는데, 이는 근접성의 원리를 응용한 예이다.

---

39 Laura A. Peracchio and Joan Meyers-Levy, "How Ambiguous Cropped Objects in Ad Photos Can Affect Product Evaluations", *Journal of Consumer Research*, June 1994, pp. 190-204.

40 임종원·김재일·홍성태·이유재, **소비자행동**, 제2판, 경문사, 1999, pp. 41-42.

그림 7-3 집단화의 원칙

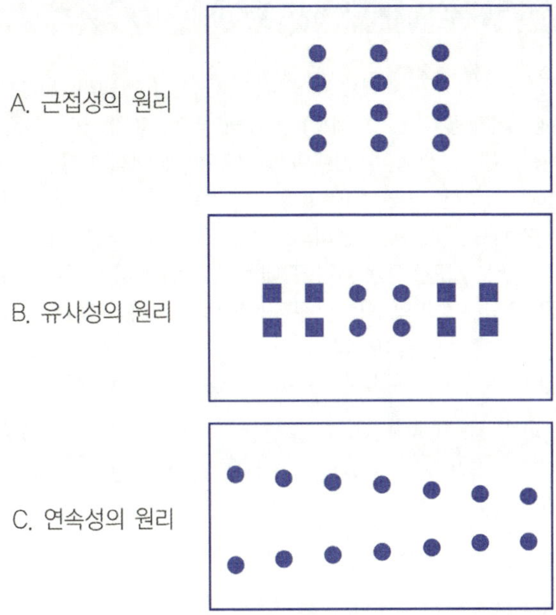

둘째, 유사성의 원리는 모습이 서로 유사한 것끼리 하나의 집단으로 묶여서 지각된다는 원리이다. 후발기업이 시장선도자와 유사한 상표명(예: Nike vs Dike)을 사용하거나 모방제품(me-too product)을 내는 것은 유사성의 원리에 의거해서 소비자가 자사제품을 시장선도자의 제품과 같은 집단에 속하는 것으로 지각해 주기를 기대하기 때문이다.

셋째, 연속성의 원리는 자극을 단절된 형태보다는 연속적인 형태로 지각한다는 원리이다. 이런 연속성의 원리에 따르면, 소비자에게 제시되는 판매메시지는 "상표식별→소비자에게 주는 혜택→구매권고"라는 기본흐름이 연속적으로 잘 이어져야 한다. 또한, 소매점에서는 일단의 관련된 상품들을 같은 진열대에 배치함으로써 소비자에게 어떤 통일된 인상을 줄 수 있다. 예컨대, 냅킨, 냅킨꽂이, 포도주 잔, 은그릇, 접시를 함께 멋지게 진열하면, 소비자는 우아한 식탁을 지각하게 될 것이다.

핵심용어

Keyword

감각적 지각, 강연식 광고, 개인적 관련성, 구체성, 근접성의 원리, 노출, 대조, 드라마광고, 따뜻한 색, 로드블로킹, 마케팅자극, 맛 테스트, 매팅, 명암, 미각, 반구전문화의 원리, 방향형 제품, 보통소비자, 색상, 색조, 선명함, 선주의 정보처리, 선택적 노출, 수사적 질문, 습관화, 시각, 시각적 정보처리, 식역하 자극, 식역하 지각, 연속성의 원리, 완결의 원칙, 완결추구욕구, 완전한 주의, 욕구-가치-목적(NVG), 웨버의 법칙, 유머, 유사성의 원리, 의외성, 인포머셜, 자극강도, 잠재의식적 지각, 재핑, 적응수준, 절대식역, 제품배치법, 주의, 주의의 분리가능성, 주의의 선택성(선택적 주의), 주의의 제한성, 주의획득력, 지각, 지각적 식역, 지각적 조직화, 지핑, 집단화의 원칙, 차가운 색, 차이식역, 참신성, 채도, 청각, 청각적 강도, 초점주의, 촉각, 촉감, 최소가지차이, 탈취형 제품, 포획오디언스, 플리핑, 현저성, 형상과 배경의 원칙, 형태심리학, 혼잡, 후각

Consumer Behavior
and
Marketing Action

제8장 소비자의 범주화와 이해

제1부 소비자행동 입문

제1장 소비자행동의 기초

제2부 소비자의 의사결정프로세스

제2장 문제인식과 정보탐색	제3장 판 단
제4장 의사결정	제5장 의사결정후 프로세스

제3부 소비자행동의 내부적 영향요인

제6장 소비자의 동기, 능력 및 기회	제7장 소비자의 노출, 주의 및 지각	제8장 소비자의 범주화와 이해
제9장 고노력형 태도형성과 태도변화	제10장 저노력형 태도형성과 태도변화	제11장 소비자의 기억과 인출

제1절	소비자의 사전지식
제2절	소비자의 범주화
제3절	소비자의 이해

제4부 소비자행동의 외부적 영향요인

제12장 문 화	제13장 사회계층	제14장 인구통계요인
제15장 준거집단과 사회적 영향력	제16장 사이코그래픽스	

소비자의 주의와 지각에 영향을 미치는 요인을 설명한 제7장에 이어서 제8장에서는 "소비자는 과연 주위의 세계를 어떻게 이해하는가?"라는 의문에 대한 답을 구하는 데 초점을 둔다. 여기서는 소비자의 범주화와 이해라는 두 가지 주제를 상세하게 다룬다.

우선, 위의 의문에 대한 답을 구하기 위해서는 소비자가 외부환경으로부터 새로 지각하는 것과 소비자가 이미 알고 있는 것(사전지식)을 어떻게 서로 연결시키는지를 잘 알아야 한다. 이처럼 외부에서 유입되는 것과 소비자가 이미 알고 있는 것을 서로 연관시켜서 외부에서 유입되는 것이 무엇인지를 이해하게 되는 프로세스를 소비자의 범주화(categorization)라고 한다.

이런 범주화는 다시 소비자의 이해(comprehension) 프로세스에 영향을 미친다. 즉, 소비자가 어떤 대상을 범주화하면, 그것에 관해서 더 잘 이해할 수 있게 된다. 하지만, 소비자의 이해 프로세스는 자동적인 과정이 아니기 때문에, 소비자가 마케팅메시지를 정확하게 이해하지 못하는 경우가 종종 있다. 이렇게 부정확한 이해(miscomprehension)가 발생하는 이유는 정보가 제시되는 방식 때문이거나 아니면 송신자와 수신자 간의 사전지식에 차이가 있기 때문이다. 이처럼 원래 의도된 것이든 그렇지 않든 소비자가 어떤 메시지로부터 받아들이는 의미를 주관적 이해(subjective comprehension)라고 하는데, 이는 가격이나 광고에서 등장하는 그림 혹은 소매점의 분위기와 같은 여러 마케팅믹스요소의 영향을 받을 수 있다.

[그림 8-1]에는 소비자의 사전지식을 포함해서 이 장에서 설명하는 두 가지 주제인 소비자의 범주화와 이해의 전체적인 구도가 제시되어 있다.

그림 8-1 소비자의 범주화와 이해

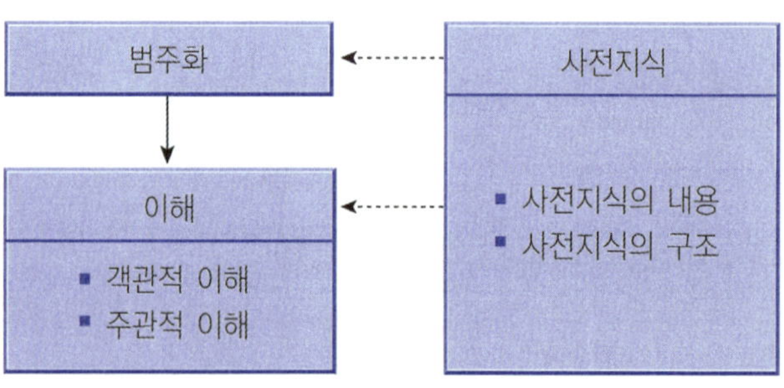

제 1 절　소비자의 사전지식

[그림 8-1]에서 보듯이 소비자의 사전지식은 소비자의 범주화와 이해라는 두 가지 내부프로세스에 영향을 미치는 중요한 요인이다. 이 절에서는 소비자의 사전지식을 내용(content)과 구조(structure)라는 두 가지 측면으로 구분해서 자세히 설명하기로 한다.

1. 사전지식의 내용

소비자의 사전지식(prior knowledge)은 소비자가 과거로부터 지금까지 학습해 왔던 여러 가지 내용의 총체로서 스키마와 각본으로 구성되어 있다. 소비자가 주위환경에서 지각하는 사물에 부여하는 의미는 그가 가진 사전지식의 내용에 의해 영향을 받는다. 말하자면, 소비자가 새로 이해하려고 하는 어떤 대상과 그가 이미 알고 있는 것(사전지식)을 서로 연관시킬 수 있어야만, 소비자는 그런 대상이 무엇인지를 이해할 수 있게 된다.

1) 스키마

소비자의 사전지식에는 여러 가지 사실들이 포함되어 있는데, 대개 이런 사실들은 그냥 임의적인 형태로 존재하는 것이 아니라 일반적으로 어떤 다른 개념과 서로 연결되어 있는 형태를 취하고 있다. 이처럼 어떤 개념에 연결된 여러 가지 연상들의 집합체를 스키마(schema)라고 한다.[1]

예컨대, 바나나라는 개념에 관한 스키마의 경우에는 '100칼로리,' '노란색,' '쉽게 멍든다.' 혹은 '껍질을 밟으면, 잘 미끄러진다.'는 등의 여러 연상들이 바나나에 연결되어 있을 것이다. 소비자가 어떤 개념에 대해서 연결된 풍부한 연상의 군집을 갖고 있다면, 그 스키마는 '정교화되었다'고 말한다.

어떤 개념의 스키마에 연결된 연상들은 내용범주, 호의성, 특유성, 부각성이라는 네 가지 주요특성을 갖고 있다.

첫째, 각 연상은 여러 가지 내용범주(content category)를 반영한다. 예컨대, 바나나의

1 James R. Bettman, "Memory Factors in Consumer Choice: A Review", *Journal of Marketing*, Spring 1979, pp. 37–53.

스키마에는 바나나의 속성(노란색이고, 길며, 부드럽고, 다량의 칼륨함유), 편익(영양가가 있고, 저지방), 사용자(땀 분비로 다량의 칼륨을 배출하는 운동선수), 사용시기(스낵용 혹은 아침식사용), 사용장소(집 혹은 학교), 사용방법(그냥 껍질만 벗겨서 먹거나 잘게 썰어서 먹는 것), 구입장소(식품점), 재배장소(남아메리카) 등과 같은 여러 가지 연상들이 연결될 수 있다.

둘째, 각 연상은 호의성(favorability)이라는 측면에서 차이가 날 수 있는데, 이는 연상의 성격이 긍정적인가 아니면 부정적인가를 말한다. 예컨대, 코카콜라에 대해 '맛이 좋다'는 연상은 긍정적인 연상이지만, 남아공화국에 대한 '인종차별'의 연상은 부정적인 연상이다.

셋째, 각 연상은 특유성(uniqueness)이라는 측면에서 차이가 날 수 있는데, 이는 어떤 개념에 연결된 특정한 연상이 다른 개념들에는 많이 연결되어 있지 않은 정도를 말한다. 예컨대, '햄버거'는 다수의 패스트푸드 소매점에 대해 공통적인 연상이지만, 'M자 모양의 골든 아치'는 맥도날드에 특유한 연상이다.

넷째, 각 연상은 부각성(salience)이라는 측면에서도 차이가 날 수 있는데, 이는 어떤 개념이 활성화될 때 소비자의 마음속에서 연상이 쉽게 떠오르는 정도를 말한다. 예컨대, 소비자가 맥도날드라는 이름을 듣고 즉각 'M자 모양의 골든 아치'를 떠올린다면, 이는 부각성이 높은 연상이라고 말할 수 있다. 하지만, 부각성이 낮은 연상은 어떤 특정한 상황에서만 인출될 수 있다. 예컨대, '맥도날드는 환경친화적인 포장을 만들기 위해 노력한다.'는 연상은 비교적 부각성이 낮기 때문에, 누군가가 환경문제에 관해서 말하는 경우에 한해서만 그것을 생각해 낼 수 있을 것이다.

(1) 스키마의 주요유형

소비자는 여러 가지 실체(entity)에 대한 스키마를 갖고 있다. 소비자가 가지는 스키마의 주요유형을 소개하면 다음과 같다.

첫째, 제품범주스키마(product category schema)이다. 앞에서 예로 든 바나나는 제품범주 스키마의 한 가지 예이다.

둘째, 상표스키마(schema for brand)이다. 대개 소비자들은 구소련의 국영항공사인 에어로플롯(Aeroflot)에 대해서 '퀴퀴한 공기,' '비좁은 좌석,' 그리고 '초라한 인테리어' 등과 같은 여러 가지 부정적인 연상들이 연결된 상표스키마를 갖고 있다.

셋째, 사람스키마(schema for people)이다. 소비자는 가족이나 친구, 유명인사 혹은 사회단체에 대한 스키마를 갖고 있다.

넷째, 자기스키마(self-schema)이다. 대개 소비자는 자기 자신에 대한 스키마를 갖고 있다.

다섯째, 서비스스키마(schema for service)이다. 비양심적인 서비스를 제공하는 기업에 대한 소비자의 스키마에는 "악덕 기업", "탐욕스러운", "정직하지 못한" 등과 같은 부정적인 연상이 연결될 수 있다.

여섯째, 소매점스키마(schema for store)이다. 소비자는 소매점에 대한 스키마를 갖고 있는데, 고급백화점에 연결된 연상과 할인점에 연결된 연상은 당연히 많은 차이가 날 것이다.

그 외에도 소비자는 판매원스키마(예: 화장품 판매원, 중고차 판매원), 광고스키마(예: 코카콜라 광고, 베네통 광고), 기업스키마(예: 맥도날드, IBM), 장소(예: 에버랜드, 제주도), 국가스키마(예: 남아공화국, 스위스) 그리고 동물스키마(예: 호랑이, 사슴)도 가진다.

(2) 이미지

어떤 대상에 대해 소비자가 가진 이미지(image)는 스키마에 연결되어 있는 여러 연상들 중에서 매우 부각성이 높은 연상들의 집합체를 말한다. 그런 이미지의 일종인 상표이미지(brand image)에는 특정한 상표에 대한 전반적인 느낌이나 감정이 연결되어 있을 수 있다.[2] 예컨대, 소비자가 코카콜라에 대해 전반적으로 호의적인 상표이미지를 갖고 있다면, 여기에는 '매우 맛이 좋다'거나 '정신을 상쾌하게 만든다'는 연상이 포함될 수 있다.

그런데, 상표이미지는 어떤 상표의 스키마에 연결되어 있는 모든 연상을 반영하는 것이 아니라 그 중에서도 가장 부각성이 높은 연상들만 반영한다는 사실에 주의해야 한다. 예컨대, '코카콜라는 설탕함량과 칼로리가 높다.'는 사실을 소비자가 잘 알고 있더라도, 이런 사실이 코카콜라에 대한 상표이미지를 형성하는 데 반드시 사용되는 것은 아니다.

또한, 소비자는 상표 이외에 소매점, 기업, 장소 그리고 국가와 같은 여러 가지 다른 실체에 대해서도 이미지도 가진다. 예컨대, 미국에서는 더 갭(the Gap)과 빅토리아 시크릿(Victoria's Secret)이 매우 강한 소매점이미지를 갖고 있고, 일본에서는 소니, 타카시마야 및 마쯔시타가 강한 기업이미지를 갖고 있다.

(3) 개 성

스키마에 어떤 개성특성을 반영하는 연상이 연결되어 있는 경우도 있다. 이처럼

2 Burleigh B. Gardner and Sidney Levy, "The Product and the Brand", *Harvard Business Review*, March-April 1955, pp. 33-39.

상표의 의인화를 반영하는 여러 가지 연상들의 집합체를 상표개성(brand personality)이라고 하는데,[3] 이는 "어떤 상표를 사람이라고 한다면, 과연 어떤 유형의 사람이라고 말할 수 있을까?"라는 질문에 대한 답에 해당된다.

미국소비자들은 가전제품인 월풀(Whirlpool) 상표를 점잖고, 민감하며, 조용하고, 온화하며, 융통성있고, 현대적이며, 유쾌하고, 창의적이라고 묘사하는데, 이는 곧 우호적이고, 성공적이며, 매력적이고, 행동을 지향하는 특성을 가진 현대적이고 가족중심적인 교외거주의 여성을 암시한다. 이런 월풀의 상표개성은 영리하고, 적극적이며, 글래머이고, 부유하며, 우아하고, 패션감각이 있는 캐리어 우먼을 의인화한 이름을 가진 키친에이드(KitchenAid)의 상표개성과 상당한 차이가 있다.

상표 이외에 소매점, 장소 및 판매원도 일정한 개성을 가질 수 있다. 예컨대, 미국 소매점 홈디포(Home Depot)는 상냥하고, 정직하며, 근면하고, 남을 잘 도와주는 근로계층의 남자라는 개성을 갖고 있고, 미국 뉴욕시는 복잡하고, 부유하며, 엘리트이고, 세계주의적인 사람이라는 개성을 갖고 있다.

(4) 스키마, 이미지 및 개성을 이용한 마케팅액션

기업의 입장에서 스키마, 이미지 및 개성이 중요한 의미를 가지는 상황으로는 다음과 같은 세 가지 경우를 들 수 있다. 첫째, 스키마, 이미지 및 개성을 새로 창출해야 하는 경우이다. 둘째, 기존의 스키마, 이미지 및 개성을 정교화할 필요가 있는 경우이다. 셋째, 기존의 스키마, 이미지 및 개성을 변경해야 할 필요가 있는 경우이다.

가. 새로운 스키마, 이미지 및 개성의 창출

기업이 신제품을 출시하는 경우에 신제품이 어떤 제품인지, 그것이 소비자를 위해 무엇을 해줄 수 있는지 그리고 기존의 다른 제품들과 어떤 차이가 있는지를 소비자가 잘 이해하도록 만들기 위해서는 신제품의 스키마, 이미지 및 개성을 새로 창출해야 한다.

특히, 혁신적인 신제품이라면 그런 신제품이 어떤 제품인지 혹은 무엇을 제공해주는지를 소비자들이 아직 잘 이해하지 못하는 상태이기 때문에, 신제품의 스키마를 창출하는 작업이 매우 중요해진다. 예컨대, 컴퓨터나 CD-ROM과 같은 기술제품의 확산속도가 느린 이유 중의 하나는 소비자들이 이런 기술제품이 주는 핵심적 편익을 제대로 이해하지 못하기 때문이다.

---

3 Joseph T. Plummer, "How Personality Makes a Difference", *Journal of Advertising Research*, December 1984-January 1985, pp. 27-31.

좀더 근본적인 수준에서 어떤 제품에 연결되는 연상의 집합체를 창출하면, 그 제품이 어떤 것인지 그리고 그것이 무엇과 경쟁하는 것인지를 소비자들이 이해할 수 있도록 포지셔닝하는 데 도움이 된다. 예컨대, 담배제품의 경우 남성적인(macho) 이미지로 포지셔닝을 한 말보로와 여성적인(feminine) 이미지로 포지셔닝을 한 버지니아 슬림은 대조적이다. 양자의 포지셔닝방식은 상당한 차이가 있기 때문에, 서로 경쟁자로 보여질 가능성은 극히 낮다.

기업이 어떤 실체(예: 기업, 제품, 상표, 소매점 혹은 서비스)에 대해 특유하면서 부각적인 연상을 성공적으로 창출하면, 차별적인 포지셔닝을 달성할 수 있다. 하지만, 부각적이지만 특유하지 못한 연상을 창출하면, 다른 것들과 유사한 것으로 포지셔닝되는 결과가 초래될 위험이 있기 때문에 주의해야 한다. 따라서, 특유한 연상의 창출은 기업이 상표의 차별화를 달성하는 데 매우 중요한 역할을 한다고 하겠다.[4]

새로운 스키마, 이미지 및 개성을 창출하기 위해 기업이 상표확장(brand extension)이나 라이선싱(licensing)을 활용하는 경우가 많다. 우선, 상표확장이란 이미 확고한 이미지를 가진 어떤 상표를 보유하는 기업이 그 상표의 이름을 다른 제품범주에 속하는 후속제품에도 붙여서 사용하는 것을 말한다.[5] 한편, 라이선싱은 성공한 상표를 보유한 기업이 그 상표명의 사용권을 다른 기업에게 파는 것을 말한다. 상표확장은 기업내부에서 발생하는 형태이고 라이선싱협정은 기업간에 발생하는 형태라는 차이는 있지만, 둘 다 성공한 기존상표의 후광효과를 노리는 상표전략의 일종이라고 말할 수 있다.

이런 상표확장이나 라이선싱은 성공한 기존상표(오리지널 상표)의 스키마에 연결된 연상이나 감정을 새로운 상표(확장된 상표)로 전이함으로써 소비자들이 새로운 상표에 대해서도 좋은 이미지를 형성하게 되는 결과를 초래한다.[6] 예컨대, 소비자들이 스키피(Skippy) 땅콩버터의 맛이 진하고 부드럽다고 생각하고 있다면, 확장된 상표인 스키피 땅콩버터쿠키의 맛도 역시 진하고 부드러울 것이라고 믿게 될 수 있다. 또한, 소비자들이 스키피 땅콩버터를 좋아하고 있다면, 그런 긍정적인 감정이 스키피 땅콩버터쿠키에 대해서도 전이될 수 있다.

---

4 Kevin Lane Keller, "Memory and Evaluation Effects in a Competitive Advertising Environments", *Journal of Consumer Research*, March 1991, pp. 463-476.

5 Elyette Roux and Frederic Lorange, "Brand Extension Research: A Review", in eds. Fred von Raiij and Gary Bamoussy, *European Advances in Consumer Research*, Vol. 1 (Provo, Utah: Association for Consumer Research, 1993), pp 492-500.

6 Susan M. Baroniarczyk and Joseph W. Alba, "The Importance of Brand in Brand Extension", *Journal of Marketing Research*, May 1994, pp. 214-228.

요컨대, 상표연장이나 라이선싱은 성공한 기존상표에 관련된 좋은 연상과 감정이 확장된 상표로 손쉽게 전이될 수 있도록 해주기 때문에, 상표이미지를 새로 창출하는 데 사용할 수 있는 하나의 효율적인 방식이라고 하겠다.

나. 기존 스키마, 이미지 및 개성의 정교화

기존 스키마를 정교화한다는 것은 기존의 스키마에 새로운 정보를 추가하는 것을 말한다.[7] 예컨대, 풍부한 관광자원을 갖고 있지만, 실제로 이 도시를 찾는 관광객의 수는 얼마 되지 않는 어떤 도시가 있다고 하자. 이런 경우에 관광객을 많이 유치하지 못하는 이유 중의 하나는 이 도시와 연결된 연상이 별로 없어서 해당 도시에 대한 소비자의 스키마가 취약하기 때문일 수 있다. 만약 그렇다면, 이 도시는 적극적인 홍보활동으로 이 도시에 대한 연상을 새로 추가함으로써 소비자의 스키마를 더 정교화할 수 있을 것이다.

최근에 제록스(Xerox)는 소비자들이 자사를 단순히 '복사기전문회사'로만 보지 않도록 하기 위해 자사의 이미지를 더 정교화하는 데 노력해 왔다. 특히, 자사제품으로 문서복사뿐만 아니라 스캔, 저장, 프린트 및 전송도 할 수 있다는 점을 암시하기 위해, 제록스의 광고에서는 '문서회사, 제록스(the Document Company, Xerox)'라는 문구를 특별히 부각시키고 있다.

소비자의 스키마를 정교화시키는 데 사용할 수 있는 한 가지 방법은 다중상표확장(multiple brand extension)이다.[8] 예컨대, 원래 암앤해머(Arm & Hammer)는 미국소비자에게 베이킹소다의 특징과 편익을 연상시키는 이름이었지만, 그 이름을 카펫 탈취제나 냉장고 탈취제와 같은 다른 제품범주로 다중확장함으로써 그 기업명이 가지는 탈취 이미지를 더욱 강화하였다. 다만, 별로 유사하지 않은 다른 제품범주로 지나치게 상표확장을 많이 하면, 상표개념이 정교화되기보다는 오히려 오리지널 상표의 좋은 이미지가 희석될 수 있다는 점에 주의해야 한다.[9]

기업이 자사상표의 개성을 정교화할 필요가 있는 경우도 있다. 자사상표의 핵심적인 개성이 무엇인지를 제대로 이해하는 것은 상표개성을 정교화하기 위한 중요한 기반이며, 기업의 제품의사결정과 커뮤니케이션의사결정에 중요한 영향을 미친다. 예컨대, 자사제품이 소비자들에게 다소 여성적인 상표개성을 가진 것으로 확인된다면, 가전제

---

7 C. Whan Park, Bernard J. Jaworski, and Deborah J. MacInnis, "Strategic Brand Concept-Image Management", *Journal of Marketing*, October 1986, pp. 135-145.

8 Park, Jaworski, and MacInnis, *op. cit.*

9 Barbara Loken and Deborah Roedder John, "Diluting Brand Belief: When Do Brand Extensions Have a Negative Impact?", *Journal of Marketing*, July 1993, pp. 71-88.

품기업은 소비자들에게 가장 소구력이 있을 만한 가전제품의 스타일과 색상을 쉽게 파악할 수 있을 것이다. 또한, 기업은 광고제작에도 이런 상표개성을 최대한 반영할 수 있고, 그런 상표개성을 정교화하는 상표상징을 활용할 수도 있다.

다. 기존 스키마, 이미지 및 개성의 변경

자사상표에 대한 소비자의 스키마, 이미지 및 개성이 부정적이거나 진부한 연상을 많이 내포하고 있다면, 기업은 상표의 재포지셔닝을 통해서 이를 긍정적인 방향으로 바꾸는 노력을 해야 할 것이다. 예컨대, 일본에서 버드와이저는 원래 '유행에 민감한 젊은 커플들이 멋진 술집에서 마시는 패션감각이 뛰어난 맥주'라는 이미지를 갖고 있었지만, 이제는 체중이 많이 나가는 중년층을 공략하기 위해 '유행에 덜 민감한 맥주'의 이미지로 재포지셔닝하고 있다.

특정한 상표가 아닌 특정한 제품범주에 대한 소비자의 이미지를 변경하고자 노력한 사례도 있다. 예컨대, 미국낙농업협회(ADA)는 많은 미국소비자들이 우유에 대해 '별로 인기가 없고 지방이 많은 음료'라는 부정적인 이미지를 갖고 있었기 때문에, 우유에 대한 소비자의 이미지를 긍정적으로 바꾸기 위해 대대적인 광고캠페인을 시행하였다. 특히, 이 광고캠페인에서는 "우유가 우수한 영양원이기 때문에, 날씬하고 건강한 올림픽 운동선수들이 우유를 많이 마신다."는 점을 강조하였다.

매체수단의 이미지를 변경할 필요가 있는 경우도 있다. 예컨대, 미국에서 발행되는 롤링스톤(Rolling Stone)이라는 잡지는 주류제품의 광고주를 유치하는 데 큰 어려움을 겪은 적이 있다. 그 이유는 그 잡지의 독자가 '마리화나를 피우는 히피'라는 식의 부정적인 이미지가 있었기 때문이었다. 그래서, 그 잡지사는 자사 잡지의 독자에 대한 일반적인 이미지를 시각적으로 묘사한 후 다시 실제적인 독자의 모습을 보여주는 영상을 이용해서 부정적인 이미지를 반박하는 광고캠페인을 시행하였다.

관광개발업자의 입장에서는 장소에 대한 소비자의 이미지를 호의적으로 변경하는 것이 중요할 수 있다. 예컨대, 과거의 라스베가스는 '이판사판으로 도박하는 장소'라는 부정적인 이미지를 갖고 있었지만, 이제는 '가족이 함께 나들이하는 행선지'라고 적극 권유하면서 이미지 쇄신을 기하고 있다. 한때 영화 '미드나잇 익스프레스(Midnight Express)'에서 연출된 것처럼 '마약밀매장소'라는 부정적인 이미지가 강했던 터키는 이제 "여행자를 위한 도회적인 모험"이라는 광고문구를 내세워 재포지셔닝을 시도하고 있다.

소매점의 이미지를 변경할 필요가 있는 경우도 있다. 시어즈는 멕시코에 있는 자사소매점들의 환경여건이 워낙 열악했기 때문에 해당 소매점들에 대한 부정적인 이미지가 형성되어 있음을 알게 되었다. 따라서, 표적시장을 멕시코의 고소득층 소비자로 새로 정하고, 대리석 마루와 부드러운 조명으로 소매점의 분위기를 격상시키는 노력으로 소매점이미지의 변경을 적극 꾀하였다.

소비자의 스키마를 변경시키는 데는 언어적 자극이 아닌 상징을 사용할 수도 있는데, 그 대표적인 예가 바로 말보로 담배의 카우보이이다. 말보로는 남성다움을 표현하는 전통적인 상징인 카우보이와 자사상표를 서로 잘 연결시킴으로써, 자사상표의 이미지를 여성용 담배로부터 남성용 담배로 변경하는 데 성공하였다.

2) 각 본

(1) 각본의 의의

소비자는 어떤 대상의 개념에 관한 지식(즉, 스키마) 이외에 어떤 일을 수행하는 방법(how to do things)에 관한 지식도 갖고 있다.[10] 각본(script)이란 어떤 사건이 진행되는 순서에 관한 지식을 나타내는 것으로 특수한 형태의 스키마이다. 예컨대, 소비자는 장미 꽃꽂이를 하는 방법에 관해서 다음과 같은 각본을 가질 수 있다. 즉, 장미를 싼 셀로판 포장지를 풀고→가위질로 잘 정리해서→화병에 물을 적당히 채우고→장미를 화병에 넣어 길이가 맞도록 자른 후→보기 좋게 꾸민다.

이런 각본은 소비자가 하려는 어떤 일을 더 적은 노력을 들여 효율적으로 수행할 수 있도록 도와주는 역할을 한다.[11] 반면, 소비자가 어떤 일을 처음 수행하는 경우에는 이에 관한 사전각본이 전혀 없기 때문에, 그만큼 더 많은 시간이 걸리게 된다고 말할 수 있다.

(2) 각본을 이용한 마케팅액션

기업이 소비자의 각본을 분석하면, 소비자가 자사제품을 구매하고 사용하는 방식을 더 잘 이해할 수 있기 때문에 효과적인 마케팅의사결정을 하는 데 도움이 된다. 이와 관련해서 기업은 소비자의 각본을 조사한 후 원래 소비자가 스스로 수행하는 각본의 일부로 되어 있는 과업을 기업이 대행해 줌으로써 소비자에게 편리성을 주는 방안을

---

10 Ruth Ann Smith and Michael J. Houston, "A Psychometric Assessment of Measures of Scripts in Consumer Memory", *Journal of Consumer Research*, September 1985, pp. 214-224.

11 C. Whan Park, Easwar Iyer, and Daniel C. Smith, "The Effects of Situational Factors on In-store Grocery Shopping Behavior: The Role of Store Environment and Time Available for Shopping", *Journal of Consumer Research*, March 1989, pp. 422-432.

모색할 수 있다. 예컨대, 소비자가 선물을 구입하는 것을 손쉽게 해주기 위해, '선물구입'이라는 소비자의 각본에 포함되어 있는 포장과 배달을 기업이 대행해 줄 수 있다.

또한, 기업은 소비자들이 자사제품을 사용하는 것을 소비자의 각본에 들어있는 행동, 즉 각본화된 행동으로 만들기 위해 노력하는 방안을 모색할 수 있다. 예컨대, 오렌지주스 생산업자들은 오렌지주스가 아침식사 때 먹는 건강식의 일부로 반드시 포함되도록 만들기 위해 다각적인 마케팅활동을 전개할 수 있다. 특히, 요즈음은 상호작용식 쇼핑이나 광고를 비롯한 새로운 기술이 많이 등장하여 구매나 광고처리와 같은 각본화된 행동을 소비자들이 수행하는 방식을 변화시키고 있다.

2. 사전지식의 구조

사전지식의 내용은 소비자의 스키마와 각본에 연결된 연상으로 표현되는 것이고, 사전지식의 구조는 소비자가 그런 지식을 어떻게 조직화(체계화)하는가를 말한다. 소비자가 매일매일 축적되는 지식을 적절히 조직화하는 방식을 갖고 있지 않다면, 일상생활에 큰 혼란이 초래될 것이다. 하지만, 다행히도 소비자는 자신의 사전지식을 조직화하는 방식을 갖고 있는데, 여기에는 분류학적 범주의 구조와 목적파생범주의 구조라는 두 가지 주요형태가 있다.[12]

1) 분류학적 범주의 구조

소비자는 어떤 대상을 분류학적 범주(taxonomic category)의 구조로 조직화할 수 있는데, 분류학적 범주란 서로 유사한 대상들이 같은 범주에 속하도록 하는 형태로 여러 대상을 질서정연하게 분류하는 방식을 말한다([그림 8-2] 참조).

소비자가 코카콜라, 펩시콜라, 다이어트 코크, 다이어트 펩시에 대해 각각 별개의 스키마를 갖고 있더라도, 이런 제품들은 모두 청량음료에 속하기 때문에 같은 '청량음료'라는 범주(category)에 넣을 수 있다. 또한, 특정한 상표들을 하나의 군집에 모으고 다른 군집에 속하는 것들과 서로 분리시키는 하위범주(subcategory)가 있을 수 있다. 예컨대, '청량음료' 범주는 '다이어트 청량음료' 하위범주와 '비다이어트 청량음료' 하위범주로 분리될 수 있다. 그리고 '청량음료' 범주는 다시 더 범위가 넓은 '음료'라는 상위범주(supracategory)의 구성원이 되는데, 여기에는 청량음료 이외에 차, 커피, 생수 및 주

12 Eleanor Rosch, "Principles of Categorization", in eds. E. Rosch and B. Lioyd, *Cognition and Categorization* (Hillsdale, N.J.: Lawrence Erlbaum, 1978), pp. 119-160.

그림 8-2 분류학적 범주의 구조

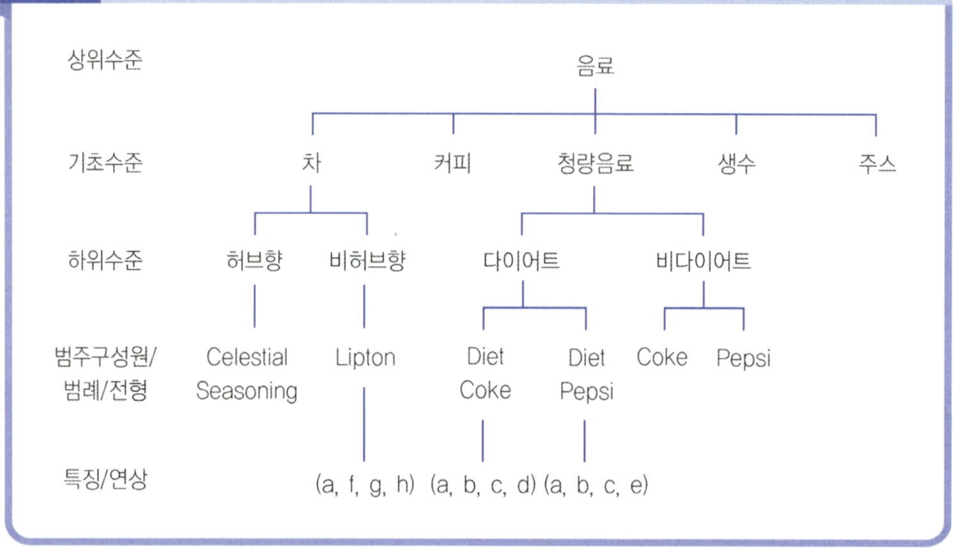

스가 함께 포함될 수 있다.

그런데, 분류학적 범주의 구조와 스키마의 관계를 생각해 볼 필요가 있다. [그림 8-2]에 나타난 바와 같이, 소비자는 '다이어트 코크'의 스키마에 연결된 몇 가지 연상(a, b, c, d)을 가질 수 있는데, 다이어트 코크는 '다이어트 청량음료'에 속하는 몇 가지 상표 중의 하나이다.

또한 소비자는 '다이어트 청량음료'와 '비다이어트 청량음료'에 속하는 상표에 연결된 연상을 포함하는 '청량음료' 범주에 대한 스키마도 갖고 있다. 요컨대, 각 범주는 여러 가지 예(example)를 포함하며, 스키마는 이런 예에 연결된 연상들을 포함한다고 말할 수 있다.

분류학적 범주에 속하는 정보는 몇 가지 구조적 특성을 가지는데, 여기서는 ① 특징공유, ② 상관관계적 연상 및 ③ 계층구조라는 세 가지 특성을 중심으로 설명하기로 한다.

(1) 특징공유

우선, 동일한 분류학적 범주에 속하는 것들은 서로 유사한 특징을 공유하는데, 이렇게 공유되는 특징은 다른 범주에 속하는 대상을 규정하는 특징과 서로 차이가 있다.[13] 즉, 동일한 범주에 속하는 구성원들은 여기에 함께 속하는 다른 구성원들과 최대

13 Lawrence W. Barsalou, *Cognitive Psychology: An Overview for Cognitive Scientists* (Hillsdale, N.J.: Lawrence Erlbaum, 1992).

한으로 서로 유사하지만, 다른 범주에 속하는 구성원들과는 최소한으로 서로 유사한 연상을 가진다.

이런 사실은 [그림 8-2]에서 다음과 같은 두 가지 내용으로 표현되어 있다. 첫째, '다이어트 코크'는 연상(a, b, c, d)을 갖고 있는데, '다이어트 청량음료'에 함께 속하는 '다이어트 펩시'는 비록 전부는 아니지만 그와 상당히 유사한 연상(a, b, c, e)을 갖고 있다. 둘째, 전혀 다른 범주에 속하는 '립톤' 홍차는 연상(a, f, g, h)을 갖고 있는데, 이는 '다이어트 코크'가 가진 연상과의 공통성이 훨씬 더 적다. 이런 동일한 범주 내에 존재하는 최대한의 유사성과 상이한 범주 간에 존재하는 최소한의 유사성은 소비자 정보처리의 중요한 측면 중의 하나로, 소비자가 서로 다른 자극들 간의 차이를 잘 구분할 수 있게 해 준다.

가. 등급구조의 원리와 범주전형

각 범주에는 유사한 특징을 공유하는 구성원들이 포함되지만, 동일한 범주에 속하는 모든 구성원들이 대등하게 좋은 구성원인 것은 아니다. 예컨대, '새'라는 범주에서는 플라밍고보다는 참새가 더 좋은 예이고, '청량음료' 범주에서는 맥콜보다는 코카콜라가 더 좋은 예이다. 이렇게 어떤 범주에 속하는 각 구성원들이 자신이 속하는 범주를 얼마나 잘 대표하는가에 차이가 난다는 것을 등급구조의 원리(principle of graded structure)라고 한다. 즉, 어떤 범주에 속하는 여러 구성원에 대해서는 해당 범주를 얼마나 잘 예시하거나 적합한가에 따라서 일종의 등급을 매길 수 있다는 것이다.

어떤 범주의 구성원들 중에서 해당 범주를 가장 잘 나타내는 대표적인 예를 범주전형(prototype)이라고 부른다. 예컨대, 참새는 새의 전형이고, 코카콜라는 청량음료의 전형이라고 말할 수 있다. "특정한 범주에서 어떤 것이 범주전형으로 간주되는가?"라는 의문에 대해서는 ① 특징중복도(feature overlap)와 ② 접촉빈도(contact frequency)라는 두 가지 요인이 중요한 영향을 미친다.[14]

첫째, 특징중복도란 어떤 범주의 구성원이 다른 구성원들과 공유하는 특징이 많은 정도를 말한다. 범주전형은 자신이 속하는 범주의 다른 구성원들과 공유하는 특징이 가장 많고, 다른 범주에 속하는 구성원들과는 공유하는 특징이 가장 적다. 예컨대, 감자칩은 '스낵식품' 범주에 공통되는 특성(예: 맛이 좋다, 손가락으로 집어먹는 식품이다, 다양한 형태를 가진다, 칼로리가 높다)을 가지지만, 다른 식품범주(예: 저녁식사류)에 공통되는 특징은 적기 때문에, '스낵식품'의 범주전형이라고 하겠다.

---

14 Barbara Loken and James Ward, "Alternative Approaches to Understanding the Determinants of Typicality", *Journal of Consumer Research*, September 1990, pp. 111-126.

둘째, 접촉빈도는 소비자가 어떤 범주의 구성원을 자주 접하게 되는 정도를 말한다. 예컨대, 코카콜라는 소비자가 어디서나 손쉽게 접할 수 있는 제품이기 때문에, '콜라'의 범주전형이라고 말할 수 있다. 또한, 어떤 제품범주에서 최초로 나온 상표인 개척자상표(pioneer brand)는 다른 상표들이 비교되는 기준을 설정하기 때문에, 해당 제품범주의 범주전형이 될 가능성이 높다.[15]

그런데, 특징중복도를 기반으로 해서 범주전형을 따진다면, 범주전형이 되는 물리적 상표나 제품이 실제로 존재하지 않을 수도 있다는 데 주의해야 한다. 즉, 범주전형은 어떤 범주를 가장 잘 대표하는 특징을 구현하는 구성원이지만, 그런 조건을 갖춘 예가 실제로는 존재하지 않을 수 있다. 또한, 어떤 범주에 속하는 구성원의 수가 너무 적어서 소비자가 해당 범주의 범주전형을 도출하는 데 필요한 지식이 절대적으로 부족한 경우도 있다. 예컨대, 시판되고 있는 순간온수기에 관한 지식이 별로 없는 소비자의 경우, 그의 사전지식에는 범주전형이 없고 그저 한두 개의 범주범례(category exemplar)만 포함되어 있을 수도 있다.

나. 범주전형을 이용한 마케팅액션

범주전형은 기업의 포지셔닝 전략수립에 중요한 시사점을 준다. 소비자는 새로운 자극을 분류할 때 범주전형을 비교기준으로 사용하는데, 기업은 이런 사실을 포지셔닝에 유익하게 활용할 수 있다. 즉, 기업이 새로운 상표의 아이덴티티(brand identity)를 개발하고자 할 때는 범주전형에 가까운 상표로 포지셔닝하는 방식(전형밀착형 포지셔닝)이나 범주전형과 전혀 다른 상표로 포지셔닝하는 방식(전형격리형 포지셔닝) 중에서 어느 하나를 사용할 수 있다.

우선, 기업이 자사상표를 범주전형에 가까운 상표로 포지셔닝하는 전형밀착형 포지셔닝방식은 폭넓은 소비자들에게 소구하려는 목표를 두는 경우에 적합하다. 특정한 범주를 가장 잘 규정하는 상표인 범주전형은 이미 폭넓은 소비자들에게 소구하고 있기 때문에, 기업이 새로운 상표를 범주전형과 유사한 것으로 포지셔닝하면 그 역시 폭넓은 소비자에게 소구할 가능성이 있다.

예컨대, '청량음료' 범주의 범주전형은 콜라이기 때문에, 펩시콜라가 크리스털펩시(Crystal Pepsi)를 출시할 때는 이를 '새로운 무색 청량음료'로 포지셔닝하기보다는 '새로운 콜라'로 포지셔닝했다. 어떤 상표를 범주전형과 유사하게 보이도록 만드는 데 사용할 수 있는 한 가지 유용한 수단은 비교광고이다. 범주전형인 시장선도자 상표에 도전

---

15 Gregory S. Carpenter and Kent Nakamoto, "Consumer Preference Formation and Pioneering Advantage", *Journal of Marketing Research*, August 1989, pp. 285-298.

하는 상표를 새로 도입할 때 이와 직접적으로 비교하는 광고를 시행하면, 그것이 범주 전형과 비슷하게 보이도록 만드는 효과가 발생할 수 있다.[16]

전형밀착형 포지셔닝방식을 사용하면, 다음과 같은 두 가지 주요 이점이 있다. 첫째, 새로운 상표를 범주전형에 가까운 것으로 포지셔닝하면, 소비자가 두 상표를 서로 유사한 것으로 보게 되어 새로운 상표가 범주전형과 나란히 선택후보의 반열에 놓이게 될 수 있다. 둘째, 새로운 상표를 범주전형에 가까운 것으로 포지셔닝하면, 범주전형과 새로운 상표 사이에 연상고리가 형성될 수 있다. 즉, 소비자가 범주전형을 생각할 때마다 새로운 상표도 함께 생각하게 될 가능성이 있다. 또한, 범주전형을 좋아하는 소비자가 새로운 상표를 범주전형과 유사한 것으로 보게 된다면, 새로운 상표도 역시 좋아하게 될 가능성이 있다.

한편, 전형밀착형 포지셔닝방식의 대안으로는 범주의 전형과 전혀 동떨어진 것으로 포지셔닝하는 전형격리형 포지셔닝방식이 있다. 예컨대, 세븐업(7-Up)은 유명한 'Un-cola' 광고캠페인을 통해서 이 제품이 코카콜라와 전혀 다른 음료라는 사실을 특별히 강조한 적이 있다. 또한, 마쯔다(Mazda)는 미니밴을 출시할 때 이를 '호화로움' 및 '지위'와 연관시켜 다른 미니밴들과 차이가 나도록 포지셔닝하였다. 전형격리형 포지셔닝방식은 전형밀착형 포지셔닝방식이 적합한 상황과 정반대의 경우에 적합하다.

첫째, 전형격리형 포지셔닝방식은 새로운 상표가 일반적인 다른 상표와 중요한 차이점이 있는 경우에 사용하는 것이 바람직하다. 이런 중요한 차이점은 곧 구매자의 입장에서 신뢰할 만한 구매이유가 된다. 예컨대, 프링글스(Pringles)가 감자칩이 쉽게 부스러지는 것을 막아주는 원통형 포장용기를 사용한 데는 다른 경쟁상표와의 차이점을 강조하려는 의도가 깔려 있었다.

둘째, 전형격리형 포지셔닝방식은 새로운 상표가 특수한 욕구를 가진 소비자에게 소구하려는 목표를 두고 있는 경우에 적합하다. 예컨대, 일반적인 선탠로션은 자주 발라주어야 하기 때문에 소비자들이 불편해 한다는 사실에 착안해서, Bain de Soleil Sport라는 선탠로션은 선탠로션을 자주 바르는 것을 싫어하는 사람들을 주로 공략하는 포지셔닝을 시도하였다.

(2) 상관관계적 연상

상관관계적 연상(correlated association)이란 어떤 범주의 구성원에 연결된 연상들이 공

---

16 Rita Snyder, "Comparative Advertising and Brand Evaluation: Toward Developing a Categorization Approach", *Journal of Consumer Psychology*, 1 (1), 1992, pp. 15-30.

변(covary), 즉 함께 움직이는 것(go together)을 말한다. 예컨대, 자동차의 크기와 안전성 사이에는 긍정적인 상관관계가 있어서 '자동차가 클수록, 일반적으로 더 안전하다.'고 생각할 수 있다. 또한, 엔진의 크기와 갤런당 주행 마일 수 사이에는 부정적인 상관관계가 있어서 '엔진의 크기가 클수록, 갤런당 주행 마일 수는 더 적다.'고 생각할 수 있다.

이렇게 상관속성(correlated attributes)은 새로운 상표가 어떤 범주에 속하게 될 것인가에 관한 소비자의 추론에 중요한 영향을 미칠 수 있다. 예컨대, 자동차의 크기와 안전성 사이에 긍정적인 상관관계가 있다고 믿는 소비자는 "새로 나온 자동차가 큰 엔진을 장착한 것을 보니, 안전한 자동차"라고 추론할 것이다.

(3) 분류학적 범주의 계층구조

가. 계층구조의 의의

분류학적 범주의 계층구조(hierarchical structure)란 [그림 8-2]에 제시된 바와 같이 분류학적 범주가 하위수준-기초수준-상위수준이라는 세 가지 수준의 계층구조적으로 조직화되어 있다는 것을 말한다.

첫째, 상위수준의 범주(superordinate level)는 분류학적 범주에서 가장 폭넓은 수준의 범주이다. 상위수준에서 동일한 범주에 속하는 구성원들은 약간의 공통적인 특징을 공유하지만, 여러 가지 상이한 특징도 많이 가진다. 예컨대, 커피와 생수는 둘 다 '음료'라는 범주의 구성원으로서 약간의 공통적인 속성이 있지만 서로 상이한 속성들도 많다.

둘째, 기초수준의 범주(basic level)는 여러 대상들 사이에 더 판별이 잘 이루어지는 일반적인 수준의 범주이다. 예컨대, '음료'라는 상위수준의 범주는 차, 커피, 청량음료, 생수 및 주스와 같은 기초수준의 범주에 의해 더 잘 표현될 수 있다. 즉, '차' 범주에 속하는 구성원들은 '커피' 범주에 속하는 구성원들보다는 상호간에 더 많은 공통점을 가진다.

셋째, 하위수준의 범주(subordinate level)는 대상의 판별력이 가장 우수한 구체적인 수준의 범주이다. 예컨대, '청량음료'라는 기초수준의 범주는 '다이어트 청량음료' 하위수준의 범주와 '비다이어트 청량음료' 하위수준의 범주로 더 세분될 수 있다. 여기서, '다이어트 청량음료' 범주에 속하는 구성원들은 '비다이어트 청량음료' 범주에 속하는 구성원들보다는 서로 더 많은 공통점을 가진다. 그리고 소비자가 더 많은 수준의 하위범주를 가지는 경우도 있다. 예컨대, 다이어트 혹은 비다이어트, 콜라 혹은 비콜라, 카페인함유 혹은 카페인제거를 기준으로 해서 청량음료를 더 세부적으로 구분하기도 한다.

요컨대, 상위수준의 범주로부터 기초수준의 범주 그리고 하위수준의 범주로 내려

갈수록, 소비자는 더 많은 속성을 사용해서 대상을 표현한다. 예컨대, '마실 수 있다'는 속성과 '하루 내내 사용된다'는 속성은 '음료'라는 상위수준의 범주에 속하는 구성원에게 공통적인 속성이다. '청량음료'라는 기초수준의 범주에 속하는 구성원을 묘사할 때는 '탄산함유'라는 속성, '차게 해서 먹는다'는 속성, 혹은 '6개들이 팩으로 판다'는 속성이 추가될 수 있다. 하위수준의 범주에 속하는 구성원을 설명할 때는 '칼로리가 적다'는 속성과 '인공감미료 첨가'라는 속성이 추가될 수 있다.

나. 분류학적 범주의 계층구조를 이용한 마케팅액션

분류학적 범주의 계층구조가 기업의 마케팅활동에 주는 시사점을 정리해 보면 다음과 같다.

첫째, 소비자는 대개 기초수준의 범주에서 대상을 잘 분류한다. 예컨대, 특정한 상표의 감자칩은 상위수준의 범주인 '식품'범주보다는 기초수준의 범주인 '스낵식품'으로 범주화될 가능성이 높다. 이런 기초수준의 범주는 어떤 대상을 식별하는 데 필요한 정보를 제공하면서도 처리하는 데 그다지 많은 노력을 요구하지 않기 때문에, 소비자들은 기초수준의 범주에서 대상을 분류하기를 선호하는 경향이 있다.[17] 한편, 상위수준의 범주에 속하는 구성원들은 서로 차이점이 너무 많아서, 어떤 대상을 유용하게 범주화하는 데 필요한 정보를 충분히 제공하지 못할 수 있다. 또한, 하위수준의 범주(예: '칼로리가 높은 스낵식품' 범주)는 어떤 대상을 잘 판별하는 데 그만큼 더 많은 노력이 들기 때문에, 단지 그런 판별이 필요한 경우에 한해서만 사용되는 경향이 있다.

둘째, 분류가 기초수준의 범주에서 이루어지는 경우가 많지만, 기업이 상위수준의 범주에서 경쟁적 포지셔닝을 수행하는 경우도 있다. 예컨대, 요즘 점차 인기를 얻고 있는 비알코올 맥주는 비록 알코올이 들어 있지 않지만 맥주 맛이 나기 때문에, '맥주'라는 하위수준의 범주에 속하는 구성원으로 포지셔닝한다.[18] 또한, 미국 유나이티드에어라인(United Airlines)사의 광고에서는 기내에서 스타벅스(Starbucks) 커피를 제공하기 때문에, 다른 항공사와 차이가 있음을 강조한다. 대부분의 항공사들이 맛없는 커피를 제공하여 악명이 높은 상황에서 특별히 좋은 커피를 제공한다는 것을 내세우는 것은 결국 범주전형과 차이가 있음을 강조하는 셈이다.

셋째, 하위수준의 범주를 새로 창출하면, 자사제품이 정확하게 분류되도록 하기

---

17 Eleanor Rosch, C. B. Mervis, W. D. Gray, D. M. Johnson, and P. Boyes-Braem, "Basic Objects in Natural Categories", *Cognitive Psychology*, July 1976, pp. 382-439.

18 이런 비알코올 맥주의 예로는 Coors사의 Cutter, Miller사의 Sharp, Anheuser-Busch사의 O'Doul를 들 수 있다.

위해 기업이 강조해야 할 속성을 결정하는 데 도움이 된다. 예컨대, 비알코올 맥주를 맥주의 하위수준 범주로 포지셔닝하기 위해서는 광고에서 이 맥주의 핵심적인 특징(예: '좋은 맥주와 같은 맛')을 강조해야 할 뿐만 아니라 하위수준의 범주(예: '알코올 비함유' 범주)도 명확하게 설정하도록 해야 한다.

넷째, 상위수준의 범주를 잘 분석하면, 기업의 경쟁구도를 정확히 이해하는 데 도움이 된다. 대개 소비자의 선택은 동일한 기초수준의 범주나 하위수준의 범주에 속하는 상표들 사이에서 이루어지지만, 동일한 상위수준의 범주에 속하는 상표들 사이에서 소비자의 선택이 이루어지는 경우도 있다. 소비자가 한정된 예산 때문에 CD플레이어를 구입해야 할 것인가 아니면 카스테레오를 구입해야 할 것인가를 결정해야 하는 경우가 바로 그런 예이다.

이처럼 각각 서로 다른 기초수준의 범주에 속하지만 '음악오락제품'이라는 동일한 상위수준의 범주에 속하는 제품들 사이에서 하나를 결정해야 하는 경우에는 각 기초수준의 범주에 속하는 상표들을 동일한 상위수준의 범주로 연결시켜주는 더 차원 높은 속성(예: 제공하는 오락의 양, 비용)을 기반으로 해서 각 상표를 서로 비교한다.

일반적으로 CD플레이어를 판매하는 회사는 자사상표가 카스테레오 상표들과 경쟁한다고는 잘 생각하지 않겠지만, 위와 같은 경우에는 그렇게 되는 셈이다. 따라서, 기업이 더 넓은 시각에서 잠재적 경쟁자를 파악하기 위해서는 상위수준의 범주를 잘 분석해 보아야 한다.[19]

다섯째, 소매점의 환경을 설계할 때 범주의 계층구조를 적절히 응용할 수 있다. 소매점이 내부환경을 설계할 때는 소비자의 인지적 범주(cognitive category)의 구조에 잘 맞추어 설계해서 소비자가 상품의 탐색활동을 효율적으로 수행할 수 있도록 해 주어야 한다.

식품점이라면 분류학적으로 서로 유사한 범주에 속하는 상품들을 함께 진열하고, 동일한 기초수준이나 하위수준의 범주에 속하는 품목들을 서로 인접한 위치에 배치하는 것이 좋다. 예컨대, 식품점에는 '낙농제품부문'이라는 상위수준의 범주가 있고, 이 부문 안에는 다시 '우유코너,' '요구르트코너,' '치즈코너,' '계란코너'라는 기초수준의 범주가 있으며, 우유코너에는 다시 '저지방 우유,' '무지방 우유,' '전유'라는 하위수준의 범주에 속하는 여러 품목들이 진열될 수 있다.

---

19 C. Whan Park and Daniel C. Smith, "Product Level Choice: A Top Down or Bottom Up Processes?", *Journal of Consumer Research*, December 1989, pp. 151-162.

2) 목적파생범주의 구조

(1) 목적파생범주의 의의와 특성

소비자의 사전지식이 구조화되는 또 하나의 방식으로서 목적파생범주(goal-derived category)는 어떤 대상들이 비록 분류학적 측면에서 상이한 특징들을 갖고 있더라도 동일한 목표를 달성하는 데 기여한다면 같은 범주에 속하는 것으로 분류되는 것을 의미한다.[20] 예컨대, 다이어트 중인 소비자라면, '다이어트에 먹을 식품'이라는 목적파생범주를 새로 만들어서 여기에 각종 다이어트 식품들을 배치할 수 있다.

특정한 목적파생범주에 함께 속하는 여러 구성원들은 소비자가 소비의사결정을 할 때 선택후보의 집합체를 이룬다. 또한, 소비자의 목적이 상황에 따라 변하듯이, 선택후보가 되는 대상들도 상황에 따라 바뀐다. 예컨대, '점심을 간단히 해결할 수 있는 식당'을 찾는 것이 목적이라면, 패스트푸드체인, 분식집 혹은 중국집 중에서 어느 하나를 선택할 수 있을 것이다. 또한, 평소에는 서로 다른 범주에 속하는 것으로 지각하더라도, 여행할 때는 '입냄새를 상쾌하게 해준다'는 측면에서 껌과 치약을 서로 동일한 범주에 속하는 것으로 볼 수도 있다.

소비자의 목적파생범주는 "소비자의 사전지식 속에 얼마나 오랫동안 저장되어 왔는가?"에 차이가 있다. 즉, 소비자가 빈번하게 접해서 이미 사전지식 속에 잘 확립되어 있는 목적파생범주가 있는가 하면, 소비자가 접한 빈도가 낮아서 이에 포함되는 범주 구성원들이 상황에 따라 달라지는 목적파생범주도 있다. 전자의 예로는 결혼식에 간 경험이 많아서 '결혼선물로 구입할 것'이라는 목적파생범주가 형성되어 있고, 이에 꽤 안정적이고 연속적인 성격의 제품 집합체가 포함되어 있는 경우를 들 수 있다. 후자의 예로는 유럽에 가본 적이 없어서 그의 사전지식 속에 '유럽여행을 위한 짐을 꾸리는 데 넣어야 할 것'이라는 범주가 아직 충분히 확립되어 있지 않은 경우를 들 수 있다.

그런데, 분류학적 범주와 목적파생범주는 서로 배타적인 관계가 아니기 때문에 어떤 대상이 두 범주에 동시에 속할 수 있다는 점에 주의해야 한다. 예컨대, 다이어트코크(Diet Coke)는 '다이어트 콜라,' '청량음료,' 그리고 '음료'와 같은 분류학적 범주에 속하지만 그와 동시에 '다이어트에 먹을 것,' '소풍갈 때 가지고 갈 것,' 혹은 '공놀이할 때 마실 것'과 같은 목적파생범주에도 속할 수 있다. 따라서, 소비자의 인지적 범주의 구조는 꽤 융통성이 있는 구조라고 말할 수 있다.

---

20 Barsalou (1992), *op. cit.*

목적파생범주도 분류학적 범주처럼 등급구조의 원리를 따른다. 따라서, 목적파생범주에도 범주전형이라는 것이 존재한다. 예컨대, 소비자는 다이어트식품으로서 대등하게 적합하지만 자주 접하는 식품이 아닌 것(예: 구경 양배추)보다 양상추를 '다이어트에 먹을 것'이라는 범주의 범주전형으로 평가할 것이다.

목적파생범주의 경우에는 "특정한 범주에서 어떤 것이 범주전형으로 간주되는가?"라는 의문에 대한 답을 구하기 위해서는 접촉빈도와 범주이상형의 정도이라는 두 가지 요인을 고려해야 한다. 첫째, 접촉빈도는 소비자가 어떤 품목을 특정한 범주의 구성원으로 접하게 되는 빈도로, 이는 분류학적 범주의 경우와 동일하다. 둘째, 범주이상형(category ideal)의 정도는 어떤 범주구성원이 소비자의 특정한 목적을 달성하게 하는 데 이상적인 것(ideal)이라고 간주되는 정도를 말한다. 예컨대, 양상추는 범주이상형의 조건인 '저지방'과 '저칼로리'라는 특성을 잘 갖추고 있기 때문에, '다이어트식품'으로서 땅콩보다는 더 전형적이라 하겠다.[21]

(2) 목적파생범주를 이용한 마케팅액션

목적파생범주는 기업의 마케팅활동에 대해 다음과 같은 시사점을 준다.

첫째, 목적파생범주는 기업이 자사제품을 광범위한 소비자의 목적과 관련되는 것으로 포지셔닝하려는 경우에 중요한 의미를 가진다. 예컨대, 미국 플로리다 오렌지 재배업자들은 소비자들이 오렌지주스를 단지 '아침식사 때만 마시는 것'이 아니라 '하루 내내 마실 수 있는 것'으로 생각해 주도록 만들기 위해, 오렌지주스를 '오후에 마실 것'이나 '믹서재료로 사용할 것'과 같은 다양한 목적을 충족시키는 것이라고 포지셔닝하였다.

둘째, 기업은 소비자의 목적이 곧 제품포지셔닝의 기반이라고 생각하면 유익하다. 대부분의 유럽 여자들은 다리털을 정기적으로 면도하지 않는다. 그래서, 면도기제조회사들이 독일과 프랑스에서 안전면도기와 자동면도기를 판매할 때는 이것이 '특별한 경우에 사용할 것'이라는 목적파생범주에 속하는 것으로 포지셔닝하였다.

셋째, 소매점은 소비자의 목적파생범주의 구조와 일치하도록 내부설계를 할 수 있다. 예컨대, 젖병이나 기저귀, 아기용 식품 혹은 주스는 비록 서로 다른 분류학적 범주에 속하지만, 모두 동일한 통로에 있는 진열대에 배치할 수 있다. 분류학적으로 보면 기저귀는 화장지와 유사하고, 아기용 주스는 어린이용 주스와 유사하며, 아기용 식품은

21 Lawrence Barsalou, "Ideals, Central Tendency, and Frequency of Instantiation as Determinants of Graded Structure in Categories", *Journal of Experimental Psychology: Learning, Memory, and Cognition*, October 1985, pp. 629-649.

소매점에서 파는 다른 일반식품과 유사하다. 하지만, 이런 각 제품들은 모두 '아기를 돌보는 데 필요한 것'이라는 하나의 목적파생범주에 속하기 때문에, 서로 인접한 진열대에 배치될 수 있는 것이다. 이처럼 소비자의 목적파생 범주의 구조와 일치하도록 상품을 진열하면, 소비자의 탐색활동과 의사결정을 용이해 주는 이점이 있다.

3) 소비자간 사전지식의 차이

소비자는 사전지식의 일부로 분류학적 범주와 목적파생범주를 가진다. 각 범주의 구성원들을 더 전형적이거나 덜 전형적인 것으로 간주되며, 여기에는 명확하거나 미약한 이미지를 가진 여러 상표, 제품, 소매점, 혹은 사람이 포함된다. 또한, 소비자는 스키마를 형성하게 되는데, 이런 스키마는 시간이 지나면서 계속 변하게 된다.

소비자들은 각각 서로 다른 집단에 속하고, 상이한 정보에 노출되며, 정보처리하기 위한 동기, 능력 및 기회(MAO) 수준이 서로 다르기 때문에, 동일한 대상에 대해서 부여하는 의미도 각각 다를 수 있다. 특히, 소비자의 배경요인으로 문화시스템과 전문지식은 사전지식의 내용과 구조 그리고 범주화에 영향을 미치는데, 기업은 이로부터 중요한 마케팅시사점을 얻을 수 있다.

(1) 소비자의 문화시스템

소비자가 속한 문화권에 따라 ① 어떤 개념에 연결되는 연상의 본질과 강도, ② 어떤 범주의 범주전형과 구성원, ③ 속성간 상관관계의 존재유무와 방향, ④ 특정한 목적파생범주의 존재유무에 차이가 나기 때문에, 기업이 마케팅활동을 설계할 때는 이를 충분히 고려하지 않으면 안 된다.

첫째, 문화권에 따라 어떤 개념에 연결되는 연상의 본질과 강도는 차이가 있다.[22] 예컨대, 미국에서는 피자헛(Pizza Hut)이 이 회사의 광고모델로 나오는 데이온 샌더스(Deion Sanders)나 축구와 강하게 연상되어 있지만, 데이온 샌더스가 누구인지 잘 모르고 또한 축구의 인기가 별로 없는 나라에서는 이런 연상은 존재하지 않을 것이다. 따라서, 만약 피자헛이 데이온 샌더스를 광고모델로 내세워 글로벌 광고를 시행하고자 한다면, 이는 잘못된 일이라고 하겠다.

둘째, 문화권에 따라 어떤 범주의 범주전형과 구성원에 차이가 날 수 있다. 우선, 모든 소비자는 서로 유사한 목적파생범주를 가질 수 있지만, 그런 목적파생범주에 속

22 Eleanor Rosch, "Human Categorization", in ed. N. Warren, *Studies in Cross-Cultural Psychology* (New York: Academic Press, 1977), pp. 1-49.

하는 구성원으로 간주되는 것은 문화권에 따라 차이가 날 수 있다. 예컨대, '아침식사에 먹을 것'이라는 목적파생범주에 속하는 구성원의 경우 미국에서는 시리얼, 도넛, 과일 혹은 계란 등이 포함되겠지만, 한국에서는 밥, 국, 김치, 혹은 생선 등이 포함될 것이다. 또한, 대부분의 소비자가 '수송수단'이라는 분류학적 범주를 갖고 있더라도, 그 범주의 범주전형으로 간주되는 것은 문화권별로 차이가 날 수 있다. 예컨대, 미국에서는 자동차나 비행기이겠지만, 유럽에서는 기차가 될 것이고, 후진국에서는 당나귀, 트럭 혹은 버스일 것이다.

그러므로, 기업은 동일한 제품을 판매하기 위한 마케팅활동이라도 문화권별로 상이한 포지셔닝 전략을 시행하는 것이 필요할 수 있다. 예컨대, 하이네켄 맥주의 경우 네덜란드에서는 이것이 미국에서의 버드와이즈처럼 '소비자가 자주 접하게 되는 맥주'의 범주전형이지만, 미국에서는 이것이 '비싸고, 지위지향적인 수입맥주'라는 연상을 갖고 있다. 이처럼 같은 맥주라도 두 국가에서 속하는 범주가 달라서 서로 다른 경쟁자를 두고 있는 셈이기 때문에, 하이네켄은 양국에서 각각 상이한 포지셔닝전략을 사용하지 않으면 안 될 것이다.

셋째, 문화권에 따라 속성간 상관관계의 존재유무와 방향에 차이가 날 수 있다. 그런 예로는 소매점의 규모와 제품의 가격이라는 두 속성 사이에 존재하는 관계를 들 수 있다. 예컨대, 미국의 대규모 소매점은 주로 할인점의 형태이므로 제품의 가격이 비교적 싼 편이지만, 인도와 스리랑카의 대규모 소매점은 대개 소매점 운영의 간접비가 높아서 제품의 가격이 오히려 비싼 경향이 있다.

넷째, 문화권에 따라 특정한 목적파생범주의 존재유무에 차이가 날 수 있다. 예컨대, 개방적인 가치관을 가진 문화권에서는 소비자가 '섹시하게 보이는 옷'이라는 목적파생범주를 가질 수 있겠지만, 보수적인 가치관을 가진 문화권에서는 그런 목적파생범주가 존재할 가능성이 극히 낮을 것이다.

(2) 소비자의 전문지식

소비자는 어떤 대상에 대한 **전문지식(expertise)**을 보유하는 정도에 따라서 **전문가소비자(expert consumer)**와 **초보자소비자(novice consumer)**로 구별된다. 전문가소비자는 어떤 대상에 대해 많은 경험, 지식 및 친숙성을 갖고 있기 때문에, 사전지식이 잘 개발되어 있는 사람을 말한다.[23] 이런 전문가소비자와 초보자소비자가 가지는 사전지식의 내용과

23 Douglas M. Stayman and Rajeev Batra, "Encoding and Retrieval of Ad Affect in Memory", *Journal of Marketing Research*, May 1991, pp. 232-239.

구조는 다음과 같은 몇 가지 측면에서 차이가 있다.[24]

첫째, 전문가소비자는 초보자소비자보다 총괄적으로 더 정교한 범주의 구조를 갖고 있다. 즉, 전문가소비자는 어떤 대상에 관련해서 더 많은 수의 범주를 가지고, 한 범주에 대해서도 더 많은 수의 연상고리를 갖고 있다.

둘째, 전문가소비자는 한 범주에서 속성간 상관관계의 존재 여부를 더 잘 이해할 가능성이 높다.

셋째, 전문가소비자는 초보자소비자보다 하위수준의 범주를 더 많이 갖고 있으므로, 상표들을 더 잘 구별한다. 예컨대, 자동차에 대한 전문가소비자라면, 자동차에 대해 많고 다양한 하위수준의 범주를 가진다.

넷째, 전문가소비자와 초보자소비자는 어떤 대상을 범주화할 때 사용하는 특징의 종류에 차이가 있다. 즉, 전문가소비자는 범주소속의 기반을 제품이 제공하는 편익에 두는 반면, 초보자소비자는 범주소속의 기반을 제품이 동일한 속성을 갖고 있는지 여부나 서로 유사하게 보이는지 여부에 둔다.[25]

다섯째, 전문가소비자는 어떤 범주의 비전형적인 구성원을 다루는 면에서 초보자소비자보다 우수하다. 즉, 전문가소비자는 어떤 범주의 비전형적인 예를 조정하기 위해 새로운 범주를 만들어내는 능력을 갖고 있다.

이처럼 전문가소비자는 초보자소비자보다 복잡한 형태의 범주구조를 가지기 때문에, 초보자소비자와는 다른 방식으로 정보탐색과 의사결정을 하는 경향이 있다.

제 2 절 소비자의 범주화

1. 범주화의 의의

제7장에서 설명한 바와 같이, 소비자는 일상생활에서 여러 자극에 노출되지만 그

24 Joseph W. Alba and J. Wesley Hutchinson, "Dimensions of Consumer Expertise", *Journal of Consumer Research*, March 1987, pp. 411–454.

25 Deborah Roedder John and Mita Sujan, "Age Differences in Product Categorization", *Journal of Consumer Research*, March 1990, pp. 452–460.

중의 일부에만 주의를 기울이고 지각을 한다. 그런데, 기업이 소비자의 의사결정에 영향을 미치기 위해서는 소비자로 하여금 자극에 주의를 기울이고 지각하게 만드는 것만으로는 부족하다. 소비자는 자신이 지각하는 어떤 대상에 대해 해석(interpretation)을 해야 하는데, 이는 곧 소비자가 그런 대상에 대해 어떤 의미를 부여하는 과정이다. 이런 의미부여과정의 첫 단계는 소비자가 어떤 대상을 범주화(categorization)하는 것이다.

범주화란 소비자가 어떤 대상을 명명하거나 이를 식별해서 그것이 무엇인지 알게 되는 것을 말한다. 예컨대, 소비자가 색다른 색깔을 가진 옐로우콜라(Yellow cola)를 보았다면, 아마도 이것을 '새로운 상표의 콜라'로 범주화할 것이다.

그런데, 소비자가 어떤 대상을 항상 정확하게 범주화하는 것은 아니다. 예컨대, 미국의 두 타이어회사인 굿이어(Goodyear)사와 굿리치(Goodrich)사는 모두 슈퍼볼 경기에 광고를 해 왔다. 그런데, 굿리치사가 슈퍼볼 경기장의 상공에 띄운 기구에 'Good …' 라는 이름이 새겨져 있는 것을 본 소비자들은 그것이 굿리치가 아니라 굿이어라고 잘못 생각하는 경우가 많았다. 즉, 소비자들이 굿리치를 굿이어라고 잘못 범주화하는 오류를 범했는데, 이는 곧 굿리치사가 막대한 광고비를 낭비하였음을 뜻한다.

또한, 과거에 레버 브라더스(Lever Brothers)사는 설거지용 액체세제인 선라이트(Sunlight)의 샘플을 미국의 전역에 있는 많은 가구에 배포한 적이 있다. 그런데, 이 액체세제는 레몬그림이 표시된 노란색 포장용기에 담겨져 있었기 때문에, 소비자가 이것을 레몬주스로 잘못 알고 아이스티에 넣었던 소동이 벌어져 화제가 되기도 했다.

2. 범주화를 이용한 마케팅액션

소비자가 겪는 기본적인 심리적 과정 중의 하나인 범주화는 ① 포지셔닝, ② 정교화, ③ 평가 및 ④ 만족이라는 네 가지 측면에서 기업의 마케팅활동에 중요한 시사점을 준다.

1) 포지셔닝

'소비자들이 과연 자사제품을 어떻게 분류하고 있는가?'라는 의문에 대한 답을 구하는 문제는 소비자가 자사제품에 대해서 어떻게 생각하고 있고, 그것이 마음속에서 어떤 위치에 놓여 있으며, 그것의 경쟁제품이 무엇인가라는 소위 제품의 포지셔닝(positioning)에 영향을 미치기 때문에 기업의 입장에서 매우 중요한 문제이다. 예컨대, 소비자가 기업이 새로 출시한 전화-팩스겸용 프린터를 '전화기'라는 범주에 넣는다면,

이는 전화기의 일종으로 포지셔닝되어서 다른 전화기제품들과 경쟁을 하게 될 것이다. 하지만, 소비자가 이를 '프린터'의 범주에 넣는다면, 이는 프린터의 일종으로 포지셔닝되어서 다른 프린터제품들과 경쟁을 하게 될 것이다.

소비자가 어떤 제품을 특정한 범주에 속하는 것으로 분류했다면, 이를 달리 분류하기는 어렵다. 예컨대, 소비자가 어떤 소매점을 '싸구려 옷이나 파는 소매점'의 범주에 속하는 것으로 분류했다면, 이것을 '유행의 첨단을 걷는 옷을 파는 소매점'의 범주에 속하는 것으로 재분류하기는 어려울 것이다. 따라서, 기업의 제품에 대한 소비자의 범주화 판단은 제품의 포지셔닝이라는 측면에서 상당히 중요한 의미가 있다.

2) 정교화

범주화는 소비자의 정교화(elaboration), 즉 소비자가 어떤 대상에 대해서 많이 생각하는 정도에 영향을 미친다. 소비자는 범주화하기 어려운 정보에 관해서 생각을 더 많이 하거나 이를 처리하고자 하는 동기가 더 잘 유발되는 경향이 있다. 또한, 전형적인 광고와 차이가 있는 어떤 광고가 있으면, 소비자에게 이를 보고자 하는 동기가 잘 유발된다.[26] 그리고 특정한 범주에 속하는 다른 제품들과 차이가 있는 것으로 보이는 어떤 제품이 있으면, 소비자에게 이에 관해서 생각하고자 하는 동기가 잘 유발된다.[27] 예컨대, 스포일러와 레이싱 스트라이프를 장착한 혼다 어코드(Honda Accord)는 '스포츠카'와 '소형차'를 서로 혼합한 형태의 자동차이기 때문에, 이를 보는 소비자에게 정교화를 유발할 수 있다.

3) 평 가

범주화는 소비자의 평가(evaluation), 즉 "소비자가 어떤 대상에 대해 어떻게 느끼는가?"에 영향을 미친다. 소비자가 어떤 대상을 특정한 범주에 속하는 것으로 분류했다면, 소비자가 그 대상을 평가할 때는 해당 범주와 관련해서 이미 저장되어 있는 감정인 범주기반형 감정(category-based affect)을 간단히 인출해서 평가하는 데 사용하기도 한다.[28] 예컨대, 어떤 기업을 무척 싫어하는 소비자가 TV에서 그 기업의 신제품 광고가

---

26 Ronald C. Goodstein, "Category-Based Applications and Extensions in Advertising: Motivating More Extensive Ad Processing", *Journal of Consumer Research*, June 1993, pp. 87-99.

27 Mita Sujan, "Consumer Knowledge: Effects on Evaluation Strategies Mediating Consumer Judgments", *Journal of Consumer Research*, June 1985, pp. 31-46.

28 Joel B. Cohen, "The Role of Affect in Categorization: Toward a Recognition of the Cencept

나오는 것을 본다면, 그는 단순히 범주기반형 감정을 사용해서 "그 신제품도 역시 싫다."고 결론을 내릴 수 있다. 또한, 어떤 소비자가 "초콜릿바"라는 범주에 대해 호의적인 감정을 갖고 있다면, 해당 범주에 속하는 새로운 상표를 평가할 경우에 이런 범주기반형 감정을 인출해서 평가하는 데 사용할 수 있다.

4) 만 족

범주화는 소비자의 기대와 그에 따른 만족 판단에 대해서도 중요한 시사점을 가진다.[29] 만약 소비자가 어떤 제품을 '워드프로세서'에 속하는 것으로 본다면, 당연히 그는 그 제품이 워드프로세서의 일반적인 성능특성을 잘 충족시킬 것이라고 기대하게 될 것인데, 이를 **범주기대(category expectation)의 수준**이라고 한다. 따라서, 워드프로세서로서 그 제품의 성능이 이런 범주기대의 수준을 능가한다면 소비자는 만족할 가능성이 있지만, 그렇지 않다면 소비자는 불만족할 가능성이 있다.

제 3 절 소비자의 이해

소비자의 범주화는 소비자가 어떤 대상의 존재를 파악하는 과정, 즉 '그것은 도대체 무엇인가?'라는 의문에 대한 답을 구하는 것과 관련되는 과정이다. 한편, 소비자의 **이해(comprehension)**는 소비자가 어떤 대상으로부터 더 높은 차원의 의미를 추출하는 과정 즉, "그것은 도대체 무엇을 뜻하는가?"라는 의문에 대한 답을 구하는 것과 관련되는 과정이다.[30] 말하자면, 소비자의 이해는 소비자 자신이 분류(범주화)한 정보와 자신의 사전지식을 사용해서 어떤 대상에 관해 더 높은 차원의 의미를 산출해내는 과정이다.

소비자의 이해는 **객관적 이해(objective comprehension)**와 **주관적 이해(subjective comprehension)**로 구분된다. 기업은 이런 두 가지 측면의 이해에 관심을 두어야 한다. 객관적

---

of Attitude", in ed. Andrew A. Mitchell, *Advances in Consumer Research*, Vol. 9 (Ann Arbor, Mich.: Association for Consumer Research, 1982), pp. 94-100.

29 Douglas M. Stayman, Dana L. Alden, and Karen H. Smith, "Some Effects of Schematic Processing on Consumer Expectations and Disconfirmation Judgments", *Journal of Consumer Research*, September 1992, pp. 245-255.

30 Anthony Greenwald and Clark Leavitt, "Audience Involvement in Advertising: Four Levels", *Journal of Consumer Research*, June 1984, pp. 581-592.

이해는 어떤 메시지로부터 소비자가 추출하는 의미가 실제로 언급된 메시지와 서로 일치하는 정도의 문제이고, 주관적 이해는 제시된 메시지에 대해 소비자가 어떤 다른 혹은 추가적인 의미를 부여하는 정도의 문제로서 여기에는 그런 의미가 의도된 것인지의 여부도 포함된다.[31]

1. 객관적 이해

1) 객관적 이해의 의의

객관적 이해는 어떤 커뮤니케이션에서 언급된 내용을 소비자가 정확하게 이해하거나 학습한 정도를 말한다. 여기서 말하는 어떤 커뮤니케이션은 광고와 같은 언어적 메시지뿐만 아니라 비언어적 신체언어(제스처)일 수도 있다.

사람의 특정한 제스처는 예컨대, '이리 와,' '멈춰,' '저기에,' '예' 혹은 '아니오'와 같은 어떤 공통적인 의미를 가진다. 다른 사람을 향하여 중지를 위로 들어 보이거나 주먹을 쥐고 위로 들어 보이는 것과 같은 제스처는 어떤 부정적인 의미를 전달한다. 또한, 어떤 제스처에 부여되는 의미는 문화권에 따라서 차이가 날 수 있으므로, 각별히 주의해야 한다. 예컨대, 엄지와 검지로 동그라미를 만들어 보이는 것은 미국에서는 '오케이'를 뜻하고, 일본에서는 '돈'을 의미하지만, 브라질에서는 상당히 무례한 제스처이다.

광고와 같은 마케팅커뮤니케이션을 시행한 후에 소비자의 객관적 이해가 이루어진 정도를 측정하려면, 해당 마케팅커뮤니케이션에서 언급된 아이디어가 무엇이었는지를 소비자에게 물어보면 된다. 그런데, 대개 광고에서 제시되는 마케팅커뮤니케이션의 내용이 아주 단순한 경우가 많음에도 불구하고 과연 그것에 대한 소비자의 객관적 이해를 달성하는 것이 기업의 해결과제일까? 하지만, 관련연구에 따르면, 이런 의문에 대한 답은 "그렇다"이다.

2) 부정확한 이해

부정확한 이해(miscomprehension)는 어떤 메시지에서 직접적으로 주장되거나 간접적으로 암시된 의미를 소비자가 잘못 받아들이는 현상을 말한다.

각각 TV방송과 잡지를 연구했던 두 개의 대규모 조사에 따르면, 대중매체 커뮤니

31 David G. Mick, "Levels of Subjective Comprehension in Advertising Processing and Their Relations to Ad Perceptions, Attitudes, and Memory", *Journal of Consumer Research*, March 1992, pp. 411–424.

케이션에서는 부정확한 이해가 대단히 많이 발생한다.[32] 조사대상자의 이해율은 TV광고의 경우에 약 70%이었고, 인쇄광고의 경우에 65%에 불과한 것으로 추정되었다. 또한, 직접적으로 주장된 정보와 간접적으로 암시된 정보에 대한 소비자의 부정확한 이해율은 거의 대등하였다. 또한, 이 두 조사에서는 프로그램, 편집자료 및 광고에 대한 부정확한 이해율이 거의 대등하다는 사실을 발견했다. 요컨대, 대부분의 커뮤니케이션에서는 일정한 수준의 부정확한 이해가 자연히 존재하는 것으로 보인다.

소비자의 부정확한 이해는 특정한 인구통계적 세분시장에 한정된 현상이 아니다. 소비자의 부정확한 이해에 영향을 미치는 주요요인으로는 ① 메시지를 처리하려는 소비자의 동기, 능력 및 기회(MAO) 수준과 ② 문화시스템을 들 수 있다.

(1) 소비자의 MAO 수준

소비자의 부정확한 이해가 발생하는 정도는 메시지를 처리하려는 소비자의 동기, 능력 및 기회(MAO) 수준에 의해 영향을 받는다.

첫째, 메시지를 처리하려는 소비자동기유발 수준이다. 소비자가 어떤 메시지를 처리하려는 동기가 낮으면, 당연히 소비자의 부정확한 이해가 발생할 가능성이 높다. 하지만, 소비자의 동기가 높더라도 부정확한 이해가 초래될 수 있다. 예컨대, 대개 소비자는 어떤 식품을 구입하기 전에는 포장에 적혀있는 설명(정보)을 살펴보려고 하지만(처리동기가 높은 경우), 구입한 후에는 그 내용을 충분히 이해하려 들지 않는 경우가 많다.

둘째, 메시지를 처리하려는 소비자지식 수준이다. 어떤 주제에 대한 소비자의 지식이 높을수록 그리고 소비자의 일반적인 정보처리능력이 높을수록, 소비자의 부정확한 이해는 개선된다. 즉, 어린이는 메시지의 미세한 포인트를 이해할 수 있는 능력이 부족하지만, 어른이 되면 이것이 많이 향상된다.

셋째, 메시지를 처리하려는 소비자기회 수준이다. 어떤 메시지를 처리할 기회가 부족하면, 소비자의 부정확한 이해가 발생할 가능성이 높아진다. 예컨대, 소비자가 단 몇 초만 보여주는 짧은 광고에 노출되거나 어떤 광고에 한두 번만 노출된 경우에는 메시지를 처리할 기회가 부족하기 때문에 부정확한 이해가 발생할 가능성이 높아진다.

---

32 Jacob Jacoby, Wayne D. Hoyer, and David A. Sheluga, *Miscomprehension of Televised Communication* (New York: American Association of Advertising Agencies, 1980); Jacob Jacoby and Wayne D. Hoyer, *The Comprehension and Miscomprehension of Print Communications: An Investigation of Mass Media Magazines* (New York: Advertising Education Foundation, 1987).

(2) 문화시스템

문화시스템(culture system)도 소비자의 부정확한 이해에 영향을 미칠 수 있다. 문화권에 따라서 사람들이 메시지의 내용이나 배경에 주의를 기울이는 정도에 차이가 나는데, 이와 관련해서 문화는 저배경문화(low-context culture)와 고배경문화(high-context culture)로 구분될 수 있다. 저배경문화에서는 일반적으로 커뮤니케이션의 등장배경과 커뮤니케이션에서 제시되는 단어 및 의미가 서로 분리된다. 즉, 저배경문화에서는 메시지가 전달되는 주변영상이나 환경적 배경보다는 말해지는 것 그 자체에 더 많은 중점을 둔다. 반면, 고배경문화에서는 커뮤니케이션에서 전달하고자 하는 의미의 대부분이 간접적으로 암시되며, 단어 그 자체보다는 시각적으로 커뮤니케이션이 이루어진다. 고배경문화에서는 메시지 송신자의 특성(예: 사회계층, 가치, 나이)이 메시지의 해석에 중요한 역할을 한다. 요컨대, 동일한 메시지를 전달하더라도 문화권에 따라서 소비자의 이해는 차이가 날 수 있음에 주의해야 한다.

문화권에 따라서 언어적 정보와 시각적 정보에 적용되는 의미는 차이가 날 수 있기 때문에, 부정확한 이해가 발생할 가능성이 높다. 예컨대, 한때 폭스바겐은 '운전의 즐거움(driving pleasure)'을 뜻하는 독일식 개념인 'Fabrvergnügen'을 미국시장에 적용하려고 시도한 적이 있었다. 하지만, 미국소비자들은 그 단어의 의미를 제대로 이해하지 못했을 뿐만 아니라 대부분은 정확히 발음하기조차도 힘들었기 때문에 그만 실패하고 말았다.

또한, 마이스터 포퍼(Meister Popper)(즉, Mr. Clean)를 동독시장에 처음으로 도입할 당시, 동독소비자들은 이 제품이 강조하는 '간편한 청소(easy cleaning)'라는 개념을 이해하는 데 어려움이 많았다. 대개 동독주부들은 깨끗하다는 만족감을 느끼기 위해서는 주방을 적어도 4~5번 정도는 닦는 것이 보통이었기 때문에, 이 제품이 자신을 '나쁜 주부'로 만들지도 모른다고 오해하는 사태가 발생하였다.

문화는 사람들이 단어에 부여하는 의미에도 영향을 미친다. 예컨대, 'a billion'이라는 것은 영국에서는 1조(a million million)를 의미하지만, 미국에서는 10억(a thousand million)을 의미한다. 또한, 영국에서 '폭탄(bomb) 같은 영화'라는 표현은 매우 성공한 영화를 뜻하지만, 미국에서 '폭탄'이란 대개 실패한 것을 의미한다.

3) 객관적 이해를 이용한 마케팅액션

기업이 자사가 제시하는 메시지를 소비자가 정확하게 이해하도록 만들기 위해서는 다음과 같은 지침을 충분히 고려해야 한다.

첫째, 소비자에게 전달하는 메시지는 가급적 간단하게 만들어야 한다. 정보의 양과 구조라는 측면에서 소비자에게 제시되는 메시지가 복잡할수록, 소비자의 부정확한 이해가 발생할 가능성은 더 높아진다.

둘째, 메시지를 수회 반복하면, 소비자의 이해를 높이는 데 도움이 된다. 이를 위해서는 동일한 커뮤니케이션 내에서 여러 번 반복해서 말하는 방식이나 여러 매체에 동일한 메시지를 반복해서 제시하는 방식을 사용할 수 있다.

셋째, 메시지를 다양한 정보양식으로 제시하면, 소비자의 정확한 이해를 높이는 데 도움이 된다. 예컨대, TV광고에서는 정보가 시각적 양식과 언어적 양식이라는 두 가지 양식으로 동시에 제시되기 때문에, 한 가지 양식으로만 제시되는 라디오광고나 신문광고에 비해 유리하다.

2. 주관적 이해

1) 주관적 이해의 의의

주관적 이해는 메시지의 송신자가 의도한 것이든 그렇지 않든 소비자가 어떤 커뮤니케이션으로부터 얻어내는 의미를 말한다.[33] 객관적 이해는 어떤 광고를 본 소비자가 그 광고에서 제시된 메시지를 정확하게 얻는 정도를 의미하지만, 주관적 이해는 소비자가 그 광고로부터 주관적으로 또 다른 의미를 얻게 되는 것을 의미한다. 주관적 이해에 대해서는 해석의 수준과 추론이라는 두 가지 주제를 논의할 수 있다.

2) 해석의 수준

소비자가 어떤 메시지를 처리할 때는 이를 해석하는 수준에 차이가 있다. 이런 해석의 수준(level of interpretation)이 높아질수록, 소비자는 해당 메시지에 관하여 정교화(생각)를 더 많이 하게 된다.[34]

예컨대, 소비자가 "당신의 자동차에 FM라디오가 있다면, 당신은 CD를 틀 수 있다."와 "우리 CD플레이어는 식스 디스크 매거진(6-disc magazine)을 내장하고 있다."는 메시지를 전달하는 어떤 자동차 CD플레이어 광고를 보았다고 하자. 이에 대해 소비자

33 Deborah J. MacInnis and Bernard J. Jaworski, "Information Processing from Advertisements: Toward an Integrative Framework", *Journal of Marketing*, October 1989, pp. 1-23.

34 Mick (1992), *op. cit.*

는 다음과 같은 여러 수준의 해석을 할 수 있을 것이다.[35]

첫째, 가장 낮은 수준의 해석이다. “AM 라디오만 갖고 있다면, 당신은 자동차에 CD플레이어를 설치할 수 없을 것이다.”처럼 주어진 정보의 액면 그대로의 해석이라고 할 수 있다.

둘째, 조금 높은 수준의 해석이다. “이 CD플레이어를 틀기 위해서는 FM라디오가 필요하기 때문에, CD플레이어와 FM라디오는 서로 유사한 전자적 상호연계를 갖고 있다.”처럼 소비자가 광고에서 말한 내용으로부터 직접적으로 논리적인 추론을 도출하는 수준이다.

셋째, 더 높은 수준의 해석이다. “이 CD플레이어는 식스 디스크 매거진을 내장하고 있기 때문에, 프로그래밍 기능을 갖고 있다.”처럼 소비자가 자신의 일반적인 지식에 기반을 두고 어떤 추론을 하는 수준이다.

넷째, 가장 높은 수준의 해석이다. “그런 CD플레이어는 도둑들이 좋아할 만한 물건이기 때문에, 이를 구입할 때는 자동차 보안시스템의 구입도 더불어 필요하게 될 것이다.”처럼 그 CD플레이어와의 미래 상호작용에 관하여 소비자가 나름대로 상상해서 메시지를 윤색하는 수준이다.

3) 소비자의 추론

소비자의 주관적 이해에는 기업이 제시하는 커뮤니케이션의 특성과 소비자의 사전지식 사이에 약간의 상호작용이 포함된다. 따라서, 기업은 소비자의 사전지식과 일치하는 방식으로 커뮤니케이션을 디자인하거나 구조화함으로써 커뮤니케이션에 대한 소비자의 주관적 지각에 영향을 미치는 방안을 모색할 수 있다. 즉, 기업의 커뮤니케이션은 자사제품에 관한 소비자의 추론에 영향을 미칠 수 있다.

소비자의 추론(inference)이란 어떤 대상에 대한 이미지를 창출하고 개성을 확립하는 데 도움이 되도록 소비자가 나름대로 추리하는 것을 말한다. 소비자가 어떤 제품에 관하여 정확한 추론을 할 수 있도록 광고를 디자인하는 것은 곧 성공적인 광고의 열쇠이다. 하지만, 부지불식간에 어떤 제품에 대한 부정확한 추론을 창출해서 결국 소비자의 부정확한 이해를 초래하는 커뮤니케이션을 디자인하게 되는 경우도 있다.[36] 특히, 기업

35 David G. Mick and Claus Buhl, “A Meaning-Based Model of Advertising Experiences”, *Journal of Consumer Research*, December 1992, pp. 317-338.

36 Frank Kardes, “Spontaneous Inference Processes in Advertising: The Effects of Conclusion Omission and Involvement in Persuasion”, *Journal of Consumer Research*, September 1988, pp. 225-233.

이 어떤 제품에 관하여 소비자의 잘못된 추론을 의도적으로 창출하려 한 경우에는 중요한 윤리적 문제가 제기된다는 점에 주의해야 한다.

어떤 제품에 대해 소비자의 정확한 추론이 발생하는지 여부에 영향을 미치는 요인에는 소비자의 사전지식과 기업의 마케팅믹스 요소가 있다. 소비자의 사전지식에 대해서는 이미 제1절에서 충분히 설명하였기 때문에, 이하에서는 기업이 마케팅믹스 요소 즉, ① 제품요소, ② 가격요소, ③ 유통요소 및 ④ 촉진요소를 이용해서 자사제품에 대한 소비자의 추론에 영향을 미치는 방안에 관하여 설명하기로 한다.

(1) 제품요소에 대한 소비자의 추론

제품요소에 대한 소비자의 추론은 상표명과 상표상징, 제품의 포장, 특징, 원산지, 색상에 의거할 수 있다.

가. 상표명과 상표상징

소비자의 주관적 이해는 특정한 상표명 혹은 상표상징으로부터 소비자가 수행하는 추론에 그 기반을 둘 수 있다.

첫째, 문자와 숫자를 혼합해서 구성된 알파뉴메릭 상표명(alphanumeric brand name)에 대한 추론이다. 소비자들이 르노삼성의 SM5처럼 문자와 숫자를 혼합해서 구성된 이름을 붙인 상표를 보면, 그것이 기술적이고 복잡한 특성을 가진 제품이라고 추론한다.

둘째, 외국어로 된 상표명에 대한 추론이다. 외국어로 된 상표명은 특정한 문화에 대한 고정관념에 기반을 둔 소비자의 추론을 창출할 수 있다. 예컨대, 독일어 발음이 나는 이름을 가진 하겐다즈 아이스크림은 독일에 관련된 어떤 호의적인 연상을 유발할 수 있다. 아르마니(Armani)나 피에르 가르뎅(Pierre Cardin)처럼 이탈리아어나 프랑스어로 된 상표명은 하이패션을 암시한다. 대개 독일 맥주의 품질이 우수한 것으로 평가되기 때문에, 일부러 독일어 발음이 나는 맥주이름을 붙인 맥주회사도 있다.

셋째, 서술형 상표명(descriptive brand name)에 대한 추론이다. 어떤 사실을 표현해주는 상표명도 소비자의 추론을 창출하는 역할을 한다. 예컨대, 소비자는 '시골장터'라는 이름을 가진 식당에 대해 "순박하고, 포근하다."는 식의 추론을 할 수 있다. 이처럼 제품의 속성이나 편익을 소비자에게 암시하는 서술형 상표명의 예로는 Obsession(향수), Speedo(수영복), Gleem(치약), Butcher's Choice(개먹이 비스킷), Ray·Ban(선글라스) 그리고 Sure View(콘택트렌즈)를 들 수 있다.

그런데, 제품의 속성이나 편익에 관한 소비자의 추론을 오도하는 상표명도 있는데, 이는 제품에 관하여 사실이 아닌 어떤 것을 추론하게 만들어 결국 소비자의 부정확한 이해를 초래하는 경우이다. 예컨대, 요즈음 맛, 색상, 재질, 칼로리, 설탕 혹은 향과 같은 제품의 주요특성을 표현하는 데 많이 사용되는 'lite'라는 이름을 실제로는 보통 올리브유보다 색깔만 더 밝은(light) 편인 올리브유에 붙이는 경우, 소비자는 그 제품이 '보통 올리브유보다 칼로리가 낮은 제품'이라고 잘못 추론할 수도 있다. 이처럼 상표명에 사용된 용어의 의미에 대해 소비자가 혼동할 소지가 있기 때문에, 미국에서는 새로운 표찰법이 제정되었다. 그 요지는 표찰을 디자인할 때는 상표명과 제품의 성분이 그 제품을 정확하게 표현하도록 해야 한다는 것이다.[37]

나. 제품의 포장

소비자는 제품의 포장을 기반으로 해서 제품에 관한 추론을 할 수 있다. 예컨대, 제품의 가격과 포장 크기 사이에 어떤 상관관계가 있다고 믿는 소비자가 부피가 큰 멀티팩으로 판매하는 제품을 보면, 그것이 좋은 거래대상(good deal)이라고 추론할 가능성이 있다.[38]

기업은 포장의 특성을 이용해서 상표의 이미지를 전달하는 데 도움을 주는 소비자의 추론을 창출할 수 있다. 예컨대, 레블롱(Revlon)사의 Ultima II's Head Over Heels 향수는 이 상표의 '신선하고 새롱거리는 이미지(fresh and flirty image)'를 강화하기 위하여 하부로 나뉘어지는 한 쌍의 다리와 같은 모습을 한 뿌연 핑크색 병을 포장용기로 사용하고 있다. 또한, 내용물이 정확히 동일하더라도, 소비자들은 폴리비닐 백에 들어 있는 감자칩이 왁스코팅 백에 들어 있는 감자칩보다 더 바삭바삭하고 더 맛이 좋을 것이라고 추론한다.[39]

다. 제품의 특징

제품의 특징에 기반을 둔 소비자의 추론이 발생할 수 있다. 예컨대, 대형차일수록 더 안전하다고 보는 소비자라면, 자동차 판매장에 소형차가 진열되어 있는 것을 보고 그것이 안전하지 못한 자동차라고 추론할 것이다. 이런 추론은 상관관계적 속성에 관한 소비자의 지식과 상표에 관하여 물리적으로 제시된 정보에 기반을 두고 이루어진다.

---

37 이렇게 하기 위해 기존의 표찰을 바꾸더라도 과연 소비자들이 이미 그 제품에 대해 갖고 있는 생각을 적절히 바꿀 수 있을지 의심스럽다는 회의론도 있다. 새로운 표찰법의 발효 후 프록터앤갬블(Procter & Gamble)은 "Pringles Light"를 "Pringles Right"로 변경하였지만, 이렇게 상표명을 변경하더라도 소비자들이 이 상표를 '저지방 제품'으로 분류할 가능성은 여전히 높다고 하겠다.

38 Gary T. Ford and Ruth Ann Smith, "Inferential Beliefs in Consumer Evaluations: An Assessment of Alternative Processing Strategies", *Journal of Consumer Research*, December 1987, pp. 363-371.

39 Carl McDaniel and R. C. Baker, "Convenience Food Packaging and the Perception of Product Quality", *Journal of Marketing*, October 1977, pp. 57-58.

라. 제품의 원산지

제품의 원산지(country of origin)에 관한 지식도 소비자가 그 제품에 관하여 어떻게 생각하는가에 영향을 미칠 수 있다.40 출신배경에 따라 그가 어떤 사람일 것이라는 고정관념을 가지는 것처럼, 소비자는 제품의 생산지에 관해서도 어떤 고정관념을 가진다. 즉, '일본 자동차'에 대한 자신의 스키마에 '신뢰성'이라는 연상을 가진 소비자라면, 새로 나온 일본 자동차를 '믿을 만한 자동차'라고 추론할 것이다. 일반적으로 독일제품은 '신뢰성, 정밀성 및 꼼꼼함'을 연상시키고, 스웨덴제품은 '강하고 견고하다'는 이미지를 유발하며, 프랑스제품은 '우아함과 스타일'에 관련된 소비자의 추론을 창출하는 경향이 있다.

마. 제품의 색상

소비자는 색상을 기반으로 해서 제품에 관한 추론을 하기도 하는데, 이를 색상추론(color inference)이라고 한다. 소비자는 자신의 사전지식에 색상범주(color category)를 가지고 있다. 예컨대, '녹색으로 된 사물'이라는 범주에는 풀, 나무, 잎이 포함될 수 있는데, 이들은 '새롭고, 상쾌하며, 평화롭다'는 연상을 가진다.

소비자는 이런 범주기반형 지식(category-based knowledge)을 바탕으로 해서 어떤 자극에 관하여 색상에 기반을 두는 추론을 할 수 있다. 예컨대, 녹색포장에 담긴 녹색치약은 '상쾌하다'는 식으로 추론할 수 있다. 이런 소비자의 색상추론을 응용한 예로는 M&M 초콜릿을 들 수 있다. 브라운색은 소비자들에게 더 초콜릿 같은 맛을 준다고 생각하게 만드는 효과가 있기 때문에, 단추모양의 M&M 초콜릿에는 황색, 적색, 녹색, 오렌지색 및 청색보다는 브라운색이 훨씬 더 많이 들어 있다.

이처럼 색상은 소비자의 선호에 직접 영향을 미치기 때문에, 자사상표의 고유한 색상을 보호하기 위해 특별히 법적 조치를 취하는 기업도 있다. 이렇게 하면 다른 기업들이 이런 색상을 임의로 사용하는 것을 막을 수 있기 때문에, 소비자가 제품을 부정확하게 분류하거나 이에 관하여 잘못된 추론을 할 가능성을 줄일 수 있다.

색상에 의해 연상되는 의미와 색상에 근거한 추론은 문화권에 따라 차이가 난다. 예컨대, 백색은 보통 서구사회에서는 '순수함이나 깨끗함'을 연상시키지만, 아시아 국가에서는 '죽음'을 상징한다. 회교국가에서는 녹색이 인기가 높은 색상이지만, 서남아시아에서 부정적인 색으로 지각된다. 흑색은 일본, 인도 및 유럽에서는 부정적인 연상

40 Duraij Maheswaran, "Country of Origin as a Stereotype: Effects of Consumer Expertise and Attribute Strength on Product Evaluations", *Journal of Consumer Research*, September 1994, pp. 354-365.

을 가지지만, 중동에서는 긍정적인 색으로 지각된다. 따라서, 기업이 국제마케팅활동을 구상할 경우에는 색상과 관련된 이런 문화적 차이를 신중하게 고려하지 않으면 안 된다.

소비자는 포장, 상표명 혹은 디자인이, 동일한 범주에 속하는 다른 상표의 그것과 유사한 상표에 대해 나름대로 추론을 할 수 있다. 예컨대, 월그린(Walgreen)의 임프레션(Impressions) 향수는 폴로(Polo)와 같은 유명 디자이너 상표처럼 보이도록 디자인되어 있다. 또한, 소비자가 소매점의 자체상표에 관하여 추론을 할 때 성공한 다른 상표와의 유사성을 기반으로 해서 나름대로 추론을 하기도 한다. 예컨대, 최근 미국에서 바디숍(Body Shop)의 천연 화장품이 성공을 거두자, 이 상표와 유사하게 보이기를 희망하는 모방제품들이 대거 등장하였다. 최근 멕시코에서 나이키(Nike)는 그 모습이 나이키와 아주 흡사한 다이키(Dike)라는 모방제품 때문에 큰 골치를 앓고 있는데, 이 제품은 암거래시장에서 광범위하게 판매되고 있다고 한다.

(2) 가격요소에 대한 소비자의 추론

소비자는 가격을 기반으로 해서 제품에 관한 추론을 하기도 한다. 예컨대, 제품의 가격과 품질 사이에 어떤 상관관계가 있다고 추론하는 것을 **가격-품질 연상(price-quality association)**이라고 하는데, 이에 따르면 소비자는 제품의 가격이 높을수록 제품의 품질도 더 높다고 추론한다.[41] 이런 추론은 여러 상표에 관한 소비자의 지식이 부족하거나 여러 상표의 품질을 판별할 만한 별다른 근거가 없기 때문에, 품질을 추론하기 위한 하나의 휴리스틱(간편법)으로 가격을 사용하게 되는 경우에 발생한다.[42]

(3) 유통요소에 대한 소비자의 추론

소매점 디자인, 배치, 머천다이징 및 서비스를 비롯한 제품이 유통되는 주요 측면에 관한 범주기반형 지식이 소비자의 추론에 영향을 미칠 수 있다. 예컨대, 할인점과 고급백화점에 들어가서 소비자가 하게 되는 추론은 서로 차이가 있을 것이다. 사실, **소매점의 분위기조성법(atmospherics)**은 소매업자가 자사의 이미지를 정교화하거나 변경시키기 위해 사용하는 주요수단 중의 하나이다. 예컨대, 영국의 소매업체인 코멧 그룹 PLC(Comet Group PLC)는 '대규모의 무장식 창고점'이라는 개념을 바탕으로 하는 소매업태를 새로 개발하였는데, 이것이 해당 소매점에서 판매하는 상품의 품질과 가격에 관

41 Donald Lichtenstein and Scott Burton, "The Relationship Between Perceived and Objective Price-Quality", *Journal of Marketing Research*, November 1989, pp. 429-443.

42 Cornelia Pechmann and S. Ratneshwar, "Consumer Covariation Judgments: Theory or Data Driven?", *Journal of Consumer Research*, December 1992, pp. 373-386.

한 소비자의 추론에 영향을 미친다는 것은 두말할 나위도 없다.

(4) 촉진요소에 대한 소비자의 추론

제품에 관한 정보를 소비자에게 어떻게 커뮤니케이션하는가 하는 것이 소비자의 추론에 영향을 미칠 수 있다. 여기서는 신체언어, 그림 및 문장구조를 사용하는 커뮤니케이션이 소비자의 추론에 미치는 영향을 살펴보자.

가. 신체언어의 사용

광고와 인적 판매에서 사용되는 신체언어가 소비자의 추론에 영향을 미칠 수 있다. 예컨대, TV광고에서 여자가 몇 초 동안 남자의 손을 부드럽게 만지고 있는 장면을 보여주면 사람들은 그들이 서로 사랑에 깊이 빠져 있다고 믿게 될 것이다. 또한, 인적 판매에서 소비자는 악수를 하는 힘이 약한 판매원은 거래를 성사시키는 데 별 관심이 없는 사람이라고 추론할 수도 있다.

이런 커뮤니케이션의 비언어적 측면은 특히 아시아 문화권에서 중요하다. 예컨대, 일본에서는 "예"라는 말이 실은 "아니오"를 의미하는 경우가 많다. 즉, 말 그 자체보다는 말하는 사람의 신체언어가 그의 진정한 의도를 더 잘 전달할 수 있다. 이런 맥락에서 일본에서는 명시적인 내용의 광고보다는 암시적인 내용의 광고 그리고 제품 정보를 직설적으로 전달하는 광고보다는 제품의 상징성을 강조하는 광고가 더 효과적일 수 있다.[43]

문화권에 따라서 물리적 공간이나 사람 사이에 두는 거리에 대한 해석에 차이가 있기 때문에, 국제시장을 공략하려는 기업의 경우에는 이를 신중히 고려해야 한다. 대개 아시아인은 사람 사이에 더 많은 거리를 두기를 원하고, 다른 사람과의 제한된 신체접촉을 선호한다. 따라서, 더 좁은 물리적 공간과 신체접촉에 익숙한 미국 판매원이 수행하는 활동은 아시아권 사람들에게 너무 밀어붙인다거나 지나치게 육체적이라는 식의 나쁜 인상을 줄 수 있다. 하지만, 남미인들은 사람 사이에 좁은 거리를 두는 것을 편안하게 여기기 때문에, 이들에게 상대적으로 더 많은 거리를 두는 미국 판매원은 너무 냉담하다는 인상을 줄 수도 있다.

나. 그림의 사용

기업은 그림을 담은 광고를 사용해서 소비자의 추론을 자극할 수 있다. 예컨대, 악어에 관한 소비자의 스키마에는 '거친' 혹은 '비늘진'과 같은 연상이 포함된다. 화장

---

43 Barbara Mueller, "Standardization vs. Specialization: An Examination of Westernization in Japanese Advertising", *Journal of Advertising Research*, January-February 1992, pp. 15-22.

품회사인 루브리덤(Lubriderm)은 "우리 미용크림은 악어껍질처럼 거칠어진 피부를 잘 관리해 준다."는 메시지를 전달하기 위해, 광고에 "Bye, Bye, Crocodile"이라는 슬로건과 함께 악어그림을 효과적으로 활용해서 성공하였다.

다. 문장구조의 사용

상표명이나 서술형 단어처럼 구체적인 단어가 소비자의 추론에 영향을 미칠 수 있는 것처럼, 여러 단어들로 구성되는 문장구조도 어떤 커뮤니케이션에 대한 소비자의 해석에 영향을 미칠 수 있다. 예컨대, [그림 8-3]에 제시된 Starfire AD7이라는 가상적인 자동차 광고에 나타난 문장구조는 다음과 같은 몇 가지 이유로 소비자의 부정확한 추론을 야기할 가능성이 있다.44

그림 8-3 Starfire AD7 자동차 광고

- **헤드라인:** 최상의 호화로움과 스포티함을 경험하자. 그것은 Starfire AD7이다.
- **본문:** 자동차업계의 가장 엄격한 테스트에서는 어떤 다른 상표도 당신에게 Starfire AD7보다 더 많은 것을 주지 못하는 것으로 나타났다. 이는 인테리어의 편안함에서 Porsche보다 더 우수하고, RX7보다 제동력이 더 우수하며, Corvette보다 승차감이 더 좋고, 이는 덜 비싸다.
- **추신:** Starfire AD7. 그 무엇도 당신에게 더 많은 것을 주지 못한다.

첫째, 병렬식 명령문(juxtaposed imperatives)의 문제이다. 위 광고의 헤드라인에는 서로 나란히 배치되어 있는 병렬식 문장이 두 개 있다. 이 헤드라인을 본 소비자는 "Starfire AD7이 당신에게 최상의 호화로움과 스포티함을 준다."는 식으로 해석할 가능성이 있다. 이처럼 병렬식으로 구성된 문장을 해석할 때 소비자는 마치 양자 사이에 어떤 인과관계가 있는 것처럼 해석하는 경향이 있다.

둘째, 우월성 암시(implied superiority)의 문제이다. 소비자가 광고로부터 보편적으로 수행하는 또 하나의 추론은 우월성 암시이다. 위 광고에서는 "어떤 다른 상표도 당신에게 더 많은 것을 주지 못하는 것으로 나타났다."는 문장을 쓰고 있다. 만약 시판 중인 모든 상표가 성능 면에서 서로 대등하다면, 이 문장은 그저 기술적으로 진실(technically true)일 따름이다. 하지만, 이 문장은 우월성을 암시하기 때문에 소비자는 '이 상표가

44 Wayne D. Hoyer and Deborah J. MacInnis, *Consumer Behavior*, Houghton Mifflin Company, 1997, pp. 109–110.

최고'라고 해석할 가능성이 있다.

셋째, 불완전 비교(incomplete comparisons)의 문제이다. 간혹 광고에서는 비교의 대상을 불완전하거나 애매모호하게 만들어 두고 비교를 하기도 한다. 위 광고에서는 "이는 덜 비싸다."라는 문장을 쓰고 있는데, 이 제품이 무엇보다 덜 비싼지를 전혀 명시하지 않고 있다. 즉, 이 광고에 열거된 다른 상표들보다 덜 비싼지, 작년 모델보다 덜 비싼지, 혹은 시장에 나와 있는 가장 가격이 싼 상표보다 덜 비싼지 전혀 알 수 없다. 또한, "그 무엇도 당신에게 더 많은 것을 주지 못한다."라는 문장도 불완전 비교의 좋은 예이다. 대개 이런 경우에는 소비자가 스스로 비교의 대상을 적당히 설정할 가능성이 있다. 예컨대, 소비자는 광고에서 거명된 다른 상표보다 이 제품이 덜 비싸다는 식으로 추론을 할 수 있다.

넷째, 다중비교(multiple comparisons)의 문제이다. 광고에서는 다수의 서로 다른 상표를 대상으로 해서 부분적인 비교를 시도하기도 한다. 예컨대, 위 광고에서는 "Starfire AD7이 인테리어의 편안함에서는 Porsche보다 우수하고, 제동력에서는 RX7보다 우수하며, 그리고 부드러운 승차감에서는 Corvette보다 우수하다."고 표현하고 있지만, 소비자는 이런 모든 속성에서 Starfire AD7이 다른 모든 상표들보다 더 우수하다고 추론할 수 있다. 또한, Porsche가 비교기준으로 사용되고 있기 때문에 소비자는 시중에 나와 있는 여러 상표들 중에서 Porsche가 인테리어의 편안함이 가장 우수한 제품이라고 추론할 수 있다. 하지만, 만약 Porsche가 RX7과 Corvette보다는 많이 덜 편안하고 Starfire AD7보다는 약간 덜 편안하다면, 이런 문장은 그저 기술적으로 진실일 따름이다.

이런 소비자의 추론에 대해서는 다수의 윤리적 문제와 공공정책적 문제가 제기될 수 있다. 어떻게 하든 소비자에게 자사상표를 좋게 보이도록 만들려는 기업의 입장에서는 소비자를 오도하는 방식으로 자사의 마케팅 믹스요소를 설계하는 것이 어쩌면 손쉬운 일일지도 모른다. 이와 관련해서 기업이 소비자를 오도하는 것이 아니라 소비자 스스로가 오도되는 것을 허용한다는 주장이나 소비자가 광고를 기반으로 해서 내리는 해석에 대해서는 기업이 책임질 수 없다는 주장이 있는데, 이에 대해서는 기업이 윤리적 측면에서 충분히 재고해야 할 것이다.

핵심용어

Keyword

가격–품질 연상, 각본, 각본화된 행동, 개척자상표, 객관적 이해, 고배경문화, 기초수준의 범주, 내용범주, 다중비교, 다중상표확장, 등급구조의 원리, 라이선싱, 목적파생범주, 문화시스템, 범주, 범주기대의 수준, 범주기반형 감정, 범주기반형 지식, 범주범례, 범주이상형의 정도, 범주전형, 범주화, 병렬식 명령문, 부각성, 부정확한 이해, 분류학적 범주, 불완전비교, 비교광고, 사람스키마, 사전지식, 사전지식의 구조, 사전지식의 내용, 상관관계적 연상, 상관속성, 상위수준의 범주, 상표개성, 상표스키마, 상표이미지, 상표확장, 색상추론, 서비스스키마, 서술형 상표명, 소매점스키마, 소매점의 분위기조성법, 스키마, 알파뉴메릭 상표명, 우월성 암시, 이미지, 이해, 자기스키마, 저배경문화, 전문가소비자, 전문지식, 전형격리형 포지셔닝, 전형밀착형 포지셔닝, 접촉빈도, 정교화, 제품범주스키마, 제품의 원산지, 주관적 이해, 주관적 이해, 초보자소비자, 추론, 특유성, 특징중복도, 평가, 포지셔닝, 하위범주, 하위수준의 범주, 해석, 해석의 수준, 호의성

Consumer Behavior and Marketing Action

제 9 장 고노력형 태도형성과 태도변화

제 1 부 소비자행동 입문

제 1 장 소비자행동의 기초

제 2 부 소비자의 의사결정프로세스

제 2 장 문제인식과 정보탐색	제 3 장 판 단
제 4 장 의사결정	제 5 장 의사결정후 프로세스

제 3 부 소비자행동의 내부적 영향요인

제 6 장 소비자의 동기, 능력 및 기회	제 7 장 소비자의 노출, 주의 및 지각	제 8 장 소비자의 범주화와 이해
제 9 장 고노력형 태도형성과 태도변화	제10장 저노력형 태도형성과 태도변화	제11장 소비자의 기억과 인출

제 1 절 태도의 의의
제 2 절 태도형성과 태도변화에 대한 일반적 접근방법
제 3 절 고노력형 인지기반 태도
제 4 절 고노력형 감정기반 태도
제 5 절 태도의 행동예측력

제 4 부 소비자행동의 외부적 영향요인

제12장 문 화	제13장 사회계층	제14장 인구통계요인
제15장 준거집단과 사회적 영향력		제16장 사이코그래픽스

어떤 대상에 대한 소비자의 태도가 형성되고 변화되는 과정은 소비자의 입장에서 노력이 많이 드는 정도에 차이가 있기 때문에, 태도형성과 태도변화라는 주제는 고노력형(high effort type)과 저노력형(low effort type)으로 구분해서 논의할 필요가 있다. 따라서, 제9장에서는 고노력형의 경우에 발생하는 태도형성과 태도변화의 문제를 다루고, 제10장에서는 저노력형의 경우에 발생하는 태도형성과 태도변화의 문제를 다루기로 한다.

제 1 절 태도의 의의

태도(attitude)의 공식적인 정의는 "어떤 대상이나 이슈, 사람 혹은 행동에 대한 비교적 총괄적이고 지속적인 평가"이다.[1] 즉, 태도란 인간이 어떤 대상이나 행동을 얼마나 좋아하거나 싫어하는가를 표현하는 일종의 전반적인 평가이다. 태도는 학습되고, 시간이 경과하면서 지속성을 가지는 특성이 있다.

제8장에서 설명한 바와 같이, 스키마는 어떤 개념에 연결된 여러 연상들의 총괄적인 집합체인데, 소비자의 태도는 이처럼 어떤 개념에 연결된 일단의 연상을 기반으로 해서 그 개념을 얼마나 좋아하는가 혹은 싫어하는가를 반영한다. 소비자가 어떤 상표나 제품범주, 광고, 사람, 활동, 혹은 국가에 대한 스키마를 가지고 어떤 활동에 대한 나름의 각본을 가지듯이, 소비자는 어떤 상표나 제품범주, 광고, 사람, 국가, 소매점의 유형, 혹은 활동에 대해서 나름대로의 태도를 가진다.

1. 태도의 중요성

태도는 ① 소비자의 사고를 지도하는 인지적 기능(cognitive function), ② 소비자의 느낌에 영향을 미치는 감정적 기능(affective function) 및 ③ 소비자의 행동에 영향을 미치는 행동적 기능(connative function)을 수행하는데, 이런 세 가지 중요한 기능을 통해서 태도는

1 Richard E. Petty, Rao H. Unnava, and Alan J. Strathman, "Theories of Attitude Change", in eds. Thomas s. Robertson and Harold Kassarjian, *Handbook of Consumer Behavior* (Englewood Cliffs, N.J.: Prentice-Hall, 1991), pp. 241-280.

소비자의 행동에 영향을 미친다.

각 대상이나 행동에 대한 자신의 태도(좋아하거나 싫어하는 정도)를 기반으로 해서, 소비자는 어떤 광고를 읽을까, 누구에게 말할까, 판매원에게 어떻게 반응할까, 어디서 쇼핑할까, 어느 식당에서 먹을까, 휴가여행을 어디로 갈까 등을 결정하게 된다. 또한, 소비자의 태도는 제품의 획득행동, 소비행동 및 처분행동에 중요한 영향을 미친다. 예컨대, 소비자가 음주운전이나 흡연, 육류섭취, 재활용 혹은 쓰레기투기와 같은 행동을 할 것인지 말 것인지 여부와 그것을 한다면 언제, 어디서, 얼마나 자주 할 것인가와 그렇게 하는 이유는 무엇인가와 같은 것들은 이에 대한 소비자의 태도에 의존한다.

2. 태도의 특성

소비자가 어떤 대상에 대해 가지는 태도는 다음과 같은 다섯 가지의 주요 특성으로 표현된다.

첫째, 태도호의성(attitude favorability)인데, 이는 소비자가 태도의 대상을 좋아하거나 싫어하는 정도를 말한다.

둘째, 태도접근성(attitude accessibility)인데, 이는 태도가 소비자의 기억으로부터 손쉽게 인출될 수 있는 정도를 말한다.[2] 예컨대, 어떤 소비자가 어젯밤에 영화 한편을 보았다면, 그 소비자는 그 영화에 대한 자신의 태도가 어떠했는가를 비교적 쉽게 기억해 낼 수 있을 것이다. 또한, 처음으로 구입한 자동차와 같이 자신에게 중요한 어떤 대상이나 사건, 혹은 활동에 대한 자신의 태도도 소비자가 비교적 손쉽게 기억해 낼 수 있다.

셋째, 태도확신(attitude confidence) 혹은 태도강도(attitude strength)이다. 소비자가 매우 강한 확신 하에 어떤 태도를 보유하는 경우가 있는 반면, 어떤 태도에 대해서는 상당히 불확실함을 느끼는 경우도 있다.[3]

넷째, 태도지속성(attitude persistence or endurance)이다. 특히 확신을 갖고 보유하는 태도인 경우에는 상당히 오랫동안 지속되는 반면, 극히 짧은 기간만 지속되다가 사라져버리는 태도도 있다.

---

2 Russell H. Fazio, Martha C. Powell, and Carol J. Williams, "The Role of Attitude Accessibility in the Attitude-to-Behavior Processes", *Journal of Consumer Research*, December 1989, pp. 280-288.

3 Ida E. Berger, "The Nature of Attitude Accessibility and Attitude Confidence: A Triangulated Experiment", *Journal of Consumer Psychology*, 1 (2), 1992, pp. 103-123.

다섯째, 후속변화에 대한 저항(resistance to subsequent change)이다. 소비자가 갖고 있는 태도를 바꾸는 것이 쉬운 경우도 있지만, 어려운 경우가 더 많다. 예컨대, 특정한 상표에 대한 소비자의 상표애호도가 그다지 높지 않거나 제품에 대한 지식이 별로 없는 초보자소비자의 경우에는 소비자의 태도를 바꾸는 것이 비교적 쉬울 수도 있지만, 소비자의 상표애호도가 상당히 높거나 자신이 제품에 대한 지식이 많은 전문가소비자의 경우에는 소비자의 태도를 바꾸는 것이 더 어려워진다.

제 2 절 태도형성과 태도변화에 대한 일반적 접근방법

1. 태도형성 프로세스 분석의 의의

기업이 소비자의 태도가 형성되는 프로세스를 잘 분석하면, 다음과 같은 두 가지 측면의 이점이 있다. 첫째, 신제품이나 어떤 행동에 대한 소비자의 태도를 새로 창출하거나 이에 영향을 미치는 방안을 모색할 수 있다. 둘째, 기존제품이나 어떤 행동에 대해 이미 확립되어 있는 소비자의 태도를 변경할 수 있는 방법에 관하여 유용한 정보를 얻을 수 있다.

2. 태도형성과 태도변화의 이론적 체계

〈표 9-1〉은 태도의 기반과 소비자가 메시지를 정교화하는 수준을 기준으로 해서 소비자의 태도형성과 태도변화 프로세스를 표현하는 한 가지 접근방법인데, 이는 제9장과 제10장에서 태도형성과 태도변화라는 주제를 논의하기 위한 전체적인 틀에 해당된다.

표 9-1 태도형성과 태도변화의 이론적 체계

		태도의 기반	
		인지(사고)	감정(느낌/정서)
소비자가 메시지를 정교화하는 수준	높은 수준 (중심경로 정보처리)	▪ 인지적 반응모델 ▪ 기대-가치모델	▪ 감정적 정보처리모델 ▪ 광고태도모델
	낮은 수준 (주변경로 정보처리)	▪ 간단한 신념 - 간단한 추론 - 귀인 - 휴리스틱	▪ 단순노출효과 ▪ 고전적 조건형성 ▪ 광고태도 ▪ 기분

1) 태도의 기반

태도의 기반(bases of attitudes)은 소비자가 자신의 태도를 형성하는 데 사용하는 정보의 종류를 말한다. 이런 태도의 기반에 따라 소비자의 태도는 인지기반의 태도와 감정기반의 태도라는 두 가지 종류로 구분될 수 있다.

첫째, 인지기반 태도(cognition-based attitude)는 소비자의 인지 즉, 생각(thought)이나 신념(belief)에 기반을 두고 형성되는 태도이다.[4] 소비자의 태도는 어떤 정보에 대해 소비자가 갖고 있는 생각에 기반을 둘 수 있는데, 여기서 정보란 소비자가 외부원천으로부터 얻는 정보이거나 아니면 기억에서 인출하는 정보를 말한다.

둘째, 감정기반 태도(affect-based attitude)는 소비자의 감정, 즉 느낌(feeling)이나 정서(emotion)에 기반을 두고 형성되는 태도이다. 어떤 음악이나, 옷, 영화, 혹은 가구가 어쩐지 좋게 느껴지거나 옳은 것으로 보이기 때문에 소비자가 그런 것에 대해 호의적인 태도를 가지게 되는 경우가 있다. 또한, 소비자는 다른 사람이 어떤 제품이나 서비스를 사용하는 것(예: 오락공원에서 청룡열차를 타는 것)을 관찰하거나 다른 사람의 정서(예: 즐거움)에 대한 대리경험을 통해서 어떤 태도를 획득하기도 한다. 이런 경우에 다른 사람들이 좋은 경험을 하고 있는 것으로 보인다면, 소비자 자신도 그렇게 될 것이라고 믿게 될 것이다.

2) 소비자가 메시지를 정교화하는 수준

소비자의 태도형성과 태도변화는 자신의 태도를 형성하거나 변경할 때 소비자가

4 Martin Fishbein and Icek Ajzen, *Belief, Attitude, Intention, and Behavior: An Introduction to Theory and Research* (Reading, Mass.: Addison-Wesley, 1975).

태도의 대상에 대해서 정교화(elaboration), 즉 깊이 생각하는 정도에 의해 영향을 받는다. 말하자면, 소비자의 태도형성과 태도변화 프로세스에는 상당히 많은 노력을 포함되는 경우도 있고, 비교적 적은 노력만 포함되는 경우도 있다.

소비자가 태도형성과 태도변화 프로세스에 노력을 들이는 정도에 영향을 미치는 주요 요인에는 의사결정의 종류와 의사결정에 관련된 소비자의 정보처리 동기, 능력 및 기회(MAO)의 수준이 있다.

우선, 소비자의 정보처리 MAO 수준이 높은 경우에 소비자는 태도형성과 태도변화에 더 많은 노력을 할애하고, 많은 정신적 에너지를 투입하며, 상당히 높은 감지된 관여도를 경험할 가능성이 있다. 이처럼 메시지를 정교화하는 데 노력이 많이 드는 태도형성과 태도변경 프로세스를 중심경로 정보처리(central-route processing)라고 부르는데,[5] 그 이유는 소비자의 태도가 메시지에 포함된 진정한 이점이나 중심적인 이슈에 대한 신중하고 노력을 많이 들인 분석에 기반을 두고 형성되거나 변경되기 때문이다.

이런 중심경로 정보처리가 수행되면, 그 결과로 소비자는 강력하고 접근가능하며 확신 있게 보유되는 태도를 형성하게 된다. 즉, 이런 태도는 지속적이고 변화에 저항하는 특징을 가진다.

한편, 소비자의 정보처리 MAO 수준이 낮은 경우에는 메시지에 대한 피상적분석이거나 정상궤도를 벗어난 분석에 기반을 두고 소비자의 태도가 형성된다. 이처럼 소비자의 입장에서 제한된 노력만 들이는 태도형성과 태도변경 프로세스를 주변경로 정보처리(peripheral-route processing)라고 부르는데, 그 이유는 소비자의 태도가 메시지에 포함된 주변단서나 피상적 단서에 기반을 두고 형성되기 때문이다.

이런 주변경로 정보처리가 수행되면, 그 결과로 소비자는 미약한 태도를 형성하게 된다. 즉, 이런 태도는 덜 지속적이고 변화에 약한 특징을 가진다.

3. 고노력형 태도형성과 태도변화의 개관

제9장에서는 소비자가 노력을 많이 들이는 경우(즉, 소비자의 정보처리 MAO 수준이 높은 경우)에 발생하는 태도형성과 태도변화를 설명하고, 제10장에서는 소비자가 노력을 적게 들이는 경우(즉, 소비자의 정보처리 MAO 수준이 낮은 경우)에 발생하는 태도형성과 태도변경을 설명한다. 이미 지적한 바와 같이, 소비자의 정보처리 MAO 수준이 높은 경우에는

5 Petty, Unnava, and Strathman (1991), *op. cit.*

그림 9-1 고노력형 태도형성과 태도변화의 개관

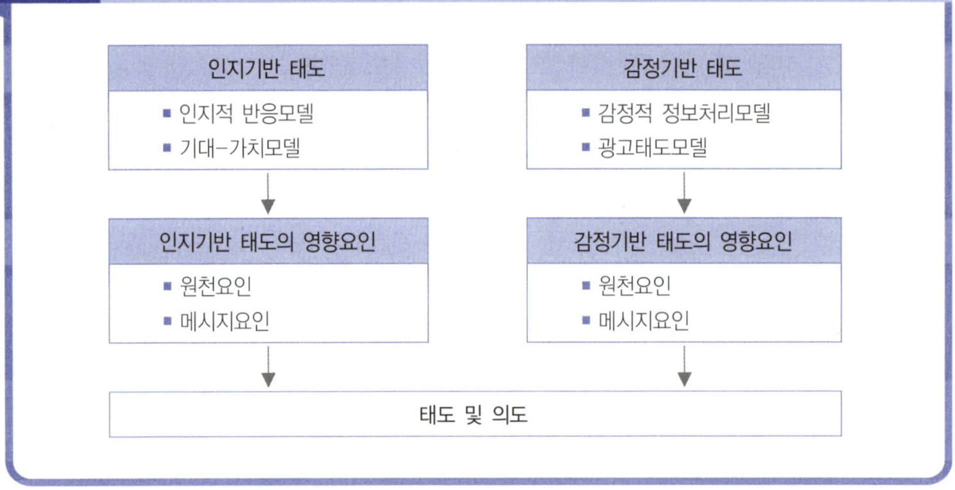

접근가능성이 높고, 지속적이며, 변화에 저항하고 확신이 있는 강한 태도가 형성되는 경향이 있다.

[그림 9-1]은 이 장에서 설명하는 내용의 전체적인 틀인데, 이로부터 다음과 같은 세 가지 중요한 사실을 확인할 수 있다.

첫째, 소비자가 정보처리를 하고 선택하는 데 많은 노력을 들이는 경우에는 제품에 관하여 소비자가 갖고 있는 생각이나 신념에 영향을 미치는 방식(인지적 방식)이나 제품에 관련된 소비자의 감정적 경험에 영향을 미치는 방식(감정적 방식)을 통해서 소비자의 태도에 영향을 미칠 수 있다.

둘째, 설득메시지에 사용되는 원천의 특성(원천요인)이나 메시지의 유형(메시지요인)을 이용해서 소비자의 태도에 영향을 미칠 수 있다.

셋째, 일단 소비자의 태도가 형성되면, 이는 소비자의 의도와 실제적인 행동에 강력한 영향을 미친다.

제 3 절 고노력형 인지기반 태도

1. 고노력형 인지기반 태도모델

소비자가 정보처리와 의사결정에 많은 노력을 들이는 경우에 형성되는 인지기반 태도를 설명하기 위해 그동안 여러 이론들이 제안되어 왔다. 여기서는 인지적 반응모델과 기대-가치모델을 중심으로 설명하기로 한다.

1) 인지적 반응모델

인지적 반응모델(cognitive response model)은 메시지에 대한 소비자의 인지적 반응이 소비자의 태도에 영향을 미친다는 기본사고를 가진 모델이다.[6] 인지적 반응(cognitive response)이란 소비자가 어떤 커뮤니케이션에 노출될 때 자연스럽게 갖게 되는 생각을 말하며, 여기에는 재인, 정교화, 연상, 이미지 혹은 아이디어가 포함될 수 있다.[7]

머리털이 자꾸 빠지기 시작해서 고민하고 있는 사람이 발모효과가 특별하다고 주장하는 어떤 발모제 광고를 보았다고 하자. 그러면, 이 광고에 대한 반응으로 "네겐 정말 이런 제품이 필요해.", "아니, 이 제품은 별로 효과가 없을 거야." 혹은 "광고에 나온 친구는 아마 돈을 받아서 그렇게 말하는 것일 거야."와 같은 생각이 자연히 떠오를 수 있다. 인지적 반응모델에서는 바로 이런 자생적 반응(spontaneously generated response)이 광고되는 제품에 대한 소비자의 태도를 결정한다고 본다.[8]

소비자가 어떤 커뮤니케이션에 대해 갖게 되는 인지적 반응에는 다음과 같은 네 가지 유형이 있다.[9]

---

6 Anthony G. Greenwald, "Cognitive Learning, Cognitive Response to Persuasion, and Attitude Change", in eds. Anthony G. Greenwald, Timothy C. Brock, and Thomas M. Ostrom, *Psychological Foundations of Attitude* (New York: Academic Press, 1968), pp. 147-170.

7 Peter L. Wright, "Message Evoked Thoughts: Persuasion Research Using Thought Verbalizations", *Journal of Consumer Research*, September 1980, pp. 151-175.

8 Jerry C. Olson, Daniel R. Tony, and Philip A. Dover, "Do Cognitive Responses Mediate the Effects of Advertising Content on Cognitive Structure?", *Journal of Consumer Research*, December 1982, pp. 245-262.

9 좀더 정교한 분류체계에 대해서는 다음의 자료를 참조할 것. Merrie Brucks, Gary Armstrong,

첫째, 지지주장(support argument: SA)인데, 이는 메시지에 대한 의견일치를 표현하는 생각이다. 예컨대, “이건 정말 멋있어 보이는군.”이나 “네겐 정말 이런 것이 필요해.”를 들 수 있다.

둘째, 반박주장(counterargument: CA)인데, 이는 메시지에 대한 의견불일치를 표현하는 생각으로 예컨대, “이 제품은 별로 효과가 없을 거야.”라든가 “이 제품은 발모에 별로 도움이 되지 않을 거야.”를 들 수 있다.

셋째, 원천지지(source support: SS)인데, 메시지의 원천(예: 광고모델)을 인정하는 생각으로 예컨대, “저 친구는 전문가니까 맞는 말일거야.”이나 “저 사람 말이라면 난 믿을 수 있어.”를 들 수 있다.

넷째, 원천격하(source derogation: SD)인데, 메시지의 원천(예: 광고모델)을 깎아 내리거나 이를 공격하는 생각으로 예컨대, “저 친구는 거짓말을 하고 있군.”이나 “그는 돈을 받아서 그렇게 말하는 것 일거야.”를 들 수 있다.

인지적 반응모델에 따르면 이런 인지적 반응이 소비자의 태도에 영향을 미치는데, 그 영향력의 방향은 인지적 반응의 성격에 의존한다.

우선, 긍정적인 성격의 인지적 반응인 지지주장이나 원천지지가 발생하면, 소비자의 긍정적인 태도가 초래된다. 예컨대, “이건 정말 멋있어 보이는군.”이나 “네겐 정말 이런 것이 필요해.”와 같은 생각은 그 발모제에 대해 더 긍정적인 소비자의 태도를 창출할 가능성이 높다.

한편, 부정적인 성격의 인지적 반응인 반박주장과 원천격하가 발생하면, 덜 호의적인 최초의 태도를 형성하게 되거나 기존태도의 변화에 대한 저항이 초래된다. 예컨대, 위의 발모제 광고에서 “이 제품은 별로 효과가 없을 거야.”라든가 “그는 돈을 받아서 그렇게 말하는 것 일거야.”와 같은 생각은 그 발모제에 대해 소비자의 부정적인 태도를 유도할 가능성이 높다.

이처럼 소비자는 설득메시지에서 제시된 권고사항을 항상 맹목적으로 수용하기보다는 기업의 목표나 전술에 관한 자신의 지식을 사용해서 설득메시지에 효과적으로 대처하거나 이에 저항하기도 한다.[10]

요컨대, 인지적 반응모델에서는 소비자가 메시지에 대해 반응하는 데 상당히 많은

---

and Marvin C. Goldberg, “Children's Use of Cognitive Defenses against Television Advertising,” *Journal of Consumer Research*, March 1988, pp. 471-482.

10 Marian Friestad and Peter Wright, “The Persuasion Knowledge Model: How People Cope with Persuasion Attempts”, *Journal of Consumer Research*, June 1994, pp. 1-31.

노력을 투입한다는 것, 즉 적어도 지지주장이나 반박주장 및 원천지지나 원천격하를 생성하기에 충분한 노력을 투입한다는 전제를 두고 있다.

그러면, 어떤 경우에 메시지에 대해 지지주장이나 반박주장이 상대적으로 더 많이 생성될까? 이에 대해서는 다음과 같은 네 가지 상황으로 구분해서 논의할 수 있다.

첫째, 신념불일치(belief discrepancy)가 존재하는 경우, 즉 소비자가 자신이 기존에 믿고 있는 바와 차이가 나는 메시지에 접하게 되는 경우에는 지지주장보다는 반박주장이 더 많이 생성되는 경향이 있다. 이런 경우에는 소비자가 그 메시지에 반대되는 주장을 함으로써 자신의 기존 신념구조를 그대로 유지하기를 원하기 때문에, 지지주장보다는 반박주장이 더 많이 생성된다.[11]

둘째, 메시지가 강한 주장보다는 약한 주장을 제시하는 경우에도 지지주장보다는 반박주장이 더 많이 생성되는 경향이 있다. 예컨대, 면도기 신제품 광고에서 "여러 가지 색상의 휴대용 면도기가 새로 나온다."는 메시지를 사용하면 소비자에게 제품을 구입하도록 이끌만한 강한 이유가 없기 때문에, 이에 대한 반박주장(예: "면도기가 어떤 색상이든 내게 무슨 상관이야?")이 생성될 가능성이 높다.[12]

셋째, 메시지가 등장하는 프로그램에 소비자가 깊이 몰입하고 있는 경우, 즉 프로그램관여도가 높은 경우에는 반박주장보다는 지지주장이 더 많이 생성된다. 그 이유는 소비자가 몰입하고 있는 프로그램이 반박주장에 대한 소비자의 주의를 분산시켜 결국 메시지의 설득효과를 높이는 결과를 초래하기 때문이다.[13]

넷째, 소비자가 긍정적인 기분을 갖고 있을 경우에도 메시지에 대해 좀더 호의적인 반응이 나타나게 된다. 이런 기분효과가 발생하는 이유는 소비자가 기분이 좋을 때 그런 기분을 가급적이면 그대로 유지하기를 원하기 때문에 반박주장에 대해 저항하게 되는 결과가 초래되기 때문이다.[14]

대개 기업은 소비자가 자사의 메시지에 노출되어서 그 내용을 정확히 이해해 주기를 바랄 뿐만 아니라 자사의 메시지에 대한 소비자의 반응이 부정적이 아니라 긍정적이기를 원한다. 만약 자사의 메시지에 대해 부정적인 성격의 인지적 반응인 반박주장

---

11 Daniel R. Toy, "Monitoring Communication Effects: Cognitive Structure/Cognitive Response Approach", *Journal of Consumer Research*, June 1982, pp. 66–76.

12 Petty, Unnava, and Strathman (1991), *op. cit.*

13 Punam Anand and Brian Sternthal, "The Effects of Program Involvement and Ease of Message Counterarguing on Advertising Persuasiveness", *Journal of Consumer Psychology*, 1 (3), 1992, pp. 225–238.

14 Rajeev Batra and Douglas M. Stayman, "The Role of Mood in Advertising Effectiveness", *Journal of Consumer Research*, September 1990, pp. 203–214.

이나 원천격하가 생성되면, 자사제품에 대한 소비자의 태도가 약화되거나 더 부정적인 태도로 바뀔 것이다.

이런 문제가 발생하는 것을 막기 위해서는 광고를 내보내기 전에 이에 대한 소비자의 인지적 반응을 테스트해보아야 한다. 이런 사전테스트에서는 소비자에게 광고를 보는 동안 생각나는 것을 소리내어 말해주도록 요청하는 방법이나 광고를 보는 즉시 떠오르는 생각을 글로 적어주도록 요청하는 방법이 사용된다. 이렇게 한 후 소비자의 응답내용을 적절히 분류하면, 메시지의 전달에 문제가 되는 분야가 무엇인지를 식별할 수 있다.

2) 기대-가치모델

기대-가치모델(expectancy-value model)은 태도가 어떻게 형성되고 변화되는지를 설명하기 위해 소비자행동 분야에서 널리 응용되어 왔다.[15] 이 모델에 따르면, 태도는 ① 어떤 대상이나 행동에 대해 소비자가 갖고 있는 신념(지식)과 ② 그런 특정한 신념(지식)에 대한 평가에 기반을 두고 형성된다. 여기서 신념(belief)은 스키마에 연결된 여러 가지 연상들을 말하고, 평가(evaluation)는 어떤 대상이나 행동이 그런 연상을 갖고 있다는 것이 좋은가 아니면 나쁜가를 말한다. 예컨대, "A자동차라면 믿을 수 있고, 가격이 적당하며, 스타일이 좋다."고 믿고 있고 또한 "자동차가 그런 특성을 갖고 있는 것이 좋다."고 생각하는 소비자라면, A자동차에 대해서 좋은 태도를 가질 것이다.

그동안 심리학과 마케팅 분야에서 여러 가지 형태의 기대-가치모델이 제안되어 왔다.[16] 그런데, 이런 기대-가치모델들은 ① 태도에 대한 소비자의 평가(좋거나 나쁨) 혹은 중요도를 포함하는지 여부와 ② 태도의 구성요소를 측정하는 방법이라는 두 가지 면에서 다소 차이가 있다.

소비자행동 연구자들은 이런 태도모델이 소비자의 행동을 얼마나 잘 예측할 수 있는지를 파악하기 위해 노력해 왔다. 이런 노력의 저변에는 "태도모델이 소비자의 태도가 어떻게 형성되고 변화되는지를 정확하게 규정한다면, 이는 소비자가 태도의 대상에 대해 어떤 행동을 취하게 될지를 잘 예측할 수 있어야 한다."는 전제가 깔려 있다. 하지만, 대부분의 태도모델들은 어떤 대상에 대한 소비자의 태도로부터 소비자의 행동을

15 William L. Wilkie and Edgar A. Pessemier, "Issues in Marketing's Use of Multi-Attribute Models", *Journal of Marketing Research*, November 1973, pp. 428-441.

16 Richard P. Bagozzi, "Expectancy-Value Attitude Models: An Analysis of Critical Theoretical Issues", *International Journal of Research in Marketing*, 2 (1), 1985, pp. 43-60.

예측하는 데 있어서 크게 성공하지는 못했다.

그런데, 이런 태도모델들을 모두 세세하게 논의하는 것은 이 책의 범위를 벗어나기 때문에, 여기서는 대표적인 태도모델이라고 말할 수 있는 추리된 행동이론을 중심으로 상세히 논의하기로 한다.

(1) 추리된 행동이론의 의의

추리된 행동이론(the theory of reasoned action: TORA)은 태도가 무엇인가를 이해하는 데 가장 성공한 모델 중의 하나로, "소비자의 태도가 소비자의 행동을 언제, 어떻게 그리고 왜 예측하는가?"라는 의문에 대해 하나의 확장된 시각을 제공하기 때문에 그 유용성이 높다.[17] 또한, 추리된 행동이론은 다음과 같은 세 가지 측면에서 그 이전의 태도모델을 대폭 개선하였다는 점에서 그 의의가 자못 크다.

첫째, 추리된 행동이론은 태도구체성의 원리(principle of attitude specificity)에 입각한다. 이 원리는 태도가 관심의 대상이 되는 행동(예: 구매행동)에 대해 구체적일수록, 태도와 행동이 서로 관련될 가능성은 그만큼 더 높아진다는 것을 말한다. 기업의 입장에서 보면, 이는 소비자의 획득행동, 사용행동 및 처분행동을 적절히 이해하려면, '자사제품에 대한 소비자의 전반적인 태도'보다는 '그런 행동을 실제로 수행하는 것에 대한 소비자의 태도'를 검토해야 한다는 것을 의미한다. 예컨대, 어떤 자동차에 대한 소비자의 전반적인 태도보다는 그 자동차를 구입하는 행동(획득행동)에 대한 소비자의 태도를 알면, 해당 소비자의 구매행동을 더 잘 예측할 수 있다는 것이다.

둘째, 추리된 행동이론은 소비자의 행동을 예측하기 위해 '소비자의 태도가 어떻게 형성되고 변화되는가?' 하는 점뿐만 아니라 '주위에 있는 다른 사람들이 소비자의 행동에 어떤 영향을 미치는가?' 하는 점도 고려한다. 주위 사람들의 규범적 영향(normative influence)이 소비자가 어떻게 행동하는가에 강력한 영향을 미치는 상황이 존재한다. 예컨대, 비록 자신은 사후에 장기를 기증하는 것에 대해 긍정적인 태도를 갖고 있는 소비자라도, 부모가 이를 극구 반대할 것이라고 생각한다면 실제로 그렇게 하지는 못할 것이다. 반대로, 주위에 있는 다른 사람들의 규범적 영향은 어떤 행동을 수행하는 것에 대해 소비자 자신은 부정적인 태도를 갖고 있더라도, 실제로 그런 행동을 수행하도록 만들기도 한다. 예컨대, 음식을 빨리 먹는 것에 대해 부정적인 태도를 갖고 있는 소비자라도, 놀러 가야 되기 때문에 빨리 먹으라는 친구들의 성화 때문에 어쩔 수 없이 음식을 서둘러 먹을 수밖에 없는 경우도 있다.

17 Fishbein and Ajzen (1975), *op. cit.*

셋째, 추리된 행동이론은 소비자의 행동 그 자체를 설명하고자 노력하기보다는 소비자의 행동의도(behavioral intention)를 예측하려고 노력한다. 즉, 이 태도모델은 '소비자가 실제로 어떤 자동차를 구입하는가?'를 예측하는 것이 아니라 '소비자가 어떤 자동차를 구입하려는 의도를 갖고 있는가?'를 예측하고자 한다. 다수의 상황요인들이 개입해서 소비자로 하여금 의도된 행동을 실제로 수행하지 못하게 만들 수도 있기 때문에, 소비자의 실제행동을 직접적으로 예측하고자 노력하는 것보다는 소비자의 태도로부터 행동의도를 예측하려고 노력하는 편이 훨씬 더 용이하다.[18] 예컨대, 소비자가 어떤 자동차를 구입하려는 의도는 있더라도, 당장은 돈이 부족해서 실제로 그렇게 하지 못할 수 있다.

(2) 추리된 행동이론의 구성요소

[그림 9-2]에는 추리된 행동이론의 구성요소가 나타나 있다. 이에 따르면, 소비자의 행동(behavior: B)은 소비자의 행동의도(behavioral intention: BI)의 함수이고, 다시 소비자의 행동의도는 ① 소비자의 행동에 대한 태도(attitude toward the act: A_{act})와 ② 그 상황에서 작용하는 주관적 규범(subjective norm: SN)에 의해 결정된다.

그림 9-2 추리된 행동이론의 구조

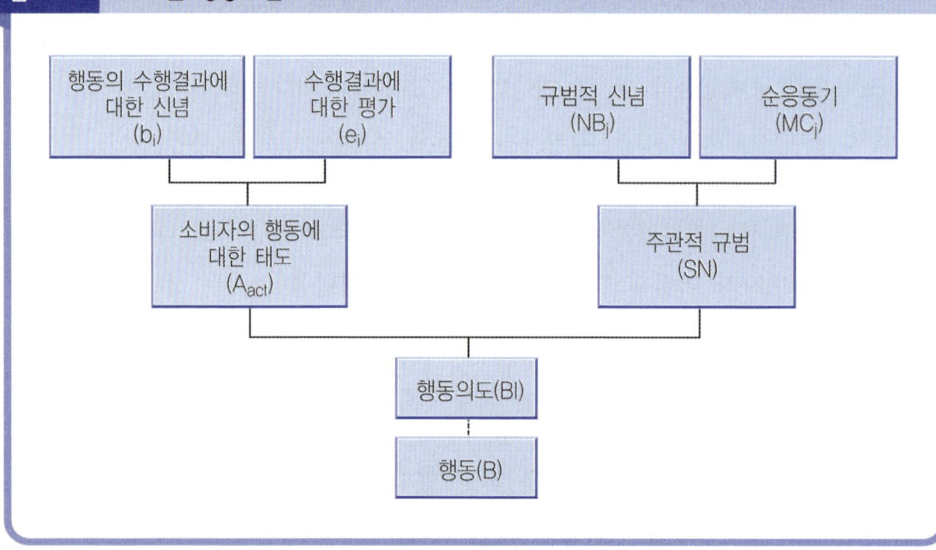

18 Blair H. Sheppard, Jon Hartwick, and Paul R. Warshaw, "The Theory of Reasoned Action: A Meta-Analysis of Past Research with Recommendations for Modification and Future Research", *Journal of Consumer Research*, December 1988, pp. 325-342.

추리된 행동이론은 소비자의 행동의도를 구성하는 두 가지 요소인 소비자의 행동에 대한 태도와 주관적 규범에 영향을 미치는 요인을 명시한다. 우선, 소비자의 행동에 대한 태도(A_{act})는 ① 행동의 수행결과에 대한 소비자의 신념(b_i)과 ② 이런 수행결과에 대한 소비자의 평가(e_i)에 의해 결정된다. 한편, 주관적 규범(SN)은 ① 소비자의 규범적 신념(normative belief: NB_j)과 ② 소비자의 순응동기(motivation to comply: MC_j)에 의해서 결정된다. 소비자의 규범적 신념은 다른 사람들이 그가 그렇게 하기를 원하는지 그렇지 않은지에 관하여 소비자가 생각하는 바를 나타내고, 소비자의 순응동기는 소비자가 다른 사람들의 견해에 대해서 순응하려는 동기를 나타낸다.

(3) 추리된 행동이론의 적용 예

얼핏 보면 추리된 행동이론의 이론적 구조가 다소 복잡해 보이기는 하지만, 이는 간단한 적용 예를 통해서 비교적 쉽게 이해할 수 있다.

가. 행동에 대한 태도(A_{act})의 계산

그러면, 행동을 수행하는 결과에 대한 소비자의 부각적 신념(salient belief)을 파악하는 것으로부터 출발하자. 제4장의 예에서 휴가여행을 휴양지A로 가는 결과에 대해 소비자는 재미있고, 교육적이며, 위험스러울 수 있고, 꽤 많은 비용이 든다는 부각적 신념을 갖고 있다고 하자. 따라서, 휴양지A로 휴가여행을 가는 것에 대해 소비자가 갖고 있는 신념(b_i)의 내용과 그녀가 가진 부각적 신념의 수($i=4$)를 알 수 있다.

이런 부각적 신념은 소비자가 그것을 강하게 보유하고 있는 정도에 차이가 날 수 있는데, 이는 '전혀 가능성이 없다'(-3)로부터 '매우 가능성이 높다'(+3)에 이르는 주관적 확률척도(subjective probability scale)를 이용해서 평가할 수 있다([그림 9-3] 참조). 이 예에서 소비자는 휴양지A로 떠나는 휴가여행이 재미가 있고($b_1=+2$), 교육적일 가능성이 높다($b_2=+3$)고 생각한다는 것을 알 수 있다. 또한, 그런 휴가여행이 위험할 가능성은 별로 없고($b_3=-1$) 다소 비용이 많이 들 가능성이 있다($b_4=+1$)고 생각하지만, 이 두 가지 결과에 관하여 그녀가 별로 확신하지 않는다는 것을 알 수 있다. 이상에서는 소비자의 신념요소(b_i)에 대해서 파악하였다.

이제, 각 결과는 '그것이 과연 얼마나 바람직한가?'라는 측면(매우 나쁨=-3, 매우 좋음=+3)에서 평가(e_i)를 받아야 한다. [그림 9-3]을 보면, 소비자는 위험성과 비용이라는 결과에 대해서는 부정적으로 평가하지만($e_3=-2$, $e_4=-2$), 재미와 교육적이라는 측면에 대해서는 긍정적으로 평가한다($e_1=+3$, $e_2=+1$)는 것을 알 수 있다.

그림 9-3 추리된 행동이론의 적용

A. 행동에 대한 태도(A_{act})

- 수행결과에 대한 소비자의 신념(b_i): (　　)결과가 발생할 확률은

−3　　−2　　−1　　0　　+1　　+2　　+3

매우 낮다　　　　　　　　　　　　　　매우 높다

- 수행결과에 대한 소비자의 평가(e_i): 만약 (　　)결과가 발생한다면, 그것은

−3　　−2　　−1　　0　　+1　　+2　　+3

매우 나쁘다　　　　　　　　　　　　　　매우 좋다

휴양지A로 휴가여행을 떠나면	신념(b_i)	평가(e_i)	$b_i \times e_i$
재미있을 것이다	+2	+3	+6
교육적일 것이다	+3	+1	+3
위험스러울 것이다	−1	−2	+2
돈이 많이 들 것이다.	+1	−2	−2
행동에 대한 태도(A_{act})			+9

B. 주관적 규범(SN)

- 규범적 신념(normative belief: NB_j): (　　)는 내가 (　　)해야 한다고 생각한다.

−3　　−2　　−1　　0　　+1　　+2　　+3

절대 가지 말아야 한다　　　　　　　　　　　　　　반드시 가야 한다

- 순응동기(motivation to comply: MC_j): (　　)의 견해를 나는 얼마나 고려하는가?

−3　　−2　　−1　　0　　+1　　+2　　+3

전혀 개의치 않는다　　　　　　　　　　　　　　깊이 고려한다

여행장소결정에 영향을 미치는 주위의 중요한 사람들	규범적 신념(NB_j)	순응동기(MC_j)	$NB_j \times MC_j$
어머니	−1	+2	−2
아버지	−3	+2	−6
남자친구	+1	+3	+3
제일 친한 여자친구	+3	+2	+6
주관적 규범(SN)			+1

그런데, 휴양지A로 휴가여행을 떠나는 것에 대한 소비자의 태도(A_{act})를 결정하기 위해서는 각 신념강도 평가치(b_i)와 이에 관련된 평가치(e_i)를 곱해서 모두 합산해야 한다. 이렇게 계산해 보면, 소비자는 휴양지A로 휴가여행을 떠나는 것에 대하여 긍정적인 태도($A_{act}=+9$)를 갖고 있다는 것을 알 수 있다.

나. 주관적 규범(SN)의 계산

이제, 소비자의 행동의도(BI)를 예측하기 위해서는 규범적 영향에 대한 소비자의 주관적 지각인 주관적 규범(SN)을 고려해야 한다. 즉, 소비자가 떠나는 휴가여행과 관련해서 과연 그녀가 어떻게 해야 하는가에 대하여 주위의 중요한 사람들의 견해가 영향을 미칠 수 있다. [그림 9-3]에서 보듯이, 소비자의 입장에서 그 견해가 중요한 주위의 다른 사람들은 4명($j=4$)이다. 소비자는 주위의 중요한 다른 사람들이 그가 그 휴가여행을 가야한다고 생각하는지 아니면 가지 말아야 한다고 생각하는지를 추정할 것인데, 이것이 바로 [그림 9-3]에 나타나 있는 규범적 신념(NB_j) 요소이다. [그림 9-3]을 보면, 소비자가 휴가여행을 떠나는 것에 대해서 그녀의 어머니는 다소 부정적이고($NB_1=-1$) 그녀의 아버지도 매우 부정적이지만($NB_2=-3$), 그녀의 남자친구와 여자친구들은 비교적 긍정적이라는 것($NB_3=+1$, $NB_4=+3$)을 알 수 있다.

또한, 소비자가 중요한 다른 사람들의 신념에 순응하고자 하는 정도를 나타내는 순응동기(MC_j) 요소도 고려해야 한다. [그림 9-3]에서 보듯이, 이런 순응동기도 7점 주관적 확률척도로 측정된다. 이 경우, 소비자는 남자친구의 견해에 순응하려는 동기가 특별히 높다($MC_3=+3$). 소비자의 주관적 규범(SN)을 결정하기 위해서는 각 규범적 신념(NB_j)을 이에 관련된 순응동기(MC_j)와 곱해서 모두 합산해야 한다. 이렇게 계산된 주관적 규범의 수치($SN=+1$)는 긍정적이지만 0에 가깝다. 즉, 소비자는 중요한 다른 사람들의 견해가 상충되기 때문에, 과연 휴가여행을 떠나야 하는가에 대하여 약간 애매함을 느낄 소지가 있다.

다. 행동에 대한 태도(A_{act})와 규범적 영향(SN)의 상대적 비중

추리된 행동이론에서는 소비자의 행동의도(BI)가 소비자의 태도(A_{act})와 그 상황에서 작용하는 규범적 영향(SN)의 조합에 의해서 결정된다고 예측한다. 앞의 소비자의 경우에 휴양지A로 떠나는 휴가여행에 대한 자신의 태도가 긍정적이고 또한 주위의 중요한 다른 사람들이 그녀가 휴가여행을 떠나는 것에 대해 미약하지만 긍정적인 생각을 갖고 있기 때문에, 휴양지A로 휴가여행을 떠나려는 의도(행동의도)를 가질 가능성이 있다.

그런데, 소비자의 태도(A_{act})와 주관적 규범(SN)이 행동의도(BI)에 대해서 항상 대등한 효과를 가지는 것은 아니라는 데 주의해야 한다. 소비자의 행동의도(BI)가 자신이 생각하는 바(A_{act})에 의해서 더 많은 영향을 받는 경우가 있지만, 자신이 어떻게 해야 한다고 다른 사람들이 생각하는 바(SN)에 의해서 더 많은 영향을 받는 경우도 있다. 따라서, 추론된 행동이론의 최종적인 공식은 다음과 같이 표현될 수 있다.

$$B \sim BI = W_1 A_{act} + W_2 SN \quad \text{(공식 9.1)}$$

(단, $W_1 + W_2 = 1$)

(4) 추리된 행동이론을 이용한 마케팅액션

추리된 행동이론은 소비자가 현재 어떤 태도를 갖고 있는가를 이해하는 데 도움을 줄뿐만 아니라 소비자가 그런 태도를 갖게 된 이유를 파악해서 소비자의 태도를 변경시킬 수 있는 방안을 모색하는 데에도 도움을 준다.

가. 기존태도의 진단

추리된 행동이론은 소비자가 어떤 제품을 좋아하거나 싫어하는 이유와 소비자가 어떤 행동을 수행하기를 원하는가 아니면 이에 저항하는가를 이해하는 데 도움을 준다. 특히, 추리된 행동이론은 상표의 지각된 강점(즉, $b_i \times e_i$ 평가치가 높은 신념)과 지각된 약점(즉, $b_i \times e_i$ 평가치가 낮은 신념) 그리고 표적으로 삼을 수 있는 영향력을 가진 다른 사람들과 그들의 신념, 그리고 소비자가 그들의 견해를 존중하는 정도를 파악하는 데 도움을 준다. 이런 요인들을 잘 분석하면, 시장에서 제품의 판매성과가 좋거나 나쁜 이유를 진단하는 데 도움이 된다.

나. 태도변경전략의 모색

추리된 행동이론은 소비자의 태도, 행동의도 나아가 행동을 변경시키는 방안에 관해서 매우 유용한 지침을 제공한다. 이와 관련해서 제시할 수 있는 태도변경전략으로는 ① 소비자의 신념(b_i)을 변경시키는 방안, ② 소비자의 평가(e_i)를 변경시키는 방안, ③ 새로운 신념을 추가하는 방안($b_i \times e_i$), ④ 소비자의 규범적 신념(NB_j)을 공략하는 방안이 있다.

첫째, 소비자의 신념(b_i)을 변경시키는 방안은 어떤 제품을 획득하는 결과에 대해 소비자가 가진 신념강도를 변경시키는 것이다. 특히, 제품이 긍정적이면서 중요한 결과를 초래한다는 신념을 강화하거나 부정적인 결과를 초래한다는 신념을 약화시키기 위해 노력할 수 있는데, 다음은 그런 노력을 보여주는 두 가지 사례이다.

일본에서 포드(Ford)사는 무스탕(Mustang)이 안전하고, 강력하며, 편안한 자동차라는 사실을 적극 강조함으로써 판매에 성공을 거두었다. 또한, 미국의 돈육생산업자와 우유가공업자들은 돈육과 우유에 대해 소비자들이 가진 부정적인 신념을 변경시키기 위해 각각 '돈육, 다른 백색고기'와 '우유: 그것은 당신의 몸에 좋습니다.'라는 슬로건하에 적극적인 광고를 전개하였다.

이런 태도변경전략은 소비자의 정교한 정보처리가 발생할 가능성이 높을 때 보편적으로 채택된다. 하지만, 소비자가 이미 강한 신념을 갖고 있는 경우라면 그런 소비자의 신념을 변경시키기는 어렵다. 예컨대, 어떤 소비자가 '스카이다이빙은 너무 위험하다'고 강하게 믿고 있다면, 다른 사람이 그 소비자에게 그렇지 않다고 설득하기는 어려울 것이다.

둘째, 결과가 얼마나 좋은가 나쁜가에 대한 소비자의 평가(e_i)를 변경시키는 방안은 소비자의 평가를 더 긍정적이거나 덜 부정적으로 만들어 소비자의 태도를 더 긍정적인 방향으로 전환시키는 것이다. 예컨대, 소비자는 휴양지A로 휴가여행을 떠나는 데 드는 여행경비를 매우 부정적으로 평가하고 있다. 하지만, 휴양지A로 휴가여행을 떠나는 것은 정말 좋은 인생 경험을 위해 투자하는 셈이고 또한 그 비용이 경험으로 얻게 되는 것에 비해 실제로는 작은 편이기 때문에 그만한 돈을 들이는 것은 그리 나쁜 일은 아니라는 식으로 그녀에게 확신을 주고자 노력할 수 있다. 다음은 이런 방향의 기업 노력을 보여주는 두 가지 사례이다.

수년간 자사의 자동차모델, 특히 밴에 대해 일관된 스타일을 유지해 온 폭스바겐은 전통의 가치를 유머 있게 드높이려는 시도의 일환으로 "요 몇 년 후에도 여전히 못생긴"이라는 캠페인 슬로건을 도입했다.

제품에 대한 소비자의 평가를 변경함으로써 제품시장의 확장을 시도한 한 가지 사례로 인도의 Godrei(수납장) 제조회사들을 들 수 있다. 이 제품의 제조회사들은 현모양처가 되는데 있어서 Godrei가 가지는 중요성을 소비자에게 인식시키고자 다각적인 노력을 하고 있다. 전통적으로 인도에서는 Godrei가 '상류층 사람들이 쓰는 물건'이라는 깊은 상징적 의미가 있었고, 자기 집에 Godrei를 가진 여자는 현모양처로 통했다. 하지만, 오늘날에는 중산층도 Godrei를 구입할 만한 여건이 되었기 때문에, 이 제품의 제조회사들은 Godrei가 이제 더 이상 상류층 사람들만을 위한 물건이 아니라는 식으로 Godrei에 대한 중산층 소비자의 평가를 변경시키고자 노력하고 있다.

셋째, 새로운 신념을 추가하는 방안($b_i \times e_i$)은 또 다른 일단의 $b_i \times e_i$ 평가치를 추가하여 소비자의 태도를 더 긍정적으로 만드는 것이다. 예컨대, '새로운 친구를 많이 사귈 수 있다.'는 것처럼 긍정적으로 평가되는 새로운 신념을 도입함으로써 휴가여행을 휴양지A로 떠나는 것에 대한 소비자의 태도를 개선할 수 있다. 다음은 이런 방향으로 기업의 노력을 보여주는 몇 가지 사례이다.

캐논(Canon)사는 사진을 컴퓨터디스크에 저장할 수 있는 Xapshot 디지털카메라를 시판하면서, '찍은 사진을 TV로 즉시 볼 수 있고' '원하지 않는 사진은 쉽게 지울 수 있다.'와 같은 카메라의 새로운 신념을 도입하였다. 또한, 스낵식품 제조회사들은 더 건강에 유익한 스낵식품을 만들기 위해 비타민을 첨가한 신제품을 개발하기 위해 노력해 왔다.

넷째, 소비자의 규범적 신념(NB_j)을 공략하는 방안이다. 추리된 행동이론은 소비자의 규범적 신념이 어떻게 소비자의 행동에 영향을 미칠 수 있는가를 보여주는데, 이에 의거하여 기업은 소비자의 규범적 신념이 특별히 강한 경우에 이를 중점적으로 공략하는 커뮤니케이션을 개발할 수 있다.

예컨대, 독일맥주회사의 한 광고에서는 '굳이 모터사이클을 타고 (맥주)병을 찾을 필요는 없다. 우리는 지성을 갖고 맥주를 즐긴다.'라는 메시지를 전달했다. 즉, 이 맥주광고는 음주운전의 문제점을 언급하면서 사회적 수용이 가능한 행동을 강조하고 있는 셈이다.

규범적 신념의 중요성은 문화권에 따라 차이가 있다. 대개 개인의 가치보다는 집단의 가치가 더 중요시하는 국가일수록, 규범적 신념의 중요성이 더 커진다.

2. 고노력형 인지기반 태도에 영향을 미치는 방안

앞에서는 소비자의 인지(인지적 반응과 신념)가 소비자의 태도에 어떻게 영향을 미칠 수 있는가를 설명하였다. 여기서는 소비자의 정보처리노력이 높은 경우에 기업의 마케팅커뮤니케이션이 소비자가 가진 인지기반 태도에 어떻게 영향을 미칠 수 있는가를 설명하기로 한다. [그림 9-1]에서 보듯이, 소비자의 태도를 더 호의적으로 만드는 데 영향을 미치는 요인으로는 원천의 특성과 메시지의 특성을 들 수 있다.

1) 원천의 특성을 이용하여 태도에 영향을 미치는 방안

인지기반 태도를 가진 소비자가 정보처리를 광범위하게 수행할 때는 신뢰성 있는 정보에 의해 영향을 받을 가능성이 높기 때문에, 그런 정보를 제공하는 것이 기업의 가장 중요한 목표가 된다. 소비자의 지지주장과 원천지지를 생성시키고, 반박주장과 원천격하의 발생을 억제하며, 신념강도를 높이기 위해서는 메시지신뢰성이 있어야 한다. 이런 메시지신뢰성을 높여주는 주요요인으로는 원천신뢰성과 기업평판을 들 수 있다.

(1) 원천신뢰성

많은 마케팅커뮤니케이션에서는 유명인사, 배우, 기업대표 혹은 보통사람과 같은 대변인(spokesperson), 즉 광고모델을 내세워 자사제품에 관한 정보를 제시한다. 또한, 소매점의 판매접점에서 판매원들은 소매업체와 판매상품의 대변인과 같은 역할을 한다. 이런 대변인이 가지는 신뢰성을 원천신뢰성(source credibility)이라고 하며, 광고되는 제품에 대한 소비자의 태도에 중요한 영향을 미친다.[19]

가. 원천신뢰성의 요건

일반적으로 어떤 원천이 신뢰성이 있다고 지각되기 위해서는 ① 신빙성이나 ② 전문지식 혹은 ③ 사회적 지위와 같은 주요특성 중에서 최소한 하나 이상을 구비해야 한다.

가) 신빙성

신빙성(trustworthiness)이 있는 것으로 지각되는 사람은 소비자의 신뢰를 받게 될 가능성이 높다. 예컨대, 미국의 빌 코스비(Bill Cosby)나 한국의 최불암처럼 정직한 이미지를 가진 인기 연예인을 광고모델로 사용하면 그들의 신빙성 때문에 성공하기 쉽다. 또한, 소비자는 정직하다는 인상을 주는 얼굴을 가진 판매원을 그렇지 못한 얼굴을 가진 판매원보다 더 신뢰한다. 미국의 어떤 증권회사는 월스트리트저널(Wall Street Journal)에 '정직한 증권브로커(Honest Stockbroker)'라는 단 두 단어로 된 광고를 게재해서 고객을 모으는 데 대성공을 거둔 적이 있다.

기업은 보통사람을 신뢰성 있는 광고모델로 사용할 수 있다. 예컨대, 아이온시티비어(Iron City Beer)라는 맥주회사는 미국 피츠버그지방의 생산직 근로자 '레이(Ray)'라는 보통사람이 하루 종일 무게가 20파운드나 되는 대형 해머를 휘두르는 장면을 연출하도록 해서 "진정한 남자란 과연 무엇인가?"를 보여주는 광고캠페인을 전개하였다. 또한, MCI사와 서브웨이 샌드위치(Subway Sandwiches)사는 자사의 표적시장 소비자들과 유사

---

19 Brian Sternthal, Ruby R. Dholakia, and Clark Leavitt, "The Persuasive Effect of Source Credibility: A Situational Analysis", *Public Opinion Quarterly*, Fall 1978, pp. 285-314.

하면서 신빙성도 있어 보이는 자사의 일반종업원들을 광고모델로 내세운 광고를 전개한 적이 있다.

특히, 몰래카메라를 이용해서 제작된 광고는 광고의 등장인물에게 광고되는 제품을 지지하려는 어떤 숨겨진 동기가 없다고 보기 때문에 더 신빙성이 높은 것으로 지각된다.[20] 남미의 소비자들은 실존 인물을 내세워 제작되는 광고를 더 긍정적으로 평가하는 경향이 있다.

나) 전문지식

대개 소비자는 어떤 주제에 관하여 전문지식(expertise)을 가진 사람이 제시하는 메시지를 더 잘 받아들이는 경향이 있다. 예컨대, 인적판매 상황에서 고객에게 높은 수준의 제품지식을 내보이는 판매원은 그렇지 못한 판매원보다 소비자의 신뢰성이 더 높다. 또한, 미국의 마이클 조던이나 한국의 김연아와 박찬호 같은 스포츠명사는 운동용품을 비롯한 다양한 제품의 광고모델로 성공한 대표적인 예이다.

이런 특정분야 전문가의 인기는 그들이 등장하는 광고가 효과를 발휘하도록 만드는 중요한 요인 중의 하나이다. 예컨대, 일본에서는 T셔츠와 스포츠웨어와 같은 스포츠 관련용품의 광고에서 미국 스포츠명사의 인기가 대단히 높다. 일본소비자들이 광고에 등장하는 미국 스포츠스타가 실제로 어떤 사람인지를 잘 모른다는 사실은 별로 중요하지 않고, 현 추세로는 '미국식이라면 무엇이든 유행에 맞는 셈'이라는 비판조차 제기되고 있다.

다) 사회적 지위

대개 소비자들은 사회적 지위(social status)가 높은 사람을 더 신뢰성이 있는 사람으로 지각한다. 바로 이것이 요즈음 많은 기업들이 자사의 최고경영자(CEO)를 광고모델로 내세우고 있는 이유이다. 특히, 베네수엘라와 멕시코에서는 사람들의 존경을 받는 유명인사를 광고모델로 내세워 광고하면 매우 효과적이다.

나. 원천신뢰성의 효과

원천신뢰성이 소비자의 메시지수용에 미치는 영향은 상황조건에 따라 차이가 있다.

우선, 원천신뢰성이 소비자의 메시지수용에 강한 영향을 미치는 상황은 다음과 같다.

---

20 James Hunt, Theresa J. Domzal, and Jerome B. Kernan, "Causal Attributions and Persuasion: The Case of Disconfirmed Expectancies", in ed. Andrew A. Mitchell, *Advances in Consumer Research*, Vol. 9 (Ann Arbor, Mich.: Association for Consumer Research, 1982), pp. 287–292.

첫째, 소비자의 사전태도가 부정적인 경우[21]이다.

둘째, 메시지의 내용이 소비자의 사전신념과 상당한 차이가 있는 경우[22]이다.

셋째, 메시지가 복잡하거나 이해하기 어려운 경우[23]이다.

한편, 원천신뢰성이 소비자의 메시지 수용에 약한 영향을 미치는 상황은 다음과 같다.

첫째, 소비자가 자신의 기존태도에 대해서 강한 확신을 가지고 있는 경우이다. 이런 경우에는 아무리 신뢰성이 높은 원천이라도 소비자의 강한 확신을 바꾸기는 어렵다.

둘째, 소비자가 메시지로부터 나름대로의 결론을 내릴 수 있을 정도로 높은 능력을 가진 경우이다. 특히, 직접경험을 통해서 얻은 제품관련지식을 많이 보유하고 있는 경우[24]이다.

셋째, 원천(대변인)이 여러 제품의 광고모델로 너무 자주 등장하는 경우[25]이다.

그런데, 신뢰성이 낮은 원천을 사용하는 것이 오히려 효과적인 상황도 있다. 특히, 신뢰성이 낮은 원천이 자기의 이익에 반하는 방향으로 어떤 주장을 하면, 소비자의 태도에서 긍정적인 변화를 유발할 수도 있다. 예컨대, 정치광고에서 다른 정당의 당원을 내세워 경쟁후보를 지지하는 말을 하게 하면 원천이 자기의 이익에 반하는 방향으로 주장하는 셈이기 때문에 대중의 태도를 변경시킬 수 있는 가능성이 있다.

또한, 신뢰성이 낮은 원천이 강한 메시지를 전달하는 광고의 경우에는 그 광고효과가 시간이 지나면서 오히려 증가하는 현상을 보일 수 있는데, 이를 **수면자효과(sleeper effect)**라고 한다. 이런 현상이 발생하는 이유는 원천에 대한 기억이 메시지에 대한 기억보다 더 빠르게 소멸하기 때문이다.[26] 즉, 시간이 지나면서 소비자는 광고에서 제시

21 Sternthal, Dholakia, and Leavitt (1978), *op. cit.*

22 Marvin E. Goldberg and Jon Hartwick, "The Effects of Advertiser Reputation and Extremity of Advertising Claim on Advertising Effectiveness", *Journal of Consumer Research*, September 1990, pp. 170-179.

23 S. Ratneshwar and Shelly Chaiken, "Comprehension's Role in Persuasion: The Case of Its Moderating Effect on the Impact of Source Cues", *Journal of Consumer Research*, pp. 52-62.

24 Chenghuan Wu and David R. Schaffer, "Susceptibility to Persuasive Appeals as a Function of Source Credibility and Prior Experience with the Attitude Object", *Journal of Personality and Social Psychology*, April 1987, pp. 677-688.

25 Carolyn Tripp, Thomas D. Jensen, and Les Carlson, "The Effects of Multiple Endorsements by Celebrities on Consumers' Attitudes and Intentions", *Journal of Consumer Research*, March 1994, pp. 535-547.

26 Darlene B. Hannah and Brian Sternthal, "Detecting and Explaining the Sleeper Effect", *Journal of Consumer Research*, September 1984, pp. 632-642.

된 메시지는 무엇인지를 기억하지만 그 원천(광고모델)이 누군지는 잘 기억하지 못한다.

(2) 기업평판

어떤 사람을 대변인으로 내세우지 않는 광고도 많이 있는데, 이런 경우 그 신뢰성에 대한 소비자의 판단은 메시지를 전달하는 기업의 기업평판(company reputation)에 의거한다.[27] 예컨대, 우수한 품질의 제품을 생산하거나, 고객서비스가 좋거나, 신빙성이 있다는 평판을 가진 기업이 제시하는 메시지는 고객의 신뢰를 받아서 결국 자사제품에 대한 소비자의 태도를 향상시킬 가능성이 높다.

많은 기업들이 기업광고(company advertising)를 통해서 긍정적인 기업이미지를 개발하는 데 많은 시간과 자금을 투입하는 이유는 강력한 기업평판을 구축하기 위한 것이다. 예컨대, 미국의 회계전문회사 쿠퍼스앤라이브랜드(Coopers & Lybrand)사는 과거 몇 차례의 재판으로 초래된 부정적인 이미지를 극복하기 위해 고심하였다. 그래서, 슈퍼볼 경기를 하는 동안 두 차례의 스폿광고를 포함한 집중적인 광고를 시행하였는데, 이는 광고를 별로 하지 않는 업계의 전통을 깨뜨리는 하나의 획기적인 사건이었다.

2) 메시지의 특성을 이용하여 태도에 영향을 미치는 방안

소비자의 정보처리노력이 높을 경우, 소비자는 원천신뢰성을 평가할 뿐만 아니라 메시지신뢰성(message credibility)도 평가한다. 이런 메시지신뢰성에 영향을 미치는 주요요인으로는 ① 메시지주장의 질, ② 일면식 메시지 혹은 양면식 메시지 그리고 ③ 비교메시지의 사용유무를 들 수 있다.[28]

(1) 메시지주장의 질

메시지신뢰성에 영향을 미치는 중요한 요인 중의 하나는 메시지주장의 질(quality of message argument)인데, 이는 곧 광고에서 강한 주장을 사용하는가 아니면 약한 주장을 사용하는가의 문제이다. 강한 주장(strong argument)이란 제품이 가진 최대의 특징이나 핵심적인 이점을 확신 있게 제시하는 것을 말한다.[29] 다음은 광고에서 강한 주장을 사용한 두 가지 사례이다.

---

27 Goldberg and Hartwick (1990), *op. cit.*

28 Richard E. Petty and John T. Cacioppo, *Communication and Persuasion: Central and Peripheral Routes to Attitude Change* (New York: Springer-Verlag, 1986).

29 Charles S. Areni and Richard J. Lutz, "The Role of Argument Quality in the Elaboration Likelihood Model", in ed. Michael J. Houston, *Advances in Consumer Research*, Vol. 15 (Provo, Utah: Association for Consumer Research, 1987), pp. 197-203.

매스터(Master)라는 미국 열쇠회사의 광고에서는 열쇠 구멍에 대고 총을 쏘아도 열쇠가 부서지지 않는 장면을 실연해 보임으로써 제품의 견고함을 여실히 보여주었다. 렉서스(Lexus) 자동차의 광고에서는 주행 중에도 자동차에 둔 진자가 움직이지 않는다는 것을 실연해 보여서 이 자동차의 부드러운 승차감을 잘 보여주었고, 그 자동차에 장착된 음향기기의 질은 실제로 연주하는 현악 사중주에 비견되었다.

광고에 자사제품의 우수성을 지지하는 증거자료로 예컨대 주요연구소, 소비자단체, 전문잡지 및 언론사가 발표한 제품의 비교평가자료를 포함시키면 메시지신뢰성을 높일 수 있다. 특히, 인포머셜(infomercial)은 제품에 대한 확신을 주는 주장을 제시하는 능력에서 큰 이점이 있다.

한편, 메시지가 약해서 별 감흥을 이끌어내지 못하는 광고, 즉 약한 주장(weak argument)을 담은 광고는 소비자에게 제품을 구입해야 할 신뢰성 있는 이유를 제시하지 못한다. 예컨대, “멋진 장식소재로 만들었기 때문에, 우리 회사의 매트리스를 꼭 구입해야 합니다.”라고 말하는 광고는 소비자에게 별로 확신을 주지 못할 것이다.

하지만, 메시지가 반드시 제품의 중요한 특징에 초점을 두어야 하는 것은 아니다. 즉, 여러 경쟁상표들이 내용적으로 서로 유사하고 또한 동일한 중요한 속성을 강조하고 있다면, 비교적 덜 중요한 특징이 소비자의 태도에 영향을 미치는 데 핵심적인 역할을 할 수도 있다.[30]

(2) 일면식 메시지 대 양면식 메시지

어떤 제품에 대해서 오직 긍정적인 정보(장점)만 제시하는 메시지를 일면식 메시지(one-sided message)라고 하고, 어떤 제품에 대한 긍정적인 정보와 부정적인 정보(단점)를 함께 제시하는 메시지를 양면식 메시지(two-sided message)라고 한다. 대부분의 마케팅메시지는 일면식 메시지이지만 양면식 메시지가 효과적인 경우도 있는데, 다음은 그런 광고의 몇 가지 예이다.

세븐일레븐(7-Eleven)은 미국의 유명 코메디언을 내세워 높은 가격, 비좁은 점포, 신선하지 못한 음식을 비롯해서 과거에 있었던 자사의 문제점을 자조하는 광고를 시행한 바 있다. 또한, 구두판매업체인 톰 매칸(Thom McAn)은 과거 자사의 구식 스타일 구두에 대해 소비자의 용서를 구하는 광고를 게재하였고, 재규어(Jaguar)도 과거에 있었던 자사 자동차의 기계적 결함 문제에 대해 사과하는 광고를 시행하였다.

30 Timothy B. Heath, Michael S. McCarthy, and David L. Mothersbaugh, “Spokesperson Fame and Vividness Effects in the Context of Issue-Relevant Thinking: The Moderating Role of Competitive Setting”, *Journal of Consumer Research*, March 1994, pp. 520-534.

양면식 메시지는 메시지를 더 신뢰성 있게 만들면서 소비자의 반박주장을 감소시키는 효과가 있기 때문에, 소비자의 태도에 긍정적인 영향을 미칠 수 있다. 특히, 소비자가 제품에 대해 부정적인 정보가 담긴 광고를 보면, 그 기업이 정직한 기업이라는 추론을 할 가능성이 있다. 또한, 양면식 메시지는 서두에 언급된 부정적인 문제점이 있음에도 불구하고 소비자가 그 제품에 관심을 가져야 할 이유를 제시한다.

양면식 메시지는 소비자가 광고되는 제품에 대해 처음부터 반대하는 입장, 즉 부정적인 신념을 갖고 있는 경우이거나 소비자가 경쟁사의 강한 반박메시지에 노출될 가능성이 있는 경우에 특별히 효과적이고,[31] 덜 편파적이고 균형 잡힌 메시지를 선호하는 학력이 높은 소비자가 잘 수용한다.

하지만, 양면식 메시지를 사용하는 것이 항상 유리한 것은 아니다. 즉, 양면식 메시지가 소비자의 태도에 긍정적인 효과를 초래하는 것은 부정적으로 제시되는 속성이 그다지 중요하지 않은 속성인 경우로 한정된다. 어떤 상표가 중요한 속성에서 별로 좋지 않지만 덜 중요한 속성에서는 좋다고 말한다면, 그 제품이 좋다는 것을 소비자에게 확신시키기가 어렵다는 것은 두말할 나위도 없다.[32]

(3) 비교메시지

기업은 자사의 제품이나 서비스가 경쟁사의 그것보다 얼마나 더 우수한가를 보여주는 비교메시지(comparative message)를 통해서 광고의 신뢰성을 높일 수 있는데, 여기에는 간접비교메시지와 직접비교메시지라는 두 가지 주요유형이 있다.[33]

첫째, 간접비교메시지(indirect comparative message)는 가장 보편적인 형태의 비교메시지로 이름이 구체적으로 언급되지 않는 어떤 경쟁사제품(예: "다른 선도상표" 혹은 "상표X")과 자사제품을 서로 비교하는 메시지를 말한다. 포도주가 가득 담긴 포도주 잔을 이용해서 부드러운 승차감을 실연해 보였던 렉서스(Lexus)와 닛산 알티마(Nissan Altima)의 광고에 대해, BMW사가 "포도주 잔을 이용한 자동차주행 테스트는 과장된 것이었습니다."

31 Michael A. Kamins and Henry Assael, "Two-sided Versus One-sided Appeals: A Cognitive Perspective on Argumentation, Source Derogation, and the Effect of Disconfirming Trial on Belief Change", *Journal of Marketing Research*, February 1984, pp. 29-39.

32 Douglas Stayman, Wayne D. Hoyer, and Robert P. Leone, "Attribute Importance in Discounting Product Features in Advertising", in *1987 Marketing Educators' Conference Proceedings* (Chicago: American Marketing Association, 1987).

33 Cornelia Pechman and David W. Stewart, "The Effects of Comparative Advertising on Attention, Memory, and Purchase Intentions", *Journal of Consumer Research*, September 1990, pp. 180-191.

라고 빈정대는 광고를 시행한 것이 좋은 예이다. 이런 간접비교메시지를 사용하는 것은 시장선도자가 아닌 보통수준의 시장점유율을 가진 다른 상표들과 비교해서 보통수준의 시장점유율을 가진 어떤 상표에 대한 소비자의 지각을 높이려는 경우에 효과적이다.[34]

둘째, 직접비교메시지(direct comparative message)는 경쟁사제품의 이름을 구체적으로 언급하면서 어떤 속성이나 편익을 기준으로 비교해서 자사제품이 더 우수함을 보여주는 메시지를 말한다. 이런 직접비교메시지는 자사제품이 경쟁사제품보다 우수한 특징을 갖고 있는 경우에 많이 활용된다. 최근에서는 GM사가 일본차와 유럽차를 공격하기 위해 직접비교메시지를 사용한 바 있고, IBM과 Dell Computers와 같은 컴퓨터회사들도 이를 자주 채택하고 있다. 또한, 직접비교메시지는 인적 판매상황에서 소비자에게 경쟁사상표와 대비되는 자사상표의 이점을 확신시키기 위해서도 자주 사용된다.

기업이 직접비교메시지를 사용하는 것이 특별히 효과적인 상황으로는 다음과 같은 경우를 들 수 있다.

첫째, 시장점유율이 낮은 상표가 시장점유율이 높은 상표로부터 매출을 빼앗아 오려는 경우이다. 이런 경우에 시장점유율이 낮은 상표는 자사상표가 경쟁사상표들과 어떤 차이가 있거나 얼마나 더 우수한가를 집중적으로 조명함으로써 자사상표에 대한 소비자의 태도를 개선할 수 있다. 여기서는 직접비교메시지가 소비자에게 어떤 상표를 구입해야 할 신뢰성 있는 이유를 제시하는 역할을 하는 셈이다.

둘째, 메시지신뢰성을 높이는 요소로 예컨대 신뢰성 있는 원천, 객관적이고 검증 가능한 주장 혹은 강한 주장이 포함되는 경우이다.[35]

셋째, 광고에서 해당 제품이 속하는 제품범주의 전형적인 속성이나 편익을 내세우는 경우이다.[36]

넷째, 소비자가 메시지를 처리할 동기, 능력 및 기회(MAO)의 수준이 높은 경우이다. 이런 경우에는 소비자가 메시지를 처리하는 데 많은 노력을 기울이므로 광고된 상표와 그 경쟁상표를 서로 혼동할 가능성이 적다.

---

34 Rita Snyder, "Comparative Advertising and Brand Evaluation: Toward Developing a Categorization Approach", *Journal of Consumer Psychology*, 1 (1), 1992, pp. 15-30.

35 Jerry B. Gotlieb and Dan Sarel, "Comparative Advertising Effectiveness: The Role of Involvement and Source Credibility", *Journal of Advertising*, 20 (1), 1991, pp. 38-45.

36 Cornelia Pechman and S. Ratneshwar, "The Use of Comparative Advertising for Brand Positioning: Association Versus Differentiation", *Journal of Consumer Research*, September 1991, pp. 145-160.

그런데, 직접비교메시지에 포함된 모든 정보는 검증가능한 사실적인 정보이어야 한다. 만약 거짓정보라면, 경쟁사가 이에 대해 법적 대응을 할 것은 자명한 일이기 때문이다. 직접비교메시지가 사용되는 정도는 국가별로 상당한 차이가 있다. 미국과 남미에서는 직접비교메시지가 널리 사용되고 있지만, 이를 불법으로 규정해서 사용을 제한하는 나라와 일본처럼 비교광고 그 자체를 별로 좋아하지 않는 나라도 있다.

제 4 절 고노력형 감정기반 태도

소비자의 MAO 수준과 정보처리노력이 높은 경우에 관한 대부분의 연구는 인지기반 태도모델에 초점을 두어 왔다. 하지만, 이제 소비자행동 연구자들은 소비자가 감정을 기반으로 메시지를 처리하는 데 많은 심적 에너지를 투입한다는 것을 인식해서, 감정기반 태도모델을 많이 연구하고 있다.

감정(affect)은 유의성을 가진 인간의 주관적인 경험적 상태이라고 정의된다. 여기서 유의성(valence)이란 긍정적이거나 부정적인 방향의 극성이 존재함을 의미하고, 주관적 경험적 상태(subjective experiential state)라는 것은 인간이 가슴으로 느끼는 주관적 현상이라는 것을 의미한다.

특히, 소비자의 정서적 반응은 호의적이고, 지속적이며, 변화에 저항하는 태도를 창출하는 데에 강력한 역할을 담당한다. 따라서, 이 절에서는 소비자의 MAO 수준과 정보처리노력이 높은 경우 소비자의 감정을 통하여 소비자의 태도가 어떻게 변경되는가를 설명하기로 한다.

1. 고노력형 감정기반 태도모델

1) 감정적 정보처리모델

어떤 대상이나 의사결정에 대한 소비자의 감정적 관여도(affective involvement)가 높은 경우에 소비자는 외부자극에 대해 꽤 강한 감정적 반응(affective response: AR)(예: 분노, 즐거움, 공포)을 경험하게 되는데, 이런 감정적 반응이 소비자의 태도에 영향을 미친다고 보는 것이 감정적 정보처리모델(affective processing model)이다.

마케팅 상황에서 소비자의 감정적 관여도는 감정적재기억(affect-laden memory)에 의해 자극을 받을 수 있다.[37] 즉, 어떤 외부자극이 강한 정서가 연상되는 경험이나 일화를 소비자의 기억으로부터 활성화시키기도 한다. 예컨대, 소비자가 얼마 전에 자신이 구입한 자동차의 광고를 갑자기 보게 되었다면, 그는 즐거움이나 흥분과 같은 일종의 긍정적인 정서를 경험하게 될 것이다. 또한, 원래 개를 좋아하는 사람이 귀여운 개가 등장하는 광고를 보게 되었다면, 그것에 대해 높은 감정적 관여도를 경험하게 될 것이다. 따라서, 기업은 감정적 반응을 유발하는 그림을 보여 주거나 그런 상황을 연출하는 감정적 소구(emotional appeal)를 이용한 광고를 통해서 소비자의 감정적 관여도를 높일 수 있다.

(1) 감정적 정보처리의 일반화

소비자가 가지는 감정기반의 태도에 관한 연구는 아직 초보단계에 머물러 있기에, 태도의 감정적 기반에 관하여 아직 충분히 이해하지 못하고 있는 실정이다. 하지만, 현재로서는 몇 가지 일반화가 가능하다.

첫째, 메시지에 대한 감정적 관여도가 높을 때, 소비자는 해당 메시지에 대해 분석적 정보처리를 하기보다는 총괄적 정보처리를 하는 경향이 있다.[38] 분석적 정보처리는 메시지를 단계별로 상세하게 처리하는 것을 말하고, 총괄적 정보처리는 메시지를 전반적인 수준에서 대략적으로 처리하는 것을 말한다.

둘째, 메시지에 대한 소비자의 감정적 관여도가 높을 때는 인지적 반응이 아니라 감정적 반응의 일종으로 어떤 이미지나 느낌이 생성된다. 즉, 소비자는 기억으로부터 어떤 감정적 경험을 회상하거나 그 상황에 자신을 대신 배치해서 그것에 연상되는 감정을 대리경험하게 되는데,[39] 이런 감정은 다시 소비자의 태도에 영향을 미친다.

셋째, 향수나 멋진 식당에 연상되는 사랑의 감정처럼, 제품범주와 일관성이 있거나 조화로운 감정은 소비자의 태도변화에 중요한 역할을 한다.[40]

37 Deborah J. MacInnis and Bernard J. Jaworski, “Two Route to Persuasion in Advertising: Review, Critique, and Research Directions”, *Review of Marketing*, Vol. 10, 1990, pp. 1-25.

38 C. Whan Park and S. Mark Young, “Consumer Response to Television Commercials: The Impact of Involvement and Background Music on Brand Attitude Formation”, *Journal of Marketing Research*, February 1986, pp. 11-24.

39 Deborah J. MacInnis and Bernard J. Jaworski, “Information Processing from Advertisements: Toward an Integrative Framework”, *Journal of Marketing*, October 1989, pp. 1-23.

40 Deborah J. MacInnis and C. Whan Park, “The Differential Role of Characteristics of Music on High- and Low-Involvement Consumers' Processing of Ads”, *Journal of Consumer*

넷째, 소비자가 다른 사람이 어떤 제품을 사용하면서 강한 감정을 경험하는 것을 보는 경우에 발생하는 감정도 소비자의 태도에 중요한 영향을 미친다.[41]

다섯째, 상황적 요인이 인지기반의 태도가 형성되는 것을 어렵게 만드는 경우에도 감정적 정보처리는 중요한 역할을 한다.[42] 예컨대, 너무 바빠서 여유시간이 별로 없는 소비자는 인지기반의 태도를 형성하는 대신에 단순히 과거의 감정적 경험을 회상해서 이를 바탕으로 태도를 형성하기도 한다.

여섯째, 부정적인 감정이 소비자의 태도변화에 긍정적인 효과를 가지는 경우도 있다. 예컨대, 아동학대문제의 해결을 위한 기금을 조성하려는 공익광고에 소비자가 노출되면, 부정적인 감정(예: 슬픔, 분노, 공포)이 일어나지만 동시에 감정이입(empathy)의 느낌(예: 남의 일 같지 않다는 느낌, 동정심, 왠지 보호해 주어야 할 느낌)을 유도해서 결국 도와주려는 소비자의 결정을 유발한다.[43]

그런데, 어떤 감정을 경험하는 것이 소비자의 태도에 영향을 미치는가에 대해서는 인지(생각)가 영향을 미칠 수도 있다. 소비자의 감정이 관여수준이 높은 소비자의 태도에 직접적인 영향을 미치기 위해서는 소비자가 감정과 제품을 인지적으로 서로 연결해야만 한다.[44]

예컨대, A은행이 아빠가 아기를 돌보는 애정 어린 장면을 담은 광고를 했다고 하자. 이런 광고는 보는 사람에게 즉각 어떤 감정적 반응(예: 따스함과 즐거움)을 창출할 수 있지만, 그런 감정은 소비자가 그런 감정과 A은행 사이에 어떤 연결관계를 의식적으로 형성하는 경우에만, A은행에 대한 소비자의 태도에 영향을 미칠 것이다. 여기서 감정과 A은행 사이의 연결관계를 나타내는 예로는 "A은행은 왠지 내 기분을 좋게 만든다." 혹은 "고객을 잘 배려하기 때문에, 나는 A은행이 좋다."를 들 수 있다.

Research, September 1991, pp. 161-173.

41 Deborah J. MacInnis and Douglas M. Stayman, "Focal and Emotional Integration: Constructs, Measures and Preliminary Evidence", *Journal of Advertising*, December 1993, pp. 51-66.

42 Chris T. Allen, Karen A. Machleit, and Susan Schultz Kleine, "A Comparison of Attitudes and Emotions as Predicators of Behavior at Diverse Levels of Behavioral Experience", *Journal of Consumer Research*, March 1992, pp. 493-504.

43 Richard P. Bagozzi and David J. Moore, "Public Service Announcements: Emotions and Empathy Guide Prosocial Behavior", *Journal of Marketing, January* 1994, pp. 56-70.

44 Joel B. Cohen and Charles S. Areni, "Affect and Consumer Behavior", in eds. Thomas S. Robertson and Harold H. Kassarjian, *Handbook of Consumer Behavior* (Englewood Cliffs, N.J.: Prentice-Hall, 1991), pp. 188-240.

(2) 감정적 정보처리모델을 이용한 마케팅액션

감정적 정보처리모델은 기업이 소비자의 태도에 영향을 미치기 위해 소비자의 감정에 영향력을 행사하려고 노력할 수 있다는 중요한 시사점을 준다. 특히, 기업은 특정한 상황에서 소비자가 긍정적인 감정을 경험하도록 보장해주는 조치를 취할 수 있다. 예컨대, 대개 자동차판매원들은 자기 대리점과 자신이 파는 자동차에 대한 고객의 긍정적인 감정과 태도를 형성하기 위해 고객을 행복하게 만들 수 있는 일이라면 무엇이든 기꺼이 하려고 한다. 바로 이는 많은 서비스기업들이 "고객에게 우호적인 존재가 되는 것"에 높은 가치를 두거나 "고객을 행복하게 만드는 것"을 최우선 과제로 두는 것과 일맥상통한다.

광고는 소비자에게 감정의 강도가 높은 수준인 정서(emotion)보다 감정의 강도가 낮은 수준인 기분(mood)을 유발하는 경우가 더 많지만, 소비자는 어떤 광고에 대한 감정적 반응으로 정서를 경험하기도 한다.

그런데, 어떤 제품에 대한 소비자의 감정적 관여도가 높은 상황에서는 감정적 정교화(affective elaboration)로 어떤 이미지와 느낌이 생성될 수도 있는데, 이는 소비자의 태도변화에 필요한 조건이다. 감정적 정교화는 강한 쾌락적 동기나 상징적 동기가 작용하는 제품범주(즉, 감정이나 상징적 의미가 중요한 경우)에 가장 잘 발생한다. 예컨대, 과거에 주로 정보제공적 광고를 많이 사용해 왔던 메르세데스(Mercedes) 자동차는 최근에 와서는 감정적 소구법에 중점을 두기 시작하였다. "아들에게 능히 물려 줄 수 있을 정도로 자동차의 내구성이 강하다."고 말하면서, 부자(父子)가 자동차 판매전시장에 함께 서 있는 정감 어린 장면을 연출한 광고가 좋은 예이다.

2) 광고태도모델

그동안 대부분의 태도연구는 상표에 대한 소비자의 태도에 초점을 두어 왔지만, 광고태도(attitude toward the ad: Aad)가 상표에 대한 소비자의 태도와 행동에 영향을 미친다는 증거가 존재한다.[45] 소비자가 어떤 광고를 좋아한다면, 광고에 대한 이런 호감이 광고되는 상표에 전이되어 상표에 대한 소비자의 태도를 더 호의적으로 만들 수 있다는 것이 광고태도모델의 요지이다.

광고태도에 관한 대부분의 연구는 소비자의 MAO 수준이 낮은 경우에서 수행되어 왔지만, 소비자의 MAO 수준이 높아서 메시지를 처리하는 데 상당한 노력을 기울이는

45 MacInnis and Jaworski (1990), *op. cit.*

경우에도 광고태도가 효과를 발휘한다는 사실이 발견되고 있다. 소비자의 MAO 수준이 높은 상황에서는 다음과 같은 세 가지 주요원천이 소비자의 긍정적인 광고태도를 유도한다.[46]

첫째, 소비자에게 유용한 정보를 제공하는 정보제공적 광고인데, 이런 광고는 소비자에게 더 많은 호감을 받고 긍정적인 반응을 생성하는 경향이 있다. 이런 긍정적인 반응이 상표에 대한 소비자의 태도에 긍정적인 영향을 미치는 것을 태도의 실용적 차원(utilitarian dimension) 혹은 태도의 기능적 차원(functional dimension)이라고 한다.[47] 예컨대, 미국유권자들은 1992년 대통령 선거캠페인에서 시행된 로스 페롯(Ross Perot)후보의 인포머셜을 좋아했던 것으로 나타났다. 즉, 유권자의 35%는 그 캠페인이 정보제공적이라고 보았고 25%는 오락적이라고 보았는데, 이런 수치는 일반적인 정치광고에서 나타나는 수준보다도 훨씬 더 높았다. 바로 이는 페롯이 제3당 후보에게 그토록 강한 주장을 폈던 주요이유 중의 하나였다.

둘째, 소비자에게 긍정적인 느낌이나 정서를 유발하는 광고이다. 이런 광고는 소비자의 호감을 받을 수 있는데, 이를 태도의 쾌락적 차원(hedonic dimension)이라고 한다.[48] 대개 소비자는 좋은 느낌을 갖게 만들거나 기억으로부터 긍정적인 경험을 유발하는 광고를 좋아하는 경향이 있는데, 이런 광고에 대한 긍정적인 태도는 상표로 전이되어 상표에 관한 신념을 더 긍정적으로 만든다.[49] 예컨대, 마음을 편안하게 만드는 유머를 보여주는 광고는 소비자의 호감을 받을 것이고, 이렇게 생성된 긍정적인 느낌은 광고되는 제품에 대한 소비자의 신념과 태도를 더 긍정적으로 만든다.

셋째, 매우 흥미로워서 소비자의 호기심을 유발하고 주의를 끄는 광고이다. 소비자가 메시지를 처리하는 데에 많은 노력을 기울이고 정교화하는 경우에, 이런 광고는 흥미로운 것으로 보여서 소비자의 긍정적인 광고태도를 생성할 수 있다.

---

46 Thomas J. Olney, Morris B. Holbrook, and Rajeev Batra, "Consumer Responses to Advertising: The Effects of Ad Content, Emotions, and Attitude Toward the Ad on Viewing Time", *Journal of Consumer Research*, March 1991, pp. 440–453.

47 Paul W. Miniard, Sunil Bhatla, and Randall L. Rose, "On the Formation and Relationship of Ad and Brand Attitudes: An Experimental and Causal Analysis", *Journal of Marketing Research*, August 1990, pp. 290–303.

48 Julie A. Edell and Richard E. Staelin, "The Information Processing of Pictures in Print Advertisements", *Journal of Consumer Research*, June 1983, pp. 45–60.

49 Pamela M. Homer, "The Mediating Role of Attitude Toward the Ad: Some Additional Evidence", *Journal of Marketing Research*, February 1990, pp. 78–86.

2. 고노력형 감정기반 태도에 영향을 미치는 방안

소비자의 MAO 수준과 정보처리노력의 수준이 높은 상황에서 소비자가 인지기반의 태도가 아닌 감정기반의 태도를 가지는 경우에도 기업은 소비자의 태도에 영향을 미치는 방안을 모색할 수 있다([그림 9-1] 참조). 즉, 기업은 원천의 특성(예: 매력도와 유사성)과 메시지의 특성(예: 감정적 소구와 공포소구)을 적절히 활용하여 감정을 이용한 소비자의 태도변경이 가능하다.

1) 원천의 특성을 이용하여 태도에 영향을 미치는 방안

고노력형 정보처리에서 감정기반의 태도에 영향을 미치는 것으로 원천의 중요한 특성 중의 하나는 지각된 매력도(perceived attractiveness)이다. 대개 '매력'이라고 하면 물리적 특징(외관)을 떠올리는 경우가 많지만, 의견이 자신과 유사하거나 호감을 주거나 혹은 친숙하다고 지각되는 원천도 소비자에게 매력적인 원천이 될 수 있다.[50] 다음은 기업이 이런 광의의 매력적인 원천을 광고에 활용한 두 가지 예이다.

첫째, 미국의 유명한 테니스선수 지미 코너스(Jimmy Connors)는 1992년 U.S. 오픈 테니스대회에서 승승장구했는데, 이는 미국전역에 있는 중년의 주말 전사들의 심금을 크게 울렸다. 이런 사람들에게 지미 코너스는 쉽게 연상될 수 있는 매우 친숙한 인물이었기에, 당시에 그가 출연했던 뉴프린(Nuprin) 광고는 매출이 20%나 신장되는 대성공을 거두었다.

둘째, 컨버스(Converse)는 자사상표를 구입할 가능성이 가장 높은 사람은 몸에 문신을 하거나 일부러 신체에 구멍을 뚫기도 하는 소위 '과격파'라는 판단에서, 이런 모습을 한 사람들을 광고모델로 내세우고 있다.

원천매력도(source attractiveness)에 관한 연구에 따르면, 소비자의 MAO 수준과 정보처리노력의 수준이 높을 경우 매력적인 원천이 제품범주(예: 고급 자동차, 패션, 화장품, 미용요법)에 대해 적절한 원천이라면 소비자의 호의적인 태도를 유발하는 경향이 있다. 즉, '원천이 제품과 서로 조화를 이루어야(즉, 관련성이 있어야) 소비자의 태도변화에 효과가 있다.'는 것인데, 이를 원천조화가설(match-up hypothesis)이라고 한다.[51] 예컨대, 유명한 프

---

50 Herbert Simon, Nancy Berkowitz, and John Moyer, "Similarity, Credibility, and Attitude Change", *Psychological Bulletin*, January 1970, pp. 1-16.

51 Michael A. Kamins, "An Investigation into the Match-Up Hypothesis' in Celebrity Advertising:

로골퍼를 골프용품 광고의 모델로 내세우면 소비자의 태도에 긍정적인 효과를 가질 수 있지만, 의약품 광고의 모델로 내세운다면 그렇지 못할 것이다.

매력적인 원천은 광고에 대한 소비자의 흥미를 높이기 때문에 소비자가 광고에 호감을 갖게 만든다. 매력과 관련성을 두루 갖춘 원천은 정보제공적인 광고에 대해 소비자가 호감을 갖게 만들거나 아니면 소비자의 신념에 긍정적인 영향을 미침으로써 광고되는 제품에 대한 소비자의 태도를 향상시킬 수 있다. 예컨대, 소비자는 "그 광고모델과 같은 관련성 있는 원천이 사용한다면, 이는 좋은 제품임에 틀림없어."와 같은 생각을 갖게 될 수 있다. 하지만, 아무리 매력적이라도 관련성이 없는 원천은 메시지로부터 소비자의 주의를 분산시킬 우려가 있다.[52]

원천매력도와 소비자의 태도변화 간의 이런 관계는 인적 판매상황에도 적용된다. 소비자는 신체적 매력이 있는 판매원일수록 더 호의적인 판매술을 갖고 있다고 지각해서, 판매원의 요청에 부응할 가능성이 높다.[53] 또한, 소비자는 자신과 유사하다고 지각되는 판매원에게 더 이끌리고 그로부터 상품을 잘 구입하는 경향이 있다.[54]

2) 메시지의 특성을 이용하여 태도에 영향을 미치는 방안

원천의 특성과 마찬가지로, 메시지의 특성도 소비자의 감정적 정보처리에 영향을 미친다. 이와 관련하여 기업은 감정적 소구(emotional appeal)를 이용하여 소비자의 태도에 영향을 미칠 수 있다.

감정적 소구는 소비자의 태도에 영향을 미치기 위해 소비자에게 사랑, 갈구, 즐거움, 희망, 혹은 흥분과 같은 긍정적인 감정(positive emotion)이나 공포, 분노, 수치심, 혹은 거부감과 같은 부정적인 감정(negative emotion)을 유발하는 방법이다. 일반적으로 긍정적인 감정은 소비자가 제품을 구입하도록 유인하는 데 사용되고, 부정적인 감정은 제품을 사용하지 않으면 발생할 수 있는 나쁜 일에 관해서 소비자의 걱정을 불러일으키는 데 사용된다.

기업은 음악, 장면, 영상 및 매력적인 원천과 같은 여러 수단을 사용해서 소비자

When Beauty Only May Be Skin Deep", *Journal of Advertising*, 19 (1), 1990, pp. 4-13.

52 Harry C. Triandis, *Attitude and Attitude Change* (New York: Wiley, 1971).

53 Peter H. Reingen and Jerome B. Kernan, "Social Perception and Interpersonal Influence: Some Consequences of the Physical Attractiveness Stereotype in a Personal Selling Situation", *Journal of Consumer Psychology*, 2 (1), 1993, pp. 25-38.

54 Scott Ward and Frederick E. Webster, Jr., "Organizational Buying Behavior", in eds. Thomas S. Robertson and Harold H. Kassarjian, *Handbook of Consumer Behavior* (Englewood Cliffs, N.J.: Prentice-Hall, 1991), pp. 419-458.

의 감정을 유발할 수 있다. 하지만, 메시지가 소비자에게 개인적인 관련성이 없어서 이에 대한 소비자의 감정적 관여도가 낮다면, 소비자의 감정을 유발하기는 어렵다. 사실, 감정유발형 메시지는 어떤 제품이나 행동이 소비자에게 얼마나 개인적으로 관련성 있는 결과를 초래하는지를 적절히 보여줄 수 있는 경우에 더 효과적인 경향이 있다.[55]

기업은 어떤 긍정적인 감정이 표현되는 상황을 제시하는 메시지를 사용해서 소비자가 이를 대리경험을 하도록 만들 수 있다. 대개 이런 경우에는 자사제품을 사용하면 얼마나 좋게 느끼게 되거나 좋아 보이게 되는지를 소비자가 상상하게 만든다. 다음은 광고에 감정적 소구를 사용한 두 가지 예이다.

첫째, 홀마크(Hallmark)의 인사장(greeting card) 광고에서는 자녀를 가질 수 없어 깊은 좌절감에 빠진 어떤 부부의 모습을 보여주었다. 남편이 그녀에게 '엄마'라는 글자가 적혀있는 카드를 내밀고는 "사내애야!"라고 말해주기 전까지, 입양기관을 수없이 찾았지만 아무런 소득이 없어 부인이 크게 낙담하는 장면을 보여주었다. 이 광고는 너무나 강렬해서 그것을 보는 사람이면 누구나 눈시울을 적시지 않을 수 없을 정도였다.

둘째, 애플(Apple)의 파워북(Powerbook) 컴퓨터 광고이다. 애플은 과거에 주로 정보제공적 광고를 많이 사용했지만, 이제는 광고에서 작가 타마 야노비츠(Tama Janowitz)와 음악가 토드 룬드그렌(Todd Rundgren)과 같은 유명인사가 파워북을 사용하면서 매우 즐거워하는 장면을 보여주는 식으로 감정적 소구를 사용하는 방향으로 전환하고 있다.

그런데, 이런 감정적 소구는 소비자가 처리할 수 있는 제품관련 정보의 양을 제한하는 역할을 하기도 한다.[56] 즉, 소비자의 감정을 유발하는 광고는 소비자가 제품의 세부특징보다는 좋게 느껴지는 것을 더 많이 생각하게 만들기 때문에, 제품에 대한 소비자의 인지를 방해할 수 있다는 것이다. 따라서, 감정적 소구는 감정의 유발이 제품의 소비나 사용과 관련성이 있을 때(즉, 쾌락적 동기나 상징적 동기가 중요한 경우)에 효과적일 가능성이 높다. 다음은 이런 맥락에서 광고의 소구방법을 전환한 두 가지 예이다.

첫째, 미국의 어떤 고급 선글라스 제조기업은 '햇빛의 차단'이나 '피부보호'와 같은 제품의 기능적 특징을 강조하는 광고소구방법에서 탈피하여 '패션성'과 '섹시함'에 초점을 두는 광고소구방법으로 전환하였다. 둘째, 전통적으로 "안전하고 촌스럽다."는 이미지가 강한 볼보자동차는 최근에 광고캠페인의 초점을 '안전함'으로부터 '운전의 즐

55 Valerie S. Folkes and Tina Kiesler, "Social Cognition: Consumers' Inferences About the Self and Others", in eds. Thomas S. Robertson and Harold H. Kassarjian, *Handbook of Consumer Behavior* (Englewood Cliffs, N.J.: Prentice-Hall, 1991), pp. 281-315.

56 Batra and Stayman (1990), *op. cit.*

거움과 흥분감'으로 전환하였다.

이런 감정적 소구의 대표적인 유형으로는 긍정적인 감정을 유발하는 유머소구(humor appeal)와 부정적인 감정을 유발하는 공포소구(fear appeal)를 들 수 있다. 이 중에서 유머소구에 대해서는 제10장에서 소개하기로 하고 여기서는 공포소구에 대해서만 설명하기로 한다.

공포소구는 특정한 행동을 수행하거나 수행하지 않을 때 초래되는 어떤 부정적인 결과를 강조함으로써 소비자에게 공포나 근심을 유발하는 감정적 소구의 일종이다. 이렇게 공포나 근심을 유발함으로써 소비자로 하여금 메시지에 관해서 더 많이 생각하게 만들고 바람직한 방식으로 행동할 동기를 유발한다.[57] 실제 자동차사고의 생존자를 내세워 SM시리즈 자동차의 안전성을 강조했던 르노삼성자동차 광고가 좋은 예이다.

그런데, 공포소구가 소비자의 태도와 행동의 변화에 미치는 효과를 검토한 연구들은 서로 일관성이 없는 결과를 보이고 있다.[58] 즉, 초기의 연구에서는 공포소구로 소비자에게 위협을 가하면 소비자의 지각적 방어(perceptual defense)가 작동해서 그런 메시지를 차단하거나 무시하기 때문에 공포소구는 별로 효과가 없는 것으로 나타났다. 바로 이는 담배의 포장과 광고에서 제시되는 경고문이 대부분 별 효과가 없는 것으로 나타나고 있는 주요이유 중의 하나이다. 하지만, 최근의 연구에서는 공포소구가 특정한 조건에서 효과적일 수 있음을 보여주는데, 그 주요내용을 정리해 보면 다음과 같다.[59]

첫째, 공포소구가 효과를 발휘하기 위해서는 광고에서 유발된 공포를 소비자가 줄일 수 있는 행동방안도 함께 제시해 주어야 한다. 예컨대, 자동차 와이퍼 때문에 자동차 사고가 날 수 있음을 보여주는 광고라면, 자동차 와이퍼 날을 제때 교체함으로써 사고의 발생가능성을 손쉽게 줄일 수 있음을 제시할 수 있다.

둘째, 공포소구가 효과를 발휘하기 위해서는 광고에서 유발되는 공포의 수준이 너무 높거나 낮지 않고 일반적으로 보통수준이어야 한다.[60] 지나치게 강한 공포가 유발되면 소비자의 지각적 방어가 작동해서 메시지의 효과가 제대로 발휘되지 못할 것이고,

---

57 John F. Tanner, James B. Hunt, and David R. Eppright, "The Protection Motivation Model: A Normative Model of Fear Appeals", *Journal of Marketing*, July 1991, pp. 36-45.

58 Michael L. Ray and William L. Wilkie, "Fear: The Potential of an Appeal Neglected by Marketing", *Journal of Marketing*, January 1970, pp. 54-62.

59 Ray and Wilkie (1970), *Ibid*

60 Herbert J. Rotfeld, "Fear Appeals and Persuasion: Assumptions and Errors in Advertising Research", in eds. James H. Leigh and Claude R. Martin, *Current Issues and Research in Advertising* (Ann Arbor, Mich.: Graduate School of Business Administration, University of Michigan, 1990), pp. 155-175.

너무 약한 공포가 유발되면 그냥 무시될 것이기 때문이다.

셋째, 소비자의 관여수준이 높은 경우에는 정보를 처리하려는 동기가 이미 유발되어 있기 때문에, 더 낮은 수준의 공포를 유발하는 방법을 사용해도 된다.[61]

넷째, 소비자의 개성, 제품 사용률 및 사회경제적 지위와 같은 요인들이 공포소구의 효과에 영향을 미친다.[62]

다섯째, 정보를 제공하는 대변인의 원천신뢰성이 높아야 한다. 만약 그렇지 않다면, 부정적인 인지적 반응(예: 반박주장과 원천격하)이 생성되어 소비자가 메시지의 가치를 낮게 평가할 것이기 때문이다.

제 5 절 태도의 행동예측력

기업의 관심사에는 '소비자의 태도가 어떻게 형성되고 변화될 수 있는가?' 뿐만 아니라 '소비자의 태도가 과연 소비자의 행동을 예측할 수 있는가?' '그것은 언제이고 그 이유는 무엇인가?'도 포함된다. 이 장에서 설명했던 추리된 행동이론은 소비자의 행동의도에 영향을 미치는 요인들을 예측함으로써 이런 의문에 대한 답을 제시하는 데 가장 근접하고 있다.

하지만, 소비자의 행동의도가 소비자의 실제 행동을 항상 잘 예측해주는 것은 아니기 때문에, 소비자의 태도와 행동 사이의 관계에 영향을 미치는 요인을 검토할 필요가 있다. 소비자행동 연구자들은 '소비자의 태도가 소비자의 행동에 영향을 미치는가?'에 대한 답을 구하는 데에는 다수의 요인이 영향을 미친다고 보고, 이런 문제를 규명하려고 많이 노력해 왔다. 이런 연구결과에 따르면, 다음과 같은 여덟 가지 요인이 태도-행동 사이의 관계에 영향을 미치는 것으로 나타났다.

61 John J. Wheatley, "Marketing and the Use of Fear- or Anxiety-Arousing Appeals", *Journal of Marketing*, April 1971, pp. 62-64.

62 John J. Burette and Richard L. Oliver, "Fear Appeal Effects in the Field: A Segmentation Approach", *Journal of Marketing Research*, May 1979, pp. 181-190.

1. 관여도의 수준

소비자의 인지적 관여도가 높아서 태도를 형성하게 만드는 정보에 관하여 소비자가 정교화하거나 혹은 집중적으로 생각하는 경우, 소비자의 태도는 소비자의 행동을 예측할 가능성이 높아진다.[63] 즉, 소비자가 정보처리를 적극적으로 할 때, 소비자의 태도는 강력하게 보유되는 신념에 근거할 가능성이 높아서 더 강한 확신이 초래되고 소비자의 행동으로 잘 연결될 수 있다.

또한, 소비자의 감정적 관여도가 높은 경우에도, 소비자의 태도는 강력하고 지속적인 경향이 있어서 소비자의 행동을 잘 예측한다. 예컨대, 낙태수술처럼 소비자가 감정적으로 몰입하게 되는 사안에 대한 소비자의 태도는 강력하게 보유되기 때문에, 소비자의 행동으로 잘 연결되는 경향이 있다.

2. 소비자의 경험과 지식 수준

소비자가 태도의 대상에 대한 경험이나 지식이 많아서 정보처리능력이 높은 경우에는 소비자의 태도가 강력하게 보유되기 때문에, 소비자의 태도가 소비자의 행동을 예측할 가능성이 높아진다.[64] 예컨대, 컴퓨터를 구매하려는 결정을 할 때 지식수준이 낮은 초보자소비자에 비해 지식수준이 높은 전문가소비자는 더 상세하고 통합된 정보에 기반을 둔 태도를 형성할 가능성이 높은데, 이런 태도는 더 강력하게 보유되기 때문에 행동과 잘 연결된다.

3. 태도접근성

기억에서 손쉽게 접근될 수 있는 '최초상기(top-of-mind)'의 대상인 소비자의 태도는 소비자의 행동과 강하게 연결되지만, 손쉽게 기억나지 않는 소비자의 태도는 소비

63 Richard E. Petty, John T. Cacioppo, and David W. Schumann, "Central and Peripheral Routes to Advertising Persuasion", *Journal of Consumer Research*, September 1983, pp. 134-148.

64 Robert R. Smith and William R. Swinyard, "Attitude-Behavior Consistency: The Impact of Product Trial Versus Advertising", *Journal of Marketing Research*, August 1983, pp. 257-267.

자의 행동에 별로 영향을 미치지 못할 것이다. 일반적으로 제품의 사용과 같은 직접적인 경험은 소비자가 반드시 겪어보아야 알 수 있는 경험속성(예: 맛이나 촉감)에 대한 태도 접근성(attitude accessibility)을 높이는 반면, 광고는 반복수준이 높을 때 탐색속성(예: 가격이나 성분)에 대한 태도의 접근가능성을 높인다.[65]

4. 태도확신

간혹 소비자는 자기 자신이 내린 평가에 대해 다른 때보다 더 많은 확신을 가지는 경우가 있는데, 이런 태도확신(attitude confidence)이 태도-행동 사이의 관계에 영향을 미칠 수 있다. 태도가 다량의 정보에 근거하거나 신빙성 있는 정보에 근거할수록 그 확신은 더 강해지는 경향이 있는데, 소비자의 태도확신이 강하면, 소비자의 행동을 예측할 가능성이 높아진다.[66]

5. 태도구체성

태도구체성(attitude specificity)이 높을수록 즉, 태도가 예측하고자 하는 행동에 관하여 매우 구체적일 경우, 소비자의 태도는 행동의 좋은 예측요인이 되는 경향이 있다.[67] 예컨대, 소비자가 어떤 휴양지로 스키여행을 떠날 것인지를 예측하려고 한다고 하자. 이런 경우에 스키에 대한 그녀의 일반적인 태도(태도구체성이 낮은 경우)를 측정하는 것보다는 그 구체적인 여행계획에 대한 그녀의 태도(태도구체성이 높은 경우)를 측정하는 것이 그녀의 행동을 예측할 가능성이 높아질 것이다.

6. 상황요인

상황요인(situational factor)의 개입이 소비자가 어떤 행동을 수행하려는 것을 방해해서, 태도-행동 사이의 관계를 약화시킬 수 있다.[68] 예컨대, 소비자가 고급자동차에 대

65 Alice A. Wright and John G. Lynch, "Communication Effects of Advertising vs. Direct Experience When Both Search and Experience Attributes Are Present", *Journal of Consumer Research*, March 1995, pp. 708-718.

66 Ida E. Berger (1975), *op. cit.*

67 Fishbein and Ajzen, *op. cit.*

68 Fishbein and Ajzen, *op. cit.*

해 아무리 긍정적인 태도를 갖고 있더라도, 그것을 구입할 만한 돈이 없으면 구입하지 못할 것이다. 또한, 고급자동차를 구입할 여력이 있어서 실제로 구입하러 갔더라도, 자동차대리점에서 원하는 자동차가 품절이라면 역시 구매로 연결되지 못할 것이다.

한편, 사용상황(usage situation)이 소비자의 태도에 영향을 미치고 다시 소비자의 행동에 영향을 미치기도 한다. 예컨대, 자신이 마실 포도주인가 아니면 친구에게 접대할 포도주인가에 따라 여러 포도주 상표에 대한 소비자의 태도는 달라지고 이어서 실제의 구매행동도 달라질 것이다.

7. 규범적 요인

추리된 행동이론이 지적하는 바와 같이, 규범적 요인(normative factor)도 소비자의 태도와 행동 사이의 관계에 영향을 미칠 수 있다.[69] 예컨대, 어떤 소비자가 발레공연을 보러 가는 것을 좋아하더라도 그렇게 하면 친구들이 놀릴 것이라고 생각한다면 실제로 발레공연을 보러 가지 않을 가능성이 있다. 요컨대, 추리된 행동이론에서 제시하는 규범적 신념과 순응동기도 소비자의 태도-행동 관계에 영향을 미칠 것이다.

8. 개성요인

소비자의 개성에 따라서 소비자의 태도-행동의 관계가 달라질 수 있는데, 이와 관련된 개성요인(personality factor)으로는 인지욕구와 자기감시성을 들 수 있다.

첫째, 인지욕구(need for cognition)란 사람이 사물에 대해서 생각하기를 좋아하는 정도를 말한다. 이런 인지욕구가 높은 사람은 어떤 대상에 대해서 정교한 생각에 기반을 둔 태도를 가지기 때문에 더 강력한 태도-행동의 관계를 나타낼 수 있다.[70]

둘째, 자기감시성(self-monitoring)은 자신의 내적 성향이 아니라 타인의 견해나 행동에 의해서 안내를 받는 정도를 말한다. 우선, 자기감시성이 낮은 사람(low self-monitor) 즉, 자신의 내적 성향에 의해 안내를 받는 사람은 여러 상황에서 서로 유사한 행동패턴을 내보일 가능성이 높기 때문에, 더 일관된 태도-행동의 관계가 나타날 것

69 Fishbein and Ajzen, Belief (1975), *op. cit.*

70 John T. Cacioppo, Richard E. Petty, Chuan Fang Kao, and Regina Rodriguez, "Central and Peripheral Routes to Persuasion: An Individual Difference Perspective", *Journal of Personality and Social Psychology*, 51, 1986, pp. 1032-1043.

이다.[71] 한편, 자기감시성이 높은 사람(high self-monitor), 즉 타인의 견해나 행동에 의해 안내를 받는 사람은 매번 특유한 상황에 적응하기 위해 자신의 행동을 적당히 바꿀 것이기 때문에 태도-행동의 관계에서 일관성이 낮아질 것이다. 예컨대, 자기감시성이 높은 사람은 상황에 따라 서로 다른 맥주를 선택할 것이고, 자기감시성이 낮은 사람은 여건과 무관하게 동일한 맥주를 선택할 가능성이 높다.

핵심용어

Keyword

간접비교메시지, 감정, 감정기반 태도, 감정유발형 메시지, 감정적 관여도, 감정적 기능, 감정적 반응, 감정적 소구, 감정적 정교화, 감정적 정보처리모델, 감정적재기억, 강한 주장, 개성요인, 경험속성, 공포소구, 광고태도, 광고태도모델, 규범적 신념, 규범적 영향, 규범적 요인, 긍정적인 감정, 기대-가치모델, 기분, 기분효과, 기업광고, 기업평판, 대변인, 메시지신뢰성, 메시지주장의 질, 반박주장, 보통사람, 부각적 신념, 부정적인 감정, 분석적 정보처리, 비교메시지, 사용상황, 사회적 지위, 상황요인, 수면자효과, 순응동기, 신념, 신념불일치, 신빙성, 약한 주장, 양면식 메시지, 원천격하, 원천매력도, 원천신뢰성, 원천조화가설, 원천지지, 유머소구, 인지기반 태도, 인지욕구, 인지적 관여도, 인지적 기능, 인지적 반응, 인지적 반응모델, 일면식 메시지, 자기감시성, 자생적 반응, 전문가소비자, 전문지식, 정교화, 정서, 주관적 규범, 주관적 확률척도, 주변경로 정보처리, 중심경로 정보처리, 지각된 매력도, 지각적 방어, 지지주장, 직접비교메시지, 초보자소비자, 총괄적 정보처리, 추리된 행동이론, 탐색속성, 태도, 태도강도, 태도구체성, 태도구체성의 원리, 태도의 기능적 차원, 태도의 기반, 태도의 실용적 차원, 태도의 쾌락적 차원, 태도접근성, 태도지속성, 태도호의성, 태도확신, 평가, 프로그램관여도, 행동에 대한 태도, 행동의도, 행동적 기능, 후속변화에 대한 저항

---

71 Mark Snyder and William B. Swan, Jr., "When Actions Reflect Attitudes: The Politics of Impression Management", *Journal of Personality and Social Psychology*, 34, 1976, pp. 1034-1042.

Consumer Behavior and Marketing Action

제10장 저노력형 태도형성과 태도변화

제1부 소비자행동 입문

제1장 소비자행동의 기초

제2부 소비자의 의사결정프로세스

제2장 문제인식과 정보탐색	제3장 판 단
제4장 의사결정	제5장 의사결정후 프로세스

제3부 소비자행동의 내부적 영향요인

제6장 소비자의 동기, 능력 및 기회	제7장 소비자의 노출, 주의 및 지각	제8장 소비자의 범주화와 이해
제9장 고노력형 태도형성과 태도변화	제10장 저노력형 태도형성과 태도변화	제11장 소비자의 기억과 인출

제1절 설득경로
제2절 저노력형 인지기반 태도
제3절 저노력형 감정기반 태도

제4부 소비자행동의 외부적 영향요인

제12장 문 화	제13장 사회계층	제14장 인구통계요인
제15장 준거집단과 사회적 영향력	제16장 사이코그래픽스	

제9장에서는 고노력형의 경우에 소비자의 태도가 어떻게 형성되고 변화되는가를 설명하였지만, 이 장에서는 저노력형의 경우에 발생하는 소비자의 태도형성과 태도변화에 대해서 설명한다. 대개 정교화의 수준이 낮은 저노력형 소비자의 경우에는 메시지관련 주장을 적극적으로 정보처리하거나 혹은 메시지에 감정적으로 몰입하는 것은 아니기 때문에, 기업이 자사상표에 대한 소비자의 긍정적인 평가를 유발하기 위해서는 고노력형의 경우와 다른 마케팅기법을 구사해야 한다.

제 1 절 설득경로

고노력형의 경우와는 달리, 저노력형의 경우에 소비자는 광고의 중심적인 아이디어를 처리하는 데 많은 노력이나 감정적 자원을 투입하려는 의도나 능력이 별로 없다. 따라서, 광고에서 제시되는 인물에 대해 공감하거나 제품이 자신에게 의미하는 바에 관하여 깊이 생각할 가능성이 낮고, 상표에 관해 제시되는 구체적인 주장에 대해 반박주장과 지지주장이 생성될 가능성도 낮다. 요컨대, 소비자의 정보처리노력이 적은 저노력형의 경우에는 소비자가 강력한 신념이나 접근가능하고, 지속적이며, 변화에 저항하고 그리고 확신 있는 태도를 형성할 가능성은 낮다.

이처럼 소비자의 정보처리노력이 낮아서 저노력형이 되는 상황으로는 다음과 같은 세 가지 경우를 들 수 있다.

첫째, 소비자의 메시지 처리동기(motivation)가 낮은 경우이다. 구체적으로는 메시지가 소비자의 욕구, 가치 및 목적(NVG)과 별로 관련성이 없거나 소비자가 지각된 위험(예: 경제적 위험이나 심리적 위험)을 별로 느끼지 않는 의사결정이 포함되는 경우에 해당된다.

둘째, 소비자의 메시지 처리능력(ability)이 낮은 경우이다. 구체적으로는 소비자가 그 의미를 해독하는 데 필요한 지식이 부족하거나, 소비자의 정보처리방식과 부합되지 않는 방식으로 메시지가 제시되거나 혹은 메시지를 처리하기에는 소비자의 나이가 너무 어린 경우에 해당된다.

셋째, 소비자의 메시지 처리기회(opportunity)가 낮은 경우이다. 구체적으로는 소비자의 여유시간이 부족하거나, 소비자의 주의를 분산시키는 환경에 소비자가 처해 있거나, 메시지가 너무 복잡하고 정보량이 많거나 혹은 메시지에 대해 단 한번만 노출된 경우에 해당된다.

이처럼 소비자의 MAO 수준이 낮은 경우에는 마케팅커뮤니케이션에서 제시되는 정보를 적극적으로 처리할 가능성이 낮기 때문에, 소비자가 메시지의 적극적인 처리자(active processor)가 아니라 소극적인 수용자(passive recipient)로 된다. 그런데, 이 말은 그런 소비자의 태도에 전혀 영향을 미칠 수 없다는 것을 의미하는 것이 아니라, 저노력형의 경우에는 정보처리수준이 낮다는 점을 감안해서 고노력형의 경우와는 다른 전략이 필요하다는 것을 의미한다.[1]

그림 10-1 정교화가능성모델

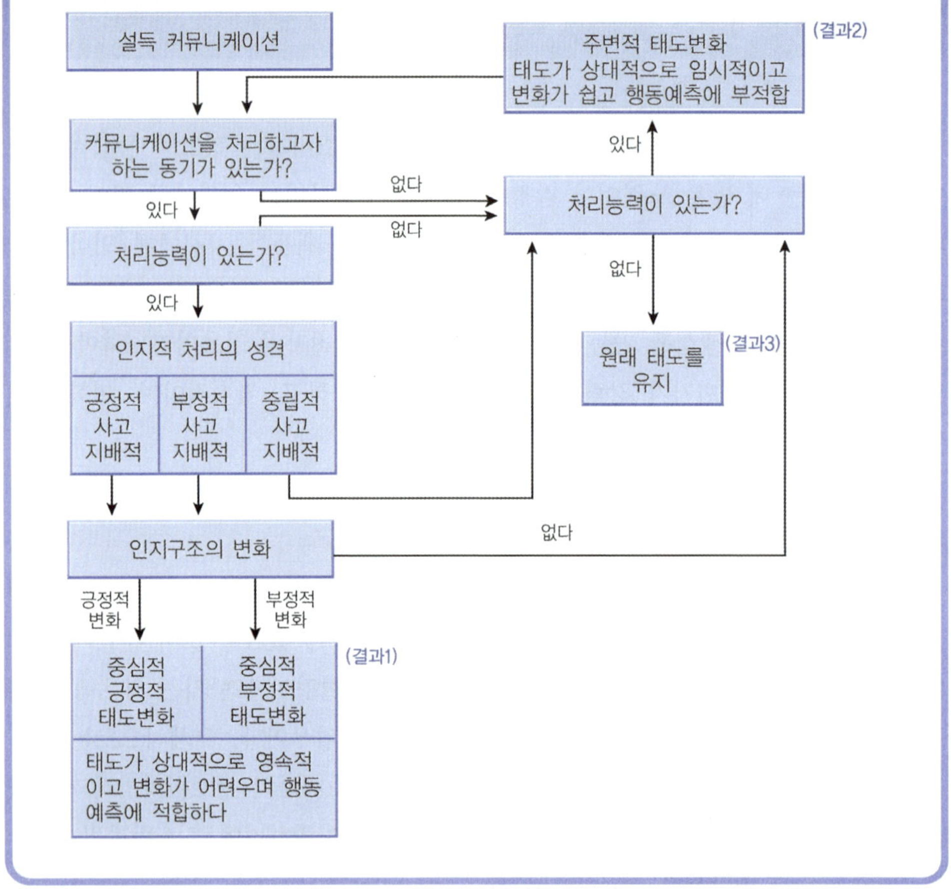

1 Richard E. Petty, John T. Cacioppo, and David Schumann, "Central and Peripheral Routes to Advertising Effectiveness: The Moderating Role of Involvement", *Journal of Consumer Research*, September 1983, pp. 135–146.

정교화가능성모델(elaboration likelihood model: ELM)에 따르면, 설득에 이르는 경로에는 중심경로(central route)와 주변경로(peripheral route)라는 두 가지 경로가 존재한다. [그림 10-1]에서 보면, 중심경로는 소비자가 광고나 판매원의 말과 같은 설득 커뮤니케이션에 노출되어서 (결과1)에 이르는 경로이고, 주변경로는 역시 설득 커뮤니케이션에 노출되어서 (결과2)에 이르는 경로이다.

정교화가능성(elaboration likelihood)은 마케팅커뮤니케이션에서 제시하는 어떤 메시지를 소비자가 심사숙고하는 정도를 말하는데, 이는 고노력형과 저노력형의 경우에 차이가 있다.

우선, 정교화가능성이 높은 고노력형의 경우에 소비자는 중심단서(central cue)인 핵심적인 메시지주장에 초점을 두고 설득의 중심경로를 이용하여 중심경로 정보처리(central processing)를 한다.

한편, 정교화가능성이 낮은 저노력형의 경우에 소비자는 메시지의 세부적인 검토나 상표에 대한 감정이입으로 서로 연결시키는 능력이 아니라 메시지를 손쉽게 처리할 수 있게 해주는 주변단서(peripheral cue)(예: 광고모델, 배경음악)에 근거하고 설득의 주변경로를 이용하여 주변경로 정보처리(peripheral processing)를 한다.

소비자의 정보처리노력이 높은 고노력형의 경우에는 설득의 중심경로로 인지적 경로와 감정적 경로가 존재하지만, 소비자의 정보처리노력이 낮은 저노력형의 경우에도

그림 10-2 저노력형 태도형성과 태도변화의 개관

인지기반 태도	감정기반 태도
▪ 간단한 신념 – 간단한 추론 – 귀인 – 휴리스틱	▪ 단순노출효과 ▪ 고전적 조건형성 ▪ 광고태도 ▪ 기분
↓	↓
인지기반 태도의 영향요인	**감정기반 태도의 영향요인**
▪ 원천요인 ▪ 메시지요인 ▪ 맥락요인	▪ 원천요인 ▪ 메시지요인 ▪ 맥락요인
↓	↓
태도 및 의도	

[그림 10-2]에 제시된 바와 같이 설득의 주변경로로 인지적 경로와 감정적 경로가 존재한다.

대개 소비자의 일상생활에서는 마케팅커뮤니케이션을 처리하기 위한 MAO 수준이 낮은 경우가 대부분이기 때문에, 소비자가 어떻게 설득의 주변경로를 통하여 태도를 형성하게 되는가를 이해하는 것은 중요하다. 소비자가 매일매일 받는 엄청난 양의 마케팅메시지 중에서 실제로 주의를 끌고, 그것에 대해 깊이 생각하도록 자극하며, 특정한 제품에 관하여 어떤 느낌이 드는지 생각하도록 만드는 것은 소수이다. 또한, 평소에 우리가 TV를 시청하는 행동을 생각해보더라도, 리모콘을 이용하여 TV광고에 대한 노출을 제한하거나, 주의를 분산시키는 환경 속에서 시청하기 때문에 광고가 전하려는 메시지를 제대로 이해하지 못하게 되거나 혹은 별 관심이 없는 제품을 광고하기 때문에 TV를 아예 꺼버리기도 한다.

[그림 10-2]는 '이런 저노력형의 상황에서 기업이 어떻게 소비자의 태도에 영향을 미칠 수 있을까?'라는 의문에 대한 답을 구하는 하나의 프레임워크를 제시한다. 즉, 소비자는 자신의 생각(태도의 인지적 기반)이나 느낌(태도의 감정적 기반)에 근거해서 태도를 형성할 수 있기 때문에, 기업은 인지기반 태도와 감정기반 태도가 호의적으로 형성될 가능성을 높이는 광고를 만들기 위해 노력해야 한다.

제 2 절 저노력형 인지기반 태도

제9장에서 지적한 바와 같이, 신념은 소비자의 태도형성을 위한 중요한 인지적 기반이다. 또한, 신념은 기대-가치모델의 핵심적인 요소 중의 하나이고, 인지적 반응모델에 따르면 인지적 반응이 소비자의 신념에 영향을 미칠 수 있다.

1. 저노력형 인지기반 태도모델

소비자의 정보처리노력이 낮은 경우에도 신념이 소비자의 태도에 영향을 미칠 수 있다. 하지만, 대개 이런 경우에는 소비자가 메시지를 깊이 처리하지 않기 때문에 소수

의 간단한 신념(simple belief)에 입각해서 소비자의 태도가 형성된다.[2]

그런데, 이런 간단한 신념은 소비자가 강하게 보유하는 신념이 아니기 때문에, 기업의 입장에서 이를 변경시키는 것은 비교적 쉬운 편이다. 메시지를 정교화하지 않는 상태에서 형성되는 소비자의 태도는 경쟁사의 공격에 대한 저항이 약하다. 즉, 이런 소비자는 경계심을 풀고 있는 상태이기 때문에 메시지주장을 비판적으로 평가하거나 이에 저항하지 않는다.[3] 또한, 메시지에서 제시된 포인트를 자신의 개인적 욕구, 과거경험 혹은 기존의 상표신념과 서로 연결시키기 않는 경향이 있기 때문에, 메시지에 대해 강한 반박주장도 생성되지 않는다.

이처럼 소비자의 정보처리노력이 낮은 경우에 태도형성의 기반이 되는 간단한 신념을 획득하게 되는 방법으로는 ① 간단한 추론, ② 귀인 및 ③ 휴리스틱을 들 수 있다.

1) 간단한 추론

정보처리노력이 낮은 경우에 소비자는 광고에서 제시된 것으로 손쉽게 처리할 수 있게 해주는 주변단서와 자신의 사전지식에 저장해 둔 개념이나 범주 간의 관계를 기반으로 해서 간단한 추론(simple inference)을 형성하여 간단한 신념을 획득하기도 한다.

예컨대, 광고에서 어떤 샴페인을 일반적으로 '우아한 것'이라는 범주에 속하는 것들(예: 검은색 드레스와 진주목걸이를 한 여자, 부유하게 장식된 방)과 함께 제시하면, 소비자는 '그 샴페인은 우아한 샴페인이다.'라고 추론할 수 있다. 또한, 새로 나온 세면비누가 아이보리(Ivory)비누와 비슷한 특징을 갖고 있다면, 소비자는 '그 비누는 아이보리비누와 유사한 비누이다.'라고 추론할 수 있다.

그런데, 어떤 제품의 광고가 해당 범주의 전형적인 광고와 유사하다고 지각되면, 소비자는 그 광고에서 제시되는 상표가 전형적인 상표와 흡사하다고 믿게 된다. 따라서, 소비자는 그런 상표에 대해 자신이 전형적인 상표에 대해 갖고 있는 태도와 유사한 태도를 형성하기도 한다.[4] 상표에 대한 이런 추론적 신념(inferential belief)은 상표명, 원산지, 가격 및 색상에 대한 소비자의 피상적인 분석으로부터 형성되기도 한다.

---

2 Herbert E. Krugman, "The Impact of Television Advertising: Learning Without Awareness", *Public Opinion Quarterly*, Fall 1965, pp. 349-356.

3 Krugman (1965), *Ibid.*

4 Ronald C. Goodstein, "Category-Based Applications and Extensions in Advertising Motivating More Extensive Ad Processing", *Journal of Consumer Research*, June 1993, pp. 87-99.

2) 귀 인

소비자는 광고모델에 대한 자신의 귀인(attribution)을 기반으로 해서 간단한 신념을 형성하기도 한다.[5] 만약 '광고모델이 돈을 벌려는 동기에서 광고에 출연한다.'는 식으로 귀인한다면, 소비자는 그가 제시하는 메시지가 그리 믿을 만한 것이 아니라고 생각할 것이다. 한편, '광고모델이 광고되는 제품을 진정으로 좋아한다.'는 식으로 귀인한다면, 소비자는 그가 제시하는 메시지가 믿을 만한 것이라고 생각할 것이다.

3) 휴리스틱

소비자는 자신의 사전지식을 이용하여 유도하기 쉽고 인지적 노력도 적게 드는 일종의 간단한 경험법칙을 형성할 수 있는데, 이를 휴리스틱(heuristic)이라고 한다.[6] 예컨대, 소비자는 '유명상표는 반드시 물건이 좋다.'는 식의 휴리스틱을 적용할 수 있다. 특수한 유형의 휴리스틱으로는 빈도휴리스틱(frequency heuristic)이 있는데, 이는 소비자가 지지하는 주장의 수를 기반으로 해서 간단한 신념을 형성하는 것을 말한다.[7] 예컨대, '내가 그것을 좋아하는 이유를 꼽아보니 10개나 되기 때문에, 그것은 좋은 물건임에 틀림없다.'는 식으로 생각하는 것이다.

관련연구에 따르면, 메시지가 계속 반복될수록 소비자는 더 강한 신념을 형성하게 될 가능성이 있는데, 특히 이런 효과가 잘 발생하는 것은 소비자가 자기 나름의 생각과 의견을 형성하지 않고 메시지에 대한 간단한 인지와 친숙성을 신뢰성의 지표로 삼는 경우이다.[8] 즉, 소비자는 제시된 정보에 관하여 깊이 생각(혹은 평가)하기보다는 메시지에 대한 친숙성을 기반으로 해서 그 정확성을 판단하는 것이 더 용이하다고 판단하기도 한다.

---

5 Valerie S. Folkes, "Recent Attribution Research in Consumer Behavior: A Review and New Directions", *Journal of Consumer Research*, March 1988, pp. 548-656.

6 Shelly Chaiken, "Heuristic Versus Systematic Information Processing and the use of Source Versus Message Cues in Persuasion", *Journal of Personality and Social Psychology*, 39, 1980, pp. 752-766.

7 Joseph W. Alba and Howard Marmorstein, "The Effects of Frequency Knowledge on Consumer Decision Making", *Journal of Consumer Research*, June 1987, pp. 14-25.

8 Scott A. Hawkins and Stephen J. Hoch, "Low-Involvement Learning: Memory Without Evaluation", *Journal of Consumer Research*, September 1992, pp. 212-225.

2. 저노력형 인지기반 태도에 영향을 미치는 방안

기업이 소비자의 인지기반 태도에 영향을 미치려고 할 경우에는 ① 소비자가 가진 신념의 강도(strength) 혹은 부각성(salience)을 높이는 방향과 ② 소비자가 메시지를 처리하는 데 사용하는 추론, 귀인 혹은 휴리스틱을 기반으로 호의적 신념을 형성하게 만드는 방향이라는 두 가지 방향을 모색할 수 있다. 기업은 원천요인, 메시지요인 및 메시지가 전달되는 맥락요인이라는 커뮤니케이션의 세 가지 주요특성을 고려해서 이런 방향으로의 효과를 달성하는 마케팅커뮤니케이션을 고안해야 한다.

1) 원천의 특성을 이용하여 태도에 영향을 미치는 방안

소비자의 정보처리노력이 낮은 경우, 원천의 특성은 소비자가 가진 신념의 호의성에 중요한 영향을 미친다. 소비자의 MAO 수준이 낮을 때는 신뢰성 있는 원천(예: 전문가이거나 신빙성이 있거나 혹은 사회적 지위가 높은 원천)이 소비자가 간단한 판단을 하기 위한 일종의 휴리스틱으로 작용해서 주변단서로서의 역할을 하기도 한다.[9]

예컨대, 이런 경우에 소비자는 '전문가가 하는 말이니까, 믿을 만해.'라든가 '전문가가 보장하는 제품이니까, 좋은 물건임에 틀림없어.'라는 식으로 간단히 생각할 수 있다. 이처럼 정보처리노력이 낮은 경우에는 메시지관련 주장이 적극적으로 처리되지 않고, 원천의 전문지식이 메시지신뢰성을 판단하는 간단한 단서로 많이 사용된다.

신뢰성 있는 원천은 소비자가 제품에 관해서 추론을 하는 데도 사용된다. 유명인사가 광고모델로 나와 소개하는 제품에 관하여 소비자가 자기 나름대로 추론하는 것이 바로 그런 예이다. 예컨대, 마이클 조던을 광고모델로 내세운 운동화광고를 본 소비자는 '조던과 같은 스포츠전문가가 보장한다면, 이 제품은 좋은 것임에 틀림없어.'라는 식으로 추론할 수 있다. 또한, 기업은 자사의 광고모델이 다른 여러 제품의 광고에 중복해서 출연하지 않도록 함으로써 소비자에 대한 광고모델의 신뢰성을 높일 수 있다.

2) 메시지의 특성을 이용하여 태도에 영향을 미치는 방안

소비자의 정보처리노력이 낮은 상황에서 기업이 소비자의 인지기반 태도에 영향을

9 S. Ratneshwar and Shelly Chaiken, "Comprehension's Role in Persuasion: The Case of Its Moderating Effect on the Persuasive Impact of Source Cues", *Journal of Consumer Research*, June 1991, pp. 52-62.

미치기 위해서는 다양한 기법을 사용할 수 있다. 하지만, 여기서는 ① 범주/스키마와 일치하는 정보를 제공하는 방안, ② 다수의 메시지주장을 제시하는 방안, ③ 간단한 메시지를 제공하는 방안 및 ④ 관여도를 높이는 메시지를 제공하는 방안이라는 네 가지 주요방안을 중심으로 설명하기로 한다.

(1) 범주/스키마와 일치하는 정보를 제공하는 방안

기업이 제시하는 메시지로부터 소비자가 형성하는 추론적 신념에 영향을 미치는 데는 커뮤니케이션의 여러 가지 요소를 사용할 수 있다. 예컨대, 소비자는 상표명을 기반으로 해서 그 상표가 어떤 특성을 가진다고 추론할 수 있다. 예컨대, '자연퐁'이라는 상표명을 본 소비자는 '자연퐁은 틀림없이 환경보호에 좋을 거야.'라는 식으로 간단히 추론할 수도 있다.

또한, 소비자는 가격을 기반으로 해서 상표의 품질에 관하여 추론하거나, 색상을 기반으로 해서 상표의 속성에 관하여 추론하기도 한다. 예컨대, 청색계통의 상품은 소비자에게 무언가 시원한 느낌을 갖게 만든다. 따라서, MAO 수준이 낮은 소비자를 겨냥한 광고에서는 소비자가 즉각적인 연상을 가질 수 있다는 점에 유의해서 메시지의 시각적 및 언어적 정보를 손쉽게 처리할 수 있도록 고안해야 한다.

(2) 다수의 메시지주장을 제공하는 방안

앞에서 설명한 바 있는 빈도휴리스틱을 이용해서 소비자의 신념에 영향을 미칠 수 있다. 즉, 어떤 제품의 장점을 여러 가지로 열거하는 내용의 광고를 본 소비자는 단지 그것이 많은 정보를 담고 있다는 이유 때문에 메시지를 수용하기도 한다. 이런 경우에 소비자는 광고에서 제시된 모든 정보를 실제로 처리하는 것이 아니라 하나의 간단한 법칙으로서 광고에서 제시된 제품을 지지하는 메시지주장의 수가 몇 개나 되는지를 세어 보고 간단히 판단하는 정도로 그친다.

(3) 간단한 메시지를 제공하는 방안

소비자의 정보처리노력이 낮을 가능성이 있음에도 불구하고 기업이 기초적인 정보를 전달해서 자사제품이 우수한 이유를 소비자에게 이해시키려는 경우가 있는데, 특히 이는 자사제품이 경쟁사제품과 분명한 차이점이 있는 경우에 해당된다. 하지만, 이런 경우에는 소비자가 정보과부하(information overload) 상태에 빠질 가능성이 있기 때문에, 광고에 상표에 관한 세부정보를 많이 담으려고 애쓰기보다는 한두 가지의 중요한 포인트만 전달하는 식의 간단한 메시지를 제공해야 한다. 다음은 이런 원리를 충실히 응용해서 성공한 광고의 두 가지 예이다.

첫째, 아쿠아프레쉬 플렉스(Aquafresh Flex) 칫솔 광고는 토마토에 칫솔질을 하는 모습을 실연하여 '칫솔의 목이 유연하고 압력에 민감해서 잇몸에 부드럽다.'는 자사제품의 차별적인 이점을 잘 표현하였다. 특히, 다른 칫솔을 사용하면 토마토에 움푹 들어간 자국이 났지만, 플렉스 칫솔을 사용하면 전혀 그렇지 않다는 것을 시각적으로 여실히 보여주었다.

둘째, 엑시드린(Excedrin) 광고에서는 두 개의 알약이 하나로 결합되는 그림을 보여주었는데, 이는 자사의 신제품이 두통과 싸우는 데 더 강한 힘을 발휘하기 위해 기존의 엑시드린에 이부프로펜을 추가로 결합시켰다는 점을 시각적으로 간단히 잘 표현한 것이었다.

(4) 관여도를 높이는 메시지를 제공하는 방안

앞의 세 가지 방안은 메시지를 처리하기 위한 소비자의 MAO 수준이 낮은 상황에 적응하기 위해 광고를 어떻게 고안해야 하는가에 대한 권고사항이었다. 이와는 달리, 메시지에 대한 소비자의 관여도를 높여서 결국 메시지의 처리가능성을 높여주는 요소를 광고에 포함시키는 방안도 있다.

따라서, 소비자의 MAO 수준이 낮은 경우에 기업은 소비자의 MAO 수준과 주의를 높이기 위해 다음과 같은 몇 가지 방안을 활용할 수 있다.

첫째, 소비자가 자기준거(self-referencing)를 수행하도록 만드는 방안이다. 기업은 소비자에게 메시지와 자신의 경험이나 자기이미지를 서로 연결시키도록 요구함으로써 자기준거를 유발할 수 있는데, 그 구체적인 방법으로는 ① 소비자에게 자기준거를 수행하도록 직접 지시하는 방법, ② 2인칭(예: '당신'이라는 단어)을 사용하는 방법, ③ 수사적 질문을 사용하는 방법 그리고 ④ 소비자가 손쉽게 연관시킬 수 있는 상황에 관한 어떤 영상을 보여주는 방법을 들 수 있다. 이런 자기준거방안은 소비자의 긍정적인 태도와 의도를 형성하는 데 효과적이다.[10] 다음은 이런 원리를 이용한 두 가지 광고의 예이다.

윈저 캐나디언 위스키(Windsor Canadian Whiskey)의 광고에서는 붐비는 지하철의 문에 자신의 손가방이 끼인 어떤 남자의 모습을 보여주면서 '다행히도 저녁과 더불어 매일이 온다.'는 캡션을 제시했다. 이는 소비자의 일상을 간단히 보여주면서 자기준거를 유발하려고 한 예이다. 또한 블루 크로스(Blue Cross)의 광고에서는 어린이에 대한 안전

10 Robert E. Burnkrant and H. Rao Unnava, "Effects of Self-Referencing on Persuasion", *Journal of Consumer Research*, June 1995, pp. 17-26.

의 고전적인 상징인 장난감 곰(teddy bear)을 이용하여 소비자의 자기준거를 높이는 방식으로 '안전'이라는 메시지를 전달했다.

둘째, 미스터리광고(mystery ad)도 소비자의 관여도를 높이는 또 다른 방안이다. 이 광고는 광고의 말미에 이르기 전까지 상표의 정체를 일체 밝히지 않기 때문에 이에 대한 소비자의 호기심을 자극하고 상황적 관여도를 높이려는 취지를 갖고 있다. 이런 미스터리광고는 범주기반 정보처리(category-based processing)를 생성하고 기억 속에 상표연상을 저장하도록 하는 데 특별히 효과적이다.[11]

미스터리광고의 예로 필립스(philips)의 DCC 테이프플레이어 신제품 도입광고를 들 수 있다. 필립스사는 이 신제품의 시판을 위하여 사람들의 주목을 끄는 여러 영상을 담은 3분짜리 광고를 제작하였다.

하늘에서 갑자기 어떤 청명한 소리가 들려왔다. 그러자 정부각료들은 그것이 도대체 무슨 소리인지 해독하기 위해 노력하고, 러시아의 다방종업원은 그 소리에 맞춰 부기우기 춤을 추며, 서커스단의 어릿광대는 그 소리에 따라 이리저리 몸을 움직이고, 가톨릭 성직자는 그로부터 어떤 영감을 받는 장면을 보여준다. 그리고 광고의 말미에 와서야 비로소 소비자는 그것이 필립스의 광고라는 사실을 알게 된다.

그 외에 소비자의 상황적 관여도와 정보처리노력을 높이는 방안으로는 다음과 같은 몇 가지 기법을 들 수 있다.

첫째, 긁으면 향기가 나는 광고(scratch-and-sniff ad)인데, 이런 광고는 대개 새로움을 추구하는 것이 주는 흥분을 억누를 수 없기 때문에 소비자의 정보처리수준을 높이는 데 효과가 있다.

둘째, 칵테일 잔의 얼음덩이 속에 여러 가지 그림을 교묘하게 숨겨두는 식의 광고이다. 이런 광고는 소비자로 하여금 그 속에 과연 어떤 그림이 들어 있는지 찾아보도록 해서 적극 몰입하게 만드는 효과가 있다.

셋째, 상호작용식으로 소비자의 참여를 유도하는 광고이다. 과거에 밀러(Miller) 맥주는 상호작용식 축구게임에 참여하도록 유도하는 광고를 시행하였는데, 생방송을 하는 동안 1,000개가 넘는 술집에 있는 소비자들이 전화로 참여할 수 있게 하여 호응이 매우 좋았다.

---

11 Russell H. Fazio, Paul M. Herr, and Martha C. Powell, "On the Development and Strength of Category-Brand Associations in Memory: The Case of Mystery Ads", *Journal of Consumer Psychology*, 1 (1), 1992, pp. 1-14.

3) 메시지맥락의 특성을 이용하여 태도에 영향을 미치는 방안

앞에서 설명한 원천요인과 메시지요인은 주로 소비자가 가진 태도의 호의성에 영향을 미치지만, 메시지가 전달되는 맥락요인은 소비자가 가진 신념의 강도와 부각성에 영향을 미친다. 소비자의 태도에 영향을 미치기 위해 사용할 수 있는 맥락요인으로는 메시지반복(message repetition)을 들 수 있는데, 이는 다음과 같은 두 가지 방식으로 소비자의 인지적 처리에 중요한 영향을 미칠 수 있다.

첫째, 메시지반복은 소비자가 더 상세하고 복잡한 지식이 아닌 어떤 중요한 특징이나 편익에 관한 기초지식(즉, 간단한 신념)을 획득하도록 해서 그 부각성이나 기억으로부터의 인출가능성을 높이는 데 도움을 준다. 대개 소비자는 이런 정보를 적극적으로 처리하려고 노력하지 않기 때문에, 지속적인 메시지반복은 우연적 학습(incidental learning)을 통해서 소비자가 정보를 학습하고 기억으로부터 이를 회상하는 데 도움을 준다. 예컨대, 펩시콜라는 한 때 'Be Young, Have fun, Drink Pepsi'라는 슬로건을 내건 적이 있는데, 이 슬로건에 많이 노출된 소비자는 '펩시콜라는 곧 젊은이를 위한 음료'라는 부각적 신념을 갖게 될 수 있다.

둘째, 메시지반복은 상표의 인지도를 높이고, 상표명에 더 친숙하게 만들며, 소매점에서 상표를 더 쉽게 재인하도록 만들고, 소비자의 의사결정시점에 상표가 손쉽게 기억나게 하며, 상표에 대한 소비자의 확신을 높여주는 효과가 있다.[12] 예컨대, 캘리포니아 아보카도(California Avocados)는 악어배(avocado)의 다양한 용도를 실연하는 모습을 담은 일련의 광고캠페인을 반복적으로 시행하였는데, 그 결과 매출을 16%나 증가시키는 데 성공하였다.

셋째, 메시지반복은 광고에서 제시하는 주장을 소비자들이 더 잘 믿도록 만드는 효과를 발휘하기도 하는데, 이를 진실효과(truth effect)라고 한다.

기업의 입장에서 볼 때, 소비자의 MAO 수준이 낮은 경우 메시지반복이 중요하다는 것은 분명하다. 즉, 메시지를 지속적으로 반복하면, 소비자는 제품에 관한 기초정보를 학습하게 되고 그 내용을 사실로 믿게 될 가능성도 높아진다. 하지만, 동일한 광고를 계속 반복하면 광고효과의 감퇴현상(ad wearout)이 발생할 소지가 있는데, 기업이 이런 현상이 발생하는 것을 피하기 위해서는 광고집행방식에 약간의 변화를 줄 필요

---

12 Ida E. Berger and Andrew A. Mitchell, "The Effect of Attitude Accessibility, Attitude Confidence, and the Attitude-Behavior Relationship", *Journal of Consumer Research*, December 1989, pp. 269-279.

가 있다.

제 3 절 저노력형 감정기반 태도

1. 저노력형 감정기반 태도모델

주변단서에 기반을 두고 간단한 신념을 확립하게 해서 인지기반 태도를 형성하게 하는 것이 소비자의 정보처리노력이 낮은 조건에서 기업이 자사상표에 대한 소비자의 태도를 형성하도록 만드는 유일한 길은 아니다. 기업은 주변단서에 대한 소비자의 감정적 반응에 기반을 둔 소비자의 태도, 즉 감정기반 태도를 형성하게 만들 수도 있는데, 이런 저노력형 감정적 정보처리를 설명하는 주요연구영역에는 ① 단순노출효과 ② 고전적 조건형성, ③ 광고태도 그리고 ④ 기분이라는 네 가지 영역을 들 수 있다.

1) 단순노출효과

감정기반의 태도에 대한 한 가지 설명에서는 태도의 대상에 대한 소비자의 친숙성이 태도형성의 기준이라고 본다.[13] 대개 소비자는 생소한 것보다 친숙한 것을 더 선호하는 경향이 있는데, 이를 단순노출효과(mere exposure effect)라고 한다. 즉, 소비자는 친숙한 것을 더 좋아하기 때문에, 생소한 것에 대해서는 다소 비호의적인 반응을 취한다는 것이다. 이런 전제하에서 어떤 대상이나 행동에 대한 소비자의 태도는 시간이 지나이에 친숙해지면서 점차 호의적으로 변하게 된다고 본다. 예컨대, 새로운 스타일의 음악이나 옷을 처음 접할 때는 싫어할 수도 있겠지만, 시간이 지나면서 점점 더 마음에 들게 될 수 있다. 그런데, 이런 소비자의 태도는 어떤 대상이나 행동에 대한 깊은 인지적 분석에 의해 영향을 받는 것이 아니라, 시간의 경과에 따라서 생성되는 단순한 친숙성이 그런 대상이나 행동을 더 좋아하게 만든다는 점에 주목해야 한다.

하지만, 단순노출효과에 대한 비판도 많이 제기되고 있는데, 여기서 두 가지만 소개하면 다음과 같다. 첫째, 단순노출효과를 입증한 대부분의 연구는 엄밀하게 통제된

13 Robert B. Zajonc and Hazel B. Markus, "Affective and Cognitive Factors in Preferences", *Journal of Consumer Research*, September 1982, pp. 121-131.

실험실조사로 시행되었기 때문에, 그것이 과연 현실세계에서 일반화될 수 있는지에 대한 의문이 제기되고 있다.[14] 둘째, 반복노출이 자극에 관하여 소비자가 느끼는 불확실성을 감소시키거나 소비자가 자극을 처리할 수 있는 기회를 높이는 역할을 할 수도 있기 때문에,[15] 단순한 친숙성보다는 오히려 이런 요인들이 소비자의 태도에 영향을 미칠 가능성도 배제할 수 없다.

기업의 입장에서 보면, 단순노출효과는 어떤 대상(예: 상표, 제품, 광고, 사람, 기업)에 대한 소비자의 태도가 그것에 대한 친숙성이 증가함에 따라서 더 호의적으로 바뀔 수 있다고 예측하는 셈이다. 그러므로, 처음에는 소비자가 새롭거나 색다른 제품을 싫어할 수도 있겠지만, 해당 제품에 관한 메시지를 소비자에게 반복노출시킴으로써 그런 제품에 대한 소비자의 호감을 점차 높일 수 있다. 마찬가지로, 어떤 TV광고를 처음에는 별로 좋아하지 않을 수도 있겠지만, 그것에 대한 친숙성이 증가하면서 소비자가 그것을 점차 좋아하게 될 수 있다. 이에 따르면, 소비자의 MAO 수준이 낮을 경우에는 제품과 메시지에 대한 소비자의 노출을 증대시키는 창의적인 방안을 모색할 필요가 있는데, 특히 이를 위해서는 샘플링이나 시용과 같은 방법을 사용할 수 있다.

그런데, 어떤 자극에 대한 반복노출이 소비자의 친숙성과 호감을 높이는 것은 단지 일정한 지점까지로 한정된다는 점에 주목해야 한다.[16] 만약 그 지점을 넘어서면, 소비자가 해당 자극에 대해 지겨움을 느끼게 되는 소위 광고효과의 감퇴현상이 나타나 광고에서 제시된 상표에 대한 소비자의 태도가 오히려 부정적으로 바뀔 가능성도 있다.[17]

하지만, 광고효과의 감퇴현상은 메시지는 동일하지만 상이한 광고집행방식을 개발하거나 동일한 제품의 여러 가지 변형을 개발하는 것으로 어느 정도 해결될 수 있다. 바로 이는 많은 광고주들이 한 개의 광고를 반복해서 집행하기보다는 전체적인 짜임새가 있는 광고캠페인을 개발하는 이유이다.[18] 즉, 광고캠페인의 목표는 일단의 여러 가

---

14 Carl Obermiller, "Varieties of Mere Exposure: The Effects of Processing Style and Repetition in Affective Response", *Journal of Consumer Research*, June 1985, pp. 17-30.

15 Arno Rethans, John L. Swazy, and Lawrence J. Marks, "The Effects of Television Commercial Repetition, Receiver Knowledge, and Commercial Length: A Test of a Two Factor Model", *Journal of Marketing Research*, February 1986, pp. 50-61.

16 Herbert Krugman, "Why Three Exposures May Be Enough", *Journal of Advertising Research*, December 1972, pp. 11-14.

17 George E. Belch, "The Effects of Television Commercial Repetition on Cognitive Response and Message Acceptance", *Journal of Consumer Research*, June 1982, pp. 52-65.

18 Curtis P. Haugtvedt, David W. Schumann, Wendy L. Schneier, and Wendy L. Warren, "Advertising Repetition and Variation Strategies: Implications for Understanding Attitude Strength", *Journal of Consumer Research*, June 1994, pp. 176-189.

지 광고를 통하여 소비자들에게 동일한 메시지를 전달하려는 것이다. 너무나 유명한 에너자이저(Energizer) 배터리의 토끼 광고캠페인은 광고효과의 감퇴현상을 피하기 위해 여러 가지 광고집행방식을 사용한 좋은 예이다.

2) 고전적 조건형성

소비자의 정보처리노력이 낮은 상태에서 기업이 소비자의 태도에 영향을 미치기 위해서는 고전적 조건형성(classical conditioning)의 원리를 이용할 수 있다. 고전적 조건형성은 20세기 초에 러시아의 과학자 파블로프(Ivan Pavlov)의 연구에 의해 세상에 널리 알려지게 된 현상이다.[19] 파블로프는 개가 고기가루(meat powder)에 노출되면 자연히 침을 흘리기 시작한다는 사실을 관찰한 후에, '음식이 아닌 다른 것을 이용해서 이와 동일한 개의 침흘리기 반응을 유발할 수는 없을까?'라는 의문을 갖게 되었다.

이에 따라 파블로프는 개가 고기가루에 노출될 때마다 종을 친 결과, 나중에는 주위에 음식이 전혀 없어도 종소리만 들으면 개가 침흘리기 시작한다는 사실을 발견하게 되었다.

[그림 10-3]의 왼쪽그림에서 보는 바와 같이, 파블로프의 실험에서 사용된 음식(고기가루)은 무조건자극(UCS: unconditioned stimulus)이라고 하고, 음식을 보고 개가 침을 흘리는 반응은 무조건반응(UCR: unconditioned response)이라고 한다. 무조건자극은 비자발적인 무조건반응을 자동으로 유발하는 자극을 말한다. 예컨대, 개가 고기가루를 보면 침을 흘리지 않을 수 없는데, 이는 아무런 조건 없이 저절로 발생하게 되는 현상이다.

조건자극(CS: conditioned stimulus)은 그 자체로는 비자발적 반응을 자동으로 유발하지 않는 자극을 말한다. 파블로프가 개에게 음식과 종소리를 서로 짝지워 제시하기 전에 종소리만으로 개에게 침을 흘리게 할 수는 없기 때문에, 종소리는 조건자극에 해당된다. 조건자극(종소리)과 무조건자극(고기가루)을 반복해서 짝지워 제시하는 행위가 비자발적인 무조건 반응(침흘리기)을 자동으로 유발하게 만들었다.

하지만, 반응(침흘리기)은 결국 조건자극(종소리)의 등장으로 조건형성이 되었다. 즉, 개는 음식과 종소리를 서로 연관시켜서 마침내 종소리를 듣기만 해도 침을 흘리게 되었는데, 이처럼 조건자극만 존재하는 상황에서도 유발되는 반응을 조건반응(CR: conditioned response)이라고 부른다.

---

19 Robert Rescorla, "Pavlovian Conditioning: It's Not What You Think It Is", *American Psychologist*, March 1988, pp. 151-160.

그림 10-3 고전적 조건형성의 원리

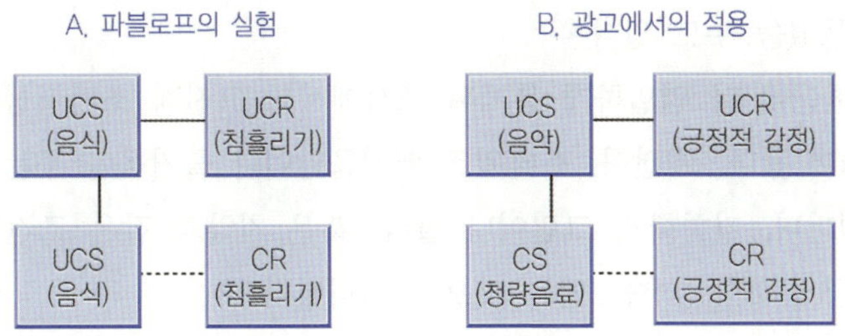

고전적 조건형성이론은 마케팅커뮤니케이션의 효과를 설명하는 데 종종 사용된다. 다만, 마케팅커뮤니케이션의 경우에는 무조건 반응이 파블로프의 실험처럼 개의 생리적 반응(예: 침흘리기)이 아니라 인간의 심리적 반응(예: 감정)이 된다. 고전적 조건형성의 원리를 마케팅커뮤니케이션에 적용할 때는 즐거움이나 따스함과 같은 무조건적인 감정적 반응을 자동으로 유발할 수 있는 어떤 무조건자극이 존재한다는 기본전제가 깔려 있다. 이런 무조건자극(UCS)을 상표명과 같은 조건자극(CS)과 반복적으로 짝지워 제시함으로써 나중에는 상표명 그 자체만으로도 동일한 감정적 반응(CR)을 유발하려고 하는 것이다.

[그림 10-3]의 오른쪽그림에서 보듯이, 마케팅커뮤니케이션에서 잘 사용되는 무조건자극(UCS)으로는 일반적으로 소비자의 긍정적인 감정을 유발하는 배경음악이나 행복한 장면을 들 수 있다. 기업은 자사의 청량음료(CS)와 배경음악(UCS)을 반복적으로 짝지워 제시함으로써 결국 상표명에 대한 연상만으로도 그런 긍정적인 반응(CR)이 생성되기를 희망하는 것이다. 마찬가지로, 소비량을 줄이고자 하는 어떤 제품(예: 담배)과 함께 부정적인 감정적 반응을 자동으로 유발하는 자극(예: 폐질환을 앓고 있는 환자)을 보여주는 공익광고는 소비자가 그 제품에 대해 부정적인 감정적 반응을 보이도록 조건형성을 하려는 취지이다.

고전적 조건형성 현상을 입증하려고 했던 초기연구에서는 두 집단의 조사대상자에게 각각 '매우 즐거운 음악' 혹은 '별로 즐겁지 않은 음악'을 1분 정도 들려주면서 청색 펜 광고나 베이지색 펜 광고를 담은 슬라이드를 보여주었다. 그 결과 매우 즐거운 음악을 들었던 사람들 중의 79%가 광고된 펜을 선택하였지만, 별로 즐겁지 않은 음악을 들었던 사람들 중의 30%만 광고된 펜을 선택한 것으로 나타났다.[20]

20 Gerald J. Gorn, "The Effects of Music in Advertising on Choice Behavior: A Classical Conditioning Approach", *Journal of Marketing*, Winter 1982, pp. 94–101.

이 연구결과에 대해서는 재해석의 여지가 있다. 즉, 조사대상자들이 그저 실험자가 바라는 것이라고 생각되는 행동을 취했거나,[21] 음악이 소비자에게 더 긍정적인 기분이 들도록 만들었을 수도 있다.[22]

하지만, 최근에 더 엄밀하게 통제된 조사에서도 고전적 조건형성 현상을 지지하는 증거가 발견되어 왔다. 예컨대, 스타워즈 배경음악이나 즐거움을 주는 그림을 무조건자극으로 사용했더니, 기하학적 그림이나 콜라, 혹은 치약과 같은 조건자극에 대한 소비자의 태도가 긍정적인 영향을 받는 것으로 나타났다.[23]

고전적 조건형성에 관한 연구에 따르면, 다음과 같은 조건에서 고전적 조건형성이 발생할 가능성이 높다.[24]

첫째, 조건자극과 무조건자극의 연결관계가 비교적 참신하거나 그동안 잘 알려지지 않은 경우이다. 예컨대, 널리 알려져 있지 않지만 아름다운 그림처럼 어떤 참신하고 특유한 영상을 소비자의 긍정적인 감정을 유발하기 위한 무조건자극으로 사용하는 경우가 바로 이런 조건에 해당된다.

둘째, 조건자극과 무조건자극이 제시되는 순서이다. 조건자극이 무조건자극보다 앞서 제시되는 선행조건화(forward conditioning)의 경우에는 무조건자극이 조건자극보다 앞서 제시되는 후행조건화(backward conditioning)의 경우나 무조건자극과 조건자극이 동시에 제시되는 동시조건화(concurrent conditioning)의 경우에 비해 고전적 조건형성이 이루어지는 정도가 더 강하다.

셋째, 조건자극이 무조건자극과 일관되게 짝지워 제시되는 경우이다.

넷째, 소비자들이 조건자극과 무조건자극 사이의 연관관계를 잘 아는 경우이다.

다섯째, 조건자극과 무조건자극 사이에 어떤 논리적 적합성이 존재하는 경우이다. 예컨대, 마이클 조던과 나이키 운동화를 각각 무조건자극과 조건자극으로 서로 짝지워 제시하는 광고는 논리적 적합성이 있는 좋은 예이다.

---

21 Calvin Bierley, Franks K. McSweeny, and Renee Vannieukerk, "Classical Conditioning of Preferences for Stimuli", *Journal of Consumer Research*, December 1985, pp. 316-323.

22 Chis T. Allen and Thomas J. Madden, "A Closer Look at Classical Conditioning", *Journal of Consumer Research*, December 1985, pp. 301-315.

23 Terence A. Shimp, Elnora W. Stuart, and Randall W. Engle, "A Program of Classical Conditioning Experiments Testing Variations in the Conditioned Stimulus and Context", *Journal of Consumer Research*, June 1991, pp. 1-12.

24 Terence A. Shimp, "Neo-Pavlovian Conditioning and Its Implications for Consumer Theory and Research", in eds. Thomas S. Robertson and Harold H. Kassarjian, *Handbook of Consumer Behavior* (Englewood Cliffs, N.J.: Prentice-Hall, 1991), pp. 162-187.

그런데, 실제의 광고를 보면 소비자들이 그것에 대해 이미 많은 연상을 갖고 있는 잘 알려진 자극(예: 유명인사, 음악 혹은 영상)을 무조건자극으로 사용하는 경우가 많은데, 이는 위의 첫 번째 조건에 위배되는 것이다. 즉, 광고모델로 너무 자주 사용되는 유명인사는 고전적 조건형성을 이루는 데 별로 효과적이지 못할 수 있다. 하지만, 소비자에게 매우 친숙한 자극(예: 인기 있는 노래)을 사용하면 그것이 여러 상황에서 소비자에게 매우 강한 느낌을 유발하는 역할을 하기 때문에, 그런 문제가 어느 정도 해결될 수 있다는 주장도 있다.[25]

3) 광고태도

소비자의 MAO 수준이 낮은 상황에서 감정기반의 태도를 이해하는 데 유용한 또 하나의 개념은 광고태도(Attitude toward the ad: Aad)이다. 간혹 어떤 대상에 대한 태도는 그것으로 연상되는 다른 대상에 대한 태도에도 영향을 미칠 수 있다. 예컨대, 어떤 광고가 긍정적인 반응으로 조건형성이 되어 있거나 어떤 미적인 즐거움을 준다는 것을 비롯한 여러 가지 이유 때문에 소비자는 그런 광고를 좋아하기도 하는데, 이런 경우 광고에 대한 긍정적인 감정이 광고에서 제시되는 상표로 전이될 수 있다.[26] 말하자면, 너무 재미있거나 너무 감상적이거나 혹은 너무 유머가 있어서 어떤 광고를 좋아하게 되면, 그 광고에서 제시되는 상표에 대해서도 소비자가 호의적인 태도를 가질 수 있다는 것이다. 다만, 이런 경우에 소비자의 태도는 상표 자체에 대한 세부적이고 노력이 많이 드는 분석이 아니라 간단한 감정적 과정에 기반을 두고 형성된다.

상표에 대한 소비자의 신념이나 지식만으로는 상표에 대한 소비자의 태도를 충분히 설명할 수 없고, 소비자가 좋아하는 광고에서 제시되는 상표가 더 호의적으로 평가되는 현상을 잘 설명해주는 것이 바로 광고태도라는 것을 주장하는 연구가 있다.[27] 또한, 인도, 그리스, 덴마크, 뉴질랜드 및 미국에서 시행된 한 연구에서는 광고태도라는 개념이 범세계적으로 적용이 가능하다는 사실을 확인하였고,[28] ARF(Advertising Research

25 *Ibid.*

26 Steven P. Brown and Douglas M Stayman, "Antecedents and Consequences of Attitude Toward the Ad: A Meta-analysis", *Journal of Consumer Research*, June 1993, pp. 34-51.

27 Andrew A. Mitchell and Jerry C. Olson, "Are Product Attributes Beliefs the Only Mediator of Advertising Effects on Brand Attitudes?", *Journal of Marketing Research*, August 1981, pp. 318-322.

28 Srinivas Durvasula, J. Craig Andrews, Steven Lysonski, and Richard G. Netermeyer, "Assessing the Cross-National Applicability of Consumer Behavior Models: A Model of Attitude Toward Advertising in General", *Journal of Consumer Research*, March 1993, pp.

그림 10-4 이중매개가설

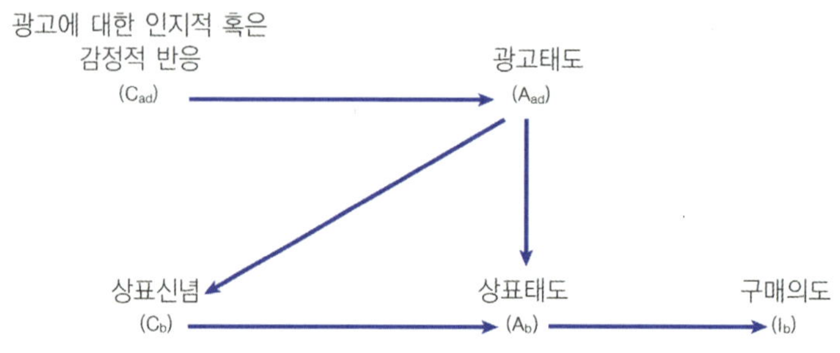

Foundation)의 조사결과는 광고태도가 광고의 유효성을 나타내는 최선의 지표가 될 수 있음을 시사한다.29

그런데, 광고에 대한 호감과 상표에 대한 태도 사이의 관계에 대해 더 복잡한 설명을 제공하는 이론으로 이중매개가설(dual mediation hypothesis)이 있다.30 이에 따르면, 소비자는 광고에 대해 호의적인 인지적 반응(즉, 그 신뢰성에 관한 판단)을 가지거나 호의적인 감정적 반응(즉, 좋은 느낌)을 가지기 때문에, 광고에 대한 호의적인 태도를 가진다.

[그림 10-4]에서 보듯이, 이중매개가설은 광고태도(A_{ad})가 상표태도(A_b)에 대해 두 가지 경로로 영향을 미칠 수 있다고 본다.

첫째, 광고태도(A_{ad})는 광고에서 제시된 주장을 받아들이는 소비자의 성향인 상표신념(C_b)에 영향을 미친다. 즉, 광고를 좋아하면, 광고에서 말하는 것도 믿게 될 가능성이 높아진다는 것이다. 다시 상표신념(C_b)은 상표태도(A_b)에 영향을 미친다.

둘째, 광고태도(A_{ad})가 상표태도(A_b)에 대해 직접적인 영향을 미칠 수 있다. 즉, 광고를 좋아하면, 광고되는 상표도 더 좋아할 수 있게 된다는 것이다. 그리고 이런 두 가지 경로의 반응들은 결국 소비자의 구매의도(I_b)에 긍정적인 영향을 미친다고 본다.

광고태도 이론이 주는 한 가지 분명한 시사점은 소비자에게 즐거움을 주거나 좋아하게 만들 수 있는 광고를 하면, 그 광고에서 제시되는 상표에 대한 소비자의 태도

626-636.

29 Russell I. Haley and Allen L. Baldinger, "The ARF Copy Research Validity Project", *Journal of Advertising Research*, April-May 1991, pp. 11-32.

30 Pamela M. Homer, "The Mediating Role of Attitude toward the Ad: Some Additional Evidence", *Journal of Marketing Research*, February 1990, pp. 78-86.

를 더 긍정적으로 만들 수 있다는 것이다. 따라서, 기업은 유머, 음악, 즐거운 그림 같은 다양한 기법을 사용해서 소비자의 긍정적인 광고태도를 개발하는 방안을 모색할 수 있다.

그런데, 광고태도가 상표태도에 미치는 효과는 소비자가 해당 상표에 대해 얼마나 강한 태도를 갖고 있는가에 따라 차이가 있다.[31] 우선, 잘 알려져 있어서 소비자에게 이미 강한 태도가 형성되어 있는 상표라면, 소비자에게 광고를 좋아하게 만드는 방식을 통해서 상표를 좋아하게 만드는 것은 상당히 어려울 수 있다. 한편, 새로 도입되는 상표이거나 그리 잘 알려져 있지 않은 상표라서 소비자에게 강한 태도가 형성되어 있지 못한 경우라면, 광고에 대한 소비자의 호감을 형성하는 것이 상표에 대한 소비자의 호감을 형성하는 데 더 중요한 역할을 할 수 있다. 그런데, 광고태도가 상표태도에 미치는 효과는 시간이 지나면서 점차 약화된다.[32] 즉, 광고에 대한 소비자의 기억이 희미해지면, 광고와 상표에 대한 소비자의 호감도 더불어 약화된다는 것이다.

4) 기 분

감정기반의 태도는 소비자의 기분(mood)에 의해서도 영향을 받는다. 외부에서 제시되는 자극은 소비자에게 긍정적인 기분이나 부정적인 기분을 유발할 수 있는데, 이런 기분은 소비자가 우연히 평가하게 되는 또 다른 자극에 대한 소비자의 반응에 영향을 미친다. 즉, 기분이 좋으면 어떤 대상을 '좋아한다'고 말할 가능성이 높아지고, 기분이 나쁘면 어떤 대상을 '싫어한다'고 말할 가능성이 높아진다. 이렇게 소비자의 기분은 어떤 대상에 대한 소비자의 태도를 그 기분과 일치하는 방향으로 치우치게 만들 수 있다. 예컨대, 동일한 스웨터를 보더라도 기분이 좋을 때는 그것이 '정말 멋지다'고 생각하지만, 기분이 나쁠 때는 그것이 '너무 초라하다'고 생각하게 될 수도 있다.

그런데, 소비자의 기분은 다음과 같은 두 가지 측면에서 고전적 조건형성과 차이가 있다. 첫째, 고전적 조건형성이 이루어지기 위해서는 조건자극과 무조건자극간의 반복된 연상이 필요하지만, 기분은 그런 연상이 필요 없다. 둘째, 고전적 조건형성과는 달리, 기분은 조건자극뿐만 아니라 모든 대상에 대한 소비자의 평가에 영향을 미칠 수 있다.

---

31 Brown and Stayman (1993), *op. cit.*

32 Amitava Chattopadhyay and Prakash Nedungadi, "Does Attitude Toward the Ad Endure? The Moderating Effects of Attention and Delay", *Journal of Consumer Research*, June 1992, pp. 26-33.

이렇게 기분이 미치는 효과를 고려하면, 기업은 소비자의 기분을 좋게 만들어 소비자의 호의적인 평가를 이끌어내기 위한 여러 방안을 모색할 수 있다. 소매점의 경우에 물리적 여건이나 판매원이 소비자의 기분을 좋게 만들어, 소비자로 하여금 소매점과 그 곳에서 파는 상품을 더 호의적으로 평가하게 할 수 있다.

첫째, 소매점에서 색상체계를 이용하여 소비자의 기분에 영향을 미치는 방안이다. 따뜻한 계통의 색상(예: 적색, 오렌지색, 황색)은 사람을 흥분시키는 경향이 있는 반면, 차가운 계통의 색상(예: 청색, 녹색, 보라색)은 사람의 마음을 진정시키는 효과가 있다.[33] 또한, 따뜻한 색상은 고객을 소매점으로 유인할 수 있지만 고객의 기분을 즐겁게 만들지 못하고, 차가운 색상은 사람을 이완시키는 효과는 있지만 고객을 소매점으로 유인하는 힘은 약하다.[34]

위와 같은 연구결과를 바탕으로 할 때, 소비자에게 신속한 구매나 어떤 활동을 자극하려는 기업의 경우에는 따뜻한 계통의 색상을 사용하는 것이 좋다. 이런 맥락에서 할인점에서는 적색 계통의 색상을 잘 사용하고, 높은 수준의 에너지와 활력이 요구되는 헬스클럽, 체육관 혹은 패스트푸드 식당에도 따뜻한 색상이 바람직하다. 한편, 소비자에게 조용함을 느끼게 하거나 심사숙고하는 데 시간을 많이 소비하도록 만들려는 기업의 경우에는 차가운 계통의 색상을 사용하는 것이 좋다. 고급 내구소비재를 판매하는 소매점이나 병원, 호텔룸, 온천장, 은행, 리조트, 혹은 고급 레스토랑이 그 좋은 예이다.

둘째, 소매점의 실내조명도 소비자의 기분에 영향을 미친다. 일반적으로, 소매점의 실내조명이 더 밝을수록, 소비자가 진열된 상품을 살펴보거나 만져보는 횟수도 많아진다.[35] 하지만, 그렇다고 해서 반드시 소비자의 쇼핑시간이나 구매량이 증가되는 것은 아니다.

셋째, 소비자의 기분을 좋게 만드는 광고에서 제시되는 상표는 소비자의 호감을 많이 받고, 소비자의 호의적인 기분을 유발하는 프로그램에 배치되는 광고는 소비자의 호감을 많이 받을 것으로 기대된다.

---

33 Ayn E. Crowley, "The Two-Dimension Impact of Color on Shopping", *Marketing Letters*, 4 (1), 1993, pp. 59-69.

34 Joseph A. Bellizzi, Ayn E. Crowley, and Ronald W. Hasty, "The Effects of Color in Store Design", *Journal of Retailing*, Spring 1983, pp. 21-45.

35 Charles S. Areni and David Kim, "The Influence of In-Store Lighting on Consumers' Examination of Merchandise in a Wine Store", *International Journal of Research in Marketing*, March 1994, pp. 117-125.

그동안 소비자연구에서는 광고로 유발되는 소비자의 감정에는 어떤 종류가 있는가(예: 정서나 기분)와 이런 감정이 소비자의 광고태도와 상표태도에 어떤 영향을 미치는가를 규명하는 데 초점을 두어왔다.

이에 따르면, 소비자는 광고에 대해 다양한 감정적 반응을 가질 수 있는데, 이런 감정적 반응은 소비자의 광고태도에 미치는 효과 이상으로 소비자의 상표태도에도 영향을 미칠 수 있다.[36] 광고로 유발되는 소비자의 감정적 반응에는 다음과 같은 세 가지 주요 범주가 있다.[37]

첫째, SEVA인데, 이는 감정격동(surgency), 의기양양(elation), 활력(vigor) 및 활성화(activation)의 머릿글자로 광고가 소비자에게 명랑하거나 행복한 기분이 들도록 만들 때 나타나는 감정적 반응이다.

둘째, 비활성화 느낌(deactivation)인데, 여기에는 진정시키는 반응, 이완된 반응, 고요한 반응, 혹은 즐거운 반응이 포함된다.

셋째, 사회적 애정(social affection)인데, 여기에는 따스함, 포근함 및 배려와 같은 느낌이 포함된다.

또한, 광고로 유발되는 어떤 느낌(예: 따스함이나 유머)이 소비자의 상표태도에 직접적이고 긍정적인 영향을 미치기도 한다.[38] 즉, 광고가 소비자에게 행복한 느낌이나 따뜻한 느낌을 갖게 만들 수 있는데, 이런 느낌이 광고에서 제시되는 상표에도 그대로 전이될 수 있다.

2. 저노력형 감정기반 태도에 영향을 미치는 방안

기업이 소비자의 인지기반 태도와 일관성 있는 마케팅커뮤니케이션을 고안할 수 있는 것처럼, 소비자의 감정기반 태도와 일관성 있는 마케팅커뮤니케이션을 고안할 수 있다. 특히, 소비자의 정보처리노력이 낮은 경우에는 기업은 다음과 같은 방식으로 자사제품에 대한 소비자의 태도를 향상시킬 수 있다.

---

36 Julie A. Edell and Marian Chapman Burke, "The Power of Feelings in Understanding Advertising Effects", *Journal of Consumer Research*, December 1987, pp. 421-433.

37 Rajeev Batra and Michael L. Ray, "Affective Responses Mediating Acceptance of Advertising", *Journal of Consumer Research*, September 1986, pp. 234-249.

38 David A. Aaker, Douglas M. Stayman, and Michael R. Hagerty, "Warmth in Advertising: Measurement, Impact, and Sequence Effects", *Journal of Consumer Research*, March 1986, pp. 365-381.

첫째, 고전적 조건형성이론을 응용하는 방안이다. 자사제품이 조건화될 수 있는 즐거움의 극성(valence)을 가진 무조건자극을 광고에 이용하는 방안이다.

둘째, 단순노출효과를 응용하는 방안이다. 소비자가 자사제품에 친숙해지도록 만드는 방안이다.

셋째, 광고태도이론을 응용하는 방안이다. 소비자의 긍정적인 기분을 유발하여 광고에 호감을 갖도록 도와주는 자극을 이용하는 방안이다.

그러면, 이하에서는 기업이 이런 효과를 유발하기 위해 ① 원천요인, ② 메시지요인 및 ③ 메시지가 전달되는 맥락요인을 활용하는 방법에는 어떤 것이 있는지 살펴보기로 하자.

1) 원천의 특성을 이용하여 태도에 영향을 미치는 방안

원천은 소비자가 메시지를 처리하는 방식에 중요한 영향을 미칠 수 있다. 정교화가 낮은 조건에서 소비자는 긍정적인 감정적 반응을 유발하는 원천을 내세운 광고에 호감을 가진다. 원천이 소비자의 호의적인 반응을 유발하기 위해서는 원천의 신체적 매력도와 호감이라는 두 가지 요인이 필요하다.

(1) 원천의 신체적 매력도

원천의 신체적 매력도(physical attractiveness)가 소비자의 호의적인 감정적 반응을 유도한다. 우리 주변에서는 매력적인 모델이나 유명인사를 광고모델로 내세운 광고를 많이 볼 수 있다. 사실, 별로 매력이 없는 사람을 내세운 광고를 찾아보는 것 자체가 상당히 어려운 실정이다.[39] 이렇게 보면, 그동안 기업들은 '미인이 물건을 팔아준다.(Beauty sells.)'는 식의 사고를 상당히 오랫동안 견지해 왔다고 하겠다.

앞에서 설명한 바 있는 두 가지 태도형성이론(광고태도이론과 이중매개가설)과 이를 주제로 다룬 실증연구의 결과는 모두 이런 사고를 지지한다. 첫째, 이론적 관점에서 보면, 매력적인 원천은 소비자에게 긍정적인 느낌을 갖게 만드는데, 이는 다시 소비자의 긍정적인 광고태도 나아가 소비자의 긍정적인 상표태도를 유도한다.

둘째, 이를 주제로 다룬 실증연구의 결과들도 일반적으로 이런 사고를 지지한다. 즉, 소비자가 메시지를 처리할 동기가 낮은 경우에는 메시지주장의 강약과 관계없이

---

39 Anne M. Brumbaugh, "Physical Attractiveness and Personality in Advertising: More than Just a Pretty Face", in eds. Leigh McAlister and Michael L. Rothschild, *Advances in Consumer Research*, Vol. 20 (Provo, Utah: Association for Consumer Research, 1993, pp. 159-163).

매력적인 원천은 소비자의 상표태도(호감)를 높이는 것으로 나타났다.[40] 또한, 소비자는 매력이 별로 없는 모델을 내세운 광고보다는 신체적 매력이 높은 모델을 내세운 광고가 '더 소구력이 있고, 매력적이며, 눈길을 끌고, 인상적이며, 흥미롭다.'고 평가하는데, 이런 평가는 광고모델이 제시하는 제품에 대한 소비자의 태도에 영향을 미칠 수 있다.[41] 원천의 매력도는 광고주의 신빙성과 소비자의 실제구매에 긍정적인 효과를 가질 수 있다.[42] 이런 효과는 남녀의 광고모델 모두에 나타나지만, 표적시장 소비자와는 반대되는 이성을 광고모델로 내세우는 경우에 지각된 매력이 가장 강하게 나타난다. 이는 직접우편 반응, 판매시점 디스플레이 및 인적 판매 상호작용의 경우에도 마찬가지로 적용된다.

(2) 원천의 호감

원천의 호감(likability)도 소비자의 감정기반 태도에 영향을 미칠 수 있다.[43] 호감이 가는 원천은 무조건자극의 역할을 하고, 긍정적인 기분을 유발해서 광고나 상표에 대한 소비자의 평가에 영향을 미치며, 광고에 제시되는 제품에 대해 소비자가 더 긍정적으로 느끼게 만드는 효과가 있다.[44] 신체적 매력이 있는 원천이 호감을 받는 것은 당연하지만, 신체적 매력은 없더라도 소비자들이 긍정적으로 생각하는 어떤 특징이나 개성을 갖고 있기 때문에 상당한 호감을 받는 원천도 종종 있다. 한 때 우리나라의 Na광고에서 광고모델로 기용된 바 있는 과일가게아저씨는 신체적 매력은 별로 없지만 개성있는 외모 때문에 친근감을 주는 광고모델의 좋은 예이다.

---

40 Curt Haugtvedt, Richard E. Petty, John T. Cacioppo, and T. Steidley, "Personality and Ad Effectiveness: Exploring the Utility of Need for Cognition", in eds. Michael J. Houston, *Advances in Consumer Research*, Vol. 15 (Provo, Utah: Association for Consumer Research, 1988), pp. 209-212.

41 Susan M. Petroshius and Kenneth E. Crocker, "An Empirical Analysis of Spokesperson Characteristics on Advertisement and Product Evaluations", *Journal of the Academy of Marketing Science*, Summer 1989, pp. 217-225.

42 Michael A. Kamins, "An Investigation into the Match-Up Hypothesis in Celebrity Advertising: When Beauty May Be Only Skin Deep", *Journal of Advertising*, 19 (1), 1990, pp. 4-13; Marjorie J. Caballero and Paul J. Solomon, "Effects of Model Attractiveness on Sales Response", *Journal of Advertising*, 13 (1), 1984, pp. 17-23.

43 Richard E. Petty, Rao H. Unnava, and Alan J. Strathman, "Theories of Attitude Change", in eds. Thomas s. Robertson and Harold Kassarjian, *Handbook of Consumer Behavior* (Englewood Cliffs, N.J.: Prentice-Hall, 1991), pp. 241-280.

44 Lynn R. Kahle and Pamela M. Homer, "Physical Attractiveness of Celebrity Endoser: A Social Adaptation Perspective", *Journal of Consumer Research*, March 1985, pp. 954-961.

(3) 원천으로서의 유명인사

원천의 신체적 매력과 호감이라는 조건은 유명인사(celebrity)가 광고모델로 가장 널리 사용되는 주된 이유이다. 특히, TV광고에서는 유명인사가 광고모델로 차지하는 비중이 높은 데, 미국의 경우에 광고모델 중에서 유명인사가 차지하는 비중이 1/3정도 된다. 기업이 현존하는 유명인사를 광고모델로 내세우기 위해서는 막대한 자금을 드는데, 다음은 그런 지출규모를 짐작케 하는 두 가지 예이다.

미국의 농구스타 샤킬 오닐은 프로농구에 첫 출장할 때 5년간 1,500만 달러의 광고계약에 서명해서 대대적인 플래닛 리복(Planet Reebok) 글로벌 이미지캠페인의 주역이 되었고, 미국의 농구스타 마이클 조던은 광고수입만으로 연간 약 3,600만 달러를 벌어들이고 있는 가장 인기 있는 광고모델 중의 하나이다.

이미 사망하였지만 아직도 마케팅소구력이 강하기 때문에 광고모델로 등장하는 인물도 있는데, 그런 대표적인 예로는 미국의 영화배우 제임스 딘과 마릴린 몬로 그리고 미국의 전설적인 야구선수 베이브 루드를 들 수 있다. 또한, 유명인사의 이름을 아예 상표명으로 갖다 붙이기도 하는데, 지미 딘(Jimmy Dean) 소시지, 프랑크 시나트라(Frank Sinatra) 스파게티 소스, 폴 뉴먼(Paul Newman) 샐러드드레싱이 바로 그런 예이다. 그리고 유명인사가 실제의 모습은 드러내지 않고 단지 목소리만 나오게 만든 광고도 있다. 유명인사 원천의 유형에는 전문모델, 기업의 임원 및 만화 캐릭터가 포함된다.

2) 메시지의 특성을 이용하여 태도에 영향을 미치는 방안

원천의 특성이 소비자의 감정적 반응에 영향을 미칠 수 있는 것처럼, 메시지의 특성도 그런 영향을 미칠 수 있다. 이처럼 소비자의 감정적 반응에 영향을 미칠 수 있는 메시지의 특성으로는 ① 즐거움을 주는 그림, ② 음악, ③ 유머, ④ 섹스 및 ⑤ 감정적 관여도를 들 수 있다.

(1) 즐거움을 주는 그림

소비자에게 어떤 즐거움을 주는 그림(pleasant picture)을 이용하는 것은 소비자가 자사의 메시지를 처리하도록 영향을 미치기 위해 기업이 가장 많이 사용하는 방식 중의 하나이다. 이런 시각적 자극은 일종의 무조건자극과 같은 역할을 해서 소비자의 기분에 긍정적인 영향을 미치거나 광고를 재미있게 만들어 결국 소비자가 이에 호감을 갖게 만든다. 다음은 소비자에게 즐거움을 주는 그림을 이용해서 광고를 제작한 몇 가지 예이다.

첫째, MGD(Miller Genuine Draft)의 TV광고에서는 어떤 사람이 사막이나 선술집에서 맥주병을 딸 때마다 눈이 내리기 시작하는 장면을 보여준다거나 선인장이 배달용 트럭에서 맥주를 훔치는 장면을 보여주는 식으로 상당히 흥미로운 초현실적인 이미지를 제시하였다.

둘째, 코카콜라의 광고에서는 말하는 각빙과 북극곰을 광고모델로 내세워 소비자를 시각적으로 현혹시킨 바 있다.

셋째, 트럭이 경주용 자동차로 바뀌는 버드와이저(Budweiser)의 광고와 빠른 속도로 달리는 자동차가 호랑이로 바뀌는 엑손(Exxon)의 광고이다. 영화 '터미네이터 2'의 높은 인기는 광고에서 강력한 특수효과를 채택하게 만든 자극제가 되었는데, 이는 모핑(morphing)이라는 형체변형기법을 사용한 것으로 우리나라의 정유회사도 최진실이 강호동의 모습으로 바뀌는 장면을 보여주는 광고를 시행한 적이 있었다.

넷째, 압솔루트(Absolut) 보드카의 광고에서는 병 모양에 다양한 변화를 주어 각각이 게재되는 잡지에 적합하도록 창의적으로 디자인한 바 있다.

관련연구들은 그림이 주변적 정보처리가 될 경우에 이는 소비자의 상표태도에 영향을 미칠 수 있다는 것을 전반적으로 지지한다. 이처럼 소비자에게 어떤 즐거움을 주는 그림은 그것이 제품에 관한 소비자의 신념에 영향을 미치는 것 이상으로 소비자의 광고태도와 상표태도에도 효과가 있다.[45] 예컨대, 멋진 일몰을 보여주는 그림을 사용한 광고는 소비자가 특정한 청량음료를 선택하도록 하는 데 긍정적인 영향을 미칠 수 있다.

(2) 음악

음악(music)은 광고에서 자주 사용되는 커뮤니케이션수단 중의 하나이다.[46] 음악을 사용했던 유명한 광고캠페인의 예로는 마이클 잭슨의 앨범 '데인저러스(Dangerous)'를 내세운 펩시콜라의 글로벌 광고캠페인, 'Proud to be Your Bud'라는 음악을 이용한 버드와이저맥주 광고, 'Like a Rock'이라는 음악을 이용한 시보레자동차 광고를 들 수 있다. 어떤 영국 기업은 스모키 로빈슨(Smokey Robinson), B-52s, 어레스티드 디벨롭

---

45 Paul W. Miniard, Sunil Bhatla, Kenneth R. Lord, Peter R. Dickson, and H. Rao Unnava, "Picture- Based Persuasion Processes and the Moderating Role of Involvement", *Journal of Consumer Research*, June 1991, pp. 92-107.

46 Gordon C. Bruner, "Music, Mood, and Marketing", *Journal of Marketing*, October 1990, pp. 94-104.

먼트(Arrested Development) 그리고 배리 화이트(Barry White)를 비롯해서 60명이 넘는 유명 아티스트를 동원해서 오리지널 광고음악을 만들기도 했다.

음악이 인간에게 여러 가지 긍정적인 영향을 미친다는 것은 이미 널리 알려진 사실이기 때문에, 마케팅수단으로서 음악이 인기가 있는 것은 지극히 당연한 일이다.[47] 음악이 소비자에게 미치는 효과에 관한 연구결과를 요약해 보면 다음과 같다.

첫째, 광고에서 고전적 조건형성의 원리를 이용하고자 할 때, 음악은 하나의 무조건자극으로 유용하게 사용될 수 있다.[48]

둘째, 음악은 소비자에게 긍정적인 기분이 들게 만들어 긍정적인 태도가 형성되도록 유도할 수 있다.[49]

셋째, 음악은 행복감이나 평온함, 흥분 혹은 감상적인 기분과 같은 소비자의 긍정적인 느낌을 유발하는 데 효과적일 수 있다.[50]

넷째, 음악은 소비자에게 과거의 감정어린 기억이 되살아나게 하는 자극제가 될 수 있다. 예컨대, 광고에 나오는 노래가 옛 친구를 기억나게 하면, 이런 기억에 연결된 감정은 광고, 상표, 혹은 소매점과 같은 태도의 대상에 그대로 전이될 수 있는데, 이 이론은 음악이 소비자의 구매의도에 긍정적인 효과가 있음을 발견한 연구에 의해 지지되고 있다.[51]

그런데, 음악이 과연 소비자에게 긍정적인 감정을 유발하는지 여부는 소비자에게 제시되는 음악의 구조적 특성에 의존한다. 〈표 10-1〉은 음악의 구조적 특성이 유발하는 소비자의 감정적 반응을 보여준다.[52] 따라서, 기업은 소비자의 바람직한 감정적 반응을 유발하기 위해 사용할 음악의 종류를 선택할 때에는 신중을 기해야 한다.

---

47 Bruner (1982), *ibid.*

48 Gorn (1982), *op. cit.*

49 Judy I. Alpert and Mark I. Alpert, "Background Music as an Influence in Consumer Mood and Advertising Response", in ed. Thomas K. Srull, *Advances in Consumer Research*, Vol. 16 (Provo, Utah: Association for Consumer Research, 1989), pp. 485-491.

50 C. Whan Park and S. Mark Young, "Consumer Response to Television Commercials: The Impact of Involvement and Background Music on Brand Attitude Formation", *Journal of Marketing Research*, February 1986, pp. 11-24.

51 Alpert and Alpert (1989), *op. cit.*

52 Bruner (1990), *op. cit.*

표 10-1 감정적 반응을 생성하는 음악의 구조적 특성

음악 요소	감정적 표현								
	심각한	슬픈	감상적인	평온한	익살맞은	행복한	흥분되는	장엄한	무서운
음계	장음계	단음계	단음계	장음계	장음계	장음계	장음계	장음계	단음계
템포	느린	느린	느린	느린	빠른	빠른	빠른	중간	느린
음조	낮은	낮은	중간	중간	높은	높은	중간	중간	낮은
리듬	안정된	안정된	흐르는	흐르는	흐르는	흐르는	고르지 않은	안정된	고르지 않은
조화	조화	부조화	조화	조화	조화	조화	부조화	부조화	부조화
음량	중간	부드러운	부드러운	부드러운	중간	중간	시끄러운	시끄러운	변화되는

※ 자료: Gordon C. Bruner, "Music, Mood, and Marketing", *Journal of Marketing*, October 1990, p. 100.

(3) 유 머

유머(humor)는 소비자의 긍정적인 감정을 유도하는 데 사용되는 기법 중의 하나로, 광고에서는 익살, 능청, 농담, 우스운 상황, 풍자 및 아이러니와 같은 방식으로 많이 활용된다.[53] 이런 유머의 사용은 널리 퍼져 있는데, 이는 수치로도 확인된다. 예컨대, 미국에서는 TV광고 중의 24~42%가 다양한 형태의 유머를 사용하며,[54] 다른 매체광고보다 라디오광고에서 유머가 더 많이 사용되고 있다.[55] 유머는 소비자의 주의를 끄는 데 효과적이고, 광고와 상표에 대한 호감을 높이는 역할을 하기 때문에, 메시지의 전달 수단으로서 유머가 누리는 인기는 극히 당연한 일이라 하겠다.

소비자는 유머를 이용한 광고캠페인을 가장 인기가 있는 것으로 평가하는 경향이 있다. 특히, 저관여제품을 판매하는 많은 기업들은 광고에 유머를 많이 사용해 왔는데 다음은 그런 광고의 몇 가지 예이다.

첫째, 과학자들이 손에 코카콜라를 든 어떤 침팬지가 못 치는 법을 배우게 하는 실험을 하지만, 손에 펩시콜라를 든 다른 침팬지는 하와이 셔츠를 입고 해변으로 탈출해서 미인으로 가득 찬 지프 자동차 속에서 크게 웃는 장면을 보여주는 펩시콜라의 광

53 Patrick J. Kelly and Paul J. Solmon, "Humor in Television Advertising", *Journal of Advertising*, 4 (3), 1975, pp. 31–35.

54 Marc G. Weinberger and Harlan E. Spotts, "Humor in U.S. vs. U.K. TV Advertising", *Journal of Advertising*, 18 (2), 1989, pp. 39–44.

55 Thomas J. Madden and Marc C. Weinberger, "Humor in Advertising: A Practitioner View", *Journal of Advertising Research*, August–September 1984, pp. 23–29.

고를 들 수 있다.

둘째, 밀러라이트(Miller Lite) 맥주의 광고에서는 '스모-하이다이빙,' '안락의자-스키점프,' '변호사를 밧줄로 묶기,' '루지(1인용 경주 썰매) 볼링'처럼 각종 스포츠를 기발한 방식으로 서로 결합시켜 유머가 있는 장면을 연출한 바 있다.

셋째, 시티뱅크(Citibank)의 광고에서는 엄마가 여러 소매점을 찾는 수고를 한 끝에 아들에게 선물로 줄 완벽한 전쟁영웅을 겨우 찾았지만, 아들이 그 선물을 받자마자 부셔버리고 마는 장면을 보여준 바 있다. 이 광고는 자사의 구매자보호프로그램을 촉진하려고 유머를 사용한 예이다.

관련연구에 따르면, 유머는 다음과 같은 조건에서 효과적인 것으로 나타나고 있다.

첫째, 유머가 제품이나 서비스와 서로 잘 연결되는 경우이다. 만약 그렇지 않으면, 소비자가 유머에만 주의를 기울이고 광고에서 제시되는 상표는 무시해 버릴 가능성이 높다.[56]

둘째, 쾌락적인 저관여제품을 광고하는 경우이다. 이런 제품의 경우에는 고관여제품에 비해서 소비자에게 긍정적인 느낌과 광고태도를 유발하는 것이 중요하기 때문에 유머의 사용이 적절하다.[57]

셋째, TV광고와 라디오광고를 사용하는 경우이다. TV와 라디오는 다른 매체보다 표현력이 풍부하기 때문에, 유머의 효과가 매우 높은 경향이 있다.[58]

넷째, 특정한 유형의 오디언스를 대상으로 하는 경우이다. 특히, 고학력의 젊은 남자들이 유머에 대해 가장 긍정적으로 반응하는 경향이 있는데, 이는 공격적이고 성적 소구형의 유머가 많은 실정에서 여자보다는 남자가 이를 더 즐기기 때문이다.[59] 또한, 유머는 광고에서 제시된 상표에 대해서 이미 긍정적인 태도를 갖고 있는 소비자들에게 더 효과적이다.[60]

---

56 Calvin P. Duncan, "Humor in Advertising: A Behavioral Perspective", *Journal of the Academy of Marketing Science*, 7 (4), 1979, pp. 285-306.

57 Madden and Weinberger (1984), *op. cit.*

58 Madden and Weinberger (1984), *op. cit.*

59 Thomas W. Whipple and Alice E. Courtney, "How Men and Women Judge Humor: Advertising Guidelines for Action and Research", in eds. James H. Leigh and Claude R. Martin, *Current Research and Issues in Advertising* (Ann Arbor, Mich.: University of Michigan, 1981), pp. 43-56.

60 Amitava Chattopadhyay and Kunal Basu, "Prior Brand Evaluation as a Moderator of the Effects of Humor in Advertising", *Journal of Marketing Research*, November 1989, pp. 466-476.

사실, 유머는 인간에게 보편적인 소구력이 있기 때문에, 여러 나라에서 시행되는 마케팅커뮤니케이션에 효과적으로 활용될 수 있다. 한 연구에서는 한국, 태국, 미국 및 독일에서 시행되는 유머광고에 어떤 유사성이 있는지를 검토해 보았는데, 그 결과, 이 4개국에서 시행된 유머광고 대부분이 동일한 기본구조(즉, 기대된 가능한 사건과 예상하지 못한 불가능한 사건의 대조)를 내포한다는 사실을 발견하였다.[61]

하지만, 한국과 태국의 유머광고에서는 집단행동과 불평등 지위관계에 관련된 유머를 강조하는 경향이 있는 반면, 미국과 독일의 유머광고에서는 평등한 지위를 가진 개인에 관한 유머에 초점을 둔다는 차이가 있었다. 이런 4개국에서 유머광고는 쾌락지향적인 제품에 많이 사용되는 경향이 있었지만, 고관여제품의 광고보다 저관여제품의 광고에 유머를 더 많이 사용한다는 점은 확인되지 않았다. 예컨대, 독일과 태국에서는 유머가 고관여제품의 광고와 저관여제품의 광고에 거의 대등하게 사용되었다.[62]

(4) 섹 스

섹스(sex)는 마케팅커뮤니케이션에서 자주 사용되는 기법 중의 하나로, 대개 이는 성적 암시와 누드(부분누드)라는 두 가지 형태로 구분된다.

첫째, 성적 암시(sexual suggestiveness)는 성적인 주제나 로맨스를 직접적으로 표현하거나 간접적으로 암시하는 방식을 말한다. 예컨대, 노 엑스큐즈(No Excuses) 청바지 광고에서 미국프로테니스선수 모니카 셀레스(Monica Seles)가 "난 디즈니월드에 가는 것이 아니랍니다."라고 말하며, 마돈나 비디오에서 나오는 것처럼 섹시하게 안겨 붙는 포즈를 취하는 장면을 보여주는 것은 성적 암시광고의 좋은 예이다.

둘째, 섹스를 사용하는 또 다른 방식은 누드(nudity) 혹은 부분누드(partial nudity)이다.[63] 예컨대, 메리 고 라운드(Merry-Go-Round) 어패럴사는 대중 앞에서 알몸으로 서있는 것과 같은 친숙한 악몽에 관한 유머를 담은 누드 광고를 개발하였다. 여기서는 피자를 배달하는 소년이 알몸으로 여학생 클럽회관에 등장하는가 하면, 알몸의 얼간이와

---

61 Dana L. Alden, Wayne D. Hoyer, and Chol Lee, "Identifying Global and Culture-Specific Dimensions of Humor in Advertising: A Multinational Analysis", *Journal of Marketing*, April 1993, pp. 64-75.

62 Dana L. Alden, Wayne D. Hoyer, Chol Lee, and Guntalee Wechasara, "The Use of Humor in Asian and Western Advertising: A Four-Country Comparison", *Journal of Asian-Pacific Business*, 1 (2), 1995, pp. 3-23.

63 Michael A. Belch, Barbra E. Holgerson, George E. Belch, and Jerry Koppman, "Psychophysiological and Cognitive Responses to Sex in Advertising", in ed. Andrew A. Mitchell, *Advances in Consumer Research*, Vol. 9 (Ann Arbor, Mich.: Association for Consumer Research, 1982), pp. 424-427.

미팅하러 가는 소녀를 보여주기도 했다. 이런 누드광고나 부분누드광고에서는 남자보다는 여자가 광고모델로 더 많이 등장하는 경향이 있다. 또한, 성적 암시광고의 경우에는 대개 남자보다 여자가 더 긍정적인 반응을 보이지만, 누드광고의 경우에는 남자보다 여자가 더 부정적인 반응을 보인다. 특히, 베네통은 이런 누드광고를 많이 사용하는 대표적인 기업이다.

그동안 성적 소구광고(sex appeal ad)의 비중은 별로 변하지 않았지만, 광고에서 제시되는 성적 소구의 유형은 변해 왔다. 1964년부터 1984년까지 미국에서 시행된 성적 소구광고를 분석해 보면, 그 내용이 더욱 공공연해지고 난해지는 경향을 보였다.[64] 하지만, 1980년대 말에 이르러 미국사회가 더 보수적인 성향을 띠게 되면서, 더 가볍고, 쾌활하며, 미묘한(암시를 이용하는 방식) 광고로 광고의 제작방향이 전환되는 추세를 보였다. 그리고, 1990년대 이후에는 광고의 내용이 더 난해졌고, 성적 소구광고를 사용하는 제품범주도 더욱 확장되는 추세를 보이고 있다. 즉, 성적 소구광고는 청바지나 향수와 같이 통상적으로 이를 사용하는 제품범주 이외에, 자동차, 장갑, 스카치위스키, 혹은 손목시계와 같은 다양한 제품범주에서도 사용되고 있다.

그런데, 최근에 와서 성적 소구광고에서 보이는 한 가지 흥미로운 사실은 이제 여자가 과거처럼 수동적인 성적 대상이 아니라 성적 공격자나 성의 대등한 파트너로 더 자주 표현되고 있다는 점이다.

성적 주제의 메시지에 관한 연구들은 성적 주제가 여러 가지 측면에서 효과적이라는 것을 시사한다. 성적 주제의 메시지는 소비자의 주의를 끌고, 각성, 흥분 혹은 색욕과 같은 소비자의 감정적 반응을 유발하는 능력이 있는데, 이는 결국 소비자의 기분에 영향을 미쳐서 광고와 상표에 대한 소비자의 태도에 영향을 미칠 수 있다.[65] 하지만, 이런 효과가 항상 보장되는 것은 아니기 때문에 주의해야 한다. 소비자에 따라서는 성적 주제의 메시지가 당혹스러움, 혐오감 혹은 불쾌함과 같은 부정적인 느낌을 유발해서 광고와 상표에 대한 소비자의 태도에 부정적인 효과를 줄 수도 있는데,[66] 다음은 이런 측면에서 문제시된 몇 가지 광고 사례이다.

---

64 Lawrence Soley and Gary Kurzbard, "Sex in Advertising: A Comparison of 1964 and 1984 Magazine Advertisements", *Journal of Advertising*, 15 (3), 1986, pp. 46–54.

65 Michael S. LaTour, Robert E. Pitts, and David C. Snook–Luther, "Female Nudity, Arousal, and Ad Response: An Experimental Investigation", *Journal of Advertising*, 19 (4), 1990, pp. 51–62.

66 Robert S. Baron, "Sexual Content and Advertising Effectiveness: Comments on Belch, et al. (1981) and Caccavale, et al. (1981)", in ed. Andrew A. Mitchell, *Advances in Consumer Research*, Vol. 9 (Ann Arbor, Mich.: Association for Consumer Research, 1982), pp. 428–430.

첫째, 올드 밀워키(Old Milwaukee)의 스웨디쉬 비키니 팀(Swedish Bikini Team) 광고에서는 비키니를 입은 금발미녀들이 낚시꾼들 앞에 갑자기 등장하는 장면을 연출한 적이 있는데, 이 회사의 여직원들은 그 광고가 직장에서 성희롱 분위기를 조장했다고 해서 자기회사를 제소하는 사태가 벌어지기도 했다.

둘째, 성적 소구광고를 많이 사용하는 캘빈 클라인(Calvin Klein)사는 한때 속옷만 입은 12세 가량의 어린이를 광고모델로 내세워 큰 소란을 불러일으킨 적이 있다.

셋째, 베네통은 56개의 근접사진으로 어린이를 포함한 남녀의 성기를 보여주는 광고를 내보낸 적이 있는데, 이는 통상 섹스에 대해 더 자유분방한 편인 유럽에서조차도 큰 소동을 야기했다.

성적 소구광고에 관한 어떤 설문조사에 따르면, 여자 응답자의 84%와 남자 응답자의 72%는 'TV광고가 너무 지나치게 섹스를 강조하고 있다.'고 보고,[67] 또 다른 설문조사에서는 응답자의 49%가 '친구나 가족과 함께 섹시한 TV광고를 보게 되어 매우 당혹스러웠다.'고 응답하였고 응답자의 47%는 '불쾌감을 주는 광고를 하는 제품을 구입하지 않겠다.'고 응답하였다.[68] 이런 조사결과는 기업이 광고에서 성적 주제를 매우 신중하게 사용해야 하고, 사용하더라도 품위가 없거나 성차별을 하거나 혹은 불쾌감을 주는 광고를 해서는 안 된다는 교훈을 준다.

그런데, 성적 소구광고에 대해 소비자들이 과연 긍정적인 반응을 나타낼 것인가 아니면 부정적인 반응을 나타낼 것인가는 제품에 대한 성적 주제의 적절성(관련성)에 의존한다. 예컨대, 바디오일의 광고에 매력적인 누드모델을 사용하는 것은 매우 소구력이 있겠지만, 제차기(ratchet)의 광고에 누드모델을 사용하는 것은 별로 적절하지 못하다고 하겠다.[69] 즉, 성적 주제는 향수, 화장수, 선탠로션 혹은 란제리와 같은 제품의 경우에 적절성이 있지만, 산업설비, 공구, 컴퓨터 혹은 가정용 세제와 같은 제품의 경우에는 별로 적절성이 없다.

마지막으로, 성적 소구광고의 사용은 문화권에 따라 상당한 차이가 있다. 유럽처럼 섹스에 대해 개방적인 태도를 가진 사회에서는 성적 소구광고가 성행하고 있다. 예컨대, 앞에서 소개한 베네통의 광고는 너무 노골적이어서 단지 유럽에서만 시행되었다. 회교권국가와 아시아국가는 섹스에 대해 더 보수적인 태도를 갖고 있기 때문에, 광고

67 Cyndee Miller, "We've Been Cosbyzed", *Marketing News*, April 16, 1990, pp. 1–2.

68 "Poll on Ads: Too Sexy", *Wall Street Journal*, March 8, 1993, p. B5.

69 Robert A. Peterson and Roger A. Kerin, "The Female Role in Advertisements: Some Experimental Evidence", *Journal of Marketing*, October 1977, pp. 59–63.

에서 섹스를 사용하는 것이 훨씬 더 제한된다. 예컨대, 서양국가에서는 포옹이나 키스 장면을 보여주는 것이 예사이지만, 아시아국가에서는 이것이 전혀 부적절하고 심지어 불쾌감을 주는 것으로 보이기도 한다.70

(5) 감정적 관여도를 높이는 메시지

감정기반의 태도의 경우에 기업은 소비자의 감정적 정보처리를 사용하여 소비자가 많은 노력을 기울여 메시지를 처리하도록 소비자의 MAO 수준을 높여주는 방안을 모색할 수 있다. 이렇게 소비자의 감정적 관여도(emotional involvement)를 높여주는 방안으로는 감정전이광고와 드라마광고를 들 수 있다.

감정전이광고(transformational advertising)는 소비자에게 감정적 메시지를 전달하는 특수한 형태의 광고로,71 제품의 사용경험과 소비자의 특유한 심리적 특성을 서로 연결시키는 데 그 목표를 두는 광고이다. 사실적인 정보를 전달하는 정보제공광고(informational ad)와 비교해서, 감정전이광고는 어떤 제품을 사용하는 것이 더 따뜻하고 더 흥분을 자아내며 더 즐거움을 주고 더 풍부한 경험이 되도록 만들어서 소비자의 감정적 관여도를 높여준다. 예컨대, 리복(Reebok) 운동화광고에서는 "니콜렛 라이언(Nicolette Lyons): 지난 10년 동안 그녀는 휴가여행을 떠난 해변, 미장원, 그리고 지지하는 정당을 모두 바꾸었지만, 자신의 운동화만은 결코 바꾸지 않았다."는 말로 자신의 운동화에 대한 더 깊은 몰입을 전달하고자 했다.

드라마광고(drama ad)의 사용도 메시지에 대한 소비자의 감정적 관여도를 높일 수 있는 한 가지 방안이다. 대개 줄거리나 캐릭터가 없이 나레이터가 일방적으로 메시지만 전달하는 강연식 광고(lecture)와는 달리, 드라마광고는 등장인물과 줄거리를 치밀하게 설정해서 제품의 사용에 관한 어떤 이야기를 전달한다.72 강연식 광고가 객관적인 이성에 소구하는 방식이라면, 드라마광고는 소비자의 주관적인 감정에 소구하는 방식이다. 요컨대, 드라마광고는 소비자가 광고의 등장인물에 감정이입을 해서 이에 감정적으로

---

70 Sak Onkvisit and John J. Shaw, "A View of Marketing and Advertising Practices in Asia and Its Meaning for Marketing Managers", *Journal of Consumer Marketing*, Spring 1985, pp. 5-17.

71 M. Friestad and Esther Thorson, "Emotion-Eliciting Advertising: Effect on Long Term Memory and Judgment", in ed. R. J. Lutz, *Advances in Consumer Research*, Vol. 13 (Provo, Utah: Association for Consumer Research, 1986), pp. 111-116.

72 Barbara B. Stern, "Classical and Vignett Television Advertising Dramas: Structural Models, Formal Analysis, and Consumer Effects", *Journal of Consumer Research*, March 1994, pp. 601-615; John Deighton, Daniel Romer, and Josh McQueen, "Using Dramas to Persuade", *Journal of Consumer Research*, December 1989, pp. 335-343.

몰입하게 만드는 광고이다.

3) 메시지맥락의 특성을 이용하여 태도에 영향을 미치는 방안

소비자의 정보처리노력과 MAO 수준이 낮은 경우에는 소비자에게 메시지를 전달하는 맥락 즉, 메시지맥락(message context)도 소비자의 태도에 영향을 미칠 수 있는데, 이런 메시지맥락의 특성으로는 메시지반복과 프로그램맥락(혹은 편집맥락)을 들 수 있다.

(1) 메시지반복

일반적으로 광고업계에서는 소비자가 상표명에 대한 친숙성을 형성하고 유지하도록 만드는 것이 중요하다는 사실을 잘 인식하고 있는데, 이는 이미 설명한 바 있는 단순노출효과(mere exposure effect)와 일맥상통한다. 이와 관련해서 광고계의 권위자 레오 보가트(Leo Bogart)는 "광고에서 제시된 이름을 소비자의 의식에 새기고, 소비자가 상표에 대해 편안함을 느끼도록 만들기 위해서는 메시지를 반복적으로 제시해야 한다."73고 말한 바 있다. 즉, 소비자의 정보처리노력이 낮을 때, 메시지반복(message repetition)은 소비자의 태도에 영향을 미치는 한 가지 중요한 방식이다.

단순노출효과는 1930년대의 30대 주요상표 중에서 다수가 오늘날에도 여전히 30대 주요상표로 남아있는 이유를 잘 설명한다. 또한, 단순노출효과는 음악업계가 라디오에서 특정한 음악을 반복해서 틀어주거나 TV에서 특정한 뮤직비디오를 반복해서 보여주려는 이유도 설명한다. 즉, 이런 반복노출을 달성하기 위한 노력은 해당 음악에 대한 소비자의 친숙성을 확립하게 만들고, 이는 다시 해당 음악에 대한 소비자의 호감을 높이는 역할을 한다. 예컨대, 보쉬앤롬(Bausch & Lomb) 콘택트렌즈는 품질이 좋은 렌즈로 유일한 것은 아니지만, 그 동안 소비자들에게 많이 노출되어 가장 널리 알려졌기 때문에 현재 소비자들이 가장 많이 찾는 상표 중의 하나가 되었다.

(2) 프로그램맥락 혹은 편집맥락

메시지가 전달되는 프로그램맥락(program context) 혹은 편집맥락(editorial context)도 소비자가 메시지를 어떻게 평가하는가에 영향을 미친다. 예컨대, 행복한 내용을 담은 TV 프로에 삽입된 광고는 슬픈 내용을 담은 TV프로에 삽입된 광고보다 더 긍정적으로 평가될 수 있는데, 특히 이는 감정유발광고(emotion-eliciting ad)의 경우에 잘 해당된다.74

73 Leo Bogart, *Strategy in Advertising: Matching Media and Messages of Markets and Motivation* (Lincoln, Ill.: NTC Business, 1986), p. 208.

74 Marvin E. Goldberg and Gerald J. Gorn, "Happy and Sad TV Programs: How They Affect Reactions to Commercials", *Journal of Consumer Research*, December 1987, pp. 387-403.

또한, 프로그램에 대한 호감이 광고와 상표에 대한 소비자의 태도에 긍정적인 영향을 미칠 수 있다. 그 이유는 소비자가 정보처리를 할 때 프로그램이 소비자의 기분과 일치하는 방향으로 정보처리를 하도록 만드는 데 일익을 담당하기 때문이다.

이와 관련하여, 자극전이가설(excitation transfer hypothesis)에서는 '소비자들이 TV프로그램에 의해서 생성된 각성을 광고에 잘못 귀인하기 때문에 소비자가 더 긍정적인 태도를 갖게 된다.'[75]고 설명한다. 하지만, TV프로그램이 소비자의 각성을 생성하는 힘이 너무 크면, 오히려 소비자의 주의를 분산시킬 가능성도 있다는 데 주의해야 한다. 이는 슈퍼볼경기의 중계방송시에 방영되었던 여러 광고에 대한 소비자의 반응을 비교한 연구에서 입증된 바 있다. 즉, 슈퍼볼경기에서 이긴 팀의 연고도시는 지거나 무승부를 한 팀의 연고도시보다 광고에 대한 소비자의 반응이 더 많은 방해를 받은 것으로 나타났다.[76]

핵심용어

Keyword

간단한 신념, 간단한 추론, 감정유발광고, 감정전이광고, 강연식 광고, 고전적 조건형성, 광고태도, 광고효과의 감퇴현상, 귀인, 기분, 누드, 단순노출효과, 동시조건화, 드라마광고, 메시지맥락, 메시지반복, 모핑, 무조건반응, 무조건자극, 미스터리광고, 범주기반 정보처리, 부분누드, 비활성화 느낌, 빈도휴리스틱, 사회적 애정, 상표신념, 상표태도, 선행조건화, 성적 소구광고, 성적 암시, 섹스, 우연적 학습, 원천의 신체적 매력도, 원천의 호감, 유머, 유명인사, 음악, 이중매개가설, 자극전이가설, 자기준거, 정교화가능성, 정교화가능성모델, 정보과부하, 정보제공광고, 조건반응, 조건자극, 주변경로, 주변경로 정보처리, 주변단서, 중심경로, 중심경로 정보처리, 중심단서, 즐거움을 주는 그림, 진실효과, 추론적 신념, 편집맥락, 프로그램맥락, 후행조건화, 휴리스틱, SEVA

75 S. N. Singh and Gilbert A. Churchill, "Arousal and Advertising Effectiveness", *Journal of Advertising*, 16 (1), 1987, pp. 4-10.

76 Mark A. Pavelchak, John H. Antil, and James M. Munch, "The Super Bowl: An Investigation into the Relationship Among Program Context, Emotional Experience, and Ad Recall", *Journal of Consumer Research*, December 1988, pp. 360-367.

Consumer Behavior and Marketing Action

제11장

소비자의 기억과 인출

제1부 소비자행동 입문

제 1 장 소비자행동의 기초

제2부 소비자의 의사결정프로세스

제 2 장 문제인식과 정보탐색	제 3 장 판 단
제 4 장 의사결정	제 5 장 의사결정후 프로세스

제3부 소비자행동의 내부적 영향요인

제 6 장 소비자의 동기, 능력 및 기회	제 7 장 소비자의 노출, 주의 및 지각	제 8 장 소비자의 범주화와 이해
제 9 장 고노력형 태도형성과 태도변화	제10장 저노력형 태도형성과 태도변화	제11장 소비자의 기억과 인출

제 1 절 소비자의 기억 제 2 절 기억의 인출

제4부 소비자행동의 외부적 영향요인

제12장 문 화	제13장 사회계층	제14장 인구통계요인
제15장 준거집단과 사회적 영향력	제16장 사이코그래픽스	

소비자가 기억할 수 있는 내용이 소비자의 의사결정에 중요한 영향을 미치기 때문에, 소비자의 기억은 소비자행동연구에서 중요한 주제 중의 하나이다. 이 장에서는 소비자의 기억과 인출이라는 서로 관련된 두 가지 주제를 논의한다.

소비자의 기억이라는 첫 번째 주제에서는 기억의 본질을 세부적으로 검토하고 이것이 기업의 마케팅활동에 주는 시사점을 설명한다. 소비자가 어떤 상표명과 그 속성이나 편익을 기억할 수 있다면, 그 상표를 구입하거나 사용하는 것을 고려할 가능성이 높아진다. 따라서, 기업의 입장에서는 기억의 본질을 충분히 이해하는 것이 중요하다.

기억의 인출이라는 두 번째 주제에서는 외현기억과 내현기억에 관련된 몇 가지 인출 프로세스를 검토하고 소비자가 기억으로부터 정보를 인출하는 것을 높여주는 요인을 설명한다. 인출은 기업의 커뮤니케이션목표와 마케팅전략 그리고 소비자의 선택이라는 측면에서 중요한 역할을 한다. 따라서, 기업은 인출의 본질을 충분히 이해하지 않으면 안 된다.

제 1 절 소비자의 기억

1. 기억의 의의

소비자의 기억(memory)은 제품, 쇼핑여행 및 소비경험에 관하여 소비자가 가진 방대한 지식창고이고, 기억의 인출(retrieval)은 소비자가 기억 속에 저장해 둔 정보에 접근해서 이를 다시 꺼집어내는 과정이다. 소비자는 정보를 기억 속에 저장했다가 나중에 필요할 때 이를 다시 꺼집어내어 사용할 수 있는데, 이런 정보에는 과거에 자신이 사용했던 제품의 특징, 구입방식·구입장소·구입시기 및 구입이유, 제품의 사용방식·사용장소·사용시기 및 사용이유, 그리고 그것에 대한 태도 등이 포함된다.

소비자는 자신이 이미 처분했던 제품(예: 과거에 좋아했지만 매각한 자동차)이나 자신이 가졌던 특수한 경험(예: 친구와 함께 관전했던 월드컵축구경기)을 기억할 수 있는 능력을 보유한다. 또한, 소비자가 기억 속에 저장했다가 나중에 인출할 수 있는 정보에는 기업, 매체, 구전 및 개인적인 경험을 포함한 여러 원천으로부터 학습된 것들이 포함된다. 소비자의 기억 속에 저장되는 것과 소비자가 인출할 수 있는 것은 소비자가 노출되었던 정보를

그림 11-1 소비자의 기억과 인출의 개관

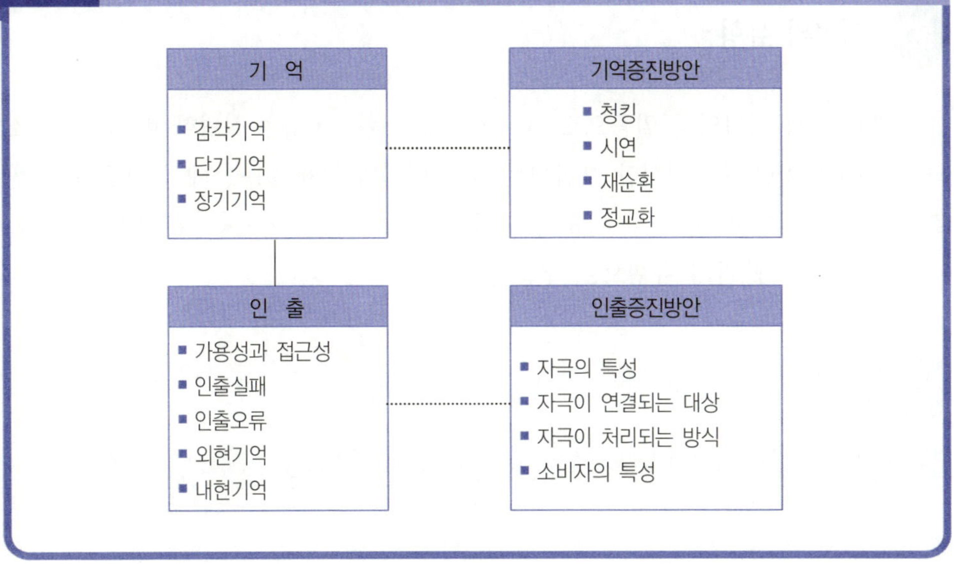

처리할 동기, 능력 및 기회(MAO)의 수준에 의존한다.

앞에서 기억과 관련하여 설명한 내용을 요약해 보면, 제8장에서는 소비자의 기억 속에 저장된 정보가 소비자가 어떤 대상을 해석하고 범주화하는 방식과 그렇게 하는지 여부에 영향을 미친다는 것을 설명하였다. 제9장과 제10장에서는 태도가 기억의 일부로 어떤 대상에 대해 저장된 약식 평가를 나타내며, 소비자가 의사결정을 할 때 그것이 회상될 수 있다는 것을 설명하였다. 요컨대, 기억은 주의, 범주화와 이해 및 태도형성에 따른 결과라고 하겠다.

어떤 제품에 관하여 소비자의 기억 속에 저장된 정보는 나중에 인출되어서 그것에 관한 소비자의 행동방식과 의사결정에 중요한 영향을 미치기 때문에, 기업의 입장에서 소비자의 기억과 인출이라는 주제를 연구하는 것은 특별히 중요하다. 하지만, 과거에 자신에게 발생했던 일을 제대로 기억해내지 못하는 현상인 **기억실패(failure to remember)** 도 소비자의 미래 의사결정에 중대한 영향을 미친다.

어떤 제품에 관해서 정보가 획득된 시점과 구매, 사용 혹은 처분 의사결정을 하기 위해 그런 정보를 실제로 인출하는 시점은 서로 다르기 때문에, 기억과 인출은 중요한 의미를 가진다. 소비자가 차후의 의사결정에 그런 정보를 사용할 수 있는 방식은 일단 그것을 기억 속에 저장해 두었다가 필요시에 인출하는 것뿐이기 때문이다.[1]

---

1 Kevin Lane Keller, "Memory Factors in Advertising: The Effect of Advertising Retrieval Cues

2. 기억의 유형

제8장에서는 기억의 일종으로 사전지식(prior knowledge)을 설명한 바 있지만, 소비자의 기억에는 이런 사전지식만 포함되는 것은 아니다. 〈표 11-1〉에서 보듯이, 일반적으로 기억은 감각기억(sensory memory), 단기기억(short-term memory) 및 장기기억(long-term memory)이라는 세 가지 유형으로 구분된다.

표 11-1 기억의 유형

특 징	감각기억	단기기억	장기기억
정보유입조건	선주의적	주의	시연
정보의 유지	불가능	지속적 주의, 시연	반복, 조직화
정보의 형식 (기억코드)	축어적 복제	주로 청각코드이고, 시각코드	주로 어의코드이고 일부는 시각코드와 청각코드
정보처리용량	크다	작다	무한
정보의 유실	쇠퇴	대치 혹은 쇠퇴	유실은 없고 방해에 의한 접근가능성이나 변별력의 상실
기억의 지속	1/4~2초	30초까지 가능	수분에서 수년
주요 역할	- 유입정보의 여과: 다수의 노출 자극에 대한 효율적 대처방식 - 단기기억으로의 이전: 주의 여부	- 인지적 활동(정보처리활동): 감각기억으로부터 온 유입정보와 장기기억으로부터 인출된 저장정보를 모아서 이해, 해석 작용 - 정보처리 후 저장하기 위해 장기기억으로 전달	- 처리된 정보의 저장 - 정보처리에 필요한 저장정보의 인출

1) 감각기억

감각기억(sensory memory: SM)은 어떤 감각적인 경험이 생성되는 순간에 즉시 이를 저장하는 인간의 능력을 말한다. 사람은 이런 정보를 감각저장소(sensory store)라는 단기적으로 저장하는 창고에 보관하는데, 이런 정보는 사람이 그것에 대해 주의를 기울이거나 그것을 저장하려는 노력이 별로 없는 상태에서 자동으로 저장된다. 그런데, 이렇

on Brand Evaluation", *Journal of Consumer Research*, December 1987, pp. 316-333.

게 저장된 정보에 소비자가 주의를 기울이면 그것의 의미를 해석할 수 있지만, 그렇지 않으면 이는 감각저장소에서 곧바로 사라져버리기 때문에 그것의 의미를 해석할 수 없게 된다.

(1) 감각기억의 내역

인간의 감각저장소는 인간의 모든 감각기관을 통해서 유입되는 정보를 받아들이지만, 그중에서 가장 많이 연구된 것은 반향기억과 영사기억이라는 두 종류의 감각기억이다.

반향기억(echoic memory)이란 소비자가 귀로 듣는 것에 관한 감각기억이고, 영사기억(iconic memory)이란 소비자가 눈으로 보는 것에 관한 감각기억이다.[2] 어떤 사람이 당신에게 질문을 했는데, 당신은 이를 경청하지 않았다고 하자. 그래서, "무슨 말을 했습니까?"라고 되묻는 것과 동시에 당신은 그가 말했던 질문을 그대로 되풀이할 수 있었던 경험이 있을 텐데, 이는 반향기억의 좋은 예이다. 한편, 운전 중에 어떤 거리의 간판을 빠르게 보고 넘겼지만, 그것을 조금 지나친 후에야 비로소 그것이 '맥도날드' 간판이었다는 것을 깨닫게 되는 경우도 있을 텐데, 이는 영사기억의 좋은 예이다.

(2) 감각기억의 특성

외부에서 유입되는 정보는 소비자의 감각기억 속에서 실제로 감각된 형태 그대로 저장된다. 예컨대, 누군가가 "그 영화는 너무 지겨웠어."라고 하는 말을 들었다면, 소비자는 그것을 소리나는 그대로 저장한다. 즉, 의역을 해서 저장되는 것이 아니라 정확하게 자구 그대로 저장된다.

또한, 소비자의 감각기억 속에서 정보가 머무르는 시간은 일반적으로 1/4초~수초에 이르는 짧은 순간에 불과하지만,[3] 이는 소비자가 주의를 기울인다면 그것이 무엇이고 또한 그것이 자신에게 어떤 관련성이 있는지를 결정하기에 충분히 긴 시간이다.

외부에서 유입된 정보 중에서 소비자의 주의를 받지 못한 정보는 감각등록기(sensory register)에서 곧바로 사라지지만, 소비자에게 어떤 관련성이 있어서 주의를 받은 정보는 이를 처리할 동기가 유발되기 때문에, 기억프로세스의 그 다음 단계인 단기

---

2 G. Sperling, "The Information Available in Brief Visual Presentations", Psychological Monographs, Vol. 74, 1960, pp. 1-25; U Neisser, *Cognitive Psychology* (New York: Appleton-Century-Crofts, 1967).

3 R. N. Haber, "The Impending Demise of the Icon: A Critique of the Concept of Iconic Storage in Visual Information Processing", *The Behavioral and Brain Sciences*, March 1983, pp. 1-54.

기억으로 전송된다.

2) 단기기억

단기기억(short-term memory: STM)은 소비자의 기억 중에서 외부로부터 유입된 정보가 개인의 사전지식에 비추어 부호화되거나 해석되는 부분을 말하는데,[4] 이는 활동기억(active memory)이나 운용기억(working memory)이라고도 불린다. 컴퓨터에 비유하자면, 단기기억은 컴퓨터의 모니터에 나타나는 정보라고 생각할 수 있다. 모니터에 나타나는 정보에는 소비자가 키보드로 타이핑하는 정보와 하드드라이브나 플로피디스크와 같은 영구적인 저장소(즉, 장기기억에 해당되는 부분)로부터 검색되는 정보가 포함된다.

또한, 단기기억은 소비자가 의식적인 사고(conscious thought)를 수행하는 부분이다. 소비자가 범주화와 이해 프로세스를 수행하기 위해 외부로부터 유입된 정보를 자신의 사전지식과 비교할 때는 단기기억을 사용하는 셈인데, 이는 소비자가 책을 읽을 때나 TV광고를 보거나 소매점에서 의사결정을 할 때도 마찬가지이다. 요컨대, 단기기억은 소비자의 정보처리가 발생하는 장소이기 때문에 기억프로세스에서 매우 중요한 위치에 있다고 하겠다.

(1) 언어적 정보처리와 심상적 정보처리

단기기억 속에 있는 정보의 형태는 두 가지 중의 하나이다. 소비자가 단기기억 속에서 어떤 대상에 관하여 생각할 때, 그것은 단어의 형태로 나타내거나 아니면 대상의 시각적, 청각적, 촉각적, 미각적 및 후각적 특징의 형태로 나타낼 수 있다. 전자는 언어적 정보처리(discursive/language processing)가 이루어진 정보로, 소비자가 사과를 생각할 때 '사과'라는 단어로 나타내는 것을 그 예로 들 수 있다. 후자는 심상적 정보처리(imagery processing)가 이루어진 정보로,[5] 소비자가 사과를 생각할 때 사과의 그림, 냄새, 촉감, 한입 베어 물 때 나는 소리 혹은 그 맛과 같은 여러 측면에서 그 특징을 나타내는 것을 그 예로 들 수 있다.

심상적 정보처리가 이루어진 정보(이미지)는 원래의 대상이 가진 모습과 매우 유사한 모습을 취하고, 원래의 대상이 가진 공간차원과 크기차원이 그대로 보존된다.[6] 예컨

---

4 Henry C. Ellis and R. Reed Hunt, *Fundamentals of Human Memory and Cognition* (Dubuque, Iowa: William C. Brown, 1989), pp. 65-66.

5 Deborah J. MacInnis and Linda L. Price, "The Role of Imagery in Information Processing: Review and Extensions", *Journal of Consumer Research*, March 1987, pp. 473-491.

6 MacInnis and Price (1987), *Ibid.*

대, 만약 자동차의 모양을 설명해달라는 질문을 받는다면, 우리는 자동차의 상대적인 크기가 그대로 보존된 시각적 이미지를 사용해서 자동차의 모양을 설명해주게 된다.

언어적 정보처리나 심상적 정보처리 중에서 어떤 처리방식을 취하든, 소비자의 MAO 수준에 따라서 소비자가 단기기억 속에 있는 정보를 정교화(elaboration)하는 정도에는 차이가 있다.[7] 우선, 소비자의 MAO 수준이 낮은 경우에는 대상의 간단한 재생산 작업(simple reproduction)만 수행하기 쉽다. 예컨대, '사과'라는 단어나 사과의 그림만 포함되는 경우이다.

한편, 소비자의 MAO 수준이 높은 경우에는 공상, 환상 및 시각적 문제해결을 수행하기 위해 더 정교한 심상적 정보처리가 이루어지거나,[8] 아니면 곧 다가올 사건에 대해 미리 생각하거나 당면문제에 대한 해결책을 강구하기 위해 더 정교한 언어적 정보처리가 이루어질 수 있다.[9] 예컨대, 소비자가 휴가여행을 떠나는 것에 대해 생각할 때는 호텔 로비에서 따끈한 차를 마시는 것, 재미있게 논 후 피곤해서 근육의 통증을 느끼는 것, 얼굴이 타서 피부에 염증이 나는 것, 함께 여행간 친구들과 즐기는 것 등을 포함하는 정교한 환상(심상적 정보처리)을 개발하거나 여러 호텔의 가격과 속성을 비교하기 위해 언어적 정보처리가 이루어질 수 있다. 이미지이든 아니면 단어이든, 이런 정보는 개인의 의사결정을 위한 중요한 투입요소이다.[10]

(2) 단기기억의 특성

단기기억은 제한된 용량과 기억흔적이라는 두 가지 중요한 특성을 갖고 있다. 첫째, 단기기억은 용량제한(limited capacity)이라는 특성을 가진다. 즉, 어떤 시점에서 소비자가 단기기억 속에 담을 수 있는 정보의 양은 한정되어 있다. 예컨대, 가까운 마트에 가서 감자와 콩나물이라는 두 품목을 구입해야 하는 경우에는 소비자가 구입해야 할 것을 기억해내는 데 별 어려움이 없을 것이다. 하지만, 구입해야 할 품목이 아홉 개로 늘어났다고 생각해 보자. 이런 경우에는 구입해야 할 품목을 쪽지에 써가지 않으면, 그 중에서 적어도 한두 개 정도는 기억해내지 못할 수 있다. 이는 곧 단기기억의 용량제한을 예시하는 셈이다.

---

7 MacInnis and Price (1987), *Ibid.*

8 Alan Richardson, "Imagery: Definitions and Types", in ed. Aness Sheikh, *Imagery: Current Theory, Research, and Applications* (New York: Wiley, 1983), pp. 3–42.

9 MacInnis and Price (1987), *Ibid.*

10 Morris B. Holbrook and Elizabeth C. Hirschman, "The Experiential Aspects of Consumption: Consumer Fantasies, Feelings, and Fun", *Journal of Consumer Research*, September 1982, pp. 132–140.

둘째, 단기기억 속에 보유된 정보는, 만약 그것이 장기기억으로 전송되지 않으면, 매우 단명해버리는 기억흔적(memory trace)이라는 특성을 가진다. 즉, 소비자가 어떤 정보를 기억하기 위해 적극적으로 노력하지 않으면, 그것은 곧 사라져 버린다는 것이다. 간혹 우리가 어떤 사람의 이름을 들었지만 2분도 채 지나지 않아 잊어버리게 되는 것은 바로 단기기억의 기억흔적이라는 특성을 잘 설명한다.

(3) 단기기억의 특성을 이용한 마케팅액션

단기기억의 특성은 기업의 마케팅활동을 위해 여러 가지 흥미로운 시사점을 준다.

첫째, 단기기억 속에서 보편적으로 많이 사용되는 정보처리방식은 심상적 정보처리인데, 이는 소비자가 어떻게 행동하는가에 영향을 미친다. 소비자는 어떤 제품이 심상(imagery)을 제공하는 가치가 있기 때문에 구입하기도 하는데,[11] 그런 예로는 소설과 음악을 들 수 있다. 요컨대, 제품이 소비자의 다중적인 감각적 심상을 자극할 수 있으면, 이는 해당 제품에 대한 소비자의 선호에 영향을 미칠 수 있다.

둘째, 어떤 심상을 조장해서 과거에 자신이 수행했던 소비활동을 대리경험하도록 허용하기 때문에 소비자가 가치를 두는 제품도 있다. 예컨대, 소비자가 TV로 스포츠 프로그램을 보거나 스포츠경기 티켓을 구입하는 이유는 이로부터 유발되는 심상적 경험이 경기를 보러 갔던 즐거운 과거 경험을 소비자에게 되새기게 만들기 때문이다.

셋째, 언어적 정보처리와 심상적 정보처리는 소비자가 제품을 평가하는 방식에 영향을 미칠 수 있다. 우선, 심상적 정보처리가 이루어지는 경우에는 정보가 많을수록 이미지를 구체화하는 데 도움이 되기 때문에, 소비자가 상표에 관한 많은 정보를 처리할 수 있다. 예컨대, 소비자가 휴가여행에서 투숙할 호텔의 룸에 대한 구체적인 이미지를 생성할 수 있다면, 특정한 호텔에서의 투숙 여부가 분명해질 수 있다. 또한, 심상적 정보처리는 굳이 그렇게 하려고 애쓰지 않는 경우에도 소비자가 정보를 학습하는 데 도움을 준다.[12]

한편, 언어적 정보처리가 이루어지는 경우에는 너무 많은 정보가 탐색되면, 정보과부하(information overload) 현상이 초래될 수 있다. 예컨대, 휴가여행에서 투숙할 호텔에 관해서 아무런 이미지도 생성되지 않는다면, 소비자는 호텔의 주요속성별로 각 호텔을 평가한 후, 이런 속성평가정보를 모두 취합해서 투숙할 호텔을 결정하게 될 것이다.

---

11 Martin S. Lindauer, "Imagery and Arts", in ed. Aness Sheikh, *Imagery: Current Theory, Research, and Applications* (New York: Wiley, 1983), pp. 468–506.

12 Gordon S. Bower, "Mental Imagery and Associative Learning", in ed. Lee Gregg, *Cognition in Learning and Memory* (New York: Wiley, 1972), pp. 51–88.

넷째, 심상은 제품이나 소비경험에 대한 소비자의 만족도에 영향을 미칠 수 있다. 예컨대, 어떤 제품이나 소비경험에 대해 소비자가 자기 나름의 정교한 이미지(환상)를 갖고 있었지만, 실제로는 자신이 상상하던 바와 다르다는 것을 알게 되는 경우가 종종 있다. 이런 경우에는 심상에 의해 생성된 기대가 확인되지 못했기 때문에, 소비자는 그런 제품이나 소비경험에 대해 불만족을 느끼게 될 수 있다.

3) 장기기억

장기기억(long-term memory: LTM)은 소비자의 단기기억에서 처리된 정보가 차후에 사용되기 위해 저장되는 부분으로서, 영구기억(permanent memory)이라고도 한다. 컴퓨터에 비유하자면, 장기기억은 컴퓨터의 하드드라이버에 저장해 두어서 나중에 필요할 때 검색될 수 있는 정보이다. 장기기억에 저장되는 정보의 대표적인 두 가지 유형으로는 자전적 기억과 어의적 기억이 있다.[13]

(1) 자전적 기억

자전적 기억(autographical memory)은 소비자가 자기 자신과 관련해서 갖고 있는 지식으로,[14] 일화적 기억(episodic memory)이라고도 한다. 이 기억저장소에는 그동안 소비자에게 발생했던 여러 가지 일들이 표상되는데, 구체적으로 소비자의 과거경험과 그 경험에 연결된 감정적 감각이 여기에 담긴다. 또한, 자전적 기억은 주로 감각적인 경향이 있는데, 시각적 이미지가 주류이지만 그 외에도 소리(청각)나 냄새(후각), 맛(미각) 및 촉감(촉각)도 포함된다. 소비자는 획득행동(예: 제품의 구매, 일반적인 쇼핑여행), 소비행동(예: 제품의 사용, 식당 식사, 콘서트 참석) 및 처분행동(예: 제품의 폐기나 매각)에 관련된 자전적 기억을 가질 수 있다.

소비자는 자기 나름의 경험을 갖고 있기 때문에, 자전적 기억의 내용은 대단히 개별적이고 특이한 경향이 있다. 예컨대, 자동차 운전면허증을 따기 위해 도로주행시험을 치러 가려는데 친구가 나중에 그 내용에 대해서 말해 달라고 요청했다면, 소비자는 도로주행시험을 치는 날 발생한 사건의 순서(즉, 무슨 자동차를 운전했는가? → 어떤 주행경로를 거쳐 갔는가? → 얼마나 신경이 많이 쓰였는가? → 감독관이 무슨 말을 했는가? → 합격(혹은 불합격)한 후 어떤 일이 일어났는가? 등)를 자전적 기억으로 자신의 장기기억 속에 저장하게 될 것이다.

---

13 E. Tulving, "Episodic and Semantic Memory", in eds. E. Tulving and W. Donaldson, *Organization and Memory* (New York: Academic Press, 1972), pp. 381–403.

14 Hans Baumgartner, Mita Sujan, and James R. Bettman, "Autographical Memories, Affect, and Consumer Information Processing", *Journal of Consumer Psychology*, 1 (1), 1992, pp. 53–82.

(2) 어의적 기억

소비자의 장기기억 속에 저장되는 것 중에는 자전적 기억처럼 자신이 겪었던 특정한 경험과 관계가 있는 것도 있지만, 별로 관계가 없는 것이 많다. 예컨대, 대개 소비자는 특정한 개와 반드시 연결되는 것은 아닌 일반적인 '개'라는 개념에 관한 기억을 갖고 있는데, 이처럼 소비자가 특정한 일화(사건)와 무관하게 세상사에 관해서 갖고 있는 일반적인 지식을 어의적 기억(semantic memory)이라고 부른다. 제8장에서 설명했던 스키마와 범주는 바로 어의적 기억의 예이다.

어의적 기억은 시각적 이미지의 형태를 취할 수 있다. 즉, 단어나 대상, 혹은 상징의 이미지가 장기기억 속에 표상될 수 있다. 또한, 어의적 기억이 형성되는 기반은 자전적 기억에서 비롯되는 투입요소와 각종 학습이다. 전자의 예로는 과거에 자신이 길렀던 개로 인해서 갖게 된 일반적인 개에 관한 기억을 들 수 있고, 후자의 예로는 개에 관한 책에서 자신이 읽은 내용이나 개에 관한 이야기를 타인에게 들은 내용에 대한 기억을 들 수 있다.

제8장에서는 지식을 범주로 조직화하는 것에 관하여 설명한 바 있는데, 여기서는 기억 속의 여러 개념들을 서로 연결하는 연상(association)들인 마디(node)와 그 연결고리(link)의 강도가 소비자의 기억에 어떤 영향을 미치는가를 설명하기로 한다.

그림 11-2 어의적(연상적) 네트워크의 예

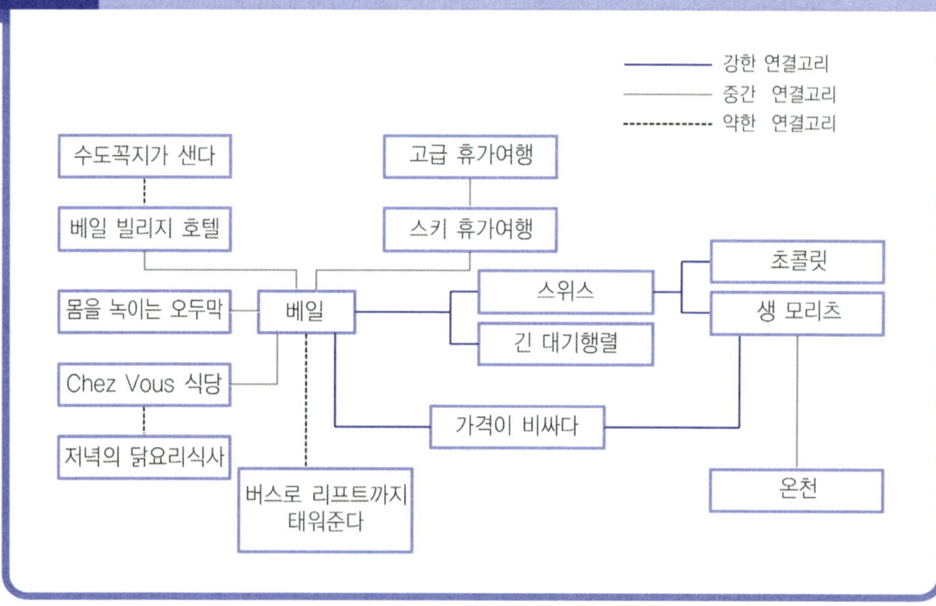

[그림 11-2]에는 스위스의 베일(Vail)이라는 곳으로 떠나는 스키휴가여행에 관하여 어떤 소비자가 가진 개념과 그것으로 연상되는 것들이 나타나 있다. 연결고리는 기억 속에서 있는 개념(예: 베일)과 그 관련 마디 간의 연결관계를 표시한다. 즉, '베일빌리지 호텔(Vail Village Hotel)'과 '가격이 비싸다.'는 것은 소비자의 기억 속에서 '베일'이라는 마디에 연결되어 있는 연상들을 나타낸다. 또한, '베일'은 '스키휴가여행'이라는 상위범주에 속하는 하나의 범례이고, '스키휴가여행'은 다시 더 상위범주인 '고급휴가여행'의 구성원이다. 이처럼 마디와 이에 관련된 일단의 연상을 묶어서 어의적 네트워크(semantic network) 혹은 연상적 네트워크(associative network)라 부르는데, 장기기억을 이런 일련의 어의적 네트워크 형태로 표현하면 상당히 유용하다.

[그림 11-2]에서 보듯이, 어의적 네트워크의 연결고리는 그 강도에 차이가 있다. 즉, 소비자의 기억 속에서 매우 강하게 연결된 연결고리가 있는가 하면, 매우 약하게 연결된 연결고리도 있다. 이런 연결고리의 강도는 소비자가 실제로 장기기억에서 인출할 수 있는 것이 무엇인가를 결정하는 데 매우 중요한 역할을 한다. 또한, [그림 11-2]에서 보듯이, '베일'에 연결된 것 중의 일부는 다른 것들과도 다시 연결되어 있는데, 이런 일련의 연결관계는 기억의 인출프로세스에서 중요한 역할을 한다. 예컨대, '베일'에 연결된 '스위스'는 다시 '초콜릿'과 연결되어 있다.

(3) 장기기억의 특성을 이용한 마케팅액션

자전적 기억과 어의적 기억을 포함하는 장기기억은 기업의 마케팅활동을 위한 중요한 시사점을 가진다. 첫째, 소비자는 소비에 관련된 자신의 경험을 담아두는 큰 저장소를 갖고 있는데, 이에 관련된 감정적 연상(affective association)이 특정한 제품에 대한 소비자의 평가에 영향을 미칠 수 있다. 예컨대, 음식에서 머리카락이 나왔던 식당에 대한 부정적인 기억은 또다시 그 식당에 가는 것을 저지하는 역할을 할 것이다. 물론, 소비자가 긍정적인 경험을 가졌던 식당의 경우에는 정반대 효과가 나타나게 될 것이다.

둘째, 기업은 소비자의 자전적 기억을 유도하는 방식으로 광고효과를 높일 수 있다. 그런 예로는 쓰레기봉지가 잘 터져 버려서 난처했던 경우를 소비자에게 돌이켜 보게 만들었던 헵티(Hefty)라는 쓰레기봉지제품의 광고를 들 수 있다. 이 광고에서는 다른 회사의 쓰레기봉지들은 쉽게 터져 버리지만 자사의 쓰레기봉지는 상당히 튼튼하다는 것을 보여줌으로써, 소비자가 이에 대해 개인적인 관련성을 느끼고 공감하게 만들었다.

셋째, 소비자는 향수(nostalgia), 즉 자신의 과거사에 대한 그리움을 자극하여 자신의 자전적 기억을 일깨워주는 제품에 가치를 두기도 한다.[15] 대개 소비자는 자신의 어린 시절에 많이 사용했던 제품에 대해 긍정적인 반응을 보인다. 이런 원리를 이용한 예로는 자사제품에 관련된 소비자의 과거경험을 일깨워줌으로써 자사의 초콜릿음료를 부활시키는 데 성공한 오벌틴(Ovaltine)을 들 수 있다. 이 제품의 라디오광고에서는 한 소비자가 "나는 자녀 세 명을 오벌틴으로 키웠는데, 이젠 손자들에게도 오벌틴을 먹이고 있습니다."라고 말하면서 잠시 옛 추억에 잠기는 장면을 연출하였다. 이 광고에 힘입어 오벌틴은 단 1년만에 매출이 20%나 증가하였다.

넷째, 소비자는 결혼식이나 자녀출산, 혹은 생일과 관련된 자신의 어떤 자전적 기억을 보존하도록 도와주는 제품을 중요시하는 경향이 있다. 예컨대, 필름, 사진기, 비디오카메라 및 일기장은 자신의 자전적 기억을 보존하려는 소비자의 열망에 부응하는 제품이다. 이런 현상은 현재의 소비자나 특정 국가의 소비자에게 한정되지 않는 인류의 보편적인 현상이다. 예컨대, 북미로 이민을 간 인도사람들은 자신의 고유한 문화를 잊지 않기 위해 집안에 조그만 사당을 마련해 둔다.

3. 기억증진방안

소비자가 어떤 대상을 기억하기 위해서는 먼저 그것에 주의를 기울이고 지각하는 일이 선행되어야 한다. 그래서, 소비자의 주의에 영향을 미치는 여러 요인들[16]은 소비자의 기억에도 영향을 미칠 수 있다. 하지만, 청킹, 시연, 재순환 및 정교화라는 네 가지 프로세스도 소비자의 기억에 영향을 미치는 것으로 알려져 있다.[17] 이런 프로세스들은 단기기억에 영향을 미치거나 단기기억에 있는 정보가 장기기억으로 전송될 가능성을 높이는 데 도움을 준다. 그러면, 이런 네 가지 프로세스의 의미와 그 마케팅 시사점을 살펴보기로 한다.

---

15 Morris B. Holbrook, "Nostalgia and Consumer Preferences: Some Emerging Patterns of Consumer Tastes", *Journal of Consumer Research*, September 1993, pp. 245–256.

16 이에 대해서는 제7장을 참조할 것.

17 R. C. Atkinson and R. M. Shiffrin, Human Memory: A Proposed System and Its Control Processes, in eds. K. W. Spence and J. T. Spence, *The Psychology of Learning and Motivation: Advances in Theory and Research*, Vol. 2 (New York: Academic Press, 1968), pp. 89–195.

1) 청 킹

단기기억의 주요특성 중의 하나는 용량제한이다. 과거에는 개인이 특정 시점에서 3~7개의 정보 청크를 처리할 수 있다고 보았지만,[18] 최근의 연구에 따르면 그 수가 서너 개에 더 가깝다고 한다.[19] 청크(chunk)는 하나의 단위로 처리될 수 있는 항목들의 최소집단이고, 청킹(chunking)이란 정보를 의미 있는 가장 작은 단위인 청크로 조직화하는 작업을 말한다. 예컨대, 전화번호는 지역번호-국-개별번호(예: 02-977-4059)라는 3개의 청크로 집단화될 수 있고, 상표도 상표명을 중심으로 조직화되는 청크로서의 역할을 한다.

이처럼 소비자가 특정 시점에서 서너 개의 청크만 처리할 수 있다고 본다면, 기업은 더 작은 조각의 정보들을 하나로 묶을 수 있는 더 큰 조각의 정보를 제공하여, 소비자가 그런 정보를 단기기억에 보유하고 또한 그것을 장기기억으로 전송할 가능성을 높이는 방안을 모색할 수 있다.

첫째, 몇 개의 작은 정보 조각들을 한 개의 큰 조각으로 줄여주는 머리글자(acronyms)를 사용하는 방안이다. HOMES는 미국의 5대호(Huron, Ontario, Michigan, Erie 및 Superior)에 대응되는 다섯 개의 머리글자를 하나의 단어로 묶은 것인데, 이렇게 해두면 다섯 개의 단어를 하나씩 모두 기억하려고 노력하는 대신에 단지 머리글자로 된 단어 하나만 기억하면 된다. 기업이 이런 원리를 사용한 예로는 우리나라의 LG와 SK, 그리고 미국의 IBM과 KFC를 들 수 있다.

둘째, 전화번호에 개별적인 숫자나 자릿수 대신에 사업에 관련된 특정한 단어를 제공하거나 이를 연상시키는 숫자를 사용하는 방안이다. 미국의 경우 1-800-LAWYERS(변호사사무소)와 같은 전화번호나 우리나라의 경우 ***-2424(이삿짐센터), ***-8282(택배)와 같은 전화번호를 들 수 있다. 이렇게 개별단위를 포함하는 더 큰 청크를 제공하는 방식을 이용하면, 소비자가 전화번호를 잘 기억하게 만들 수 있다.

셋째, 다수의 분리된 정보조각들을 단일의 속성이나 편익으로 묶어주는 결론을 도출하게 하는 광고를 사용하는 방안이다. 예컨대, 어떤 식품의 칼로리, 지방, 나트륨 및 설탕함량이 적절함을 설명하는 광고라면, 그 제품이 전반적으로 건강에 유익하다는 결

18 George A. Miller, "The Magical Number Seven, Plus or Minus Two: Some Limits on Our Capacity for Processing Information", *Psychological Review*, March 1956, pp. 81-97.

19 James N. McGregor, "Short-Term Memory Capacity: Limitations or Optimization?", *Psychological Review*, January 1987, pp. 107-108.

론을 제시할 수 있다.

2) 시 연

청킹은 단기기억에서 정보가 사라지지 않게 할 가능성을 높이는 역할을 하는 반면, 시연(rehearsal)은 단기기억에 있는 정보를 장기기억으로 전송하는 데 영향을 미치는 요인이다. 시연이란 단순히 소비자가 기억하려는 대상과 적극적이고 의식적으로 상호작용하는 것을 말한다. 시연에는 대상에 대한 무언의 반복과 정보와 그 의미에 대해 적극적으로 생각하는 것이 포함되는데, 이는 마치 연극배우가 대사를 외기 위해 예행연습을 하거나 학생이 시험준비를 하기 위해 수업자료로 예행연습을 하는 것과 같다.

시연은 서두효과(primacy effect)를 설명하는 데 종종 사용된다. 서두효과란 여러 정보가 일련의 순서로 제시될 때 앞부분에 위치하는 것을 다른 것들보다 소비자가 더 잘 기억하는 경향이 있다는 것을 말한다. 예컨대, 쇼핑목록을 만든다고 생각해보자. 우선 커피를 쓰고 나서, 잠시 뒤에 간장을 추가한다. 그 목록을 더 살펴본 후, 세 개의 품목이 더 기억나서 이를 추가한다. 나중에 이 쇼핑목록에 대한 기억테스트를 한다면, 첫 번째 품목을 시연하는 데 대부분의 시간을 소비했기 때문에 그것을 기억해낼 가능성이 높아진다.

이런 시연은 소비자의 정보처리동기가 높은 조건에서만 발생할 가능성이 있다. 즉, 어떤 중요한 결정을 하는 데 필요한 정보이거나 그 자체가 소비자의 관여도를 높이는 자극이어서 소비자의 정보처리동기가 높은 경우라면, 소비자는 시연을 할 수 있다. 예컨대, 자동차를 구입하려는 소비자는 자신이 검토하였던 여러 자동차모델들의 가격을 시연할 가능성이 있다.

한편, 소비자의 처리동기가 낮은 경우라면, 기업은 소비자의 정보처리동기를 높이고 시연을 영속화시키는 전술을 구사할 수 있다. 예컨대, 맥도날드는 소비자에게 빅맥의 내용물("완전히 소고기로 만든 두 개의 패티, 특수한 소스, 양상추, 치즈, 피클, 볶은 참깨를 뿌린 양파")을 일깨워 주었던 과거의 광고를 부활하였다. 이는 소비자의 시연을 유도하는 데 매우 성공적이어서 아직도 많은 소비자들이 빅맥의 긴 내용물 목록을 기억하고 있다. 또한, 광고에 징글(jingle)과 슬로건(slogan)을 넣는 것도 시연을 유도하는 유용한 수단 중의 하나이다. 예컨대, 간혹 우리는 자신도 모르는 사이에 하루 종일 어떤 광고의 징글을 흥얼거리면서 보내기도 하는데, 이는 효과를 발휘한 징글의 예이다.

3) 재순환

재순환(recirculation)이란 소비자가 여러 상황에서 특정한 대상에 노출되었다는 이유 때문에 그 대상을 기억하게 되는 현상을 말한다. 즉, 소비자가 어떤 정보에 반복해서 노출되면, 그 정보는 장기기억으로 전송될 가능성이 높아진다는 것이다. 재순환은 정보가 반복된다는 점에서 시연과 유사하지만, 개인의 적극적인 정보처리를 요구하지 않는다는 점에서 시연과 차이가 있다. 예컨대, 우리는 직접 가 본 적이 없거나 그 이름을 기억하려고 특별히 노력한 적이 없더라도, 대개 이웃에 있는 거리의 이름이나 집에서 가까운 시장의 이름을 잘 기억하기도 하는데, 이는 곧 재순환의 예라고 말할 수 있다.

재순환은 저관여상황에서 마케팅커뮤니케이션의 반복이 기억에 영향을 미칠 수 있는 이유를 설명해주는 하나의 중요한 원리이다. 즉, 소비자가 어떤 광고에서 제시하는 정보를 굳이 기억하려고 노력하지 않더라도, 메시지의 지속적인 반복은 그 메시지를 소비자의 마음속에 심어주는 역할을 한다.[20]

또한, 소비자는 의사결정과 구매를 반복적으로 수행함으로써 제품에 관한 정보를 기억하게 될 수 있고, 다양한 광고집행방식을 사용하면 그 효과는 더 강화될 수 있다.[21] 예컨대, 펩시콜라는 이미 여러 상황에서 '젊어지자, 즐기자, 펩시를 마시자(Be young, Have Fun, Drink Pepsi)'라는 슬로건을 반복해 왔고 또한 시간이 지나면서 그 메시지를 전달하는 광고집행방식을 점차 바꾸어 왔기 때문에, 미국소비자들이 이 슬로건을 잘 기억하고 있다. 그리고, 재순환은 상표명을 자주 반복하는 커뮤니케이션방식이 더 우수한 상표명 회상률을 초래하는 이유를 잘 설명한다.[22]

4) 정교화

정보처리가 더 깊고 정교할수록, 그것이 장기기억으로 전송될 가능성은 더 높아진다.[23] 소비자는 기계적 암기(rote memorization)나 기계적 시연(rote rehearsal)을 통해서 어떤

---

20 George E. Belch, "The Effects of Television Commercial Repetition on Cognitive Response on Cognitive Response and Message Acceptance", *Journal of Consumer Research*, June 1982, pp. 56-66.

21 H. Rao Unnava and Robert E. Brunkrant, "Effects of Repeating Varied Ad Executions on Brand Name Memory", *Journal of Marketing Research*, November 1991, pp. 406-416.

22 Murphy S. Sewall and Dan Sarel, "Characteristics of Radio Commercials and Their Recall Effectiveness", *Journal of Marketing*, January 1986, pp. 52-60.

23 F. I. M. Craik and R. S. Lockhart, "Levels of Processing: A Framework for Memory Research", *Verbal Learning and Verbal Behavior*, December 1972, pp. 671-684.

정보를 기억하려고 노력할 수 있지만, 이런 유형의 정보처리방식이 정보를 장기기억으로 전송시키는 데 항상 효과적인 것은 아니다. 예컨대, 시험을 치기 위해 수업자료를 오직 기계적으로 암기했다면, 2~3일만 지나도 암기한 내용을 대부분 잊어버리게 될 것이다.

하지만, 어떤 정보에 대해 많이 생각을 하고 그것을 의식적으로 기존의 정보 및 과거경험과 서로 연결시키는 경우, 즉 정교화(elaboration)의 정도가 높을수록 더 강한 기억흔적(memory trace)이 확립된다. 예컨대, 과거에 자신이 사용했던 적이 있는 어떤 제품에 대한 광고를 본 소비자는 그 메시지를 자신의 소비경험과 연결시켜서 더 잘 기억할 수 있다.

기업은 소비자가 정보를 정교화할 동기, 능력 및 기회(MAO) 수준을 높여주는 전략을 사용할 수 있는데, 이에 대해서는 제10장을 참조할 수 있다. 의외성이나 참신성이 있어서 소비자에게 놀라움을 주는 정보는 소비자의 주의를 끌기 때문에, 소비자의 정교화와 기억력을 높인다.[24] 예컨대, 우아하게 차려입은 미녀가 어떤 고급식당에 앉아 있는 장면을 보여주는 주류광고를 한번 상상해 보자. 술잔을 들고 있는 그녀 옆에는 표범이 앉아있고, 그녀는 표범의 털 밑을 부드럽게 어루만지고 있다. 이런 경우에는 누구도 고급식당에서 미녀 옆에 앉은 표범을 볼 것이라고 기대하지 않았을 것이기 때문에(즉, 의외성이 존재하므로), 소비자는 이런 광고를 기억할 가능성이 높다. 이런 경우에 소비자에게 그런 인식상의 부조화(incongruence)를 해소하려는 동기가 유발된다.

그런데, 광고에 제시되는 도안과 문안이 상표나 전반적인 메시지와 서로 관련성이 있는 경우에만 소비자가 그런 인식상의 부조화를 해소할 수 있다.[25] 광고에 제시되는 도안과 문안이 여러 측면에서 일관성이 있으면, 소비자가 인식상의 부조화를 해소하는 데에 사용할 수 있는 처리용량을 더 많이 갖게 되기 때문이다.

예컨대, 위의 광고에서 "내가 손으로 주는 것을 잘 받아먹는 한, 나는 남자를 사랑한다."라는 문안을 제시했다면, 미녀와 표범 사이에 존재하는 인식상의 부조화를 해소하는 데 도움이 될 것이다. 이런 문안은 표범이 미녀에 의해 순해지는 야수라는 것을 보여 주면서, 남자와 순해진 야수 사이에 어떤 유추를 이끌어 내려는 의도로 사용될

---

24 Susan E. Heckler and Terry L. Childers, "The Role of Expectancy and Relevancy in Memory for Verbal and Visual Information: What Is Incongruency?", *Journal of Consumer Research*, March 1992, pp. 475-492.

25 Michael J. Houston, Terry L. Childers, and Susan E. Heckler, "Picture-Word Consistency and the Elaborative Processing of Advertisements", *Journal of Marketing Research*, November 1987, pp. 359-369.

수 있다.

정교화는 어린이와 노인이 다른 연령층의 사람들보다 마케팅커뮤니케이션을 잘 기억하지 못하는 이유를 잘 설명한다.[26] 노인이 되면, 단기기억에서 처리용량의 제약조건 때문에 정보처리능력이 줄어든다. 한편, 어린이는 지식이 부족해서 메시지에 관해 광범위하게 사고하기가 어렵기 때문에 정교화를 할 가능성이 낮아진다.

제 2 절 기억의 인출

1. 인출의 의의

'외부에서 유입된 정보는 장기기억 속에 어떻게 저장되는가?'라는 의문에 대한 답을 구하려는 기억의 주제에 못지않게 중요한 것은 '장기기억 속에 저장된 정보는 나중에 어떻게 다시 기억나게 되는가?'라는 의문에 대한 답을 구하려는 인출의 주제이다. 이렇게 소비자의 장기기억 속에 저장된 정보를 다시 꺼집어내는 프로세스(remembering process)를 기억의 인출(retrieval)이라고 한다. 소비자가 장기기억에서 인출하는 정보는 소비자의 구매결정, 사용결정 및 처분결정에 중요한 영향을 미칠 수 있기 때문에, 소비자 연구가들은 '어떤 정보가 어떻게 인출되는가?'를 연구하는 데 많은 관심을 두어왔다.

이런 인출프로세스를 설명하는 데는 [그림 11-2]에 제시된 것과 같은 연상적 네트워크가 종종 사용된다. 소비자에게 스위스의 베일(Vail)에 관하여 기억나는 것을 모두 말해 달라고 요청했다면, 그녀는 예컨대 '가격이 비싸다'는 것(어의적 기억)을 기억해낼 수 있을 것이다. 또한, 가장 최근에 베일에 여행을 갔던 일(자전적 기억)에 관하여 말해 달라고 요청했다면, 그녀는 예컨대 '오솔길에 몸을 녹이는 오두막'이 있었다는 것을 기억해낼 지도 모른다.

그런데, 이유야 어떻든 그녀는 자신의 장기기억 속에 있는 것을 모두 다 기억해내

26 Catherine A. Cole and Michael J. Houston, "Encoding and Media Effects on Consumer Learning Deficiencies in the Elderly", *Journal of Marketing Research*, February 1987, pp. 55-64; Deborah Roedder John and John C. Whitney, Jr., "The Development of Consumer Knowledge in Children: A Cognitive Structure Approach", *Journal of Consumer Research*, March 1986, pp. 406-418.

지는 못할 것이다. 예컨대, '호텔의 수도꼭지에서 물이 샜다'는 사실과 '그 소음 때문에 밤잠을 설쳐서 너무 괴로웠다'는 사실을 까맣게 잊어버렸을 수도 있다.

하지만, 어떤 단서가 주어지면, 그녀가 기억해 낼 수 있는 다른 정보도 있을 것이다. 예컨대, 그녀가 휴가여행 첫날밤 저녁에 어떤 음식을 먹었는지 스스로 잘 회상할 수는 없더라도, 누군가가 어떤 단서(예: 그 음식에 관하여 웨이터가 재미있는 농담을 했던 일)를 제시한다면, 그녀는 그 음식을 기억해 낼 수 있을지 모른다. 또한, 그녀가 그 식당의 이름을 잘 회상할 수 없더라도, 누군가가 "그곳이 혹시 ○○식당 아니야?"라고 말했다면, 그녀는 "맞아, 바로 거기야."라고 말할 수도 있다.

위의 사례는 기억의 인출에 관련된 세 가지 중요한 원리를 예시한다.

첫째, 소비자는 자신이 실제로 인출할 수 있는 것보다 더 많은 정보를 장기기억 속에 갖고 있다.

둘째, 소비자가 장기기억 속에 저장된 어떤 정보를 인출할 가능성을 높여주는 요인이 존재한다.

셋째, 소비자는 회상이나 재인을 비롯한 여러 방식으로 정보를 명시적으로 인출할 수 있다.

1) 정보의 접근가능성

정보의 이용가능성(availability)과 정보의 접근가능성(accessibility)이라는 두 가지 서로 관련된 주제가 있는 데, 전자는 소비자의 기억과 관계가 있는 주제이고 후자는 기억의 인출과 관계가 있는 주제이다. 비록 소비자의 장기기억 속에 상당한 분량의 정보가 저장되어 있어서 정보의 이용가능성이 높더라도, 그중에서 회상될 수 있는 것이 단지 일부에 불과하다면 정보의 접근가능성은 낮다고 말할 수 있다.[27]

소비자의 장기기억 속에 저장된 정보의 접근가능성에 영향을 미치는 요인으로는 기억흔적의 강도와 활성화의 확산을 들 수 있다.

(1) 기억흔적의 강도

장기기억 속의 마디와 이를 서로 연결하는 연결고리는 기억흔적의 강도(strength of memory trace)라는 면에서 차이가 있다. [그림 11-2]에서 소비자는 '베일'과 '가격이 비싸다'는 두 개념 사이에 강한 연결고리를 가져서 매우 강한 기억흔적을 갖고 있다. 마

27 Gabriel Biehal and Dipankar Chakravarti, "Consumers' Use of Memory and External Information in Choice: Macro and Micro Perspectives", *Journal of Consumer Research*, March 1986, pp. 382–405.

디가 강할수록 그리고 마디를 서로 연결하는 연결고리가 강할수록, 그 정보의 접근가능성은 더 높아진다. 그러므로, 소비자는 '버스로 방문객을 리프트까지 태워준다.'는 사실보다는 베일이 '가격이 비싸다'는 사실을 더 잘 기억해낼 것이다. 그 이유는 '베일'과 '가격이 비싸다' 사이의 연결고리는 강한 편이지만, '베일'과 '버스로 방문객을 리프트까지 태워준다.' 사이의 연결고리는 약한 편이기 때문이다.

(2) 활성화의 확산

활성화의 확산(spreading of activation)은 기억의 인출을 설명하는 데 사용되는 두 번째 요인이다.28 누군가가 어떤 개념을 말하는 것을 들으면 그 개념이 활성화되는 현상이 발생하는데, 이는 그 개념이 장기기억에서 인출되어 단기기억에 있는 다른 정보를 해석하는 데 사용됨을 의미한다. 비유하자면, 활성화는 마치 전선에 연결된 여러 개의 전구에 불이 들어오는 현상과 같다. 어떤 전구에 불이 들어오는지 여부는 해당 전구에 충분한 전기가 전달되는가에 의존한다. 마찬가지로, 장기기억 속에 있는 어떤 개념마디가 활성화되는지 여부는 그것이 얼마나 많은 자극을 받는가를 말하는 활성화의 수준(level of activation)에 의존한다.

활성화의 확산이론의 기본원리는 "어떤 마디가 활성화되면, 그런 활성화의 일부가 해당 마디와 연결된 인접 마디로 확산된다."는 것이다. 활성화의 수준이 충분하다면, 다른 인접 마디들도 활성화되어 인출될 수 있다. 그런데, 인접 마디와의 거리가 가까울수록 그리고 인접 마디와 연결하는 연결고리가 강할수록, 인접 마디의 활성화 가능성은 그만큼 더 높아진다.

[그림 11-2]에서 보면, '가격이 비싸다'는 마디와 '긴 대기행렬'이라는 마디는 '온천'이라는 마디에 앞서 활성화될 것이다. 하지만, 활성화는 확산되기 때문에, '가격이 비싸다'는 마디의 활성화는 이와 관련된 다른 개념인 '산 모리츠(San Moritz)'에 대한 단서를 제공할 수 있다.

마찬가지로, '베일'이라는 말을 들었을 때, 소비자는 '초콜릿'이 생각날 수 있다. 그 이유는 '베일'이 '스위스'와 강하게 연결되어 있고 또한 '스위스'는 다시 '초콜릿'과 강하게 연결되어 있기 때문이다. 활성화의 확산이 '초콜릿'을 기억해 내는 데 충분하지 못하더라도, 활성화가 '초콜릿'으로 확산된다는 사실은 곧 '초콜릿'이 활성화되었음을 의미한다. 말하자면, 이미 약간의 활성화를 받았기 때문에, 소비자가 '초콜릿'을 인출하

28 A. M. Collins and E. F. Loftus, "A Spreading Activation Theory of Semantic Processing", *Psychological Review*, November 1975, pp. 407-428.

기 위해서는 더 낮은 수준의 활성화만으로 충분하다는 것이다.

소비자의 MAO 수준이 활성화의 확산에 영향을 미친다. 소비자의 정보처리동기가 높으면, 활성화되는 마디의 수가 많아진다. 즉, 정보처리를 위한 소비자의 동기유발 수준이 높으면, 그 개념에 관하여 많이 생각할 것이기 때문에 정보처리의 강도가 증가하고 활성화되는 마디 수도 증가한다. 한편, 정보처리를 위한 소비자의 동기유발 수준이 낮으면, 거리가 가깝고 강한 마디만 활성화될 것이다.

또한, 어떤 개념에 관하여 지식수준(처리능력)이 높은 전문가소비자일수록 더 상세한 형태의 어의적 네트워크를 가질 것이기 때문에,[29] 어떤 마디가 활성화되면 더 많은 수의 연상이 초래될 수 있다.

2) 망 각

소비자가 과거에 알았던 어떤 것을 현시점에서 전혀 기억해내지 못하는 현상을 망각(forgetting)이라고 한다. 이런 망각은 소비자의 일상생활에서 자주 발생하는 현상으로서 인출실패(retrieval failure)라고 볼 수 있다. 이런 인출실패는 ① 쇠퇴이론, ② 방해이론 및 ③ 속성의 망각이론에 의해 부분적으로 설명되며, 소비자의 구매행동, 사용행동 및 처분행동에 영향을 미친다.

(1) 쇠퇴이론

쇠퇴이론(decay theory)은 기억흔적의 강도(intensity of memory trace)라는 개념을 이용하여 망각현상을 설명한다. 즉, 시간이 지나면서 장기기억 속에 있는 마디와 연결고리의 기억흔적이 점차 약화되기 때문에 망각이 발생한다는 것이다. 이처럼 기억흔적이 약화되는 이유는 그것이 잘 사용되지 않았기 때문이라고 본다. 우리가 자신의 어린 시절에 있었던 일을 잘 망각하는 이유는 그런 일들이 너무 오래전에 발생했고 그 후 다시 잘 사용하지 않았기 때문이다. 따라서, 소비자가 어떤 정보에 반복적으로 노출되거나 그것을 자주 인출한다면, 쇠퇴가 발생할 가능성은 그만큼 낮아진다고 하겠다.

(2) 방해이론

방해이론(interference theory)은 활성화의 확산과 기억흔적의 강도라는 개념을 이용하여 망각을 설명한다. 방해이론에서는 인출의 방해가 발생하는 방향에 따라서 역행방해와 순행방해라는 두 가지 형태의 방해로 구분해서 설명한다.

---

29 Joseph W. Alba and J. Wesley Hutchinson, "Dimensions of Consumer Expertise", *Journal of Consumer Research*, March 1987, pp. 411-454.

가. 역행방해

소비자가 새로운 자동차모델인 A자동차를 소개하는 어떤 광고를 보았다면, 그는 그 광고로부터 A자동차의 우수한 핸들링이나 스타일에 관해서 배우게 될 것이다. 이런 상황에서 A자동차의 광고에 이어 다른 자동차모델인 B자동차의 광고가 등장했다고 하자. 이렇게 되면, 소비자는 B자동차의 광고에서 본 정보 때문에 A자동차의 광고에서 본 정보를 기억해내는 데 다소 어려움이 있게 될 것이다.

마치 '굴러온 돌이 박힌 돌을 뽑는다.'는 식으로 나중에 학습한 정보(B자동차에 관하여 학습한 정보)가 먼저 학습한 정보(A자동차에 관하여 학습한 정보)를 기억해 내는 것을 방해하는 현상을 역행방해(retroactive interference)라고 하며, 이는 다수의 경쟁사들이 서로 유사한 메시지로 광고하는 경우에 자주 발생한다.

그런데, 한 가지 흥미로운 사실은 서로 같은 종류의 제품을 가진 경쟁사들이 같은 시간대에 이어서 광고를 하는 경우에는 역행방해가 발생하지만,[30] 서로 다른 종류의 제품들에 대한 광고가 여러 개 제시되어 광고혼잡도가 높은 경우에는 역행방해가 발생하지 않는다는 점이다.[31] 그렇다면, 기업이 자사제품의 광고를 위한 매체시간을 구입할 때는 해당 매체시간대에서 자사가 제품종류별로 유일한 광고주가 되도록 노력하는 것이 좋다.

그 외에도 역행방해의 발생 가능성이 낮아지는 조건으로 제시되고 있는 내용들을 정리해 보면 다음과 같다.

첫째, 소비자가 어떤 상표를 구입하려는 시점에서 광고를 보는 경우이다. 이런 경우에는 상표정보를 처리하려는 소비자의 동기유발수준이 높기 때문에, 정교화의 수준이 높아져서 방해에 대해 저항하게 된다.

둘째, 상표가 소비자들에게 잘 알려져 있는 경우이다. 소비자가 그 상표에 대해 이미 많은 지식을 갖고 있으면, 메시지의 혼동이 발생할 가능성이 그만큼 적어진다.[32]

셋째, 전달하려는 기본적인 메시지는 동일하지만 상이한 집행방식으로 광고를 제시하는 경우이다.[33]

---

30 Kevin Keller, "Memory and Evaluation Effects in Competitive Advertising Environments", *Journal of Consumer Research*, March 1991, pp. 463-476.

31 Tom J. Brown and Michael L. Rothschild, "Reassessing the Impact of Television Advertising Clutter", *Journal of Consumer Research*, June 1993, pp. 138-147.

32 Robert J. Kent and Chris T. Allen, "Competitive Interference Effects in Consumer Memory for Advertising: The Role of Brand Familiarity", *Journal of Marketing*, July 1994, pp. 97-105.

33 H. Rao Unnava and Deepak Sirdeshmukh, "Reducing Competitive Ad Inference", *Journal of Marketing Research*, August 1994, pp. 403-411.

나. 순행방해

이제는 소비자가 자동차의 안전성을 강조하는 X자동차의 광고를 보았는데, 소비자의 장기기억 속에 그 자동차에 관한 정보를 이미 많이 저장해둔 상태라고 하자. 이런 경우에 장기기억 속에 기존에 저장되어 있던 정보(먼저 학습된 정보)가 새로 학습한 정보(나중에 학습된 정보)를 기억해 내는 것을 방해할 수 있는데, 이런 현상을 순행방해(proactive interference)라고 한다.

이런 순행방해가 발생할 수 있는 다른 예로는 어떤 목록에 포함된 항목들을 기억해 내는 과제를 수행하는 경우를 들 수 있다. 예컨대, 미국 50개 주의 이름을 기억해 내는 과제라면, 그중에서 몇 개의 주 이름은 손쉽게 기억해낼 수 있겠지만, 좀처럼 기억해내기 어려운 항목이나 아예 기억해내지 못하는 항목도 분명히 있을 것이다. 그 이유는 누락된 항목을 기억해내려고 애쓸 때, 이미 기억해낸 항목들이 계속 기억나게 되어 누락된 항목이 활성화되는 것을 방해하기 때문이다.[34] 말하자면, 이미 기억해낸 항목에 대한 기억흔적이 반복해서 활성화되기 때문에, 누락된 다른 항목들의 활성화가 방해를 받게 된다는 것이다.

이런 방해효과가 발생하게 되는 이유로는 다음과 같은 두 가지 문제를 들 수 있다.

첫째, 단기기억의 문제이다. 단기기억의 용량제한 때문에 오직 한 개의 상표만 제시되는 경우에 비해 여러 상표들이 이어서 제시되는 경우에는 각 상표가 상대적으로 더 적은 정교화와 시연을 받게 되고, 어떤 메시지가 다른 메시지에 대한 소비자의 주의를 분산시킬 수 있으며, 두 메시지가 단순히 소비자에게 혼동을 유발할 수도 있다는 것이다.

둘째, 인출실패의 문제이다. 어떤 상표에 관한 정보와 다른 상표에 관한 정보 사이에 부분적인 중복(partial redundancy)이 존재하는 경우에 이런 중복된 정보의 활성화는 서로 다른 상표에 관한 정보를 인출하는 것을 방해할 수 있다는 것이다.

그렇다면, 방해의 발생원인에 따라서 방해가 기업에게 주는 시사점은 달라진다. 방해가 단기기억의 문제에 기인한다면, 소비자가 정보를 시연하거나 정교화하는 데 투입하는 시간을 높여주는 요인들을 이용해서 방해의 발생을 줄일 수 있을 것이다. 한편, 방해가 인출실패의 문제에 기인한다면, 정보의 접근가능성과 기억흔적의 강도를 높이는 요인들을 이용해서 방해의 발생을 줄일 수 있을 것이다.

이런 방해이론과 앞에서 설명했던 쇠퇴이론은 최신효과(recency effect)를 설명하는

34 Joseph W. Alba and Amitava Chattopadhyay, "Salience Effects in Brand Recall", *Journal of Marketing Research*, November 1986, pp. 363-369.

데 유용하다. 최신효과란 우리가 가장 최근에 접했던 것을 가장 손쉽게 기억해내는 현상을 말한다. 예컨대, 일주일 전에 먹은 음식의 이름보다는 오늘 아침에 먹은 음식의 이름을 더 잘 기억해낼 수 있을 것이다. 그 이유는 오늘 아침에 있었던 일에 관한 정보는 아직 쇠퇴하지 않은 상태이고(쇠퇴이론의 설명), 그런 정보를 인출하는 데 방해할 수 있는 정보가 상대적으로 적기 때문이다(방해이론의 설명).

(3) 속성의 망각이론

속성의 망각이론은 소비자가 과거에 알았던 어떤 대상이나 사건의 전체적인 내용을 망각하기도 하지만, 그보다는 학습한 정보 중에서 어떤 속성이나 세부사항을 망각하는 경우가 더 많다고 주장한다.[35]

예컨대, 소비자가 새로 개봉된 영화에 관하여 여러 가지 상세한 정보(예: 영화의 구성, 주인공, 영화평론가들의 논평내용)를 학습했더라도, 나중에 가면 그런 세세한 정보는 잘 기억나지 않고 단지 그 영화를 전반적으로 혹은 추상적으로 표현하는 특징(예: 단지 그 영화가 꽤 괜찮은 영화라는 사실)만 기억나게 될 수도 있다는 것이다. 이런 속성의 망각이론은 다음과 같은 두 가지 현상을 설명해 준다.

첫째, 속성의 망각이론은 소비자가 실제로는 어떤 새로운 상표에 대해 어떤 점은 좋고 어떤 점은 나쁘다는 식의 세세한 평가를 들었지만, 나중에 가면 이에 대해 대체로 괜찮은 기억만 남게 되는 이유를 설명해 준다. 예컨대, 나중에는 그 상표가 새로 나온 상표라는 사실만 기억날 수 있다.

둘째, 속성의 망각이론은 수면자효과(sleeper effect)를 설명해 준다. 수면자효과란 원래 광고에서 약한 주장을 제시했더라도 어느 정도 시간이 지나면 소비자가 그것에 대해 좀 더 긍정적인 태도를 갖게 되는 현상을 말한다. 즉, 시간이 경과하면 소비자는 그 광고가 신뢰성이 낮은 원천을 내세웠다는 사실을 망각하고, 단지 그 원천이 상표에 관해 말했던 내용만 기억하게 된다는 것이다. 말하자면, 원천에 대한 기억이 메시지에 대한 기억보다 더 빠르게 쇠퇴한다는 것이다.[36]

35 David C. Riccio, Vita C. Rabinowitz, and Shari Axelrod, "Memory: When Less Is More", *American Psychologist*, November 1994, pp. 917-926.

36 Anthony Pratkanis, Anthony G. Greenwald, M. R. Leipe, and M. Hans Baumgartner, "In Search of Reliable Persuasion Effects: III. The Sleeper Effects Is Dead: Long Live the Sleeper Effect", *Journal of Personality and Social Psychology*, February 1988, pp. 203-218.

3) 인출오류

일반적으로 소비자가 기억해내는 것이 정확하지 않을 수 있는데, 그런 현상을 인출오류(retrieval error)라고 한다. 인출오류의 유형은 다음과 같다.

첫째, 원천의 혼동(confusion) 현상이다. 예컨대, 새로 개봉된 영화에 관한 이야기를 친구가 말해준 것으로 기억하고 있지만, 실은 그 영화에 관한 이야기를 말해준 사람이 친구가 아니라 가족 중의 한 사람일 수 있다.

둘째, 기억의 선택적인 특성 때문에, 장기기억에서 단지 일부의 정보(예: 매우 긍정적인 정보나 매우 부정적인 정보)만 인출되는 현상이다. 예컨대, 휴가여행을 떠날 장소를 검토 중인 소비자라면, 지난번에 휴가여행을 갔던 장소에서 발생했던 일 중에서 오직 좋았던 점만 기억해내기도 한다.

셋째, 기억내용의 왜곡(distortion) 현상이다. 어떤 제품에 대해 나쁜 경험을 갖고 있는 소비자가 나중에 가면 실은 발생하지도 않았던 나쁜 경험을 스스로 상상해내기도 한다. 예컨대, 소비자는 어떤 식당에 갔을 때 무례한 여종업원이 테이블에 '쾅' 소리가 나도록 커피잔을 내려놓았던 일이 있었다고 기억할 수 있다. 물론 그런 사건에 대한 기억내용이 '무례한 여종업원'에 대한 기억내용과 서로 일관성이 있기는 하지만, 그런 사건이 실제로는 발생하지 않았을 수도 있다는 것이다.[37]

지금까지 인출에 대해 설명한 내용을 요약해보면, 다음과 같다. 첫째, 인출과 인출실패는 활성화의 강도 및 활성화의 확산과 관련된다. 둘째, 기억의 인출이 항상 정확한 것은 아니다.

2. 인출의 유형

기억의 인출에는 외현기억과 내현기억이라는 두 가지 유형이 있다. 여기서는 이 두 가지 유형의 인출에서 소비자가 정보를 어떻게 인출하는가를 설명하기로 한다.

1) 외현기억

외현기억(explicit memory)은 소비자가 과거에 있었던 어떤 일화(사건)를 기억해내는 것

37 Elizabeth F. Loftus, "When a Lie Becomes Memory's Truth: Memory and Distortion after Exposure to Misinformation", *Current Directions in Psychological Science*, August 1992, pp. 121-123.

을 말한다. 예컨대, 최근에 갔던 제주도여행과 관련해서 무엇인가를 기억해낼 수 있다면, 그런 사건에 대한 외현기억이 존재하는 셈이다. 소비자는 회상이나 재인을 통하여 외현기억의 정보를 인출할 수 있다.

(1) 재 인

재인(recognition)이란 소비자가 과거에 보았던 어떤 자극을 그렇게 식별할 수 있는 것을 말한다. 마케팅 분야에서 중요한 재인의 두 가지 유형은 소비자가 과거에 어떤 상표를 보거나 들은 적이 있음을 기억해내는 것을 말하는 상표재인(brand recognition)과 소비자가 과거에 어떤 광고를 보거나 들은 적이 있음을 기억해내는 것을 말하는 광고재인(ad recognition)이다. 상표재인은 소비자가 구입하길 원하는 상표를 찾는 데 도움을 주기 때문에, 이는 소매점 내에서 구매의사결정을 하는 경우에 중요한 의미가 있다.

재인은 특정한 상표가 소비자의 눈길을 끌 가능성을 높이는데, 이런 프로세스를 지각적 증강(perceptual enhancement)이라고 부른다.38 소비자의 상표재인을 높이는 데는 상표의 로고와 포장이 중요한 역할을 한다. 예컨대, 컴퓨터를 좀 아는 소비자는 제품에 사과 그림이 새겨져 있는 것을 보면, 그것이 바로 애플 제품이라는 사실을 즉각 재인할 수 있을 것이다.

(2) 회 상

회상(recall)은 장기기억 속에 있는 마디와 연결고리가 재인보다 더 집중적으로 활성화되는 것을 말한다. 예컨대, 소비자가 코카콜라 디스플레이를 본 후 자신의 장기기억에서 코카콜라에 관한 지식(즉, 상표에 대한 전반적인 평가나 상표와 관련된 구체적인 정보)을 인출하는 것을 말한다. 대개 이런 회상정보는 소비자의 판단이나 의사결정 프로세스에 대한 투입요소로 사용된다.

소비자가 어떤 것을 회상하는 방식에는 자유회상과 단서제공회상이라는 두 가지 유형이 있다. 자유회상(free recall)은 아무런 단서나 도움이 없는 상태에서 소비자가 어떤 정보를 인출하는 것을 말한다. 예컨대, '어제 저녁에 무엇을 먹었습니까?'라는 질문에 대해 소비자가 답할 수 있다면, 그것에 대한 자유회상이 존재하는 셈이다.

단서제공회상(cued-recall)은 어떤 단서나 도움이 제시된 상태에서 소비자가 어떤 정보를 인출하는 것을 말한다. 예컨대, 앞의 질문과 함께 '혹시 생선요리를 먹었습니까?'라는 단서가 제시되었을 때 '생선회'라고 답할 수 있다면, 그것에 대한 단서제공회상이

---

38 Larry J. Jacoby, "Perceptual Enhancement: Persistent Effects of an Experience", *Journal of Experimental Psychology: Learning, Memory, and Cognition*, October 1983, pp. 485-508.

존재하는 셈이다.

2) 내현기억

간혹 소비자는 기억하려는 어떤 의식적인 노력이 없는 상태에서 어떤 것에 대한 기억이 나기도 하는데, 이를 내현기억(implicit memory)이라고 한다. 예컨대, 고속도로를 신나게 주행하는 중에 '하이트'라는 단어가 적힌 도로변의 옥외광고판을 지나치게 되었다고 하자. 이런 경우에는 나중에 그런 광고를 본 기억이 나는지 그리고 그것이 무슨 광고였는지를 묻는다면, 그 내용은 고사하고 그런 광고판을 본 사실조차 제대로 기억해내지 못할 수 있다. 즉, 이런 경우에는 그런 옥외광고판에 대한 외현기억이 전혀 없는 상태이다.

하지만, 이 때 그 사람에게 '하'자로 시작되는 단어 중에서 가장 먼저 떠오르는 단어를 말해달라고 요청한다면, '하이트'라는 답이 나올 수 있다. 이런 방식으로 정보의 누락된 부분을 메울 수 있다는 것은 곧 사람이 그 옥외광고판에 관한 내용을 은연중에 부호화해서 그의 사전기억 속에 '하이트'에 관한 정보를 갖고 있음을 암시하는 것이다.

그런데, 명시적으로 기억해낼 수 없는데도 불구하고 어떻게 내현기억을 가질 수 있을까? 이에 대한 답은 기각(priming)이라는 현상과 부분적으로 관계가 있다. 즉, 옥외광고판에 적힌 '하이트'라는 단어에 아주 순간적으로 노출되었기 때문에 그 단어가 기억 속에서 기각(즉, 활성화)되기는 했지만, 기각 수준이 그것을 의식적으로 인출하기에는 부족한 수준이라는 것이다. 따라서, 그런 단어를 본 사실을 전혀 기억해내지는 못하더라도, '하이트'라는 마디는 아직 기각되어 있는 상태라는 것이다.[39] 이처럼 '하이트'에 대한 기각 수준이 다소 높아진 상태이기 때문에, 소비자가 '하'자로 시작되는 단어를 찾으려 할 때는 곧바로 '하이트'를 떠올리게 되는 것이다.

3) 인출의 유형을 이용한 마케팅액션

(1) 외현기억을 이용한 마케팅방안

기업은 외현기억의 유형을 이용하여 기억의 인출을 마케팅 커뮤니케이션의 목표로 설정하는 경우가 많다.

첫째, 회상을 마케팅 커뮤니케이션의 목표로 설정하는 경우이다. 이런 경우에는 상표명이나 제품속성, 상표편익, 혹은 슬로건에 대한 소비자의 회상을 높이려고 한다.

---

39 Daniel L. Schacter, "Implicit Memory: History and Current Status", *Journal of Experimental Psychology: Learning, Memory, and Cognition*, July 1987, pp. 501-518.

둘째, 재인을 마케팅 커뮤니케이션의 목표로 설정하는 경우이다. 이런 경우에는 상표명이나 로고, 상표상징, 포장, 광고, 광고캐릭터, 혹은 상표편익에 대한 소비자의 재인을 높이려고 한다.

그런데, 재인과 회상 중에서 과연 어느 것이 더 중요한 마케팅 커뮤니케이션의 목표가 되는가? 이런 의문에 대한 답은 소비자가 제품을 어떻게 구매하는가에 의해서 좌우된다. 우선, 소비자가 소매점의 통로를 따라 걷다가 늘 구입하던 상표가 진열되어 있는 것을 보고 그것을 바로 구입하는 경우라면, 구매의 기반이 바로 재인이기 때문에 구매시점에서 상표명, 포장 및 로고의 재인이 더 중요해진다.

한편, 구매의사결정을 하기 전에 먼저 소비자가 구입할 후보제품들부터 회상을 하는 경우도 있는데, 이런 경우에는 당연히 재인보다 회상이 더 중요해진다. 쇼핑목록을 가지고 물건을 사러 간다면, 구입해야 할 품목 중에서 자신의 욕구를 충족시킨 상표에는 어떤 것들이 있는 지부터 회상해야 할 것이다.

요컨대, 소비자가 기억해 낼 수 있는 상표명이 소비자의 구매선택에 영향을 미치는 경우가 많기 때문에, 이런 기억요인은 기업의 입장에서 중요한 요인들 중의 하나이다. 예컨대, 은행명에 대한 소비자의 재인이 낮아지면 그 은행을 이용하는 소비자들의 수도 줄어든다고 한다.[40] 또한, 소비자에게 자사광고의 특수한 주장이나 슬로건을 재인시키거나 회상시키는 것도 중요하다.

그리고 이런 기억과 관련된 마케팅 커뮤니케이션의 목표가 중요한 이유는 그런 정보를 알고 또한 그것을 기억해내는 것이 소비자의 태도에 긍정적인 영향을 미치고, 소비자가 여러 상표들 중에서 선택을 할 때 그런 정보를 손쉽게 불러낼 수 있게 만드는 역할을 하기 때문이다.

간혹 기업은 소비자가 쉽게 재인할 수 있는 요소를 이용한 광고를 제작하기도 한다. 즉, 소비자에게 친숙해서 쉽게 재인할 수 있는 음악을 배경음악으로 사용하거나 잘 알려져 있어서 소비자가 쉽게 재인할 수 있는 유명인사를 광고모델로 내세우는 광고가 많다.

소비자가 이런 광고요소를 재인하는 정도는 광고에 제시되는 상표에 관하여 소비자가 학습해서 기억해낼 수 있는 정도에 영향을 미친다. 예컨대, 탤런트 김혜자가 광고하는 조미료제품이라는 사실을 기억해낸다면, 소비자는 그 조미료가 바로 고향의 맛을 강조하는 '다시다'라는 것을 곧바로 기억해낼 수 있을 것이다.

---

40 John Furniss, "Rating American Banks in Japan: Survey Shows Importance of Image", *International Advertiser*, April 1986, pp. 22-23.

이처럼 회상과 재인은 기업이 설정하는 마케팅 커뮤니케이션의 중요한 목표가 되기 때문에, 마케팅 커뮤니케이션의 유효성을 회상이나 재인을 잘 생성시키는 정도로 측정하는 경우가 많다.

(2) 내현기억을 이용한 마케팅방안

외현기억뿐만 아니라 내현기억도 기업에게 중요한 마케팅 시사점을 준다. 대개 광고대행사에서는 소비자가 광고의 내용을 회상하거나 재인하는 정도를 이용하여 소비자의 외현기억을 측정한다. 하지만, 소비자가 어떤 상표에 대한 내현기억도 가질 수 있다는 사실은 광고에서 전달된 정보에 관하여 소비자가 약간의 기억을 추가로 가질 수 있음을 암시한다. 따라서, 미래에는 내현기억으로 소비자의 기억을 측정하는 방법이 한층 더 보편화될 것으로 전망된다.

3. 인출증진방안

지금까지 설명한 인출 프로세스는 기업의 입장에서 상당히 중요하다. 특히, 기업은 자사제품의 구매, 사용 혹은 처분과 관련하여 소비자가 장기기억 속에 저장해 둔 정보를 외현기억이나 내현기억으로 인출해주기를 바라는데, 이것을 달성하기 위해 기업이 사용할 수 있는 방안이 바로 인출증진방안이다.

효과적인 마케팅 커뮤니케이션이 되기 위해 기억의 인출이 가지는 중요성과 전략수립 및 소비자선택에서 인출이 담당하는 역할을 고려할 때, 소비자가 장기기억 속에 저장된 정보를 손쉽게 인출할 수 있도록 만들어 주는 인출증진방안을 충분히 이해하고 활용하는 것은 대단히 중요하다.

우선, 이미 설명한 바 있는 것으로서 어떤 항목이 소비자의 장기기억 속에 저장될 가능성을 높여주는 요인(예: 청킹, 시연)은 역시 장기기억 속에 저장된 정보가 인출될 가능성에도 영향을 미친다. 소비자의 장기기억 속에 제대로 저장되지 않은 정보를 다시 재인이나 회상으로 기억해낸다는 것은 어려운 일이기 때문이다.

그 외에도 기억의 인출에 영향을 미치는 요인으로는 ① 자극의 특성, ② 자극과 연결된 것, ③ 자극의 처리방식 그리고 ④ 소비자의 특성과 관계가 있는 요인을 들 수 있다. 이런 요인들 중의 다수는 기억흔적의 강도 및 활성화의 확산과 관계가 있다.

1) 자극의 특성을 이용하는 방안

소비자에게 제시하는 자극의 특성을 고려함으로써 소비자가 장기기억 속에 저장된 정보를 인출할 가능성을 높일 수 있다. 그런 면에서 중요한 자극의 특성으로는 ① 호의성(favorability), ② 부각성(salience), ③ 전형성(prototypicality), ④ 조화성(congruence) 및 ⑤ 중복성(redundancy)을 들 수 있다.

(1) 호의성

어떤 대상에 대한 구체적인 정보를 회상할 수 있는 능력이 쇠퇴하는 속도가 어떤 대상에 대한 전반적인 느낌이나 평가를 회상하는 능력이 쇠퇴하는 속도보다 빠르기 때문에, 대개 상표의 전반적인 느낌이나 평가에 대한 접근가능성이 상표의 구체적인 정보에 대한 접근가능성보다 높은 경향이 있다.[41] 말하자면, 어떤 결정이나 평가를 내린 후에 경과된 시간이 길수록, 소비자는 그런 결정이나 평가에 영향을 미쳤던 구체적인 내용을 망각하는 경향이 있다.

이는 다음과 같은 두 가지 현상의 발생원인을 설명해 준다. 첫째, 소비자가 종종 어떤 것을 대체로 좋아하거나 싫어한다는 점은 잘 기억해내지만, 그 구체적인 이유는 잘 기억해내지 못하는 경우이다. 둘째, 소비자가 중립적인 느낌을 가진 그저 그런 상표보다는 매우 좋아하거나 매우 싫어하는 상표를 더 손쉽게 재인할 수 있는 경우이다.[42]

(2) 부각성

부각성은 자극이 주역으로서 그 배경보다 두드러져 보이게 만드는 특성(예: 색이 더 밝거나, 복잡하거나, 움직이거나, 현저한 경우)을 말한다. 예컨대, 머리를 보라색으로 염색한 화장품판매사원은 다른 판매사원들보다 단연 더 두드러져 보일 것이다.

자극의 부각성은 두 가지 측면에서 기억의 인출에 영향을 미친다. 첫째, 자극의 부각성이 소비자의 주의에 미치는 영향이다. 부각성이 높은 자극은 소비자의 주의를 많이 끌고 부각성이 낮은 자극으로부터 소비자의 주의를 철회하게 만드는 경향이 있다. 이처럼 부각성이 높은 자극이 소비자의 주의를 더 많이 받고 단기기억의 제한된

41 Amitava Chattopadhyay and Joseph W. Alba, "The Situational Importance of Recall and Inference in Consumer Decision Making", *Journal of Consumer Research*, June 1988, pp. 1–12.

42 Danny L. Moore and J. Wesley Hutchinson, "The Effects of Ad Affect on Advertising Effectiveness", in eds. Richard P. Bagozzi and Alice Tybout, *Advances in Consumer Research*, Vol. 10 (Ann Arbor, Mich.: Association for Consumer Research, 1983), pp. 526–531.

주의용량을 더 많이 할애 받게 된다는 사실은 곧 그런 자극이 기억될 가능성이 높다는 것을 암시한다. 또한, 부각성이 높은 자극은 소비자의 주의를 더 많이 받기 때문에, 부각성이 낮은 자극에 대한 소비자의 주의를 분산시켜 소비자가 그것을 기억해낼 가능성을 낮추는 결과를 초래한다. 즉, 부각성이 높은 자극은 소비자가 부각성이 낮은 다른 자극을 회상하는 것을 방해하는 역할을 할 수 있다.[43]

둘째, 자극의 부각성이 소비자의 정교화에 미치는 영향이다. 부각성이 높은 자극은 현저하기 때문에 더 높은 수준의 정교화를 유발하여 더 강한 기억흔적을 생성시키므로, 그런 정보에 대한 접근가능성이 그만큼 더 높아진다.[44]

(3) 전형성

어떤 제품범주에서 가장 선호되는 상표나 가장 전형적인 상표에 대한 접근가능성이 가장 높은 경향이 있는데, 이것은 어떤 제품범주에서 최초로 등장한 선발상표(first mover)가 누리게 되는 개척자의 이점(pioneering advantage)을 설명한다.[45] 즉, 특정한 제품시장에서 선발상표는 소비자에게 그 제품범주의 범주전형으로 비춰질 가능성이 높기 때문에, 소비자의 회상에서 후발상표를 능가하는 차별적 이점을 누리게 된다.

소비자가 의사결정을 할 때는 범주전형과 가까운 연상고리(associative link)를 가진 상표일수록 더 잘 회상되거나 더 좋은 평가를 받게 될 가능성이 더 높아진다.[46] 바로 이것은 공산주의 붕괴 후의 동유럽시장에서 수많은 서구기업들이 각 제품범주에서 선도자의 위치를 차지하기 위해 많은 노력을 하고 있는 이유를 잘 설명해 준다. 이에 따라서 처음에는 유럽시장에서 펩시콜라가 약간 우세하였지만, 그동안 집중적인 마케팅 활동으로 이제는 코카콜라가 많은 유럽국가에서 우위를 점하고 있다.

(4) 조화성

여러 연상들이 서로 조화를 이룰수록, 장기기억에서 그것이 인출될 가능성이 더 높아진다.[47] 서로 조화를 이루는 연상들은 상호간에 강화해서, 장기기억 속에서 더 강

43 Alba and Chattopadhyay (1986), *op. cit.*

44 Joseph W. Alba, J. Wesley Hutchinson, and John G. Lynch, Jr., "Memory and Decision Making", in eds. Thomas S. Robertson and Harold Kassarjian, *Handbook of Consumer Behavior* (Englewood Cliffs, N.J.: Prentice-Hall, 1991), pp. 1-49.

45 Frank R. Kardes and Gurumurthy Kalyanaram, "Order of Entry Effects on Consumer Memory and Judgment: An Information Integration Perspective", *Journal of Marketing Research*, August 1992, pp. 343-357.

46 Alba, Hutchinson, and Lynch (1991), Jr., *op. cit.*

47 Kevin L. Keller, "Conceptualizing, Measuring, and Managing Customer-Based Brand Equity", *Journal of Marketing*, January 1993, pp. 1-22.

한 연결고리와 더 많은 인출경로를 유도하는 역할을 한다.

예컨대, '재미있다,' '긴장을 풀어준다' 그리고 '즐거움을 준다'는 여행의 세 가지 속성은 모두 '고급휴가여행'이라는 개념과 서로 조화를 이룬다. 재미가 있으면 으레 긴장이 풀어지고 즐거움도 느끼게 되기 마련이므로, 이런 세 개념을 서로 연결하는 연상들이 존재할 것이다. 그중의 한 개가 활성화되면 나머지도 모두 활성화되기 때문에, 그런 개념들의 전체 집합을 연결하는 연상고리는 더 강화된다. 또한, 어떤 한 연상이 인출되면, 활성화의 확산현상에 따라서 다른 연상들도 더불어 인출될 것이다.

(5) 중복성

학습해야 할 여러 정보들이 내용적으로 서로 동일한 정보를 전달하는 경우에도 소비자가 그런 정보들 기억할 가능성이 높아진다. 광고에서 제시되는 상표명, 광고주장 및 그림이 내용적으로 서로 동일한 정보를 전달한다면, 소비자는 그런 것들을 더 잘 기억한다.[48] 예컨대, 미국에서 ICY라는 상표의 광고에서는 '얼음처럼 부드럽다.'는 광고주장과 더불어 얼음덩어리 그림을 보여준 적이 있는데, 이는 '상표명-광고주장-그림'의 3박자가 잘 맞아떨어지고 중복성을 가지는 좋은 예이다.

일반적으로 광고의 시각적 정보와 언어적 정보가 내용적으로 서로 동일한 정보를 전달하는 경우에는 소비자가 그것들을 기억할 가능성이 높아진다.[49] 이런 경우에는 광고의 기본메시지가 시각적 및 언어적으로 동시에 부호화되어, 두 개의 인출경로를 갖게 되기 때문에 소비자가 그것을 기억할 가능성이 그만큼 더 높아진다.

일반적으로 소비자의 회상률이 높은 상표는 해당 제품범주의 범주전형이고 이에 대해 호의적인 정보가 연결되어 있으며 그리고 참신하고 부각적인 속성을 갖고 있기 때문에, 소비자들에게 잘 기억된다. 따라서, 자사의 상표명에 대한 소비자의 재인과 회상을 높이는 것은 기업의 전략적 관점에서 중요한 의미가 있다.

이름이 잘 재인되는 상표일수록 소비자가 수용할 가능성이 더 높아지는데, 특히 이는 기업의 국제마케팅활동에서 중요하다. 예컨대, 상표명의 재인가능성이 높은 경우에 구소련지역으로 가장 잘 진입할 수 있다는 사실을 발견하였는데, 그 이유는 이처럼 재인가능성이 높은 상표와 기업이 더 정당하게 보이기 때문이다.[50] 〈표 11-2〉에 제시

48 Bernd H. Schmitt, Nader T. Tavasoli, and Robert T. Millard, "Memory for Print Ads: Understanding Relations Among Brand Name, Copy, and Picture", *Journal of Consumer Psychology*, 2 (1), 1993, pp. 55-81.

49 Terry L. Childers and Michael J. Houston, "Conditions for a Picture-Superiority Effect on Consumer Memory", *Journal of Consumer Research*, September 1984, pp. 643-654.

50 Stewart Owen, "The Landor Image Power Survey: A Global Assessment of Brand Strength",

표 11-2 소비자의 회상력이 높은 상표와 기업

미국에서 회상력이 가장 높은 상표와 기업	유럽에서 회상력이 가장 높은 상표와 기업	일본에서 회상력이 가장 높은 상표와 기업
Coca-Cola	Coca-Cola	Sony
McDonald's	Phillips	Coca-Cola
NBC	Sony	National
Pepsi-Cola	Volkswagen	Takashimaya
Sears	Nivea	Hitachi
Campbell's	Adidas	Fuji TV
Kodak	Kodak	Suntory
Kellogg's	Mercedes-Benz	Toyota
Disney	Colgate	NTT
AT&T	Fanta	NHK
GE	BMW	JR
Black & Decker	Nescafe	Aunomoto
Jell-O	Ford	Japan Travel Bureau
Levi's	Volvo	Kikkoman
Chevrolet	Porsche	Kirin
Burger King	Renault	Glico
Kentucky Fried Chicken	Levi's	Toshiba

된 상표와 기업은 소비자에게 손쉽게 회상되는 상표와 기업인데, 이들은 각 제품범주의 전형으로 세계에서 가장 강력한 상표인 경향이 있다.

2) 자극과 연결된 것을 이용하는 방안

소비자의 기억 속에서 자극과 연결된 것을 이용하여 원하는 정보의 인출을 용이하게 만드는 방안도 있는데, 여기서는 기각과 인출단서를 중심으로 설명하기로 한다.

(1) 기 각

소비자의 장기기억 속에 저장된 정보들은 연상적 네트워크로 서로 연결되어 있다. 연상고리로 연결된 어느 항목이 활성화되면 연상적 네트워크의 인접 항목으로 확산되어 그 역시 활성화될 잠재력이 높아지므로, 이런 연상고리는 매우 중요하다. 이는 곧 연상적 네트워크로 여러 항목들이 서로 연결되어 있는 경우, 한 항목을 활성화하는 것이 그와 연결된 다른 항목들을 기각(priming)시켜(즉, 활성화의 수준을 높여서) 그것들도 함께

in eds. David A. Aaker and Alexander L. Biel, *Brand Equity and Advertising* (Hillsdale, N.J.: Lawrence Erlbaum, 1993), pp. 11-30.

인출될 가능성을 높인다는 것을 의미한다. 예컨대, 어떤 소비자에게 기억해낼 수 있는 모든 종류의 음료를 말해달라고 요청했다면, 우선 '커피'로부터 출발해서 '홍차'로 넘어가게 될 것이다. 또한, '홍차'는 '차가운 홍차(ice tea)'를 기각시키고, 이것은 다시 '레모네이드'를 기각시킬 수 있을 것이다.

요컨대, 한 개념의 활성화는 연상적 네트워크로 연결된 다른 개념들을 기각시키는데, 이렇게 여러 항목들이 인출되는 순서는 그것들이 소비자의 장기기억 속에서 어떻게 서로 연결되어 있는가를 나타낸다. 예컨대, 위의 예에서 '홍차'가 기각시키는 것은 '레모네이드'가 아니라 '차가운 홍차'이지만, '레모네이드'도 함께 인출되는 이유는 이것과 연결되어 있는 '차가운 홍차'가 먼저 인출되었기 때문이다.

소비자의 장기기억 속에서 여러 상표들 사이에 강력한 연상고리가 형성되게 만들 수 있다면, 그 중의 하나가 다른 것들을 기각시킬 수 있는 가능성을 높일 수 있다. 이런 기각 현상은 여러 상표들이 소비자의 눈에 서로 경쟁재로 비춰질 것인가 아니면 서로 보완재로 비춰질 것인가에 영향을 미친다.

우선, 두 개의 상표를 직접 서로 비교하는 방식의 비교광고(comparative advertising)는 두 상표간의 연결고리를 강화하는 데 유익한 방식이다. 그렇게 하면 두 상표 중의 어느 하나가 활성화되면 나머지 상표도 더불어 활성화될 가능성이 높아지는 결과가 초래된다. 이처럼 두 개 이상의 상표가 동시에 활성화되면, 소비자의 눈에는 서로 경쟁재로 비춰질 가능성이 높아진다.

한편, 서로 보완적인 성격의 제품범주들 사이에 연결고리를 형성하는 데 유익한 방식으로 공동촉진(joint promotion)이 있는데, 이는 소비자가 공동촉진된 어떤 제품을 사용할 때 더불어 공동촉진된 다른 제품도 사용할 가능성을 높이는 결과를 초래한다. 즉, 공동촉진은 그것에 포함된 여러 제품들이 소비자의 눈에 서로 보완재로 비춰질 가능성을 높인다.

(2) 인출단서

연상적 네트워크라는 개념은 소비자에게 어떤 인출단서를 제공함으로써 필요한 정보의 인출을 용이하게 만들 수 있음을 암시한다. 인출단서(retrieval cue)란 소비자의 장기기억 속에 있는 개념마디가 활성화되는 것을 손쉽게 해주는 어떤 자극을 말한다.

예컨대, 백화점 세일기간에 쇼핑하러 가야 할 것을 소비자가 기억할 필요가 있다고 하자. 이런 경우에 냉장고 문에 '백화점 세일기간'이라는 쪽지를 붙여두면, 나중에 그 쪽지를 보고 세일기간에 쇼핑하러 가야 할 것을 기억해낼 수 있게 될 것이다. 여기서 냉장고 문의 쪽지는 인출단서로서의 역할을 하는 셈이다.

인출단서는 내생적 인출단서와 외생적 인출단서라는 두 종류로 구분될 수 있다. 내생적 인출단서는 내부적으로 생성된 인출단서로서, 어떤 생각(예: '오늘은 12월 8일이군.')이 다른 생각(예: '참, 오늘이 바로 어머니 생신이네.')에 대한 단서를 제공하는 경우이다. 외생적 인출단서는 외부적으로 생성된 인출단서로서 외부적인 자극(예: 자판기, 광고 혹은 점포내 디스플레이)이 소비자의 장기기억 속에 있는 관련 마디를 활성화시키는 경우(예: '저번에 광고에서 본 적이 있는 새로 나온 과자가 바로 저기에 있군.')이다.

이런 인출단서는 소비자의 자전적 기억 속에 저장된 어떤 이미지를 활성화시키는 데도 사용될 수 있다. 예컨대, 자신이 좋아하는 어떤 아이스크림의 광고를 본다면, 이것이 인출단서로 작용해서 그 아이스크림에 대한 긍정적인 느낌과 과거경험에 대한 기억이 활성화될 수 있다. 또한, 자신이 어떤 활동을 수행하는 모습을 담은 비디오나 그림도 소비자의 기억을 자극하는 강력한 인출단서로서의 역할을 할 수 있다.[51]

기업의 입장에서 유익하게 사용할 수 있는 인출단서의 예로는 상표명을 비롯해서 소비자가 구매의사결정에 사용하는 제품의 특성, 제품범주명 및 로고를 들 수 있다.

첫째, 상표명은 가장 중요한 인출단서이다. 코카콜라나 나이키처럼 유명한 상표명을 보게 된 소비자는 대개 장기기억으로부터 그 상표에 관련된 정보를 인출할 수 있다. 그런데, 인출단서로서 상표명이 발휘하는 효과는 재인과 회상에 대해 다음과 같은 차이가 있다.[52]

소비자가 소매점에서 진열된 자사상표를 잘 재인해주길 바라는 경우라면, 그 동안 소비자에게 많이 노출되어 온 고빈도(high-frequency) 단어나 이름을 상표명으로 붙이는 것이 바람직하다. 소비자가 자사상표와 이에 관련된 연상들을 잘 회상해주길 바라는 경우라면, ① 풍부한 심상을 유발하고(예: 사파리), ② 참신성이나 의외성이 있으며(예: Toilet Duck) 그리고 ③ 제품이나 서비스의 편익을 암시하는(예: 자연퐁) 그런 상표명을 붙이는 것이 바람직하다.

상표명은 그 상표에 연결된 감정적 연상을 인출하는 단서의 역할을 하기도 한다.[53] 어떤 기업이 광고를 통하여 자사상표로부터 긍정적인 느낌이 연상되도록 만들기

---

51 Deborah D. Heisley and Sidney J. Levy, "Autodriving: A Photoelicitation Technique", *Journal of Consumer Research*, December 1991, pp. 257–272.

52 Joan Meyers–Levy, "The Influence of a Brand Name's Association Set Size and Word Frequency on Brand Memory", *Journal of Consumer Research*, September 1989, pp. 197–207.

53 Larry L. Jacoby, "Perceptual Enhancement: Persistent Effects of an Experience", *Journal of Verbal Learning and Verbal Behavior*, October 1983, pp. 21–38.

위해 노력해 왔을 경우, 소비자가 그 상표명에 접하게 되면 이에 대한 긍정적인 느낌이 유발될 수 있다. 이런 상표-감정의 연상관계(brand-affect association)는 서구의 자동차에 대해 강한 친화감을 가진 동유럽 소비자의 경우에 잘 입증되고 있다.

둘째, 소비자가 구매의사결정을 하는 데 사용되는 제품의 특성이 인출단서로서의 역할을 할 수 있다. 소비자가 구매의사결정을 하는 데 가격을 중요시한다면, 가격이 특정한 가격범위와 그로부터 연상되는 상표들에 대한 인출단서가 될 수 있다. 예컨대, 고급자동차를 구입하려는 소비자는 가격을 고급자동차에 관한 자신의 지식을 활성화하는 인출단서로 사용할 수 있다. 소비자가 구매의사결정을 하는 데 사용하는 중요한 기준이 소비자의 기억에서 무엇이 회상될 것인가를 결정하기 때문에, 기업은 그런 기준이 무엇인가를 잘 파악할 필요가 있다.

셋째, 제품범주명이 인출단서로서의 역할을 하기도 한다. 즉, 소비자가 자동차와 같은 어떤 제품범주명에 접하게 되면, 장기기억에서 그 제품범주에 관련된 여러 가지 정보를 회상하게 될 수 있다. 상표의 로고도 인출단서로서의 역할을 할 수 있다.

그런데, 인출단서는 기업의 광고활동에 대해 중요한 시사점을 준다. 우선, 광고는 대개 실제의 구매환경과 전혀 다른 상황(예: 집안이나 자동차 안에서)에서 제시되기 때문에, 소비자가 소매점에 가서 실제로 의사결정을 해야 할 시점에서는 광고의 내용을 별로 잘 기억하지 못할 수 있다는 문제가 있다.[54]

이 문제를 해결하는 한 가지 방법으로는 광고에 등장했던 각종 단서를 제품의 포장이나 소매점 디스플레이에 재배치시키는 것을 들 수 있다.[55] 이렇게 재배치된 단서는 소비자의 장기기억 속에 저장된 것으로 해당 광고에 관련된 마디를 활성화시키는 역할을 한다. 기업이 제품의 포장에다 'TV에서 본 것처럼'이라는 문구와 광고모델을 표시하는 것은 바로 이런 원리를 적용한 예이다. 또한, 잘 알려진 포장의 색상도 재인하기 쉽기 때문에 소비자가 굳이 상표명을 읽을 필요조차 없는 경우도 많다. 바로 이는 포장의 색상을 등록상표로 출원해서 배타적인 보호받도록 하는 것이 중요함을 시사한다.

기업은 소비자에게 인출단서로서의 역할을 할 수 있는 광고, 포장, 혹은 상표명을 개발하도록 노력해야 하지만, 아예 인출단서를 생성해주는 제품을 개발하는 방법도 있다. 그런 예로는 선물을 해야 할 중요한 상황별로 선물을 받는 사람들이 일반적으로

54 Cathy J. Cobb and Wayne D. Hoyer, "The Influence of Advertising at Moment of Brand Choice", *Journal of Advertising*, December 1986, pp. 5-27.

55 J. Wesley Hutchinson and Daniel L. Moore, "Issues Surrounding the Examination of Delay Effects of Advertising", in ed. Thomas C. Kinnear, *Advances in Consumer Research*, Vol. 11, (Provo, Utah: Association for Consumer Research, 1984), pp. 650-655.

좋아하는 것과 싫어하는 것이 무엇인지를 알려주는 프로그램을 들 수 있다. 이 프로그램은 선물을 해야 할 시점의 2주 전에 소비자에게 신호음("삑")을 내주면서 선물을 받을 사람의 신상명세를 기반으로 해서 선물후보목록을 작성해주고 인터넷을 통해 선물증정에 관련된 소비자의 요구사항에 맞는 품목을 세일하는 소매점을 파악해 준다. 말하자면, 이 프로그램은 인출단서로서의 역할을 할 뿐만 아니라 소비자의 탐색과 의사결정을 용이하게 만드는 역할도 한다.

3) 자극의 처리방식을 이용하는 방안

자극의 처리방식이 심상적 정보처리인지 아니면 언어적 정보처리인지도 기억의 인출에 영향을 미칠 수 있다. 자극을 이미지로 처리하는 심상적 정보처리는 강한 기억흔적을 생성해서 인출에 긍정적인 영향을 미치는 경향이 있다.[56] 이처럼 이미지로 처리되는 자극이 더 손쉽게 인출될 수 있는 이유는 장기기억 속에서 그림과 단어라는 두 가지 형태로 이중부호화(dual coding)되기 때문이다. 이런 이중부호화는 장기기억 속에 더 많은 연상고리를 갖게 해서, 그 항목의 인출 가능성을 높이는 역할을 한다. 한편, 일반적으로 언어로만 제시된 정보는 언어적 방식으로만 부호화되기 때문에, 단 하나의 인출경로만 존재하게 된다.[57]

그런데, 반드시 그림에 의해서만 심상적 정보처리가 유발되는 것은 아니다. 예컨대, 소설을 읽으면 그 줄거리와 등장인물에 관하여 매우 생생한 이미지가 생성될 수 있는 것처럼, 언어적 정보도 심상을 유발하는 특성을 가질 수 있다. 요컨대, 그림, 심상을 유발하는 단어(high-imagery word), 혹은 심상지시법(imagery instruction)을 이용하여 소비자의 심상을 자극하면, 이중부호화가 초래될 수 있다.[58]

바로 이것은 잘 알려진 TV광고의 오디오 부분을 라디오광고에서 다시 사용하는 경우가 많은 이유 중의 하나이다. 이처럼 TV광고로 이미 친숙한 언어적 메시지를 들은 소비자는 시각적 부분에 대한 자신의 심상을 투입하기 때문에, 그 메시지에 대한 이중부호화가 조장된다.

---

56 MacInnis and Price (1987), *op. cit.*

57 Childers and Houston (1984), *op. cit.*

58 H. Rao Unnava and Robert E. Burnkrant, "An Imagery-Processing View of the Role of Pictures in Print Advertisements", *Journal of Marketing Research*, May 1991, pp. 226-231.

4) 소비자의 특성을 이용하는 방안

인출에 영향을 미치는 소비자의 특성으로는 소비자의 기분과 전문지식을 들 수 있는데, 여기서 이것이 기업에게 주는 마케팅 시사점을 중심으로 설명하기로 한다.

(1) 기 분

기분(mood)은 태도와 구분되는 것으로 소비자의 일시적인 감정적 상태를 말한다. 기분은 인출에 대해 다음과 같은 기분효과(mood effect)를 가지는 것으로 알려져 있다.

첫째, 소비자가 긍정적인 기분이 들 경우에는 일반적으로 자극에 대한 회상이 높아진다.[59]

둘째, 정보가 최초로 처리되는 시점과 정보가 인출되는 시점에서 소비자의 기분과 일치하는 방향의 정보가 더 잘 회상될 가능성이 있다.[60] 즉, 기분이 좋을 때는 긍정적인 정보가 더 잘 회상되고, 기분이 나쁠 때는 부정적인 정보가 더 잘 회상된다. 따라서, 소비자의 기분에 긍정적인 영향을 미치는 광고에 관련된 정보는 소비자의 기분이 좋을 때 더 잘 회상된다고 말할 수 있다.

이런 기분효과를 설명하는 방식이 몇 가지 있는데, 그중에서 두 가지만 소개하면 다음과 같다. 첫째, 기분을 비롯해서 소비자가 경험했던 감정 상태는 장기기억 속에서 그와 더불어 처리된 정보와 마디로 서로 연결되어 저장된다는 것이다. 이런 감정 마디는 활성화의 확산을 통해 나중에 이와 밀접하게 연결된 마디를 활성화할 수 있다.[61] 둘째, 기분이 강할 때는 소비자가 정보를 더 세부적으로 처리하기 때문에, 더 높은 수준의 정교화가 유발되고 이에 따라 더 높은 회상이 초래된다는 것이다.[62]

---

59 Patricia A. Knowles, Stephen J. Grove, and W. Jeffrey Burroughs, "An Experimental Examination of Mood Effects on Retrieval and Evaluation of Advertisement and Brand Information", *Journal of the Academy of Marketing Science, Spring* 1993, pp. 135-143.

60 Gordon H. Bower, "Mood and Memory", American Psychologist, February 1981, pp. 129-148; Alice M. Isen, Thomas Shalker, Margaret Clark, and Lynn Karp, "Affect, Accessibility of Material in Memory and Behavior: A Cognitive Loops?", *Journal of Personality and Social Psychology*, January 1978, pp. 1-12.

61 Alice M. Isen, "Toward Understanding the Role of Affect in Cognition", in eds. Robert S. Wyer and Thomas K. Srull, *Handbook of Social Cognition* (Hillsdale, N.J.: Lawrence Erlbaum, 1984), pp. 179-236.

62 Alice M. Isen, "Some Ways in Which Affect Influences Cognitive Processes: Implications for Advertising and Consumer Behavior", in eds. Patricia Cafferata and Alice M. Tybout, *Cognitive and Affective Responses to Advertising* (Lexington, Mass.: Lexinton Books, 1989), pp. 91-118.

긍정적인 기분은 소비자에게 더 많은 정보와 더 긍정적인 정보에 접근할 수 있게 만들기 때문에, 기업으로서는 소비자의 기분을 잘 조정해서 소비자에게 정보가 기억날 가능성을 높이는 방안을 모색할 수 있다. 예컨대, 음악이나 유머, 혹은 즐거움을 주는 영상과 같은 여러 기법들[63]은 모두 이런 목적을 달성하는 데 사용할 수 있는 효과적인 방법이다.

또한, 이런 기분의 원리는 소매점이 내부환경을 조성하는 문제에 대해서도 중요한 시사점을 가진다. 쇼핑을 하는 동안에 기분이 좋은 소비자는 긍정적인 정보를 더 많이 회상할 뿐만 아니라 쇼핑하는 데 더 많은 시간을 할애해서 물건을 더 많이 구입하게 된다. 그러므로, 소매점은 즐거운 음악, 즐거움을 주는 색상체계, 매력적인 디스플레이 및 우호적인 판매원 등을 사용해서 쇼핑객의 긍정적인 기분을 자아내는 쇼핑환경을 조성하려고 노력해야 한다.

(2) 전문지식

소비자의 전문지식(expertise)이 기억의 인출에 영향을 미칠 수 있다. 초보자소비자에 비해 전문가소비자는 높은 수준과 낮은 수준의 범주를 더 많이 가지고 있고 또한 각 범주 내에서도 더 상세한 내역들이 포함되는 더 복잡한 범주구조를 가지고 있다. 이것은 초보자소비자보다 전문가소비자가 서로 더 많이 연결된 연상적 네트워크를 가진다는 것을 의미한다. 이런 연결구조와 활성화의 확산은 전문가소비자가 초보자소비자보다 상표, 상표속성 및 편익을 더 많이 회상할 수 있는 이유를 설명해준다.[64]

>>> 핵심용어 Keyword

감각기억, 감각등록기, 감각저장소, 감정적 연상, 개척자의 이점, 공동촉진, 광고재인, 기각, 기계적 시연, 기계적 암기, 기분, 기분효과, 기억, 기억실패, 기억흔적, 기억흔적의 강도, 내생적 인출단서, 내현기억, 단기기억, 단서제공회상, 마디, 망각, 반향기억, 방해이론, 비교광고, 사전지식, 상표-감정의 연상관계, 상표재인, 서두효과, 속성의 망각이론, 쇠퇴이론, 수면자효과, 순행방해, 시연, 심상, 심상적 정보처리, 어의적 기억, 어의적 네트워크, 언어적 정보처리, 역행방해, 연결고리, 연상적 네트워크, 영구기억, 영사기억, 외생적 인출단서, 외현기억, 용량제한,

---

63 이에 대해서 제10장의 내용을 참조할 것.

64 Alba and Hutchinson (1987), *op. cit.*

운용기억, 의식적인 사고, 이중부호화, 인출, 인출단서, 인출실패, 인출오류, 인출증진방안, 일화적 기억, 자유회상, 자전적 기억, 장기기억, 재순환, 재인, 전문지식, 정교화, 정교화, 정보과부하, 정보의 이용가능성, 정보의 접근가능성, 지각적 증강, 청크, 청킹, 최신효과, 활동기억, 활성화의 수준, 활성화의 확산, 회상

CONSUMER BEHAVIOR
AND
MARKETING ACTION

제 4 부

소비자행동의 외부적 영향요인

Consumer Behavior and Marketing Action

제12장

문 화

제1부 소비자행동 입문

제1장 소비자행동의 기초

제2부 소비자의 의사결정프로세스

제2장 문제인식과 정보탐색	제3장 판 단
제4장 의사결정	제5장 의사결정후 프로세스

제3부 소비자행동의 내부적 영향요인

제6장 소비자의 동기, 능력 및 기회	제7장 소비자의 노출, 주의 및 지각	제8장 소비자의 범주화와 이해
제9장 고노력형 태도형성과 태도변화	제10장 저노력형 태도형성과 태도변화	제11장 소비자의 기억과 인출

제4부 소비자행동의 외부적 영향요인

제12장 문 화	제13장 사회계층	제14장 인구통계요인
제15장 준거집단과 사회적 영향력	제16장 사이코그래픽스	

제1절 문 화
제2절 지역 하위문화
제3절 민족 하위문화
제4절 종교 하위문화

이 책의 제4부에서는 사회계층, 인구통계요인, 준거집단, 사이코그래픽스라는 주제를 다루는데, 이런 주제는 모두 소비자가 문화의 한 구성원이라는 데 초점을 두고 있다. 제4부에서는 이런 주요 문화적 요인들이 소비자의 획득행동, 소비행동, 처분행동에 어떻게 영향을 미치는지를 설명하고자 한다.

〈표 12-1〉에는 여러 문화적 요인 중에서 제12장에서 집중적으로 논의할 세 가지 하위문화에 관한 주요주제가 요약되어 있다. 소비자가 어떤 지역에 사는가에 따라서, 소비자가 어느 민족에 속하는 사람인가에 따라서, 소비자가 어떤 종교를 갖고 있는가에 따라서 소비자행동에 차이가 날 수 있다.

표 12-1 하위문화의 주요주제

지역 하위문화	민족 하위문화	종교 하위문화
▪ 국가간 지역적 차이 ▪ 국가내 지역적 차이	▪ 미국의 민족집단 구성 ▪ 미국의 3대 민족집단 ▪ 다문화 마케팅 ▪ 세계 속의 민족집단	▪ 종교집단의 특성 차이 ▪ 종교집단의 소비패턴 차이 ▪ 종교집단을 겨냥한 마케팅액션

제1절 문 화

문화적 요인은 소비자행동에 직접적으로 영향을 미치는 것은 아니기 때문에 실증적으로 연구하기가 어렵지만, 소비자행동을 비롯한 인간의 모든 행동이 문화적 요인의 영향을 받는다는 것은 문화인류학 연구결과로부터 손쉽게 추론될 수 있다.

1. 문화의 정의

문화(culture)를 한마디로 정의하기는 매우 어렵다. 문화의 정의는 열거적 기술적 정의, 역사적 정의, 규범적 정의, 심리학적 정의, 구성적 정의, 발생적 정의, 불완전한 정의라는 일곱 가지 유형의 정의로 구분되는데, 각 유형의 정의도 강조점의 차이에 따라

세분하면 총 160개 정도의 정의가 있다.[1]

린턴(Linton)에 따르면, 문화란 학습된 행동과 행동결과의 전체이고, 문화의 구성요소는 특정한 사회의 구성원에 의해 공유되고, 전달된다.[2]

첫째, 행동이라는 것은 현재적이든 잠재적이든 또한 육체적이든 심리적이든 개인의 모든 활동을 포함한다.

둘째, 행동결과라는 것은 심리적인 것과 물질적인 것을 모두 포함한다. 심리적 행동결과에는 태도, 가치관, 지식 등이 포함된다. 특정한 패턴의 행동, 태도, 지식 등은 2명 이상의 사회 구성원에 의해 공유되고, 세대 간에 전승된다.

셋째, 전체(configuration)라는 것은 문화를 구성하는 여러 가지 행동과 행동결과가 패턴화된 형체로 조직화된다는 것을 의미한다. 인간의 행동은 욕구에 의해서 동기유발되지만, 행동의 형태는 경험(학습)에 의해서 조건이 지워진다. 예컨대, 먹는 행동은 먹고 싶다는 욕구(식욕)에 대한 반응이지만, 먹는 방법은 어떻게 먹는가에 대하여 학습된 행동에 의존한다.

문화의 개념에 대한 문화인류학자들의 견해를 간단히 요약하면, 다음과 같다.[3] 첫째, 문화는 인류의 사회적 유산이고, 각 사회에 독자적인 것이다. 둘째, 문화는 일단의 사람들에 의해 생겨난 특색 있는 라이프스타일이다. 셋째, 문화는 인간의 생활설계이고, 환경에 대한 적응이다. 넷째, 문화를 결정하는 중요한 요인은 그것이 존재하는 환경이다.

2. 문화의 특질

각 문화는 자신의 기초적인 특질이나 성격을 갖고 있고, 다른 문화와 몇 가지 점에서 서로 다른 특징을 가진다. 스터디번트(Sturdivant)에 따르면, 문화는 학습된 특질, 전달적 특질, 사회적 특질, 개념적 특질, 욕구충족적 특질, 적응적 특질, 통합적 특질이라는 일곱 가지 특질을 가진다.[4] 이런 문화의 특질을 간략히 설명하기로 하자.

첫째, 문화의 학습된 특질이란 문화가 생리학적으로나 생물학적으로 규정된다기보다

1 A. L. Kroeber and C. Kluckhohn, *Culture*, Vintage Books, 1963.

2 R. Linton, *The Cultural Background of Personality*, 1945.

3 T. S. Robertson, *Consumer Behavior*, Scott, Foreman, 1970.

4 F. D. Sturdivant, "Subculture Theory: Poverty, Minorities, and Marketing," in S. Ward and T. S. Robertson, eds., *Consumer Behavior: Theoretical Sources*, Prentice-Hall, 1973.

는 의식적이거나 무의식적으로 학습된 것에서 성립된다는 것을 의미한다. 문화의 많은 부분은 인생의 초기에 학습되고 여기에는 다수의 정서가 담겨 있다.

둘째, 문화의 전달적 특질이란 모든 문화에서는 신생아가 성장하면서 연장자의 태도나 행동의 패턴을 배워 익히게 되는 방법에서 일관성이나 규칙성이 존재한다는 것을 의미한다. 부모나 그 밖의 사람들이 문화의 상징, 태도, 행동의 패턴을 전달한다. 결국, 사람들은 문화를 학습할 뿐만 아니라 문화를 계승하는 세대에게 경험의 기초로 작용할 가능성이 있다.

셋째, 문화의 사회적 특질이란 한 세대에서 다음 세대로 전달되는 습관이나 행동의 패턴은 동일한 문화에 속하는 구성원 사이의 상호작용을 촉진하는 사회적 실행을 포함한다는 것이다. 요컨대, 사교의 법칙은 문화의 중요한 일부이다.

넷째, 문화의 개념적 특질이란 문화를 성립시키는 집단의 습관이 이상적인 행동기준(norm) 혹은 행동패턴으로 개념화(혹은 언어화)된다는 것이다. 한 문화가 어떤 가치관을 강하게 갖고 있을수록, 그것을 어기는 사람들에게 집단의 제재가 가해질 가능성이 더 커진다.

예컨대, 미국문화의 이상인 평등주의가 점차 침해받고 있는 것은 사실이지만, 그래도 평등주의는 대부분의 미국사람들이 동조하는 하나의 지배적 이상으로서의 지위를 갖고 있다.

다섯째, 문화의 욕구충족적 특질이란 존속가능성이 있는 문화는 인간이 가진 생물학적 욕구나 사회적 욕구를 만족시킨다는 것을 의미한다. 즉, 어떤 문화의 특성이나 행동패턴의 존속가능성은 그것이 생득적이거나 획득된 동인을 만족시킬 수 있는 능력에 의존한다.

여섯째, 문화의 적응적 특질이란 문화가 적응하기 때문에 문화의 어떤 극적인 변화는 잘 발생하지 않는다는 것을 의미한다. 즉, 문화는 고정적이고 영속적인 생명력을 가지는 것이 아니라, 변하는 욕구나 환경에 맞추어 적응한다는 것이다. 비록 문화는 정태적인 것이 아니지만, 문화의 변화속도는 믿지 못할 정도로 느린 편이다.

일곱째, 문화의 통합적 특질이란 문화의 변화속도가 느리기 때문에, 문화의 통합현상이 분명히 나타난다는 것을 의미한다. 문화의 패턴은 행동의 일관되거나 특징적인 약속을 나타낸다. 이는 비교적 격리된 단순한 문화에서 가장 분명하지만 복잡한 문화에서도 강하게 나타나는 일종의 중심화경향(central tendency)인데, 바로 이런 구심력이 문화적 개성을 만든다.

모든 사회는 자신의 기준적인 개성유형을 가지며, 어떤 사회라도 몇 가지 점에서 서로 다른 자신의 지위에 따른 일련의 개성을 갖고 있다.

제 2 절 지역 하위문화

일정한 지역에 사는 사람들은 생활과 일이라는 면에서 서로 밀접한 근접성(close proximity)이 있기 때문에 다른 지역에 사는 사람들과는 구별되는 그들만의 유사한 행동패턴을 형성할 수 있다.

제2절에서는 지역 하위문화(regional subculture)를 주제로 해서 소비자가 사는 지역이 소비자행동에 어떻게 영향을 미칠 수 있는지를 살펴본다. 먼저 국가간 지역적 차이를 설명하고 나서 미국의 경우를 예로 해서 국가내 지역적 차이를 살펴보기로 한다.

1. 국가간 지역적 차이

소비자가 사는 세계의 각 지역이 소비자의 소비패턴에 영향을 미칠 수 있다는 것은 분명하다. 소비자행동의 모든 면에서 교차문화적 차이(cross-cultural differences)가 존재할 수 있지만, 여기서는 세계의 각 지역에 따라 소비자행동이 달라지는 예를 설명하기로 한다.

1) 세계의 지역별 소비패턴 차이

우선, 세계 각국의 소비자는 자신의 소득을 지출함에 있어서 아주 다른 모습을 보이고 있다. 9개국의 지출패턴이 제시된 〈표 12-2〉를 보면 식품구입에 지출하는 비율은 인도(52%), 케냐(38%), 이란(37%), 멕시코(35%), 태국(30%), 폴란드(29%)가 미국(10%)이나 독일(12%)보다 훨씬 더 높다.[5] 이처럼 식품구입에 지출하는 비율이 높다는 것은 음식을 풍성하게 차려 먹는다는 것보다 소득이 절대적으로 낮다는 것을 의미한다는 사실에 주목해야 한다.

---

5 Richardo Sookdeo, "The New Global Consumer," *Fortune*, Autumn-Winter 1993, pp. 68-77.

표 12-2 세계 각 지역의 소비패턴

	식품	의류, 신발	렌트, 연료, 전력	의료	교육	수송, 통신	기타
미국	10%	6%	18%	14%	8%	14%	30%
독일	12	7	18	13	6	13	31
이란	37	9	23	6	5	6	14
멕시코	35	10	8	5	5	12	25
폴란드	29	9	6	6	7	8	35
케냐	38	7	12	3	10	8	22
싱가포르	19	8	11	7	12	13	30
태국	30	16	7	5	5	13	24
인도	52	11	10	3	4	7	13

주) 위 표의 각 수치는 각 품목의 구입비가 각국에서 차지하는 비율을 나타낸다.
※ 자료: Richardo Sookdeo, "The New Global Consumer," *Fortune*, Autumn-Winter 1993, pp. 68-77.

또한, 세계 각 지역에 사는 사람들의 소비패턴에는 다소 차이가 있는데, 다음은 이런 사실을 보여주는 몇 가지 예이다.

첫째, 라틴 아메리카, 아프리카, 중동 지역의 소비자는 북미, 서유럽, 아시아 지역의 소비자에 비해 라디오, TV, 전화기를 소유할 가능성이 낮다. 그러나, 같은 라틴 아메리카라도 시골지역과는 달리 도시지역의 가정에서는 대부분 TV를 보유하고 있으며, 세탁기, VCR, 전화기를 보유하고 있는 가정도 많다.

둘째, 미국의 컴퓨터 보급률은 45.3%로, 일본(7.1%), 영국(5.2%), 독일(4.6%), 프랑스(4.2%)와 같은 다른 나라들보다 훨씬 높은 편이다.

셋째, 서유럽지역은 동유럽지역보다 6배 정도나 더 많은 자동차를 보유하고 있다.

넷째, 코카콜라가 가장 많이 소비되는 곳은 북미지역이고, 라틴 아메리카와 유럽지역이 그 뒤를 따르고 있으며, 아시아와 중동, 아프리카 지역은 코카콜라가 가장 적게 소비되는 지역이다.

다섯째, 초콜릿의 최대시장은 스위스, 영국, 독일이다.

〈표 12-3〉에 나타나 있는 것처럼, 특정한 국가와 특정한 제품 사이에 서로 밀접한 연상관계가 존재하는 경우가 있는가 하면, 어떤 이유로 특정한 종류의 제품을 소비하는 것이 금지되는 국가도 있다. 예컨대, 회교국가에서는 음주와 흡연이 금지되고, 이스라엘에서는 돼지고기를 먹는 것이 종교적인 금기사항으로 되어 있다.

표 12-3 국가와 제품 간의 연상관계

네덜란드	미국	영국	프랑스	일본	이탈리아	독일
나막신	햄버그	홍차	패션	생선	피자	맥주
치즈	옥수수	샌드위치	향수	기모노	파스타	독일김치
화환	코카콜라	중산모	포도주	쌀밥	파르마 치즈	자동차
다이아몬드	대형자동차	위스키	고급 양장점	사케 술	에스프레소 커피	초콜릿
계란	땅콩	베이컨과 계란	바게뜨 빵	자동차	패션	음악
커피	영화, TV쇼	레인코트	코냑	오디오	미술	
	청바지	셰틀랜드스웨터	마늘	비디오	디자인	
	도너츠	골프	샴페인	장비	페라리 자동차	
	핫도그		치즈	카메라	오페라	
	팝콘			복사기	포도주	
	츄잉껌				아이스크림	
	케첩				구두	
	T본 스테이크					

※ 자료: Marieke K. de Mooij and Warren Keegan, *Advertising Worldwide* (Englewood Cliffs, N.J.: Prentice-Hall, 1991).

어떤 국가에서 특정한 음식을 좋아하는 것이 다른 나라 사람들에게는 매우 이색적인 것으로 보일 수도 있다.[6] 예컨대, 중국인은 물고기의 위(stomach)와 새의 타액(saliva)으로 만든 수프를 먹고, 태국 원주민은 바싹 튀긴 닭머리와 닭발을 즐겨 먹으며, 이라크인은 소금을 쳐서 바싹 말린 메뚜기를 간식으로 먹는다. 물론, 이런 음식을 먹는 것은 서구인의 눈에 이색적으로 보일 수 있지만, 프랑스처럼 달팽이요리를 먹는다든지 벌꿀이나 푸른 치즈를 음식에 쳐서 먹는 서구인들의 음식문화도 다른 나라 사람들에게 이색적으로 보일 것은 분명하다.

2) 국가간 지역적 차이를 이용한 마케팅액션

세계의 각 지역별로 소비자행동의 차이가 존재하기 때문에, 특정한 지역을 공략하기 위해 기업이 자사의 마케팅수단을 적절히 수정하지 않으면 안 되는 경우가 많다.

〈표 12-4〉를 보면, 특정한 마케팅수단이 발휘하는 효과가 미국과 남미지역에서 차이가 난다는 것을 알 수 있다.[7] 예컨대, 현금환불 보장제도(money-back guarantees)는

6 Sak Onkvisit and John J. Shaw, *International Marketing: Analysis and Strategy* (Columbus, Ohio: Merrill, 1989).

7 Ignacio Galceran and Jon Berry, "A New World of Consumers," *American Demographics,*

표 12-4 마케팅수단의 효과 차이

	미국	아르헨티나	브라질	멕시코	베네수엘라
현금환불 보장제도	49%	25%	16%	33%	33%
제품을 사용하고 있는 실제 인물을 광고모델로 내세운 광고	39	32	33	44	42
경쟁제품과의 비교광고	38	28	26	37	38
스포츠단체/이벤트의 공식후원제품	28	41	25	51	65
유명인사가 제품을 보증하는 광고	20	24	29	38	50

※ 자료: Ignacio Galceran and Jon Berry, "A New World of Consumers," *American Demographics*, March 1995, pp. 27-33.

미국인들에게 신뢰감을 주는 보편적인 마케팅수단이다. 하지만, 남미인들은 그들이 이미 지불했던 돈을 되돌려 받을 수 있으리라고 기대하지 않기 때문에 이런 제도에 대한 신뢰감은 상당히 낮은 편이다. 또한 유명인사를 광고모델로 내세우는 방법이나 스포츠단체/이벤트의 공식후원제품으로 판촉하는 방법은 미국에 비해 베네수엘라나 멕시코에서 훨씬 더 효과적이다.

맥도날드는 현지주민의 입맛에 맞추기 위해 세계 각 지역에서 제공하는 메뉴를 적절히 수정하는 전략을 구사하는 좋은 예이다. 독일과 프랑스에서는 식사를 하면서 각각 맥주와 포도주를 마시기 때문에 이런 국가에서 영업하는 맥도날드 점포는 각각 맥주와 포도주도 더불어 판매하고 있다. 또한, 인도의 힌두교도는 엄격한 종교적인 이유로 쇠고기를 먹지 않기 때문에, 이 지역에서 영업하는 맥도날드는 쇠고기를 넣지 않은 빅맥(Big Mac)을 개발하였다. 브라질에서 영업하는 맥도날드는 브라질의 북동부지역 특산물인 Acaraje, Bobo de camarao, Vatapa을 햄버그와 함께 판매하고 있다.

다른 예로는 던킨 도너츠와 도미노 피자를 들 수 있다. 브라질에서 영업을 하는 던킨 도너츠는 현지인이 좋아하는 소금으로 간을 맞춘 닭고기와 치즈 도너츠 두 가지를 판매하고 있다. 일본에서 영업을 하는 도미노 피자는 해산물을 좋아하는 일본인의 입맛을 겨냥해 오징어와 생선으로 만든 토핑을 얹은 피자를 판매하고 있다.

P&G(Procter & Gamble)는 팸퍼스 기저귀를 마케팅하는 과정에서 독일어를 구사하는 여러 지역의 방언과 억양 차이를 반영하기 위해 몇 가지의 다른 TV광고물을 제작하였다. 일반적인 고급 독일어(hoch Deutsch: 대부분의 배우와 아나운서가 사용하는 독일어)에 비해

March 1995, pp. 27-33.

바이에른, 오스트리아, 스위스 지역에서 사용되는 독일어는 해당 지역의 특성을 반영하여 억양이 강하다.

국제마케팅을 수행하는 기업이 이런 교차문화적 차이에 세심하게 주의하지 않는다면, 결국 사업실패로 연결될 소지가 크다. 다음은 이런 사실을 반증하는 몇 가지 예이다.

첫째, 지난 1992년에 미국의 자동차제조업체들이 일본 소비자들에게 미국산 자동차를 구매해주도록 설득하려 했다가 크게 망신당한 적이 있다. 일본에서는 자동차가 도로의 왼쪽으로 주행하지만, 당시 미국의 자동차제조업체들이 생산하는 차에는 오른쪽에 운전석을 둔 자동차가 전혀 없었기 때문이었다.

둘째, Vicks는 독일에서 'Wicks'라는 이름으로 바꾸지 않으면 안 되었는데, 그 이유는 독일에서 'Vicks'라는 말이 성교를 암시하는 속어라는 사실을 알게 되었기 때문이었다.

셋째, 아시아인은 기름에 튀긴 닭보다는 끓이거나 불에 구운 닭을 잘 먹는다는 것을 깨닫게 해준 홍콩에서의 실패를 거울삼아, KFC는 아시아 각국 현지인의 입맛에 잘 맞도록 닭의 요리방법을 수정하였다.

2. 국가내 지역적 차이

우리나라에서 국가내 지역적 차이를 논의할 수도 있겠지만, 여기서는 주로 미국의 경우를 중심으로 해서 국가내 지역적 차이를 설명하고자 한다. 그 이유는 미국은 독특하고 다른 지역과 구별되는 정체성(identity)을 가진 여러 지역들로 구성된 대표적인 국가이기 때문이다.

1) 미국의 지역적 차이

(1) 지역별 개괄적 특성

미국의 각 지역은 나름대로 독특한 정체성을 갖고 있는데, 이는 각 지역의 상이한 민족적, 문화적 역사에 기인한다. 다음은 각 지역의 개괄적인 특성을 간단히 요약한 것이다.

첫째, 미국 남서부지역이다. 캘리포니아를 비롯한 미국 남서부지역은 원래 멕시코 땅이었기 때문에 다소 스페인/멕시코 풍이 강하다. 캘리포니아는 1849년의 골드러시(goldrush)와 할리우드의 영화 때문에 "기회의 땅(land of opportunity)"으로 인식되어 왔고,

나머지 남서부지역에는 멕시코인, 아메리칸 원주민, 국경지대에 뿌리를 둔 목장인부나 카우보이 출신이 함께 살고 있다.

둘째, 미국 동부해안지역이다. 뉴잉글랜드에서 조지아에 이르는 미국 동부해안지역은 영국식민지였던 13개주의 영향을 받아서 영국 식민지시대의 풍취가 강하게 남아 있다.

셋째, 미국 서부지역 및 북서부지역이다. 미국 서부지역 및 북서부지역은 사막과 대평원으로 이루어져 있는데, 이는 이 지역주민의 독특한 개성에 큰 영향을 미쳤다.

넷째, 미국 최남부지역(Deep South)이다. 루이지애나에서 플로리다에 이르는 미국 최남부지역은 농업(특히 목화)이 번성하고 남북전쟁 당시에 남부연맹(the Confederate States)에 속했기 때문에 딕시풍(Dixie character)의 전통이 아직 많이 남아 있다.

다섯째, 미국 중서부지역이다. 미국 중서부지역에서는 농장과 농업이 산업의 주종을 이루고 있다.

위의 내용은 미국의 지역을 크게 구분해서 매우 폭넓게 일반화한 것에 불과하다. 따라서, 같은 지역 내에서도 독특한 영향요인과 차이가 존재할 수 있다는 것을 잊어서는 안 된다.

(2) 지역별 소비패턴의 차이

국가내 지역적 차이가 소비자의 소비패턴에 영향을 줄 수 있는데, 여기서는 그 몇 가지 예를 들어보기로 한다.

첫째, 지역별로 좋아하는 음식의 차이이다. 예컨대, 미국 남서부지역 사람들은 멕시코의 영향을 많이 받아서 토틸러스(tortillas), 살사(salsa), 강낭콩(Pinto beans)과 같은 음식과 향신료를 듬뿍 넣은 음식을 좋아한다. 미국 텍사스지역에서는 소를 많이 사육하고 있기 때문에 쇠고기 바비큐가 일반적인 음식이지만, 미국 최남부지역에서는 돼지고기 바비큐가 더 일반적이다. 그리고 캘리포니아는 건강의식과 건강식품이라는 면에서 특별히 좋은 평판을 갖고 있다.

둘째, 추수감사절 요리에 채워 넣는 재료(stuffing)의 지역별 차이이다. 예컨대, 미국 남부지역에서는 옥수수 빵을, 미국 북부지역에서는 굴(oyster)을 재료로 많이 쓰지만, 미국 서부해안지역에 사는 아시아계 사람들은 쌀로 대신하는 경향이 있다.[8]

셋째, 사람들이 즐기는 음악스타일의 지역별 차이이다. 예컨대, 미국 최남부지역에

8 Melanie Wallendorf and Eric Arnould, "We Gather Together: Consumption Rituals of Thanksgiving Day," *Journal of Consumer Research*, June 1991, pp. 13-31.

서는 the Allman Brothers와 Lynyrd Skynyrd 같은 독특한 스타일의 남부식 록(southern rock) 음악을 만들어 냈고, 내쉬빌과 텍사스는 전통적으로 컨트리 음악을 지켜왔으며, 켄터키는 블루그래스(bluegrass) 음악의 본산으로 알려져 있다. 최근에는 Pearl Jam, Soundgarden, Nirvana 등과 같은 밴드들로 인해 시애틀이 그런지 사운드(grunge sound)의 본거지로 인식되기 시작했다.

(3) 북미의 9개국

저널리스트인 개로우(Garreau)는 지역적 차이에 대한 문화인류학적 연구에 근거하여 북미의 9개국(Nine Nations of North America)이라는 지역분할방식을 고안해 내었는데, 이는 상이한 가치와 라이프스타일을 강조하는 각 지역의 소비자를 기반으로 해서 북미대륙을 아홉 개의 지역으로 나눈 것이다.[9] 〈표 12-5〉에서 보는 바와 같이 '자아존중감'을 최상의 가치로 여기는 곳은 Empty Quarter 지역이고, Islands 지역과 MexAmerica 지역이 그 뒤를 따른다. Dixie 지역, New England 지역 및 Breadbasket 지역에서는 '안전감'을 중요시하며, Breadbasket 지역, Ecotopia 지역 및 Mexamerica 지역에

표 12-5 북미의 9개국의 가치 차이

	New England	Foundry	Dixie	Islands	Bread-basket	Mexamerica	Empty Quarter	Ecotopia
자아존중감	22.5%	20.5%	22.5%	25.0%	17.9%	22.7%	35.3%	18.0%
안전감	21.7	19.6	23.3	15.6	20.2	17.3	17.6	19.6
타인과의 따뜻한 관계	14.2	16.7	13.8	9.4	20.5	18.0	5.9	18.5
성취감	14.2	11.7	10.0	9.4	12.4	11.3	8.8	12.2
자아충족감	9.2	9.9	8.4	3.1	7.5	16.0	5.9	12.7
타인으로부터의 존경	8.3	8.7	11.0	15.6	10.1	2.7	2.9	4.2
소속감	5.0	8.4	7.5	12.5	7.8	6.7	17.6	7.9
생활의 재미, 즐거움 및 흥분감	5.0	4.5	3.5	9.4	3.6	5.3	5.9	6.9

주 1) 각 칸의 수치는 각 지역에서 특정한 가치를 중요시하는 비율을 표시한다.
주 2) 위의 표에서는 원래 북미의 9개국에 포함된 캐나다의 퀘벡(Quebec)이 제외되어 있다.
※ 자료: Lynn R. Kahle, "The Nine Nations of North America and the Value Basis of Geographic Segmentation," *Journal of Marketing*, April 1986, pp. 37-47.

9 Joel Garreau, *The Nine Nations of North America* (Boston: Houghton-Mifflin, 1981).

서는 '타인과의 따뜻한 관계'가 가장 강조된다.

하지만, 이런 차이점은 너무 일반적인 내용이라는 비판이 있다. 북미의 9개국 이론을 테스트해 본 결과, 소비자의 가치를 예측함에 있어서 북미의 9개국 이론에서 제시한 지역구분방식이 정부의 센서스에서 사용되고 있는 지역구분방식(예: Middle Atlantic, Mountain Pacific)보다 별로 나은 것이 없었다.[10] 그 한 가지 이유는 같은 지역에 사는 소비자라도 가치와 라이프스타일에는 많은 차이가 있기 때문이다. 따라서, 최근에는 광범위한 지역적 차이를 파악하는 것에서 한 걸음 더 나아가 더 구체적인 특성을 기반으로 소비자를 묘사하는 군집화기법을 많이 이용하는 추세이다.

(4) 군집화기법에 근거한 지역구분

군집화기법(clustering technique)은 '유유상종(birds of a feather flock together)'의 원칙에 근거를 두는 분석기법인데,[11] 이는 이웃사람끼리는 같은 종류의 자동차, 주택, 가전제품 및 기타 제품이나 서비스를 구매하는 경향이 있다는 것을 말한다. 이런 군집화기법을 적용하는 시스템(즉, 군집화시스템)의 대표적인 예로는 Donnelly Marketing이 개발

그림 12-1 PRIZM 군집

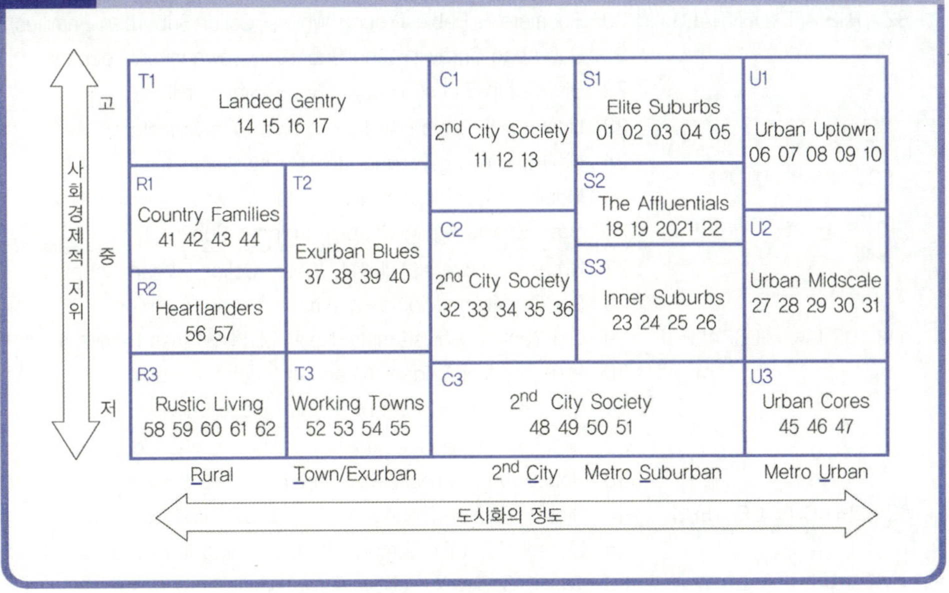

10 Lynn R. Kahle, "The Nine Nations of North America and the Value Basis of Geographic Segmentation," *Journal of Marketing*, April 1986, pp. 37–47.

11 Susan Mitchell, "Birds of a Feather," *American Demographics*, February 1995, pp. 40–48.

표 12-6 PRIZM 군집의 세부내역

S1 ELITE SUBURBS	01 Blue-Blood Estates(Elite Super-Rich Families) 02 Winner's Circle(Executive Suburban Families) 03 Executive Suites(Upscale White-Collar Couples) 04 Pools & Patios(Established Empty Nesters) 05 Kids & Cul-de-Sacs(Upscale Suburban Families)
U1 URBAN UPTOWN	06 Urban Gold Coast(Elite Urban Singles & Couples) 07 Money & Brains(Sophisticated Townhouse Couples) 08 Young Literati(Upscale Singles & Couples) 09 American Dreams(Established Urban Immigrant Families) 10 Bohemian Mix(Bohemian Singles & Couples)
C1 2ND CITY SOCIETY	11 Second City Elite(Upscale Executive Families) 12 Upward Bound(Young Upscale White-Collar Families) 13 Gray Power(Affluent Retirees in Sunbelt Cities)
T1 LANDED GENTRY	14 Country Squires(Elite Ex-Urban Families) 15 God's Country(Executive Ex-Urban Families) 16 Big Fish, Small Pond(Small Town Executive Families) 17 Greenbelt Families(Young, Middle-Class Town Families)
S2 THE AFFLUENTIALS	18 Young Influentials(Upwardly Mobile Singles & Couples) 19 New Empty Nests(Upscale Suburban Fringe Couples) 20 Boomers & Babies(Young Whites-Collar Suburban Families) 21 Suburban Sprawl(Young Suburban Townhouse Couples) 22 Blue-Chip Blues(Upscale Blue-Collar Families)
S3 INNER SUBURBS	23 Upstarts & Seniors(Middle Income Empty Nesters) 24 New Beginnings(Young Mobile City Singles) 25 Mobility Blues(Young Blue-Collar/Service Families) 26 Gray Collars(Aging Couples in Inner Suburbs)
U2 URBAN MIDSCALE	27 Urban Achievers(Midlevel, White-Collar, Urban Couples) 28 Big City Blend(Middle-Income Immigrant Families) 29 Old Yankee Rows(Empty-Nest, Middle-Class Families) 30 Mid-City Mix(African-American Singles & Families) 31 Latino America(Hispanic Middle-Class Families)
C2 2ND CITY CENTERS	32 Middleburg Managers(Midlevel White-Collar Couples) 33 Boomtown Singles(Middle Income Young Singles) 34 Starter Families(Young Middle-Class Families) 35 Sunset City Blues(Empty Nests in Aging Industrial Cities) 36 Towns & Gowns(College Town Singles)
T2 EX-URBAN BLUES	37 New Homesteaders(Young Middle-Class Families) 38 Middle America(Midscale Families in Midsize Towns) 39 Red, White, & Blue(Small Town Blue-Collar Families) 40 Military Quarters(GIs & Surrounding Off-Base Families)

R1 COUNTRY FAMILIES	41 Big Sky Families(Midscale Couples, Kids, & Farmland) 42 New Eco-Topia(Rural White/Blue-Collar/Farm Families) 43 River City, USA(Middle-Class, Rural Families) 44 Shotguns & Pickups(Rural Blue-Collar Workers & Families)
U3 URBAN CORES	45 Single City Blues(Ethically Mixed Urban Singles) 46 Hispanic Mix(Urban Hispanic Singles & Families) 47 Inner Cities(Inner-City, Solo-Parent Families)
C3 2ND CITY BLUES	48 Smalltown Downtown(Older Renters & Young Families) 49 Hometown Retired(Low-Income, Older Singles, & Couples) 50 Family Scramble(Low-Income Hispanic Families) 51 Southside City(African-American Service Workers)
T3 WORKING TOWNS	52 Golden Ponds(Retirement Town Seniors) 53 Rural Industrial(Low-Income, Blue-Collar Families) 54 Norma Rae-Ville(Young Families, Bi-Racial Mill Towns) 55 Mines & Mills(Older Families, Mine & Mill Towns)
R2 HEARTLANDERS	56 Agri-Business(Rural Farm-Town & Ranch Families) 57 Grain Belt(Farm Owner & Tenants)
R3 RUSTIC LIVING	58 Blue Highways(Moderate Blue-Collar/Farm Families) 59 Rustic Elders(Low-Income, Older, Rural Couples) 60 Back Country Folks(Remote Rural/Town Families) 61 Scrub Plant Flats(Older African-American Farm Families) 62 Hard Scrabble(Older Families in Poor, Isolated Areas)

한 ClusterPlus 2000과 Claritas사가 개발한 PRIZM을 들 수 있다.

이런 군집화시스템은 인구통계적 변수나 소비특성의 유사성에 따라서 지역이나 이웃을 보다 더 정밀한 군집으로 구분한다. 실제로 군집을 정의하는 데는 소득, 학력, 나이, 가구형태, 도시화 정도, 태도, 제품이나 서비스 선호도, 소유하는 자동차의 종류, 좋아하는 라디오방송프로(예: 록음악 또는 클래식음악) 등에 있어서 소비자 간의 유사성을 사용할 수 있다. 이런 모든 정보들은 다변량 회귀분석과 같은 정교한 통계적 기법을 사용하여 압축되고 집단화된다.

[그림 12-1]과 〈표 12-6〉은 PRIZM이라는 군집화시스템에 의해 도출된 62개의 이웃주민(neighborhoods)을 보여주는데,[12] 이런 군집화시스템은 자동차 등록자료, 소비재 사용률조사, 잡지구독명부를 비롯한 각종 자료를 이용해서 군집(즉, 소비자집단)을 식별하는 데 사용된다.[13] 이런 62개의 군집은 다시 도시화의 정도와 사회경제적 지위를 기준

12 Michael J. Weiss, *The Clustering of America* (New York: Harper & Row, 1988).
13 Mitchell(1995), *op. cit.*

으로 해서 15개의 더 큰 군집으로 구분할 수 있다. 각 군집은 공통적인 특성에 근거해서 구분된 것이기 때문에, 서로 다른 지역에 사는 소비자라도 같은 군집에 속할 수 있다. 중요한 것은 이렇게 보다 정교하게 군집화하면, 기업이 시장세분화와 표적시장의 선정을 효율적으로 수행할 수 있다는 것이다.

2) 다른 국가에서의 지역적 차이

세계의 특정한 지역에 사는 소비자라도 소비자행동에서 국가내 지역적 차이를 내보이는 경우가 있다. 그 예로 인도를 들어보자. 인도의 서부지역 사람들은 대개 부유해서 고급제품을 구입하는 것에 긍정적인 성향이 있지만, 북부지역 및 동부지역 사람들은 가격의식도가 높은 편이다. 남부지역 소비자들은 보다 보수적이며 실용적이다. 또한 인도의 북부지역 사람들이 주로 먹는 음식과 음료는 밀과 차이지만, 남부지역 사람들은 쌀과 커피를 주로 먹는다.

인도의 남부지역 사람들은 건강에 대한 관심이 더 많고 건강과 아름다움을 가져다주는 제품이나 좋은 피부를 가꾸게 해주는 화장품을 더 많이 구입한다. 또한, 인도의 남부지역 사람들은 영화를 보러 자주 가고, 그 지역 특유의 언어적인 차이 때문에 지역 TV방송을 많이 시청한다. 따라서, 인도 남부지역의 광고는 영화관이나 지역방송에 집중되는 경향이 있다.

소비자행동에서 국가내 지역적 차이를 내보이는 또 다른 예로는 다음과 같은 몇 가지 내용을 들 수 있다.

첫째, 캄보디아나 미얀마 국경지역과 가까운 태국의 북부지역 사람들은 방콕을 포함하는 중앙평야지역이나 남부해안지역에 사는 사람들과 좋아하는 음식이 서로 다르다.

둘째, 독일의 남부지역(특히 바이에른) 사람들은 프로이센과 신교도가 지배적으로 많은 북부지역 및 동부지역 사람들과 서로 다른 정체성, 문화적 전통, 종교적 지향성(가톨릭)을 갖고 있다.

셋째, 구동독 지역에 사는 사람들은 수십 년 동안 지속되었던 경찰국가와 계획경제의 지배를 받았기 때문에 서독인과 서로 다른 세계관을 갖고 있다. 특히 압제적인 여건에서 벗어나기를 원하는 그들의 정신적 교류범위(mental horizons)는 집, 정원, 가족, 가까운 친구로 한정되어 있을 정도로 협소하다.

넷째, 캐나다에서는 독특한 문화적 특성을 보여주는 지역이 많은데, 불어권의 퀘벡이 그 대표적인 예다.

3) 국가내 지역적 차이를 이용한 마케팅액션

기업은 국가내 지역적 차이를 이용해서 전체시장을 몇 개의 지역세분시장으로 분할한 후 각 지역세분시장에 잘 맞는 제품이나 서비스를 개발하거나 그런 마케팅 커뮤니케이션을 개발하는 방안을 모색할 수 있다. 우선, 국가내 지역적 차이에 따라 제품이나 서비스를 적절히 조정하는 것으로 다음의 세 가지 사례를 들 수 있다.

첫째, 제너럴푸드(General Foods)는 지역에 따라 맥스웰하우스(Maxwell House) 커피의 향을 각각 다르게 만들고 있다.

둘째, 레이놀즈(R. J. Reynolds)는 지역주민의 기호에 맞추기 위해 지역별로 다른 상표를 붙인 담배를 판매한다.

셋째, 미국 남서부지역은 미국 북부지역에 비해 맵고 향신료를 많이 넣은 소스와 멕시코, 인도, 태국, 베트남에서 들여온 매운 요리를 좋아하기 때문에, 이런 제품을 위한 매력적인 시장이다.

또한, 기업은 지역별 특성에 맞추어 자사의 마케팅 커뮤니케이션을 적절히 조정해야 한다. 예컨대, 북미의 9개국 이론에 따르면 '자아충족감'을 강조하는 광고를 내보내는 것은 남부지역보다는 서부지역에서 더 바람직할 것이고, '안전감'에 소구하는 방식은 서부지역보다는 남부지역에서 더 효과적일 것이다.[14] 미국 텍사스지역에서 시행되는 광고들은 그 지역의 카우보이 전통을 반영하여 서부지역의 독특한 풍취를 갖고 있는 경우가 많지만, 동부해안지역을 겨냥한 광고는 더 도시적인 주제를 갖고 있다.

그리고 Florida 오렌지주스, Hawaiian 마카다미아 너츠와 선텐로션, Maine 바닷가재, Texas 쇠고기처럼 특정한 지역의 특산물로 인식되는 제품도 있다.

PRIZM이나 ClusterPlus 2000 같은 군집화시스템은 기업이 신규고객의 발견, 신제품의 개발, 광고제작, 점포의 입지결정, DM발송명부의 결정과 같은 다양한 마케팅 과업을 수행하는 데 도움을 줄 수 있다.[15] 그 이유는 이런 군집화시스템을 통해서 기업은 고객이 어디에 있는지, 무엇을 하기를 원하는지, 어떤 매체에 노출되고 있는지를 쉽게 알 수 있기 때문이다. 다음은 이런 군집화시스템을 적용하는 기업의 몇 가지 예이다.

첫째, 이수즈(Isuzu)가 아미고 컨버터블(Amigo convertible) 자동차를 처음으로 시장에 도입했을 때 ClusterPlus 2000이라는 군집화시스템을 사용했다. 그 결과, 핵심적인

14 Kahle(1986), *op. cit.*
15 Mitchell(1995), *op. cit.*

표적시장 중의 하나가 의외로 Chicago라는 사실과 고객에게 도달하는 가장 좋은 매체가 라이프스타일을 강조하는 잡지라는 것을 알게 되었다.

둘째, 뷰익(Buick) 자동차는 PRIZM이라는 군집화시스템을 사용해서 옥외광고판을 어디에 세울 것인가를 결정하는 기초자료로 삼았다.

셋째, 새로 개설하는 점포의 입지를 결정하려는 소매업자는 PRIZM과 같은 군집화시스템의 도움을 받아서 각종 상품을 구입할 가능성이 가장 높은 이웃주민을 파악할 수 있다.

제 3 절 민족 하위문화

세계의 여러 국가를 살펴보면, 우리나라처럼 하나의 민족으로 구성되어 있는 단일민족국가가 있는가 하면, 민족 전시장이라고 할 수 있는 미국처럼 매우 다양한 민족으로 구성되어 있는 다민족국가도 있다. 다민족국가의 대표적인 사례인 미국은 세계의 각국에서 이주해온 개인들이 모여 독특한 미국문화를 형성했을 뿐만 아니라 그 속에서도 각 민족집단(ethnic group)[16]의 다양한 민족 하위문화(ethnic subculture)를 만들어 내었다. 그 이유는 각 민족집단의 구성원이 다른 민족집단의 구성원과는 구별되는 문화적 전통, 신념, 종교, 경험을 공유하고 있기 때문이다.

다민족국가에서 존재하는 민족집단이 가지는 특징은 크게 두 가지로 요약된다. 첫째, 민족집단의 구성원은 문화적 유대(cultural ties)로 서로 결속되어 있는데, 이는 소비자행동에 강한 영향을 미치는 경향이 있다. 예컨대, 스코틀랜드 민족과 아일랜드 민족은 전통적으로 검소한 생활을 강조해 왔기 때문에, 이런 민족출신의 사람들은 검소한 소비패턴을 내보일 가능성이 크다.

둘째, 민족집단의 구성원은 문화적 동화(acculturation)[17]라는 프로세스를 통해서 현지문화에 적응하는 법을 배우게 된다. 특히, 개인은 사회적 상호작용, 타인행동의 모방, 강화 프로세스를 통해서 사회생활에 필요한 지식, 기능, 행동을 학습하게 되므로, 학습

16 미국 내에서 비교적 규모가 큰 민족집단으로는 아프리카계, 히스패닉계, 아시아계, 유태계, 이탈리아계, 아일랜드계, 스칸디나비아계, 폴란드계를 들 수 있다.

17 사회학에서는 이를 문화변용이라고도 한다.

매체로서 가족, 친구, 공공기관(예: 매체, 교회, 학교)이 문화적 동화에 강한 영향을 미치게 된다.[18] 결국 이런 요인들이 전통적인 관습과 결합하여 민족집단의 독특한 소비자문화를 형성하게 된다.

제3절에서는 민족 하위문화의 몇 가지 중요한 측면에 대해 논의하고자 한다. 먼저 대표적인 다민족국가인 미국의 민족집단 구성과 주요 인구동향을 살펴본 후, 미국내에서 가장 규모가 크고 빠르게 성장하는 3대 민족집단(히스패닉계, 아프리카계, 아시아계 미국인)을 중심으로 민족 하위문화가 소비자행동에 미치는 영향을 설명한다. 그리고 제품개발, 매체선정, 광고메시지, 판매촉진, 유통 면에서 이런 민족집단을 겨냥하는 기업에게 필요한 마케팅지침을 제시한다.

1. 미국의 민족집단 구성

현재 미국인의 주류를 형성하고 있는 사람들의 조상은 영국이나 독일과 같은 유럽 국가출신이지만, 이민이나 인구동향이 미국인의 인구통계적 특성을 상당히 바꿔놓고 있다. 특히 2000년에는 비영국계 미국인의 2배나 되는 인구가 미국인구에 새로 추가되었고, 이런 추세는 21세기로 접어들면서 더 가속될 것으로 전망된다.[19]

2050년에는 미국내 비영국계 미국인의 숫자가 1억 8천만 명에 이르게 될 것인데, 이는 미국 총인구의 절반에 해당되는 크기이다. 가장 많이 증가하는 민족은 히스패닉계가 될 것이며, 이들은 최대의 소수민족집단인 아프리카계 미국인을 추월할 전망이다.[20] 히스패닉계 미국인의 인구는 다른 민족의 인구보다 성장속도가 거의 8배나 빠르며, 주로 이민의 증가와 높은 출생률에 기인하는 전체인구 증가분의 42%를 차지한다. 아시아계 미국인의 인구는 훨씬 더 빨리 증가하고 있으며, 2050년까지는 지금보다 4배 이상 증가할 것으로 예상된다. 이런 미국인구의 변화추세는 미래에는 영국계 미국인이 더 이상 미국최대의 인구집단이 되지 않을 것이라는 것을 암시한다.[21]

18 Lisa Penaloza, "Atravesandro Fronteras/Border Crossings: A Critical Ethnographic Exploration of the Consumer Acculturation of Mexican Immigrants," *Journal of Consumer Research*, June 1994, pp. 32-54.

19 Jon Berry, "The Population is Taking Off Again; Here's What You Need to Know," *Brandweek*, December 7, 1992, p. 14.

20 Marilyn Kern-Foxworth, "Colorizing Advertising," *American Advertising*, Winter 1991-92, pp. 26-28.

21 Leon E. Wynter, "Recognizing Whites as an Ethnic Group," *Wall Street Journal*, June 15, 1994, p. B1.

이런 미국인구의 변화추세는 미국시장을 겨냥하고 있는 기업들에게 시사하는 바가 크다. 예컨대, 히스패닉계 미국인은 이미 2,400억 달러 규모의 시장을 형성하고 있으며, 앞으로 더 크게 성장할 것으로 예상된다. 이처럼 크게 떠오르는 민족 하위문화는 기업의 입장에서 당연히 매력적인 세분시장이므로, 기업은 적절한 제품, 촉진, 유통방법을 동원하여 이를 공략할 준비가 필요할 것이다.

2. 미국의 3대 민족집단

미국 내에서 가장 규모가 크고 빠르게 성장하는 3대 민족집단은 히스패닉계 미국인, 아프리카계 미국인, 아시아계 미국인이다. 여기서는 미국의 3대 민족집단의 기본적 특성과 소비패턴을 살펴보고 이들을 겨냥한 마케팅방안을 모색하기로 한다.

1) 히스패닉계 미국인

히스패닉계 미국인(Hispanic American)은 현재 미국에서 가장 빠르게 성장하고 있는 민족집단이다. 우선 히스패닉계 미국인의 기본적 특성과 소비패턴을 살펴보고 나서, 히스패닉계 미국인을 겨냥한 마케팅방안을 간략히 논의하고자 한다.

(1) 히스패닉계 미국인의 기본적 특성

히스패닉계 미국인은 시장규모가 클 뿐 아니라 다양성도 갖춘 시장이다. 사실 히스패닉계 미국인은 단일시장이 아니라 서로 다른 기원, 가치, 행동을 보유하는 여러 개의 하위시장으로 구성된 시장이다.[22]

히스패닉계 미국인은 거주지역을 기반으로 해서 세 집단으로 구분될 수 있다. 첫째, 멕시코계 미국인(Mexican-Americans)으로서 주로 남서부지역과 캘리포니아에 살고 가장 규모가 큰 집단이다. 둘째, 쿠바계 미국인(Cuban-Americans)으로서 주로 남부 플로리다에 사는 집단이다. 셋째, 푸에르토리코계 미국인(Puerto Ricans)으로서 뉴욕지역에 집중적으로 거주하는 집단이다.

히스패닉계 미국인은 현지문화에 동화된 수준을 기반으로 해서 세 집단으로 구분될 수 있다.[23] 첫째, 동화된 집단(the acculturated)으로서 대부분 영어를 사용하고, 문화적

---

22 Cyndee Miller, "Researcher Says U.S. Is More of a Bowl Than a Pot," *Marketing News*, May 10, 1993, p. 6.

23 Carrie Goerne, "Go the Extra Mile to Catch Up with Hispanics," *Marketing News*, December 24, 1990, p. 13.

으로 동화된 수준이 가장 높은 집단이다. 둘째, 이문화 집단(the bicultural)으로서 영어와 스페인어를 모두 구사할 수 있는 집단이다. 셋째, 전통적 집단(the traditional)으로서 대부분 스페인어를 사용하는 집단이다.

캘리포니아 지역에서는 단지 25%만이 '동화된 집단'으로 분류될 수 있으며, 이 비율은 텍사스 지역에 비해 다소 높은 편이다. 또한 문화적 동화가 진행되는 속도가 점점 느려지는 경향이 있는데(대개 4세대가 소요됨), 그 이유는 히스패닉계 미국인의 80%가 같은 민족과 결혼하기 때문이다. 문화적 동화가 진행되는 속도가 가장 느린 것은 쿠바계 미국인이고, 가장 빠른 것은 멕시코계 미국인이다. 그리고 가정에서 스페인어를 사용하는 비율(현재 70% 이상임)이 증가세를 보이고 있다.[24]

이런 세분시장별 다양성에도 불구하고 히스패닉계 미국인에 대한 폭넓은 일반화가 가능하다. 무엇보다 히스패닉계 미국인은 독특한 정체성, 관습, 언어를 갖고 있다.

히스패닉계 미국인의 한 가지 분명한 특성은 가족지향성(family orientation)이 강하다는 것이다.[25] 히스패닉계 미국인의 확대가족에는 보통 숙모, 삼촌, 조카, 할아버지, 할머니, 심지어 대부와 대모까지도 포함된다. 가족은 모든 것의 중심이며, 휴일이나 축제가 되면 모든 가족구성원들이 함께 지낸다. 확대가족의 모든 구성원들이 함께 저녁을 먹는 것은 하나의 사회적 이벤트(social event)이다. 그리고 가족구성원 중의 연장자는 그가 가진 경험과 지식 때문에 커다란 존경을 받는다.

히스패닉계 미국인은 책임감, 정직, 독립심, 자기통제, 내적 조화, 자유를 매우 중요시한다.[26] 또한 강한 민족적 자부심, 근로윤리, 종교적 지향성(70% 이상이 로마 가톨릭신자)을 갖고 있다. 히스패닉계 미국인은 자신의 언어, 관습, 문화를 지키려고 애쓰고 있지만, 열심히 일을 해서 생활수준을 높이려는 소위 '아메리칸 드림(American Dream)'을 실현하려는 의지도 갖고 있다. 하지만, 대부분의 히스패닉계 미국인은 자신을 물질주의자로 생각하지 않기 때문에 과시적인 소유물에 대해서는 관심이 적다. 히스패닉계 미국인은 자신들이 '낙천적이고, 다채로우며, 활동적인 민족'이라고 생각하고 있다.[27]

미국에서 사는 히스패닉인들은 젊은 연령층이 많다. 이들의 30% 정도가 14세 미

24 Patricia Braus, "What Does Hispanic Mean?," *American Demographics*, June 1993, pp. 46–49.

25 Marlene Rossman, *Multicultural Marketing* (New York: American Management Association, 1994).

26 Van R. Wood and Roy Howell, "A Note on Hispanic Values and Subcultural Research: An Alternative View," *Journal of the Academy of Marketing Science*, Winter 1991, pp. 61–67.

27 Jacqueline Sanchez, "Some Approaches Better than Others When Targeting Hispanics," *Marketing News*, May 25, 1992, pp. 8, 11.

만이며(미국 총인구에서 14세 미만이 차지하는 비율은 22.4%), 절반 이상이 30세 미만(영국계 미국인의 경우 30세 미만의 비율이 44%)이다.[28] 쿠바계 미국인은 예외인데, 이들의 평균연령은 40세 정도이다.

인구통계적으로 중요한 다른 특성으로는 낮은 이혼율(가족지향성을 반영함), 대가족(미국 전체의 가구당 구성원수가 평균 2.6명이지만, 이들의 경우에는 평균 3.45명), 생산직 근로자의 높은 비율, 낮은 평균소득과 학력(고졸이상 학력자의 비율이 미국 전체로는 79.4%이지만, 이들의 경우에는 52.6%)을 들 수 있다.[29] 쿠바계 미국인은 20%가 대학졸업자로 가장 학력이 높은데, 이는 푸에르토리코계 미국인의 경우에 10%, 멕시코계 미국인의 경우에 6%와 비교된다. 그러나, 히스패닉계 미국인의 학력과 직업 수준은 최근 들어 놀랄 만한 성장세를 보이고 있다.[30] 정치적 성향을 보면, 멕시코계 미국인과 푸에르토리코계 미국인은 민주당원, 쿠바계 미국인은 공화당원이 되는 경향이 있다.

이런 정치적 특성들은 히스패닉계 미국인이 가장 흠모하는 인물에 잘 반영되어 있다. 특히, 그들은 정치인으로는 빌 클린턴(멕시코계 및 푸에르토리코계 미국인의 경우), 조지 부시, 로날드 레이건(쿠바계 미국인의 경우)을 좋아하고, 종교지도자로는 교황 바오로 2세와 테레사 수녀를 좋아하며, 연예인으로는 훌리오 이글레시아스와 마돈나를 좋아한다.[31]

히스패닉계 미국인의 80% 이상이 로스앤젤레스, 뉴욕, 마이애미, 산안토니오와 같은 대도시 지역에 산다. 산안토니오나 로스앤젤레스를 비롯한 몇몇 도시에서는 히스패닉계 미국인이 도시전체 인구의 상당부분을 차지하고 있다. 그러나, 히스패닉계 미국인의 43%가 도시의 교외지역에 사는데, 이들은 도시 내에 살고 있는 히스패닉계 미국인보다 소득수준이 32% 정도 더 높다.[32]

(2) 히스패닉계 미국인의 소비패턴

독특한 관습과 언어 때문에 히스패닉계 미국인은 식별가능한 구매패턴과 소비패턴을 갖고 있다. 그 중에서 가장 강력하면서 일관되게 나타나는 연구결과는 히스패닉계 미국인은 상표애호도가 높고, 전국적으로 광고되는 유명상표(특히, 히스패닉계 민족에 대한 관심을 보여주는 것)를 구매할 가능성이 크며, 다른 소비자들보다 바겐세일에 현혹될 가능성

28 "U.S. Hispanics: A Youth Culture," *Brandweek*, October 18, 1993, p. 24.

29 Braus(1993), *op. cit.*

30 Joe Schwartz, "Rising Status," *American Demographics*, January 10, 1989, p. 10.

31 Susan Krafft, "Quin es Numero Uno?," *American Demographics*, July 1993, p. 16.

32 William H. Frey and William P. O'Hare, "Vivan Los Suburbios," *American Demographics*, April 1993, pp. 30-37.

이 낮다는 것이다.[33] 즉, 히스패닉계 미국인은 가격보다는 품질과 제품의 명성을 먼저 생각하는 경향이 있다.

히스패닉인계 미국인은 가족을 중요시하기 때문에 자녀와 식품에 많이 지출하고, 외식을 잘 하지 않는다. 또한, 매력적이고 깔끔한 외모를 중요시하기 때문에, 화장품과 화장실용품을 구매하는 데 다른 민족보다 더 많은 돈을 지출한다.[34]

히스패닉계 미국인은 독특한 식품소비패턴을 갖고 있다. 특히, 신선한 육류와 농산물, 매운 향신료, 통조림에 들어 있는 칠리(chilies), 살사(salsas) 소스를 좋아한다.[35] 미각을 즐겁게 해주는 맛있는 음식에 대한 욕구가 강해서, 살이 찐다고 음식재료를 제대로 넣지 않으면 음식의 맛이 떨어진다고 생각한다.[36] 푸에르토리코계 미국인이 가장 좋아하는 음식은 닭고기와 밥이고, 멕시코계 미국인은 타코(tacos)를, 쿠바계 미국인은 돼지의 허리부분 고기(pork loin)를 가장 좋아한다.

히스패닉계 미국인의 수적 증가는 다른 사람들에게도 향신료가 많이 든 매운 음식을 좋아하게끔 만드는 데 영향을 미치고 있다. 그 증거로, 최근에 케첩을 사용하는 요리의 매출액은 감소하고 있는 반면, 살사 소스의 매출액은 급증하고 있다. 또한, 멕시칸 레스토랑의 수가 급격히 늘어나고 있으며, 타코벨(Taco Bell)이나 타코카바나(Taco Cabana)와 같은 패스트푸드 식당체인의 인기가 높아지고 있다.

소비자의 문화적 동화수준과 민족일체감(ethnic identification)의 강도가 소비패턴에 큰 영향을 미친다.[37] 특히, 주류문화(mainstream culture)에 문화적으로 덜 동화되었거나 자기민족에 대한 민족일체감이 강한 소비자일수록 자기 민족집단의 특유한 소비패턴을 내보일 가능성이 높다.[38] 히스패닉계에 대한 민족일체감이 강한 가정일수록 가족구매의 사결정에서 남편지배적인 의사결정을 수행한다.[39] 히스패닉계에 대한 민족일체감이 강한 소비자(strong identifier)일수록 라디오광고, 옥외광고판, 가족구성원, 직장동료로부터

---

33 Christy Fisher, "Poll: Hispanics Stick to Brands, Asian-Americans Shop for Good Price, and African- Americans Look for Quality," *Advertising Age*, February 15, 1993, p. 6.

34 Rossman(1994), *op. cit.*

35 Penaloza(1994), *op. cit.*

36 Rossman(1994), *op. cit.*

37 Humberto Valencia, "Developing an Index to Measure Hispanicness," *Advances in Consumer Research*, Vol. 12, 1981, pp. 18-21.

38 Robit Deshpande, Wayne D. Hoyer, and Naveen Donthu, "The Intensity of Ethnic Affiliation: A Study of the Sociology of Hispanic Consumption," *Journal of Consumer Research*, September 1986, pp. 214-220.

39 Cynthia Webster, "Effects of Hispanic Ethnic Identification on Marital Roles in the Purchase Decision Process," *Journal of Consumer Research*, September 1994, pp. 319-331.

영향을 많이 받고,[40] 민족일체감이 약한 소비자(weak identifier)에 비해 쿠폰을 덜 사용한다.[41] 한편, 히스패닉계에 대한 민족일체감이 약한 소비자는 민족일체감이 강한 소비자에 비해 잡지광고, 소책자, 전화번호부의 직업소개면(Yellow Pages), 컨슈머리포트(Consumer Reports), 제품에 부착된 표찰로부터 더 강한 영향을 받는다.

히스패닉계에 대한 민족일체감이 가장 강한 사람은 최근에 이민 온 사람들과 미국에서 태어났지만 자신의 뿌리를 다시 찾으려는 젊은이들이다. 또한 민족일체감은 특정한 상황에서 이것이 현저하게 부각될 때 중요한 역할을 하는 경향이 있다. 다시 말하자면, 개인이 같은 민족집단의 구성원들에게 둘러싸여 있는 경우보다는 소수민족의 위치에 놓여있는 경우에 그 사람의 민족성이 두드러지게 되어 행동에 영향을 주게 될 것으로 기대된다.[42]

멕시코인의 이민패턴을 자세히 살펴보면, 문화적 동화가 진행되는 프로세스를 조금 알 수 있다.[43] 앞에서 소개한 사회적 영향요인 외에, 미국에 새로 이민을 온 히스패닉인들은 경험적 시행착오 학습프로세스(experiential trial-and-error learning process)를 통해 미국의 소비자환경에 적응하는데, 이는 소비자가 제품과 서비스를 구매하고 사용한 경험을 통해서 무언가를 학습하게 되는 프로세스를 말한다. 이들은 미국 땅에 도착한 직후에 즉시 가격이 싸고, 눈에 잘 띄며, 언어에 의존하지 않고, 미국문화와 멕시코문화를 모두 상징하는 그런 제품(예: 식품, 의류, 전화기)을 구입한다. 대부분의 이민자는 자동차(보통 중고차)를 사려고 애쓰는데, 이는 일반적으로 멕시코에서 타고 다니기 힘든 일종의 지위상징물(status symbol)에 해당된다. 때로는 육류, 흰 빵, 달콤한 시리얼, 카페인이 든 제품을 비롯한 몇몇 제품에 대한 욕구가 다른 민족집단에 비해 더 강하다.[44]

그러나, 히스패닉계 미국인 중에는 미국문화에 동화되는 것을 거부하고, 자기민족의 민족일체감을 유지하려고 노력하는 사람들도 있다.[45] 예컨대, 히스패닉계 미국인 중에서 냉동포장식품을 아주 싫어하는 사람들은 멕시코에서 만든 식품, 세면비누, 세제,

---

40 Cynthia Webster, "The Effects of Hispanic Subcultural Identification on Information Search Behavior," *Journal of Advertising Research*, September-October 1992, pp. 54-62.

41 Naveen Donthu and Joseph Cherian, "Hispanic Coupon Usage: The Impact of Strong and Weak Ethnic Identification," *Psychology and Marketing*, November-December 1992, pp. 501-510.

42 Douglas M. Stayman and Rohit Deshpande, "Situational Ethnicity and Consumer Behavior," *Journal of Consumer Research*, December 1989, pp. 361-371.

43 Penaloza(1994), *op. cit*

44 Melanie Wallendorf and Michael D. Reilly, "Ethnic Migration, Assimilation, and Consumption," *Journal of Consumer Research*, December 1983, pp. 292-302.

45 Penaloza(1994), *op. cit.*

카세트테이프를 잘 구입하는 경향이 있다.

(3) 히스패닉계 미국인을 겨냥한 마케팅액션

히스패닉계 미국인의 규모, 성장률 및 특성을 분석하면, 기업은 다양한 측면에서 유익한 마케팅시사점을 얻을 수 있다.

가. 제품개발

히스패닉계 미국인은 다소 독특한 욕구와 선호도를 갖고 있기 때문에 여러 기업들이 그들을 위해 특별한 제품과 서비스를 개발하려고 노력해 왔는데, 다음은 이런 사실을 보여주는 몇 가지 사례이다.

첫째, 제이씨 페니(JC Penney)사는 히스패닉계 소비자의 거무튀튀한 피부색에 보다 잘 어울리도록 만들기 위해 밝은 원색의 옷감을 사용한 의류를 만들었다.

둘째, 레블롱(Revlon), 메이블린(Maybelline), 커버걸(Cover Girl), 에스떼로더(Estee Lauder), 로레알(L'Oreal)과 같은 유명 화장품회사들은 특별히 거무튀튀한 피부색을 가진 사람들을 위한 화장품을 만들어 시장에 내 놓았다.

셋째, 제너럴밀즈(General Mills)는 최근 히스패닉계 소비자를 위한 시리얼로 부누엘리토스(Bunuelitos)를 개발해서 출시하였다.

넷째, 맥도날드는 1862년 5월 5일 멕시코가 프랑스와의 전쟁에서 승리한 것을 기념하는 멕시코국경일('Cinco de Mayo')을 축하하기 위해 닭고기 파지타스(fajitas)를 메뉴에 새로 추가하였다.

나. 매체선정

히스패닉계 미국인은 도시지역에 집중적으로 거주하고 있으며, 공통언어를 갖고 있기 때문에 TV, 라디오, 인쇄매체, 옥외광고판 등을 포함한 스페인어를 사용하는 매체를 이용함으로써 쉽게 접근할 수 있다. 히스패닉계 미국인은 이런 매체를 많이 이용하기 때문에, 이런 매체들의 광고매출액이 미증유의 높은 신장세를 기록하고 있다.[46]

히스패닉 가정에 대한 침투율이 가장 높은 매체는 라디오이지만, 히스패닉계 미국인의 TV시청시간은 미국전체 평균보다 26%나 더 많다.[47] 그러나 미국전체 시청자들 중에서 히스패닉계 미국인이 차지하는 비중은 얼마 되지 않기 때문에, 그들에게 도달하는 매체로서의 TV광고는 비효율적이라고 말할 수 있다. 더구나 TV를 시청하는 히스

46 Thomas C. O'Guinn and Thomas P. Meyer, "Segmenting the Hispanic Market: The Use of Spanish Language Radio," *Journal of Advertising Research*, December 1981, pp. 9-16.

47 Cyndee Miller, "Advertising in Hispanic Media Rises Sharply," *Marketing News*, January 19, 1993, p. 9.

패닉계 미국인의 취향은 일반적인 미국인의 취향과 차이가 있다.[48] 예컨대, 히스패닉계 미국인은 다른 미국인보다 폭스(Fox) 네트워크방송을 더 많이 시청한다.

스페인어판 신문의 수는 증가세에 있으며, 뉴욕타임즈(New York Times)를 포함한 많은 전통적인 신문들이 히스패닉계를 위한 특별판을 발행하고 있다. 그래서, 현재 Nielson, MRI, Simmons를 비롯한 많은 광고조사회사들은 히스패닉계의 매체사용패턴을 면밀하게 모니터하고 있다.

다. 광고제작

대개 히스패닉계 미국인을 겨냥해서 집행되는 광고예산은 총광고예산의 1~2%에 불과하지만, 가까운 장래에 이 비율은 급증할 것으로 예상된다.[49] P&G, Polaroid, Chrysler와 같은 대기업들은 이미 히스패닉계 미국인을 겨냥한 광고예산을 증액한 바 있는데, 이런 광고가 특별히 중요한 이유는 히스패닉계 미국인은 전국적으로 광고되는 유명상표를 잘 구매하는 경향이 있기 때문이다.

히스패닉계 미국인의 기본적 특성과 소비패턴을 잘 분석해 보면, 기업이 광고를 개발하는 데 필요한 지침을 얻을 수 있다. 다음은 이런 원리를 확인해 주는 몇 가지 연구결과이다.

첫째, 광고테스트에 따르면, 가족을 강조하는 광고메시지가 히스패닉계 미국인으로부터 호평을 받았다.

둘째, JC Penney사는 가족행사, 공휴일, 축제의 중요성을 강조함으로써 히스패닉계 미국인을 겨냥한 광고에서 성공하였다.

셋째, 대부분의 일반 소비자들에게는 일상적인 생일파티를 하는 것처럼 보이는 맥도널드의 어떤 광고는 히스패닉계 미국인에게 특별한 소구력이 있었다. 그 이유는 히스패닉계 미국인이라면 그것이 여자아이의 15세 생일을 축하하는 행사(quinceanera)라는 것을 쉽게 알 수 있기 때문이었다.

넷째, 광고에서 히스패닉계 미국인을 다채롭고, 명랑하며, 활기찬 인물로 묘사하거나 배경음악으로 인기 있는 테자노(Tejano) 음악을 사용하면, 히스패닉계 미국인의 긍정적인 반응을 얻어낼 수 있다.

그리고 기업은 같은 히스패닉계 미국인이더라도 그 세분시장 간의 미세한 차이를 반영하는 광고를 제작하는 방법을 모색할 수 있다. 그 좋은 예로는 '코크와 당신이 가

48 Jeff Jensen, "Hispanics: 'Simpsons' No. 1," *Advertising Age*, September 13, 1993, p. 14.

49 Jim Cooper, "Advertisers Rush into Growing Market," *Broadcasting and Cable*, November 15, 1993, p. 46.

장 좋아하는 음식'을 주제로 한 코카콜라사의 광고를 들 수 있다. 이 광고에서는 같은 히스패닉계 미국인이라도 멕시코계 미국인을 겨냥하는 경우에는 타코(taco), 쿠바계 미국인을 겨냥하는 경우에는 돼지 허리고기, 그리고 푸에르토리코계 미국인을 겨냥하는 경우에는 닭고기와 쌀밥이 코카콜라와 함께 놓여 있는 장면을 보여주었다.

히스패닉계 미국인은 광고에서 그들의 언어를 구사하는 사람을 광고모델로 내세우면 호의적인 반응을 보인다. 이런 사람은 더 믿을 만한 사람으로 지각되기 때문에, 광고되는 상표에 대해서도 더 긍정적인 태도가 형성된다.[50] 이런 접근법은 그 집단이 소수민족이어서 민족성이 현저하게 부각되는 경우에 가장 효과적이다.

광고에서 민족적 색채를 표현하는 수준을 말하는 민족표현도(ethnic representation)를 결정할 때 총인구에 대비해서 각 민족집단이 차지하는 크기에 비례하도록 하는 방법을 쓰기도 하는데, 이런 비례기준법(proportionality criterion)은 광고에서 서로 다른 민족구성원을 몇 명이나 포함시켜야 할 것인지를 결정하는 데 유용하다.[51]

히스패닉인계 미국인은 제품이나 서비스의 목적, 편익, 또는 용도를 명확히 밝혀주는 것을 좋아하기 때문에 이미지지향적인 광고를 싫어하는 경향이 있다.[52] 또한 그들은 시각적인 요소와 카피를 자구적으로 해석하는 경향이 있다. 이런 점들을 고려할 때, 특히 최근에 이민을 왔기에 고국에서는 사용할 수 없었던 각종 제품의 사용방법을 배워야만 하는 히스패닉계 미국인을 대상으로 하는 광고에서는 가급적이면 직설적이고 명확한 광고메시지를 사용할 필요가 있다.

하지만, 이런 광고를 제작한다는 것이 단순히 광고메시지를 스페인어로 자구적인 번역을 하는 것을 의미하는 것은 아니다. 광고메시지를 번역하는 과정에서 발생했던 몇 가지 큰 실수를 소개하면 다음과 같다.[53]

첫째, 쿠어스 라이트(Coor's Light) 맥주는 '오늘밤 터놓고 말하자(Turn It Loose Tonight)'라는 광고캠페인을 자구적으로 스페인어로 번역했는데, 남서부 지방의 히스패닉인들은 그렇게 번역된 말을 '오늘밤 달려보자(Have the Runs Tonight)'라는 전혀 다른 의미로 해석하였다.

둘째, 부리토(burrito)라는 멕시코 요리는 뜻하지 않게 '부라다(burrada)'로 불리게 되

50 Rohit Deshpande and Douglas M. Stayman, "A Tale of Two Cities: Distinctiveness Theory and Advertising Effectiveness," *Journal of Marketing Research*, February 1994, pp. 57-64.

51 Robert E. Wilkes and Humberto Valencia, "Hispanics and Blacks in Television Commercials," *Journal of Advertising*, March 1989, pp. 19-25.

52 Ibid.

53 Joe Schwartz, "Hispanic Opportunities," *American Demographics*, May 1987, pp. 56-59.

었는데, 이는 '아주 큰 실수'를 의미한다.

셋째, 퍼듀치킨(Perdue chicken)의 '거친 남자로 하여금 부드러운 치킨을 만들게 한다(It takes a tough man to make a tender chicken)'라는 슬로건은 '성적으로 흥분된 남자가 아가씨를 사랑스럽게 만든다(It takes a sexually excited man to make a chick affectionate)'라고 잘못 번역되었다.

넷째, 비초스(bichos)라는 단어는 멕시코인에게는 '벌레(bugs)'를 의미하지만, 푸에르토리코인에게는 '남성의 은밀한 부위'를 의미한다. 따라서, 'Kill all bichos!'라고 표현한 어떤 살충제의 광고는 푸에르토리코인을 어리둥절하게 만든다.

기업이 히스패닉계 미국인을 겨냥한 광고를 만들 때는 적응이론(accommodation theory)을 적용할 수 있다. 적응이론은 광고원천(source)이 어떤 집단과 커뮤니케이션하는 것에 많은 노력[54]을 투입하면 할수록, 그 집단의 호응은 더욱 커지고 그들의 감정도 더욱 긍정적이 될 것이라고 주장한다. 적응이론의 주장처럼, 스페인어로 광고를 하면 기업이 히스패닉계 미국인에 대한 감수성과 연대감을 갖고 있다고 생각하게 만들기 때문에, 히스패닉계 미국인들은 그렇게 광고되는 상표와 기업에 대해 긍정적인 감정을 갖게 된다.[55]

그러나, 오직 스페인어로만 된 메시지를 사용하면, 광고에 대한 부정적인 지각이 초래될 수도 있다. 그 이유는 이런 메시지가 히스패닉인들은 스페인어밖에 모른다는 것을 암시함으로써 언어적 불안감(language insecurity)을 야기하기 때문이다. 히스패닉계 미국인 중의 상당수가 영어와 스페인어를 모두 구사하고 미국문화에 동화된 수준이 높기 때문에, 히스패닉계 미국인을 겨냥하는 많은 광고가 영어로 제작되고 있는 것은 사실이다. 하지만, 최선의 전략은 영어와 스페인어를 적절히 섞어서 사용하는 것이다.

라. 판매촉진

사은품(premiums), 샘플제공(sampling), 추첨(sweepstakes), 가격할인(price deal)을 비롯한 각종 판촉방법의 사용도 증가세에 있다. 히스패닉계 미국인은 쿠폰을 잘 사용하지 않는 편인데, 그 이유는 모국에서 쿠폰을 거의 찾아볼 수 없고, 또한 최근에 이민 온 사람들은 쿠폰의 용도를 제대로 이해하지 못하기 때문이다.[56]

---

54 이런 노력의 예로는 역할모델(role model)을 사용하거나 해당집단의 모국어를 사용하는 것을 들 수 있다.

55 Scott Koslow, Prem N. Shamdasani, and Ellen E. Touchstone, "Exploring Language Effects in Ethnic Advertising: A Sociolinguistic Perspective," *Journal of Consumer Research*, March 1994, pp. 575-585.

56 쿠폰이 구호대상자용 식권(food stamps)처럼 인식되어 다소 부정적인 이미지를 가질 수 있다.

따라서, 히스패닉계 미국인의 문화적 동화수준이 증가하면서 쿠폰의 사용도 더불어 늘어나는 경향이 있다. 예컨대, 히스패닉계 미국인은 점포내 샘플제공(in-store sampling), 소액할인쿠폰(cents-off coupon), 무료상품 교환권 등을 제공하는 상품을 점점 더 많이 구매하고 있다. 히스패닉계 미국인을 겨냥한 판촉성공사례로는 쿠폰과 자동차, 여행 등의 추첨권을 결합한 페스티발 라티노(Festival Latino)사의 판촉사례를 들 수 있다.

마. 유 통

기업은 히스패닉계 미국인의 기본적 특성에 맞게 제품과 서비스의 유통방식을 적절히 수정하는 방안을 모색할 수 있는데, 다음은 그 몇 가지 예이다.

첫째, 미국 남서부지역의 한 슈퍼마켓 체인은 히스패닉계의 식품을 비롯한 각종 상품들을 폭넓게 취급하는 히스패닉계 상점으로 전면적인 전환을 꾀하였다.

둘째, 미국 남부 플로리다에 있는 히스패닉계 소유의 식품체인점인 바라데로(Varadero) 슈퍼마켓은 히스패닉계 소비자와 비히스패닉계 소비자 모두를 겨냥해서 대성공을 거두었는데, 그 중에서 가장 인기가 있는 품목은 애초부터 취급한 빵 종류였다.

셋째, 미국 애리조나주의 턱슨(Tucson)에 있는 한 쇼핑몰은 스페인어를 사용하는 매체에 광고를 하고, 히스패닉계의 공휴일(예: Cinco de Mayo)에는 마리아치(mariachi) 음악을 라이브 연주함으로써 히스패닉계 소비자를 끌어들이고 있다.

넷째, 미국 텍사스에 있는 미니어드 푸드(Minyard Foods) 소매점은 상점을 축제 분위기의 밝은 색채로 장식하고, 멕시코의 음식, 세제, 소다수 및 건강미용 보조상품을 구비해두고 있다.

2) 아프리카계 미국인

아프리카계 미국인(African-Americans)은 미국에서 규모가 크고 중요한 부분을 차지하고 있다. 여기서는 아프리카계 미국인의 기본적인 특성과 소비패턴을 살펴보고 나서, 기업이 아프리카계 미국인을 겨냥한 마케팅활동을 수행할 때 고려해야 할 지침을 간략히 설명하기로 한다.

(1) 아프리카계 미국인의 기본적 특성

미국에는 3,100만 명(총인구의 약 12%)이 넘는 아프리카계 미국인이 살고 있는데,[57]

Carol J. Kaufman, "Coupon Use in Ethnic Markets: Implications from a Retail Perspective," *Journal of Consumer Marketing*, Winter 1991, pp. 41–51.

57 "Black Consumers," *American Demographics*, Winter 1993, p. 4.

2008년에는 약 4,000만 명이 될 것으로 전망된다.[58] 아프리카계 미국인은 소득, 학력, 직업, 출신지역이 다양한 하위집단으로 구성되어 있다. 연봉이 5만 달러가 넘는 흑인 가족과 연봉 5천 달러 미만의 소득을 가진 흑인가족의 비율이 계속 증가하고 있고, 사무직에 종사하는 흑인의 비율이 급속도로 증가하고 있다.

흑인 하위문화의 다른 중요한 측면으로는 ① 도시지역(특히, 미국의 15대 도시지역)에 거주하는 비율이 높고, ② 평균연령이 낮으며(미국전체 평균연령이 34세인데, 아프리카계 미국인의 평균연령은 28세), ③ 편모가족의 수가 많고(미국전체로는 20%인데, 아프리카계 미국인의 경우에는 58%), ④ 평균소득이 낮으며(미국전체 평균소득이 40,000 달러인데, 아프리카계 미국인의 평균소득은 34,000 달러), ⑤ 예전에 비해서는 많은 흑인들이 대학에 다니고 있지만 전제적으로는 학력이 낮다는 것을 들 수 있다.[59]

또한, 아프리카계 미국인은 개인으로 활동하는 것보다는 집단에 소속되어 다른 사람과 함께 일하는 것을 좋아한다. 종교단체, 특히 기독교 원리주의자(fundamentalist Protestant) 단체가 일상생활을 하는 데 대단히 중요해서, 도덕성과 존경심을 소중하게 생각한다. 정치적 성향을 보면, 공화당에 투표를 하는 흑인의 비율이 조금씩 증가하고 있지만, 대체로 흑인은 민주당과 더 많은 관련성이 높은 것으로 보인다.

아프리카계 미국인과 영국계 미국인 사이의 차이점은 그렇게 크지 않기 때문에, 인종보다는 소득, 사회계층, 도시화의 영향에서 그 차이의 원인을 찾아야 한다고 주장하는 사람들이 있다.[60] 더구나, 음악, 예술, 체육을 비롯해서 흑인문화의 여러 측면이 미국의 주류문화(mainstream culture)에 많은 영향을 미쳐 왔기 때문에 흑인과 다른 민족 집단간의 차이가 많이 줄어들었다.

하지만, 아프리카계 미국인이 모든 면에서 미국의 일반소비자와 비슷할 것이라고 가정하는 것은 큰 오산이다. 아프리카계 미국인은 여러 이슈에 대해 상이한 시각을 가질 수 있다. 그들은 생활을 하고, 옷을 입고, 원하는 것을 바라보는 데 있어서 자유로워야 한다고 믿는 정도가 미국의 일반소비자보다 더 강하다.[61] 또한, 흑인들은 자신의 문화적 전통을 버리고 굳이 미국의 대중문화에 동화하려고 갈망하지는 않는다.[62] 즉,

58 Cyndee Miller, "Research on Black Consumers: Marketers with Much at Stake Step Up Their Efforts," *Marketing News*, September 13, 1993, pp. 1, 42.

59 Brigid Schulte, "Blacks Make Gains in Education, Lag in Income, Census Says," *Austin American Statesman*, February 23, 1995, p. A13.

60 William O'Hare, "Blacks and Whites: One Market or Two?," *American Demographics*, March 1987, pp. 44–48.

61 "Where Blacks, Whites Diverge," *Brandweek*, May 3, 1993, p. 22.

62 Howard Schlossberg, "Many Marketers Still Consider Blacks Dark-skinned Whites," *Marketing*

흑인들의 소득수준이 향상되면서 자신의 문화적 정체성(cultural identity)을 보존하려는 욕구가 강해지고 있다.

(2) 아프리카계 미국인의 소비패턴

아프리카계 미국인의 소비패턴에서 가장 중요한 점은 스타일, 자기이미지, 우아함을 중요시한다는 것이다. '우아한 모자, 능수능란한 말, 교묘한 걸음걸이, 부드러운 몸놀림' 바로 이런 스타일이 아프리카계 미국인 문화의 핵심이다.[63] 아프리카계 미국인의 소비패턴은 다른 사람의 시선을 끌려는 강한 욕망과 깊은 관계가 있기 때문에, 이들은 패션, 음악, 춤, 언어를 비롯한 각 분야에서 유행선도자(trendsetter)가 되곤 한다. 흑인들은 자신들이 좋아하는 패션을 개발해 왔으며, 미국의 일반소비자들, 특히 10대들이 그것을 모방하곤 했다.[64] 예컨대, 짧고 헐렁한 바지(floppy shorts)를 입는 요즘의 패션도 바로 흑인 젊은이들로부터 출발한 것이다.

전통적으로 흑인은 다른 소수민족에 비해 상표애호도가 높은 것으로 여겨졌으나, 최근에는 이런 믿음에 의문을 갖게 하는 조사결과가 나오고 있다. 즉, 한 조사에 따르면, 조사대상이 된 소수민족들 중에서 흑인여자의 상표애호도가 가장 낮은 것으로 밝혀졌다.[65] 흑인은 다른 소수민족보다 광고에 더 많은 주의를 기울이고, 유명상표를 구매하는 데 기꺼이 많은 돈을 지출하려고 하며, 경기 불황기에도 소비지출의 규모를 줄이기를 꺼린다.[66] 더구나, 흑인은 자신을 겨냥하는 제품이나 광고메시지에 대해 긍정적인 반응을 보이지만, 광고되지 않는 제품은 잘 믿지도 않고 잘 구매하지도 않는 경향이 있다.[67]

아프리카계 미국인은 약삭빠르고, 탐구적이며, 현명한 소비자로, 쇼핑하는 것을 즐기고, 미국의 다른 민족집단들보다 더 자주 물건을 구매한다.[68] 쇼핑하는 동안 판매원이나 제품 혹은 서비스에 대해 지식이 많은 사람에게 문의하는 경향이 많다. 하지만, 아프리카계 미국인은 강한 점포선호도를 내보이지 않는데, 그 이유는 대부분의 소매업

News, January 18, 1993, pp. 1, 13.

63 Rossman(1994), *op. cit.*, p. 140.

64 Debra Goldman, "Black Like Me," *Adweek*, August 24, 1992, p. 25.

65 Cyndee Miller, "Shopping Patterns Vary Widely Among Minorities," *Marketing News*, January 18, 1993, p. 11.

66 Rhonda Reynolds, "Courting Black Consumers," *Black Enterprise*, September 1993, p. 43.

67 Pepper Miller and Ronald Miller, "Trends Are Opportunities for Targeting African-Americans," *Marketing News*, January 20, 1992, p. 9.

68 Martha T. Moore, "Marketers Take Note of Blacks," *USA Today*, August 20, 1993, p. 3B.

자들이 특별히 그들에게 소구하려는 노력을 하지 않았기 때문이다.[69]

아프리카계 미국인은 구매하는 제품과 서비스에서 다른 민족집단들과 차이를 보인다. 흑인들은 비디오게임보다는 책을 사는 데 더 많은 돈을 지출한다. 또한, 흑인은 백인보다 술을 적게 마시는 편이지만, 습관적으로 술을 마시는 흑인은 평균보다 음주량이 더 많다.[70]

(3) 아프리카계 미국인을 겨냥한 마케팅액션

아프리카계 미국인의 총소득은 2,800억 달러가 넘는데, 이 중에서 600억 달러 정도가 소매점에서 지출되고 있다. 또한, 아프리카계의 미국인의 구매력이 급속히 증가하면서 기업들이 이들에게 더 많은 관심을 보임에 따라, 지난 10년간 흑인을 겨냥하는 광고금액은 4억 달러에서 8억 달러로 두 배 증가하였다.[71] 이런 아프리카계 미국인의 규모, 성장률 및 특성을 잘 분석하면, 기업은 다양한 측면에서 유익한 마케팅시사점을 얻을 수 있다.

가. 제품개발

우선, 흑인소비자를 위해 특별한 제품을 개발하는 기업들이 늘어나고 있는데, 다음은 각 소비재산업에서 나타나고 있는 몇 가지 사례이다.

첫째, 레블롱(Revlon), 메이블린(Maybelline), 에스떼로더(Estee Lauder)를 비롯한 유명 화장품회사들은 검은 피부에 특별히 잘 맞는 화장품을 개발해 왔다.

둘째, Mana Products사는 흑인 피부과의사가 개발한 'Black Opal'이라는 피부관리용 제품들을 시판하고 있는데, 이와 유사한 제품으로는 'African Pride'가 있다.

셋째, Pro-Style Neutra Foam Shampoo는 흑인의 머릿결을 중화시키고 조절하기 위해 특별히 제조된 샴푸제품이다.

넷째, 의류제조업자들은 흑인여자의 체형이 다른 민족과 다르다는 것을 인식해서 흑인여자의 몸매를 더 돋보이게 만드는 옷을 디자인하고 있다.

다섯째, 요즈음에는 아프리카계통의 특정한 옷감(예: African kente)을 이용한 화려한 스타일이 대중적인 인기를 얻고 있다.

여섯째, KFC는 흑인소비자를 겨냥해서 메뉴에 팥, 쌀밥, 야채 등을 새로 추가하였다.

---

69 Christy Fisher, "Retailers Target Ethnic Consumers," *Advertising Age*, September 30, 1991, p. 50.

70 Eugene Morris, "The Difference in Black and White," *American Demographics*, January 1993, pp. 44-49.

71 Moore(1993), *op. cit.*

일곱째, 마텔(Mattel), 하스브로(Hasbro), 타이코(Tyco)를 비롯한 여러 장난감 제조업체들은 아프리카계 미국인을 겨냥한 인형들을 새로 개발하였다. 예컨대, 'Shani'라는 이름을 붙인 마텔사의 여자인형은 밝은 색, 중간 색, 검은 색의 세 종류가 있고, 'Jamal'이라는 이름의 남자친구도 있다.

여덟째, 홀마크(Hallmark)사는 흑인의 취향에 잘 맞는 적갈색 계통의 축하엽서를 제작하였다.

나. 매체선정

1993년 7월 맥도널드사는 패스트푸드업계에서 최초로 아프리카계 미국인을 겨냥한 30분짜리 인포머셜을 방영하였다. 그동안 폴라로이드(Polaroid), 크라이슬러(Chrysler), P&G, 메이블린(Maybelline)을 비롯한 각종 소비재산업의 주요기업들과 심지어 미국 메이저리그 야구팀들도 아프리카계 미국인을 겨냥하는 광고예산을 더욱 증액시켜 왔다. 다음은 아프리카계 미국인을 겨냥하는 기업이 광고매체를 선정할 때 참고할 수 있는 몇 가지 사례이다.

첫째, Ebony, Essence, Jet 등과 같은 흑인을 대상으로 하는 잡지에 광고를 게재하면, 흑인소비자에게 성공적으로 도달할 수 있다.

둘째, BET과 같은 아프리카계 미국인의 TV 네트워크와 광고매체로서 좋은 민족중심의 프로그램이 몇 개 있다.

셋째, 'Here and Now,' 'Hangin' with Mr. Cooper,' 'Martin'은 흑인시청자에게 줄곧 높은 인기를 누린 쇼프로그램이었다.

넷째, 흑인을 겨냥하는 라디오 방송국들은 오랫동안 하나의 문화적 생명선(cultural lifeline)이면서 동시에 효율적인 광고매체가 되어 왔다.

기업은 일반적인 매체를 이용하여 흑인소비자에게 도달할 수도 있지만, 흑인의 특수한 매체습관에 대한 세심한 주의가 필요하다. 대중잡지 구독자 중에서 아프리카계 미국인이 차지하는 비율은 10~12%에 불과하다. 또한, 아프리카계 미국인은 TV를 시청하는 시간이 적을 뿐만 아니라 다른 민족과 상이한 프로그램을 즐겨 시청한다.

다. 광고제작

미국뿐만 아니라 캐나다나 영국에서도 오랫동안 흑인은 광고의 대상으로서 그저 무시되거나 최소한의 주의만 받는 그런 존재였다. 한 조사에 따르면, 절반 이상의 소비자들(그중의 94%가 백인)이 광고에 흑인이 충분히 반영되지 않고 있다고 생각한다.[72] 또

72 Adrienne Ward, "What Roles Do Ads Play in Racial Tension?," *Advertising Age*, August 10, 1992, pp. 1, 35.

다른 조사에 의하면, 대부분의 광고가 '백인을 위해 제작된' 것으로 생각되기 때문에 흑인의 60%가 광고에서 소외감을 느끼고 있다.[73]

더구나 광고에서 자신들이 묘사되고 있는 방식에 대해 분개하고 있는 흑인들이 많은데, 이런 부정적인 감정은 광고되는 제품이나 서비스에 대한 부정적인 태도로 이어질 수 있다.[74] 그리고 소비자의 46%가 광고에서 흑인이 올바로 묘사되고 않고 있으며, 그저 하찮은 배역이나 맡는 정도라고 믿고 있다.[75]

하지만, 이런 상황은 다소 바뀌기 시작하고 있는데, 한 가지 중요한 변화는 아프리카계 미국인으로서 광고에 출연하는 대변인과 광고모델의 수가 증가하고 있다는 것이다. 다음은 이를 반증하는 몇 가지 예이다.

첫째, 화장품 광고모델의 경우 전통적으로 하얀 피부와 푸른 눈을 가진 금발 머리의 백인모델이 지배하고 있었지만, 최근에는 흑인모델이 광고에 점차 많이 등장하고 있다.

둘째, P&G사는 자사의 확장된 커버걸(Cover Girl) 제품계열을 광고하는 데에 흑인 슈퍼모델 Lana Ogilve를 내세우고 있다.

셋째, 나이키(Nike)사는 마이클 조던(Michael Jordan), 찰스 바클리(Charles Barkley)와 같은 스포츠스타를 내세운 광고나 서민생활을 보여주는 광고(street-wise ad)를 통해서 흑인 청소년에게 소구하는 데 성공하였다.

넷째, Federal Express사는 흑인 여사장이 죽기살기로 덤비는 상대방 백인남자를 물리치는 장면을 보여주는 광고를 하였다.

다섯째, 인기 있는 흑인 랩(rap) 스타도 맥주를 비롯한 여러 광고에 등장해 왔다.

그러나, 광고에 등장하는 흑인모델(특히, 흑인여자)은 검은 피부를 가진 일반적인 흑인보다는 더 밝은 색의 피부를 가진 경향이 있다.[76] 따라서, 광고에서 흑인소비자를 묘사하는 데 있어서는 아직 개선의 여지가 많다고 하겠다. 이런 시각에서 흑인을 겨냥하는 광고의 유효성을 높이기 위한 권고사항을 몇 가지 제시할 수 있다.

첫째, 백인을 겨냥하는 광고전략에 흑인을 단순히 대입하는 식으로 광고해서는 곤

73 Reynolds(1993), *op. cit.*

74 Russell H. Weigl, James W. Loomis, and Matthew J. Soja, "Race Relations on Prime-Time Television," *Journal of Personality and Social Psychology*, November 1980, pp. 884-893.

75 Thomas H. Stevenson, "How Are Blacks Portrayed in Business Ads?," *Industrial Marketing Management*, August 1991, pp. 193-199.

76 J. Clinton Brown, "Which Black Is Beautiful?," *Advertising Age*, February 1, 1993, p. 19.

란하고,[77] 흑인 특유의 가치와 기대가 광고메시지의 작성에 고려되어야 한다.[78] 예컨대, 은행이나 금융기관의 광고를 제작할 경우에는 '존경의 메시지(a message of respect)'를 전하는 광고를 하라고 권장되어 왔다. 또한, 흑인은 철저하고 영리한 소비자라는 사실을 감안한다면, 흑인을 겨냥하는 광고는 제품과 서비스의 구체적인 세부내역을 제시해야 하고, 그들의 실생활을 적절히 묘사하도록 해야 한다. 그리고 기업은 흑인들이 자사의 제품과 서비스를 구매하도록 친히 초대하고, 그들의 눈에 관련성이 있고, 현실적이며, 긍정적으로 보이는 광고를 제작하도록 해야 한다.[79]

둘째, 흑인을 겨냥한 광고를 제작하는 기업은 흑인이 백인과 다르다는 인상을 주지 않도록 주의해야 한다. 메이블린(Maybelline)의 조사에 따르면, 흑인여자는 자신들이 다른 여자들과 상이한 방식으로 묘사되는 것을 싫어하고 다른 여자들처럼 취급해주길 원하며, 강하고 현대적이며 자신감 넘치는 여자로 비춰지기를 원한다.[80] 캐딜락(Cadillac)은 흑인을 겨냥한 광고를 할 때는 그저 명목상 인종차별의 폐지(tokenism)를 외친다는 인상을 주어서는 안 된다는 소중한 교훈을 얻은 기업 중의 하나이다.[81]

단순히 흑인모델을 사용한다고 해서 흑인을 겨냥하는 광고가 성공하는 것은 아니고, 성공의 열쇠는 광고의 메시지와 주제가 어떻게 묘사되느냐에 달려 있다. 예를들면, 캘빈 클라인(Calvin Klein)의 속옷 광고에서 백인 랩싱어(rap singer)인 마키 마크(Marky Mark)는 흑인에게 소구력이 컸는데, 그 이유는 바로 그가 '젊음과 분노(youth and anger)'를 잘 대변하는 인물이었기 때문이다. 그러나, 도시지역에 사는 흑인 10대들은 광고에 대해 의심이 많고 그들이 신뢰하는 역할모델이 거의 없기 때문에, 기업이 공략하기가 특별히 어려운 소비자집단이다.[82]

셋째, 기업은 흑인모델이 자사의 표적소비자에게 미치는 효과에 대해서도 주의를 기울여야 한다. 한 조사에 의하면, 흑인모델이 광고에 등장하면 백인은 광고되는 제품에 대해 덜 호의적인 태도를 갖게 되고, 따라서 그 제품을 구매할 가능성도 낮아진

77 Schlossberg(1993), *op. cit.*

78 William J. Qualls and David J. Moore, "Stereotyping Effects on Consumers' Evaluation of Advertising: Impact of Racial Diference Between Actors and Viewers," *Psychology and Marketing*, Summer 1990, pp. 135-151.

79 Morris(1993), *op. cit.*

80 Ann Cooper, "Cosmetics: Changing Looks for Changing Attitudes," *Adweek*, February 22, 1993, pp. 30-36.

81 Eric Hollreiser, "Caddy Tweaks Ad Mix to Woo Blacks," *Brandweek*, November 21, 1994, p. 10.

82 Dan Fost, "Reaching the Hip-Hop Generation," *American Demographics*, May 1993, p. 15.

다.[83] 이런 현상은 백인이 소수민족에 대해 편견을 갖고 있을 경우에 더 두드러지게 나타난다. 그러나, 백인이라도 젊은 소비자는 소수민족 출신의 광고모델을 더 잘 받아들이기 때문에, 이런 현상은 시간이 지나면서 줄어들 것으로 예상된다.[84]

넷째, 기업은 흑인을 겨냥하는 광고와 관련해서 논쟁의 여지가 있는 윤리적인 문제가 발생할 수 있다는 사실에 주의해야 한다. 그런 예로는 불공정한 메시지의 문제나 차별대우의 문제를 들 수 있다.

라. 판매촉진

흑인소비자는 점포내 샘플제공, 소액할인쿠폰, 한 개의 값으로 두 개를 주는 방식(buy one, get one free offers)과 같은 각종 판촉수단에 대해 긍정적인 반응을 보인다.[85] 다음은 특별히 흑인소비자를 겨냥한 판촉활동에서 성공을 거둔 두 가지 예이다.

첫째, 미국 프로야구 메이저리그 본부는 흑인이 전체 입장권구매자에서 차지하는 비중이 불과 5%밖에 되지 않았기 때문에 흑인들이 메이저리그에 대해 부정적인 인식을 갖고 있는 것은 아닌지 우려되었다. 이에 따라, 메이저리그 본부는 흑인에게 소구할 목적으로 시내야구 리그전(inner-city baseball leagues)과 같은 특별이벤트를 후원하고 무료입장권과 같은 특별 판촉수단을 제공해서 상당한 효과를 보았다.

둘째, 퀘이커 오츠(Quaker Oats)는 흑인소비자, 특히 경쟁사들이 간과하고 있는 시내 점포의 흑인소비자를 겨냥한 판촉전략을 개발하기 위해 흑인소유의 대행사를 고용하였다. 이 회사가 성공한 판촉수단의 한 가지 예로는 7,000여 곳의 흑인교회에 참석한 흑인소비자에게 제품샘플을 배포한 것을 들 수 있다.

마. 유 통

기업은 흑인소비자에게 소구하도록 유통방법을 조정하는 방안을 모색할 수 있는데, 다음은 그 몇 가지 예이다.

첫째, KFC는 흑인이 밀집한 지역에 있는 점포에서는 종업원들에게 켄테(kente) 타이즈와 조끼, 쿠푸(kufu) 모자와 같은 전통적인 흑인복장을 입고, 흑인이 좋아하는 빠른 템포의 음악을 들려주도록 지시하였다.

둘째, 인근에 흑인이 많이 사는 미국 애틀랜터주의 한 쇼핑몰은 점포 자체를 아예 '아프리카풍의 소매센터(Afrocentric retail center)'로 재단장하였다.

---

83 Tommy E. Whittler and Joan DiMeo, "Viewers' Reactions to Racial Cues in Advertising Stimuli," *Journal of Advertising Research*, December 1991, pp. 37-46.

84 Tommy E. Whittler, "Viewers' Processing of Source and Message Cues in Advertising Stimuli," *Psychology and Marketing*, July/August 1989, pp. 287-309.

85 Fisher(1993), *op. cit.*

셋째, JC Penney사는 인구의 20% 이상이 흑인인 지역에서 아프리카에서 직수입한 의류, 핸드백, 모자, 액세서리를 판매하는 소위 '오센틱 아프리칸 부티크(Authentic African Boutiques)'를 개발하였다.

대부분의 흑인소비자는 점포선호도가 별로 강한 편이 아니기 때문에, 많은 소매업자들은 민족전문가(ethnic specialists)를 고용해서 특별한 상품구색을 갖추고 이에 걸맞는 광고를 제작하기 위해 노력하고 있다.[86] 예를 들면, 케이마트(Kmart)는 소수민족이 소유하는 광고대행사를 이용해서 자사의 표적집단을 겨냥한 광고를 개발하고 있다.

3) 아시아계 미국인

아시아계 미국인(Asian Americans)은 미국의 소수민족 중에서 규모로는 세 번째이지만 가장 빠른 속도로 증가하고 있는 민족이다. 지난 10년 동안 아시아계 미국인의 수는 배로 증가했고, 2000년에는 1,000만 명에 달할 것으로 전망되는데, 그 증가율은 미국 전체 평균의 6배에 해당된다.[87] 이들이 가장 많이 사는 지역은 샌프란시스코와 로스앤젤레스를 중심으로 한 캘리포니아와 하와이인데, 특히 하와이에서는 아시아계 후손이 총인구의 65%를 차지한다. 미국의 다른 지역에서도 아시아계 미국인은 높은 성장률을 보이고 있는데, 예컨대 뉴햄프셔 지역에서는 아시아계 미국인의 인구증가율이 무려 200%를 상회하고 있다.

(1) 아시아계 미국인의 기본적 특성

아시아계 미국인은 인도에서부터 태평양 연안국가에 이르기까지 각각 고유한 원칙과 관습을 가진 29개국의 민족으로 구성되기 때문에, 히스패니계 미국인과 아프리카계 미국인보다 훨씬 더 다양성이 높다. 그중에서 규모가 큰 6대 아시아계 민족은 필리핀, 중국, 일본, 한국, 베트남, 인도 민족이다.[88] 이런 엄청난 다양성 때문에 아시아계 미국인의 특성을 획일적으로 규정한다는 것은 다소 위험한 일이지만, 그래도 몇 가지의 일반화는 가능하다.

많은 아시아계 미국인은 젊고, 다양한 소득원을 갖고 있어서 가처분소득이 높다. 이들의 34% 이상이 가구당 연소득이 75,000달러 이상이므로, 다른 소수민족보다

---

86 Fisher(1991), *op. cit.*

87 Kathy Seal, "Asian-American Market Explodes in Several States," *Hotel and Motel Management*, July 29, 1991, pp. 33-34.

88 James Smart, "Diverse Markets Mean Big Business for Banks," *Bank Marketing*, October 1992, pp. 23-27.

사회경제적인 지위가 높은 편이다. 또한 이들은 저축을 많이 하고 있고, 일반적인 미국인에 비해 학력이 높으며, 컴퓨터를 잘 다루고, 전문직과 관리직에 종사하는 비율이 높다.[89] 절반 이상이 차이나타운과 같은 민족특화지역이 아닌 통합된 교외지역(integrated suburb)에 거주하며, 이민 2세대나 3세대에서는 미국문화에 동화된 정도가 높다.

아시아 문화의 공통적인 특징 중의 하나는 가족, 전통, 협동을 매우 중요시한다는 것이다.[90] 따라서, 개인보다 집단이 우선시되는 경우가 많다. 자녀가 결혼하기 전까지는 부모와 함께 살게 되는데, 특히 중국계 미국인의 경우 이를 엄격히 지킨다. 아시아계 미국인의 자녀들이 미국문화에 상당히 동화되어 있는 것은 사실이지만, 그들의 전통적인 관습이나 언어를 중요시한다.[91] 그리고 한국인이나 중국인과 같은 유교 문화권에 속하는 민족들은 근로윤리의식이 매우 강하다.

(2) 아시아계 미국인의 소비패턴

아시아계 미국인은 다양성이 높지만, 그래도 몇 가지 유사한 소비패턴을 갖고 있다. 예를 들면, 아시아계 미국인은 쇼핑을 재미로 하는 경향이 있다.[92] 이들은 할인행사에 긍정적인 반응을 보이지만, 좋은 품질을 추구하기 때문에 그것을 위해 기꺼이 돈을 지불하려 하기도 한다.[93] 아시아계 미국인은 좋은 품질의 유명상표에 대해 강한 상표애호도를 갖고 있는 경우가 많아서 친구나 친지에게 그런 제품이나 서비스를 추천해 주곤 한다.[94] 따라서, 구전(word-of-mouth)이 매우 중요한 역할을 한다.

특히, 중국인은 컬러TV, 냉장고, 자동차, 카메라, VCR, 가구, 전화, 세탁기를 말하는 소위 '8대 주요품목(Eight Bigs)'을 소유하려는 열망이 강하고, 다른 민족에 비해 부동산이나 보석에 투자를 많이 하는 특징이 있다.[95]

---

89 Cyndee Miller, "Marketers Say Budgets Hinder Targeting of Asian-Americans," *Marketing News*, March 30, 1992, pp. 2, 15; Alice Z. Cuneo, "Companies Disoriented About Asians," *Advertising Age*, July 9, 1990, pp. S2, S8; Maria Shao, "Suddenly Asian-Americans Are a Marketer's Dream," *Businessweek*, June 17, 1991, pp. 54-55.

90 Jonathan Burton, "Advertising Targeting Asians," *Far Eastern Economic Review*, January 21, 1993, pp. 40-41.

91 Cuneo(1990), *op. cit.*

92 Dan Fost, "California's Asian Market," *American Demographics*, October 1990, pp. 34-37.

93 Chui Li, "The Asian Market for Personal Products," *Drug & Cosmetic Industry*, November 1992, pp. 32-36.

94 Easy Klein, "The Asian-American Market: Climb Aboard the Orient Express," *D&B Reports*, November-December 1990, pp. 38-40.

95 Rossman(1994), *op. cit.*

아시아계 미국인은 관계를 발전시켜 가는 것을 대단히 중요시한다.[96] 따라서, 기업의 입장에서는 장기간에 걸쳐 이들에게 관심을 보이고 이들을 존중해 주는 것이 필수적이다. 그리고 가족 소유의 기업과 좋은 서비스로 평판이 나 있는 기업을 매우 선호한다.

(3) 아시아계 미국인을 겨냥한 마케팅액션

아시아계 미국인은 연간 380억 달러를 지출할 만큼 상당한 경제력을 갖고 있고 그 숫자도 매우 빠른 속도로 증가하고 있기 때문에, 미국시장을 공략하려는 기업의 입장에서는 상당히 중요한 세분시장 중의 하나이다. 이런 아시아계 미국인의 규모, 성장률 및 특성을 잘 분석하면, 기업은 다양한 측면에서 유익한 마케팅시사점을 얻을 수 있다.

가. 제품개발

아시아계 미국인을 특별히 염두에 둔 제품의 공급이 계속해서 늘어나고 있는 추세인데, 다음은 이런 사실을 보여주는 몇 가지 예이다.

첫째, 메이시(Macy) 백화점은 체구가 작은 동양 여성을 위해 작은 사이즈의 의류를 대량으로 공급하고 있기 때문에, 캘리포니아 지역에 사는 아시아인들에게 높은 인기를 누리고 있다.

둘째, 화장품회사들은 아시아인의 피부색깔에 잘 맞는 색조 화장품을 개발하고 그 적절한 사용방법을 소비자에게 교육시키기 위해 적극 노력해 왔다.

셋째, 더 플레전트 컴퍼니(The Pleasant Company)는 특별히 아시아계 미국인을 겨냥한 인형을 개발해서 판매해 왔다.

하지만, 아시아계 미국인에 대한 이해의 부족으로 실패한 사례도 적지 않다. 예컨대, 어떤 회사는 통상적인 포장형태인 3개들이 골프공 대신 4개들이 골프공을 시장에 내 놓았다가 실패하였는데, 그 이유는 일본어나 중국어에서는 '4'가 죽음을 의미하는 단어와 발음이 비슷해 가급적 피하려는 숫자이기 때문이다.[97]

나. 매체선정

오랫동안 아시아계 미국인은 그 규모가 너무 작다고 생각되어졌기 때문에 광고의 표적으로서 무시되어 왔지만, 이제 기업들은 이들에게 도달하기 위해 점차 많은 노력을 하고 있다. 예를 들면, 샌프란시스코와 로스앤젤레스 두 곳에서 열리는 중국인의 신년 맞이 퍼레이드행사의 TV광고는 전년도 10월쯤에 모두 판매가 완료된다. 이 TV광

---

96 Rossman(1994), *op. cit.*

97 Rossman(1994), *op. cit.*

고의 광고주에는 맥도날드(McDonald), 마쯔다(Mazda), 뱅크 오브 아메리카(Bank of America), AT&T와 같은 다수의 유명회사들이 대거 포함되어 있다.

매우 다양한 민족으로 구성된 아시아계 미국인에게 도달하는 한 가지 방법은 그들의 모국어로 발행하는 신문인데, 몇몇 은행은 그런 신문을 이용해서 중국계 미국인에게 커뮤니케이션을 해 왔다.[98] 캘리포니아 지역에 있는 5,500여 개의 아시아 기업들이 이용하고 있는 '더 아시안 옐로 페이지(The Asian Yellow Pages)'도 유용한 매체이다. '니코(Niko)'라는 신간 잡지는 소득과 학력이 아시아계 미국인 여성들에게 인기를 모으고 있다. 아시아계 미국인은 TV시청률이 낮고 라디오나 TV 모두 그들의 모국어로 방송하는 프로그램이 별로 없기 때문에, 방송매체로 광고하는 것은 그리 효과적이지 못할 수 있다.[99] 하지만, 이들의 규모와 경제력이 커지면서 이런 상황은 바뀔 전망이다.

다. 광고제작

언어와 관습의 다양성은 기업이 아시아계 미국인을 겨냥하는 광고를 제작하는 데 방해요소로 작용한다. 그러나, 광고메시지를 영어로 제작할 경우라도 기업이 참고해야 할 것으로는 다음과 같은 몇 가지 사항을 들 수 있다.

첫째, 아시아계 미국인은 전통, 가족, 협동에 초점을 맞춘 광고메시지에 좋은 반응을 보인다. 그런 예로 MCI사는 가족과의 유대를 강조하는 광고로 성공한 바 있다.

둘째, 제품이나 서비스의 편익을 직설적으로 표현하는 인지중심적 광고를 하는 것이 좋다. 아시아계 미국인은 대개 개인의 감정을 공개적으로 표현하는 것은 바람직하지 않다고 생각하기 때문에, 지나친 감정을 유발하는 광고메시지는 이들에게 잘 수용되지 않는다.

셋째, 아시아계 미국인은 자기민족의 광고모델을 내세운 광고를 잘 수용하는 편이다. 인기 있는 광고대변인 중에는 켈로그(Kellogg)의 스페셜 K(Special K) 시리얼 광고에 나오는 올림픽 피겨스케이팅 금메달리스트인 크리스티 야마구치(Kristi Yamaguchi)와 리복(Reebok) 광고에 나오는 테니스스타 마이클 창(Michael Chang)이 있다. 이렇게 아시아계 광고모델을 내세우는 것은 그들이 소중한 고객이라는 것을 말해주는 셈이기 때문에, 이들의 상표애호도를 높일 수 있다.[100]

각 민족의 모국어를 사용함으로써 메시지의 유효성을 높일 수 있지만, 아시아계

---

98 "Banking on Asian-Americans", *Sales & Marketing Management*, September 1993, p. 88.

99 Cuneo(1990), *op. cit.*

100 Judy Cohen, "White Consumer Response to Asian Models in Advertising," *Journal of Consumer Marketing*, Spring 1992, pp. 1-2.

미국인은 다양한 언어를 사용하고 있기 때문에, 이는 그리 쉬운 일이 아닐 수 있다. 하지만, 어느 한 분야에서 대규모의 집중된 세분시장이 있다면, 당연히 이런 노력은 시도해 볼 가치가 있다. 예컨대, MCI사는 중국어와 한국어를 구사하는 운영보조요원과 800번 무료전화를 준비해서 아시아계 소비자를 끌어들이는 데 성공했다. 그러나, 영어로 된 메시지를 특정한 민족의 언어로 단순히 번역하는 것으로는 별로 좋은 효과를 볼 수 없다. 따라서, 최근에는 많은 기업들이 특정한 민족을 겨냥하는 광고를 제작할 때 해당민족이 운영하는 소규모 광고대행사를 이용하는 추세이다.[101]

라. 판매촉진

아시아계 미국인은 가격할인, 쿠폰, 이벤트후원 등 각종 판촉수단에 긍정적인 반응을 보인다.[102] 이런 맥락에서 코냑제품을 판매하는 레미 마틴(Remy Martin)은 뉴욕의 중국인사회에서 영향력이 있는 지도자를 위해 중국주요 명절 중의 하나인 Moon Festival Banquet 행사를 후원한 바 있다. 제품의 우수한 품질을 실제로 보여주고자 한다면, 샘플제공도 유용한 판촉수단이 될 수 있다.

마. 유 통

기업은 아시아계 미국인에게 소구할 수 있는 유통환경을 조성하는 방안을 모색할 수 있는데, 다음은 이런 노력을 보여주는 몇 가지 예이다.

첫째, 미국 샌프란시스코에 있는 더 유나이티드 세이빙스 뱅크(The United Savings Bank)는 각 지점의 내부장식에 특별히 아시아인에게 인기 있는 붉은 색과 금색을 사용하도록 했다.

둘째, 미국 시카고에 있는 피터슨 뱅크(Peterson Bank)는 직원이 한국어를 구사할 수 있고, 모든 서류가 영어와 한국어의 2개 국어로 표기되어 있는 특별 부서를 설치해 두고 있다.

셋째, 캐나다의 밴쿠버 인근에 있는 한 쇼핑몰은 고객의 80%를 차지하는 중국계 사람들을 위해 홍콩에서 수입한 의류, 중국어로 상영하는 영화관, 전통 중국약품을 취급하는 상점, 그리고 쿵푸시범이나 포크댄스와 같은 특별이벤트를 제공하고 있다.

3. 다문화마케팅

기업이 특정한 민족집단을 겨냥해서 적절한 마케팅활동을 전개하는 것을 민족마케

101 Burton(1993), *op. cit.*
102 Shao(1991), *op. cit.*

팅(ethnic marketing)이라고 한다. 그런데, 기업이 민족마케팅을 수행하기 위해서 반드시 완전한 시장세분화(complete segmentation)를 해야 하는 것은 아니다. 오히려, 두 마리의 토끼를 한꺼번에 잡는 식으로 여러 민족문화에 동시에 소구하는 마케팅방식이 점점 더 인기를 얻고 있는데, 이를 다문화마케팅(multicultural marketing)이라고 한다. 이 접근법은 기업의 장기적인 몰입(long-term commitment)이 필요하고 애초부터 한 개가 아닌 다양한 민족집단을 고려대상에 넣는다는 특성이 있다.[103]

요컨대, 다문화마케팅은 규모가 큰 주류시장을 위해 의도된 전략이 아니라 여러 민족집단에 동시에 소구할 수 있는 제품 혹은 서비스와 광고캠페인을 개발하는 것을 의미한다. 이런 다문화마케팅을 추구하는 예로는 다음 두 가지를 들 수 있다.[104]

첫째, 최근 면도기제조업체인 쉬크(Schick)의 TV광고에서는 면도용 거울 앞에서 아시아인, 백인, 흑인, 히스패닉인이 서로 섞여 있는 다양한 얼굴들을 보여 주는데, 이는 미국이 여러 개의 문화로 구성된 국가라는 것을 여실히 보여주는 광고이다.

둘째, 펩시콜라사는 모든 사람에게 자사의 강력한 단일 이미지를 조성하기 위해 기존의 민족담당 마케팅부서를 폐지한 바 있다.

4. 세계 속의 민족집단

미국처럼 다양한 민족으로 구성되어 있는 국가의 예는 그리 많지 않다. 하지만, 미국 이외에도 복수의 민족집단으로 구성된 국가를 찾아 볼 수 있는 것은 사실이다. 이런 다민족 국가의 모든 민족집단들을 일일이 논의하는 것은 이 책의 범위를 넘어서기 때문에, 여기서는 그 세 가지 예만 소개하기로 한다.

1) 캐나다의 민족집단

캐나다에서 불어권 하위문화는 일반적인 캐나다인과 상이한 구매동기와 습관을 갖고 있다.[105] 대개 프랑스계 캐나다인은 소득, 사회계층, 학력, 직업 등에서 일반적인 캐나다인보다 수준이 낮지만, 자녀의 수가 많고 가족안정성(family stability)이 높은 특성이 있다.

103 Marlene Rossman, "Inclusive Marketing Shows Sensitivity," *Marketing News*, October 10, 1994, p. 4.

104 Leon E. Wynter, "Minorities Play the Hero in More TV Ads as Clients Discover Milticultural Sells," *Wall Street Journal*, November 24, 1993, pp. B1, B7.

105 Onkvisit and Shaw(1989), *op. cit.*

소비측면의 특성을 보면, 프랑스계 캐나다인은 요리를 할 때 기본요리를 위한 재료를 더 많이 사용하고, 청량음료, 맥주, 포도주, 인스턴트 음료를 더 많이 소비하며, 냉동야채, 다이어트 음료, 위스키를 더 적게 소비한다. 또한 가구는 덜 중요시하는 경향이 있다.[106] 프랑스계 캐나다인은 애국심과 민족적 자부심이 매우 강한 편인데, 이를 마케팅전략에 잘 반영한 기업으로는 코닥(Kodak), 인터 카다디안 에어라인(Inter-Canadian Airlines), 맥도날드(McDonald), KFC를 들 수 있다.[107]

2) 구소련의 민족집단

구소련도 다양한 민족으로 구성된 국가로, 100여 개의 민족집단과 50여 개의 언어가 존재한다.[108] 이 거대국가의 붕괴는 강한 민족적 구심력(ethnic core)을 가진 다수의 소규모 국가를 탄생하게 만들었는데, 발트해 연안국가들(예: 리투아니아, 에스토니아, 라트비아), 벨루지아, 우크라이나 등이 그런 예이다.

그러나, 몇몇 지역에서는 민족혼합도(ethnic mixing)가 너무 높아서 엄청난 갈등이 야기되고 있다. 과거에 유고슬라비아의 일부였던 보스니아가 그 대표적인 예인데, 이 곳에서 벌어지는 세르비아계와 이슬람계 사이의 비극적인 전투는 지난 수년 동안 전세계인의 이목을 집중시켜 왔다.

3) 태국의 민족집단

태국은 인구의 80% 이상이 타이 원주민이지만, 제법 규모가 큰 민족 하위문화가 몇 개 존재한다. 그중에서 가장 규모가 큰 민족집단은 총인구의 10%를 차지하는 중국계로, 태국문화에 지대한 영향을 끼쳤다.[109]

중국계 태국인은 태국에서 많은 기업을 소유하고 있기 때문에 강한 경제적 영향력을 발휘하는데, 이는 예술, 종교, 음식 분야에서도 마찬가지이다. 중국계 태국인은 태국의 주류문화에 매우 잘 동화되어 왔으며, 태국인과 결혼하는 비율도 매우 높다. 따라서, 중국계 태국인은 스스로를 태국인이라고 생각하는 사람들이 많다. 태국에 있는 다른 소수민족집단으로는 라오스, 인도, 버마에 뿌리를 둔 민족들이 있다.

---

106 Charles M. Schaninger, Jacques C. Bourgeois, and W. Christian Buss, "French-English Canadian Subcultural Consumption Differences," *Journal of Marketing*, Spring 1985, pp. 82-92.

107 Brian Dunn, "Nationalism in Advertising Dead or Alive?," *Adweek*, November 22, 1993.

108 Onkvisit and Shaw(1989), *op. cit.*

109 Hans Hoefer, *Thailand* (Boston: Houghton Mifflin, 1993).

제 4 절 종교 하위문화

특정한 종교집단(religious group)에 바탕을 두는 종교 하위문화(religious subculture)는 소비자행동에 영향을 미치는 중요한 요인 중의 하나이다. 여기서는 먼저 종교집단의 특성 차이와 소비패턴 차이를 설명한 후, 기업이 종교집단을 겨냥하는 마케팅을 수행할 때 참고해야 할 사항을 간략히 논의하기로 한다.

1. 종교집단의 특성 차이

종교는 개인에게 행동지침으로서의 역할을 하는 신념과 가치의 형성에 중요한 영향을 미친다. 또한 종교는 사람들을 한데 묶어주고, 그들을 다른 사람들과 차별화시키는 역할을 한다.

신교(Protestantism)를 규정하는 요소 중의 하나는 '일을 열심히 하면, 사회적 신분을 상승시킬 수 있다.'고 하는 신념이다. 미국에 정착한 초기의 영국이주민은 주로 신교도였기 때문에, 이런 신념은 미국문화에 널리 침투되어 있다.

한편, 규칙과 교리를 엄격히 지킬 것을 강조하는 천주교(Catholicism)는 신도들에게 강한 영향력을 행사하며, 개인주의나 혁신적인 사고를 억제하기도 한다. 유태교(Judaism)는 개인적 특성과 자기교육을 강조하기 때문에, 신도들에게 높은 수준의 혁신성, 성취욕구, 근심, 감동성 등을 이끌어 낸다.[110]

새로운 종파로 텔레비전 전도사를 추종하는 본어겐 크리스천(born-again christians)은 반엘리트, 반지성, 반거대정부, 사회적 향수를 주창하고, 신과 생존권을 사랑하는 사람에게 물질적인 축복이 주어진다고 믿는다.[111]

---

110 Elizabeth C. Hirschman, "Religious Affiliation and Consumption Processes: An Initial Paradigm," *Research in Marketing*, 1984, pp. 131–170.

111 Thomas C. O'Guinn and Russell W. Belk, "Heaven and Earth: Consumption at Heritage Village, USA," *Journal of Consumer Research*, September 1989, pp. 227–238.

2. 종교집단의 소비패턴 차이

개인의 소비패턴은 종교적 영향에 따라 차이가 날 수 있다. 한 연구에 의하면, 유태인은 비유태인에 비해 유년시절에 인쇄매체, 집단소속, 특별 교육훈련을 통해서 정보에 더 잘 노출되고, TV와 잡지를 비롯한 각종 매체로부터 정보를 많이 탐색하며, 신제품을 더 잘 수용하고, 정보를 다른 사람들에게 잘 제공하며, 더 많은 정보를 기억하는 경향이 있다.[112]

주말 레저활동에 관한 조사에 따르면, 신교도는 가격을 가장 중요시하는 반면 유태교도는 교우관계를 더 중요시한다. 천주교도는 춤추는 것을 좋아하며, 성행위는 상대적으로 덜 좋아한다.[113] 본어겐 크리스천은 외상으로 물건을 구매하거나, 전국상표를 구매하거나, 록 콘서트(rock concert)나 영화를 관람하는 것을 별로 좋아하지 않는다.[114]

종교는 소비자가 특정한 제품이나 서비스를 소비하는 것을 제한하는 역할을 하기도 한다. 예컨대, 모르몬교는 술, 담배, 콜라를 비롯한 카페인의 소비를 금지한다. 정통 유태교도(Orthodox Jews)는 돼지고기와 생선을 먹지 않으며, 모든 육류와 닭고기는 '정결한 식품(kosher)'으로 공인을 받아야 한다. 천주교도는 사순절(Lent) 동안 금요일에 육류를 먹지 않는다.

인도의 경우를 예로 들어보자. 인도국민의 대다수는 힌두교도이지만, 이슬람교도, 기독교도, 시크교도(Sikhs)도 상당수 있다. 이들 각 종교집단은 서로 다른 소비패턴을 보인다. 힌두교도는 주로 채식주의자이기 때문에 인도에서 식품이나 화장품을 제조하는 기업들은 채소를 사용해야 하고 동물성 기름을 원료로 사용해서는 안 된다. 시크교에서는 쇠고기와 담배의 소비를 금지하기 때문에 시크교도가 많이 사는 지역에서는 이런 제품의 매출액이 상당히 낮다. 그리고 이슬람교도에게는 녹색이 매우 중요한 의미가 담긴 색이기 때문에, 이 종교집단을 겨냥하는 제품의 포장에 녹색을 자주 사용한다.

112 Elizabeth C. Hirschman, "American Jewish Ethnicity: Its Relationship to Some Selected Aspects of Consumer Behavior," *Journal of Marketing*, Summer 1981, pp. 102-110.

113 Hirschman(1983), *op. cit.*

114 Priscilla L. Barbera, "Consumer Behavior and Born Again Christianity," *Research in Marketing*, 1988, pp. 193-222.

3. 종교집단을 겨냥한 마케팅액션

기업은 특정한 제품, 표적화된 메시지, 판매촉진의 측면에서 종교적 유대관계에 의해서 시장을 세분화하거나 특정한 매체의 사용에 의해서 시장을 세분화할 수 있다.

예컨대, 미국에서는 크리스천 텔레비전 네트워크(Christian Television Network), 종교라디오방송, 다수의 TV 종교프로그램을 통해서 특정한 종파의 구성원에게 도달할 수 있다.[115] 미국에는 '헤리티지 빌리지(Heritage Village)'라는 특별한 테마파크가 있다. 이는 '종교, 방송, 쇼핑, 레크리에이션, 오락, 명성의 결합체'로 설계된 것인데, 현재 이곳의 관람객 수는 월트디즈니월드(WDW)와 디즈니랜드에 이어서 제3위를 기록하고 있다.[116] 또한, 특정한 종교집단의 구성원들에게 효과적으로 접근하는 데 이용할 수 있는 종교잡지도 많다.

지난 수년 동안 지방교회나 유태교회의 마케팅활동은 새로운 신도를 환영하거나 기도회모임을 알리는 광고를 신문에 게재하는 정도였지만, 최근에 와서 몇몇 종교집단은 더 적극적인 마케팅활동을 전개하고 있다.[117]

예컨대, 루터교회 아우어 미니스트리(Lutheran Hour Ministries)는 인쇄광고, TV광고, 라디오광고에 연간 2천만 달러를 지출하고 있고, 가톨릭 커뮤니케이션 캠페인(Catholic Communication Campaign)도 '기도자의 힘'이나 '편견에의 대항'이라는 부드러운 주제로 광고활동을 한층 강화하고 있다.

»» 핵심용어

Keyword

가족지향성, 개념적 특질, 경험적 시행착오 학습프로세스, 교차문화적 차이, 군집화기법, 다문화마케팅, 다민족국가, 단일민족국가, 동화된 집단, 멕시코계 미국인, 문화, 문화의 특질, 문화적 동화, 문화적 유대, 민족 하위문화, 민족마케팅, 민족일체감, 민족집단, 민족표현도, 민족혼

---

115 Barbera(1988), *op. cit.*

116 O'Guinn and Belk(1989), *op. cit.*

117 Fara Warner, "Churches Develop Marketing Campaigns," *Wall Street Journal*, April 17, 1995, p. B4.

합도, 본어겐 크리스천, 북미의 9개국, 사회적 특질, 신교, 아시아계 미국인, 아프리카계 미국인, 언어적 불안감, 욕구충족적 특질, 유태교, 이문화 집단, 적응이론, 적응적 특질, 전달적 특질, 전통적 집단, 정체성, 종교 하위문화, 종교집단, 지역 하위문화, 천주교, 쿠바계 미국인, 통합적 특질, 푸에르토리코계 미국인, 학습된 특질, 히스패닉계 미국인, PRIZM

Consumer Behavior and Marketing Action

제13장

사회계층

제1부 소비자행동 입문

제1장 소비자행동의 기초

제2부 소비자의 의사결정프로세스

제2장 문제인식과 정보탐색	제3장 판 단
제4장 의사결정	제5장 의사결정후 프로세스

제3부 소비자행동의 내부적 영향요인

제6장 소비자의 동기, 능력 및 기회	제7장 소비자의 노출, 주의 및 지각	제8장 소비자의 범주화와 이해
제9장 고노력형 태도형성과 태도변화	제10장 저노력형 태도형성과 태도변화	제11장 소비자의 기억과 인출

제4부 소비자행동의 외부적 영향요인

제12장 문 화	제13장 사회계층	제14장 인구통계요인
제15장 준거집단과 사회적 영향력	제16장 사이코그래픽스	

제1절 사회계층의 의의
제2절 사회계층의 변화
제3절 사회계층이 소비에 미치는 영향
제4절 사회계층별 소비패턴
제5절 사회계층을 이용한 마케팅액션

제13장에서는 [그림 13-1]에 제시된 바와 같이 사회계층의 목적, 사회계층제도와 영향력의 유형, 사회계층의 측정방식 등을 중심으로 해서 사회계층의 본질을 검토한다. 또한, 사회계층의 구분에 영향을 미치고 또한 이를 변화시키는 몇 가지 중요한 추세를 논의하고, 사회계층별 소비패턴의 차이를 설명한다. 그리고 사회계층이 기업의 마케팅 계획에 주는 시사점을 검토한다.

그림 13-1 사회계층의 주요논점

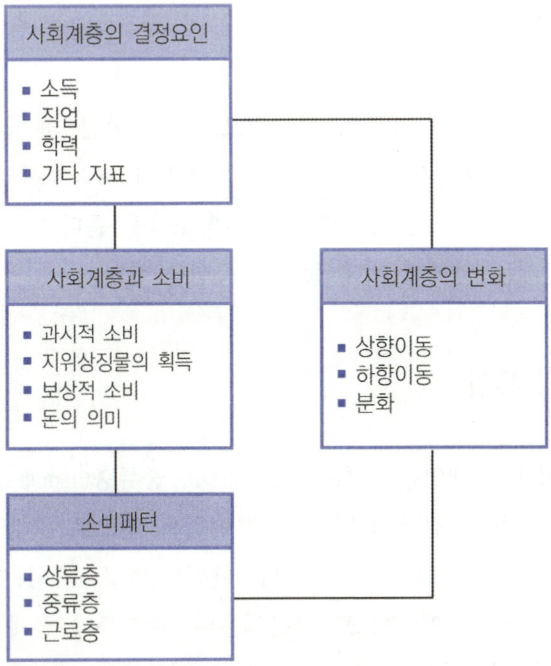

제 1 절 사회계층의 의의

대부분의 사회는 사회계층의 계층구조(social class hierarchy)로 구분될 수 있는데, 이는 어떤 사람이 다른 사람보다 더 높은 지위(status)를 가진다는 것을 의미한다. 사회계층(social class or social stratification)이란 자신이 속하는 계층과 다른 계층에 속하는 사람들과 행동 및 라이프스타일에 차이가 있는 식별 가능한 개인의 집단이다. 동일한 사회계층에 속하는 사람들은 서로 유사한 가치관과 행동패턴을 공유하는 경향이 있다. 즉, 사회계층은 어떤 강력한 정체성(identity)을 가진 공식집단이라기보다는 서로 유사한 생활경험을 가진 개인들의 집합체이다.[1]

많은 사회에서는 사회계층의 구분이 자신의 존재에 중요한 의미가 있다고 본다. 그 이유는 사회가 그 기능을 원활하게 수행하기 위해서는 사회의 구성원 각자가 나름대로 담당해야 할 역할(role)이 있다고 생각하기 때문이다.[2] 그런데, 이런 역할 중에서 어떤 역할(예: 의사나 경영자)은 다른 역할(예: 통행세 징수원이나 건물 경비원)보다 더 품위나 가치가 있다고 간주된다.

하지만, 사회계층이라는 개념이 본질적으로 부정적인 의미를 갖는 것은 아니다. 비록 불평등이 존재하지만, 사회계층의 구분은 개인이 사회에서 자신이 담당하는 역할이나 자신이 되고자 하는 바(열망)를 결정하는 데 도움을 준다. 또한, 사회계층의 계층구조에 있는 모든 단계는 사회에 대해 중요한 공헌을 한다.

1. 사회계층의 유형

대부분의 사회에서 개인은 상류층(high class), 중류층(middle class) 및 하류층(lower class)이라는 세 가지 주요 집단 중의 하나에 속하는 것으로 구분될 수 있지만, 이보다 더 엄밀한 구분이 이루어지는 경우가 많다. 예컨대, 〈표 13-1〉에 제시된 바와 같이, 미국의 사회계층은 6~7 단계 정도로 구분되는데, 중류층이 전체 모집단의 65~70%로 이 계층에 가장 많은 사람들이 몰려 있다.[3] 또한, 태국에서는 ① 귀족(왕족의 후손), ② 엘리트(최고전문가와 정치지도자), ③ 중-상류층(상인, 중소기업인 및 사무직 근로자), ④ 중-하류층(장인과 숙련노동자) 그리고 ⑤ 하류층(미숙련 노동자와 소작인)이라는 5단계의 사회계층이 존재한다.[4]

---

1 Pierre Bourdieu, *Language and Symbolic Power* (Cambridge, Mass.: Harvard University Press, 1991).

2 Kingsley Davis and Wilbert E. Moore, "Some Principles of Stratification", *American Sociological Review*, April 1945, pp. 242-243.

3 Richard P. Coleman, "The Continuing Significance of Social Class to Marketing", *Journal of Consumer Research*, December 1983, pp. 265-280.

4 Sak Onkvisit and John J. Shaw, *International Marketing: Analysis and Strategy* (Columbus, Ohio: Merrill, 1989), p. 293.

표 13-1 미국의 사회계층 구분

상류층	상상층(0.3%)	상속된 유산과 귀족적인 이름을 가진 '캐피털 S 사회'의 세계
	하상층(1.2%)	현재의 전문가와 기업 지도자인 신흥 사회엘리트
	상중층(12.5%)	여타의 대졸 관리자와 전문가; 민간클럽, 대의명분사업 및 예술분야의 라이프스타일 중심점
중류층	중산층(32%)	중간소득의 사무직 근로자와 그들의 생산직 친구: 도시의 나은 지역에 거주하고, 적절한 일을 하려고 애쓴다.
	근로층(38%)	중간소득의 생산직 근로자; 소득, 학력 및 직업과 무관하게 '근로층 라이프스타일'을 선도한다.
하류층	최하가 아닌 하류층(9%)	복지제도에 의존하지 않는 노동자; 생활수준이 빈곤층 바로 위에 속하고; '노골적'이고 '야한' 행동을 한다.
	진정한 하하층(7%)	복지제도에 의존하고, 가시적으로 빈곤하며, 통상 실직상태(혹은 가장 더러운 직업을 가진다).

※ 자료: Richard P. Coleman, "The Continuing Significance of Social Class to Marketing," *Journal of Consumer Research*, December 1984, p. 267.

대부분의 사회에는 사회계층이 있지만, [그림 13-2]에 제시된 바와 같이 사회계층의 크기와 구성은 국가의 경제발전에 따라 차이가 있다.[5] 예컨대, 경제력이 강한 일본과 스칸디나비아제국의 사회계층은 미국에 비해 중류층이 훨씬 더 많고 지배적인 계층이고 그 아래위의 계층은 훨씬 더 작은 구조를 갖고 있다. 즉, 이런 국가들은 다른 나라에 비해 사람들이 평등한 정도가 더 높은 편이다. 이런 일본의 사회계층 구조는 사회계급제도를 폐지하고 사회의 모든 계층 사람들을 융합하려는 일본정부의 적극적인 노력이 반영된 결과이다.[6] 하지만, 원래 경쟁이 치열하고 선별성이 강한 일본의 교육제도는 개인이 더 높은 사회적 지위를 가진 위치(예: 경영진과 정부의 고위공무원)로 진출하는 것을 제한하는 역할을 한다.

한편, 인도를 비롯한 개발도상국에서는 하류층에 가장 많은 사람들이 몰려 있다. 특히, 인도에는 2억 명이 넘는 다양한 중-하류층(lower-middle class)이 있다. 인도는 카스트제도(caste system)로부터 발전한 다소 특유한 사회계층 구조를 갖고 있는데, 이 제도는 집단들 간에 매우 뚜렷하고 융통성이 없는 엄격한 경계를 두는 신분제도이기 때문에 현대적인 의미의 사회계층과 차이가 있다. 즉, 카스트의 신분은 태어나면서 부여되

5 Mariele K. Demooij and Warren Keegan, *Advertising Worldwide* (New York: Prentice-Hall, 1991), p. 96.

6 Onkvisit and Shaw(1989), *op. cit.*

그림 13-2 문화별 사회계층 구조의 차이

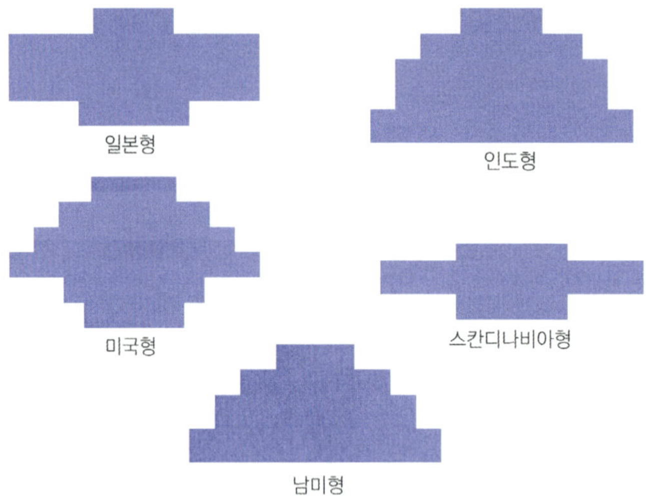

고 평생 동안 개인의 직업과 의무를 결정하므로, 이는 개인의 행동에 대해 강한 통제력을 가진다.

인도의 카스트제도에는 ① 브라만(성직자와 학자), ② 크샤트리야(전사와 왕자), ③ 바이샤(상인과 장인), ④ 수드라(노동자와 하인)라는 네 개의 주요계급이 있고, 다시 이는 3,000개가 넘는 하위계급으로 세분된다. 인도사회에서 가장 낮은 신분은 불가촉천민(untouchables)인데, 이들은 부랑자로 취급된다. 시간이 지나면서 근대화와 산업화의 물결이 이런 카스트제도의 영향력을 약화시켜 온 것은 사실이지만, 아직도 시골지역에서는 그 영향력을 건재하다.

그동안 평등과 동일성을 강조해 왔던 구공산권 국가에서도 지위의 계층구조가 급변하고 있다. 이제는 개인이 지위를 높일 수 있는 기회가 주어지고 있는데, 이는 '출세'하기 위한 강한 동기로 작용하고 있다. 하지만, 갑작스러운 사회적 지위상승(social climbing)은 마치 미지의 세계로 모험하는 듯한 느낌을 갖게 하기 때문에, 불안감을 유발하기도 한다.

대부분의 사회에서 상류층은 자기국가에 있는 다른 계층보다 오히려 국가 간에 더 유사한 경향이 있는데, 그 이유는 상류층의 지향성이 사해동포주의적(cosmopolitan)이고 국제적이기 때문이다.[7] 한편, 하류층은 문화구속적인(culture-bound) 경향이 강해서 다른 문화를 잘 모르고 이로부터 별로 영향을 받지 않을 가능성이 높다. 따라서, 하류층은 라이프스타일, 의복 및 먹는 행동이라는 측면에서 다른 계층과 가장 큰 차이를 내보이는 경향이 있다. 중류층은 다른 문화로부터 차입행동(borrowing)을 수행할 가능성이 가장 높은데, 그 이유는 이것이 사회적 지위의 상향이동을 달성하는 하나의 수단이 될 수 있기 때문이다. 예컨대, 제3세계국가에서는 '서구식으로' 행동하는 것이 더 높은 사회적 지위를 달성하는 한 가지 수단이 되기도 한다.

동일한 계층에 속하는 사람들은 서로 유사한 가치관을 공유할 수 있지만, 이런 가치관이 어떻게 유지되는가 하는 측면은 상당한 차이가 날 수 있다. 예컨대, 미국의 중류층에는 전업주부와 사는 하급관리직 남자, 사무직에 종사하는 맞벌이 부부, 판매직에 종사하는 독신 남자, 두 자녀를 부양하는 대졸출신의 이혼자, 혹은 볼링장 주인 등이 포함되는데, 이런 사람들은 모두 중류층이 중요시하는 가치관으로서 '보다 나은 생활(a better life)'을 얻기 위해 노력하지만 이에 도달하는 경로는 서로 다를 수 있다.[8]

동일한 사회계층에 속하더라도 경제적으로 상이한 하위계층이 존재할 수 있다.[9] 첫째, 특정한 계층에서 평균(중위수) 소득수준의 20-30%를 넘는 소득을 가진 가족을 유복층(the overprivileged)이라고 하는데, 이들에게는 기초적인 필수품이외에 다양한 품목을 구입할 수 있는 금전적인 여유가 있다. 둘째, 계층평균(class average) 가족은 자신이 속한 사회계층의 평균에 해당되는 소득수준을 가진 가족인데, 이들에게는 자신의 지위를 암시하는 상징물(예: 집, 자동차, 의류)을 구입할 정도의 여유가 있다. 셋째, 자신이 속하는 사회계층의 평균(중위수)보다 낮은 소득수준을 가진 가족을 박복층(the underprivileged)이라고 하는데, 이들은 계층기대(class expectation)를 충족시키는 데 어려움이 있다.

---

7 Edward W. Cundiff and Marye T. Hilger, *Marketing in the International Environment* (New York: Prentice-Hall, 1988), p. 135.

8 Coleman(1983), *op. cit.*

9 Richard P. Coleman, "The Significance of Social Stratification in Selling", in ed. Martin L. Bell, *Marketing: A Maturing Discipline* (Chicago: American Marketing Association, 1960), pp. 171-184.

2. 사회계층의 영향

사회계층의 구조는 소비자의 규범, 가치관 및 행동에 강한 영향을 미치는데, 이런 현상이 발생하는 이유는 동일한 사회계층에 속하는 구성원들이 공식적이든 혹은 비공식적이든 일상적으로 상호작용을 하기 때문이다. 즉, 소비자는 다른 사회계층에 속하는 사람들보다는 같은 사회계층에 속하는 사람들로부터 영향을 받을 가능성이 더 높다. 사회계층의 영향은 일종의 문화적 속박(cultural straitjacket)이라기보다는 유사한 인생경험을 가진 사람들이 서로 유사한 라이프스타일과 행동을 나타낼 가능성이 더 높다는 사실을 반영한다.[10]

특정한 사회계층에 속하는 소비자의 규범과 행동이 다른 사회계층에 속하는 소비자에게 영향을 미치기도 한다. 이런 측면에서 사회계층의 영향에 관하여 전통적으로 가장 많이 인용되는 이론은 하향확산효과이론(trickle-down effect theory)이다. 이는 상류층에서 출발한 어떤 추세가 더 낮은 사회계층에 의해 모방되어 가는 현상을 말하는데, 그 보편적인 예가 바로 유행과 의류이다. 즉, 상류층에서 어떤 스타일이 도입되면, 이는 나중에 그 아래의 사회계층에서도 인기를 얻게 된다.

이런 하향확산효과가 발생하는 이유는 낮은 사회계층에 속하는 사람들이 더 높은 사회계층에 속하는 사람들의 행동을 모방함으로써 자신의 사회적 지위를 높이려는 열망을 갖고 있기 때문이다. 또한, 사회적으로 용납되는지 여부를 스스로 판단할 수 있는 문화적 지식(cultural knowledge)이 부족한 경우일수록, 낮은 사회계층에 속하는 사람들은 상류층의 영향을 더 잘 받아들인다.[11] 예컨대, 중류층 사람들은 음악, 미술 및 문학 분야에서 문화적으로 맞는 것에 대한 지침을 상류층에서 찾기도 한다.

하지만, 최근에는 하향확산효과이론의 보편타당성에 대해 의문이 제기되고 있다. 예컨대, 현실적으로 지위표류(status float) 현상이 발생하기도 하는데, 이는 어떤 추세가 하류층이나 중류층에서 출발해서 점차 위의 사회계층으로 확산되는 현상으로 청바지가 그 대표적인 예이다. 미국에서 청바지는 기성세대에 대한 반항의 상징물이었기 때문에 1950년대와 1960년대에 하류층과 중류층의 젊은이들 사이에서 폭넓은 인기를 누렸는

10 Douglas E. Allen and Paul F. Anderson, "Consumption and Social Stratification: Bourdieu's Distinction", *Advances in consumer Research*, Vol. 21, 1994, pp. 70-73.

11 Pierre Bourdieu, *Distinction: A Social Critique of the Judgment of Taste* (Cambridge, Mass.: Harvard University Press, 1984).

데,[12] 나중에 이런 메시지를 담은 청바지가 엄격한 부모에게 반항하려는 상류층의 젊은 이들 사이에서도 폭넓은 인기를 얻게 되었다.

1970년대와 1980년대에 이르러 청바지는 밴더빌트(Vanderbilt), 캘빈 클라인(Calvin Klein), 오스카 데 라 렌타(Oscar de la Renta)를 비롯한 여러 가지 디자이너 상표가 도입되면서 패션품목으로 발전하게 되었다. 이런 현상은 심지어 청바지를 잘 입기로 유명한 왕족(예: 영국의 다이애나 공주와 모나코의 그레이스 공주)이 등장했을 정도로 다른 나라에까지 널리 확산되었다. 또한, 1990년대의 패션형태(fashion statements)인 헐렁한 반바지, 뒤로 쓰는 모자, 문신 등도 원래는 하류층에서 출발하여 현재 상류층으로 이동하고 있는 중이고, 블루스, 록 및 랩과 같은 음악스타일의 기원도 하류층이다.

3. 사회계층의 결정요인

사회계층연구에서 한 가지 중요한 주제는 '어떤 사람이 속하는 사회계층을 결정하는 요인은 무엇인가?'라는 것이다. 사회계층이 소비자행동에 미치는 영향을 검토하려면, 우선 소비자가 속하는 사회계층을 분류하는 방법이 필요하다.

하지만, 소비자가 속하는 사회계층을 결정하는 요인에 관하여 지난 수년간 상당한 논쟁이 있어 왔기 때문에, 사회계층을 분류한다는 것은 그리 간단한 일이 아니다. 따라서, 여기서는 그동안 사회계층의 결정요인으로서 많이 논의되어 온 주요지표인 소득, 직업, 학력 및 기타 요인을 간략히 설명하기로 한다.

1) 소 득

소득수준이 높을수록, 사회적 지위도 높아진다고 생각할 수 있다. 하지만, 다음과 같은 몇 가지 이유 때문에 소득수준과 사회계층 사이에는 강한 관계가 존재하지 않는다.[13] 첫째, 중류층과 하류층에서 소득수준은 상이한 사회계층 간에 서로 중복되는 경우가 있다. 예컨대, 일부의 생산직근로자는 일부의 사무직근로자보다 오히려 소득수준이 더 높지만, 그렇다고 해서 이들의 사회적 지위가 더 높은 것은 아니다. 둘째, 소득수준은 대개 나이와 더불어 증가하지만, 나이가 많다고 해서 자동적으로 더 높은 사회적 지위를 갖게 되는 것은 아니다. 셋째, 점차 많은 수의 맞벌이 가족이 더 높은 소득

12 Michael R. Solomon, "Deep Seated Materialism: The Case of Levi's 501 Jeans", *Advances in Consumer Research*, Vol. 13, 1986, pp. 619–622.

13 Coleman(1983), *op. cit.*

을 올리고 있지만, 그렇다고 해서 이들이 반드시 더 높은 사회적 지위를 갖게 되는 것은 아니다. 요컨대, 소득은 사회계층에 관련되는 한 가지 요인에 불과하기 때문에, 이에 대한 사회계층의 더 정확한 구도를 파악하기 위해서는 다른 요인들도 더불어 검토할 필요가 있다.

사회계층보다는 소득이 소비자의 행동에 대한 더 나은 예측요인이 될 수 있다고 주장하는 사람도 있다. 하지만, 이에 관한 더 보편적인 시각은 이 두 요인이 각각 다른 상황의 소비자행동을 설명하는 데 중요하다고 보는 것이다.[14]

첫째, 소비자의 라이프스타일과 가치관을 반영하지만 매우 많은 금전적 지출을 요구하지 않는 제품이나 서비스를 구매하는 경우이다. 예컨대, 의류, 스포츠장비, 가구를 구매할 때는 사회계층이 소득수준보다 더 나은 예측요인이 되는 경향이 있다. 소득수준이 엇비슷하더라도, 중류층 소비자는 하류층 소비자와 다른 스타일의 가구를 좋아하고, 가구에 대한 지출도 더 많다.

둘째, 계층상징물(class symbol)과 관련되지 않으면서 상당한 금전적 지출을 수반하는 제품이나 서비스를 구매하는 경우이다. 예컨대, 보트나 여가용 자동차의 구매행동을 설명하려 할 때는 소득이 사회계층보다 더 유익하다.

셋째, 지위상징물과 최소한 보통 수준 이상의 금전적 지출이 모두 포함되는 제품이나 서비스를 구매하는 경우이다. 예컨대, 주택이나 자동차의 구입행동을 설명하는 데는 사회계층과 소득이라는 두 요인이 모두 필요하다.

소득은 사회계층을 설명할 수 없지만, 사회계층은 소득이 어떻게 사용되는지를 설명할 수 있는 경우가 있다.[15] 예컨대, 대개 상류층 소비자는 돈을 투자하는 반면, 하류층 소비자는 은행의 저축구좌에 의존한다. 요컨대, 사회계층은 소비자행동을 이해하는데 도움이 되지만, 소비자의 사회적 지위는 소득을 비롯한 다양한 요인에 의해 결정된다.

2) 직 업

오늘날 사회계층의 지위를 결정하는 최대요인은 직업이다. 대개 높은 수준의 학력이나 훈련을 요구하는 직업은 다른 직업보다 지위가 더 높은 것으로 간주된다. 또한, 직업이 같은 사람들은 서로 유사한 소득, 라이프스타일, 지식 및 가치관을 가지는 경향

---

14 Charles M. Schaninger, "Social Class Versus Income Revisited: An Empirical Investigation", *Journal of Marketing Research*, May 1981, pp. 192-208.

15 Coleman(1983), *op. cit.*

이 있다.

소비자의 직업은 '당신은 생계를 위해 어떤 일을 하고 있습니까?'라는 질문으로 손쉽게 측정할 수 있다. 일단 이에 대한 응답이 수집되면, 응답결과를 코딩하여 SEI (socioeconomic index)[16]나 남 앤 파워즈 척도(Nam and Powers scale)[17]를 비롯해서 직업적 품위(occupational prestige)를 나타내는 공개된 척도와 비교할 수 있다. <표 13-2>는 몇 가지 직업에 대한 SEI 서열을 보여준다.

어떤 직업에 대한 지각된 지위는 국가별로 차이가 날 수 있다.[18] 예컨대, 미국보다 교육을 더 중요시하는 일본, 중국, 태국 및 나이지리아와 같은 국가에서는 대학교수의 지위가 상대적으로 더 높다. 또한, 개발도상국에서는 엔지니어가 사회에서 담당하는 역할이 중요하기 때문에 대개 더 높은 지위를 가진다. 미국에서는 법률전문가가 세계의 어느 곳보다 더 높은 지위를 누리고 있다.

표 13-2 직업의 지위단계를 보여주는 예

직 업	점수	직 업	점수	직 업	점수
내과의사	88	운동선수	49	배관공	27
법률가	88	판매대리인	48	신발판매원	25
마케팅교수	83	음악가	46	바텐더	24
심리학자	82	사무실감독	37	농부	24
건축가	80	형사	38	목수	22
도시공학자	77	비서	35	트럭운전수	21
고등학교교사	75	소방관	33	헤어드레서	19
컴퓨터과학자	73	기술자	31	웨이터/웨이트레스	19
비행기조종사	68	사진사	30	기계조종사	19
회계사	65	은행원	29	제빵사	19
마케팅관리자	58	호텔접수계원	29	수위	18
배우	52	우편집배원	27	교통안전 유도원	17

※ 자료: Gillian Stevens and Joo Hyun Cho, "Socioeconomic Indexes and the New 1980 Census Occupational Classification Scheme", *Social Science Research*, March 1985, pp. 142–168.

16 Gillian Stevens and Joo Hyun Cho, "Socioeconomic Indexes and the New 1980 Census Occupational Classification Scheme", *Social Science Research*, March 1985, pp. 142–168.

17 Charles B. Nam and Mary G. Powers, *The Socioeconomic Approach to Status Measurement* (Houston, Tex.: Cap and Gown Press, 1983).

18 Onkvisit and Shaw(1989), *op. cit.*

3) 학 력

학력은 개인의 직업 나아가, 사회계층을 결정하는 중요한 요인 중의 하나이다. 사실, 학력은 소비자의 소득잠재력과 지출패턴을 결정하는 가장 신뢰성 있는 요인이다.[19] 특히, 학사학위는 더 높은 지위를 가진 직업으로 진출하는 데 가장 중요한 요인 중의 하나이다. 이런 사실은 학사학위 이상의 학력을 가진 사람들 중의 2/3가 관리직이나 전문직에 종사하고 있는 데 반해, 대학중퇴의 학력을 가진 사람들 중의 22%만이 관리직이나 전문직에 종사하고 있는 것으로 반증된다.[20]

정보화시대는 고도의 기량과 훈련을 요구하는 시대이기 때문에, 이런 격차는 더욱 확대될 것으로 전망된다. 학력이 높은 사람은 그렇지 않은 사람들보다 독서와 여행을 많이 하는 편이며, 새로운 것의 시도를 덜 회피하는 특징이 있다.

4) 사회계층의 기타 지표

소득, 직업 및 학력 이외에도 소비자가 속하는 사회계층의 단계를 나타내는 지표로는 거주지역과 소유물, 사회적 상호작용 및 가족배경과 같은 요인들을 들 수 있다.

첫째, 소비자가 살고 있는 주거지역(이웃)과 개인이 갖고 있는 소유물의 양과 크기는 그 사람의 사회계층의 지위를 표현하는 일종의 시각적 기호(visible sign)와 같은 역할을 한다.

둘째, 동일한 사회계층에 속하는 구성원들은 서로 자주 접촉하는데, 이런 사회적 상호작용은 개인의 사회적 지위를 파악하는 데 도움을 준다.

셋째, 가족배경이라는 측면에서 지위는 상속된 지위(inherited status)와 획득된 지위(earned status)로 구분된다.[21] 상속된 지위는 태어나면서부터 부모로부터 물려받은 지위를 말하며, 획득된 지위는 인생을 통해서 개인적 성취로 획득된 지위를 말한다. 특히, 상속된 지위는 가치(관)가 학습되고 상향이동이나 하향이동이 발생하게 되는 초기정박점(initial anchor point)과 같은 역할을 한다.

이런 사회계층의 결정요인들이 가지는 상대적 중요성은 국가별로 차이가 날 수 있다. 예컨대, 루마니아와 같은 구공산권 국가에서는 과거처럼 공산당의 직위서열이 아니라 소비자가 가진 돈과 소유물이 사회적 지위를 결정하는 가장 강력한 요인으로 부상

---

19 Diane Crispell, "The Real Middle Americans", *American Demographics*, October 1994, pp. 28–35.

20 Crispell(1994), *op. cit.*

21 William L. Wilkie, *Consumer Behavior*, 2nd ed. (New York: Wiley, 1990).

하고 있다. 또한, 아랍세계에서 지위는 주로 사회적 접촉과 가족위치에 의해 주로 결정되는데, 이 두 가지 요인은 돈보다 훨씬 더 중요시된다.

4. 사회계층지수

소비자가 속하는 사회계층의 지위를 결정하기 위해서는 앞에서 설명한 여러 가지 요인들을 적절히 고려해야만 한다. 그 동안 이런 목적으로 다양한 사회계층지수(social class index)가 개발되어 왔는데, 그중에서 지난 수년간 가장 널리 사용되어 온 사회계층 지수는 1940년대와 1950년대에 개발된 ISC와 ISP이다.

1) ISC

워너(Warner)의 ISC(Index of Status Characteristics)는 직업, 소득원천, 주택형태, 주거지역 등의 네 가지 사회경제적 요인들을 근거로 해서 소비자의 사회계층을 측정한다.[22] 각 요인은 7개의 범주로 구분되며 각각은 상이한 가중치를 가진다. 이 지수는 소비자를 6개의 사회적 지위범주로 구분한다. 요컨대, ISC는 4요인-6집단 분류체계라고 말할 수 있다.

표 13-3 ISC

A. ISC의 측정방법

점수	지위특성			
	직업	소득원천	주택형태	주거지역
1	전문직, 대기업소유주	유산	훌륭한 저택	매우 비싼 곳
2	준전문직, 대기업 간부	획득한 재산	매우 좋은 집	비싼 곳
3	회계	이익, 수수료	좋은 집	평균 이상
4	숙련기사	월급	보통의 집	평균
5	소기업 종사자	임금	그저 그런 집	평균 이하
6	반숙련공	개인적 지원	나쁜 집	싼 곳
7	비숙련공	정부의 지원	매우 나쁜 집	매우 싼 곳

ISC점수=(직업×4)+(소득원천×3)+(주택형태×3)+(주거지역×2)

22 W. Lloyd Warner, Marchia Meeker, and Kenneth Eells, *Social Class in America* (Chicago: Science Research Associates, 1949).

B. ISC의 분류체계

사회계층	점수범위	인구구성비(%)
상상	12~17	1.4
상하	18~24	1.6
중상	25~37	10.2
중하	38~50	28.8
하상	51~62	33.0
하하	63~84	25.0

2) ISP

홀링스헤드(Hollingshead)의 ISP(Index of Social Position)는 직업과 교육이라는 두 가지 요인을 근거로 해서 소비자의 사회계층을 측정한다.[23] 각 요인은 7개의 범주로 구분되며 각각은 상이한 가중치를 가진다. 이 지수는 소비자를 5개의 사회적 위치범주로 구분한다. 요컨대, ISP는 2요인-5집단 분류체계라고 말할 수 있다.

표 13-4 ISP

A. ISP의 측정방법

점수	직업척도	교육척도
1	대기업이나 전문직종 고위간부	전문직(박사 등)
2	사업경영자, 중형기업 소유주, 준전문직종인	4년제 대학졸업
3	관리자, 소기업의 소유주	초급대학 졸업
4	회계, 판매원, 기술자, 영세기업의 소유주	고등학교 졸업
5	숙련된 수작업공	고등학교 중퇴
6	기계조작공, 반숙련 종사자	중학교 졸업 이하
7	비숙련 종사자	초등학교 졸업 이하

ISP점수=(직업×7)+(교육×4)

23 August B. Hollingshead and Fredrick C. Redlich, *Social Class and Mental Illness, A Comminity Study* (New York: Wiley, 1958).

B. ISP의 분류체계

사회계층	점수범위	인구구성비(%)
상	11~17	3.0
중상	18~31	8.0
중	32~47	22.0
중하	48~63	46.0
하	64~77	21.0

3) CSI

ISC나 ISP와 같은 사회계층지수들은 다음과 같은 몇 가지 이유로 비판을 받고 있다.[24]

첫째, 교육, 직업 및 거주지역과 같은 핵심적인 변수를 측정하는 방법이 이제는 존재하지도 않는 사회에 기반을 두고 있다.

둘째, 소득은 높지만 높은 지위를 갖고 있지 못한 맞벌이 부부를 정확하게 설명하지 못한다.

셋째, 사회계층을 조사하는 방법으로 조그만 공동체(community)에서 광범위한 면접을 시행하는 평판적 방법(reputational method)을 사용하였지만, 이제는 과거와는 달리 사람들이 자신의 이웃을 잘 알지 못하는 편이기 때문에 이런 방법을 실행하기가 어렵다.

이런 문제점을 고려하면, 더 현대적인 사회계층지수로 CSI(Computerized Status Index)를 권장할 만하다.[25] CSI는 교육, 직업, 거주지역 및 소득이라는 네 가지 요인을 종합적으로

평가하여 소비자의 사회계층지수를 구하는 방법으로 그 코딩체계가 〈표 13-5〉에 제시되어 있다. 특히, 이는 핵심정보원(key informant)에 의존하는 평판적 방법과는 달리 면접원이 조사를 시행하기 쉽고, 응답자가 답하기도 쉬운 장점이 있다.

소비자가 속하는 사회계층을 결정하는 문제와 관련된 것으로 지위투명도(status crystallization)라는 개념이 있는데, 이는 사회계층을 결정하는 여러 차원에서 소비자의 지위가 일관성이 있는 정도를 말한다.[26] 소비자의 지위투명도가 높을수록, 그가 속하는

24 Coleman(1983), *op. cit.*

25 Coleman(1983), *op. cit.*

26 Gerhard Lenski, "Status Crystallization: A Non-Vertical Dimension of Social Status", *American Sociological Review*, August 1956, pp. 458-464.

표 13-5 CSI의 코딩체계

학력(본인과 배우자)	▪ 중졸(8년 미만)	1
	▪ 고교중퇴(9~11년)	2
	▪ 고졸(12년)	3
	▪ 1년 초급대학	4
	▪ 2~3년제 초급대학	5
	▪ 4년제 대학졸업	7
	▪ 석사	8
	▪ 박사	9
가장직업의 품위수준	▪ 상시 실직: 일용직, 비숙련직, 복지의존	0
	▪ 상근이지만 반숙련직, 수위, 최소급여 공장인부, 서비스직원(주유소)	1
	▪ 평균숙련 조립계열직, 버스 및 트럭 운전수, 경찰 및 소방관, 순회배달원, 목수, 벽돌공	2
	▪ 숙련장인(전기기사), 소규모 계약업자, 공장감독, 저보수 판매원, 사무실직원, 우편배달부	3
	▪ 소기업 소유주(종업원 2~4명), 기술자, 판매원, 사무실 직원, 평균소득의 공무원	4
	▪ 중간관리자, 교사, 사회사업가, 소수의 전문가	5
	▪ 소수의 기업임원, 중규모 사업체 소유주(종업원 10~20명), 중간 정도 성공한 전문가(치과의사, 엔지니어)	7
	▪ 기업의 최고경영자, 전문가분야에서 big business(유명한 의사와 변호사), 부유한 기업 소유주	9
거주지역	▪ 빈민가: 구제물자 대상자, 보통 노동자	1
	▪ 근로층, 빈민가는 아니지만 매우 빈곤한 주택	2
	▪ 일부 사무직원을 포함하지만 주로 생산직근로자	3
	▪ 일부 고소득 생산직근로자를 포함하지만 주로 사무직근로자	4
	▪ 좀더 형편이 나은 사무직근로자 거주지역: 경영자는 많지 않고, 생산직근로자는 거의 없음	5
	▪ 우수한 지역: 전문가와 고소득 관리자	7
	▪ 부유하거나 소사이어티 타입의 거주지	9
연간 총가족소득	▪ 5,000달러 미만	1
	▪ 5,000~9,999달러	2
	▪ 10,000~14,999달러	3
	▪ 15,000~19,999달러	4
	▪ 20,000~24,999달러	5
	▪ 25,000~34,999달러	6
	▪ 35,000~49,999달러	7
	▪ 50,000달러 이상	8

※ 자료: Richard P. Coleman, "The Continuing Significance of Social Class to Marketing," *Journal of Consumer Research*, December 1984, p. 277.

사회계층을 결정하기가 쉽다. 하지만, 어떤 결정요인에서는 점수가 높지만 다른 결정요인에서는 점수가 낮은 소비자라면, 지위투명도가 낮아진다.

예컨대, 현지 출신으로 새로 개업한 의사는 직업, 소득 및 가족배경이라는 측면에서 일관성이 별로 없을 수 있다. 이런 경우에는 어느 한 사회계층에 속한다고 명확히 분류하기 어렵고, 자신이 어떤 위치에 있는지 정확히 알지 못하기 때문에 스트레스와 걱정을 경험하게 되기도 한다.

제 2 절 사회계층의 변화

다양한 추세와 요인들이 사회계층의 구조를 변화·발전시키기 때문에, 사회계층은 시간이 지나면서 변하는 동태적인 제도이다. 이런 사회계층의 동태적인 특성은 상향이동, 하향이동 및 사회계층의 분화라는 세 가지 주요추세와 밀접한 관련성이 있다.

1. 상향이동

상향이동(upward mobility)이란 소비자가 원래보다 더 높은 수준의 사회적 지위로 올라가는 것을 말하는데, 보통 이는 교육적 성취나 직업적 성취를 통해 달성된다. 즉, 하류층이나 중류층에 속하는 사람들은 대학교육과 같은 교육기회를 이용하여 더 높은 지위의 직업으로 진출할 수 있다. 사실, 이는 우리가 대학에 입학하기 위해 또한 대학에 들어가서 열심히 공부하는 중요한 이유 중의 하나일 수 있다. 미국의 경우 생산직근로자의 자녀 중에서 1/3 이상이 대학졸업자로, 자신의 직업적 지위를 높일 수 있는 가능성은 약 30% 정도이다.[27]

한편, 특정한 직업에서 탁월한 능력을 발휘하면, 더 높은 보상과 지위를 얻을 수 있다. 예컨대, 자동차수리공장을 창업하여 성공한 자동차정비공이나 거액의 계약서에 서명한 프로운동선수는 사회적 지위를 상승시킬 수 있다. 미국의 하류층 출신으로 기

---

27 Benita Eisler, *Class Act: America's Last Dirty Secret* (New York: Franklin Watts, 1983; David L. Featherman and Robert M. Hauser, *Opportunity and Change* (New York: Academic Press, 1978).

업 경영자가 된 사람이 차지하는 비율이 상당히 증가하고 있다.

하지만, 이런 사실이 곧 상향이동이 항상 보장됨을 의미하는 것은 아니다. 첫째, 미국에서 소수민족의 경우에 하류층은 교육기회뿐만 아니라 경제적 및 문화적 자원의 측면에서 여전히 많은 제약을 받고 있기 때문에, 더 높은 지위를 가진 직업에 접근할 가능성이 상류층에 비해 통계적으로 더 낮다.[28] 더 높은 지위를 가진 가족출신의 사람이 자기 지위를 그대로 유지할 가능성은 하류층 출신의 사람이 더 높은 지위를 달성할 가능성의 두 배 정도 된다는 것은 바로 그 증거라 하겠다. 둘째, 상향이동을 달성했더라도, 소비자의 행동은 자신이 과거에 속했던 사회계층에 의해 상당히 많은 영향을 받는다. 그 이유는 자신의 성장기에 속했던 사회계층에 연관된 행동이 강하게 학습되었기 때문인데, 이를 버벌리 힐빌리 현상(Beverly Hillbillies phenomenon)이라고 한다.[29]

이런 상향이동이 발생하는 정도는 국가별로 차이가 날 수 있다. 대개 서방국가에서는 소비자가 상향이동을 달성할 수 있는 최대의 기회를 제공한다.[30] 예컨대, 영국은 전통적으로 경직된 계급사회이지만, 최근에는 상향이동이 증가하고 있다. 하지만, 이런 현상은 후진국의 경우에도 마찬가지로 발생하고 있는데, 다음은 그 몇 가지 예이다.

첫째, 구공산권 국가에서는 새로운 환경여건에서 번성하는 데 필요한 기술과 경제지식을 갖고 있는 구공산당원과 정부관료가 새로운 중류층을 형성하고 있고, 국영기업이 사라지면서 다수의 소규모 민간기업과 중류층의 수가 증가되고 있다.

둘째, 아랍국가에서는 석유자금의 유입과 서구식 대학교육의 증가로 상류층과 중류층이 급증하고 있는데, 이는 자동차, 에어컨 및 의류와 같은 서방상품에 대한 수요를 높이고 있다.

셋째, 대부분의 개발도상국에서는 다양한 상품을 구입할 수 있게 해주는 국제무역의 증가, 소비자에게 빠져있는 것이 무엇인가를 보여주는 글로벌 커뮤니케이션, 맞벌이 가족의 소득증가 그리고 성장경제에 필요한 전문직(예: 경영자, 회계사, 은행가 등)의 증가로 중류층의 규모가 폭발적으로 증가하고 있다.

사회계층간의 자유로운 이동이 꽤 제한되는 국가도 있다. 예컨대, 인도에서는 개인의 교육적 혹은 직업적 기회에 따라 사회계층이 주로 대물림된다. 또한, 아프리카에서는 계속되는 경제적인 문제가 상향이동이 발생하는 것을 저조하게 만들고 있다.

---

28 Allen and Anderson(1994), *op. cit.*

29 Jake Ryan and Charles Sackrey, *Strangers in Paradise: Academics from the Working Class* (Boston: South End Press, 1984).

30 Cundiff and Hilger(1988), *op. cit.*

2. 하향이동

하향이동(downward mobility)은 소비자가 원래의 사회계층에서 더 낮은 사회계층으로 떨어지는 것을 말하는데, 이는 다수의 산업사회에서 증가하고 있는 추세이다. 미국의 경우 1970년대와 1980년대에는 인구의 약 1/3이 소득의 상실로 인해 큰 어려움을 겪었고, 1990년대에 들어서는 매년 더 낮은 사회계층으로 떨어지는 가족이 수백만에 달했다.[31] 특히, 기업의 부사장에서 일선 생산직근로자에 이르기까지 수많은 사람들이 기업의 비용절감조치의 일환으로 실직하여 고통을 받고 있다. 앞으로 이런 일이 계속된다면, 안정된 중류층의 존재도 위협을 받게 될 것이다.

인플레이션의 증가가 하향이동에 크게 기여하고 있다. 요즈음은 과거보다 돈의 가치가 떨어졌기 때문에, 더 열심히 일을 해서 돈을 벌어야 한다는 심리적 압박이 작용하고, 맞벌이부부의 증가를 초래한다. 맞벌이부부의 경우, 자녀양육에 드는 추가적인 비용은 재정적으로 부담을 주는 또 다른 요인이다. 이런 각종 요인에서 비롯되는 스트레스 때문에, 오늘날 대다수의 가족에게 '편안한 생활'이라는 것은 더 이상 존재하지 않는다. 특히, 점차 많은 수의 상류층과 중류층 가족들은 자신의 지위에 걸 맞는 라이프스타일을 유지하는 데 상당한 어려움을 겪고 있다.

부모라면 누구나 자녀에게 더 좋은 생활과 더 높은 지위를 물려주려는 꿈을 갖고 있을 것이다. 하지만, 취업기회의 감소와 인플레이션율의 증가는 자녀가 부모와 동등한 지위수준에 도달하기 어려운 상황을 초래하고 있는데, 이런 현상을 지위공황(status panic)이라고 한다.[32] 특히, 대단히 성공한 부모의 자녀는 부모와 같은 지위수준에 도달하지 못하고 중류층에 해당되는 경력에 그치기도 하는데, 이런 사람들을 현명한 지위하락자(savvy skidders)라고 부른다.[33]

이런 하향이동은 특정한 국가에 고유한 현상은 아니다. 예컨대, 동독, 체코슬로바키아, 헝가리 및 폴란드와 같은 구공산권 국가에서는 정부가 지원해주는 직업이 사라지면서 실직률이 크게 높아졌고, 다수의 근로자는 자신이 속했던 사회계층의 지위를

---

31 Greg J. Duncan, Martha Hill, and Willard Rogers, "The Changing Fortunes of Young and Old", *American Demographics*, August 1986, pp. 26–33; Katherine S. Newman, *Falling from Grace: The Experience of Downward Mobility in the American Middle Class* (New York: Free Press, 1988).

32 Newman(1988), *op. cit.*

33 Eisler(1983), *op. cit.*

상실할 지경에 처해 있다. 또한, 기술이 낙후된 공장이 많지만 공장신축이 더 싸게 먹히기 때문에, 많은 공장들이 폐쇄되었다. 물가는 엄청나게 치솟고 있어서, 냉혹한 경제 여건이 조성되고 있다. 따라서, 이제 많은 사람들은 과거보다 더 형편이 어려움을 절실히 느끼고 있는 실정이다.

최근 일본의 번영은 상향이동과 하향이동을 동시에 초래하였다.[34] 경제적으로 풍요한 시기를 맞이하여 많은 혜택을 본 소수의 재산 소유주인 뉴리치(new rich)가 있는가 하면, 경제적으로 많은 어려움을 겪고 있는 계층인 다수의 뉴푸어(new poor)가 있다. 예컨대, 집값이 18년 동안 꼬박 모아야 할 월급에 해당되므로, 서민들이 집을 살 만한 여유는 별로 없다.

그런데, 이런 하향이동은 소비자에게 실망과 각성을 동시에 초래한다.[35] 사람들은 가족의 생계를 위해, 경기침체와 싸우기 위해, 명예로움을 유지하기 위해 부단히 애쓰고 있는데, 이럴 때는 소비자가 자기 자신의 가치를 보호하기 위한 목적으로 어떤 획득행동이나 소비행동을 수행하기도 한다. 그런 예로는 개인이 자기 자신에 대해 좋은 느낌을 갖기 위해 어떤 품목을 새로 구입하는 것을 들 수 있다.[36] 한편, 형편이 어려워지면 사람들은 덜 중요한 품목에 대한 지출부터 줄이기 때문에, 하향이동이 자동차나 집과 같은 소유물의 처분행동을 초래하기도 한다.

3. 사회계층의 분화

사회계층의 분화(social class fragmentation)란 어떤 사회에서 오래된 사회계층의 구분이 와해되는 현상을 말하는데, 그 원인은 다음과 같은 세 가지 요인과 밀접한 관계가 있다.[37]

첫째, 상향이동과 하향이동의 진행이다. 앞에서 설명했던 이 두 요인이 오래된 사회계층의 구분을 점차 모호하게 만들고 있다.

둘째, 대중매체 커뮤니케이션의 이용가능성 증가이다. 이에 따라 과거보다 훨씬 더 많은 소비자들이 다른 계층과 다른 문화의 가치관과 규범에 노출되고 있어서, 이제

34 "Japan's Consumer Boom: The Pricey Society", *The Economist*, September 9, 1989, pp. 21-24.

35 Newman(1988), *op. cit.*

36 Scott D. Roberts, "Consumer Responses to Involuntary Job Loss", *Advances in Consumer Research*, Vol. 18, 1988, pp. 40-42.

37 Kenneth Labich, "Class in America", *Fortune*, February 7, 1994, pp. 114-126.

소비자들은 다른 사회계층과 다른 집단의 특이성을 자기 자신의 행동에 통합시킬 수 있다.

셋째, 커뮤니케이션기술의 발전이다. 이는 소비자들이 사회계층의 경계선을 넘어 상호작용을 할 수 있도록 만들고 있다. 예컨대, 온라인 컴퓨터네트워크의 인기가 점차 높아짐에 따라, 사회계층의 소속과는 무관하게 전혀 모르는 사람들끼리도 커뮤니케이션을 할 수 있게 되고 있다.[38]

이런 요인들은 사회계층의 구분을 나름대로 뚜렷한 가치와 행동패턴을 가지는 다양한 하위부문으로 분화하는 결과를 초래한다.[39] 미국의 경우에 그런 하위부문의 예로 초부유층 가족인 Suburban Elite, 가난한 편부모 가족인 Hard Scrabble, 상향이동을 하는 가족인 Young Influentials, 준교외에 거주하는 경영자가족인 God's Country, 퇴직자촌의 고령시민인 Golden Ponders, 아프리카계 미국인으로서 서비스근로자 가족인 Downtown Dixie-Style 등을 들 수 있다. 다른 나라에서도 이와 유사한 추세가 발생하고 있다.

제 3 절 사회계층이 소비에 미치는 영향

사회계층은 소비자행동에 어떤 영향을 미칠까? 사회계층은 소비자의 획득행동, 소비행동 및 처분행동에 대한 원인이나 동기로 작용하는 경우가 많다. 그러면, 이 절에서는 이와 관련된 네 가지 주요 주제로 ① 과시적 소비, ② 지위상징물의 획득, ③ 보상적 소비, ④ 돈의 의미를 검토하기로 한다.

1. 과시적 소비

과시적 소비(conspicuous consumption)란 소비자가 자신의 구매능력을 입증하기 위해 사치성 제품과 서비스를 획득해서 이를 타인에게 가시적으로 드러내 보이는 것을 말한다.[40]

---

38 Labich(1994), *op. cit.*

39 Labich(1994), *op. cit.*

40 Thorstein Veblen, *The Theory of the Leisure Class* (New York: Macmillan, 1899).

이런 과시적 소비의 대상되는 물건은 타인에게 무언가 말해주는 바가 있기 때문에, 그 소유주에게 중요한 의미가 있다. 다른 사람들이 볼 수 없으면 메시지도 전달될 수 없기 때문에, 과시적 소비의 대상에는 가시성(visibility)이 무엇보다도 중요하다.

원래 과시적 소비라는 개념은 상류층 사람들이 자신의 부와 파워를 커뮤니케이션하기 위해 매우 값비싼 물건을 구입해서 남에게 드러내 보이는 행동을 표현하는 데 주로 사용되어 왔다. 예컨대, 1890년대의 거부 밴더빌트(William H. Vanderbilt)는 자신의 민간철도 자동차를 라이벌인 스탠포드(Leland Stanford)보다 더 비싸게 디자인하였고, 그의 세 번째 요트는 당시에 가장 크고 멋지게 만들었다.

하지만, 오늘날에는 과시적 소비가 특정한 사회계층에 한정되지 않고 대부분의 사회계층에서 관찰된다.[41] 말하자면, 사회계층의 소속에 관계없이 사람들은 이웃에게 지지 않으려고 일종의 허세를 부리는 행동을 하기도 한다. 즉, 자신이 속하는 사회계층에서 존경받는 구성원이 가지는 것으로 규정되는 치장품(trappings)을 구입하여 이를 남에게 드러내 보이는데, 다음은 그 몇 가지 예이다.

첫째, 중류층 가족이 PC를 구입하는 것은 이웃에 자신이 그것을 살 만한 여유가 있고 자녀들이 앞서 가기를 바란다는 것을 타인에게 보여주기 위해서 일 수 있다.

둘째, 해외여행 붐은 자신이 그만큼 성공했다는 것을 타인에게 말해주는 한 가지 방식이 될 수 있다.

셋째, 근로계층 남자가 새로운 모터보트나 스테레오, 혹은 픽업트럭을 구입하는 것은 친구에게 자랑하기 위해서일 수 있다.

이런 과시적 소비는 세계 도처에서 발견되는 현상이 되고 있는데, 다음은 이를 반증하는 두 가지 예이다.

첫째, 아랍세계의 신흥 상류층은 막강한 구매력을 바탕으로 해서 자동차, 비행기 및 각종 첨단기술제품에 대해 과시적 소비를 수행한다.

둘째, 이제는 구공산권 국가의 소비자들도 소비경쟁(consumption competitiveness) 현상을 드러내 보이고 있는데, 그 저변에는 남들이 다 하는 것을 자신만 제대로 따라가지 못하는 것은 '마을의 수치(the shame of the village)'라는 의식이 깔려 있다.[42]

---

41 Christine Page, "A History of Conspicuous Consumption", in eds. Floyd Rudmin and Marsha Richins, *Meaning, Measure, and Morality of Materialism* (Provo, Utah: Association for Consumer Research, 1993), pp. 82-87.

42 Guliz Ger, Russell W. Belk, and Dana-Nicoleta Lascu, "The Development of Consumer Desire in Marketizing and Developing Economies: The Cases of Romania and Turkey", *Advances in Consumer Research*, Vol. 20, 1992, pp. 102-107.

소비자는 과시적 소비가 아닌 과시적 낭비(conspicuous waste)를 수행하기도 하는데, 이는 타인에게 내보이기 위해 어떤 물건을 구입하되 실제로는 그것을 잘 사용하지는 않는 현상을 말한다. 예컨대, 부유층 사람들은 잘 사용하지 않는 호화주택이나 잘 쓰지도 않는 고급피아노 혹은 별로 몰지도 않는 고급자동차를 굳이 많은 돈을 들여 구입하기도 한다.[43]

2. 지위상징물의 획득

사람들은 종종 소유물을 기반으로 해서 타인을 판단하기도 한다. 이런 사고는 과시적 소비와 깊은 관계가 있다. 사람들은 지위상징물(status symbol)이 되는 제품이나 서비스를 사용하여 사회적 계층구조에서 자신이 어떤 인물인가를 표현하기도 한다.[44]

다음은 각국에서 소비재의 구매나 소비가 지위상징물이 되는 몇 가지 예이다.[45]

첫째, 미국에서는 롤렉스(Rolex)와 같은 고급시계를 차거나 메르세데스(Mercedes)와 같은 고급자동차를 소유하는 사람은 상류층으로 간주되고, 시내에서 고급양주를 마시거나 금이나 보석으로 치장하는 것은 종종 일종의 지위상징물로 간주된다.

둘째, 태국에서는 셀룰러 휴대폰을 소유하거나 고급선박여행을 하는 것이 높은 지위를 암시한다.

셋째, 일본에서는 록가든이나 골프클럽의 회원권을 가진 것이 높은 지위를 암시한다.

넷째, 브라질에서는 맥도날드나 버거킹과 같은 패스트푸드식당에서 음식을 먹는 것이 중-하류층 소비자의 지위를 상징한다.

다섯째, 루마니아에서는 서구식의 청바지, 자동차, 의류, 아파트, 혹은 전자기기를 소유하는 것은 높은 지위를 나타내는 강력한 지표이다.

이런 시각에서 보면, 소비자의 획득행동과 소비행동은 소비자가 자신이 현재 속하는 사회계층뿐만 아니라 자신이 속하기를 열망하는 사회계층을 표현해주는 물건을 획

43 Janeen Arnold Costa and Russell W. Belk, "Nouveaux Riches as Quintessential Americans: Case Studies of Consumption in the Extended Family", *Advances in Nonprofit Marketing*, Vol. 3, 1990, pp. 83-140.

44 Rebecca H. Holman, "Product Use as Communication: A Fresh Appraisal of a Venerable Topic", in eds. Ben M. Enis and Kenneth J. Roering, *Review of Marketing* (Chicago: American Marketing Association, 1981), pp. 106-119.

45 Marlene Rossman, *Multicultural Marketing* (New York: American Marketing Association, 1994).

득하고 소비하려는 일종의 탐구행위(quest)라고 말할 수 있다. 예컨대, 중류층 소비자는 남들이 자신을 긍정적으로 판단하도록 만들기 위해 사람들이 부러워하는 곳에서 멋진 집을 소유하려는 강한 열망을 드러내기도 한다. 또한, 소비자들은 자신의 사회적 지위에 비추어 과하다고 생각되는 품목, 즉 자신의 사회계층에 속하는 구성원들이 전형적으로 구입할 여유가 없는 제품이나 서비스를 과감하게 구입함으로써 자신의 부를 남에게 과시하기도 한다. 요즈음 유행하는 해외여행의 이면에서는 어쩌면 바로 이런 동기가 크게 작용하고 있을지도 모른다.

그런데, 이런 지위상징물의 사용행동이 일반적인 방향과 반대되는 방향으로 전파되기도 하는데, 이를 패러디연출(parody display)이라고 한다.[46] 예컨대, 과거에는 몸에 문신하는 것은 주로 하류층 사람들이 많이 하였지만, 이제는 중류층과 상류층 사람들이 이것을 더 많이 수용하고 있다. 또한, 원래 특정한 사회계층을 나타내는 어떤 지위상징물이 여러 사회계층으로 너무 폭넓게 확산되면 그것의 지위표현력(status connotation)을 잃게 되는데, 그렇게 된 지위상징물을 기만적 지위상징물(fraudulent symbol)이라고 부른다. 예컨대, 1980년대에 디자이너 청바지는 중요한 지위상징물 중의 하나였지만, 이후 많은 사람들이 그런 청바지를 입게 되면서 그것의 지위표현력이 많이 떨어지게 되었다.

3. 보상적 소비

보상적 소비(compensatory consumption)는 소비자가 자신의 관심을 소비로 돌림으로써 존경의 결핍이나 부족을 상쇄해 보려고 시도하는 현상을 말하는데,[47] 이 개념도 사회계층과 밀접한 관계가 있다. 일상생활에서 어떤 좌절감이나 어려움을 겪은 소비자는 바람직한 어떤 지위상징물을 구입함으로써 이를 보상하려고 할 수 있다. 예컨대, 직장의 승진심사에서 탈락한 소비자는 이참에 멋진 옷이나 한 벌 구입해서 마음의 위로를 받고자 할 수 있는데, 이런 획득행동은 소비자가 상처받은 자존심을 회복하는 데 도움을 준다.

미국의 경우에 보상적 소비는 근로층의 획득패턴을 전형적으로 표현하는 것이었지만, 최근에는 중류층과 상류층에서도 종종 나타나고 있다. 특히, 이는 미국에서

46 John Brooks, *Showing Off in America* (Boston: Little, Brown, 1981).

47 Sigmund Gronmo, "Compensatory Consumer Behavior: Theoretical Perspectives, Empirical Examples and Methodological Challenges", in eds. Paul F. Anderson and Michael J. Ryan, *1984 American Marketing Association Winter Educators' Conference* (Chicago: American Marketing Association, 1984), pp. 184-188.

1946~1964년 사이에 태어난 베이비붐 세대에 잘 해당된다. 비교적 경제적으로 어려운 시기를 겪었고 동일한 세대에 속한 사람들의 수가 많았던 베이비붐 세대의 사람들은 자신들의 부모와 대등한 수준의 승진, 욕구충족 및 번영을 누리지 못했기 때문에, 그런 실망감을 상쇄하고자 자신의 욕구를 충족시키는 소비행위를 지향하고 있다.[48] 예컨대, 1960년대의 히피들이 1980년대와 1990년대에 와서는 매우 물질적인 존재로 바뀌었는데, 이는 그들이 소비하는 자동차(예: BMW, Saab, Volvo), 패션의류(예: brooks Brothers, Polo), 헬스클럽의 회원권 및 해외여행 등에서 잘 입증되고 있다.

일본에서는 보상적 소비가 집을 구입할만한 여유가 없는 중류층 소비자의 주요 특성이 되고 있다. 즉, 가격이 엄청나게 비싼 집을 구입하는 데 돈을 쓰지 않기 때문에, 중류층 소비자들은 지위상징물로 밍크코트나 골프 회원권, 혹은 멋진 외제차를 구입할 수 있게 되었다.

4. 돈의 의미

사회계층과 관계가 있는 또 하나의 중요한 개념은 돈의 의미이다. 돈을 교환수단이나 지불기준이라고 정의하는 경제학자의 시각에서 보면, 매우 기능적이고 실용적인 목적을 충족시키면서 소비자가 일상생활에 필요한 물건을 손쉽게 획득할 수 있게 해주는 것이 돈이다.[49] 하지만, 돈의 의미에는 이런 기능적이고 실용적인 차원을 넘어 예컨대 안전, 파워, 사랑 및 자유를 상징하는 의미도 있다.

일반적으로 소비자는 초기 아동기부터 돈의 의미를 학습한다. 대개 부모는 자녀를 통제하는 데 나름의 보상-처벌시스템(reward-punishment system)을 개발하여 사용한다.[50] 따라서, 자녀들은 자신이 올바른 행동을 했거나, 좋은 성적을 받았거나 혹은 집안일을 도와주면, 부모가 용돈을 주거나 자신이 원하는 물건을 사준다는 것을 어려서부터 학습하게 된다. 이런 초기의 학습은 나중에 돈이 행복과 생활의 충족감을 가져다주는 수단일 뿐만 아니라 사회적 지위와 품위를 상징하는 물건을 획득하는 수단이라고 보게 되는 성인기까지 연결된다. 이것이 돈벌이에 대한 지나친 열망과 탐구행위를 초래하기도 한다.

---

48 Russell W. Belk, "Yuppies as Arbiters of the Emerging Consumption Style", *Advances in Consumer Research*, Vol. 13, pp. 514-519.

49 Adrian Furnham and Alan Lewis, *The Economic Mind, The Social Psychology of Economic Behavior* (Brighton, Sussex: Harvester Press, 1986).

50 Russell W. Belk and Melanie Wallendorf, "The Sacred Meanings of Money", *Journal of Economic Psychology*, March 1990, pp. 35-67.

따라서, 돈의 의미는 소비자의 소비패턴을 이해하는 데 매우 중요하다. 돈은 소비자가 속하는 사회계층의 지표인 지위목적물(status objects)을 획득할 수 있게 해주고, 더 많은 것을 획득할 수 있게 함으로써 더 높은 수준으로 올라가는 한 가지 수단이 된다.

소비자가 돈을 처리하는 방법에는 차이가 있다. 자신이 원하는 물건을 얻기 위해 돈을 많이 지출하는 지출형 소비자(spenders)가 있는가 하면, 저축을 하기 위해 돈의 지출을 극도로 자제하는 절제형 소비자(self-deniers)도 있다. 한 조사에 따르면, 지출형 소비자가 절제형 소비자보다 더 건강하고 행복한 경향이 있다.[51] 특히, 절제형 소비자는 심신에 질병이 더 많은 편이고, 금융, 개인적 성장, 친구 및 직장이라는 면에서 더 불행한 경향이 있는 것으로 나타났다.

〈표 13-6〉에서 보는 바와 같이 돈의 의미에는 긍정적인 측면과 부정적인 측면이 있다. 우선, 긍정적인 측면에서 보면, 돈은 필요한 물건을 획득하고, 더 높은 생활의 질을 향유하며, 다른 사람이나 사회전체를 도울 수 있게 해준다. 또한, 돈은 근면한 생활에 대한 당연한 보상으로 지각될 수 있다.

표 13-6 돈의 의미

긍정적인 측면	부정적인 측면
▪ 필요한 물건의 획득 ▪ 더 높은 생활의 질 향유 ▪ 타인과 사회에의 공헌 ▪ 근면한 생활에 대한 보상	▪ 강박관념, 탐욕, 부정직함 및 각종 해로운 관행(예: 도박, 매춘, 마약 거래)의 유도 ▪ 걱정, 우울증, 분노 및 무력감과 같은 부정적인 정서의 유도

한편, 부정적인 측면에서 보면, 지나치게 돈을 탐하는 것은 강박관념, 탐욕, 부정직함, 각종 해로운 관행(예: 도박, 매춘, 마약 거래)을 유도한다. 또한, 돈은 걱정, 우울증, 분노, 무력감과 같은 다양한 부정적인 정서를 초래할 수 있는데,[52] 바로 이는 여러 종교에서 돈을 억제되어야 할 악마의 유혹으로 간주하는 이유이다.[53] 부(富)를 가진 사람은 일반적으로 타인의 존경을 받지만, 돈에 대한 강박관념적인 열망은 종종 경멸의 대상이 되어 다른 사람들로부터 소외를 받을 수 있다.[54] 더욱이, 자신의 부를 다른 사람과

51 C. Rubenstein, "Your Money or Your Life", *Psychology Today*, 12, 1980, pp. 47–58.

52 Furnham and Lewis(1986), *op. cit.*

53 Belk and Wallendorf(1990), *op. cit.*

54 H. Goldberg and R. Lewis, *Money Madness: The Psychology of Saving, Spending, Loving,*

나누지 않는 사람은 이기적이고 탐욕스러운 존재로 간주되는 경우가 많다.

구공산권 국가에서는 소득의 차이란 원래 불공평하고 비도덕적인 것이라고 생각해서, 돈을 일종의 악으로 간주한다. 또한, 사적인 연결관계와 물물교환을 더 중요시하기 때문에, 돈은 절대적으로 부족한 상품을 획득하는 데 별다른 역할을 하지 못한다. 그 결과, 이런 국가의 소비자들은 돈을 쓴다거나 모은다는 개념을 이해하는 데 어려움이 많다.

서구사회에서는 '돈으로 행복을 살 수 있다.'는 보편적인 믿음이 있지만, 이것이 사실이 아닌 경우도 많다. 대단한 거부였지만 전반적으로 삶이 불행했고 또한 욕구가 충족되지 못했던 사람의 대표적인 예로는 게티(J. Paul Getty)와 휴즈(Howard Hughes)를 들 수 있다. 특히, 엄청난 부를 얻게 되면, 돈이 별 의미가 없어져서 이를 더 이상 원하지 않게 되기도 한다. 더욱이, 부가 많이 축적되면 과거에 자신에게 즐거움을 주었던 일(예: 밭일, 세탁)을 모두 다른 사람에게 의뢰하기도 하는데, 이는 자신의 생활을 너무 단조롭게 만드는 결과를 초래하기도 한다. 또한, 사랑, 진정한 우정 및 자녀처럼, 돈으로 살 수 없는 것도 많다. 요컨대, 돈을 끝없이 추구하면, 영원히 충족되지 못할 꿈으로 끝날 수 있다.

제 4 절 사회계층별 소비패턴

지금까지 사회계층이 소비행동에 미치는 영향을 살펴보았는데, 이 절에서는 특정한 사회계층이 나타내는 소비패턴을 검토함으로써 이런 논의를 더 확장하기로 한다. 이미 지적한 바와 같이 사회계층간의 구분이 점차 모호해지고 있고 또한 사회계층이 분화되고 있어서 사회계층별 소비패턴을 엄밀하게 논의하기가 어려운 것은 사실이다. 따라서, 여기서는 편의상 사회계층을 ① 상류층, ② 중류층 및 ③ 근로층이라는 세 개의 주요집단으로 구분해서 그 주요 특성과 소비패턴을 설명하기로 한다.

---

and Hating Money (London: Springwood, 1979).

1. 상류층의 소비패턴

1) 상류층의 주요 특성

대부분의 사회에서 상류층(upper class)은 귀족층(aristocracy), 신흥사회적 엘리트(nouveaux), 중-상류층(전문가)을 포함하는 여러 개인들의 집단으로 구성된다. 예컨대, 미국의 귀족층은 19세기 후반과 20세기 초에 많은 부와 파워를 획득하여 그 유산으로 현재의 구성원이 살아가고 있는 조상 대대로의 재산을 가진 가문으로 구성되는데, 그 대표적인 예로는 듀퐁가문(DuPonts), 밴더빌트가문(Vanderbilts), 록펠러가문(Rockefellers) 그리고 포드가문(Fords)을 들 수 있다. 하지만, 이런 귀족층은 미국 사회의 1% 미만을 차지하는 데 불과하기 때문에, 사실 소비자연구가와 기업이 관심을 가질 만큼 충분히 규모가 큰 대상은 신흥사회적 엘리트와 중-상류층이라는 두 가지 상류층 집단이다.

2) 상류층의 소비패턴

상류층의 구성원들은 소비행동에 관련된 다수의 공통적인 가치관과 라이프스타일을 공유한다. 이런 상류층 소비자는 스스로를 지적이고, 자유로우며, 정치적이고, 사회의식적인 존재로 보는 경향이 있기 때문에, 연극관람, 미술작품에 대한 투자, 서적구매, 여행(특히, 해외여행), 대의명분이 있는 사회사업을 위한 기부활동, 고급교육프로그램에 대한 참여(prestige schooling), 민간클럽의 회원가입과 같은 각종 행동을 많이 수행한다.[55] 또한, 상류층 소비자에게는 자기표현도 중요하기 때문에, 고품질의 유명상표를 잘 구입한다. 이런 소비행태는 미술작품이나 고급가구와 같은 고상한 상품(fine goods)을 대량으로 소비하였던 전세기의 유럽(특히 프랑스) 귀족층으로 소급되는데, 이는 나중에 다른 사회의 상류층에 의해 모방되었다.[56]

신흥부유층(nouveaux riches)은 상류층 중에서 자기 세대에 와서 상당한 지위와 부를 획득한 자수성가형의 사람들로서, 돈을 벌기 위해 열심히 일했다는 생각을 강하게 갖고 있는 일벌레(workaholics)이다. 사실, 이런 신흥부유층에 관하여 출간된 각종 문학매체와 저서를 분석한 결과에 따르면, 이들의 성취에 관련된 세 가지 주제는 창업가정신, 소비로 달성된 유명인사의 지위, 예술성/기예(artistry/craftsmanship)로 성취된 지

55 Coleman(1983), *op. cit.*

56 Rosalind H. Williams, *Dream Worlds: Mass Consumption in Late Nineteenth-Century France* (Berkeley, Calif.: University of California Press, 1982).

위였다.[57]

신흥부유층은 소비자로서 두 가지 특성을 가진다.[58] 첫째, 이들은 같은 사회계층에 속하는 다른 사람들이 자신을 어떻게 생각하는지에 대해 관심이 많아서, 자신의 사회적 위치를 증명하려고 과시적 소비를 하는 경우가 많다. 따라서, 그들은 가격이 비싸기로 유명하고 또한 공개적으로 소비되어 타인에게 잘 보이는 품목을 구입할 가능성이 있는데, 롤스로이스(Rolls-Royce)나 메르세데스(Mercedes) 자동차, 롤렉스(Rolex) 시계, 몽블랑(Mont Blanc) 펜, 혹은 디자이너 의류가 바로 그 대표적인 예이다. 둘째, 이들은 자신의 획득된 부를 상징하는 각종 물건을 수집하는 경향이 있는데, 그런 물건의 예로는 가구, 미술작품, 자동차 및 보석 등을 들 수 있다. 특히, 이런 경우에는 파워와 부를 전달하는 능력이라는 측면에서 물건이 가지는 가격과 이미지가 매우 중요하다.

상류층 소비자의 소비행동적 특성을 보여주는 몇 가지 연구결과를 소개하면 다음과 같다.

첫째, 프랑스의 상류층 소비자는 식품, 스포츠활동 및 건강미용 관련품목에 대한 선호에서 하류층 소비자와 차이가 있다.[59]

둘째, 상류층은 부자이므로 그야말로 '돈으로 아름다움을 산다.' 즉, 고급체육관에 회원가입을 하고, 개인코치를 두며, 유명한 헬스스파에 가고, 약초 바디랩(herbal body wraps), 고급 마사지(Swedish and Shiatsu massage), 안면 마사지, 매니큐어 및 성형수술을 받는다.[60]

셋째, 식품도 과시적 소비의 대상이 될 수 있는데, 이국적인 음식일수록 이에 부여되는 지위가 더 높아진다. 배타적인 고급식당일수록, 보통 1인분(portions)의 양이 더 적다.[61]

넷째, 신흥부유층은 통상 1박에 600~1,000달러나 하는 고급호텔에서 숙박하고, 카 레이싱과 같이 비용이 많이 드는 취미생활을 즐긴다.[62]

---

57 Elizabeth C. Hirschman, "Secular Immortality and the American Ideology of Affluence," *Journal of Consumer Research*, June 1990, pp. 31–42.

58 Costa and Belk(1990), *op. cit.*

59 Bourdieu(1984), *op. cit.*

60 Priscilla A. Labarbera, "The Nouveau Riches, Conspicuous Consumption and the Issue of Self-Fullfillment," in eds. Elizabeth C. Hirschman and Jagdish N. Sheth, *Research in Consumer Behavior* (Greenwich, Conn.: JAI Press, 1988), pp. 179–210.

61 Brooks(1899), *op. cit.*

62 Robin Leach and Judith Rich, *Life Styles of the Rich and Famous* (Garden City, N.Y.: Doubleday, 1986).

상류층 소비자가 어떤 품목을 구입할 때는 위와 같이 과시적 소비를 그 목표로 두는 경우가 많다. 하지만, 상류층의 소비자가 곧 낭비가(spendthrifts)인 것은 아니고, 오히려 다른 사회계층의 구성원보다 저축과 투자를 더 많이 할 가능성이 있다.[63] 또한, 상류층 소비자는 물건을 구매하기 전에 책이나 잡지 혹은 대리점을 통하여 신중하게 정보탐색을 수행하고, 가격을 품질의 지표로 사용할 가능성이 낮으며, 실제적인 제품특성에 많이 의존한다.[64]

그런데, 상류층에 대한 위와 같은 설명은 폭넓게 일반화한 내용에 불과하기 때문에, 상류층 내에서도 다양한 행동의 차이가 존재한다는 것에 유의해야 한다. 예컨대, 상류층 소비자 중에는 과시적 소비에 의해 구매동기가 유발되는 소비자가 있는가 하면, 실용적인 성향이 강해서 돈을 쓰는 데 인색한 소비자도 있다. 따라서, 상류층 내에서도 식별가능한 소비패턴을 가진 여러 하위집단이 존재할 수 있다. 예컨대, 미국의 상류층 중에서 WASP(White Anglo-Saxon Protestant) 소비자는 단순하고 실용적이지만 고품질의 소재로 만든 수제 가구를 선호하고, 실용적인 옷(즉, 단순하고 편안한 것)과 세련된 옷(즉, 사회적 지위를 전달하는 것)을 뚜렷하게 선호하는 특성이 있다.[65]

2. 중류층의 소비패턴

1) 중류층의 주요 특성

중류층(middle class)은 주로 사무직(화이트칼라) 근로자로 구성되는데, 그중의 다수는 대학중퇴자이다. 중류층 소비자들은 올바른 일을 하고, 자녀를 위해 좋은 일을 하며, 유행에 맞는 생활을 하기를 원한다.[66] 또한, 이들은 좋은 학교가 있는 좋은 주거지역에서 좋은 주택을 가지길 바란다. 따라서, 중류층은 교육에 많이 투자하고, 고급상표를 주로 취급하는 다소 가격이 비싼 의류점에서 쇼핑을 하고, 자신이 선호하는 상표에 집착하며, 가구에 관심이 많고, 신용구매를 할 가능성이 있다.

---

63 C. W. Young, "Bijan Designs a Very Exclusive Image," *Advertising Age*, March 13, 1986, pp. 18, 19, 21.

64 V. Kanti Prasad, "Socioeconomic Product Risk and Patronage Preferences of Retail Shoppers," *Journal of Marketing*, July 1975, pp. 42-47.

65 Elizabeth C. Hirschman, "Upper Class WASPS as Consumers: A Humanist Inquiry," in eds. Elizabeth C. Hirschman and Jagdish N. Sheth, *Research in Consumer Behavior* (Greenwich, Conn.: JAI Press, 1988), pp. 115-147.

66 Coleman(1983), *op. cit.*

2) 중류층의 소비패턴

중류층 소비자의 주요 특징 중의 하나는 특정한 행동에 관한 지침을 상류층에서 찾는다는 점이다. 예컨대, 적절한 식사예법, 의류의 선택[67] 및 레저활동(예: 골프, 테니스, 스쿼시)이 바로 그런 예이다.[68] 또한, 이런 특징은 연극관람, 휴가여행 및 성인교육 프로그램에 대한 참여를 유도한다. 하류층 소비자에 비해 중류층 소비자는 식품예산 중의 상당한 비율을 집으로 가져가서 먹는 음식(take-out)을 구입하거나 멋진 식당에서 식사하는 것에 지출한다.[69]

중류층의 가치관이 중류층 소비자가 선호하는 제품과 상표의 유형을 결정하기도 한다. 〈표 13-7〉은 1980년대와 1990년대에 미국의 중하류층, 중류층 및 중상류층이 선호하는 것이 무엇인지 보여주는데, 이를 보면 10년 사이에 많은 변화가 있었다는 것을 알 수 있다.

표 13-7 미국 중류층 소비자의 선호

	연대	중하류층	중류층	중상류층
자동차	1980년대 1990년대	Hyundai Geo	Chevrolet Celebrity Chrysler Minivan	Mercedes Range Rover
업무용 남자신발	1980년대 1990년대	Sneakers Boots	Wingtips Rockports	Cap Toes Loafers
업무용 여자신발	1980년대 1990년대	Spike-heel pumps High-heel pumps	Mid-heel pumps Dressy flats	High-heel pumps One-inch pumps
알코올음료	1980년대 1990년대	국산맥주 국산 라이트맥주	White wine spritzer California Chardonnay	Dom Perignon Cristal
레저	1980년대 1990년대	스포츠관람 스포츠를 하는 것	영화관람 비디오대여	골프 컴퓨터로 노는 것
영웅	1980년대 1990년대	Roseanne Barr Kathie Lee Gifford	Ronald Reagon Janet Reno	Michael Milken Rush Limbaugh

※ 자료: Kenneth Labich, "Class in America," *Fortune* 7, 1994, p. 116.

67 특히, 상향이동을 열망하는 소비자의 경우에 상류층의 취향은 중요한 선택기준이 된다.
68 Hirschman(1988), *op. cit.*
69 Crispell(1994), *op. cit.*

그런데, 같은 중류층에 속하는 소비자들이라도 가치관과 소비패턴에 차이가 존재할 수 있다는 점에 주의해야 한다. 예컨대, 미국의 중류층 소비자 가운데는 전통적인 중류층과 신흥중류층이라는 두 개의 뚜렷한 하위집합이 존재한다.[70]

우선, 전통적인 중류층은 기회가 풍부했던 1950년대와 1960년대에 교외로 이주했고, 최근에 경제적으로 어려운 시기를 맞이하고 있다. 이들은 정치적 및 문화적으로 자유롭지만, 종교에 의해 행동이 많은 영향을 받는 경향이 있다.

한편, 최근에 비로소 중류층에 도달한 신흥중류층은 다양한 인종집단 출신(특히, 아프리카계 미국인과 아시아계 미국인)이거나 새로 부상한 생산직근로자 출신이다. 경제적으로 어려운 시기에 자신의 직장을 위협받았기 때문에, 이들은 엄격히 보수적이고, 전통적인 중류층의 가치관을 그대로 보존하기를 좋아한다. 즉, 어렵게 일해서 번 소득을 잘 보호하려고 하는 강한 열망을 갖고 있다.

참고로, 다른 국가의 중류층도 미국 중류층과 유사한 특성을 나타내고 있다. 예컨대, 미국 중류층과 비슷한 특징을 많이 갖고 있는 멕시코 중류층은 자유재량소득 중의 상당한 부분을 자동차, 의류, 휴가여행 및 가족용품을 구입하는 데 소비한다.[71] 단지 양자의 차이는 멕시코 중류층의 평균소득이 10,000달러 정도로 미국 중류층의 평균소득보다 더 낮다는 점이다. 따라서, 멕시코 중류층은 필수품을 구입하는 데 더 많이 지출하며, 신용구매를 별로 하지 않아서 이에 관련된 부채가 더 적은 편이다. 또한, 대부분의 자녀가 결혼하기 전까지는 부모 집에서 함께 살기 때문에, 결혼 전에 자녀가 벌어들이는 소득은 자신들이 즐기는 데 많이 사용된다.

세계도처의 개발도상국들은 새로운 번영기를 맞이하면서, 중류층의 규모가 폭발적으로 증가하였다.[72] 그중에서 가장 큰 변화를 보인 지역은 동아시아지역(예: 중국, 인도, 인도네시아, 한국)이고, 일부의 남미국가(예: 멕시코, 브라질, 아르헨티나)와 폴란드 그리고 동독이 그 뒤를 따랐다. 이런 여러 국가의 중류층에서는 개인적 소비가 급증하고 있는데, 특히 세탁기, TV, VCR 및 스테레오와 같은 전형적인 중류층 품목의 매출이 크게 증가하고 있다.

그런데, 중류층 소비자의 소득은 국가별로 상당한 차이가 있다. 예컨대, 중국 중류층은 연간 가구소득이 1,000달러 정도이지만, 폴란드 중류층은 연간 가구소득 3,000달러 정도로 중국의 세 배에 해당된다. 더욱이, 서구의 소비자가 세탁기 한 대를 구입

---

70 Kenneth Labich, "Class in America," *Fortune*, February 7, 1994, pp. 114-126.

71 "Middle-Class on $10,000 a Year," *American Demographics*, September 1994, pp. 15-17.

72 Rahul Jacob, "The Big Rise," *Fortune*, May 30, 1994, pp. 74-80.

하기 위해서는 단 5일 정도만 일하면 되지만, 동유럽과 중동의 소비자가 세탁기 한 대를 구입하기 위해서는 40~45일 정도 일해야 한다. 하지만, 이러한 지역에서의 생활비는 상당히 낮은 편이어서, 필수품의 가격수준도 낮다.

3. 근로층의 소비패턴

1) 근로층의 주요 특성

주로 생산직근로자(블루칼라)로 구성되는 근로층의 한 가지 핵심적인 특징은 취업기회, 조언(특히, 중요한 구매에 관한), 경제적으로 어려운 시기 동안의 도움과 같은 각 분야에서 가족구성원의 경제적 및 사회적 지원에 많이 의존한다는 점이다.[73] 따라서, 근로층은 다른 계층에 비해 사회적, 심리적 및 지리적으로 훨씬 더 지역지향적인 경향이 강하다. 예컨대, 근로층의 남자들은 스포츠팀, 뉴스부문 및 휴가여행(통상 집에서 2시간 미만 걸리는 곳) 등에서 강한 지역선호도를 내보인다.[74] 또한 근로층은 다양한 외제자동차의 도입과 '크고 강력한 자동차'라는 남성다움의 상징(macho symbol)을 버리는 것에 대해 가장 강력한 저항을 보인다.

미국의 근로층은 새로운 변화에 저항하는 모습을 유지해 왔다.[75] 예컨대, 전통적인 성별 역할(sex role)이 그대로 보존되고 있는 것이 그 좋은 예이다. 여자의 생활은 집과 자녀를 중심으로 해서 계속 반복되며, 사회적 접촉의 주된 대상은 가까운 친척이나 친구 혹은 이웃사람으로 대개 이들이 생활 속에서 아는 사람 전부이다. 남자의 생활은 직장, 남자의 우정을 돈독하게 하는 일(camaraderie)(예: 사냥, 낚시, 현지 선술집) 각종 수리활동(예: 자동차수리와 집수리) 등에 집중된다.

2) 근로층의 소비패턴

근로층도 다른 사회계층과 마찬가지로 식별가능한 소비패턴을 갖고 있다. 예컨대, 미국의 근로층이 지역이나 집을 지향하는 성향은 하이네켄(Heineken)보다는 쉐퍼(Schaeffer)맥주, 토요타(Toyota)보다는 포드(Ford) 픽업트럭, 소니(Sony)보다는 RCA TV, 말보로(Marlboro) 담배, 필드앤스트림(Field and Stream) 잡지, 블랙앤데커(Black and Decker) 전기공구 그리고 맥도날드(McDonald) 패스트푸드와 같은 제품을 구매하는 행동에 잘 반영

73 Coleman(1983), *op. cit.*
74 Coleman(1983), *op. cit.*
75 Coleman(1983), *op. cit.*

되어 있다.[76] 또한, 다른 사회계층에 비해 근로층 소비자는 집에서 식사를 많이 하고 이동주택에서 거주할 가능성이 높다.[77]

근로층 소비자는 저축보다는 지출을 더 많이 하는 편이다.[78] 저축을 하더라도, 투자보다는 저금을 더 선호한다. 더욱이, 근로층 소비자는 가격을 기준으로 해서 제품이나 서비스의 품질을 판단하는 경향(즉, 가격-품질 연상)이 있고, 주로 대중양판점이나 할인점에서 쇼핑을 많이 하며, 구매시 제품이나 서비스에 관한 정보를 적게 갖고 있는 편이다.[79]

제 5 절 사회계층을 이용한 마케팅액션

사회계층이라는 개념은 기업의 마케팅계획에 중요한 시사점을 준다. 특히, 일종의 시장세분화 기준으로 사용되는 사회계층은 기업이 제품개발, 광고제작, 매체선택, 소매점설계라는 측면에서 중요한 의미가 있다.

1. 제품개발

각 사회계층의 지배적인 동기와 가치관은 그 사회계층에 속하는 소비자들이 원하는 제품이 무엇인가를 결정한다. 우선, 상류층 소비자는 품위, 편리 및 사치에 대한 욕구를 충족시키기 위해 지위상징물이 되는 제품을 비록 높은 가격이라도 기꺼이 지불하려고 한다.[80] 따라서, 높은 가격대의 휴가여행, 외제차, 수입포도주, 고급식당 및 패션의류는 이 집단에 특별한 소구력이 있다. 남미(예: 멕시코와 아르헨티나)와 미국의 상류층 소

76 Michael Solomon and Henry Assael, "The Forest or Trees: A Gestalt Approach to Symbolic Consumption," in ed. Jean Umiker-Sebek, *Semiotics: New Directions in the Study of Signs for Sale* (Berlin: Mouton de Gruyter, 1987), pp. 189-218.

77 William O'Hare and Barbara O'Hare, "Upward Mobility," *American Demographics*, January 1993, pp. 26-34.

78 Coleman(1983), *op. cit.*

79 Stuart Rich and Subhash Jain, "Social Class and Life Cycle as Predictors of Shopping Behavior," *Journal of Marketing Research*, June-July 1987, pp. 51-59.

80 LaBarbera(1988), *op. cit.*

비자는 컴퓨터, 전자기기 및 두 번째 자동차를 위한 매우 매력적인 시장이다.[81]

한편, 근로층은 적당한 가격의 양질 제품에 관심이 많기 때문에, 이러한 열망을 충족시키기 위해 디자인되는 제품이나 서비스가 많다. 그러한 예로는 가족용 모텔, 카페와 패스트푸드 식당, 경차나 중고차, 인스턴트커피, 그리고 가격이 싼 다목적 의류 등이 있다. 이 집단에게는 현지상표가 더 소구력이 클 수 있다. 예컨대, 미국 자동차 제조업체들은 근로층의 애국심이 강해서 이들의 지지도가 가장 높다는 사실을 발견한 바 있다.

대개 중류층은 규모가 상당히 크기 때문에, 기업의 주된 표적이 되는 경우가 많다. 예컨대, 최근에 인도에서는 대규모의 중상류층(1억 명)과 중하류층(2억 명)을 주로 겨냥해서 제품을 판매하려는 움직임이 크게 증가하고 있다. 중하류층이 차지하는 비율을 보면, 세숫비누와 라디오 판매의 75%, 세탁세제 판매의 60%, 모든 청량음료, 샴푸, 컬러 TV 판매의 33~50% 정도이다.[82]

기업은 특정한 사회계층에 적합한 이미지를 개발하는 방안이나 사회계층별로 상이한 제품계열을 개발하여 세분시장을 공략하는 방안을 모색할 수 있다. 예컨대, 미국에서 하이네켄(Heineken)은 상류층 맥주로, 쿠어스(Coors)와 밀러(Miller)는 중류층 맥주, 그리고 올드 스타일(Old Style)은 중하류층 맥주로 지각된다.[83] 한편, 안호이저-부쉬(Anheuser-Busch)는 중상류층을 위해 슈퍼 프리미엄 가격대의 미켈롭(Michelob), 중류층을 위해 프리미엄 가격대의 버드와이저(Budweiser), 근로층을 위해 저가격대의 부쉬(Busch)를 제공하고 있다.

또한, 기업은 상향이동에 대한 소비자의 열망에 소구하기 위해 '자사제품이 소비자의 사회적 지위를 높여준다'는 식으로 포지셔닝하는 방안을 모색할 수 있는데, 다음은 그 몇 가지 예이다.

첫째, 소비자의 문화적 성숙도(cultural sophistication)가 향상되도록 도와주는 각종 제품이나 서비스를 개발하는 방안이다. 예컨대, 가장 사랑 받는 클래식모음 CD, 슈퍼마켓 백과사전, 포도주와 미술작품 감상과 같은 특수주제에 관한 전문서적, 미술작품이나 과학, 음악에 더 손쉽게 접근할 수 있도록 하려는 의도로 마련된 TV프로그램을 들 수 있다. 이런 제품이나 서비스들은 원래 상류층이 문화적으로 중요시해 온 것에 관한 보

81 Ignacio Galceran and John Berry, "A New World of Consumers," *American Demographics*, March 1995, pp. 26–31.

82 Rahul Jacob, "India Is Open for Business," *Fortune*, November 16, 1992, pp. 128–130.

83 Kjell Gronhaug and Paul S. Trapp, "Perceived Social Class Appeals of Branded Goods and Services," *Journal of Consumer Marketing*, Winter 1989, pp. 13–18.

통사람들의 지식을 향상시키는 역할을 한다.[84]

둘째, 원래 상류층을 겨냥했던 서비스를 중류층에 확대 적용하는 방안이다. 예컨대, 은행에서 개별적으로 제공하는 금융조언과 자산관리를 들 수 있다.[85]

셋째, 광고에서 자사제품이 곧 소비자의 '성공'을 입증하는 증거라는 내용의 메시지를 전달하는 방안이다.

2. 광고제작

기업은 자사가 겨냥하는 사회계층에 적합한 광고메시지를 개발해야 한다. 첫째, 상류층 소비자를 겨냥한다면, '열심히 일한 것에 대한 당연한 보상'이나 '그만한 자격이 있으니, 당신이 하고 싶은 대로 하세요'라는 메시지를 강조할 수 있다. 자사제품이 지위상징물(예: 메르세데스와 롤렉스)이라는 식으로 포지셔닝할 수 있다. 또한 과시적 소비는 소비자의 행동을 유발하는 한 가지 중요한 요인이기 때문에, 광고메시지에서 자사제품으로 연상되는 사회적 지위나 가치를 강조할 수 있다. 예컨대, 롤렉스시계의 옥외간판 광고에서는 '당신의 손목을 쳐다보게 만드세요'라는 슬로건을 내세웠다. 일본의 상류층 소비자들에 소구하기 위해서는 영어단어와 서구식 모델을 사용하는 것이 중요하다.[86]

둘째, 중류층 소비자를 겨냥한다면, '올바른 일을 하는 것,' '유행에 맞는 것' 그리고 '자녀를 위해서 좋은 일을 하는 것'과 같은 메시지에 초점을 맞추어야 한다. 셋째, 근로층 소비자를 겨냥한다면, 메시지의 지역지향성이 강해야 하며, 좋아하는 활동(예: 사냥, 스포츠게임 관람, 볼링, 함께 어울려 술집 가는 일)과 더불어 집과 친구와의 우정에 초점을 두어야 한다.

그리고 기업은 자사가 겨냥하는 사회계층의 전형적인 구성원을 광고모델로 내세우는 방안을 사용할 수도 있다.

3. 매체선택

각 사회계층이 특정한 매체에 노출하는 정도에는 차이가 있기 때문에, 기업은 자

---

84 Allen and Anderson(1994), *op. cit.*

85 Peter Pae, "Private Bankers Court Merely Affluent," *Wall Street Journal*, May 12, 1992, pp. B1, B7.

86 LaBarbera(1988), *op. cit.*

사가 겨냥하는 사회계층이 즐겨보는 매체를 파악해서 그런 매체에 광고를 내보내도록 해야 한다. 다음은 미국의 사회계층별 소비자가 즐겨 보는 매체를 요약한 것이다.

첫째, 미국의 상류층 특히, 신흥부유층은 『Travel & Leisure』, 『Food & Wine』 그리고 『New York Times』와 같은 특정한 독자층을 겨냥하는 잡지로 도달할 수 있는 가능성이 높다.[87] 하지만, 상류층 소비자의 TV시청은 공개방송과 문화프로그램(예: 음악, 미술, 과학 및 역사)으로 제한되는 경향이 있다.

둘째, 하류층 소비자는 TV를 많이 보는 편인데, 특히 시추에이션 코메디, 연속극(홈드라마), 그리고 스포츠 프로그램을 좋아한다. 또한, 하류층 소비자들은 잡지나 신문을 적게 읽는 편이다.

셋째, 중류층 소비자 특히, 대학중퇴의 학력을 가진 소비자는 TV도 많이 보고 잡지도 많이 읽는다는 점에서 다소 특이한 면이 있다.[88]

4. 소매점설계

당연한 말이지만, 소매점의 설계는 표적소비자의 사회계층에 적합해야 한다. 우선, 상류층 소비자의 욕구를 충족시키기 위해 설계되는 고급소매점은 일반적으로 가격대가 상당히 비싸고, 고객에게 매우 개인화된 서비스를 제공한다.

예컨대, 로스앤젤레스의 Rodeo Drive와 뉴욕의 Fifth Avenue에 있는 고급패션 비잔 스토어(Bijan store)는 연간 1억 달러나 되는 매출을 올리고 있지만, 고객수가 단지 15,000명이고, 판매원의 수도 15명뿐이며, 하루에 맞이하는 고객수는 평균 5명에 불과하다.[89] 이 소매점에서는 가죽을 댄 방탄 자켓을 27,000달러, 부츠를 3,250달러, 크리스털 병에 담은 남성용 향수를 1,500달러, 그리고 24캐럿 금장식과 레저로 만든 38구경 권총을 25,000달러에 판매한다. 또한, 루이비통(Louis Vuitton), 폴로(Polo), 티파니(Tiffany's), 삭스 핍스 에비뉴(Sak's Fifth Avenue)와 같은 소매점은 지위를 상징하는 제품과 서비스로 상류층에 소구한다.

각종 할인점은 좋은 가격의 양질 제품으로 근로층 소비자를 공략한다. 특히, 월마트는 근로층 소비자의 욕구와 열망에 대단히 정통하다. 더 익스프레스(The Express), 더

87 Barbara Mueller, "Reflections of Culture: An Analysis of Japanese and American Advertising Appeals," *Journal of Advertising Research*, June-June 1987, pp. 51-59.

88 Crispell(1994), *op. cit.*

89 Rich and Jain(1987), *op. cit.*

갭(The Gap), 시어즈(Sears)와 같은 소매점은 유행에 맞는 의류, 양질의 상품, 좋은 신용 조건으로 중류층에 소구하고 있다.

5. 사회계층의 적용시 주의사항

이 장에서는 사회계층에 따른 소비자행동의 차이를 설명하였지만, 다음과 같은 세 가지 이유 때문에 기업이 사회계층을 시장세분화 기준으로 사용하는 데 어려움이 있다.

첫째, 사회계층을 결정하는 데에는 여러 가지 요인들이 작용하기 때문에, 소비자의 사회계층을 정확히 측정하기가 어렵다.

둘째, 동일한 사회계층에 속하더라도 차이가 날 수 있기 때문에, 사회계층은 특정한 행동(예: 상표선택)보다는 폭넓은 행동패턴(예: 과시적 제품수준의 선택)을 더 잘 예측하는 요인이라고 말할 수 있다.

셋째, 사회계층의 분화현상 때문에, 전통적인 사회계층의 구분이 상대적으로 지나치게 광범위해졌다.

그래서, 이제는 더 정밀한 시장세분화가 필요하게 되었는데, 기업은 소비자를 표적화하는 능력을 더욱 개발함으로써 이에 대처하고 있다. 예컨대, 이제 기업은 미국의 모든 사람들을 주거지역(이웃)을 기준으로 해서 사회계층의 지위와 구매패턴을 파악할 수 있게 되었다.[90]

기업은 직접우편이나 상호작용식 TV를 통하여 소비자와 더욱 정교하게 커뮤니케이션을 할 수 있는 능력이 향상되었고, 미래에는 광범위한 사회계층 분류보다는 소비자의 더 상세한 사회계층 프로파일을 사용할 수 있게 될 전망이다. 예컨대, ATTN (American Transportation Television Network)은 트럭 정류소에 있는 근로층의 트럭 운전자를 직접 겨냥해서 교통상황보고, 날씨보고 및 정부규제의 요약 등을 제공하고 있다.

90 Labich(1994), *op. cit.*

핵심용어

Keyword

가시성, 계층상징물, 계층평균, 과시적 낭비, 과시적 소비, 귀족층, 근로층, 기만적 지위상징물, 뉴리치, 뉴푸어, 문화적 성숙도, 문화적 지식, 박복층, 버벌리 힐빌리현상, 보상적 소비, 보상-처벌시스템, 사회계층, 사회계층의 분화, 사회계층지수, 사회적 지위상승, 상류층, 상속된 지위, 상향이동, 신흥부유층, 신흥사회적 엘리트, 신흥중류층, 역할, 유복층, 자기표현력, 전통적인 중류층, 절제형 소비자, 중류층, 중-상류층(전문가), 지위공항, 지위목적물, 지위상징물, 지위투명도, 지위표류, 지출형 소비자, 직업적 품위, 차입행동, 카스트제도, 패러디연출, 평판적 방법, 하향이동, 하향확산효과이론, 현명한 지위하락자, 획득된 지위, CSI, ISC, ISP

Consumer Behavior and Marketing Action

제14장

인구통계요인

제1부 소비자행동 입문

제 1 장 소비자행동의 기초

제2부 소비자의 의사결정프로세스

제 2 장 문제인식과 정보탐색	제 3 장 판 단
제 4 장 의사결정	제 5 장 의사결정후 프로세스

제3부 소비자행동의 내부적 영향요인

제 6 장 소비자의 동기, 능력 및 기회	제 7 장 소비자의 노출, 주의 및 지각	제 8 장 소비자의 범주화와 이해
제 9 장 고노력형 태도형성과 태도변화	제10장 저노력형 태도형성과 태도변화	제11장 소비자의 기억과 인출

제4부 소비자행동의 외부적 영향요인

제12장 문 화	제13장 사회계층	제14장 인구통계요인
제15장 준거집단과 사회적 영향력	제16장 사이코그래픽스	

제 1 절 연령이 소비자행동에 미치는 영향
제 2 절 성별 차이가 소비자행동에 미치는 영향
제 3 절 가구가 소비자행동에 미치는 영향

제14장에서는 소비자행동에 영향을 미치는 기초적인 인구통계요인으로서 연령, 성별 및 가구를 설명한다.

첫째, 연령은 소비자의 획득행동과 소비 행동에 영향을 미치는 중요한 요인으로 기업은 상이한 세대(연령대)를 겨냥한 마케팅활동을 전개할 수 있다.

둘째, 남녀에게 소구할 수 있는 마케팅방법에 차이가 날 수 있기 때문에, 성별 차이는 기업의 마케팅계획에 중요한 영향을 미친다.

셋째, 소비활동의 기본단위가 가구인 경우가 많기 때문에, 기업은 가구가 소비자 행동에 미치는 영향을 충분히 분석할 필요가 있다.

이런 세 가지 인구통계요인을 중심으로 이 장에서 논의하는 주요 주제는 〈표 14-1〉에 요약되어 있다.

표 14-1 연령, 성별 및 가구의 주요 주제

연령의 영향	성별 차이의 영향	가구의 영향
▪ 10대 ▪ X세대 ▪ 베이비붐 세대 ▪ 50대 이상	▪ 성별 역할의 변화 ▪ 소비행동의 남녀차이	▪ 가구의 개념과 유형 ▪ 가구구조의 변화 ▪ 가족의사결정의 역할구조 ▪ 가족의사결정의 파워구조

제 1 절 연령이 소비자행동에 미치는 영향

기업은 연령별로 소비재시장을 세분화하는 경우가 많다. 그 저변에 있는 기본논리는 동일한 연령대의 사람이라면 유사한 인생경험을 거쳐 다수의 공통적인 상징과 기억을 공유하기 마련이므로 서로 유사한 소비패턴을 가지게 된다는 것이다. 이 절에서는 ① 10대, ② X세대, ③ 베이비붐 세대 및 ④ 50대 이상의 노인이라는 4개의 주요 연령 집단을 중심으로 연령이 소비자행동에 미치는 영향을 설명하기로 한다.

1. 10대

1) 10대의 주요 특성

어린이에서 성인으로 이행하는 과도기에 놓여있는 10대(teens)는 엄청난 변화의 시기이다. 이 시기동안 우리는 뚜렷한 정체성과 자기이미지를 개발하기 위해 노력하게 되는데, 그런 과정에서 부모와 권위에 대한 10대의 반항이 나타나기도 한다. 10대는 친구로부터 인정받고자 하는 욕구 때문에 '무리의 일원(one of the gang)'으로 인정받기 위해 어떤 일을 수행하기도 한다. 10대는 독립적인 존재가 되기를 원하지만, 그렇다고 해서 소속된 집단에서 너무 이탈하거나 거부당할 수 있는 위험을 무릅 쓰지는 않는다.[1] 결국 이런 몇 가지 요인들은 10대에게 상당한 압력과 자아에 관한 불확실성을 창출하기도 한다.

오늘날의 10대는 부모세대보다 여행을 잘 가고, 컴퓨터를 사용할 수 있는 최초의 세대이므로 인터넷으로 상호작용을 많이 하는 편이다.[2] 더욱이, 오늘날의 10대는 과거의 10대보다 돈을 훨씬 더 많이 벌기 때문에, 이전 세대보다 독립성이 높다. 특히, 일본의 10대는 자기 수입을 부모세대의 엄격하고 전통적인 세계로부터 자유로워지려는 데 사용하기 때문에, 세대간 전쟁(generational battle)이 야기되고 있다. 오늘날의 10대는 이전 세대보다 가족지향성이 더 높다. 이들은 기성세대가 얼마나 열심히 일했는가를 보아왔고, 이제 뿌리로 돌아가는 데 초점을 두고 있다.[3]

10대에게는 반항을 상징하는 헤비메탈과 그런지(grunge)와 같은 특정한 음악의 인기가 매우 높은데, 이런 음악은 10대에게 자신의 정체성을 확립하고 타인의 수용을 받도록 하는 데 도움을 준다. 대중가수의 콘서트 현장에 나와 있는 10대를 관찰해 보면, 그들이 입는 옷과 행동의 유형은 전세계적으로 상당히 일관성이 있음을 알 수 있다. 특히, 개인이 입는 T셔츠(예: 밴드의 로고가 그려진 셔츠)는 강력한 상징성을 반영하기 때문에 10대에게 매우 중요한 의미가 있다.[4]

---

1 Howard Schlossberg, "What Teenagers Find Hot Today Will Be Old News Tomorrow," *Marketing News*, December 6, 1993, p. 7.

2 Shawn Tully, "Teens, The Most Global Market of All," *Fortune*, May 16, 1994, pp. 90-96; Scott McCarthy, "For Teens, Chatting on Internet Offers Comfort of Anonymity," *Wall Street Journal*, December 8, 1994, p. B1.

3 Elaine Underwood, "Jean-etics 101," *Brandweek*, August 17, 1992, pp. 14-15.

4 Kathryn Joan Fox, "Real Punks and Pretenders," *Journal of Contemporary Ethnography*,

가구단위 구매에서 10대가 행사하는 영향력이 점차 커지고 있으며, 10대는 꽤 정교한 의사결정기량을 개발해 왔다. 취업부모와 이혼율의 증가로, 오늘날의 10대는 과거의 어느 세대보다 스스로 쇼핑을 많이 하고, 더 많은 의사결정에 책임을 진다.[5] 이런 역할을 수행하는 과정에서 오늘날의 10대는 '아끼면서 현실을 이해하는 구매자(thrifty and savvy shopper)'라는 소비자로서의 특징을 갖게 되었다.[6]

10대는 자신의 돈을 소비하는 방식과 세일하는 시기에 쇼핑을 많이 한다는 점에서 대단히 특별하다. 10대는 주말에 쇼핑을 더 많이 하는 경향이 있고, 10대의 여자가 10대의 남자보다 쇼핑을 더 많이 하는 경향이 있다.[7] 10대에게 친구는 제품이나 서비스에 관한 주요 정보원천이며, 10대가 쇼핑을 좋아하는 주요 이유 중의 하나는 바로 친구와의 교제이다. 성인과 마찬가지로, 10대는 높은 위험이 수반되는 의사결정에 대해서는 개인적 원천에서 얻는 정보에 주로 의존하지만 지각된 위험이 낮은 상황에서는 주로 대중매체에 의존한다.[8]

2) 10대를 겨냥한 마케팅액션

미국의 10대는 2,500만이 넘는 대규모의 중요한 부문이며, 향후 10년 내에 나머지 인구집단의 성장률의 2배로 증가할 것으로 기대된다.[9] 이들의 총구매력은 950억 달러 정도이다. 특히, 10대의 여자는 미용과 패션품목에 연간 총 370억 달러를 지출하며, 또 다른 740억 달러의 지출에도 영향을 미친다.[10] 더욱이, 다른 연령집단에 비해 10대는 전 세계적으로 더 유사하다.[11] 즉, 전 세계적으로 10대는 특히 대중오락과 MTV 때문에 음악, 영화, 운동화, 청바지, 옷 및 비디오게임에 대해 서로 유사한 기호, 태도 및 선호를 내보인다. 미국의 10대에 비해, 유럽의 10대는 자기부모와 더 친근하

October 1987, pp. 344-370.

5 Laura Zinn, "Teens: Here Comes the Biggist Wave Yet," *Business Week*, April 11, 1994, pp. 76-86.

6 Lisa Marie Peterson, "I Bought What Was on Sale," *Brandweek*, February 22, 1993, pp. 12-13.

7 Dennis H. Tootelian and Ralph M. Gaedecke, "The Teen Market: An Exploratory Analysis of Income, Spending, and Shopping Patterns," *Journal of Consumer Marketing*, Fall 1994, pp. 35-44.

8 George P. Moschis and Roy L. Moore, "Decision Making Among the Young: A Socialization Perspective," *Journal of Consumer Research*, September 1979, pp. 101-112.

9 Zinn(1994), *op. cit.*

10 Matthew Grimm, "Irvington, 10533," *Brandweek*, August 17, 1993, pp. 11-13; Seema Nayyar, "Cover Girl Aims to Capture Teen Set," *Brandweek*, September 28, 1992, p. 2.

11 Tully(1994), *op. cit.*

고, TV를 적게 보며, 패션과 음악에 관한 단서를 찾기 위해 동유럽을 더 많이 찾는 경향이 있다.[12]

다수의 최초구매가 10대에 이루어진다는 사실은 중요하다. 그 이유는 이 시기에 확립되는 상표애호도가 그대로 성인기로 넘어갈 수도 있기 때문이다. 예컨대, 10대 여자 중의 50%는 18세경에 화장품에 대한 상표애호도를 개발한다.[13] 〈표 14-2〉는 화장품과 건강관련용품에 대한 미국 10대의 상표애호도를 보여준다.

표 14-2 10대의 상표애호도

	아이섀도우	립글로스	마스카라	향수	샴푸	피부보호제
1개	38%	33%	42%	10%	14%	29%
2개	19	22	20	19	15	29
3개 이상	43	45	38	71	71	42

주) 맨 왼쪽의 수치는 12~15세의 10대가 지난해에 사용한 상표의 수를 나타낸다.
※ 자료: "Those Precocious 13-Year Olds," *Brandweek*, January 25, 1993, p. 13.

따라서, 다수의 제품과 서비스가 특별히 10대에 소구하기 위해 개발되고 있는데, 이런 제품이나 서비스의 포지셔닝은 '10대의 정체성을 확립하고, 반항하며, 친구들의 수용을 받도록 하는데 도움을 준다'는 식으로 이루어진다. 펩시는 'Be young, Have Fun, Drink Pepsi' 캠페인에 힘입어 10대들에게 상당히 인기가 높아졌다.

10대를 겨냥한 광고 메시지에는 10대들이 중요시하는 상징, 쟁점 및 언어를 포함하는 경우가 많다. 특히, 음악과 스포츠는 전세계의 10대가 사용하는 공통언어인 경향이 있기 때문에, 인기 있는 록음악과 스포츠 명사가 10대를 겨냥한 광고에 자주 등장한다.[14] 또한, 10대는 자신에게 영향을 미치려는 공공연한 시도에 대해 우려하는 지적인 소비자이기 때문에,[15] 광고메시지는 10대를 겨냥한다기보다는 10대에게 말하는 형식을 취할 필요가 있다.

더욱이, 오늘날의 10대는 비디오 및 컴퓨터와 더불어 성장한 탓에 이전 세대보다

---

12 "Those Precocious 13-Year Olds," *Brandweek*, January 25, 1993, p. 13.
13 Paula Dwyer, "The Euroteens (and How to Sell to Them)," *Brandweek*, April 11, 1994, p. 84.
14 Tully(1994), *op. cit.*
15 Grimm(1993), *op. cit.*

정보를 더 신속하게 처리하기 때문에,[16] 말이 긴 설명보다는 짧고 기운찬 문구를 더 선호한다. 하지만, 광고에 10대의 은어를 사용하는 것이 위험할 수도 있는데, 그 이유는 광고에서 사용된 은어가 광고를 내보내는 시기에 이미 진부해져버려서 오히려 광고되는 제품을 '멋없는' 것으로 만들어버릴 소지가 있기 때문이다.[17]

10대는 특정한 TV네트워크, TV프로그램, 잡지, 인기 있는 음악 라디오방송 및 상호작용 매체를 통하여 도달할 수 있다. 10대의 83%는 적어도 한 달에 한번은 특정한 잡지를 읽고, 대부분은 일상적으로 라디오를 즐겨 듣는다.[18] 10대에게 도달하기 위해 나름대로 기발한 방법을 사용하는 기업들이 등장하고 있다. 그런 예로는 교내에서 전자통신센터를 통하여 10대와 커뮤니케이션활동을 전개하는 기업이나 자사상표의 소구력을 높이고자 대규모 트레이딩카드 촉진프로그램을 개발하는 기업을 들 수 있다.

2. X세대

1) X세대의 주요 특성

1965년~1976년 사이에 태어난 사람들을 X세대(Generation X)라고 부른다. X세대의 한 가지 뚜렷한 특징은 경력 배치와 승진의 어려움에 기인하는 일반적인 소외감과 분노이다.[19] 빠듯한 취업시장과 대규모의 베이비붐 세대가 이미 많은 일자리를 차지하고 있다는 사실 때문에, X세대 사람들은 자신들이 기존체제에 의해 홀대를 받고 있지만 어쩔 수 없다고 느끼고 있다.[20]

X세대의 소득수준은 기대보다 낮고 부모의 성공수준에 도달하거나 이를 능가할 수 없을 것이라고 생각하고 있기 때문에, 더욱 각성하고 덜 물질적인 존재로 되고 있다.[21] X세대의 이런 각성은 소비패턴으로 전환될 수 있는데, 다음은 그 몇 가지

16 Helene Cooper, "Once Again, Ads Woo Teens with Slang," *Wall Street Journal*, March 29, 1993, pp. B1, B6.

17 Adrienne Ward Fawcett, "When Using Slang in Advertising: BVC," *Advertising Age*, August 23, 1993, pp. S-6.

18 Jeff Jensen, "A New Read on How to Reach Boys," *Advertising Age*, August 23, 1993, pp. S-10~S-11.

19 Jeff Giles, "Generation X," *Newsweek*, June 6, 1994, pp. 62-72.

20 Suneel Ratan, "Generational Tension in the Office: Why Busters Hate Boomers," *Fortune*, October 4, 1993, pp. 56-70.

21 Judith Langer, "Twentysomethings: They're Angry, Frustrated, and They Like Their Parents," *Brandweek*, February 22, 1993, pp. 18-19.

예이다.

첫째, X세대 사람들은 랩과 하드록과 같이 분노를 반영하는 음악의 인기가 매우 높은 경향이 있다.

둘째, X세대 사람들은 사회로부터의 일반적인 소외감을 표현하는 그런지룩(grunge look) 패션을 선호한다.

셋째, X세대 사람들은 TV프로그램 중에서 일반적으로 불손한 태도를 보여주는 내용의 TV쇼를 좋아한다.

하지만, X세대는 다양한 집단으로 구성되기 때문에, 모든 X세대가 하나의 통일된 이미지를 가진 것은 아니다. 사실, 상당한 수의 X세대 사람들은 이런 방식으로 고정관념화되는 것에 대해 분노하며, 이는 '자기 세대를 잘 이해하지 못하는 베이붐 세대의 조작(invention)'이라고 주장하기도 한다.[22] 완전히 잘못된 고정관념 중의 하나는 X세대가 '냉정한 책임회피자(apathetic slacker)'라는 것이다. X세대는 기술의 첨단 분야에서 성공과 성취감을 발견하는 경향이 있다.[23] 인터넷을 가장 많이 사용하는 세대인 X세대의 43%는 자기 컴퓨터를 소유하고, 70%는 컴퓨터를 매일 사용한다.

X세대 중에서 돈을 저축하기 위해 30대까지나 결혼할 때까지 부모의 집에서 생활을 하므로 자유재량 소득이 많은 집단이 있는데, 이를 부메랑키즈(boomerang kids)라고 부른다. 이들은 부모가 생필품의 대부분을 조달해 주기 때문에, 오락과 즐거움을 누리는데 더 많은 돈을 지출한다. 또한, 이들은 이전 세대보다 결혼해서 정착해야 한다는 압력을 적게 느끼기 때문에, 결혼시기를 늦추는 경우가 많다.[24] 따라서, 부메랑키즈는 새로운 자동차, 스테레오 혹은 TV와 같은 제품을 구입할 가능성이 높은 시장이다. 결국 이런 추세는 부모와 더 친근한 관계를 유지하도록 만들어서, 부모가 마치 친구처럼 보이기도 한다.

2) X세대를 겨냥한 마케팅액션

X세대의 시장은 구매력에서 1,200억 달러 이상의 규모이며,[25] 음악, 영화, 배낭여

22 Giles(1994), *op. cit.*

23 John Flinn, "Generation X's Plugged In and Purchasing," *Austin American Statesman*, February 4, 1995, pp. A1, A9.

24 Randolph E. Schmid, "Young Adults Slow to Leave Home, Quick to Return," *Austin American Statesman*, April 8, 1994, p. A15.

25 Cyndee Miller, "X Makes the Lucrative Spot, But Some Advertisers Can't Hit Target," *Marketing News*, August 2, 1993, pp. 1, 14.

행, 맥주와 주류, 패스트푸드, 옷, 청바지, 운동화 및 화장품을 위한 하나의 핵심적인 세분시장이다.[26] 또한, X세대는 PC, CD-ROMs, 온라인서비스 및 비디오게임의 시장을 주도하고 있다.

따라서, 많은 기업들이 X세대를 겨냥한 마케팅활동을 전개하고 있는데, 다음은 그 몇 가지 예이다.

첫째, 버거킹(Burger King)과 타코벨(Tacobell)과 같은 외식업체는 즐거움을 주는 식사 경험과 낮은 가격을 제공함으로써 자유재량 소득의 24%를 외식에 지출하는 X세대에게 소구하려고 노력해 왔다.

둘째, 시카고의 에크미양조회사(Acme Brewing Company)는 X세대 음주자를 유인하기 위해 특별히 '노티보이(Naughty Boy)'라는 맥주를 새로 도입하였다.

셋째, 어떤 물침대 제조업체는 '파도가 없다(no waves)'라는 새로 개선된 특징을 강조함으로써 X세대를 유혹하고 있다.

넷째, 나이키와 리복은 '닥터 마텐스(Doc Martens)'라는 운동화의 인기에 편승해서 그와 유사한 경쟁계열의 운동화를 개발하였다.

X세대는 TV와 더불어 탄생해서 성장해 왔기 때문에, 너무 뻔한 마케팅기법에 대해 냉소적인 태도를 가지는 경향이 있다.[27] 예컨대, '그런지 드롭아웃(grunge dropout)'이라는 고정관념은 많은 사람들을 화나게 만들거나 매체의 과대선전으로 보일 수 있다.[28] 또한, 과장된 주장, 고정관념, 인기 없는 제품(예: 담배와 술), 정치적, 종교적 혹은 사회적 메시지 및 노골적인 성적 소구광고는 X세대에 의해 간혹 거부되기도 한다.[29]

하지만, X세대는 현명해 보이거나 자신의 가치(관) 및 태도와 조화를 이루는 것으로 보이는 기업의 노력에 대해서는 꽤 긍정적인 반응을 보인다. 특히, 이들은 미니베이비붐 세대(mini-baby boomers)보다는 나름대로의 별개 집단으로 인식되기를 원하기 때문에, X세대를 겨냥한 광고라면 이들의 독특한 스타일, 음악, 패션 및 문구를 반영하도록 해야 한다. 다음은 그런 기업의 노력을 보여주는 두 가지 예이다.

첫째, 버드와이저 맥주광고에서는 당구나 골프를 치면서 TV쇼와 음악단체에 대해 토론하는 X세대를 묘사했다.

---

26 Pat Sloan, "Xers Brush Off Cosmetics Marketers," *Advertising Age*, September 27, 1993, p. 4.

27 Alfred Schreiber, "Generation X the Next Big Event Target," *Advertising Age*, June 21, 1993, p. S-3.

28 Langer(1993), *op. cit*.

29 Robert Gustafsen, "Marketing to Generation X? Better Practice Safe Sex," *Advertising Age*, March 7, 1994, p. 26.

둘째, 하이네켄 맥주광고에서는 자사의 기존 이미지를 바꾸어 X세대를 유인하기 위해 얼터너티브 뮤직(alternative music)과 속도가 빠른 비디오를 사용했다.

X세대를 겨냥한 광고의 경우에는 '이것이 농담 혹은 게임이라는 걸 당신이 안다는 것을 우리는 알고 있다.'는 식의 광고나 X세대의 좌절감과 분노를 인정해주는 광고가 효과를 발휘할 수 있다.[30] 영국의 한 광고대행사는 파괴적이고, 외설적이며, 반사회적인 이미지를 전달하는 새로운 장르의 광고를 제작하였는데, 그중에는 절단된 손을 보여주는 광고가 있는가 하면 아들이 할리데이비슨 오토바이를 타고 가버렸기 때문에 자신은 휠체어를 구입할 수 없었던 한 노인을 보여주는 광고도 있었다.[31]

기업이 X세대에 도달하기 위해서는 인기 있는 얼터너티브 뮤직 라디오방송이나 MTV와 같은 TV네트워크와 같은 매체수단을 선택할 수 있다.[32] 또한, X세대가 즐겨보는 잡지와 음악관련 출판물도 매력적인 매체수단이 된다. X세대를 겨냥한 메시지를 콘서트, 스포츠게임 및 인기 있는 휴가여행지에 디스플레이하는 것도 효과적인 방법이다.[33]

미리 표적을 정해두고 시행하는 다양한 판촉수단도 X세대를 공략하는 데 효과를 발휘할 수 있는데, 다음은 그런 판촉수단의 두 가지 예이다.

첫째, 오션 스프레이(Ocean Spray)는 X세대의 음주가들이 자사의 신제품을 시음해 보도록 만들기 위해 무료샘플링과 추첨판촉을 실행하였다.

둘째, 타코벨은 3층 가치메뉴(three-tier value menu), 얼터너티브 뮤직의 CD 컴필레이션 및 영화 연계판매(movie tie-ins)에 매우 적극적인 활동을 보이고 있다.

3. 베이비붐 세대

1) 베이비붐 세대의 주요 특성

베이비붐 세대(baby boomers)는 1946년~1964년 사이에 태어난 사람들로 구성되며, 미국에서 최대의 인구통계집단이다. 이 세대에 속하는 인구수가 많고 또한 그중의 다수가 수입 절정기에 있기 때문에, 베이비붐 세대는 상당한 경제적 파워를 갖고 있고,

---

30 Langer(1993), *op. cit.*

31 Tara Parker-Pope, "Violence and Obscenity: British Agencies Use Antisocial Ads to Reach Generation X," *Wall Street Journal*, April 10, 1995, pp. B1, B2.

32 Horst Stipp, "Xers Are Not Created Equal," *Mediaweek*, March 21, 1994, p. 20.

33 Lisa Marie Peterson, "Previews of Coming Attractions," *Brandweek*, March 1993, pp. 22-23.

현재 가장 영향력이 큰 소비자집단이다.

베이비붐 세대의 성장배경은 동태적이고 급변하던 세계(1960년대와 1970년대)라는 특징이 있다. 주로 베트남전쟁에 대한 항거로 베이비붐 세대는 사회적 태도, 음악, 패션 및 정치라는 측면에서 일종의 혁명을 이루어내었는데, 그 효과는 오늘날에도 여전히 남아있다. 이런 혁명은 '개인에게 언제, 어디서, 무엇이든 원하는 바를 할 자유가 있다.'는 개인주의(individualism)의 부각을 초래했다.[34]

베이비붐 세대 가운데에는 다양한 소비자 세분시장이 존재하는데, 그중의 한 세부집단으로 MOSS(Middle-aged, over-stressed, semi-affluent suburbanities)가 있다. MOSS는 쇼핑활동에 드는 시간과 노력을 줄여주고 쇼핑 의사결정을 도와주는 마케팅활동에 대해 긍정적인 반응을 내보이는 특징이 있는데, 이는 제품의 품질, 포장, 구입가능성 및 서비스를 훨씬 더 중요하게 만든다.[35]

어떤 연구에 따르면, 5년 단위(1946~1951, 1951~1956, 1956~1961, 1961~1964)의 탄생시기를 기준으로 해서 베이비붐 세대에도 4개의 하위집단이 존재한다.[36] 동일한 하위집단에 속하는 소비자는 동일한 기간 동안 공통적인 생활경험을 공유하고, 다른 하위집단보다는 동일한 하위집단에 속하는 사람들끼리 더 많은 공통점을 가진다. 따라서, 가장 나이가 많은 하위집단과 가장 나이가 어린 하위집단 사이에 차이가 가장 크다.

2) 베이비붐 세대를 겨냥한 마케팅액션

베이비붐 세대는 현재 최대의 경제력을 가진 인구집단이기 때문에, 자동차, 주택, 외국여행, 오락 및 레저장비와 같은 제품과 서비스의 주요 표적이 되고 있다. 베이비붐 세대는 미래를 위해 자산을 모으려고 노력하므로 금융과 투자서비스의 최대 사용자이고, 냉동식품의 최대 사용자이며, 성인용 오리지널 영화와 같은 영화분야에서 증가세를 보이는 시장이다.

또한, 다수의 베이비붐 세대는 20대 말이나 30대까지 자녀를 두는 것을 연기하여 소형 베이비붐(baby boomlet)이라는 소규모의 인구폭발 현상을 초래했기 때문에, 이들은 어린이용 제품과 서비스에 대한 마케팅활동의 주요 표적이 된다. 예컨대, 최근에 밴의 구매가 급격히 증가한 배경에는 가족용 자동차를 필요로 하는 베이비붐 세대가 있다.

---

34 Cheryl Russell, "The Power of One," *Brandweek*, October 4, 1993, pp. 27-28, 30, 32.

35 Raymond Kotcher, "Gathering Moss," *Adweek*, November 23, 1992, p. 26.

36 Campbell Gibson, "The Four Baby Booms," *American Demographics*, November 1993, pp. 36-40.

다수의 베이비붐 세대는 맞벌이 가족이기 때문에, 자녀를 돌보아 주는 서비스에 대한 수요가 급증하고 있는 추세이다.

특별히 베이비붐 세대의 욕구를 충족시키기 위해 개발되는 제품이나 서비스가 있다. 예컨대, 다수의 베이비붐 세대는 청바지를 입고 자랐고 지금도 계속 그렇게 하고 있지만, 이들의 허리둘레가 굵어지면서 기업들은 중년의 체격에 맞도록 더 큰 사이즈와 다양한 스타일의 청바지를 개발하였다.[37] 이를 주제로 한 리 진(Lee Jeans)광고에서는 베이비붐 세대에 속하는 어떤 사람이 청바지를 입으려고 애쓰는 장면에서 일종의 교감을 느끼게 해주는 유머를 사용하였다. 즉, 청바지를 입기 위해 너무 열심히 공기를 들이마신 나머지, 건넌방에 있던 카나리아 새까지 꿀꺽 삼켜버리고 마는 모습을 연출하였다.

다수의 베이비붐 세대는 나이 먹는 것을 괴로워하기 때문에, 젊은 모습을 유지하도록 도와주는 제품이나 서비스(예: 헬스클럽, 내의류, 화장품 및 성형수술)를 위한 주력시장이다.[38] 특히, 피부보습제는 특별히 노화방지제품(anti-aging solutions)으로 포지셔닝되고 있다. 하지만, 베이비붐 세대는 나이를 먹는 것에 대해서 대단히 민감하기 때문에, 이런 제품이나 서비스를 판매할 때 '노화(aging)'라는 주제를 직접적으로 언급하는 것은 피하는 것이 좋다.[39]

기업은 매체를 선택적으로 사용해서 베이비붐 세대에 효과적으로 도달할 수 있는데, 다음은 그 몇 가지 예이다.

첫째, 특별히 베이비붐 세대의 음악적 관심에 소구하기 위해 창설된 방송으로 VH-1 네트워크가 있다.

둘째, 베이비붐 세대의 문화적 TV네트워크로 Bravo, Discovery Channel 및 Arts & Entertainment Network가 있다.

셋째, 흘러간 록음악 방송을 이용하여 베이비붐 세대에 도달할 수 있다.

넷째, 원래 어린이를 겨냥해 온 영화 연계판매(movie tie-ins)를 들 수 있다. 예컨대, 제임스본드 영화 골든아이(Goldeneye)에서 소품으로 등장하는 BMW, Citgo 가스 그리고 Perrier를 들 수 있다.

다섯째, 특수목적의 비디오와 직접우편 방식이다.

---

37 Cyndee Miller, "Jeans Marketers Loosen Up, Adjust to Expanding Market," *Marketing News*, August 31, 1992, pp. 6-7.

38 Patricia Braus, "Boomers Against Gravity," *American Demographics*, February 1995, pp. 50-57.

39 Braus(1995), *op. cit.*

4. 50대 이상의 노인

1) 50대 이상의 노인의 주요 특성

현재 미국인구의 43% 이상이 50대 이상의 노인(그중에서 65세 이상이 15%)인데, 이 비율은 베이비붐 세대가 나이가 들면서 더욱 증가할 것이다.[40] 또한, 연금기금, 사회보장제도, 의료기술의 발전 그리고 지난 20년간의 재산증식 붐 때문에 이 세대는 20년 전 동일한 연령의 세대보다 더 부유하다.

50대 이상의 노인시장은 다른 연령집단보다 훨씬 더 다양하지만,[41] 라이프스타일과 외모에서 크게 차이가 나는 영 어게인 집단과 회색시장이라는 두 개의 하위집단으로 구분된다.

첫째, 영 어게인 집단(young again group)은 50세~65세에 속하는 연령층으로 보통 자신의 인지적 연령(cognitive age)이 실제보다 15년 정도 더 어리다고 생각한다.[42] 사실, 이 집단은 시니어처럼 생각하기보다는 나이든 베이비붐 세대처럼 생각하기 때문에 매우 적극적인 라이프스타일을 주도하고,[43] 생활의 재정적 부담이 적기 때문에 자유재량소득이 높은 경향이 있다.

둘째, 회색시장(gray market)은 65세를 넘는 연령층으로 구성된다.[44] 의료기술의 발전과 건전한 라이프스타일이 이 연령층의 규모와 경제적 영향력을 높이는 역할을 하였다. 또한, 이 연령층은 대공황을 겪었기 때문에, 그 기본적인 마음가짐이 지출보다 저축에 있다.[45] 이 연령층의 대다수는 걷기, 요리, 쇼핑, 집안일 및 목욕과 같은 기초적인 생활활동을 스스로 수행할 수 있고, '나이 든(old)'이라는 호칭을 별로 좋아하지 않는다. 여자가 남자보다 장수하는 경향 때문에, 이 범주에는 남자보다 여자가 더 많다.

소비자행동의 측면에서 보면, 나이가 들면서 정보처리기량(information processing

---

40 "Healthy, Wealthy, and Growing in Numbers," *Brandweek*, February 22, 1993, pp. 68-72.

41 Carol M. Morgan, "The Psychographic Landscape of 50-Plus," *Brandweek*, July 19, 1993, pp. 28-32.

42 James F. Engel, Roger D. Blackwell, and Paul W. Miniard, *Consumer Behavior*, 8th ed. (Fort Worth, Tex.: Dryden Press, 1995).

43 Robert E. Wilkie, "A Structural Modeling Approach to the Measurement and Meaning of Cognitive Age," *Journal of Consumer Research*, September 1992, pp. 292-301.

44 Morgan(1993), *op. cit.*

45 Phil Goodman, "Marketing to Age Groups Is All in the Mind Set," *Marketing News*, December 6, 1993, p. 4.

skill)이 점차 약화되는 경향이 있다. 즉, 50대 이상의 성숙한 소비자(mature consumer)는 정보탐색을 적게 수행할 가능성이 있고, 특히 정보량이 많을 경우에는 이를 기억해내어 복잡한 의사결정을 수행하는 데 많은 어려움을 겪는다. 따라서, 기업은 이들이 의사결정을 할 때 도움을 줄 수 있는 소비자교육 프로그램을 제공할 필요가 있다.[46]

성숙한 소비자는 다른 소매점보다는 할인점에서 쇼핑을 더 많이 하고, 젊었을 때부터 구입했던 품목 중의 다수를 계속해서 구입하는 경향이 있다.[47] 말하자면, 이들은 가격에 민감하고 특히 신기술을 포함하는 신제품을 수용하는 데 더 많이 저항하는 경향을 보인다.[48]

2) 50대 이상의 노인을 겨냥한 마케팅액션

앞으로 50대 이상의 노인 소비자는 실버마켓(silver market)으로서 기업에게 더욱 중요한 존재로 부각될 전망이다. 분명히, 이 연령층은 건강관련 및 의료관련 제품이나 서비스와 퇴직자 공동체를 위한 성장시장이다. 처방약품의 경우 이 연령층의 소비자는 전국평균의 두 배 이상을 지출하고, 이들의 지출규모는 의약품 총매출의 40% 이상을 차지한다.[49] 이 연령층의 소비자 가운데 요실금(incontinence)을 앓는 사람들이 많아지고 있기 때문에 성인용 기저귀의 판매가 증가세를 보이고 있다.[50]

이런 노인시장은 가정용 제품과 서비스에 대한 관심이 매우 높은데,[51] 이런 맥락에서 노인의 일상생활이 편리해지도록 만들기 위해 전화음 증폭기, 손잡이가 큰 나이프, 병뚜껑을 쉽게 따게 해주는 도구와 같은 각종의 특수한 노인용 제품을 제공하는 기업들이 늘어나고 있다.[52]

오늘날 50대 이상의 노인 소비자는 적극적인 라이프스타일을 누리며, 교육세미나,

---

46 Catherine A. Cole and Siva K. Balasubramanian, "Age Differences in Consumers' Search for Information: Public Policy Implications," *Journal of Consumer Research*, June 1993, pp. 157-169.

47 "America's Aging Consumers," *Discount Merchandiser*, September 1993, pp. 16-28.

48 Mary C. Gilly and Valerie A. Zeithml, "The Elderly Consumer and Adoption of Technologies," *Journal of Consumer Research*, December 1985, pp. 353-357.

49 "America's Aging Consumers,"(1993), *op. cit.*

50 Gabriella Stern, "Demographics Fuel Adult-Diaper Sales," *Wall Street Journal*, March 20, 1992, pp. B1, B5.

51 Melissa Campanelli, "The Senior Market: Rewriting the Demographics and Definitions," *Sales and Marketing Management*, February 1991, pp. 63-69.

52 Howard Schlossberg, "New Products Designed to Make Life a Little Easier for Senior Citizens," *Marketing News*, May 11, 1992, pp. 2, 10.

여행 및 스포츠 상품과 같은 레저형 제품과 서비스의 구매자로 전환되고 있다. 또한, 조부모는 손자가 입을 옷이나 장난감을 많이 구입하는 소비자이다. 하지만, 미래지향성에 가치를 두는 제품이나 서비스의 경우에는 노인시장이 별로 유망하지 못한 시장이다.[53] 노인 소비자는 신제품에 대해 저항할 가능성이 있기 때문에, 신제품을 디자인할 때는 제품 자체의 새로움보다는 노인 소비자의 욕구충족에 주안점을 두어야 한다.[54]

노인시장을 겨냥한 광고의 경우에는 긍정적인 노인의 역할모델을 내세운 광고가 나이가 젊은 모델을 내세운 광고보다 신뢰성이 높은 것으로 지각되는데,[55] 이런 역할모델은 노인을 무기력한 존재로 묘사하기보다는 적극적이고 사회에 공헌을 하는 사람으로 묘사되어야 한다. 더욱이, 노인은 나이가 젊은 소비자보다 칙칙하게 보일 가능성이 높아서 광고모델로 등장할 가능성이 낮은데,[56] 이는 노인 소비자가 나이가 젊은 소비자보다 광고에 대해 더 부정적인 태도를 보이는 이유 중의 하나이다.[57] 또한, 노인 소비자는 심상 이미지보다는 정보지향적 메시지를 더 좋아하는 경향이 있지만, 그 메시지는 간단하고 소수의 속성에 초점을 두는 메시지로 제작되어야 한다.[58]

노인 소비자는 PBS(대중TV), CNN 및 고급유선TV의 방송프로그램을 선호하지만, 이들이 TV에서 제시하는 메시지를 처리하는 데는 어려움이 많다.[59] 하지만, 이들은 신문과 잡지를 많이 보는 경향이 있는데, 특히 뉴스, 비즈니스, 여행 및 금융문제를 다룬 기사를 많이 보기 때문에 기업은 이런 인쇄매체를 이용하면 노인 소비자에게 잘 도달할 수 있다.[60] 미국에서 노인 소비자를 겨냥한 전문잡지로는 『Modern Maturity』,

53 Bonnie S. Guy, Terri L. Rittenburg, and Douglas K. Hawes, "Dimensions and Characteristics of Time Perceptions Among Older Consumers," *Psychology and Marketing*, January-February 1994, pp. 35-56.

54 Dale A. Lunsford and Melissa S. Burnett, "Marketing Product Innovations to the Elderly: Understanding the Barriers to Adoption," *Journal of Consumer Marketing*, Fall 1992, pp. 53-63.

55 Ronald E. Milliman and Robert C. Erffmeyer, "Improving Advertising Aimed at Seniors," *Journal of Advertising Research*, December 1989-January 1990, pp. 31-36.

56 Anthony C. Ursic, Michael L. Ursic, and Virginia L. Ursic, "A Longitudinal Study of the Use of the Elderly in Magazine Advertising," *Journal of Consumer Research*, June 1986, pp. 131-133.

57 John J. Burnett, "Examining the Media Habits of the Affluent Elderly," *Journal of Advertising Research*, October-November 1991, pp. 34-41.

58 Deborah Roedder John and Catherine A. Cole, "Age Differences in Information Processing: Understanding Deficits in Young and Elderly Consumers," *Journal of Consumer Research*, December 1986, pp. 297-315.

59 John and Cole(1986), *op. cit.*

60 Burnett(1991), *op. cit.*

『50 Plus』 및 『Lear's』 등이 있다.

소매점 경영자는 노인 소비자의 욕구를 보다 잘 충족시킬 수 있는 형태로 소매점을 설계하는 방안을 모색할 수 있다. 노인 소비자에게 우호적인 쇼핑환경을 제공하는 방법의 몇 가지 예로는 읽기 쉬운 표찰, 소매점 내부에 준비된 편안한 의자, 조명이 밝은 주차장, 고객이 이용하기 쉽도록 잘 정리된 선반배치를 들 수 있다.[61] 노인 소비자는 정보를 기억해내는 데 어려움이 많다는 사실을 고려하여 적절한 구매시점자료를 제시하는 것도 도움이 된다.[62] 소매점에서 쇼핑을 하는 노인 소비자에게는 편리성, 서비스, 안전감, 좋은 가치 및 상품지식이 풍부한 종업원도 중요한 요인이다.

기업은 노인 소비자의 욕구에 잘 맞도록 판매기법을 조정하는 방안을 모색할 수 있다. 그런 예로는 CSC Insurance Marketing Systems사가 노인 소비자를 위해 특별히 'Selling to Seniors'라는 통합프로그램을 개발한 것을 들 수 있는데, 이 프로그램은 복잡성 훈련(intricacies training), 판매리드(sales lead)의 산출, 욕구분석의 수행 및 고객관리를 주요내용으로 하고 있다.[63]

기업은 노인 소비자를 겨냥한 특별판촉수단을 시행할 수 있다. 경로할인제도(senior-citizen discount)가 그 대표적인 예인데, 일부의 노인 소비자는 각종 제품 및 서비스를 구입할 때 이런 할인제도를 최대로 활용한다.[64] 다만, 이런 할인제도는 50대 이상의 노인 소비자 가운데 회색시장보다는 영 어게인 집단의 경우에 덜 효과적인데, 그 이유는 영 어게인 집단의 소비자는 자기 나이를 남에게 내보이는 것을 매우 꺼리기 때문이다.[65]

---

61 Richard Gibson, "Baby Boomers May Seek Age-Friendly Stores," *Wall Street Journal*, July 1, 1992, p. B1.

62 John and Cole(1986), *op. cit.*

63 David C. Jones, "New Marketing Tool Targets Selling to Seniors," *National Underwriter*, December 20, 1993, p. 5.

64 Lisa D. Spiller and Richard A. Hamilton, "Senior Citizen Discount Programs: Which Seniors to Target and Why," *Journal of Consumer Marketing*, Summer 1993, pp. 42-51.

65 Kelley Tepper, "The Role of Labeling Processes in Elderly Consumers' Responses to Age Segmentation Cues," *Journal of Consumer Research*, March 1994, pp. 503-519.

제 2 절 성별 차이가 소비자행동에 미치는 영향

소비자행동에 영향을 미치는 자질, 태도 및 활동이라는 측면에서 남녀차이가 있다는 것은 이론적으로 이미 잘 확립되어 있는 사실이다. 하지만, 이런 남녀차이를 광범위하게 논의하는 것은 본서의 범위를 벗어나므로, 이 절에서는 소비자연구의 초점이 되어 온 성별 역할의 변화와 소비행동의 남녀차이를 설명하고, 그것의 마케팅시사점을 논의하기로 한다.

1. 성별 역할의 변화

대부분의 문화에서 남자와 여자는 각각 어린 시절부터 학습된 성별 역할규범(sex role norm)에 걸맞는 행동을 수행하도록 기대된다. 서구사회에서는 남녀 간에 기대되는 바에는 다음과 같은 차이가 있다.[66] 우선, 남자는 전통적으로 지배(mastery), 자기주장(self-assertiveness) 및 자기효능성(self-efficacy)을 강조하는 주체적 목적(agentic goal)에 의해 지도되며, 강하고, 고집이 있고, 생계를 책임지는 가장으로서, 자신의 정서를 남에게 감추는 사람이 되도록 기대된다. 한편, 여자는 교우관계(affiliation)와 타인과의 조화로운 관계 형성을 강조하는 공동체적 목적(communal goal)에 의해 지도되며, 순종적이고, 정서적이며, 가정지향적인 사람이 되도록 기대된다. 따라서, 여자가 취업한다면, 그 고정관념적인 직업은 비서, 간호사 혹은 교사 정도이다.

남자는 경쟁적이고, 독립적이며, 외부적으로 동기유발되며, 더 위험을 감수하려 하는 반면, 여자는 협동적이고, 의존적이며, 내부적으로 동기유발되며, 위험을 회피하려 한다.[67] 남자는 접촉형 스포츠, 사냥, 낚시, 기계적인 과업의 작업수행에서 즐거움을 얻지만, 여자는 미술작품관람이나 강한 사회적 유대를 형성하는 활동에 참여할 가능성이

66 Joan Meyers-Levy, "The Influence of Sex Roles on Judgment," *Journal of Consumer Research*, March 1988, pp. 522-530.

67 Charles S. Areni and Pamela Kiecker, "Gender Differences in Motivation: Some Implications for Manipulating Task-Related Involvement," in ed. Janeen Arnold Costa, *Gender and Consumer Behavior* (Salt Lake City, Utah: University of Utah Printing Service, 1993), pp. 30-43.

높다.[68]

하지만, 이제 시간이 지나면서 남녀는 점차 변해 왔다. 특히, 요즈음의 여자들은 자신의 경력을 높이기 위해 결혼시기와 가족형성을 늦추고 있고, 과거에 주로 남자의 영역이었던 직업(예: 관리자, 엔지니어, 법률가)에 진출하는 비율도 늘어나고 있다. 이는 가족구조와 여성의 전반적인 태도에서 커다란 변화를 초래했다.

이제 여자들은 독립성과 자신이 하고 싶은 것을 할 수 있는 자유에 점차 더 높은 가치를 두고 있는데, 이는 나이가 젊고 학력이 높은 페미니스트의 경우에 잘 해당된다.[69] 순종과 가사활동에 관련된 전통적인 역할을 거부하는 여자들이 점차 많아지고 있다. 동일한 활동(예: 스케이트 보딩, 테니스 등)에 참여하는 경우에는 남녀 간에 별 차이가 없는 것으로 나타나고 있다.[70]

매우 보수적이고 남성주도적인 국가에서도 전통적인 성별 역할의 변화가 발생하고 있다. 예컨대, 정혼 규범이 강한 편인 인도에서도 많은 여자들이 취업하여 독립하기를 원하고 있기 때문에, 경력, 결혼 및 가족에 대한 인도여자의 태도는 급격히 변하고 있다.[71] 또한, 머리에서 발끝까지 기모노 옷을 입는 것이 상례였던 일본에서는 이제 취업여성들이 G스트링스(G-strings)의 더티댄싱을 추기 위해 디스코장에 몰려가고 있는데, 이는 곧 전통적이고 보수적인 규범에 대한 일본 여성들의 새로운 태도와 도전이 생기고 있음을 의미한다.[72]

남자의 성별 역할과 태도도 많이 변하고 있다. 특히, 맞벌이부부의 경우에 가사활동과 자녀양육에 더 많은 책임을 맡는 남편이 늘어나고 있다. 물론, 아직도 그런 책임을 분담하지 않으려는 남자들도 많다. 이제 남자들은 자신의 정서를 그저 감추기보다는 밖으로 드러내고, 더 민감하며, 더 자상한 아버지가 되는 것이 바람직한 일이라는

---

68 Brenda Giner and Eileen Fischer, Women and Arts, Men and Sports: Two Phenomena or One?, in ed. Janeen Arnold Costa, *Gender and Consumer Behavior* (Salt Lake City, Utah: University of Utah Printing Service, 1993), p. 149.

69 Alladi Venkatesh, "Changing Roles of Women-A Life Style Analysis," *Journal of Consumer Research*, September 1980, pp. 189-197.

70 Beverly A. Browne and Sally K. Francis, "Skateboarders: Gender, Dress, and Social Comparison," in ed. Janeen Arnold Costa, *Gender and Consumer Behavior* (Salt Lake City, Utah: University of Utah Printing Service, 1993), pp. 46-52.

71 Alladi Venkatesh, "Gender Identity in the Indian Context, A Socio-Cultural Construction of the Female Consumer", in ed. Janeen Arnold Costa, *Gender and Consumer Behavior* (Salt Lake City, Utah: University of Utah Printing Service, 1993), pp. 119-129.

72 Teresa Watanabe, "Japanese Women Dancing Up a Storm After Work Hours," *Austin American Statesman*, December 19, 1993, p. A24.

것을 배우고 있다. 핀란드의 어떤 회사는 줄자와 기저귀를 가는 매트에서 요리, 자녀양육 및 노래에 관한 책에 이르기까지 자상한 아버지가 되는 데에 필요한 모든 것을 한 곳에 담아 둔 '아빠 연장통(Daddy Kit)'을 개발한 바 있다.

하지만, 소비자의 적절한 성별 역할과 행동은 문화권에 따라 차이가 날 수 있다. 예컨대, 일반적으로 미국에서는 남자가 다른 남자와 서로 포옹하는 것을 다소 불편하게 생각하지만, 유럽과 남미 지역에서는 그런 행동이 널리 수용되므로 남자들이 인사로 서로 포옹하는 것이 다반사이다. 프랑스에서는 남자들이 서로의 얼굴에 키스를 나누기도 한다. 하지만, 아직도 비교적 엄격한 성별 역할구분이 존재하는 회교국가에서는 여자에게 허용되는 권한이 매우 적고, 모름지기 여자란 몸을 가려서 다른 사람들의 눈에 뜨이지 않도록 해야 한다고 가르친다.[73]

남녀차이를 논의할 때는 성(gender)과 성적 지향성(sexual orientation)을 구분해야 한다. 성은 생물학적 상태에 의한 남녀구분을 말하는 반면, 성적 지향성은 특정한 행동에 대한 개인의 선호를 나타낸다. 남녀를 불문하고 남성지향적인 사람은 남성적인 자질을 내보이는 경향이 있고, 여성지향적인 사람은 여성적인 자질을 내보이는 경향이 있다. 또한, 어떤 사람은 남성적인 자질과 여성적인 자질을 모두 가지는 양성적인(androgynous) 자질을 내보이는 사람도 있다.[74] 이런 성적 지향성이 중요한 이유는 이것이 개인의 선호와 행동에 영향을 미칠 수 있기 때문이다. 예컨대, 남성지향적인 여자는 비전통적인 모습의 여자를 표현하는 광고를 더 선호하는 경향이 있다.[75]

2. 소비행동의 남녀차이

위와 같은 성별 역할의 변화에도 불구하고, 소비행동에서 보이는 남녀차이는 여전히 존재한다. 다음은 그런 남녀차이를 비교한 몇 가지 연구결과이다.

첫째, 소비 의사결정과 관련해서 여자는 메시지를 세부적이고 철저하게 검토하여 제품속성을 기반으로 포괄적인 의사결정을 하는 반면, 남자는 대개 선택적 정보처리자

73 Leonidas Leonidou, "Marketing in the Gulf States," *Management Decisions*, 29(8), 1991, pp. 38-45.

74 Sandra L. Bem, "The Measurement of Psychological Androgyny," *Journal of Consulting and Clinical Psychology*, April 1974, pp. 155-162.

75 Lynn J. Jaffe and Paul D. Berger, "Impact on Purchase Intent of Sex-Role Identity and Product Positioning," *Psychology and Marketing*, Fall 1988, pp. 259-271.

이므로 전반적인 주제나 단순화 휴리스틱에 더 많이 의존한다.[76]

둘째, 남자는 개인적 관련성이 있는 정보(즉, 주체적 목적에 일치하는 정보)에 더 민감한 반면, 여자는 개인적 관련성이 있는 정보와 더불어 타인에게 관련된 정보(즉, 공동체적 목적에 일치하는 정보)에 대해서도 주의를 기울인다.[77]

셋째, 남자는 특정한 과제에 대해 뇌의 특정한 반구를 사용할 가능성이 높다. 즉, 남자는 시각적 자극에 대해서는 우반구를 사용하고, 언어적 자극에 대해서는 좌반구를 사용한다. 하지만, 여자는 대부분의 과제에 대해 좌반구와 우반구를 모두 사용한다.[78]

넷째, 어떤 제품에 대해 부여하는 상징적 의미에도 남녀차이가 있다.[79] 여자는 패션상품에 대해 고정관념을 공유할 가능성이 있는 반면, 남자는 자동차에 대한 이미지에서 더 일관성을 내보이는 경향이 있다.

다섯째, 남자는 여자에 비해 하이테크 제품에 대해 더 긍정적인 태도와 높은 수준의 관여도를 가지는 경향이 있다.[80] 남자는 이런 하이테크제품 구매결정의 기반을 소프트웨어, 과거경험 및 평판에 둘 가능성이 있지만, 여자에게는 가격이 더 중요하다. 또한, 남자는 컴퓨터 잡지를 살펴보고 자신의 사전지식에 의존할 가능성이 높지만, 여자는 쇼핑경험을 정보수집의 주요수단으로 사용한다.

여섯째, 쇼핑에 대한 태도에서 남녀의 고정관념적인 차이가 존재한다.[81] 대개 여자는 쇼핑을 즐겁고 자극적인 활동으로 여겨서 즐기고 사회적 상호작용의 수단으로 보지만, 남자는 쇼핑을 상품의 획득수단이라는 기능적인 측면에서 본다. 특히, 전통적인 성별 역할의 고정관념을 갖고 있는 남자는 쇼핑을 하나의 귀찮은 일거리 정도로 치부한다.

---

76 William K. Darley and Robert E. Smith, "Gender Differences in Information Processing Strategies: An Empirical Test of the Selectivity Model in Advertising Response," *Journal of Advertising*, Spring 1995, pp. 41–56.

77 Meyer–Levy(1988), *op. cit.*

78 Joan Meyers–Levy, "Priming Effects on Product Judgments: A Hemispheric Interpretation," *Journal of Consumer Research*, June 1989, pp. 76–86.

79 Richard Elliot, "Gender and the Psychological Meaning of Fashion Brands," in ed. Janeen Arnold Costa, *Gender and Consumer Behavior* (Salt Lake City, Utah: University of Utah Printing Service, 1993), pp. 99–105.

80 Frederica Rudell, "Gender Differences in Consumer Decision Making for Personal Computers: A Test of Hypotheses", in ed. Janeen Arnold Costa, *Gender and Consumer Behavior* (Salt Lake City, Utah: University of Utah Printing Service, 1993), pp. 1–16.

81 Eileen Fischer and Stephen J. Arnold, "More than a Labor of Love: Gender Roles and Christmas Gift Shopping," *Journal of Consumer Research*, December 1990, pp. 333–345.

일곱째, 남녀는 식생활 패턴에서도 차이를 보이는 경향이 있다.[82] 특히, 여자는 보상적 섭취(compensatory eating)를 수행할 가능성이 높은데, 이는 사회적 접촉의 부족과 같은 결핍증이나 우울증을 먹는 것으로 보상하려는 행위를 말한다.

3. 성별 차이를 이용한 마케팅액션

그동안 기업들은 남녀가 가지는 성별 특정적 욕구(gender-specific need)를 충족시키기 위해 많은 제품과 서비스를 개발해 왔다. 예컨대, 전형적인 남자용품으로는 애프터 쉐이브 로션, 화장수, 내의, 옷, 구두를 들 수 있고 전형적인 여자용품으로는 향수, 나일론, 옷, 구두, 개인위생용품을 들 수 있다.

또한, 남녀 중에서 특정한 성에 더 적합한 것으로 지각되는 제품이나 서비스(sex-typed product or service)가 있다.[83] 예컨대, 서류가방, 스테레오, 35mm 사진기, 면도용 크림, 공구가방 및 스카치는 더 남성적인 제품(masculine product)으로 간주되는 반면, 음식처리기, 핸드 로션, 옷 건조기, 안면용 화장지, 포도주는 더 여성적인 제품(feminine product)으로 간주된다.

하지만, 이미 설명한 바 있는 성별 역할의 변화에 따라 어떤 제품이나 서비스를 남녀 중에서 특정한 성에 적합한 것으로 보는 경향이 점차 줄어들고 있는데, 다음은 이런 사실을 반영하는 몇 가지 예이다.

첫째, 요즈음의 미국여자들은 그동안 주로 남자의 보루였던 할리데이비슨 모터사이클을 구입하기 시작하고 있다.

둘째, 인테리어 디자인에 대한 의사결정자 중의 41%가 여자라는 조사결과에 따라, 글리든(Glidden)사는 더 다채롭고 스타일이 좋은 포장을 가진 듀럭스(Dulux) 페인트를 새로 도입하였다.

셋째, 미국의 컴퓨터 회사들은 전통적으로 남자를 겨냥하였지만, 이제는 점차 여자에게 소구하기 위해 노력하고 있다.

기업은 남녀 중에서 특정한 성을 겨냥하는 마케팅활동을 전개하기도 하는데, 다음

82 Suzanne C. Grunert, On Gender Differences in Eating Behavior as Compensatory Consumption, in ed. Janeen Arnold Costa, *Gender and Consumer Behavior* (Salt Lake City, Utah: University of Utah Printing Service, 1993), pp. 74-86.

83 Kathleen Debevec and Easwar Iyer, "Sex Roles and Consumer Perceptions of Promotions, Product, and Self: What Do We Know and Where Should We Be Headed?," *Advances in Consumer Research*, Vol. 13, 1986, pp. 210-214.

은 그 대표적인 몇 가지 예이다.

첫째, BMW는 미국에서 특별히 전문직 여성에 초점을 맞춘 마케팅활동을 펼쳤다. 즉, 자사 자동차의 시운전(test drive)제도를 안내하기 위해 우편엽서 및 무료 비디오를 배포하였고, 『Martha Stewart's Living』에 광고를 게재하였으며, 여자 트라이애슬론 경기를 후원했다.

둘째, 영국에서 쉘오일(Shell Oil)은 여자 운전자에게 자동차를 일상적으로 관리하는 방법을 가르쳐주는 소비자교육 프로그램인 우먼즈 워크숍(Women's Workshop)을 후원했다.

셋째, 미국양조회사들은 여자의 기호에 잘 맞도록 과일 맛이 나면서 도수가 낮은 비어 쿨러(Beer Cooler)를 개발했다.

넷째, 할스톤(Halston)은 새로운 화장수 '캐털리스트(Catalyst)'를 도입하면서 남자들에게 소구하기 위해 포장용기를 테스트 튜브와 플라스크 모양으로 만들었고 이에 맞춰 '소년들은 실험하기를 좋아한다.'는 슬로건을 내세운 광고를 시행했다.

다섯째, 쿠어스(Coors)의 레드 라이트(Red Light) 맥주는 남자 음주자를 겨냥하여 'Big Man's Beer'라는 주제로 포지셔닝을 시도했다.

전통적으로 남자를 겨냥한 광고에서는 일, 스포츠, 자동차, 모터사이클, 기술, 친구와 술 마시는 것과 같은 주제를 강조해온 반면, 여자를 겨냥한 광고에서는 관계, 가족, 패션, 집과 같은 주제에 초점을 두어 왔다. 하지만, 성별 역할이 변함에 따라서, 이제 광고는 더 현대적인 남녀의 이미지를 반영하기 시작하고 있다. 즉, 남자는 정서적이고 자상한 역할을 하는 사람으로 묘사되는 반면, 여자는 중요한 상황과 전문직에 종사하는 사람으로 묘사되는 사례가 많아졌다. 다음은 이와 관련된 몇 가지 사례이다.

첫째, 고객과 회사종업원 대부분이 여자인 오킨 엑스터미네이팅(Orkin Exterminating)사는 최근에 터미네이터와 같은 모습의 반인조인간(half cyborg)인 '오킨 레이디(Orkin Lady)'를 내세운 광고를 시행하였다.

둘째, 미국의 주요 맥주회사들은 그동안 비키니를 입은 섹스심볼을 광고모델로 많이 사용해 왔지만, 이제는 전문직 여성을 비롯하여 여자에 대한 건전한 고정관념을 조성하기 위해 노력하고 있다.

셋째, 칼스버그(Carlsberg) 맥주는 홍콩에서 여자의 각선미에 관하여 남자들이 좋아하는 것을 묘사하는 캠페인을 시행했다가 얼마 지나지 않아 중단하였는데, 그 이유는 그것이 성차별주의자의 행위로 간주되었기 때문이다.

넷째, 볼륩(Volupte) 향수광고에서는 미스터리와 로맨스에 둘러싸인 '공공연하게 독단적인 여자'를 광고모델로 내세웠는데, 바로 이는 무언가를 확인하기 위해 항상 남자를 찾았던 1980년대의 여성상과 좋은 대조를 이루는 1990년대의 여성상이다.[84]

다섯째, 여자 소비자에게 도달하기 위해서는 여자들이 중요시하는 이슈(예: 가정폭력, 강간, 유방암, AIDS)에 초점을 맞추는 대의명분마케팅(cause-related marketing)을 사용하면 특별히 효과가 있다.[85]

기업이 광고매체를 선택할 경우에는 매체선호의 남녀차이를 고려하지 않으면 안 된다.[86] 미국에서 시행된 조사에 따르면, TV프로그램의 경우에 남자는 스포츠경기를 잘 보지만, 여자는 연속극과 홈쇼핑 프로그램을 즐겨 본다. 잡지의 경우에 남자는 『Sports Illustrated』, 『GQ』, 『Esquire』, 자동차와 모터사이클관련 출간물을 많이 보는 편이고, 여자는 『Vogue』, 『Mademoiselle』, 『Ladies Home Journal』, 『House Beautiful』, 『Bon Appetit』, 『Good Housekeeping』 그리고 『Allure』와 같은 잡지를 많이 읽는다. 다음은 기업이 이런 매체선호의 남녀차이를 고려한 두 가지 사례이다.

첫째, 세숫비누를 판매하는 레버 브라더스(Lever Brothers)는 주간 연속극을 방영하는 동안에는 여자 시청자들에게 도달하고자 노력하는 반면, 늦은 밤 방송 시간대에는 남자 시청자들에게 도달하려고 노력한다.

둘째, 나이키(Nike)사는 걷기와 달리기를 주제로 하는 경우에는 『Outside』 잡지에 광고를 게재하고, 에어로빅을 주제로 하는 경우에는 『Shape』 잡지에 광고를 게재한다.

제 3 절 가구가 소비자행동에 미치는 영향

일상생활에서는 소비자의 획득행동, 소비행동 및 처분행동이 개인단위보다는 가구

84 Cyndee Miller, "Perfume Maker Uses Mystery to Lure Assertive '90s Woman," *Marketing News*, August 31, 1992, p. 2.

85 Cyndee Miller, "Tapping Into Women's Issues Is Potent Way to Reach Market," *Marketing News*, December 6, 1993, pp. 1, 13.

86 Patrick M. Reilly, "Hard-Nosed Allure Wins Readers and Ads," *Wall Street Journal*, August 27, 1992, p. B8.

단위로 수행되는 경우가 더 많기 때문에, 가구야말로 소비자행동의 가장 중요한 분석 단위라고 해도 과언이 아니다. 이 절에서는 가구의 개념을 정의하고, 여러 가지 유형의 가구구성에 대해 검토하며, 가구구조와 소비자행동의 변화를 야기하는 몇 가지 주요추세를 논의한다. 그리고 가족구성원이 가족 의사결정과 소비에 미치는 영향과 그 마케팅시사점을 논의한다.

1. 가구의 의의

1) 가구의 개념

소비자행동을 분석하는 경우에는 가족과 가구라는 개념을 구분해야 한다. 우선, 가족(family)은 결혼, 혈연 혹은 입양으로 맺어져 함께 사는 개인들의 집합체라고 정의된다. 대개 가족의 유형은 핵가족(nuclear family)과 확대가족(extended family)으로 구분된다. 핵가족은 부모와 자녀로 구성되는 가장 전형적인 가족단위이고, 확대가족은 핵가족에다 조부모, 숙모, 삼촌 및 사촌과 같은 친척을 포함해서 구성되는 가족이다.

일반적으로 가족이라고 하면 대개 핵가족을 생각하게 되지만, 확대가족이 가족을 규정하는 일반적인 단위인 나라도 있다. 또한, 국가별로 가족지향성(family orientation)에 차이가 있다.[87] 예컨대, 가족이 관심의 주된 초점이 되는 한국, 일본, 중국에서는 대부분의 사람들이 자기 가족에 대해 매우 강한 의무감을 느낀다.

한편, 가구(household)는 혼자 사는 독신자나 개인적인 관계와 무관하게 함께 거주하는 개인들의 집합체까지 모두 포함하는 폭넓은 개념의 주거단위로, 여기에는 미혼남녀 동거, 동성연애자 커플 및 룸메이트로 함께 사는 독신자들도 포함된다. 요즈음은 이런 범주에 속하는 사람들의 비율이 점차 증가하고 있기 때문에, 기업과 소비자연구가들은 가족보다는 가구라는 측면에서 더 많이 연구하는 추세이다.

2) 가구의 유형

미국의 전통적인 가족은 남편(주요 생계책임자)과 부인(소득이 없는 전업주부) 그리고 2명의 자녀(18세 미만)로 구성되었지만, 이제 이런 조건을 갖춘 가족은 전체가족 중의 6%에 지나지 않는다. 특히, 만혼, 동거, 이혼, 맞벌이부부, 부메랑자녀, 수명연장 및 출산율저

---

87 Sak Onkvisit and John J. Shaw, *International Marketing: Analysis and Strategy* (Columbus, Ohio: Merrill, 1989).

하와 같은 주요추세는 비전통적인 가족이 차지하는 비율을 많이 높이는 결과를 초래했다. 미국 가구의 유형은 〈표 14-3〉에 나타난 바와 같이 향후 20년 내에 크게 변할 것으로 전망된다.

표 14-3 미국 가구 유형의 변화추세

	1990		2000		2010		1990~2000	2000~2010
	수	%	수	%	수	%	변화율	변화율
총가구	93,347	100.0	110,140	100.0	117,696	100.0	18.0	6.9
가족	66,091	70.8	77,705	70.6	80,193	68.1	17.6	3.2
▪결혼부부	52,317	56.0	60,969	55.4	61,266	52.1	16.5	0.5
18세 미만의 자녀	24,537	26.3	24,286	22.1	23,433	19.9	-1.0	-3.5
18세 이상의 자녀	6,258	6.7	5,318	4.8	6,884	5.8	-15.0	29.4
무자녀	21,522	23.1	31,365	28.5	30,950	26.3	45.7	-1.3
▪편부	1,153	1.2	1,523	1.4	1,660	1.4	32.1	9.0
▪편모	6,599	7.1	7,473	6.8	7,779	6.6	13.2	4.1
▪기타 가족	6,022	6.5	7,741	7.0	9,488	8.1	28.5	22.6
비가족	27,257	29.2	32,434	29.4	37,503	31.9	15.6	18.0
▪독신남자	9,049	9.7	10,898	9.9	12,577	10.7	20.4	15.4
▪독신여자	13,950	14.9	16,278	14.8	18,578	15.8	16.7	14.1
▪기타 비가족	4,258	4.6	5,258	4.8	6,347	5.4	23.5	20.7

※ 자료: Joe Schwartz, "Family Traditions: Although Radically Changed, the American Family Is as Strange as Ever," *American Demographics*, March 1987, p. 9.

가족생활주기(family life cycle: FLC)라는 개념을 이용하여 분석해보면, 가구에는 다양한 형태가 있다. 가족의 발전과정은 가장의 연령과 집에서 함께 사는 자녀의 수를 기준으로 해서 몇 가지 단계로 구분될 수 있다.[88] 즉, [그림 14-1]에 나타난 바와 같이, 가족은 독신기(젊은 독신자)에서 출발하여 결혼과 자녀출산을 거쳐 집에서 함께 사는 자녀가 떠나간 노부부기로 발전해 간다. 하지만, 사망이나 이혼과 같은 사건이 발생하면, 편부모 가구가 탄생되는 것처럼 가구의 구조가 변경되기도 한다.

88 Mary C. Gilly and Ben M. Enis, "Recycling the Family Life Cycle," *Advances in Consumer Research*, Vol. 9, 1982, pp. 271-276; William D. Danko and Charles M. Schaninger, "An Empirical Evaluation of the Gilly-Enis Updated Household Life Cycle Model," *Journal of Business Research*, August 1990, pp. 39-57.

그림 14-1 가족생활주기

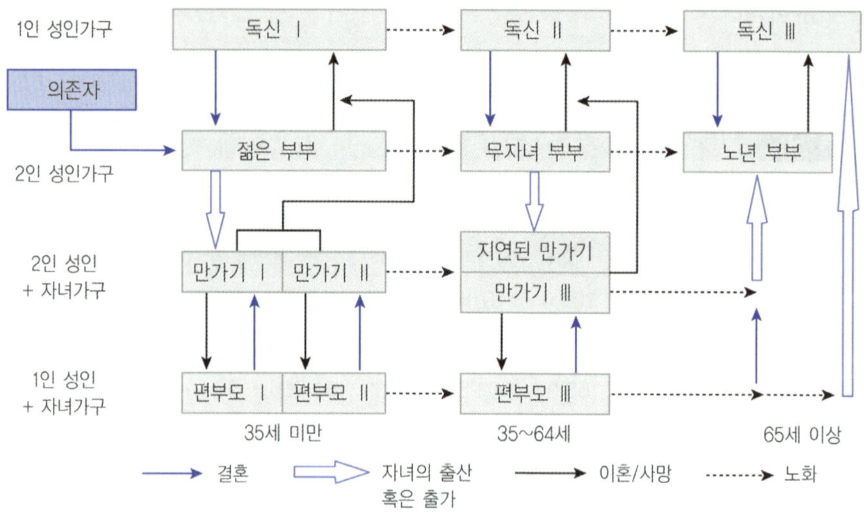

주) 화살표는 시간이 지나면서 가구가 변해갈 수 있는 여러 가지 노선을 예시한다.
※ 자료: Mary C. Gilly and Ben M. Enis, "Recycling the Family Life Cycle," *Advances in Consumer Research*, Vol. 9, 1982, pp. 271−276.

하지만, 이런 단계들이 모든 형태의 가구를 다 포괄하는 것은 아니다. 특히, 여기서 누락된 것으로는 동성연애자 커플과 미혼모가 있는데, 이는 최근 중요한 가구 형태이다. 우선, 미국에서 동성연애자의 수는 500~2,500만 명 정도로 추산되는데, 대개 이들은 경제적으로 비교적 부유하고 고등교육을 받은 사람들이다. 한편, 미국에서 15~44세의 나이에 속하는 미혼모는 400만 명이 넘는 것으로 추산되는데,[89] 그중에서 최대의 비율을 차지하는 것은 소득분포의 말단에 위치하는 10대들이다.[90]

가족생활주기의 단계별로 가구가 가진 욕구에는 상당한 차이가 있다. 예컨대, 새로운 부모(new parents)가 되는 만가기(滿家期)부터는 건강관리, 옷, 주거 및 식품에 대한 지출이 많아지는 반면, 술, 수송 및 교육에 대한 지출이 적은 경향이 있다. 하지만, 부모의 나이가 들면서 주거, 주택관리, 가구 및 자녀양육에 더 많이 지출하게 된다. 초기 공가기(空家期)(young empty nesters)에는 자동차, 여자 옷 및 장거리전화에 더 많이 지출한다. 노인 독신가구나 노년부부의 시기에는 가정용 제품, 건강관리 및 여행에 대한 지

89 "The mommies, In Numbers," *Brandweek*, November 13, 1993, p. 17.
90 Lee Smith, "The New Wave of Illegitimacy," *Fortune*, April, April 18, 1994, pp. 81−94.

출이 증가한다. 부유한 동성연애자 커플은 여행, 옷 및 미술작품에 더 많이 지출하는 편이다. 가족생활주기의 발전과정에서 가운데 부분에 위치하는 가구는 상표선호도를 바꿀 가능성이 높아서 기업의 마케팅노력을 더 잘 수용한다.[91]

2. 가구구조의 변화

요즈음은 전통적인 가구의 기본구조와 특성이 변하고 있는데, 이것을 유발한 주요 요인으로는 ① 만혼과 독신, ② 혼전동거, ③ 맞벌이부부가족, ④ 이혼 그리고 ⑤ 소자녀라는 다섯 가지 추세를 들 수 있다.

1) 만혼과 독신 추세

최근에는 점차 많은 사람들이 결혼을 연기하거나 회피하고 있어서 만혼(delayed marriage)과 독신(singles)이 늘어나고 있다. 미국의 경우 30~34세의 미혼자 비율이 1970년 이래 남자와 여자의 경우 각각 9.4%와 6.2% 증가하였고,[92] 25세 미만의 결혼부부의 비율은 1980년 이래 1/3 이상 감소하였다.[93] 대개 결혼보다 경력이 더 중요시되는 추세이고, 다수는 당장 결혼해야 할 필요성을 별로 느끼지 않고 있다.

따라서, 현재 미국에서는 2,300만 명이 넘는 사람들이 혼자 살고 있고, 2000년대 이후에는 독신자와 동거자의 수가 급증하고 있다. 특히, 2010년에는 총가구 중에서 독신자가 차지하는 비율이 27%에 달할 것으로 예상된다.

독신가구는 일반적인 가구와 다소 상이한 소비패턴을 내보이기 때문에, 이런 추세를 분석하는 것은 중요한 의미가 있다. 예컨대, 독신남자는 기혼남자에 비해 술, 자동차, 외식, 옷 및 교육에 더 많이 지출하는 한편, 독신여자는 기혼여자에 비해 자동차, 구두, 오락, 캔디 및 주택에 더 많이 지출하는 경향이 있다.[94] 독신남자는 기혼남자에 비해 보석, 손목시계 및 옷을 선물로 많이 사주고, 독신여자는 가정용품과 소형 전기기구를 선물로 잘 사준다.

---

91 Alan R. Andreasen, "Life Status Changes and Changes in Consumer Preferences and Satisfaction," *Journal of Consumer Research*, December 1984, pp. 784-794.

92 U.S. Bureau of the Census, Current Population Reports, Series P-20, No. 410, *Marital Status and Living Arrangements: March 1985* (Washington, D.C.: U.S. Government Printing Office, 1986).

93 Judith Waldrop, "The Fashionable Family," *American Demographics*, March 1988, p. 22.

94 Patricia Braus, "Sex and the Single Spender," *American Demographics*, November 1993, pp. 28-34.

비교적 나이가 들어 결혼해서 형성되는 만혼부부는 재정적으로 형편이 좋은 편이기 때문에, 디자이너 유아복, 가사 서비스 및 고품질의 고급가구를 구입할 수 있는 여력이 있다. 6세 미만의 어린 자녀를 둔 35세 이상의 부부를 의미하는 나이가 든 부모(older parents)는 더 젊은 부모(younger parents)에 비해 주거, 주택관리, 가구, 자녀양육, 수송, 식품 및 술에 더 많이 지출한다.

2) 혼전동거 추세

서구사회에서는 전통적인 사회규범이 완화됨에 따라서, 점차 많은 사람들이 이성과의 혼전동거(cohabitation)를 받아들이는 추세이다. 미국에서 이성과 동거하는 커플의 수는 430만 가구 정도 되는데, 2010년에는 그 수가 20% 이상 증가할 것으로 예상된다.[95] 이처럼 이성과 동거하는 미혼커플의 비율이 세계에서 가장 높은 국가는 스웨덴이다.

미혼커플의 중요한 특징 중의 하나는 기혼가구에 비해 개인지향적인 경향이 강하다는 점이다. 즉, 미혼커플은 주거지의 소유물을 공동재산이 아닌 개인재산으로 보는 경향이 있다.[96] 미혼커플의 경우에는 관계에 대한 당사자의 장기적인 몰입이 부족해서 언제든 그 관계가 와해될 수 있기 때문에, 이처럼 소유물을 각 당사자의 개인재산으로 인식하는 것은 관계가 와해되면 개인을 보호해 주는 역할을 한다고 볼 수 있다.

하지만, 미혼커플은 생활경비를 분담하고 두 사람이 모두 취업하고 있는 경우가 많기 때문에, 엇비슷한 연령대이지만 맞벌이부부가 아닌 기혼부부보다 자유재량소득이 더 높을 수 있다. 따라서, 미혼커플은 오락, 수송 및 휴가여행의 대량소비자에 해당된다.

3) 맞벌이부부가족 추세

맞벌이부부가족(dual-career family)이 가구의 소비행동에 미치는 영향이 커지고 있다. 일반적으로 맞벌이부부가족의 유형은 경력과 직장에 대한 여자의 생각에 따라서 ① 여자가 가족보다는 자신의 경력개발과 개인적인 욕구충족에 관심이 더 많은 가족과 ② 여자가 재정적인 필요성 때문에 취업을 하므로 직장을 그저 '단순한 일'로만 생각하는 가족이라는 두 가지 형태가 있다.[97] 외관과 행동이라는 측면에서 보면, 후자에 속하는

95 "The Future of Households," *American Demographics*, December 1993, pp. 27–40.

96 Clark D. Olsen, "Materialism in the Home: The Impact of Artifacts on Dyadic Communication," *Advances in Consumer Research*, Vol. 12, 1985, pp. 388–393.

97 Jeanne L. Hafstrom and Marilyn M. Dunsing, "Socioeconomic and Social-Psychological Influences on Reasons Wives Work," *Journal of Consumer Research*, December 1978, pp. 169–175.

여자는 전통적인 가정주부와 비슷하지만, 전자에 속하는 여자는 더 현대적이고 진취적인 경향이 있다.

이런 맞벌이부부가족은 가구의 소비행동과 관련해서 기업에게 네 가지 중요한 시사점을 준다.

첫째, 가족의 소득원천이 두 가지이므로 가족이 자유재량으로 지출을 할 수 있는 소득이 높아진다.[98] 예컨대, 맞벌이부부가족은 그렇지 않은 가족에 비해 자녀양육, 외식 및 서비스 전반에 더 많이 지출한다.

둘째, 경력에 대한 욕구와 가족에 대한 욕구라는 두 가지 욕구를 동시에 추구함으로써 역할과부하(role overload)가 발생할 수 있는데, 이는 맞벌이부부가족이 요리, 가사활동 및 쇼핑과 같은 여러 활동에 소비할 수 있는 시간을 부족하게 만든다.[99] 따라서, 맞벌이부부가족은 시간절약형 상품(time-saving goods)에 높은 가치를 두는데, 그런 상품의 대표적인 예로는 전자레인지에 잠깐 데우기만 하면 곧바로 먹을 수 있는 식품(레토르트식품), 인스턴트식품, 가사활동 보조서비스, 자녀양육 서비스 및 패스트푸드를 들 수 있다.[100] 기혼의 취업여성은 쇼핑에 소비할 시간여유가 별로 없기 때문에, 동일한 상표를 많이 구입하고, 상표애호도가 높으며, 충동구매와 카탈로그를 이용한 구매를 수행할 가능성이 높은 특징이 있다.[101]

셋째, 맞벌이부부가족의 부인은 가족을 위해 쓸 수 있는 돈을 벌어온다. 예컨대, 휴가여행, 자동차 및 주택처럼 가격이 비싸거나 가족에게 중요한 제품이나 서비스에 대한 가족구매의사결정에서 부인의 영향력이 더 커지고 있다.

넷째, 맞벌이부부가족 중에서 식료품구매를 비롯한 각종 가사활동을 담당하는 남편들이 늘어나는 추세이다. 바로 이런 추세는 남편이 가사활동을 분담하는 모습을 연출하는 요즈음의 광고에 잘 반영되어 있다.

---

98 Rose M. Rubin, Bobye J. Riney, and David J. Molina, "Expenditure Pattern Differentials Between One-Earner and Dual-Earner Households: 1972-1973 and 1984," *Journal of Consumer Research*, June 1990, pp. 43-52.

99 Michael D. Reilly, "Working Wives and Convenience Consumption," *Journal of Consumer Research*, March 1982, pp. 407-418.

100 Sharon Y. Nickols and Karen D. Fox, "Buying Time and Saving Time: Strategies for Managing Household Production," *Journal of Consumer Research*, September 1983, pp. 197-208.

101 Eugine H. Fram and Joel Axelrod, "The Distressed Shopper," *American Demographics*, October 1990, pp. 44-45.

4) 이혼 추세

20세기 말 이래 이혼(divorce)으로 갈라선 부부의 수는 엄청나게 증가해 왔다. 1980년대 중반 이후 이런 추세는 다소 둔화되고 있지만 아직도 매년 많은 이혼이 발생하고 있는데, 이는 가구의 소비행동에 대해 중요한 시사점이 있다.

무엇보다도 중요한 것은 이혼이 부부가 공유하던 소유물의 처분, 새로운 가구의 형성 및 새로운 소비패턴의 형성과 같은 각종 중요한 과업이 수행되는 하나의 주요 전환기(a major transition)라는 사실이다.[102] 이혼은 가족이 누리는 라이프스타일의 중요한 변화를 초래하며, 이혼에 수반되는 제품과 서비스의 획득이 가족의 새로운 정체성을 형성하고 이런 시기에 발생하는 스트레스를 완화하는 중요한 역할을 할 수 있다. 예컨대, 이혼한 사람은 새로운 이미지를 조성하거나 기분전환을 하기 위해 집, 자동차, 가구 혹은 옷을 새로 구입하거나, 자신의 헤어스타일을 바꾸는 행동을 수행하기도 한다.

이혼은 가구구조에 중요한 영향을 미치는데, 이는 자녀가 없는 부부가 이혼하는 경우와 자녀가 있는 부부가 이혼하는 경우로 나누어 생각해 볼 수 있다.

첫째, 자녀가 없는 부부가 이혼을 하면 각각 독신자가 되므로 앞에서 설명한 바 있는 독신자의 기본적인 소비패턴을 내보이게 된다. 하지만, 이런 새로운 독신자는 대개 나이가 많은 편이고, 취업여성의 경우 주거, 수송 및 옷의 구입에 지출할 수 있는 자유재량소득이 더 많다.

둘째, 자녀가 있는 부부가 이혼을 하면 편부모가족이 초래된다. 미국의 경우에 세 가족 중의 하나는 편부모 가족이다. 편부가족의 비율이 증가하고 있지만, 편부모 가족의 대다수는 편모가족이다. 소비자로서 편부모가족이 보이는 주요 특징을 몇 가지 들어보면 다음과 같다.

첫째, 돈을 벌면서 자녀도 혼자서 키워야 하기에 시간부족(time deficit)이 일반적인 현상이므로 편리한 제품이나 서비스가 편부모가족에게는 필수품이다.

둘째, 편부모가족은 평균보다 낮은 수준의 소득을 가질 가능성이 있기 때문에, 대부분의 물건을 구입하는 데 돈을 아껴 쓰는 경향이 있다.

셋째, 편부모가족은 주택을 소유하기보다는 임대해서 사용하는 경우가 많기 때문에 전기기구나 가정용 가구를 위한 좋은 시장이 되지는 못한다.

---

102 James H. Alexander, John W. Shouten, and Scott D. Roberts, "Consumer Behavior and Divorce," *Research in Consumer Behavior*, Vol. 6, 1993, pp. 153-184.

5) 소자녀 추세

가구의 평균규모가 더욱 작아지는 국가들이 늘어나고 있다. 특히, 베이비붐 세대와 X세대는 부부취업, 재정적 부담 및 인구과잉에 대한 우려 때문에 자녀를 적게 둔다.

이런 소자녀(fewer children) 추세는 가구의 소비행동에 대해 중요한 시사점을 준다. 첫째, 규모가 작은 가족일수록 상대적인 자유재량소득이 더 많아져서 레저상품, 휴가여행, 교육, 장난감 및 오락에 지출할 수 있는 경제적 여유가 있다. 둘째, 규모가 작은 가족은 자녀 1인당 더 많은 지출을 할 수 있는데, 적은 수의 자녀를 둔 부모가 교육, 문화활동 및 고급의류에 더 많이 지출하는 추세를 보이고 있다.[103]

또한, 아예 자녀를 두지 않는 무자녀 기혼부부가 요즈음 가장 급속하게 증가하는 가구형태 중의 하나이다. 이에 따라 18세 미만의 자녀를 둔 부부가 전체 기혼가족에서 차지하는 비율은 1990년과 2010년 사이에 47%에서 38%로 떨어질 것으로 전망된다.[104] 이런 무자녀 가구는 다른 가구에 비해 자유재량소득이 높으므로, 가구, 자동차 및 술을 구입하는 데 지출할 수 있는 여유가 있다. 또한, 무자녀 가구는 식료품의 구매보다는 외식과 집으로 가져와서 먹는 식품(take-out)을 구입하는 데에 더 많이 지출한다.

6) 가족구조의 변화에 부응하는 마케팅액션

위의 다섯 가지 추세는 비전통적인 가구의 수를 늘리는 결과를 초래했다. 이에 따라 기업은 비전통적인 가구의 특유한 욕구에 걸 맞는 마케팅활동을 전개하기 위해 노력해야 하는데, 다음은 그런 방안의 몇 가지 예이다.

첫째, 개인의 욕구에 맞는 소량포장이 필요한 독신자를 겨냥하여 포장 사이즈를 줄인 제품을 개발하는 방안이다.

둘째, 맞벌이부부와 이혼가구를 겨냥하여 편리성을 제공하는 제품이나 서비스를 개발하는 방안이다.

셋째, 맞벌이부부의 경우에 점차 많은 수의 남편이 식료품 쇼핑을 한다는 사실에 주목해서, 과거에 주로 주부를 겨냥했던 품목이라도 이제는 남편에게도 소구하도록 노력하는 방안이다.

---

103 Hideo Takayama, "Spending More on Fewer Kids," *Journal of Japanese Trade and Industry*, May 1991, pp. 24–27.

104 "The Future of Household"(1993), *op. cit.*

넷째, 맞벌이부부의 경우에는 가족의사결정에 대한 부인의 영향력이 크기 때문에, 가격이 비싼 제품과 서비스를 판매할 때 남편뿐만 아니라 부인도 동시에 공략하는 방안이다.

3. 가족의사결정의 역할구조

가족의사결정(family decision-making)의 한 가지 핵심적인 측면은 2인 이상의 가족구성원이 가족을 위한 제품과 서비스의 획득행동과 소비행동에 참여하게 된다는 점이다. 여러 사람으로 구성되는 가족의 경우에는 제품과 서비스를 획득하고 소비하기 위해 수행해야 할 여러 가지 역할(role)이 존재한다. 가족구성원 중에서 누가 어떤 역할을 담당하는가를 가족의사결정의 역할구조(role structure)라고 부른다.

첫째, 발안자(initiator)로서 어떤 제품이나 서비스의 구입필요성을 제안하는 가족구성원이다.

둘째, 정보통제자(gatekeeper)로서 의사결정에 중요한 정보를 수집하고 통제하는 가족구성원이다.

셋째, 영향력행사자(influencer)로서 자기 의견을 피력하고 의사결정에 영향을 미치는 가족구성원이다.

넷째, 의사결정자(decider)로서 구입할 제품이나 서비스를 실제로 결정하는 가족구성원이다.

다섯째, 구매자(buyer)로서 제품이나 서비스를 물리적으로 획득(구입)하는 가족구성원이다.

여섯째, 사용자(user)로서 구입한 제품이나 서비스를 소비하는 가족구성원이다.

각각 상이한 가족구성원 개인이 이런 각 역할을 담당하는 경우가 있지만, 개인의 하위집합이나 가족구성원 전체가 담당하는 경우도 있다. 예컨대, 빌려볼 비디오영화를 결정하려할 때 부모가 결정할 수 있지만, 자녀도 이에 대해 직접적으로나 간접적으로 어떤 역할을 수행할 수 있다.[105] 또한, 비디오를 빌리러 비디오대여점에 가는 사람(즉, 구매자)은 부모 중의 한 명이더라도, 빌려온 영화를 보는 사람(즉, 사용자)은 온 가족일 수

105 비디오를 빌리는 상황에서 자녀가 가족 의사결정에 직접적인 영향을 미치는 경우의 예는 자녀가 선호하는 영화가 무엇인지를 부모에게 직접 말해주는 경우이고, 자녀가 가족 의사결정에 간접적인 영향을 미치는 경우의 예는 자녀가 선호하는 것을 염두에 두고 부모가 영화를 선택하는 경우를 들 수 있다.

있다.

자녀가 소비하는 품목(예: 옷, 장난감, 식품 그리고 비디오테이프)의 경우에는 부모가 의사결정자와 구매자로서의 역할을 수행하는 경우가 많다. 남자용 내의와 화장품의 70%이상을 부인이나 여자친구가 구매한다. 또한, 자녀는 각종의 가족의사결정에 영향을 미친다.

〈표 14-4〉는 의사결정자와 사용자의 수를 기준으로 해서 가족의사결정을 9개의 범주로 구분할 수 있음을 보여준다.106 예컨대, 1명의 사용자와 2명 이상의 구매의사결정자의 상황에 해당되는 시나리오는 부인이 쓸 테니스라켓을 구입하러 부부가 같이 가서 부인이 구입할 테니스라켓에 대해 남편이 조언을 해주는 경우이다.

표 14-4 가족의사결정의 구매의사결정자와 사용자

		구매의사결정자		
		1명	2명 이상	온 가족
사용자	1명	1.	2. 테니스라켓	3.
	2명 이상	4. 시리얼	5.	6.
	온 가족	7.	8.	9. 냉장고

※ 자료: Robert Boutilier, "Pulling the Family's Strings," *American Demographics*, August 1993, pp. 44–48.

또한, 가족의사결정에서 가족구성원의 역할은 도구적 역할(instrumental role)과 표현적 역할(expressive role)이라는 두 가지 형태로 구분될 수 있다. 도구적 역할은 구매시기와 구매량과 같은 구매의사결정에 영향을 미치는 과제에 관련된 역할을 의미하며, 표현적 역할은 색깔이나 스타일을 선택하는 것처럼 가족의 규범을 표시하는 역할을 의미한다.107 전통적으로 도구적 역할은 남편이 담당하고 표현적 역할은 부인이 담당했지만, 이제는 성별 역할의 변화에 따라서 이런 역할을 담당하는 패턴도 변하고 있다.108

가족구성원이 이런 역할을 수행하는 과정에서 갈등(conflict)이 발생하기도 한다. 대개 이런 갈등은 ① 구입해야 할 이유는 무엇인가? ② 누가 의사결정을 해야 하는가?

106 Robert Boutilier, "Pulling the Family's Strings," *American Demographics*, August 1993, pp. 44–48.

107 Harry L. Davis, "Dimensions of Marital Roles in Consumer Decision Making," *Journal of Marketing Research*, May 1970, pp. 168–177.

108 Conway Lackman and John M. Lanasa, "Family Decision Making Theory: An Overview and Assessment," *Psychology and Marketing*, March–April 1993, pp. 81–93.

그리고 ③ 어떤 대안을 선택해야 하는가?라는 세 가지 사안을 중심으로 발생한다.[109] 일반적으로 가족이 이런 갈등을 해소하기 위해 사용하는 방안에는 ① 문제해결(problem solving), ② 설득(persuasion), ③ 협상(bargaining) 그리고 ④ 정치(politics)라는 네 가지 유형이 있는데, 그중에서 설득과 문제해결이 가장 빈번하게 사용된다.[110]

하지만, 가족이 이런 갈등을 해소하는 프로세스는 하나의 체계적이고 이성적인 프로세스로 진행되기보다는 가족이 어떤 뚜렷한 계획이나 묘책도 없이 일련의 조그만 의사결정을 해서 그럭저럭 넘기는 프로세스(muddling-through process)로 진행되는 경우도 많다.[111] 또한, 다수의 가구는 갈등에 직면하도록 만들기보다는 가급적 이를 피하려고 노력한다.

가족의사결정은 특정한 상황에서 더 빈번하게 발생한다. 개인에 의한 단독의사결정이 아니라 가족구성원에 의한 공동의사결정이 발생할 가능성이 높아지는 조건으로 다음과 같은 몇 가지 경우를 들 수 있다.[112]

첫째, 의사결정에 대한 지각된 위험이 높은 경우이다.

둘째, 가족의 입장에서 매우 중요한 사안에 관하여 의사결정을 하는 경우이다.

셋째, 의사결정을 하기 위해 충분한 시간여유가 있는 경우이다.

넷째, 가족구성원의 나이가 젊은 경우이다.

가족구성원은 상표선호도와 상표애호도, 정보탐색패턴, 매체의존도 및 가격민감도라는 측면에서 서로 영향을 주기도 한다.[113]

4. 가족의사결정의 파워구조

가족의사결정에서 부부와 자녀가 행사하는 상대적인 영향력은 여러 가지 상황조건에 따라서 차이가 있다. 이처럼 가족의사결정에서 누가 어떤 영향력을 행사하는가 하

109 Daniel Seymour and Greg Lessne, "Spousal Conflict Arousal: Scale Development," *Journal of Consumer Research*, December 1984, pp. 810-821.

110 Michael A. Belch, George E. Belch, and Donald Sciglimpaglia, "Conflict in Family Decision Making: An Exploratory Investigation," *Advances in Consumer Research*, Vol. 7, 1980, pp. 475-479.

111 W. Christian Buss and Charles M. Schaninger, "The Influence of Family Decision Processes and Outcomes," *Advances in Consumer Research*, 1983, pp. 439-444.

112 Buss and Schaninger(1983), *op. cit.*

113 Terry L. Childers and Akshay R. Rao, "The Influence of Familial and Peer-Based Reference Groups on Consumer Decisions," *Journal of Consumer Research*, September 1992, pp. 198-211.

는 측면을 가족의사결정의 파워구조(power structure)라고 부른다. 여기서는 가족구성원 중에서 부부의 영향력과 자녀의 영향력을 구분해서 그동안의 연구결과를 간략히 소개하기로 한다.

1) 부부의 영향력

가족의사결정에서 부부는 서로 다른 역할을 수행할 수 있는데, 부부가 가지는 영향력은 제품이나 서비스의 유형과 부부의 관계에 따라 차이가 난다. 벨기에에서 시행된 유명한 연구에서 부부의 영향력을 연구한 결과, [그림 14-2]처럼 가족의사결정의 네 가지 유형을 식별하였고[114] 후속연구에서도 이를 확인하였다.

첫째, 남편지배적 의사결정(husband-dominant decision)으로서 주로 남편에 의해 의사결정이 이뤄지는 경우이다. 해당되는 제품의 예로는 스포츠용품, 잔디 깎는 기계, 연장 들 수 있다.

둘째, 부인지배적 의사결정(wife-dominant decision)으로서 주로 부인에 의해 의사결정이

그림 14-2 가족의사결정의 파워구조

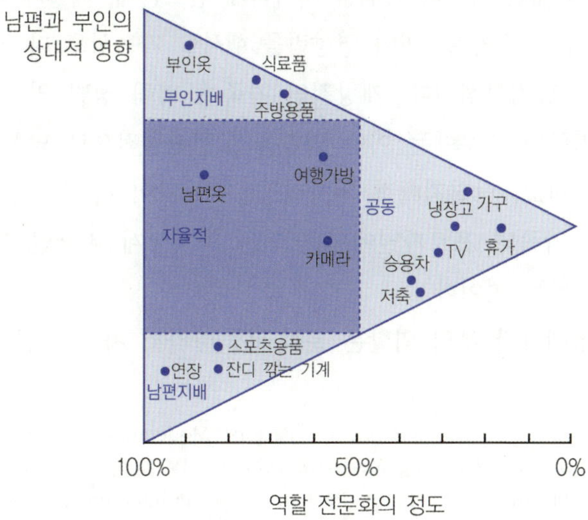

※ 자료: Mandy Putnam and William R. Davidson, *Family Purchasing Behavior: Family Roles by Product Category*, Management Horizons, Inc., 1987.

114 Harry L. Davis and Benny P. Rigaux, "Perception of Marital Roles in Decision Processes," *Journal of Consumer Research*, June 1974, pp. 5-14.

이뤄지는 경우이다. 해당되는 제품의 예로는 부인복, 식료품, 주방용품이 있다.

셋째, 자율적 의사결정(autonomic decision)으로서 부부 각자가 의사결정을 수행할 가능성이 거의 대등한 경우이다. 해당되는 제품의 예로는 남편옷, 여행가방, 카메라가 있다.

넷째, 공동의사결정(joint decision)으로서 부부가 함께 의사결정을 하는 경우이다. 해당되는 제품의 예로는 휴가여행, 냉장고, TV, 가구, 저축, 승용차가 있다.

여기서 한 가지 흥미로운 사실은 최종 의사결정시점에 가까워짐에 따라서, 특히 중요한 의사결정일수록 가족의사결정 프로세스는 나머지 세 가지 유형에서 멀어지고 공동의사결정을 하게 되는 경향이 있다는 것이다.

그런데, 가족의사결정의 이런 파워구조는 하나의 일반적인 추세를 보여주는 것에 불과하고, 가족의사결정에서 부부가 실제로 행사하는 영향력은 다음과 같은 여러 가지 요인에 따라 차이가 있다.

첫째, 경제적 공헌도와 관여도이다. 부부 중에서 소득이 높아서 가족에 대한 경제적 공헌도가 높고 의사결정사안에 대한 관여도가 높은 사람일수록 영향력이 더 커진다.[115]

둘째, 인구통계적 요인이다. 총가족소득, 직업 및 학력과 같은 인구통계적 요인도 부부가 행사하는 영향력의 크기와 관계가 있다.[116] 이런 요인들은 서로 결합해서 부부에게 의사결정상황에 대한 자신의 파워를 지각하게 만드는데, 이렇게 지각된 파워(perceived power)가 클수록 부부 중의 한 명이 영향력을 행사할 가능성은 더 높아진다.[117]

셋째, 성별 역할지향성이다. 개방적인 가족에 비해 성별 역할지향성이 강한 전통적인 보수적인 가족의 경우에는 어떤 역할을 고정관념적으로 남성적인 것이거나 여성적인 것으로 간주하고, 남편지배적 의사결정을 더 많이 하는 경향이 있다.[118] 예컨대, 전통적인 보수적 가족의 프로파일에 해당되는 멕시코계 미국인 가족은 남편지배적인 의사결정을 많이 하는 편이다.

가족의사결정에서 부부의 역할은 문화권에 따라서 차이가 날 수 있다. 자율적 의

---

115 Alvin Burns and Donald Granbois, "Factors Moderating the Resolution of Preference Conflict," *Journal of Marketing Research*, February 1977, pp. 68-77.

116 Pierre Filiarault and J. R. Brent Ritchie, "Joint Purchasing Decisions: A Comparison of Influence Structure in Family and Couple Decision Making Units," *Journal of Consumer Research*, September 1980, pp. 131-140.

117 Kim P. Corfman and Donald R. Lehmann, "Models of Cooperative Group Decision-Making and Relative Influence: An Experimental Investigation of Family Purchase Decisions," *Journal of Consumer Research*, June 1987, pp. 1-13.

118 William J. Qualls, "Household Decision Behavior: The Impact of Husbands' and Wives' Sex Role Orientation," *Journal of Consumer Research*, September 1987, pp. 264-279.

사결정이 성행하는 베네수엘라와 가봉에 비해 미국, 프랑스 및 네덜란드에서는 공동의사결정의 수준이 더 높다. 하지만, 다양한 국가에서는 부부가 담당하는 의사결정 역할의 네 가지 주요패턴을 전반적으로 지지하는 증거가 발견되어 왔다.[119]

또한, 최근에 러시아 가족을 대상으로 한 연구에서는 독립적인 의사결정이 1/4 미만의 가족에서 발생하는 것으로 나타났다. 부인은 화장실용품과 가정용 세제류에 관한 의사결정을 지배적으로 수행하고, 남편지배적 의사결정은 가구 내구재에 대해서만 존재하는 것으로 나타났다.[120] 공동의사결정은 반내구재의 경우(예: 소형 전기기구와 전자제품)에 가장 발생가능성이 높았다. 더욱이, 다수의 남미국가에서는 남편지배적 의사결정의 비율이 더 높은 경향이 있다.

미국에서 공동의사결정은 백인가족에서 가장 보편적이고, 남편지배적 의사결정은 일본계 미국인 가족의 경우에 발생가능성이 높으며, 부인지배적 의사결정은 흑인가족의 경우에 더 성행하고 있다.[121]

그 외에 가족의사결정에서 부부의 영향력과 관련된 연구결과를 몇 가지 정리해 보면 다음과 같다.

첫째, 부부는 협상(bargaining)이나 양보(concession)를 통하여 타협에 의한 공평한 의사결정을 하는 경향이 있다.[122] 여기서 협상은 공정한 교환을 포함하는 것을 말하고, 양보는 나중에 다른 분야에서 자신이 원하는 것을 얻기로 하고 일단 자신의 주장을 포기하는 것을 말한다.

둘째, 부부 의사결정이 공식적이고 체계적인 프로세스로 진행되지 않는 경우가 많다. 그 대신, 부부는 상호간의 지식과 의사결정전략을 제한적으로 인식하고 어떤 뚜렷한 계획이나 묘책도 없이 그럭저럭 넘겨가는 프로세스(muddling-through process)를 사용한다.[123]

셋째, 부부는 일반적으로 제품과 서비스에 대한 배우자의 영향력과 선호도를 추정

---

119 Robert T. Green, Jean-Paul Leonardi, Jean-Louis Chandon, Isabella C. M. Cunningham, Bronis Verhage, and Alain Strazzieri, "Societal Development and Family Purchasing Roles: A Cross- National Study," *Journal of Consumer Research*, March 1983, pp. 436-442.

120 Leonidas C. Leonidou, "Understanding the Russian Consumer," *Marketing and Research Today*, March 1992, pp. 72-83.

121 Sak Onkvisit and John J. Shaw, *International Marketing: Analysis and Strategy* (Columbus, Ohio: Merrill, 1989).

122 Michael B. Menasco and David J. Curry, "Utility and Choice: An Empirical Study of Wife/Husband Decision Making," *Journal of Consumer Research*, June 1989, pp. 87-97.

123 C. Whan Park, "Joint Decisions in Home Purchasing: A Muddling-Through Process," *Journal of Consumer Research*, September 1982, pp. 151-162.

하는 데 좋은 요인이 되지 못한다.[124] 이런 추정을 할 때 각자는 자신의 선호로부터 출발해서 배우자가 좋아할 것이라고 생각되는 것으로 적당히 조정하는 경향이 있지만, 이런 전략은 배우자가 상대방의 선호에 대해 상당한 지식을 갖고 있는 경우에 한해서만 정확하다.[125] 그리고 부부는 과거에 어떤 제품을 선택한 적이 있는지 여부에 대해 서로 이견을 보이기도 한다.[126]

2) 자녀의 영향력

자녀는 부모의 획득행동, 소비행동 및 처분행동에 영향을 미치려고 노력하기 때문에 가족의사결정에서 하나의 중요한 영향요인이다.

일반적으로 자녀는 부모가 양보해서 자신이 원하는 것을 사줄 때까지 성가시게 마구 들볶지만, 이런 시도의 성공여부는 ① 제공물의 유형, ② 부모의 특성, ③ 자녀의 나이, ④ 가구의 유형 그리고 ⑤ 의사결정프로세스의 단계에 따라서 차이가 날 수 있다.[127]

첫째, 제공물의 유형이다. 자녀는 자녀용품(예: 시리얼, 쿠키, 캔디, 스낵, 아이스크림 및 냉동피자)의 구매뿐만 아니라 자동차, 휴가여행 및 새로운 기술제품(예: PC)의 구매에 대해서도 부모에게 영향력을 행사할 수 있다. 옷이나 장난감의 경우 자녀는 "다른 애들은 모두 하나씩 갖고 있어요. 저도 하나 사주셔요."라고 떼를 쓰는 경우가 많은데, 부모는 너무 인색한 사람으로 보이길 원하지 않기에 종종 양보한다. 또한, 자녀는 TV에 나온 제품이나 서비스를 부모에게 사달라고 곧 잘 조른다.

둘째, 부모의 특성이다. 자녀들은 대부분의 의사결정에서 자신이 가진 영향력을 과대평가하는 경향이 있지만, 부모의 특성에 따라서 자녀가 발휘하는 영향력은 달라진다. 즉, 부모가 의사결정프로세스에 몰입하거나 전통적인 보수적 사고를 갖고 있을 때, 자녀가 영향력을 행사할 가능성은 낮아진다. 한편, 맞벌이부부나 편부모의 경우에는 여

124 Harry L. Davis, Stephen J. Hoch, and E. K. Easton Ragsdale, "An Anchoring and Adjustment Model of Spousal Predictions," *Journal of Consumer Research*, June 1986, pp. 25–37.

125 Lakshman Krisnamurthi, "The Salience of Relevant Others and Its Effect on Individual and Joint Preferences: An Experimental Investigation," *Journal of Consumer Research*, June 1983, pp. 62–72.

126 Robert F. Krampf, David J. Burns, and Dale M. Rayman, "Consumer Decision Making and the Nature of the Product: A Comparison of Husband and Wife Adoption Process Location," *Psychology and Marketing*, March–April 1993, pp. 95–109.

127 Tamara F. Mangleburg, "Children's Influence in Purchase Decisions: A Review and Critique," *Advances in Consumer Research*, Vol. 17, 1990, pp. 813–825.

유시간이 부족하기 때문에 자녀의 요구에 쉽게 양보할 가능성이 높다. 더욱이, 부모가 자녀의 TV시청을 많이 제한할수록 부모의 양보는 적어지고, 부모가 자녀와 더불어 TV를 많이 볼수록 자녀가 영향력을 발휘하려는 시도는 더 증가하는 경향이 있다.

셋째, 자녀의 나이이다. 자녀는 나이가 들면서 더 많은 영향력을 행사하게 되는데, 그 이유 중의 하나는 나이가 어린 자녀는 의사결정프로세스에 대한 관여도가 낮은 경향이 있기 때문이다. 그런 증거로, 10대는 의사결정사안이 자신과 가족에게 중요한 경우 자신들이 더 많은 영향력을 가진다고 생각한다. 또한, 나이가 든 자녀는 자신의 수입이 있기 때문에, 그만큼 더 많은 파워를 갖게 된다. 부모는 나이가 어린 자녀의 구매요청을 거부할 가능성이 높다.

넷째, 가구의 유형이다. 자녀가 발휘하는 영향력은 가구의 유형에 따라 달라지는데, 이런 측면에서 가구의 유형은 ① 가족구성원에게 복종만 강조하는 권위적 가구(authoritarian household), ② 가족구성원에게 별로 통제를 가하지 않는 방임적 가구(neglectful household), ③ 가족구성원의 자기표현을 권장하는 민주적 가구(democratic household), ④ 가족구성원에 대한 제약조건을 없앤 허용적 가구(permissive household)라는 네 가지 일반적인 범주로 구분된다.[128] 그중에서 허용적 가구와 방임적 가구에서는 자녀가 직접적인 의사결정 통제력을 가지고, 또한 민주적 가구와 허용적 가구에서는 자녀가 의사결정에 영향력을 행사할 가능성이 높다.

다섯째, 자녀의 영향력은 의사결정프로세스의 단계별로 차이가 있다. 즉, 의사결정의 초기단계에는 자녀의 가장 영향력이 크고, 평가와 선택 단계에는 자녀의 영향력이 크게 감소한다. 하지만, 식료품쇼핑을 할 때 5명의 부모 중에서 3명 정도는 자녀를 데리고 가므로, 식료품 구매의 경우에는 자녀의 영향력이 높을 수 있다.

5. 가족의사결정을 이용한 마케팅액션

기업은 가족의사결정에서 다양한 역할이 존재한다는 사실과 이런 역할을 상이한 가구구성원이 수행할 수 있다는 사실을 충분히 인식하는 것이 중요하다. 즉, 가족의사결정의 의사결정자나 구매자만 겨냥해서 소구하려는 방식은 소구범위가 너무 편협해서 효과가 낮을 수 있다.

예컨대, 장난감을 판매하는 기업이 오직 사용자인 자녀만 공략하는 것은 부모가

128 Les Carlson and Sanford Grossbart, "Parental Style and Consumer Socialization of Children," *Journal of Consumer Research*, June 1988, pp. 77–94.

이런 제품의 영향력행사자, 의사결정자 및 구매자로서 중요한 역할을 수행한다는 사실을 무시하는 안일한 처사이다. 또한, 남자용 내의를 판매하는 기업이 사용자인 남자만을 겨냥해서 마케팅하는 것도 대부분의 의사결정과 구매가 여자에 의해 이루어진다는 사실을 충분히 감안하지 못한 안이한 처사이다.

이런 맥락에서 가족구성원 1명이 아닌 온가족을 대상으로 해서 판매노력을 펼치는 기업의 예를 몇 가지 들어보면 다음과 같다.

첫째, 이제 케이마트(Kmart)는 단지 한 명의 구매자보다는 온가족이 함께 자사 점포에 오도록 만들기 위한 광고를 내보내고 있다.

둘째, 힐턴(Hilton)호텔은 온가족을 대상으로 마케팅하기 위해 자녀에게 인기가 있는 것에 관한 정보를 담은 체크인 폴더를 제공하고, 안내데스크에는 언제든 고객에게 장난감, 게임 및 책을 빌려줄 수 있는 준비를 해두고 있다.

셋째, 라스베가스는 도박뿐만 아니라 마술, 마상 창경기 토너먼트 및 말 쇼를 비롯해서 온가족을 겨냥한 각종 오락을 제공함으로써 도시이미지를 쇄신하기 위해 노력하고 있다.

넷째, 크라이슬러(Chrysler) 자동차는 보이지(Voyage) 모델을 촉진하기 위해 온가족이 안전점검 공구통을 받아 게임을 하면서 자동차의 안전성도 확인한다는 내용의 안전을 주제로 한 이벤트를 후원하였다.

요컨대, 기업은 어떤 가족구성원이 자사의 제품이나 서비스에 관련된 구매의사결정에 참여하는가를 명확히 파악해서 중요한 모든 사람들을 다각적으로 공략하는 노력이 필요하다.

>>> 핵심용어

Keyword

10대, 가구, 가족, 가족생활주기, 가족의사결정, 가족의사결정의 역할구조, 가족의사결정의 파워구조, 가족지향성, 갈등, 개인주의, 공동의사결정, 공동체적 목적, 구매자, 권위적 가구, 남성적 제품, 남편지배적 의사결정, 대의명분마케팅, 도구적 역할, 독신, 만혼, 맞벌이부부가족, 문제해결, 미니베이비붐 세대, 민주적 가구, 발안자, 방임적 가구, 보상적 섭취, 부메랑키즈, 부인지배적 의사결정, 사용자, 설득, 성, 성별 역할규범, 성별 특정적 욕구, 성숙한 소비자, 성적지향성, 세대간 전쟁, 소자녀, 소형 베이비붐, 시간절약형 상품, 실버마켓, 양보, 여성적 제품,

역할과부하, 영 어게인 집단, 영향력행사자, 의사결정자, 이혼, 자율적 의사결정, 정보통제자, 정치, 주체적 목적, 표현적 역할, 핵가족, 허용적 가구, 협상, 혼전동거, 확대가족, 회색시장, MOSS, X세대

Consumer Behavior and Marketing Action

제15장

준거집단과 사회적 영향력

제15장에서는 사회적 영향력(social influence)이라는 주제를 논의하는데, 이는 타인과 대중매체가 언제 그리고 왜 개인의 소비자행동에 영향을 미치는가를 설명하려는 것이다. 사회적 영향력은 정보원천으로서 신뢰성이 매우 높고, 정보를 폭넓게 전달할 수 있는 능력이 있기 때문에 개인의 소비자행동에 강력한 영향력을 발휘하는 요인이다.

사회적 영향력은 개인이 특정한 집단(예: 가족, 친구집단, 종교집단)에 속하고 있는 경우에 강해지는데, 그 이유는 같은 집단에 속하는 사람은 서로 자주 대화를 나누고, 자신의 지식과 견해를 전달할 수 있는 기회가 많기 때문이다. 또한, 같은 집단에 속하는 사람들 중에서 어떤 힘이나 전문지식을 가진 사람은 타인에게 상당한 영향력을 행사할 수 있다.

제15장에서는 특정한 집단에 속하는 소비자가 가질 수 있는 영향력의 본질을 설명한다. 소비자는 소문을 전파하는 것처럼 정보를 타인에게 전달할 수 있지만, 그와 동시에 자신이 어떤 제품이나 서비스를 언제, 어디서, 어떻게, 얼마나, 얼마나 자주 획득, 소비 및 처분을 해야 하는지에 관하여 타인이 생각하는 바에 의해 영향을 받기도 한다.

집단은 사회적으로 적절한 개인의 소비자행동을 유도할 수 있을 뿐만 아니라 사회적으로 부적절한 개인의 소비자행동이나 파괴적인 행동을 초래하기도 한다. 예컨대, 과도한 술 소비, 불법마약 사용 및 절도와 같은 행동이 집단의 영향력에 의해 수행되기도 한다.

이런 맥락에서 제15장에서는 사회적 영향력과 관련된 세 가지 주요 주제인 ① 개인의 소비자행동에 영향력을 행사하는 사회적 실체(social identity)에는 어떤 종류가 있는가? ② 그런 사회적 실체는 어떤 종류의 영향력을 행사하는가? 그리고 ③ 그런 사회적 실체가 타인에게 영향을 미치려는 시도는 어떤 효과를 가지는가?라는 의문에 대한 답을 제시하고자 한다. 〈표 15-1〉은 사회적 영향력과 관련하여 제15장에서 논의하는 주요내용을 요약한 것이다.

표 15-1 제15장의 주요내용

준거 집단	사회적 영향력의 원천	사회적 영향력의 종류	사회적 영향력의 차원	구전 커뮤니케이션
▪ 개념 ▪ 유형 ▪ 특성	▪ 일반적 영향력원천 ▪ 특수한 영향력원천	▪ 규범적 영향력 ▪ 정보제공적 영향력	▪ 극성 ▪ 전달양식	▪ 의의 ▪ 대처방안

제 1 절 준거집단의 영향

1. 준거집단의 개념

어떤 종류의 집단이 어떻게 개인의 소비자행동에 영향력을 행사하는가를 이해하기 위해서는 우선 집단이 무엇인가를 알아야 한다. 집단(group)은 시간이 지나면서 유사한 일단의 욕구와 목적을 가진 개인들의 집합체를 말한다. 이런 집단 중에서 개인이 자신의 태도, 지식 및 행동을 안내하는 지침을 얻기 위해 자신과 비교하는 개인들의 집합체를 준거집단(reference group)이라고 한다.

준거집단에는 ① 개인이 직접 접촉하는 집단(예: 가족, 친구 및 동료), ② 개인이 속하는 공식적 집단(예: 교회, 클럽 및 학교), 그리고 ③ 더 범위가 넓은 문화적 집단(예: 성별, 연령, 사회계층 및 하위문화집단)이 있다. 문화적 집단에 대해서는 이미 설명한 바 있기 때문에, 여기서는 앞의 두 종류의 준거집단을 중심으로 논의하기로 한다.

2. 준거집단의 유형

집단의 개념을 논의하는 한 가지 방식은 소비자가 속하는 집단의 유형을 파악하는 것이다. 이에 따르면, 준거집단은 ① 열망적 준거집단, ② 귀속적 준거집단 및 ③ 분리적 준거집단이라는 세 가지 유형으로 구분될 수 있다.

1) 열망적 준거집단

열망적 준거집단(aspirational reference group)은 개인이 특정한 집단을 흠모하기 때문에 자신이 해당 집단의 구성원이 되기를 바라지만 현재로서는 구성원이 아닌 집단이다. 예컨대, 유명 록밴드의 팬들은 자신이 좋아하는 록밴드의 일원이 되기를 원하고, 어린 동생은 형과 같은 사람이 되기를 바라며, 최근에 개방된 동유럽의 젊은이들은 서구의 젊은이들처럼 되기를 열망한다.

2) 귀속적 준거집단

귀속적 준거집단(associative reference group)은 개인이 현재 속하고 있는 집단이다. 개인은 기본적으로 가족과 친구집단의 구성원이고, 특정한 직장, 클럽, 혹은 학교집단의 구성원일 수 있다. 또한, 자신이 속하는 연령집단, 성별집단, 지역집단 및 인종집단도 개인의 귀속적 준거집단이다. 요컨대, 귀속적 준거집단은 개인이 그 집단의 구성원이면서 대개 자신과 동일시하는 준거집단이다.

3) 분리적 준거집단

분리적 준거집단(dissociative reference group)은 개인이 특정한 집단의 태도, 가치 및 행동에 대해 부정적인 입장이기 때문에 모방하기를 원하지 않는 집단이다. 예컨대, 보통사람에게는 잔인한 폭력을 일삼는 조직폭력배가 분리적 준거집단이 될 것이다. 아랍국가에서는 미국인을 분리적 준거집단으로 보는 사람들이 있고, 독일인에게는 신나치당(neo-Nazis)이 분리적 준거집단이 될 것이다. 루마니아 사람들은 집시족이 더럽고 미개하며 환경을 오염시킨다는 이유로 분리적 준거집단으로 간주한다.[1]

4) 준거집단의 유형을 이용한 마케팅액션

기업은 개인의 소비자행동에 영향을 미치는 준거집단의 유형을 효과적으로 이용하는 마케팅방안을 모색할 수 있는데, 다음은 그 몇 가지 예이다.

첫째, 열망적 준거집단을 활용하는 방안이다. 기업은 표적소비자의 열망적 준거집단을 파악해서 자사제품과 해당 준거집단을 서로 연관시키는 방법을 사용하거나 소비자의 열망적 준거집단을 대표하는 유명인사를 광고모델로 내세우는 방법을 사용할 수 있다. 전자의 예로는 파바로티의 노래를 배경으로 정예로운 분위기를 연출하면서 "당신도 렉서스 운전자로 잘 알려진 휴머니티 써클에 동참할 수 있습니다."라고 말하는 렉서스(Lexus)의 슈퍼볼(Super Bowl) 광고를 들 수 있고, 후자의 예로는 테네시주의 스피링힐에서 홈커밍을 개최할 때 프로그램의 주요 요소로 유명한 스케이트선수 얀센(Dan Jansen)과 유명가수 주드(Wynonna Judd)를 내세운 세턴(Saturn)의 광고를 들 수 있다.

둘째, 귀속적 준거집단을 활용하는 방안이다. 기업은 귀속적 준거집단의 옷, 헤어

1 Russell W. Belk and Magda Paun, "Ethnicity and Consumption in Romania," in eds. Janeen Costa and Gary Bamossy, *Marketing in a Multi-Cultural World: Ethnicity, Nationalism and Cultural Identity* (Newbury Park, Cali.: Sage, 1994).

스타일, 액세서리 및 일반적인 행동을 자사광고에 정확히 반영함으로써 자사의 표적소비자를 적절히 표현하는 방안을 구사할 수 있다.[2] 그런 예로는 스케이트보드와 등산장비와 같은 제품을 판매하는 기업들이 실제의 스케이트보드 선수와 등산가를 광고모델로 내세우는 것을 들 수 있다.

셋째, 분리적 준거집단을 회피하는 방안이다. 앞의 두 준거집단과는 달리 분리적 준거집단은 기업의 마케팅 커뮤니케이션에서 피해야 할 대상이다. 예컨대, 맥도날드가 중동에서 시행하는 촉진에서는 로널드 맥도날드(Ronald McDonald)를 내세우지 않기로 결정했다. 그 이유는 회교도들은 익살스러운 밝은 색깔의 어릿광대와 같은 모습을 한 로널드 맥도날드를 자신의 우상으로 삼으려 하지 않았기 때문이었다.[3]

3. 준거집단의 특성

개인의 소비자행동에 영향을 미치는 준거집단은 몇 가지 특성을 이용하여 표현될 수 있다. 준거집단의 그런 특성으로는 ① 접촉의 정도, ② 공식성, ③ 구성원의 유사성, ④ 집단의 밀도, ⑤ 동일시의 정도 및 ⑥ 유대의 강도를 들 수 있다.

1) 접촉의 정도

각 준거집단은 개인이 그 준거집단과 얼마나 자주 접촉하는가를 말하는 접촉의 정도(degree of contact)에 차이가 있다. 이에 따르면, 준거집단은 개인이 친구나 가족처럼 직접적이고 광범위한 접촉을 하는 준거집단, 개인이 초등학교 동창생처럼 더 접촉횟수가 적은 준거집단, 그리고 개인이 집단의 구성원과 거의 접촉하지 않는 준거집단으로 구분될 수 있다.

개인이 자주 접촉하는 준거집단일수록 개인의 소비자행동에 더 많은 영향을 미치지만, 개인이 거의 접촉하지 않는 준거집단일지라도 개인의 소비자행동에 어떤 영향력을 행사할 수 있다.[4] 이런 접촉의 정도라는 측면에서 준거집단은 1차적 준거집단(primary

---

2 Basil G. Englis and Michael R. Solomon, "To Be and Not To Be: Lifestyle Imagery, Reference Groups, and the Clustering of America," *Journal of Advertising*, March 1995, pp. 13-28.

3 Todd Nissen, "McDonald's Sees Good Results in Middle East," *Clarinet Electronic News Service*, February 20, 1994.

4 A. Benton Cocanougher and Grady D. Bruce, "Socially Distant Referent Groups and Consumer Aspiration," *Journal of Marketing Research*, August 1971, pp. 379-383.

reference group)과 2차적 준거집단(secondary reference group)으로 구분된다.

1차적 준거집단은 개인이 대면으로 물리적인 상호작용을 하는 집단을 말한다. 대학생의 1차적 준거집단으로는 가족, 친구 및 대학교수를 들 수 있다. 2차적 준거집단은 개인이 직접적으로 접촉하지는 않지만 그 집단의 행동이 개인에게 어떤 영향을 미치는 집단이다. 예컨대, 음악팬클럽의 회원은 단지 뉴스레터와 같은 비인적인 커뮤니케이션을 통해서만 접촉을 하더라도 그런 팬클럽의 행동과 가치관은 회원의 개인행동에 영향을 미칠 수 있다.

2) 공식성

각 준거집단은 공식성(formality)이라는 측면에서 차이가 있다. 이에 따르면 준거집단은 공식적 준거집단(formal reference group)과 비공식적 준거집단(informal reference group)으로 구분된다.

공식적 준거집단은 집단소속의 기준을 명시하는 규칙과 집단구성원에게 기대되는 행동이 있는 공식적인 구조를 가지고 있는 준거집단을 말한다. 대학생의 공식적 준거집단의 예로는 대학교의 학과수업집단을 들 수 있다. 예컨대, 대학의 학과수업에 등록을 하기 위해서는 먼저 대학입학이나 선수과목의 이수와 같은 어떤 선행요건을 충족해야 하고, 일단 학과수업에 등록을 한 사람은 정시출석이나 시험응시와 같은 명시된 행동규칙을 따라야 한다.

비공식적 준거집단은 더 특수하고, 조직화와 구조화의 정도가 약한 준거집단을 말한다. 비공식적 준거집단의 예로는 공식적으로 구조화되어 있지 않고 어떤 엄격한 규칙도 없는 개인의 절친한 친구들, 파티에 함께 참석하는 사람들, 그리고 유람선을 타고 함께 휴가여행을 하는 사람들을 들 수 있다.

3) 구성원의 유사성

각 준거집단은 구성원의 유사성(homophily)이라는 측면에서 차이가 난다. 준거집단의 구성원이 서로 유사할수록, 준거집단이 개인의 소비자행동에 미치는 영향은 더 강한 경향이 있다.[5] 그 이유는 서로 유사한 사람들일수록, 사물을 동일한 방식으로 바라보고, 자주 상호작용하며, 강한 사회적 유대를 형성하는 경향이 있기 때문이다.

5 Linda L. Price, Lawrence Feick, and Robin Higie, "Preference Heterogeneity and Coorientation as Determinants of Perceived Informational Influence," *Journal of Business Research*, November 1989, pp. 227-242.

어떤 집단에 속하는 사람들이 서로 유사하다면, 서로 정보를 교환할 기회가 많을 것이고, 일단 그런 정보에 노출되면 그것을 수용할 가능성이 있다.[6] 또한, 그런 경우에는 송신자와 수신자가 서로 유사하기 때문에, 서로 공유하는 정보도 신뢰성과 설득력이 있는 것으로 지각될 가능성이 있다.[7]

4) 집단의 밀도

각 준거집단은 집단의 밀도(density of group)라는 측면에서 차이가 난다. 이런 측면에서 준거집단은 고밀도 준거집단(high-density reference group)과 저밀도 준거집단(low-density reference group)으로 구분될 수 있다.

고밀도 준거집단은 집단구성원들이 모두 서로를 잘 아는 집단을 말하는데, 그런 예로는 1주일에 한번 정도는 만나기 때문에 서로를 잘 아는 확대가족의 구성원을 들 수 있다.

저밀도 준거집단은 대개 집단의 규모가 커서 집단구성원들이 서로를 그리 잘 알지는 못하는 집단을 말하는데, 그런 예로는 규모가 큰 대학의 교수진을 들 수 있다. 소규모 대학의 교수진에 비해 대규모 대학의 교수진은 구성원들이 서로 긴밀히 상호작용을 하고, 정보를 공유하며, 서로 영향을 주고받을 기회가 아무래도 적을 수밖에 없다.

5) 동일시의 정도

앞의 네 가지 특성은 각 준거집단이 차이가 날 수 있는 차원들이지만, 준거집단에 속하는 구성원의 개인적 특성도 중요하다. 그런 개인적 특성 중의 하나는 소비자가 자신을 준거집단과 얼마나 동일시하는가를 말하는 동일시의 정도(degree of identification)이다. 개인이 자신과 준거집단과 동일시할수록, 그는 그 준거집단의 행동과 그 준거집단이 제공하는 정보에 의해 영향을 받을 가능성이 높아진다.

사실, 개인이 어떤 집단에 속한다고 해서 반드시 그 집단을 자신의 준거집단으로 사용하는 것은 아니다. 예컨대, 어떤 사람이 나이로는 노년층에 속하더라도, 반드시 노년층의 사람들을 자신의 준거집단으로 간주하는 것은 아니다.[8]

---

6 Jacqueline J. Brown and Peter Reingen, "Social Ties and Word-of-Mouth Referral Behavior," *Journal of Consumer Research*, December 1987, pp. 350-362.

7 George Moschis, "Social Comparison and Informal Group Influence," *Journal of Marketing Research*, August 1976, pp. 237-244.

8 Rohit Desphande, Wayne D. Hoyer, and Naveen Donthu, "The Intensity of Ethnic Affiliation: A Study of the Sociology of Hispanic Consumption," *Journal of Consumer Research*, September 1986, pp. 214-220.

6) 유대의 강도

어떤 준거집단에 속하는 구성원을 표현하는 또 한 가지 개인적 특성은 유대의 강도(tie-strength)이다.[9] 강한 유대(strong tie)는 구성원들 사이에 가깝고 밀접한 관계가 존재하는 경우로 구성원들 사이에 접촉이 빈번하다는 특성을 가지는 반면, 약한 유대(weak tie)는 구성원들 사이에 멀고 소원한 관계가 존재하는 경우로 구성원들 사이에 접촉이 제한되어 있다는 특성을 가진다.[10]

그림 15-1 유대의 강도와 사회적 영향력

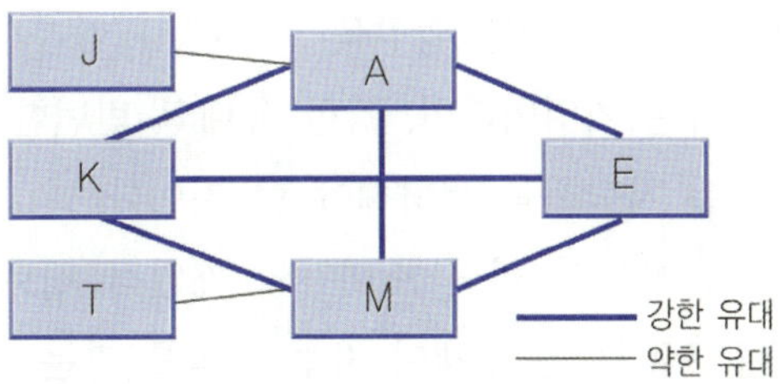

[그림 15-1]은 강한 유대와 약한 유대의 개념을 예시한다. A라는 여성에게는 M, K 및 E라는 세 명의 매우 가까운 학교친구가 있다고 하자. 또한, 그녀는 헬스클럽을 통해서 J를 알게 되었고, T는 M의 먼 사촌이다. 이 그림에서는 서로를 아는 개인들을 실선으로 연결해서 표시하고 있는데, 실선의 굵기는 개인들을 연결하는 유대의 강도를 반영한다. 즉, A, M, E 및 K는 서로 강한 유대를 갖고 있지만, M과 T 그리고 A와 J는 서로 약한 유대를 갖고 있다는 것을 알 수 있다.

7) 준거집단의 특성을 이용한 마케팅액션

기업은 앞에서 설명한 준거집단의 특성들을 자사의 마케팅활동에 효과적으로 사용하는 방안을 모색할 수 있는데, 다음은 그 몇 가지 예이다.

첫째, 기업은 공식적 준거집단을 마케팅활동의 명백한 표적으로 사용할 수 있다. 예컨대, MADD(Mothers Against Drunk Driving)는 현지의 PTA나 학교이사회 같은 공식적

---

9 Brown and Reingen(1987), *op. cit.*

10 Jonathan K. Frenzen and Harry L. Davis, "Purchasing Behavior in Embedded Markets," *Journal of Consumer Research*, June 1990, pp. 1-12.

집단을 활동의 표적으로 삼을 수 있으며, 적십자회는 대학 캠퍼스를 헌혈 장소로 겨냥할 수 있다.

둘째, 기업은 집단구성원의 네트워크에 관련된 제반 사실들을 파악해서 자사의 마케팅활동에 유익하게 활용할 수 있다. 집단구성원의 네트워크에 관련된 제반 사실들은 정보가 소비자집단 사이에 얼마나 신속하게 그리고 얼마나 많이 전파될 것인지를 알 수 있게 해 준다. 집단의 밀도가 높은 경우에 구성원들은 서로 자주 접촉을 하며 강한 유대로 연결되므로, 제품 그 자체와 그것의 획득, 소비 및 처분에 관한 정보가 그 집단의 구성원들 사이에 매우 신속하게 전파될 가능성이 있다.

요컨대, 집단의 밀도, 유대의 강도 및 접촉의 정도는 집단구성원 사이에 전달되는 정보의 속도, 양 및 내용구성에 어떤 영향을 미친다.[11] 따라서, 시장에서 많은 정보를 신속하게 배포하기를 원하는 기업이라면, 강한 유대와 빈번한 접촉이라는 특성을 가진 고밀도 네트워크에 속하는 사람들을 겨냥해야 할 것이다.

셋째, 기업은 소비자 개인이 아닌 소비자의 개인적 네트워크를 공략하는 방안을 모색할 수 있다. 예컨대, MCI사는 고객이 자주 전화를 거는 사람 20명의 이름과 전화번호를 말해주면 소정의 할인을 해주는 'Friends and Family'라는 프로그램을 운용한 적이 있었는데, 그 취지는 소비자와 접촉을 많이 하는 다른 소비자들을 파악함으로써 그 소비자의 네트워크 전체를 공략하려는 데 있었다. 또한, 친구를 신입회원으로 가입시켜주는 회원에게 일정한 할인혜택을 주는 헬스클럽도 기업이 회원의 개인적 네트워크를 공략하는 좋은 예이다. 즉, 기업은 소비자가 친구들에게 자사에 관해서 이야기해 주도록 요청함으로써 소개행동을 권장할 수 있다.

그런데, 준거집단의 약한 유대가 기업에게 별로 활용가치가 없다고 생각할 수 있지만, 실은 그렇지 않다. 약한 유대는 서로 다른 집단을 서로 연결해주는 일종의 다리(bridge)와 같은 역할을 하기 때문에, 서로 다른 네트워크 사이의 정보 전파에 강력한 역할을 한다. 예컨대, [그림 15-3]에서 M은 4명의 가까운 친구와 그녀의 먼 친척인 T 사이에서 일종의 다리와 같은 역할을 하기 때문에, M이 T에게 정보를 넘겨주면, T는 자신과 강한 유대나 약한 유대를 가진 다른 사람들에게 그런 정보를 전달할 수 있다. 요컨대, 비록 유대의 강도는 약하더라도 약한 유대는 정보를 한 집단에서 다른 집단으로 전달하는 정보통제기능(gatekeeping function)을 수행한다는 중요한 의미가 있다.[12]

---

11 Peter H. Reingen and Jerome B. Kernan, "Analysis of Referral Networks in Marketing: Methods and Illustrations," *Journal of Marketing Research*, November 1986, pp. 370–378.

12 Reingen and Kernan(1986), *op. cit.*

기업은 마케팅활동을 겨냥할 새로운 네트워크를 파악하는 데 약한 유대를 사용할 수 있다. 예컨대, 에이본(Avon), 메리케이(Mary Kay) 및 터퍼웨어(Tupperware)와 같은 직접판매조직과 미국암협회(ACS)와 같은 자선단체는 개인 소비자를 판매대리인으로 해서, 그의 개인적 네트워크에 의존하는 직접판매활동을 전개한다.[13] 여기서 한 가지 주목해야 할 것은 개인이 자신과 강한 유대를 가지는 소비자뿐만 아니라 약한 유대를 가지는 소비자도 공략할 수도 있다는 점이다.

소비자가 판매자와 어떤 사회적 관계를 맺고 있다는 사실이 판매자의 판매활동에 대한 소비자의 반응에 어떤 영향을 미칠 수 있다. 즉, 구매자와 판매자 사이의 사회적 관계가 시장이 작동하는 방식을 변화시킬 수 있는데, 이런 관계가 존재하는 시장을 배태된 시장(embedded market)이라고 한다.[14] 예컨대, 누구든지 과거에 한 번도 만난 적이 없는 사람이 판매하는 제품보다는 이웃사람의 아들이 판매하는 제품을 살 가능성이 더 높을 것이다. 그 이유는 대개 우리는 이웃사람들과 좋은 관계를 유지하기를 원하기 마련인데, 우리가 이웃사람의 아들로부터 제품을 사주는지 여부에 따라 앞으로 그 이웃사람과의 관계가 달라질 것이기 때문이다.

4. 소비자 사회화에 대한 준거집단의 영향

준거집단은 개인의 소비자행동에 다방면에 걸쳐서 꽤 강한 영향을 미칠 수 있다. 예컨대, 개인의 집단소속은 개인이 어떤 제품을 구입하는가, 개인이 각종 소비관행에 참여하는 이유는 무엇인가, 개인이 제품을 어떻게 구입하는가와 같은 의문에 관련된 개인의 획득행동, 개인이 제품을 어떻게 사용하는가와 같은 의문에 관련된 개인의 소비행동 그리고 개인의 제품 처분 여부, 처분시기, 처분이유 및 처분방식과 같은 의문에 관련된 개인의 처분행동에 영향을 미칠 수 있다.

준거집단은 이렇게 개인의 소비자행동에 영향을 미치는 것은 사회화 프로세스(socialization process)를 통해서이다. 사회화는 개인이 어떤 영역에서 기능을 하는데 관련된 지식, 기량, 가치관 및 태도를 획득하는 과정인데, 개인이 소비자가 되기 위해 학습하는 과정을 소비자 사회화(consumer socialization)라고 한다. 구체적으로 말하자면, 소비자 사회화란 개인이 돈의 가치, 저축과 지출의 적절성, 제품의 처분방식 그리고 제품을

13 Frenzen and Davis(1990), *op. cit.*
14 Frenzen and Davis(1990), *op. cit.*

구입해서 사용하는 방식, 시기 및 장소를 배우게 되는 과정을 말한다.[15]

개인의 소비자 사회화에서 가족이나 친구와 같은 준거집단은 사회화 대리인(socializing agent)으로서 중요한 역할을 수행한다. 한 연구에서는 모녀가 세일을 할 때 물건을 구입하는 성향, 새로운 상표를 구입하려는 의도, 상표애호도, 구매전 계획, 충동구매 및 마케팅관행에 대한 불신 등과 같은 측면에서 서로 비슷한 정도를 조사하였다. 그 결과, 이런 측면들 중의 다수에서 모녀는 서로 유사한 것으로 나타났는데, 그 이유는 어머니가 딸의 사회화 대리인으로서 강력한 역할을 수행했기 때문이었다.[16]

소비자 사회화가 이루어지는 방식에는 여러 가지 형태가 있다.[17] 예컨대, 부모는 ① 돈을 절약하는 것이 얼마나 중요한가를 자녀에게 직접 가르침으로써(직접교육방식), ② 부모가 얼마나 검소한가를 자녀에게 관찰하도록 함으로써(관찰학습방식) 혹은 ③ 자녀가 검소하게 생활할 때 보상을 줌으로써(보상제공방식) 검소함의 가치를 자녀에게 가르칠 수 있다.[18] 이와 관련해서, 나이 어린 자녀의 경우에는 위의 세 가지 방식 가운데 직접교육방식이 소비자기량(consumer skill)을 가르치는 데 가장 효과적이지만, 나이 든 자녀의 경우에는 관찰학습방식이 가장 효과적인 것으로 나타났다.[19]

그런데, 사회화 대리인으로서 준거집단이 미치는 영향력은 시간이 지나면서 바뀔 수 있다. 대개 자녀가 어릴 때는 부모가 자녀에게 상당히 큰 영향력을 가지지만, 자녀가 성장해서 친구들과 더 많은 상호작용을 하게 되면서 부모의 영향력은 줄어든다.[20] 또한, 10대 시절에는 고교동창생이 개인의 가치관, 태도 및 행동에 대해 강한 영향력을 행사했을지라도, 고등학교를 졸업한 후에 고교동창생이 발휘하는 영향력은 대개 미미해진다. 요컨대, 개인은 일생 동안 여러 집단과 관계를 형성하기 때문에, 이를 통해서 이루어지는 사회화는 평생 동안 이루어지는 프로세스(lifelong process)라고 말할 수 있다.

---

15 Scott Ward, "Consumer Socialization," *Journal of Consumer Research*, September 1974, pp. 1–16.

16 Elizabeth S. Moore-Shay and Richard J. Lutz, "Intergenerational Influences in the Formation of Consumer Attitudes and Beliefs About the Marketplace: Mothers and Daughters," *Advances in Consumer Research*, Vol. 15, 1988, pp. 461–467.

17 George P. Moschis, "The Role of Family Communication in Consumer Socialization of Children and Adolescents," *Journal of Consumer Research*, March 1985, pp. 898–913.

18 Harriet L. Rheingold and Kaye V. Cook, "The Contents of Boys' and Girls' Rooms as an Index of Parents' Behavior," *Child Development*, June 1975, pp. 459–463.

19 Scott Ward, Daniel B. Wackman, and Ellen Wartella, *How Children Learn to Buy: The Development of Consumer Information Processing Skills* (Beverly Hills, Calif.: Sage, 1979).

20 Conway Lackman and John M. Lanasa, "Family Decision Making Theory: An Overview and Assessment," *Psychology and Marketing*, March–April 1993, pp. 81–93.

소비재 그 자체가 하나의 사회화 대리인으로 사용되기도 한다. 예컨대, 자녀가 가지고 노는 장난감이 자녀가 누구인지 그리고 자녀에게 기대되는 바가 무엇인지에 영향을 미친다.[21] 남자아이의 경우에는 운동기구, 기계, 군인 장난감 및 자동차 장난감을 더 많이 받으며 동물장식으로 자녀의 방이 꾸며질 가능성이 높지만, 여자아이의 경우에는 인형, 인형집 및 소꿉놀이 장난감을 더 많이 받으며 자녀의 방은 꽃장식, 주름장식 및 레이스장식으로 꾸며질 가능성이 높다.[22] 또한, 아이는 생후 20개월 정도만 지나면 남자용 장난감과 여자용 장난감을 구분하는 법을 배우는데, 이는 부모가 자녀에게 성별로 적합한 장난감을 사용하도록 권하고, 특히 남아의 경우 이성에 대한 관심을 저지하는 경향이 있기 때문에 나타나는 결과이다.[23]

그런데, 소비재는 개인의 소비자 사회화에 긍정적인 영향을 미칠 수 있지만, 부정적인 영향을 미치기도 한다. 후자를 반증하는 예로는 최근에 파괴적이고 성적인 메시지가 나이 어린 아이들의 사회화에 부정적인 영향을 미친다고 주장하면서, 영화산업을 적극적으로 비판하는 소비자단체를 들 수 있다.[24] 한편, 소비자 사회화에 긍정적인 영향을 주는 제품이나 서비스의 예로는 예컨대, 어린 자녀에게 공유와 배려와 같은 좋은 가치를 가르치는 데 유익한 자주색 공룡 바니(Barney)를 들 수 있다.

또한, 상품은 자녀에게 보상이나 처벌을 주기 위한 사회화 도구의 하나로 사용되기도 한다. 예컨대, 부모는 자녀가 사회적으로 적절한 행동을 한 것에 대한 보상으로 선물을 주거나 사회적으로 부적절한 행동(예: 너무 늦은 시간까지 오락하는 것)을 한 것을 처벌하기 위해 어떤 제품(예: 오락게임기)을 압수할 수도 있다.[25]

21 Nancy Eisenberg-Berg, Rita Boothby, and Tom Matson, "Correlates of Preschool Girls' Feminine and Masculine Toy Preferences," *Developmental Psychology*, May 1979, pp. 354-355.

22 Donna Rouner, "Rock Music Use as a Socializing Function," *Popular Music and Society*, Spring 1990, pp. 97-108.

23 Greta Fein, David Johnson, Nancy Kossen, Linda Stork, and Lisa Wasserman, "Sex Stereotypes and Preferences in the Toy Choices of 20-Month-Old Boys and Girls," *Developmental Psychology*, July 1975, pp. 527-528.

24 "Hollywood Respond to Criticism," *Los Angeles Times*, June 15, 1995, pp. B1, B4.

25 Ward(1974), *op. cit.*

제 2 절 사회적 영향력의 원천

개인의 소비자행동에 영향을 미칠 수 있는 사회적 영향력의 원천에는 일반적 영향력원천과 특수한 영향력원천이라는 두 가지 유형으로 대분할 수 있다. 이 절에서는 그 구체적인 유형에는 어떤 것이 있고, 어느 것이 가장 큰 영향을 미칠 수 있으며, 그 이유는 무엇인지를 중심으로 설명하기로 한다.

1. 일반적 영향력원천

준거집단이 개인의 소비자행동에 중요한 영향을 미치는 것은 사실이지만, 이것이 결코 개인의 소비자행동에 영향을 미치는 유일한 원천인 것은 아니다. 일반적으로 각종 매체는 개인의 소비자행동에 상당한 영향을 미치는데, 우리는 항상 각종 매체에서 내보내는 프로그램과 광고에서 제시되는 메시지나 이미지에 노출되고 있다. 이런 메시지나 이미지에 노출되는 것은 우리가 옳거나 그르다고 생각하는 것과 바람직하거나 그렇지 않다고 생각하는 것에 영향을 미칠 수 있다. 예컨대, 캐나다 어린이를 조사한 연구에서는 어린이가 산타클로스에게 선물로 받고 싶다고 말하는 것 중의 약 25%는 TV에서 본 것이라는 사실을 발견하였다.[26]

1) 일반적 영향력원천의 유형

일반적 영향력원천(general sources of influence)의 유형은 〈표 15-2〉에 제시된 바와 같이 영향력의 시도가 어디에서 나오는가에 따라서 마케터주도적 원천(marketer- dominated source)과 비마케터주도적 원천(nonmarketer-dominated source)으로 구분할 수 있고, 또한 영향력이 전달되는 매체에 따라서 대중매체 전달방식(mass media delivered)과 개인적 전달방식(delivered personally)으로 구분될 수 있다.

---

26 Andre Caron and Scott Ward, "Gift Decisions by Kids and Parents," *Journal of Advertising Research*, August-September 1975, pp. 15-20.

표 15-2 일반적 영향력원천의 유형

	마케터주도적 원천	비마케터주도적 원천
대중매체 전달방식 (대중매체 원천)	▪ 광고 ▪ 판매촉진 ▪ 홍보 ▪ 특별이벤트	▪ 뉴스 ▪ 비평/평론 ▪ 프로그램 내용 ▪ 외부적 보증 ▪ 문화적 영웅 ▪ 클럽/조직
개인적 전달방식 (개인적 원천)	▪ 판매원	▪ 가족 ▪ 친구 ▪ 이웃사람 ▪ 평소에 아는 사람 ▪ 학교친구

주) 표에서 오른쪽으로 갈수록 신뢰성이 높아지고, 위로 올라갈수록 도달률은 높아지며, 아래로 내려올수록 일방적인 커뮤니케이션이 아닌 양방향 커뮤니케이션 능력을 가진다.

(1) 대중매체로 전달되는 마케터주도적 원천

대중매체로 전달되는 마케터주도적 원천에는 광고, 판매촉진, 홍보 및 특별이벤트가 포함된다. 예컨대, 여러 유명인사들이 우유 묻은 콧수염을 한 모습을 보여주는 광고로부터 대중은 우유의 편익을 학습할 수 있다. 백화점이 특별세일행사를 하는 것은 그런 판촉활동을 통해서 소비자의 구매행동에 영향을 미치려는 것이다. 기업은 홍보활동을 통해서 자사의 신제품을 발표하고, 프로스포츠구단은 기자회견을 통해서 소속팀의 선수를 교체한다는 사실을 발표한다.

(2) 개인적으로 전달되는 마케터주도적 원천

마케터주도적 원천이 개인적으로 정보를 전달하기도 하는데, 이런 영향력 원천에는 판매원을 비롯해서 서비스요원과 고객서비스 담당자가 있다. 이들은 소매점 내에서, 소비자의 집이나 사무실에서, 혹은 상품박람회에서 상품관련정보를 소비자에게 전달하는 역할을 담당한다.

(3) 대중매체로 전달되는 비마케터주도적 원천

대중매체로 전달되는 비마케터주도적 원천이 개인의 소비자행동에 영향을 미칠 수 있다. 신제품, 영화와 식당, 제품오염(예: 담배필터), 제품에 관련된 사건(예: Audi의 급가속 문제) 그리고 제품의 사용(예: 권총)에 관련된 사건발생에 관한 각종 뉴스는 소비자의 소비관행에 어떤 영향을 미칠 수 있다. 예컨대, 유방이식수술의 위험성에 관한 최근의 매체보도는 그런 수술을 이용해서 몸매를 아름답게 가꾸려는 것에 수반되는 잠재적 위험에 대한 소비자의 인식에 지대한 영향을 미쳤다.

소비자에게 특별히 강한 영향력을 발휘하는 비마케터주도적 매체원천이 있는데, 그런 예로는 다음과 같은 몇 가지를 들 수 있다.

첫째, 소비자가 보러갈 영화를 결정하는 데 참고하는 잡지나 신문의 영화비평기사이다.

둘째, 소비자가 방문할 식당을 결정하는 데 참고하는 지방신문의 식당탐방기사이다.

셋째, 소비자가 획득행동, 사용행동 및 처분행동을 결정하는 데 참고하는 각종 소비자잡지에 실린 정보이다.

넷째, 수질보존의 중요성에 관해서 토론하면서 소비자가 수질보존에 동참하도록 권장하는 TV프로그램이다.

다섯째, 소비자의 획득, 사용 및 처분 결정에 영향을 미치는 유명인사들이다. 예컨대, 미국의 대중가수 마돈나가 입은 드레스는 10대 소녀들의 드레스 스타일에 큰 영향을 미쳤다.

여섯째, 개인의 소속 여부와 관계없이 개인의 소비자행동에 영향을 미치는 단체이다. 예컨대, MADD(Mothers Against Drunk Driving)와 같은 단체는 음주운전의 위험성을 적절히 지적함으로써 소비자의 술 소비행위에 부정적인 영향을 미칠 수 있다.

(4) 개인적으로 전달되는 비마케터주도적 원천

개인의 소비자행동은 정보가 개인적으로 전달되는 마케터주도적 원천에 의해 영향을 받을 수 있다. 개인의 소비자행동은 친구, 가족, 이웃사람, 평소에 아는 사람 그리고 심지어 잘 모르는 사람이 전파하는 구전 커뮤니케이션을 듣거나 그들의 행동을 관찰함으로써 영향을 받을 수 있다. 예컨대, 좋아하는 식당체인이 집에서 가까운 곳에 지점을 새로 열었다는 소식을 친구로부터 전해 듣거나 잘 모르는 사람으로부터 신상품을 효과적으로 사용하는 방법을 한 수 배울 수도 있다.

2) 일반적 영향력원천의 특성

〈표 15-2〉에 제시된 네 가지 유형의 일반적 영향력원천은 ① 소비자 도달률(reach to consumers), ② 양방향 커뮤니케이션능력(capacity for two-way communication) 및 ③ 신뢰성

(credibility)이라는 세 가지 특성에서 차이가 있다. 이런 특성들은 각 영향력 원천이 개인의 소비자행동에 얼마나 많은 영향을 미치는가를 좌우한다.

(1) 소비자 도달률

대중매체는 다수의 소비자에게 도달할 수 있다는 장점이 있다. 일반적으로 전달하는 메시지가 많은 사람들에게 도달할수록, 그것이 발휘하는 효과도 그만큼 크기 마련이다. 위성TV의 발전으로 점차 많은 수의 사람들이 마케팅메시지, 신제품관련 뉴스, 문화적 영웅의 행동 및 TV프로그램을 볼 수 있게 되었다. 최근에 인터넷에 대한 접근 가능성이 높아진 것도 기업이 많은 소비자에게 도달할 수 있는 능력을 향상시키는 결과를 초래했다.

(2) 양방향 커뮤니케이션능력

개인적으로 전달되는 영향력원천은 양방향 흐름의 정보를 제공해서 양측이 언어적 및 비언어적으로 상대방에게 커뮤니케이션할 수 있는 장점이 있다. 예컨대, 자동차 판매원은 소비자에게 전달하는 정보를 개개인의 정보욕구에 맞도록 적절히 조절할 수 있기 때문에, 그는 자동차 광고보다 개인 소비자의 행동에 더 큰 영향을 미칠 수 있다. 즉, 고객과의 대면상황에서 판매원은 고객의 반대주장에 대해 논리적으로 반박하고, 중요하거나 복잡한 정보를 반복해주며, 질의응답을 할 수 있다. 심지어 판매원은 고객에게 일종의 보상이나 처벌을 주기도 한다. 예컨대, 고객이 구입한다면 특별할인을 해주지만, 구입하지 않는다면 냉정하게 대하기도 한다.

소비자들 사이에 이루어지는 개인적인 대화는 대중매체로 전달되는 대화보다 더 일상적이고 목적지향성이 약하다. 바로 이것은 사람들이 대화의 내용이 무엇에 관한 것인지를 미리 예상하기 어렵고 또한 자신의 준거체계와 일치하지 않는 정보를 피할 수 있는 조치를 취할 가능성이 낮다는 것을 의미한다.[27] 이런 실생활 원천(real-life source)에서 얻게 되는 각종 정보는 이야기를 듣는 사람이 그런 정보가 더 사실인 것처럼 느끼도록 만든다. 따라서, 그런 정보는 대중매체 원천에서 얻게 되는 정보보다 더 생생해 보이는데, 결국 이는 그런 정보의 설득력을 높이는 역할을 한다.[28]

27 Frederick Koenig, *Rumor in the Marketplace: The Social Psychology of Commercial Hearsay* (Dover, Mass.: Auburn House, 1985).

28 Paul M. Herr, Frank R. Kardes, and John Kim, "Effects of Word-of-Mouth and Product-Attribute Information on Persuasion: An Accessibility-Diagnosticity Perspective," *Journal of Consumer Research*, March 1991, pp. 454-462.

(3) 신뢰성

개인적 원천과 대중매체 원천은 도달률과 양방향 커뮤니케이션능력에서 차이가 나는 반면, 마케터주도적 원천과 비마케터주도적 원천은 신뢰성에서 차이가 있다. 마케터주도적 원천을 통해서 전달되는 정보는 신뢰성이 낮고 더 편향되며 더 조작적인 것으로 지각되는 경향이 있다.

하지만, 비마케터주도적 원천은 어떤 제품이나 서비스를 획득, 소비 혹은 처분하려는 소비자의 의사결정에 대해 기득의 관심(vested interest)을 갖고 있는 존재로 지각되지 않기 때문에, 더 신뢰성이 높은 것으로 간주된다.

예컨대, 소비자는 자동차 판매원의 말보다는 새로운 자동차의 특성과 성능을 소개하는 소비자 전문잡지의 기사를 더 믿을 가능성이 있다. 또한, 소비자는 자기 호텔이 고객에게 우호적이고 고객별로 잘 조정된 서비스를 제공한다고 하는 호텔 지배인의 말보다는 투숙객의 말을 더 믿을 가능성이 있다. 요컨대, 비마케터주도적 원천은 신뢰성이 높기 때문에, 소비자의 의사결정에 더 큰 영향을 미치는 경향이 있다.[29]

3) 일반적 영향력원천을 이용한 마케팅액션

마케터주도적 원천과 비마케터주도적 원천은 신뢰성에 차이가 있고, 개인적 원천과 비개인적 원천은 도달률과 양방향 커뮤니케이션 능력에 차이가 있다는 사실은 기업에게 몇 가지 중요한 마케팅시사점을 준다.

첫째, 기업의 제품이나 서비스를 촉진하는 데는 가급적이면 비마케터주도적 원천을 사용하는 것이 유익하다. 특히 개인적 커뮤니케이션경로를 통해서 전달되는 경우, 증언방식과 구전에 의한 소개원천은 소비자에게 상당히 큰 영향을 미칠 수 있다.[30]

둘째, 개인적으로 전달되는 비마케터주도적 정보를 기반으로 해서 생존하는 제품이나 서비스도 있다. 예컨대, '시애틀의 잠 못 이루는 밤'과 '쥬라기공원'과 같은 영화는 폭넓은 구전 커뮤니케이션 덕택에 대성공을 거두었다. 놀이방과 가정교사와 같은 사업은 광고에 별로 투자하지 않고 주로 구전에 의존한다. 대개 이런 사업들은 도달률은 더 높지만 신뢰성이 낮은 광고를 사용하지 않고 구전에 많이 의존하기 때문에, 가격을 상대적으로 낮게 유지할 수 있다.[31]

---

29 Herr, Kardes, and Kim(1991), *op. cit.*

30 Vicki Clift, "Systematically Solicit Testimonial Letters," *Marketing News*, June 6, 1994, p. 7.

31 Michael Bradford, "Battling the Biggies with Extra Attention," *Automotive News*, February 8, 1993, pp. 88–90.

셋째, 마케터주도적 원천과 비마케터주도적 원천이 발휘하는 효과에는 차이가 있기 때문에, 기업은 이런 두 가지 영향력원천을 보완적으로 사용해서 소비자에 대한 영향력을 극대화할 수 있다. 광고(마케터주도적 원천)와 구전(비마케터주도적 원천)을 적절히 결합해서 사용하는 마케팅활동이 더 효과적일 수 있음을 시사하는 몇 가지 사례가 있다.

예컨대, 그동안 구전으로 기업을 지탱해 온 어떤 비타민 회사는 이제 경쟁적 압력 때문에 광고를 통해서 더 큰 도달률을 달성하기 위해 노력하고 있다. 또한, 시중은행들은 비은행계 금융서비스업자와의 경쟁 때문에 구전에 의한 소개방식만으로는 소비자들로 하여금 자사와 거래를 새로 개시하거나 계속 유지하도록 만드는 데 부족함이 있다고 판단하고 있다. 그리고 이제 광고주들은 슈퍼스타를 내세운 광고를 대중매체에 내보내는 방법의 효과가 점차 떨어지고 있다고 판단하고 있다.

넷째, 기업의 마케팅활동에 개인적인 정보원천을 적절히 사용하면 큰 효과를 볼 수 있는 경우도 있다. 이런 이유로, 캐나다의 장거리 전화회사인 스마트 토크 네트워크(Smart Talk Network)사는 무려 700명이나 되는 자사의 종업원을 가정방문판매(door-to-door selling)에 투입한 바 있다.[32]

2. 특수한 영향력원천

앞에서 설명한 각종 영향력원천들은 모두 기업에게 중요하지만, 그 잠재적인 영향력이 강한 특수한 영향력원천을 파악할 수도 있다. 이런 맥락에서 여기서는 의견선도자와 시장정보통이라는 두 종류의 특수한 영향력원천의 의의와 특성을 설명하고, 이것을 이용한 마케팅방안을 모색하고자 한다. 의견선도자와 시장정보통을 〈표 15-2〉에 제시된 분류체계에 적용하면, 개인적으로 전달되는 비마케터주도적 원천에 속한다.

1) 의견선도자

(1) 의견선도자의 의의

의견선도자(opinion leader)는 대중매체와 개인이나 집단의 의견과 행동 사이에서 일종의 정보브로커(information broker)와 같은 역할을 하는 사람이다.[33] 의견선도자는 특별

32 Cyndee Miller, "Door-To-Door Selling Rings Up Big Numbers for Phone Company," *Marketing News*, February 9, 1995, p. 7.

33 Lawrence F. Feick and Linda L. Price, "The Market Maven: A Diffuser of Marketplace Information," *Journal of Marketing*, January 1987, pp. 83-97.

한 위치에 있거나 전문지식을 갖고 있는 사람이기 때문에, 다른 사람들에게 관련성과 신뢰성을 갖춘 특별히 중요한 정보원천이다.

대개 이런 주요특성을 가진 개인 소비자의 친구이거나 평소에 아는 사람이 의견선도자가 된다. 하지만, 영화비평가, 식당평론가 및 소비자 전문잡지와 같은 비마케터주도적 원천이 정보브로커로서의 역할을 하기도 하고, 유명인사, 모델 및 각 사회집단의 리더도 의견선도자의 역할을 할 수 있다. 이런 의견선도자는 시장에 새로 나온 제품이나 서비스를 가장 먼저 경험을 해서 그로부터 얻은 자신의 반응을 다른 소비자들에게 전파하는 역할을 한다. 특히, 의견선도자의 견해는 비교적 신뢰성이 높기 때문에, 다른 소비자들의 신상품 수용 여부를 좌우하기도 한다.

의견선도자의 역할에는 별로 중복성이 없다. 즉, 어떤 사람이 의견선도자가 되는 것은 대개 특정한 영역으로 한정된다. 예컨대, 세계 랭킹 1위인 미국테니스선수인 앙드레 아가시는 테니스관련 분야의 의견선도자가 될 수는 있겠지만, 컴퓨터관련 분야의 의견선도자는 되지 못할 것이다. 또한, 의견선도자라고 해서 반드시 널리 잘 알려진 인물인 것은 아니다. 예컨대, 평범한 직장동료라도 컴퓨터에 대해서 풍부한 경험과 지식을 갖고 있는 사람이라면, 컴퓨터제품에 관한 의견선도자가 될 수 있다.

사실, 의견선도자는 정보통제자(gatekeeper)라는 일반적인 범주의 일원인데, 정보통제자란 기업의 제품이나 서비스에 관한 정보를 시장에 가져오는 데에 특수한 영향력을 발휘하는 사람을 말한다. 이런 정보통제자는 특정 국가의 매체와 다른 국가의 매체를 서로 연결하는 다리와 같은 역할을 수행하기도 하는데, 다음은 이런 사실을 예시하는 몇 가지 예이다.[34]

첫째, 멕시코는 남미에서 방영될 수 있는 미국 TV프로그램에 대한 정보통제자의 역할을 수행한다.

둘째, 싱가포르, 홍콩, 및 일본은 아시아에서 방영될 수 있는 TV프로그램에 대한 정보통제자의 역할을 수행한다.

셋째, 최근에는 미국과 홍콩에서 제작된 TV쇼를 중국에 배급하는 문제에 관한 협정이 체결된 바 있지만, 음악과 비디오를 비롯해서 성적인 소재를 명시적으로 다루는 TV쇼의 배급을 금지한다는 측면에서 중국정부는 강력한 정보통제자로서의 역할을 수행하고 있다.

---

34 Jeffrey A. Trachtenberg, "Time Warner Unit Sets Joint Venture to Market TV Programming in China," *Wall Street Journal*, March 8, 1995, p. B2.

(2) 의견선도자의 특성

의견선도자가 개인의 소비자행동에 미치는 영향이 강하지만, 앞에서 지적한 바와 같이 항상 잘 알려진 인물이 의견선도자가 되는 것은 아니다. 따라서, 소비자연구가들은 '과연 어떤 사람이 의견선도자가 되는가?'라는 의문에 대한 답을 구하기 위해 그동안 많은 노력을 해 왔는데, 그 결과로 다음과 같은 의견선도자의 몇 가지 주요 특성이 파악되었다.

첫째, 의견선도자는 제품에 관해서 많은 것을 학습하는 경향이 있다.[35]

둘째, 의견선도자는 신문, TV, 라디오 그리고 잡지와 같은 대중매체의 대량사용자이고, 새로운 제품변형이 시장에 처음 도입되면 이를 먼저 구입하는 경향이 있다.[36]

셋째, 의견선도자는 자기확신성이 강하고, 사교적이며, 제품관련 정보를 공유하려는 의도를 가지고 있는 것으로 나타나고 있다.[37]

넷째, 의견선도자는 제품관련 지식과 경험이 많아서 이를 다른 사람들과 기꺼이 공유하고자 하기 때문에, 소비자들에게 유익한 정보원천이다.[38]

그런데, 어떤 사람이 의견선도자로서의 역할을 수행하는 이유는 무엇일까? 그 이유로는 다음과 같은 세 가지가 제시되고 있다.[39]

첫째, 의견선도자가 특정한 제품이나 서비스에 대해 내재적인 흥미와 즐거움을 갖고 있기 때문이다. 즉, 의견선도자는 어떤 제품범주나 서비스범주에 대한 지속적 관여도를 가진 사람이다.

둘째, 의견선도자는 자신이 가진 정보를 다른 사람과 공유하는 것이 자신의 파워위치를 높여준다고 믿기 때문이다.

---

35 Jacob Jacoby and Wayne D. Hoyer, "What if Opinion Leaders Didn't Really Know More: A Question of Nomological Validity," *Advances in Consumer Research*, Vol. 8, 1980, pp 299–302.

36 Robin M. Higie, Lawrence F. Feick, and Linda L. Price, "Types and Amount of Word-of-Mouth Communications About Retailers," *Journal of Retailing*, Fall 1987, pp. 260–277.

37 Fred D. Reynolds and William R. Darden, "Mutually Adaptive Effects of Interpersonal Communication," *Journal of Marketing Research*, Nivember 1971, pp. 449–454.

38 Terry L. Childers, "Assessment of the Psychometric Properties of an Opinion Leadership Scale," *Journal of Marketing Research*, May 1986, pp. 184–188.

39 Marsha L. Richins and Teri Root-Shafer, "The Role of Involvement and Opinion Leadership in Consumer Word of Mouth: An Implicit Model Made Explicit," *Advances in Consumer Research*, Vol. 15, pp. 32–36; Audrey Guskey-Federouoch and Robert L. Heckman, "The Good Samaritan in the Marketplace: Motive for Helpful Behavior," Paper presented at *the Society for Consumer Psychology Conference*, st. Petersberg, Fla., February 1994.

셋째, 의견선도자는 다른 사람에게 정보를 전달하는 것이 곧 다른 사람을 돕는 길이라고 믿기 때문이다.

또한, 의견선도자의 견해가 나머지 다른 사람들에게 영향력을 발휘하게 되는 이유는 무엇일까? 이에 대해서는 두 가지 이유가 제시되고 있다.

첫째, 다른 사람들이 의견선도자의 견해를 편향되지 않고 신뢰성이 있는 정보로 간주하기 때문이다.

둘째, 의견선도자는 특정한 제품이나 서비스에 관한 정보와 경험이 많기 때문에, 소비자의 의사결정에 관련된 지식을 많이 갖고 있는 사람으로 간주되기 때문이다.

한 가지 주의해야 할 것은 의견선도자가 정보브로커로서의 역할을 수행한다고 해서 정보가 반드시 의견선도자로부터 다른 소비자에게로 흘러가는 것은 아니라는 사실이다. 의견선도자도 실제로 다른 사람들로부터 정보를 얻기도 하기 때문에, 의견선도자는 정보제공자임과 동시에 정보탐색자일 수 있다.[40]

2) 시장정보통

(1) 시장정보통의 의의

의견선도자는 특정한 제품이나 서비스 범주에 대한 지식수준이 높고 신뢰성이 있는 정보를 갖고 그것을 다른 사람들에게 전파하는 사람이다. 한편, 시장정보통(market maven)은 각종 제품과 쇼핑장소를 비롯한 시장현장의 여러 측면에 관한 정보를 많이 보유하고, 다른 소비자들과 토론을 많이 하며, 다른 소비자가 시장에 관한 정보를 요청할 때 이에 기꺼이 응답해주는 사람이다.[41]

의견선도자와 시장정보통의 주요차이는 시장정보통이 의견선도자보다 시장현장의 전반에 관하여 많은 것(즉, 쇼핑 장소와 시기, 언제 어떤 제품이 세일하는지 그리고 어떤 제품이 좋고 나쁜지)을 잘 아는 경향이 있다는 점이다.

(2) 시장정보통의 특성

시장정보통에 관한 연구는 아직 한정되어 있지만, 시장정보통은 다음과 같은 몇 가지 특성을 갖고 있는 것으로 파악되고 있다.[42]

첫째, 시장정보통은 시장 전반에 대해 폭넓은 관심을 갖고 있기 때문에 신상품에

---

40 Lawrence F. Feick, Linda L. Price, and Robin Higie, "People Who Use People: The Opposite Side of Opinion Leadership," *Advances in Consumer Research*, Vol. 13, pp. 301-305.

41 Feick and Price(1987), *op. cit.*

42 Feick and Price(1987), *op. cit.*

관해서 다른 사람보다 먼저 인지하는 경향이 있고 또한 광범위한 정보원천을 사용하는 경향이 있다.

둘째, 시장정보통은 시장현장에 관한 정보를 많이 수집하고 이것을 다른 사람들에게 제공하는 데 매우 적극적이다.

셋째, 시장정보통은 소득수준이 낮고, 여자일 가능성이 높으며, 백인일 가능성이 낮다.

넷째, 시장정보통은 매체의 대량사용자이고, 다른 사람들보다 TV를 많이 보며, 잡지도 더 많이 읽는다.

3) 특수한 영향력원천을 이용한 마케팅액션

의견선도자와 시장정보통은 다른 소비자들에 대한 잠재적 영향력을 보유하는 사람으로서 시장정보의 탐색자임과 동시에 제공자이다. 따라서, 기업은 이들을 직접적으로 공략하는 방안을 모색할 수 있는데,[43] 다음은 그런 방안을 활용하는 몇 가지 사례이다.

첫째, 건강관련 제품과 서비스를 판매하는 회사라면, 소비자들에게 자사의 신상품을 인식시키기 위해 의사들을 공략할 수 있다. 일반적으로 전문지식과 신뢰성을 갖춘 사람으로 간주되는 의사들은 소비자들에게 건강관련 제품과 서비스에 대한 중요한 정보원천 중의 하나이기 때문이다.

둘째, 소프트웨어를 판매하는 기업들은 학교교사를 집중적으로 공략할 수 있다. 소프트웨어에 관한 교사들의 권고사항이 학부모가 소프트웨어를 구매하는 데 엄청난 영향을 미칠 수 있기 때문이다.

셋째, 가나(Ghana)의 정부보건책임자에 따르면, 일단 처음에 현지의사(일종의 의견선도자)와 접촉해서 그들의 승인을 받아내기만 하면, 일반사람들을 대상으로 하는 각종 질병의 예방접종을 훨씬 성공적으로 시행할 수 있다.[44]

그런데, 기업이 의견선도자를 직접적으로 공략하려면, 과연 어떤 사람이 의견선도자로서 적격인가를 파악하는 것이 매우 중요해진다. [그림 15-2]는 의견선도자를 식별하기 위해 개발된 척도의 예이다. 이 척도에 따르면, 특정한 영역이나 제품범주(예: 유선TV)에서 전문가나 경험이 풍부한 사람은 의견선도자로 간주된다. 또한, 의견선도자는

43 Dorothy Leonard-Barton, "Experts as Negative Opinion Leaders in the Diffusion of a Technological Innovation," *Journal of Consumer Research*, March 1985, pp. 914-926.

44 Laura Bird, "Consumers Smile on Unilever's Mentadent," *Wall Street Journal*, May 31, 1994, p. B9.

그림 15-2 의견선도력을 측정하는 척도

■ 유선TV와 관련해서 당신이 친구나 이웃사람과 얼마나 상호작용을 하는지를 다음의 척도에 동그라미 표시를 해 주세요.

1. 일반적으로 당신은 친구나 이웃사람에게 유선TV에 관해서 이야기를 한다.
   매우 자주 한다 1 2 3 4 5 거의 하지 않는다
2. 당신이 친구나 이웃사람에게 유선TV에 관해서 이야기를 할 때, 당신은
   매우 많은 정보를 준다 1 2 3 4 5 거의 정보를 주지 않는다
3. 지난 6개월 동안 당신은 얼마나 많은 사람에게 유선TV에 관해서 이야기해 주었나?
   매우 많은 사람에게 1 2 3 4 5 아무도 없다
4. 친구들과 비교해서 당신이 유선TV에 관한 질문을 받을 가능성은
   매우 높다 1 2 3 4 5 매우 낮다
5. 유선TV에 관한 토론에서 당신은
   친구의 견해를 듣는 편이다 1 2 3 4 5 자기 견해를 친구에게 설득시킨다.
6. 유선TV에 관한 토론에서 어떤 일이 발생할 가능성이 높은가?
   당신이 친구에게 유선TV에 관해서 이야기해 준다 1 2 3 4 5 친구가 당신에게 유선TV에 관해서 이야기해 준다
7. 친구나 이웃사람과의 토론에서 대개 당신은
   조언의 원천으로 사용된다 1 2 3 4 5 조언의 원천으로 사용되지 않는다

※ 자료: Terry L. Childers, "Assessment of the Psychometric Properties of an Opinion Leadership Scale," *Journal of Marketing Research*, May 1986, pp. 184–188.

다른 사람들이 특정한 제품범주에 관하여 조언을 구하러 오며, 그들에게 해당 제품범주에 관한 정보를 전달해주는 사람이다.

기업은 광고에 의견선도자를 사용하는 방안을 모색할 수 있다. 마케터주도적 원천인 광고를 통해서 전달되는 경우에 의견선도자가 발휘하는 영향력은 다소 약화될 수도 있지만, 광고되는 제품이나 서비스와 의견선도자의 전문지식 사이에 강한 연상관계가 존재한다면 꽤 효과적일 수 있다. 이처럼 광고에 의견선도자를 사용하는 방식에는 실제 의견선도자(actual opinion leader)를 내세우는 방식과 모의 의견선도자(simulated opinion leader)를 내세우는 방식이 있다.

주요 TV방송국에서 의료전문가나 배우가 어떤 제품에 대한 광고모델로 등장하는 것을 금지하는 경우도 있지만, 모의 의견선도자를 내세우는 것은 대개 허용된다. 예컨대, 최근에 멘타덴트(Mentadent)라는 치약은 실제 치과의사의 부인이나 남편 혹은 자녀

를 광고모델로 내세운 적이 있다. 그 이유는 그런 사람들이 치약에 관한 전문가는 아니지만 실제 전문가와 친밀한 관계가 있기 때문에 그들이 하는 말도 신뢰성이 있는 것으로 간주될 수 있기 때문이다.[45]

기업은 소비자에게 지식이 많은 의견선도자에게 한번 물어보라고 요청하는 방안을 사용할 수도 있다. 예컨대, 궤양과 가슴앓이로 고통을 받는 환자들에게 자사제품이 어떻게 소비자를 도와줄 수 있는지 의견선도자에게 한번 물어보라고 말하는 궤양치료제 잔탁(Zantac)광고가 좋은 예이다.

제 3 절 사회적 영향력의 종류

제품이나 서비스의 획득, 사용 혹은 처분에 관한 정보의 출처가 어떤 준거집단에 속하는 개인이든 아니면 일반적인 정보원천이든, 이런 각종 정보원천은 소비자에게 영향력을 행사할 수 있다. 특히, 이런 정보원천은 개인의 소비자행동에 대해 규범적 영향력과 정보제공적 영향력이라는 두 종류의 영향력을 가질 수 있다.

1. 규범적 영향력

우리가 채용면접의 일환으로 장래에 직장상사가 될 사람과 함께 저녁식사를 한다고 한번 생각해 보자. 만약 우리가 평소에 쇠고기 요리를 좋아하더라도 그가 '채식주의자'라고 말했다면, 우리는 그에게 가급적 좋은 인상을 주기 위해 평소처럼 쇠고기 요리를 주문하는 대신에 채식위주의 요리를 주문하게 될 것이다. 이런 경우에 장래에 직장상사가 될 사람은 우리에게 기대된 행동(expected behavior)에 관한 정보를 전달한 셈이 된다.

규범적 영향력(normative influence)은 다른 사람들의 기대에 순응하도록 권하기 위해 고안된 사회적 압력이라고 정의된다.[46] 사실, 규범적 영향력에 대해서는 ① 개인이 무

45 Joseph R. Mancuso, "Why Not Create Opinion Leadrs for New Product Introduction?," *Journal of Marketing*, July 1969, pp. 20-25.

46 Robert E. Burnkrant and Alain Cousineau, "Informational and Normative Social Influence in

엇을 해야 하는가에 관한 다른 사람들의 규범적 신념과 ② 이런 신념에 대한 개인의 순응동기가 개인의 구매의도와 소비의사결정에 어떻게 영향을 미치는가?라는 시각에서 이미 설명한 바 있다.[47]

원래 규범적 영향력은 규범(norm)이라는 말에서 파생된 용어이다. 규범은 어떤 행동이 수행되어야 하는가에 관한 집합적 의사결정인데, 소비자는 다음과 같은 의사결정문제에 관한 규범을 가질 수 있다.

첫째, 어떤 제품을 구입하고 어떤 제품을 구입하지 말아야 하는가?(예: 의류상표, 자동차모델 및 의약품)

둘째, 어떻게 물건을 구입해야 하는가?(예: 팁을 주는 것과 절도행위금지에 관한 규범)

셋째, 어디서 물건을 구입해야 하는가?(예: 할인점 혹은 백화점)

넷째, 물건을 얼마나 많이 구입해서 사용해야 하는가?(예: 한 끼의 식사로 적절한 음식의 양)

다섯째, 어떤 제품을 어떻게 처분해야 하는가?(예: 함부로 내버리는 것 대신에 재활용품을 일반쓰레기와 분리해서 폐품 수거함에 모으는 것)

이런 규범적 영향력이 작용하는 경우에 소비자가 기대된 행동으로 규범을 준수하면 보상을 받지만, 규범을 준수하지 않으면 처벌을 받게 된다. 다음은 규범의 준수여부에 따른 보상과 처벌을 보여주는 몇 가지 예이다.

첫째, 앞의 채용면접 예에서 우리가 취하는 행동의 적절성에 따라서 장래에 직장상사가 될 사람은 우리에게 채용이라는 보상이나 채용거부라는 처벌을 줄 수 있다.

둘째, 학생들 사이에서 일반적으로 입는 옷의 규범에 순응하지 않는 학생은 '왕따'라는 형태의 처벌을 받을 수 있다.

셋째, 우리는 날씬한 몸매를 가진 사람에게는 '멋지다'는 칭찬으로 보상을 줄 수 있지만, 비만이면서 과식하는 사람에게는 '몸무게를 좀 생각하라'는 따끔한 말로 처벌을 줄 수 있다.

1) 규범적 영향력이 초래하는 결과

규범적 영향력은 '소비자가 어떤 제품이나 서비스를 언제, 어디서, 어떻게, 얼마만큼, 얼마나 자주 획득, 사용 및 처분하는가?'라는 측면에서 개인의 소비자행동에 중요한 영향을 미칠 수 있다.

Buyer Behavior," *Journal of Consumer Research*, December 1975, pp. 206-215.

47 이에 대해서는 이 책의 제9장에서 논의한 TORA모델을 참조할 것.

(1) 상표선택의 일치성과 부합성

규범적 영향력은 상표선택의 일치성(brand choice congruence)에 영향을 미치는데, 이는 소비자가 자신이 속하는 집단의 다른 사람들이 구입하는 것을 그대로 구입할 가능성을 말한다.[48] 예컨대, 소비자가 구입하는 식품, 옷, 음악, 헤어스타일을 친구들의 그것과 한번 비교해 보면, 서로 매우 유사하다는 것을 알 수 있을 것이다.

또한, 규범적 영향은 부합성(conformity)에도 영향을 미치는데, 이는 집단이 원하는 바대로 개인이 행동하는 경향을 말한다. 이런 부합성과 상표선택의 일치성은 서로 관련성이 있는 개념이다. 예컨대, 개인은 자신이 속하는 집단의 다른 구성원들이 구입하는 것과 동일한 제품을 구입함으로써 부합성을 내보일 수 있다.[49] 하지만, 상표선택의 일치성이 부합성을 내보이는 유일한 방식은 아니다. 즉, 우리는 집단이 우리가 수행하기를 바라는 활동(예: 입회의식)을 수행하거나 집단구성원이 행동하는 방식대로 행동함으로써 부합성을 내보일 수 있다. 예컨대, 휴가여행에 함께 간 사람이 부모인가 아니면 친구인가에 따라서 우리는 적절한 행동에 관한 서로 다른 기대에 부합되는 행동을 하게 될 것이다.

소비자가 부합성의 압력을 상당히 크게 느끼는 경우가 있다. 학생들을 대상으로 미성년자의 음주와 마약소비에 대한 집단압력(group pressure)을 조사한 연구에 따르면, 미성년자 학생들은 집단의 기대된 행동에 부합하거나 이를 거부한다면 다른 사람들이 자신을 어떻게 지각할 것인가에 대해 상당히 걱정한다.[50] 또한, 다른 연구에서는 집단에 속하는 사람들 중에서 보다 많은 사람들이 부합성을 내보일수록 개인의 부합성도 높아진다는 사실을 발견하였다.[51] 이런 부합성의 정도는 문화권별로 차이가 난다. 예컨대, 한국인과 일본인은 개인지향성보다는 집단지향성이 더 강하기 때문에 집단의 열망에 부합하는 행동을 할 가능성이 높다.[52]

---

48 Peter Reingen, Brian Foster, Jacqueline Brown, and Stephen B. Seidman, "Brand Congruence in Interpersonal Relations: A Social Network Analysis," *Journal of Consumer Research*, December 1984, pp. 771-783.

49 James E. Stafford, "Effects of Group Influence on Consumer Brand Preferences," *Journal of Marketing Research*, February 1966, pp. 68-75.

50 Randall L. Rose, William O. Bearden, and Jesse E. Teel, "An Attributional Analysis of Resistance to Group Pressure Regarding Illicit Drug and Alcohol Consumption," *Journal of Consumer Research*, June 1992, pp. 1-13.

51 Solomon E. Asch, "Effects of Group Pressure Upon the Modification and Distortion of Judgment," in ed. H. Guetzkow, Groups, *Leadership and Men* (Pittsburgh, Penn.: Carnegie Press, 1951).

52 Chin Tiong Tan and John U. Farley, "The Impact of Cultural Patterns on Cognition and

(2) 순응과 반발

규범적 영향력의 한 가지 효과로 순응(compliance)이라는 것이 있다. 순응은 어떤 사람이 타인에게 어떤 일을 수행하도록 요청하고 그가 그런 요청을 받아들이는 것을 말한다. 다음은 이런 순응이 발생한 상황의 두 가지 예이다.

첫째, 정당기부금의 기부 요청, 조사 설문지의 기재 요청 혹은 파티식 판매장소에서 터퍼웨어(Tupperware) 제품의 구입 요청과 같이 타인에게서 어떤 요청을 받은 소비자가 그런 요청을 받아들이는 경우이다.[53]

둘째, 자녀의 끈질긴 요청으로 부모가 어떤 식료품이나 장난감을 구입하게 되는 경우이다.[54]

개인의 자유가 위협을 받고 있다고 믿을 때는 부메랑효과(boomerang effect)가 발생해서 소비자가 이에 반발(reactance)하기도 한다. 반발은 개인이나 집단이 소비자에게 수행하기를 바라는 것과 반대되는 것을 소비자가 수행하는 것을 말한다.[55] 다음은 이런 반발이 발생한 상황의 두 가지 예이다.

첫째, 판매원의 압력이 너무 지나쳐서 '그가 판매하는 것이라면 무엇이든 절대 구입하지 않겠다.'고 소비자가 말하는 경우이다.

둘째, 물건을 사달라고 자꾸 칭얼대는 자녀에게 '자꾸 그러면 앞으로 절대 사주지 않는다.'고 부모가 단호하게 말하는 경우이다.

2) 규범적 영향력의 강도에 영향을 미치는 요인

그런데, 이런 규범적 영향력은 어떤 경우에 강해지고 어떤 경우에 약해지는가? 규범적 영향력의 강도에 영향을 미치는 주요 요인으로는 ① 제품의 특성, ② 소비자의 특성 및 ③ 소비자가 속하는 집단의 특성을 들 수 있다(〈표 15-3〉 참조).

(1) 제품의 특성

어떤 집단 내에서 규범적 영향력은 ① 제품이 주로 개인적으로 소비되는 제품(즉, 다른 사람들이 볼 가능성이 별로 없는 제품인 경우)인가 아니면 공개적으로 사용되는 제품(즉, 다른 사람들이 볼 수 있는 제품인 경우)인가와 ② 제품이 소비자에게 절대적으로 필요한 것으로 간

Intention in Singapore," *Journal of Consumer Research*, March 1987, pp. 540-544.

53 Frenzen and Davis(1990), *op. cit.*

54 이동철·강명주 공역, 키즈 마케팅, 세종서적, 1998, 제4장.

55 Mona A. Clee and Robert A. Wicklund, "Consumer Behavior and Psychological Reactance," *Journal of Consumer Research*, March 1980, pp. 389-405.

표 15-3 규범적 영향력의 강도에 영향을 미치는 요인

제품의 특성	소비자의 특성	집단의 특성
▪ 개인적 소비-공개적 소비와 필수품-사치품의 분류 ▪ 집단에 대한 제품의 중요성	▪ 소비자의 개성 ▪ 문화적 영향력 ▪ 개인간 유대의 강도 ▪ 소비자의 집단동일시	▪ 집단의 보상력/강제력 보유도 ▪ 집단응집력과 집단유사성 ▪ 집단규모와 집단구성원의 전문지식

주되는 제품(필수품)인가 아니면 자유재량 품목(사치품)인가에 따라서 달라진다.[56]

이런 두 요인을 결합하면, 〈표 15-4〉와 같은 준거집단 영향력 매트릭스(reference group influence matrix)를 작성할 수 있다. 예컨대, 매트리스와 온수기는 개인적으로 소비되는 필수품이고, 캠코더와 산악용 자전거는 공개적으로 소비되는 사치품이다.

〈표 15-4〉의 내용은 '준거집단이 ① 특정한 제품범주에 속하는 제품의 구입 여부(즉, 제품선택)와 ② 구입하는 상표의 선택(즉, 상표선택)이라는 두 가지 유형의 의사결정에 영향을 미친다.'는 가설을 검증한 결과이다. 이 결과는 준거집단이 그런 의사결정에 영향을 미칠 수 있는 경우를 예측할 수 있게 해준다.[57]

표 15-4 준거집단 영향력 매트릭스

		제품의 소비장소	
		개인적 소비	공개적 소비
제품의 종류	필수품	▪ 매트리스 ▪ 온수기 ▪ 화장지 ▪ 탈취제	▪ 의류 ▪ 손목시계 ▪ 자동차 ▪ 구두
	사치품	▪ 안마기 ▪ 전기담요 ▪ 저쿠지(분류식 기포)욕조 ▪ CD플레이어	▪ 캠코더 ▪ 산악용 자전거 ▪ 보석 ▪ 롤러블레이드

주) 매트릭스에서 오른쪽으로 갈수록 상표선택에 대한 준거집단의 영향력이 크고, 아래로 내려올수록 제품선택에 대한 준거집단의 영향력이 크다.

56 William O. Bearden and Michael J. Etzel, "Reference Group Influence on Product and Brand Purchase Decisions," *Journal of Consumer Research*, September 1982, pp. 183-194.

57 Terry L. Childers and Akshay R. Rao, "The Influence of Familial and Peer-Based Reference Groups on Consumer Decisions," *Journal of Consumer Research*, September 1992, pp. 198-211.

첫째, 필수품은 누구나 반드시 구입해야 하는 제품이기 때문에 개인 소비자의 필수품 구매 여부에 대해서는 준거집단이 별로 영향을 미치지 못할 가능성이 있지만, 개인 소비자의 사치품 구매 여부에 대해서는 준거집단이 영향을 미칠 가능성이 있다. 예컨대, 친구는 소비자가 온수기나 구두의 구매 여부에 대해서 영향을 미치지 않을 수 있지만, 롤러블레이드나 안마기의 구매 여부에 대해서는 영향을 미칠 수 있다. 그 이유 중의 하나는 사치품이 소비자의 지위[58]를 전달하는 역할을 할 수 있기 때문이다. 또한, 이러한 자유재량 품목의 구입은 개인의 특별한 관심, 가치관 그리고 자신이 어떤 사람인가를 드러내 보이는 데도 사용될 수 있다. 요컨대, 필수품이 아닌 사치품으로 간주되는 제품일수록, 준거집단은 그 제품의 구매여부에 더 많은 영향을 미칠 수 있다.

둘째, 공개적으로 소비되는 제품은 다른 사람들에게 소비자가 어떤 상표를 구입하는가를 관찰할 수 있는 기회를 준다. 예컨대, 자동차는 공개적으로 소비되는 품목이므로 소비자가 운전하는 자동차모델을 다른 사람들이 쉽게 알아볼 수 있지만, 매트리스는 개인적으로 소비되는 품목이기 때문에 개인이 어떤 상표를 구입하는지를 다른 사람들이 알아보기가 어렵다.

각 상표이미지는 차이가 있고 상표이미지에 따라 다른 사람들에게 전달하는 바가 다르기 때문에, 개인적으로 소비되는 제품보다는 공개적으로 소비되는 제품인 경우에는 준거집단이 소비자가 어떤 상표를 구입하는가에 영향을 미칠 가능성이 크다. 또한, 개인적으로 소비되는 제품인 경우에는 소비자가 집단규범을 어기는 것에 대해 제재를 가하는 것이 어려울 수 있지만, 공개적으로 소비되는 제품의 경우에는 집단규범의 위배를 처벌할 수 있는 기회가 존재한다.

요컨대, 필수품이 아닌 사치품인 경우에 준거집단은 제품범주의 선택 여부에 영향을 미치고, 개인적으로 소비되는 제품이 아닌 공개적으로 소비되는 제품인 경우에 준거집단은 상표의 선택에 영향을 미친다.[59]

준거집단의 규범적 영향력을 받게 되는 제품의 한 가지 특성으로 집단에 대한 제품의 중요성이 있다.[60] 이와 관련하여 준거집단의 소속을 표시해주는 역할을 하는 제품이 있다. 예컨대, 스포츠선수들과 그 팬들이 입는 운동복은 스포츠팀의 소속을 상징하는데, 이는 우리편과 상대편을 구별하게 해준다. 요컨대, 집단에게 중요한 제품일수록,

---

58 여기서 지위는 집단구성원들이 가치가 있다고 생각할 수 있는 것을 말한다.

59 Bearden and Etzel(1982), *op. cit.*

60 Robert E. Witt and Grady D. Bruce, "Group Influence and Brand Choice Congruence," *Journal of Marketing Research*, November 1972, pp. 440–443.

집단구성원에게 준거집단이 행사하는 규범적 영향력은 더 커진다.

(2) 소비자의 특성

준거집단이 행사하는 규범적 영향력의 강도에 영향을 미치는 소비자의 특성으로는 ① 소비자의 개성, ② 문화적 영향, ③ 개인 간 유대의 강도, 그리고 ④ 소비자의 집단 동일시를 들 수 있다.

첫째, 소비자의 개성(personality)이다. 어떤 소비자는 다른 사람의 의견을 보다 잘 수용하는 개성특질을 가진다.[61] 소비자연구가들은 소비자의 이런 개성을 측정하기 위해 〈표 15-5〉의 상단부에 제시된 준거집단 영향력의 수용가능성척도(susceptibility to reference-group influence: STRGI)와 〈표 15-5〉의 하단부에 제시된 사회적 비교정보에 대한 주의척도(attention to social comparison information: ATSCI)를 개발하였다.

표 15-5 STRGI 척도와 ATSCI 척도

구분	문항
STRGI 척도	1. 나는 친구들이 그것을 승인할 때까지 최신의 유행스타일을 구입하지 않는다. 2. 다른 사람들이 내가 어떤 제품을 사용하는 것을 볼 수 있다면, 나는 그들이 내가 구입하기를 기대하는 상표를 구입하는 경우가 많다. 3. 나는 다른 사람들이 구입하는 것과 같은 제품과 상표를 구입함으로써 그들과 동일시하는 경우가 많다. 4. 내가 올바른 제품이나 상표를 구입하는지 확인하기 위해 나는 다른 사람들이 구입해서 사용하는 것을 관찰하는 경우가 많다. 5. 내게 경험이 별로 없는 제품이라면, 나는 친구들에게 그 제품에 관해서 물어 본다. 6. 나는 어떤 제품을 구입하기 전에 친구나 가족에게서 그 제품에 관한 정보를 수집하는 경우가 많다.
ATSCI 척도	1. 집단 내의 모든 사람이 특정한 방식으로 행동을 한다면, 그것은 적절한 행동 방식이라고 생각한다. 2. 나는 스타일에 맞지 않는 옷을 입는 것을 적극 피한다. 3. 파티에서 나는 대개 나를 적합하게 만드는 방식으로 행동하려고 애쓴다. 4. 사회적 상황에서 어떻게 행동해야 할지 불확실할 때 나는 그 단서를 찾기 위해 다른 사람들의 행동을 살펴본다. 5. 나는 다른 사람들이 어떤 옷을 입고 있는지에 주의를 기울이는 경향이 있다. 6. 나와 상호작용하는 사람의 눈에 비승인의 기미가 조금이라도 비치면, 나는 기꺼이 나의 접근법을 바꾼다.

※ 자료: William O. Bearden, Richard G. Netemeyer, and Jesse E. Teel, "Measurement of Consumer Susceptibility to Interpersonal Influence," *Journal of Consumer Research*, March 1989, pp. 473−481; William O. Bearden and Randall L. Rose, "Attention to Social Comparison Information: An Individual Difference Factor Affecting Consumer Conformity," *Journal of Consumer Research*, March 1990, pp. 461−471.

61 Bobby J. Calder and Robert E. Burnkrant, "Interpersonal Influences on Consumer Behavior: An Attribution Theory Approach," *Journal of Consumer Research*, June 1977, pp. 29−38.

우선, STRGI 척도의 문항 1~3은 준거집단의 규범적 영향력에 대한 소비자의 수용가능성을 측정한다. 이런 규범적 영향력을 잘 수용하는 소비자는 다른 사람들이 승인해줄 것이라고 생각하는 제품을 획득함으로써 자기이미지를 높이려고 한다. 또한, 이런 소비자는 자신이 구입해야 할 제품과 상표에 관하여 다른 사람들이 갖고 있는 기대에 기꺼이 순응하려고 한다.62

한편, ATSCI 척도도 준거집단의 규범적 영향력과 깊은 관계가 있다.63 이 척도에서 높은 점수를 받는 사람은 다른 사람들이 하는 일에 상당히 많은 주의를 기울이고, 자신의 행동을 택하는 데 이런 정보를 사용한다.

둘째, 문화적 영향(cultural influence)도 규범적 영향력의 강도에 영향을 미칠 수 있다. 예컨대, 중국에서는 경제개혁이 이루어지기 전인 약 20년 전만 해도 소비와 물질주의를 피해야 한다는 사회적 압력이 매우 강했다. 하지만, 최근에 와서 중국소비자들은 다른 사람들이 흠모하는 제품을 써보는 것에 대해 깊은 관심을 표명하고 있다.64

셋째, 개인간 유대의 강도(interpersonal tie-strength)도 규범적 영향력의 강도에 영향을 미친다. 개인간의 유대가 강한 경우에는 개인이 같은 집단에 속하는 다른 사람들과 좋은 관계를 유지하기를 바라기 때문에, 개인에게 집단의 규범과 소망에 따르려고 하는 동기가 유발된다.65

넷째, 소비자의 집단동일시(consumer's identification with a group)도 규범적 영향력의 강도에 영향을 미친다. 예컨대, 어떤 소비자가 선택의 여지도 없이 어떤 집단의 구성원이 된 경우라면, 해당 집단의 태도, 행동 및 가치관과 자신의 그것을 동일시하지 않을 수 있다. 이런 경우에는 당연히 준거집단의 규범적 영향력이 약해진다.

(3) 집단의 특성

규범적 영향력의 강도에 영향을 미치는 집단의 특성으로는 ① 집단의 보상력과 강제력 보유도, ② 집단응집력과 집단유사성, ③ 집단의 규모와 집단구성원의 전문지식을

---

62 William O. Bearden, Richard G. Netemeyer, and Jesse E. Teel, "Measurement of Consumer Susceptibility to Interpersonal Influence," *Journal of Consumer Research*, March 1989, pp. 473-481.

63 William O. Bearden and Randall L. Rose, "Attention to Social Comparison Information: An Individual Difference Factor Affecting Consumer Conformity," *Journal of Consumer Research*, March 1990, pp. 461-471.

64 Sally D. Goll, "Wave of Consumerism Unsettles Some Chinese, New Survey Finds," *Wall Street Journal*, April 28, 1995, p. B5.

65 C. Whan Park and Parker Lessig, "Students and Housewives: Differences in Susceptibility to Reference Group Influence," *Journal of Consumer Research*, September 1977, pp. 102-110.

들 수 있다.

첫째, 집단의 보상력(reward power)과 강제력(coercive power)의 보유도란 집단이 개인에게 보상이나 처벌을 제공하는 능력을 보유하는 정도를 말한다.[66] 예컨대, 소비자가 어떤 스타일의 옷을 입어야 하는가에 대해서는 이웃사람보다는 친구가 영향을 미칠 가능성이 더 높다. 그 이유는 소비자가 이상한 옷을 입었을 때 이에 대해 제재를 가할 수 있는 기회와 동기유발이 더 높은 것은 이웃사람보다는 친구이기 때문이다.

둘째, 집단응집력(group cohesiveness)과 집단유사성(group similarity)도 규범적 영향력의 강도에 영향을 미칠 수 있다. 응집력이 높은 집단과 서로 유사한 구성원을 가진 집단의 경우에는 구성원간의 커뮤니케이션과 상호작용이 활발하기 마련이기 때문에, 규범적 영향력을 전달하고 이에 따른 보상과 처벌을 제공할 기회가 더 많다.[67]

셋째, 집단의 규모와 집단구성원의 전문지식이 규범적 영향력의 강도에 영향을 미친다. 준거집단의 규범적 영향력은 집단의 규모가 크고 그 집단의 구성원들이 전문가일수록 더 강해지는 경향이 있다.[68] 예컨대, 포도주를 구입하려 할 때는 우연히 만난 사람이 권하는 포도주보다는 포도주 전문가가 권해주는 것을 구입할 가능성이 높다.

3) 규범적 영향력을 이용한 마케팅액션

기업은 준거집단의 규범적 영향력과 그 강도에 영향을 미치는 요인을 효과적으로 이용하는 방안을 모색할 수 있는데, 다음은 그런 방안의 몇 가지 예이다.

첫째, 광고에서 자사제품을 사용할 때 보상을 받는 장면이나 사용하지 않을 때 처벌을 받는 장면을 연출함으로써 규범적 영향력을 창출할 수 있다. 예컨대, 페더럴 익스프레스(Federal Express) 광고는 자사제품을 사용하지 않음으로써 소비자가 사회적 비승인(social disapproval)이라는 일종의 처벌을 받는 장면을 보여주는 것으로 유명하다.

둘째, 기업은 소비자의 행동을 안내하는 규범을 가진 어떤 집단을 새로 창출할 수 있다. 예컨대, 미국의 웨이트 왓처(Weight Watchers)라는 단체는 집단행동을 위한 규범을 창출하였다. 즉, 체중을 줄여서 집단규범을 준수하는 사람에게는 칭찬이라는 일종의 보

---

66 John R. French and Bertram Raven, "The Bases of Social Power," in ed. D. Cartwright, *Studies in Socal Power* (Ann Arbor, Mich.: Institute for Social Research, 1969), pp. 150-167.

67 Robert E. Witt, "Informal Social Group Influence on Brand Choice," *Journal of Marketing Research*, November 1969, pp. 473-477.

68 Dana-Nicoleta Lascu, William O. Bearden, and Randall L. Rose, "Norm Extremity and Interpersonal Influences on Consumer Conformity," *Journal of Business Research*, March 1995, pp. 200-212.

상이 주어진다. 또한, 준거집단의 영향력은 개인적으로 소비되는 경우보다는 공개적으로 소비되는 경우에 더 강해지므로, 소비자의 개인적인 행동을 공개적인 행동으로 전환시키는 방안을 모색하는 것도 유익하다. 예컨대, 웨이트 왓처는 소비자의 개인적인 정보를 공개적인 정보로 전환시키기 위해 음식을 먹는 행동에 관한 집단토론을 시행한다.

셋째, 기업은 준거집단과의 부합성을 창출하기 위해 노력할 수 있는데, 다음은 기업이 이런 부합성을 의도적으로 창출하는 몇 가지 방안이다. 기업이 자사제품과 특정한 집단을 서로 연관시켜 자사제품이 집단소속을 나타내는 표식(badge)과 같은 역할을 하도록 만드는 방안이 있고, 기업이 자사제품과 관련해서 등장인물들이 모두 유사한 행동을 하는 것을 보여주는 광고를 제작하는 방안도 있다. 또한, 다른 사람들이 부합성이 있는 행동을 수행하는 것을 공개하는 방안이 있는데, 터퍼웨어(Tupperware)사의 파티식 판매가 그 좋은 예이다. 이런 파티식 판매의 경우 제품을 구입하는 사람의 수가 많을수록, 소비자는 다른 사람들이 하는 행동을 따라야 한다는 사회적 압력을 더 크게 느낀다.

넷째, 기업은 소비자가 마케터주도적 원천의 영향력에 순응할 가능성을 높이는 각종 마케팅기법을 사용할 수 있는데, 다음은 그런 기법의 세 가지 예이다.

① FIDT

'일단 문안에 발을 들여놓기'라는 의미를 가진 FIDT(foot-in-the-door technique)는 처음에는 상대방에게 조그만 호의를 베풀어주도록 요청해서 일단 이에 동의하도록 만든 후, 나중에 좀 더 큰 호의를 베풀어주도록 요청하는 방식을 이용해서 상대방의 순응가능성을 높이는 기법이다. 예컨대, 어떤 제품이나 서비스를 팔려는 판매원은 소비자에게 이름과 자사의 제품이나 서비스에 대해 어떻게 생각하는지부터 묻는다. 이런 판매원의 1차적인 요청에 순응하는 소비자라면, 제품이나 서비스를 구입해달라는 판매원의 궁극적인 요청에도 순응할 가능성이 높아진다.[69] 또한, 마케팅조사를 시행하는 경우에도 조사원이 먼저 제시하는 조그만 요청(예: 전화로 몇 가지 질문에 답해주는 것)을 받아들이는 응답자라면, 좀 더 큰 요청(예: 긴 설문지에 응답을 기입해주는 것)에 대해서도 순응할 가능성이 높아진다.[70]

69 J. L. Freeman and S. Fraser, "Compliance Without Pressure: The Foot-in-the-Door Technique," *Journal of Personality and Social Psychology*, August 1966, pp. 195-202.

70 Robert A. Hansen and Larry M. Robinson, "Testing the Effectiveness of Alternative Foot-in-the- Door Manipulations," *Journal of Marketing Research*, August 1980, pp. 359-364.

② DIFT

'문전박대 당하기'라는 의미를 가진 DIFT(door-in-the-face technique)는 먼저 상대방에게 과도한 요청을 해서 거절을 받은 후, 이어서 좀 더 적당한 요청을 해서 상대방이 그것을 받아들이도록 만드는 기법이다.[71] 예컨대, 보석을 파는 판매원은 소비자에게 500달러짜리 고급보석을 구입하는 데 관심이 있는지를 먼저 묻는다. 소비자가 "별 관심이 없다."고 대답하면, 판매원은 소비자에게 귀걸이 세트를 단 25달러로 특별히 할인판매 하는데 이를 구입할 의사가 없는지 다시 물어서 소비자의 구매수락을 얻어내는 방식이다.[72] 이 기법이 효과가 있는 이유 중의 하나는 다소 큰 요청에서 출발하여 좀 더 작은 요청으로 이동하므로, 소비자는 판매원이 조금 양보했다고 지각할 수 있기 때문이다. 즉, 소비자는 요청을 하는 사람이 호의적인 배려를 했기 때문에, 자신도 요청하는 사람의 희망에 조금이나마 부응하는 식으로 호의를 베풀어야 한다는 일종의 의무감을 느끼게 된다는 것이다.

③ 한 푼이라도 도움이 된다고 간청하는 기법

한 푼이라도 도움이 된다고 간청하는 기법(even-a-penny-will-help technique)은 너무 작아서 상대방이 아무런 반응도 보이지 않는 것이나 다름없는 정도의 '아주 조그만 호의'라도 베풀어달라고 상대방에게 요청하는 기법이다.[73] 예컨대, 자선기금을 조성하려는 비영리단체는 '단돈 1원이라도 기부해 주면, 어려운 사람을 도울 수 있다.'는 점을 강조할 수 있다. 또한, 무작정 방문판매활동(cold call)을 하는 판매원이라면 잠재고객에게 "단 1분만 할애해주시면, 너무 고맙겠습니다."라고 말할 수 있다. 이런 조그만 요청마저 거절하는 것은 너무 매정하게 보이기 때문에, 대개 사람들은 그 상황에 적절한 만큼의 시간을 할애해 주기 마련이다.

다섯째, 소비자는 개인의 자유가 위협을 받는다고 느끼면 이에 반발하기 쉽기 때문에, 기업은 소비자에게 선택의 자유가 있다고 생각하도록 만들 필요가 있다. 예컨대, 의류 판매원이라면, 오직 한 가지 옷만 사도록 소비자를 밀어붙이는 것 대신에 여러 스타일의 옷을 소비자에게 보여주고 각각의 장단점을 설명하는 방법을 사용할 수 있

---

71 John C. Mowen and Robert Cialdini, "On Implementing the Door-in-the-Face Compliance Strategy in a Marketing Context," *Journal of Marketing Research*, May 1980, pp. 253-258.

72 Edward Fern, Kent Monroe, and Ramon Avila, "Effectiveness of Multiple Request Strategies: A Synthesis of Research Results," *Journal of Marketing Research*, May 1986, pp. 144-152.

73 Alice Tybout, Brian Sternthal, and Bobby J. Calder, "Information Availability as a Determinant of Multiple Request Effectiveness," *Journal of Marketing Research*, August 1983, pp. 279-290.

다. 이렇게 하면, 소비자는 구입 여부의 결정과 품목의 선택이라는 측면에서 자신이 상당한 통제력을 가졌다는 긍정적인 느낌을 갖게 되는 이점이 있다.

2. 정보제공적 영향력

준거집단을 비롯한 각종 사회적 영향력원천은 규범적 영향력뿐만 아니라 정보제공적 영향력(informational influence)을 행사할 수 있는데, 이는 사회적 영향력원천이 개인 소비자의 의사결정을 돕기 위해 정보를 제공해주는 것을 말한다.[74] 예컨대, 인터넷에서 어떤 사람이 휴가여행을 계획하는 사람들에게 자기만의 여행 비밀정보를 소개해주는 것, 친구가 또래의 우상인 어떤 대중가수가 인근지역에 와서 공연한다는 사실을 우리에게 귀띔해주는 것, 그리고 대중매체가 어떤 식품이 건강에 해로운 성분을 함유하고 있음을 밝혀주는 것은 모두 사회적 영향력원천이 정보제공적 영향력을 행사하는 예이다.

1) 정보제공적 영향력이 초래하는 결과

정보제공적 영향력은 소비자가 정보탐색과 의사결정에 투입하는 노력과 시간의 길이에 영향을 미칠 수 있다는 점에서 중요한 의미가 있다.[75] 다른 사람들로부터 필요한 정보를 손쉽게 얻을 수 있는 소비자라면, 어떤 의사결정을 하기 위해 구태여 시간집약적인 정보탐색을 수행하지 않을 것이다. 예컨대, 스테레오를 새로 구입하려고 하는데, 믿을만한 친구가 "얼마 전에 구입했던 ○○스테레오가 지금까지 내가 구입했던 것 중에서 가장 좋았다."고 말하는 것을 들었다고 하자. 이런 경우에 소비자는 그 친구가 구입했던 스테레오와 몇 개의 다른 스테레오를 비교해보는 정도로 정보탐색을 크게 줄일 수 있을 것이다.[76]

이처럼 정보제공적 영향력이 소비자의 정보탐색을 줄이는 역할을 할 수 있지만, 기업으로서는 소비자가 정보탐색을 수행할 가능성을 높이는 것이 중요한 경우도 있다.

---

74 Morton Deutsch and Harold B. Gerard, "A Study of Normative and Informational Influence Upon Individual Judgment," *Journal of Abnormal and Social Psychology*, November 1955, pp. 629-636.

75 이에 대해서는 제8장을 참조할 것.

76 Dennis L. Rosen and Richard W. Olshavsky, "The Dual Role of Informational Social Influence: Implications for Marketing Management," *Journal of Business Research*, April 1987, pp. 123-144.

예컨대, 탁월한 성능을 가진 신제품을 판매하려는 기업이라면, 그 신제품과 그것의 편익에 대해 아는 소비자가 별로 없을 것이기 때문에 소비자의 제품비교와 제품인지도를 높이는 캠페인이 필요할 것이다.

2) 정보제공적 영향력의 강도에 영향을 미치는 요인

그런데, 이런 정보제공적 영향력은 어떤 경우에 강해지고 어떤 경우에 약해지는가? 정보제공적 영향력의 강도에 영향을 미치는 주요 요인으로는 ① 제품의 특성, ② 소비자의 특성 그리고 ③ 집단의 특성을 들 수 있다(〈표 15-6〉 참조).

표 15-6 정보제공적 영향력의 강도에 영향을 미치는 요인

제품의 특성	소비자의 특성	집단의 특성
▪ 제품의 복잡성 ▪ 구매나 사용의 지각된 위험 ▪ 상표간 차이	▪ 소비자의 전문지식 ▪ 소비자의 개성 ▪ 개인 간 유대의 강도	▪ 집단응집력

(1) 제품의 특성

정보제공적 영향력의 강도에 영향을 미치는 제품의 특성으로는 제품의 복잡성, 구매나 사용의 지각된 위험 그리고 상표간 차이를 들 수 있다. 이런 제품의 특성들은 소비자가 제품에 관련된 정보를 탐색하고 처리할 동기를 유발하는 데 영향을 미칠 수 있다.

첫째, 제품의 복잡성(complexity)이다. 복잡한 제품인 경우에는 소비자가 다른 사람들이 전해주는 정보에 의해 영향을 많이 받는 경향이 있다. 예컨대, 사용방법이 복잡해서 소비자가 이해하기 쉽지 않은 제품은 정보제공적 영향력의 표적이 될 가능성이 높다.[77]

둘째, 구매나 사용의 지각된 위험(perceived risk)이다. 제품의 구매나 사용에 높은 위험이 따르는 것으로 지각되는 경우에는 정보제공적 영향력이 강할 가능성이 있다.[78] 예컨대, 각막절개로 근시를 교정하는 라식수술을 받으려는 경우에는 비교적 높은 재정적 위험과 안전의 위험이 수반되기 때문에, 소비자가 이런 수술에 관한 주변의 정보에 의

77 Linda L. Price and Lawrence F. Feick, "The Role of Interpersonal Sources in External Search: An Informational Perspective," *Advances in Consumer Research*, Vol. 11, 1984, pp. 250-255.

78 Arch G. Woodside and M. Wayne DeLosier, "Effects of Word-of-Mouth Advertising on Consumer Risk Taking," *Journal of Advertising*, September 1976, pp. 17-26.

해 영향을 받을 가능성이 높다.

셋째, 상표간 차이이다. 시판되고 있는 상표들 사이에 상당히 차이가 있는 경우에는 정보제공적 영향력이 강할 가능성이 있다. 즉, 상표들 사이에 뚜렷한 차이가 있으면 과연 어떤 상표가 자신에게 최선의 상표인지 결정하기가 쉽지 않기 때문에, 소비자는 다른 사람들에게서 배운 정보를 중요시하게 되는 것이다.[79]

(2) 소비자의 특성

정보제공적 영향력의 강도에 영향을 미치는 소비자의 특성으로는 소비자의 전문지식, 소비자의 개성 그리고 개인간 유대의 강도를 들 수 있다.

첫째, 소비자의 전문지식이다. 정보를 전달하는 원천이 전문가로 간주되고[80] 소비자의 전문지식이 부족할 경우[81]에는 정보제공적 영향력이 강할 가능성이 있다. 예컨대, 주택을 처음 구입하려는 사람은 주택을 구입하는 과정에 관한 지식과 자신감이 부족하기 마련이기 때문에 해당 분야의 전문가인 부동산중개인이 전달하는 정보를 신중하게 검토할 가능성이 높다.

둘째, 소비자의 개성이다. 앞에서 설명한 바 있는 '준거집단 영향력의 수용가능성'과 '사회적 비교정보에 대한 주의'와 같은 소비자의 개성특질도 소비자가 제품의 특성에 관한 단서를 주위의 사람들에게서 구할 가능성에 영향을 미친다.[82] 〈표 15-5〉의 상단부에 나타나 있는 문항 4~6은 정보제공적 영향력에 대한 소비자의 수용가능성을 측정하는 문항이다.

셋째, 개인간 유대의 강도(tie-strength)이다. 규범적 영향력의 강도와 마찬가지로, 정보제공적 영향력의 강도는 개인간 유대의 강도에 의해서 영향을 받는다. 서로 유대관계가 강한 사람일수록 자주 상호작용을 해서 어떤 제품과 그에 대한 다른 사람들의 반응에 관해서 학습할 수 있는 기회가 더 많아진다. 다만, 여기서 주목해야 할 사실은 개인간 유대 그 자체가 정보제공적 영향력에 의해 영향을 받을 수 있다는 것이다. 예컨대, 개인들이 다른 사람과 정보공유를 포함하는 사회적 관계를 확립하면, 우정의 유대관계가 시작될 수 있다.[83]

---

79 Henry Assael, *Consumer Behavior and Marketing Action*, 4th ed. (Boston, Mass.: PWS-Kent, 1992).

80 French and Raven(1969), *op. cit.*

81 Park and Lessig(1977), *op. cit.*

82 Bearden, Netemeyer, and Teel(1989), op. cit; Bearden and Rose(1990), *op. cit.*

83 Reingen, Foster, Brown, and Seidman(1984), *op. cit.*

(3) 집단의 특성

규범적 영향력의 경우와 마찬가지로, 집단응집력(group cohesiveness)이라는 집단의 특성이 정보제공적 영향력에 영향을 미친다. 즉, 응집력이 높은 집단일수록, 구성원들이 서로 정보를 공유할 기회와 그렇게 할 동기유발 수준이 더 높아진다.

3) 정보제공적 영향력을 이용한 마케팅액션

기업은 준거집단의 정보제공적 영향력과 그 강도에 영향을 미치는 요인을 효과적으로 이용하는 방안을 모색할 수 있는데, 다음은 그런 방안을 보여주는 몇 가지 예이다.

첫째, 원천의 전문지식과 신뢰성이 정보제공적 영향력에 영향을 미치기 때문에, 기업은 자사가 취급하는 제품범주의 전문가나 신뢰성이 있는 사람으로 간주되는 원천을 활용하도록 해야 한다. 예컨대, 스포츠용품의 광고에 유명한 운동선수(전문가)를 광고모델로 내세우는 것은 좋은 예이다.

둘째, 기업은 준거집단의 영향력이 발생할 수 있는 상황을 창출해서 정보제공적 영향력을 높이는 방안을 모색할 수 있다. 한 연구에서는 새로 나온 상표의 커피를 마시는 것에 관한 대화 중의 약 80%는 식품과 관련된 상황에서 발생한다는 사실을 발견하였는데, 이는 정보제공적 영향력의 발생가능성이 상황에 의존한다는 것을 시사한다.[84] 이렇게 정보제공적 영향력이 발생할 수 있는 상황을 창출하는 방법으로는 기업이 자사제품에 관련된 특별이벤트를 개최하거나 후원하는 것을 들 수 있다.

그런데, 기업이 규범적 영향력과 정보제공적 영향력 중에서 어느 하나만 이용하는 방안을 구사하는 경우보다는 두 가지 영향력을 모두 이용하는 방안을 구사할 때, 성공할 가능성이 가장 높다는 점에 주목해야 한다. 이런 반증하는 것으로 영향력의 행사방식과 헌혈자의 비율 사이에 존재하는 관계를 조사한 연구결과를 소개하면 다음과 같다.[85]

첫째, 아무런 영향력도 행사하지 않은 경우에 헌혈자의 비율은 2% 수준에 불과하였다.

---

84 Russell W. Belk, "Occurrence of Word of Mouth Buyer Behavior as a Function of Situation and Advertising Stimuli," in *Proceeding of the American Marketing Association Fall Conference* (Chocago, Ill.: American Marketing Association, 1971), pp. 419–422.

85 Stephen A. LaTour and Ajay Manrai, "Interactive Impact of Informational and Normative Influence on Donations," *Journal of Marketing Research*, August 1989, pp. 327–335.

둘째, 정보제공적 영향력(예: 헌혈이 다른 사람을 어떻게 도울 수 있고 또한 헌혈 과정이 그리 고통스럽지 않음을 보여주는 우편물의 발송)과 규범적 영향력(예: 소비자에게 헌혈운동에 동참하도록 권장하는 커뮤니티 리더의 전화방문) 중에서 어느 하나만 행사한 경우에는 헌혈자의 비율이 4~8% 정도로 높아졌다.

셋째, 두 가지 유형의 영향력을 모두 행사한 경우에는 헌혈자의 비율이 22%로 대폭 증가하였다.

또한, 원천과 오디언스 간의 유사성은 규범적 영향력과 정보제공적 영향력을 모두 높여주는 요인이기 때문에, 기업은 표적오디언스와 유사한 원천을 광고모델로 사용함으로써 자사의 영향력을 높일 수 있다. 예컨대, 복권광고라면, 표적오디언스와 유사한 광고모델이 복권에 당첨되어 매우 기뻐하는 모습을 보여줄 수 있다. 증언식 광고가 효과적인 것으로 생각되는 이유 중의 하나도 이런 광고에서는 표적오디언스와 유사한 사람을 광고모델로 내세우기 때문이다.

제 4 절 사회적 영향력의 차원

사회적 영향력의 종류가 규범적 영향력이든 아니면 정보제공적 영향력이든, 사회적 영향력은 실제로 전달되는 것에 차이가 날 수 있다. 특히, 커뮤니케이션으로서의 사회적 영향력은 극성과 전달양식이라는 두 가지 차원에서 설명이 가능하다.

1. 극 성

극성(valence)이란 정보가 본질적으로 긍정적인가 아니면 부정적인가를 말한다. 긍정적인 정보와 부정적인 정보가 개인의 소비자행동에 미치는 효과는 매우 다르기 때문에, 극성은 매우 중요한 개념 중의 하나이다.[86] 다음은 정보의 극성에 따른 차이를 보여주는 몇 가지 예이다.

86 Johan Arndt, "Role of Product-Related Conversations in the Diffusion of a New Product," *Journal of Marketing Research*, August 1967, pp. 291-295.

첫째, 부정적인 정보는 긍정적인 정보보다 더 전파가 잘 될 가능성이 높다.

둘째, 불만족한 소비자의 절반 이상이 부정적인 구전에 참여한다.[87]

셋째, 불만족한 소비자는 만족한 소비자가 자신의 즐거움을 다른 사람에게 전달하는 것의 3배 정도 많은 사람에게 자신의 불평을 토로한다.[88]

넷째, 주택임대 문제에 관해서 불만을 가진 소비자는 자신의 불만족한 경험을 8~10명에게 전파한다.[89]

극성에 관한 소비자연구에서는 '사람들이 긍정적인 정보보다는 부정적인 정보에 더 많은 주의를 기울이고 이에 더 많은 비중을 둔다.'는 가설을 설정한다. 즉, 이것은 부정적인 정보가 긍정적인 정보보다 영향력이 더 강하다는 가설인데,[90] 이에 대해서는 다음과 같은 몇 가지 이유를 들 수 있다.

첫째, 소비자가 어떤 제품에 대해서 듣는 대부분의 정보는 부정적인 정보가 아닌 긍정적인 정보라서, 부정적인 정보는 그 자체가 상대적으로 놀라움을 안겨주고 특이하며 색다르기 때문에 소비자의 주의를 더 많이 받을 수 있기 때문이다.

둘째, 제품에 어떤 문제가 있을 경우, 부정적인 정보는 그런 문제를 소비자가 아닌 제품 그 자체에 귀인을 하도록 촉구하는 역할을 할 수 있기 때문이다. 예컨대, 새로 개업한 식당을 이용했던 친구가 배탈이 났다는 사실을 알게 되었을 때 소비자는 그런 결과의 원인이 친구의 탓(과식)이라기보다는 음식의 탓(변질된 음식)이라고 귀인을 할 수 있다. 이런 식의 귀인은 그 식당에 대한 소비자의 태도에 부정적인 영향을 미칠 수 있다.[91]

셋째, 부정적인 정보는 진단성이 높을 수 있기 때문이다. 즉, 부정적인 정보는 어떤 제품이 다른 제품과 어떻게 다른가를 말해주는 바가 있기 때문에,[92] 소비자는 그것을 더 중요시할 수 있다.

---

87 이에 대해서는 제5장의 내용을 참조할 것.

88 Marsha L. Richins, "Negative Word of Mouth by Dissatisfied Consumers: A Pilot Study," *Journal of Marketing*, January 1983, pp. 68-78.

89 Laurence C. Harmon and Kathleen M. McKenna-Harmon, "The Hidden Costs of Resident Dissatisfaction," *Journal of Property Management*, May-June 1994, pp. 52-55.

90 Herr, Kardes, and Kim(1991), *op. cit.*

91 Richard W. Mizerski, "An Attribution Explanation of the Disproportionate Influence of Unfavorable Information," *Journal of Consumer Research*, December 1982, pp. 301-310.

92 이에 대해서는 제2장의 내용을 참조할 것.

2. 전달양식

사회적 영향력을 표현하는 또 하나의 차원은 그것의 전달양식(modality)인데, 이는 영향력이 언어적 경로로 전달되는가 아니면 비언어적 경로로 전달되는가를 말한다.

우선, 규범적 영향력이 커뮤니케이션되는 상황부터 생각해 보자. 집단 구성원에게 집단규범이 무엇이고 또한 그것을 어떻게 따라야 하는가를 언어적 경로로 전달한다면, 집단의 행동규범이 구성원들에게 명시적으로 전달되는 셈이다. 하지만, 개인은 다른 사람들의 행동을 관찰함으로써 집단규범을 추론하기도 한다. 예컨대, '어떤 상황에서 다른 사람에게 주는 선물로 무엇이 적절한가?'라는 문제에 대해서 한번 생각해 보자. 이런 경우에 주위의 사람들이 말해준 내용에서 그 해답을 찾을 수도 있겠지만, 과거에 다른 사람들이 그런 상황에서 무엇을 선물로 주었는가를 자신이 관찰했던 결과에서 그 해답을 찾을 수도 있다.

한편, 정보제공적 영향력도 언어적 경로나 비언어적 경로로 전달될 수 있다. 예컨대, 소비자는 ○○라는 캔 오프너와 관련된 나쁜 경험을 주위의 사람들에게서 들었거나 아니면 주위의 사람들이 그 캔 오프너로 깡통을 따기 위해 고생하는 장면을 관찰함으로써 그 캔 오프너가 별로 좋지 못한 제품이라는 사실을 학습하게 될 수도 있다.[93]

제 5 절 구전 커뮤니케이션의 영향

1. 구전 커뮤니케이션의 의의

기업은 구전 커뮤니케이션(word-of-mouth communication)이라는 일종의 사회적 영향력에 많은 관심을 두고 있는데, 이는 제품에 관한 정보가 소비자들 사이에 언어적 경로로 전파되는 현상을 말한다. 구전 커뮤니케이션은 개인의 소비자행동에 상당한 영향을 미치는데, 다음은 일상생활에서 그런 사실을 보여주는 몇 가지 예이다.

---

93 Burnkrant and Cousineau(1975), *op. cit.*

첫째, 친구들이 모두 재미있다고 말하는 것을 듣고 그 영화를 보러 가는 경우가 있다.

둘째, 직장동료의 헤어스타일이 멋져서 어디서 머리를 했는지 물어서 그 미장원에 가볼 수 있다.

셋째, 이웃사람에게서 전기수리공을 소개받거나 은행에서 만난 모르는 사람에게서 년 2회 시행하는 백화점의 세일기간이 바로 다음 주라는 말을 듣게 될 수 있다.[94]

넷째, 신도시에 거주하는 사람들은 방문할 병원을 선택할 때 대개 구전을 많이 이용한다.[95]

구전 커뮤니케이션의 영향력을 조사한 몇 가지 연구결과를 소개하면, 다음과 같다.

첫째, 구전 커뮤니케이션에는 다른 사람과의 대면에 의한 생생한 상호작용이 포함되기 때문에, 서면 정보(written information)에 비해 침투력(pervasive influence)과 설득력(persuasive influence)이 더 크다.[96]

둘째, 구전 커뮤니케이션은 소비자의 식료품과 가정용품 구매에 영향을 미치는 제1위의 정보원천이다.

셋째, 구전이 소비자의 상표전환에 미치는 효과는 인쇄매체의 7배, 방송매체의 2배, 판매원의 4배에 해당된다.[97]

2. 구전 커뮤니케이션을 이용한 마케팅액션

구전 커뮤니케이션은 어떤 제품이나 서비스에 대한 소비자의 지각과 시장성과에 긍정적이거나 부정적인 효과를 가질 수 있기 때문에, 기업에게 매우 중요하다. 다음은 구전 커뮤니케이션이 사업성공의 중요한 요인으로 작용하는 몇 가지 예이다.

첫째, 미용실, 피아노학원, 유치원과 같은 소규모사업을 하는 경영주는 광고를 할 만한 경제적인 여력이 별로 없기 때문에 구전 커뮤니케이션에 의존하는 바가 크다.

둘째, 의사, 치과의사, 변호사와 같은 전문서비스 제공자의 경우에는 광고행위 그

94 Laura Yale and Mary C. Gilly, "Dyadic Perceptions in Personal Source Information Search," *Journal of Business Research*, March 1995, pp. 225–238.

95 Sidney Feldman and Merlin C. Spencer, "The Effect of Personal Influence in the Selection of Consumer Services," in ed. Peter D. Bunnett, *Proceedings of the Fall Conference of the American Marketing Association* (Chicago, Ill.: American Marketing Association, 1965), pp. 440–452.

96 Herr, Kardes, and Kim(1991), *op. cit.*

97 Elihu Katz and Paul F. Lazarsfeld, *Personal Influence* (Glencoe, Ill.: Free Press, 1955).

자체가 자신의 전문가적 이미지를 훼손할 것을 우려하여 광고하기를 꺼리기 때문에, 구전 커뮤니케이션에 의한 소개가 사업의 발전과 유지를 좌우하는 주요요인으로 작용한다.

셋째, 만화영화 알라딘 시리즈 중의 하나인 '자파의 귀환(Return of Jafar)'의 흥행은 부정적인 구전 때문에 심한 타격을 받았지만, 여성내의 원더브라(Wonderbra)의 매출은 호의적인 구전으로 말미암아 엄청나게 증가하였다.

넷째, 기업이 TV와 같은 전통적인 대중매체에 접근하는 것이 제한되어 있는 중동에서 맥도날드가 진출할 수 있는 여건을 조성해 준 것은 바로 호의적인 구전이었다.

1) 부정적인 구전의 예방과 대처

부정적인 구전은 침투력이 강하기 때문에, 기업은 자사에 관한 부정적인 구전을 예방하기 위해 노력해야 할 뿐만 아니라 부정적인 구전이 발생하면 이를 교정하는 데 특별한 관심을 두어야 한다. 자사에 관한 부정적인 구전을 예방하는 최선의 방법은 양질의 제품을 제공하고 양질의 서비스를 보장하는 것이다.[98]

한편, 부정적인 구전이 발생했을 때 이를 교정하기 위해서는 부정적인 구전이 더 많이 확산되기 전에 소비자의 불만족스러운 소비결과를 신속히 처리해주도록 노력해야 한다.[99] 다음은 부정적인 구전에 대해 필요한 기업의 대처행동을 보여주는 두 가지 예이다.

첫째, 자사제품과 관련해서 소비자가 가진 문제에 대해 공감하고 이에 대해 의미 있는 상호작용을 하려는 기업은 부정적인 구전의 확산을 줄일 수 있다.[100]

둘째, 기업은 불평을 토로하는 소비자의 서신을 그냥 무시해버리기보다는 이에 대해 사과의 의미로 조그만 무료상품이라도 보내주면 부정적인 구전을 줄이는 데 훨씬 도움이 된다.[101]

---

98 A Coskun and Cheryl J. Frohlich, "Service: The Competitive Edge in Banking," *Journal of Service Marketing*, Winter 1992, pp. 15-23.

99 Jeffrey G. Blodgett, Donald H. Granbois, and Rockney Waters, "The Effects of Perceived Justice on Complaints' Negative Word-of-Mouth Behavior and Repatronage Intentions," *Journal of Retailing*, Winter 1993, pp. 399-429.

100 Karen Maru File, Ben B. Judd, and Russ A. Prince, "Interactive Marketing: The Influence of Participation on Positive Word-of-Mouth Referrals," *Journal of Service Marketing*, Fall 1992, 5-15.

101 Gary L. Clark, Peter F. Kaminski, and David R. Rink, "Consumer Complaints: Advice on How Companies Should Respond Based on an Empirical Study," *Journal of Service Marketing*, Winter 1992, pp. 41-51.

2) 호의적인 구전의 조성

기업은 의도적으로 자사제품에 대한 호의적인 구전을 조성하는 방안을 모색할 수 있는데, 그 구체적인 방법으로는 ① 양질의 제품과 서비스를 창출하는 방법, ② 의견선도자를 공략하는 방법, ③ 상품박람회, 연구발표회, 공개적인 이벤트에서 네트워크를 구축할 기회를 활용하는 방법을 들 수 있다.[102] 예컨대, BMW는 자사제품에 대한 호의적인 구전을 전파해주기를 희망하면서 외교관들에게 자사자동차를 할인가격으로 판매한다.

미국의 사과재배업자들이 일본에서 추진한 구전 캠페인을 예로 들어보자.[103] 대개 일본 사과는 붉은 색이 약한 대신 핑크색과 녹색이 강한 편이므로, 미국에서 생산되는 붉은 색이 강한 사과는 일본인들에게 아주 부자연스럽게 보였다. 심지어, 윤이 나는 이 사과에서 백설공주 이야기에 나오는 독이 든 사과를 연상하는 사람이 있는가 하면, 그 부자연스러운 색깔 때문에 미국 사과가 건강에 해로운 화학성분으로 생산된 것이라고 생각하는 사람도 있었다. 말하자면, 미국의 사과재배업자들은 미국산 사과에 대한 이런 부정적인 인상을 불식시키고 긍정적인 구전을 자극해야 하는 과제를 안고 있는 셈이었다. 그래서, 미국의 사과재배업자들은 맛을 본 사람들이 그 품질에 관해서 다른 사람들에게 많이 말해 주기를 희망하면서 무료샘플 사과를 대대적으로 배포하는 캠페인을 전개하였다.

3) 소문의 처리

소문(rumor)은 부정적인 구전의 한 가지 특수한 사례이다. 그동안 많은 기업들이 잘못된 구전 때문에 어려움을 겪은 적이 있는데, 다음은 그 몇 가지 예이다.[104]

첫째, P&G사는 달에 있는 사람이 그려진 자사의 로고가 악마숭배를 나타낸다는 악소문 때문에 꽤 오랫동안 시달려야만 했다.

---

102 Mara Adelman, "Social Support in the Service Sector: The Antecedents, Processes, and Outcomes of Social Support in an Introductory Service," *Journal of Business Research*, March 1995, pp. 273-283; Jerry D. Rogers, Kenneth E. Clow, and Toby J. Kash, "Increasing Job Satisfaction of Service Personnel," *Journal of Service Marketing*, Winter 1994, pp. 14-27.

103 David Holley, "No More Forbidden Fruit," *Los Angeles Times*, January 16, 1995, pp. D1, D6.

104 Frederick Koenig (1985), *op. cit.*; Alice M. Tybout, Bobby J. Calder, and Brian Sternthal, "Using Information Processing Theory to Design Marketing Strategies," *Journal of Marketing Research*, February 1981, pp. 73-79.

둘째, 맥도날드는 벌레를 이용해서 햄버거 고기를 만들었다는 잘못된 소문의 희생양이 되었다.

셋째, 코로나(Corona) 맥주에 오줌이 들어있다거나, 버블 윰(Bubble Yum) 껌에 거미가 들어있다거나, 팝 록스(Pop Rocks) 캔디가 어린이를 폭발하게 만든다는 식의 잘못된 소문이 항상 나돌았다.

넷째, 더 최근에는 트로피컬 판타지(Tropical Fantasy) 청량음료가 흑인을 불임으로 만든다는 소문이 나돌기도 했다.

그런데, 잘못된 소문의 희생자가 기업이 아닌 소비자인 경우도 간혹 있다. 최근 미국 마이애미의 쿠바인 주거지역에서는 미국에서 특수한 5자리 번호를 돌리면 쿠바 본국에 있는 사람들과 무료로 통화할 수 있다는 엉터리 소문이 나돌았다. 그 때문에 어떤 순진한 사람은 1만 달러나 되는 전화요금을 내야만 했다.[105]

자사에 관한 악소문이 나돌기 시작하면 그것을 적절히 처리하는 방법이 필요한데, 기업은 다음과 같은 네 가지 방안을 사용할 수 있다.[106]

첫째, 악소문이 수그러들기를 기대하면서 아무런 조치도 취하지 않고 그냥 내버려 두는 방안이다. 종종 이는 기업이 선호하는 방안 중의 하나인데, 긁어 부스럼을 만드는 잘못을 피하려 하기 때문이다. 즉, 악소문을 서둘러 잠재우려는 기업의 노력이 오히려 그 악소문을 널리 알리는 결과를 초래하는 경우도 허다하다. 예컨대, 악소문에 대처하기 위한 맥도날드사의 캠페인을 듣고 비로소 맥도날드의 햄버거가 벌레로 만들어졌다는 악소문을 알게 된 소비자가 35%나 되었다고 한다.

둘째, 악소문을 사안별로 잠재우기 위해 국지적으로 어떤 일을 수행하는 방안이다. 그런 예로는 자사의 핫라인에 전화를 건 사람들에 한해서 자사의 로고에 관한 정보를 담은 소포를 보내준 P&G사를 들 수 있다. 이런 경우에 기업은 소문의 진원지를 추적하도록 노력해야 하고, 대중들과 만나는 기업사원들은 악소문에 관한 정보와 그 적절한 대응방식을 충분히 숙지할 필요가 있다.

셋째, 어떤 일을 신중하게 추진하는 방안이다. 예컨대, 석유회사가 석유의 물량부족을 조장해서 자신의 사리사욕만 챙기고 있다는 소문이 났다면, 석유회사는 그동안 자사가 수행해왔던 사회적으로 바람직한 일들을 집중적으로 조명하는 PR 캠페인을 전개해 볼 수 있다. 그런 캠페인에서는 악소문에 관해서 아무런 언급을 하지 않더라도,

---

105 Mike Clary, "In Phone Fiasco, Five Little Digits Didn't Add Up to Zero," *Los Angeles Times*, February 6, 1995, p. A5.

106 Koenig(1985), *op. cit.*; Tybout, Calder, and Sternthal(1981), *op. cit.*

그 내용이 악소문의 내용과 반대되는 방향으로 작용을 할 것은 분명하다.

넷째, 모든 매체자원을 이용해서 악소문에 대한 대대적인 대응조치를 취하는 방안이다. 이런 경우에 기업은 악소문에 대해 직접적으로 대응하거나 반박하는 광고를 내보낼 수 있다.

그런 예로는 최근 자사가 퇴출된다는 소문을 무마시키기 위해 전면적인 광고캠페인을 단행했던 GM을 들 수 있다. GM은 그 광고캠페인의 일부로 '올즈모빌(Oldsmobile)은 미국에서 메르세데스 벤츠(Mercedes-Benz), 인피니티(Infiniti), 아큐라(Acura), BMW, 볼보(Volvo) 그리고 렉서스(Lexus)를 모두 합친 것보다 더 많은 자동차를 팔고 있습니다.'라는 표제의 인쇄광고를 게재하였다. 그 인쇄광고의 더 작은 글씨체로 된 본문에서는 '만약 당신이 올즈모빌(Oldsmobile)이 항복할 것을 검토하고 있다는 소문을 들으신다면, 절대로 믿지 마십시오. 이처럼 막대한 규모의 사업을 하는 기업이 어떻게 사업을 중단하겠습니까?'라고 썼다.

또한, 기업은 악소문을 반박하는 내용의 뉴스를 만들거나 악소문과 그것의 허구성에 관해서 기업 대변인이 대중매체와 인터뷰를 할 수도 있다. 그리고 기업측의 사람이 아닌 신뢰성이 있는 의견선도자를 내세워 악소문을 잠재우는 방안도 있다.

4) 구전의 진원지 추적

긍정적인 구전(예: 자사제품을 소개해주는 경우)이든 부정적인 구전(예: 제품의 불만이나 나쁜 소문이 퍼지는 경우)이든, 자사와 관련된 중요한 구전의 진원지를 파악하기 위해 구전의 움직임을 추적해 보는 것은 기업에게 유익하다.

구전의 진원지를 추적하는 한 가지 방법으로는 네트워크분석(network analysis)을 들 수 있다. 네트워크분석에서는 관계의 형태(relational form)에 관한 정보와 관계의 내용(relational content)에 관한 정보를 수집한다.[107] 관계의 형태에 관한 정보는 소비자에게 그 정보를 누구로부터 들었는지를 묻고, 다시 그 사람에게 어떻게 그 정보를 들었는지를 묻는 식으로 계속 반복함으로써, '누가, 누구와 서로 연결되어 있는지'를 파악하는 정보를 말한다. 관계의 내용에 관한 정보는 '연결된 사람으로부터 들은 내용이 구체적으로 무엇인지'를 파악하는 정보를 말한다. 기업은 이런 두 정보를 분석해서 정보의 왜곡과 그 영속화에 책임이 있는 진원지를 추적할 수 있다.

구전의 진원지가 파악되면, 기업이 취할 수 있는 한 가지 방안은 그런 구전의 진

107 Reingen and Kernan(1986), *op. cit.*

원지를 직접적으로 겨냥하는 것이다. 예컨대, 자사에 대해 긍정적인 구전을 전하고 다른 사람들에게 적극 소개도 해주는 사람이 있다면, 그 노력에 대해 감사하다는 말을 특별히 전하거나 더 명시적인 보상을 제공할 수 있다. 또한, 기업이 자사를 소개를 해주는 사람과 소개를 받은 사람 모두에게 소정의 보상을 주는 소개-인센티브 프로그램을 사용하는 방안도 고려할 수 있다.108

핵심용어

Keyword

1차적 준거집단, 2차적 준거집단, 강한 유대, 개성, 개인간 유대의 강도, 개인적 전달방식, 고밀도 준거집단, 공식성, 공식적 준거집단, 관찰학습방식, 구성원의 유사성, 구전 커뮤니케이션, 귀속적 준거집단, 규범적 영향력, 극성, 기대된 행동, 네트워크분석, 대중매체 전달방식, 동일시의 정도, 마케터주도적 원천, 모의 의견선도자, 문화적 영향, 반발, 배태된 시장, 보상제공방식, 부메랑효과, 부합성, 분리적 준거집단, 비공식적 준거집단, 비마케터주도적 원천, 사회적 비교정보에 대한 주의척도, 사회적 비승인, 사회적 영향력, 사회화 대리인, 사회화 프로세스, 상표간 차이, 상표선택의 일치성, 소문, 소비자 도달률, 소비자 사회화, 소비자의 집단동일시, 순응, 시장정보통, 신뢰성, 실생활원천, 실제 의견선도자, 약한 유대, 양방향 커뮤니케이션능력, 열망적 준거집단, 유대의 강도, 의견선도자, 일반적 영향력원천, 저밀도 준거집단, 전달양식, 접촉의 정도, 정보제공적 영향력, 정보통제자, 제품의 복잡성, 준거집단, 준거집단 영향력 매트릭스, 준거집단 영향력의 수용가능성척도, 지각된 위험, 직접교육방식, 집단, 집단압력, 집단유사성, 집단응집력, 집단의 강제력, 집단의 밀도, 집단의 보상력, 한 푼이라도 도움이 된다고 간청하는 기법, DIFT, FIDT

108 Vicki Clift, "Word-of-Mouth Can Be Easily Engineered," *Marketing News*, June 17, 1994, p. 11.

Consumer Behavior and Marketing Action

제16장

사이코그래픽스

제1부 소비자행동 입문

제 1 장 소비자행동의 기초

제2부 소비자의 의사결정프로세스

제 2 장 문제인식과 정보탐색	**제 3 장** 판 단
제 4 장 의사결정	**제 5 장** 의사결정후 프로세스

제3부 소비자행동의 내부적 영향요인

제 6 장 소비자의 동기, 능력 및 기회	**제 7 장** 소비자의 노출, 주의 및 지각	**제 8 장** 소비자의 범주화와 이해
제 9 장 고노력형 태도형성과 태도변화	**제10장** 저노력형 태도형성과 태도변화	**제11장** 소비자의 기억과 인출

제4부 소비자행동의 외부적 영향요인

제12장 문 화	**제13장** 사회계층	**제14장** 인구통계요인
제15장 준거집단과 사회적 영향력		**제16장** 사이코그래픽스

제 1 절 가치분석
제 2 절 개성분석
제 3 절 라이프스타일분석
제 4 절 사이코그래픽스

제16장에서는 가치, 개성 및 라이프스타일이라는 세 가지 변수를 분석하고, 이런 세 변수를 기본적인 구성요소로 해서 더 다양한 변수를 결합시킨 사이코그래픽스를 설명한다. 사이코그래픽스(psychographics)란 인간의 심리적 특성을 기반으로 해서 소비자를 묘사하는 것을 말한다. 과거에 사이코그래픽스라고 하면 주로 소비자의 라이프스타일을 측정하는 것을 말했지만, 최근에는 이런 전통적인 접근법을 더욱 넓혀서 가치나 개성과 같은 소비자의 심리적 구성형태(psychological makeup)와 특정한 제품이나 서비스와 관련해서 내보이는 소비자행동으로서 사용률, 태도, 및 정서와 같은 개념도 포함시키고 있다.[1]

소비자연구에 많이 사용해 온 인구통계적 정보가 여전히 유용한 것은 사실이지만, 오늘날의 시장현장에서 존재하는 다양성을 충분히 반영하기에 부족한 경우가 많다. 예컨대, 같은 X세대에 속하는 사람들이라도 다시 다음과 같은 몇 개의 하위집단으로 구분될 수 있다.[2]

첫째, Yup & Comers(28%)로서 소득수준과 학력이 가장 높고 자신과 자신의 미래에 대해 걱정하지 않는 사람들이다. 둘째, Bystanders(37%)로서 주로 여자로 히스패닉과 아프리카계 미국인이 높은 비율을 차지하고, 실용적이고, 근면하며, 로맨스와 환상에 대한 갈증을 느끼고 있으며, 자유재량소득이 제한되어 있지만 지위를 상징하는 제품을 구입하기를 매우 좋아하는 사람들이다. 셋째, Playboys(19%)로서 자기이익을 많이 챙기고(self-absorbed), 재미를 추구하며, 불안하게 살아가는 충동적인 사람들이다. 넷째, Drifters(16%)로서 좌절감을 갖고 있는 X세대의 전형이고 가장 학력이 낮고, 지위를 추구하는 사람들이다.

그림 16-1 제16장의 구성

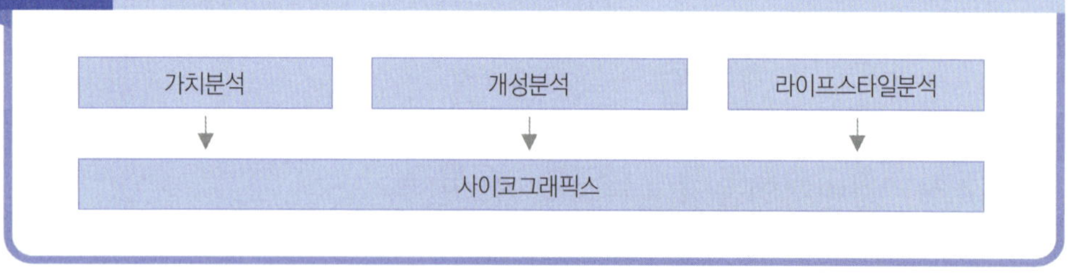

1 Joseph T. Plummer, "The Concept and Application of Life Style Segmentation," *Journal of Marketing*, January 1974, pp. 33-37.

2 Karen Benezra, "Don't Mislabel Gen X," *Brandweek*, May 15, 1995, pp. 32-34.

[그림 16-1]은 이 장에서 설명할 네 가지 주제를 요약한 것이다. 각종 인구통계적 변수는 소비자의 가치, 개성 및 라이프스타일에 영향을 미치지만, 사이코그래픽 변수는 인구통계적 변수보다 개인의 소비자행동을 더 잘 파악하도록 해준다는 데 그 의의가 크다.

제 1 절 가치분석

1. 가치의 의의

가치(value)는 매우 뿌리가 깊어서 대부분의 사람들은 이를 의식적으로 알지 못하고 표현하기도 어렵다는 특성이 있다. 로키치(Rokeach)(1973)는 가치란 어떤 주어진 행동이나 결과가 바람직하거나 좋다고 보는 지속적 신념이라고 정의한다.[3] 예컨대, 어떤 소비자는 건강하고, 가족의 안전을 유지하고, 자존심을 살리고, 자유로운 것이 좋다고 믿을 수 있는데, 이런 신념은 여러 상황에서 그리고 시간의 경과에 따라 그의 소비자행동을 안내하는 기준과 같은 역할을 한다. 예컨대, 소비자가 환경을 소중히 생각하는 정도는 그가 폐품을 재활용하고, 재활용이 가능한 제품을 구입하는 정도에 영향을 미칠 것이다.

개인의 가치시스템(value system)은 개인이 갖고 있는 여러 가지 가치와 그것의 상대적인 중요성으로 구성되는 총체이다. '특정한 상황에서 개인이 어떻게 행동하는가?'라는 의문에 대한 답은 소비자가 나머지 가치에 비해 어떤 가치를 얼마나 더 중요시하는가에 의해서 영향을 받는다.[4] 예컨대, '일요일 오후를 가족과 함께 보낼 것인가 아니면 개인적인 운동을 할 것인가?'에 대한 결정은 소비자가 가족과 자기건강에 두는 상대적인 중요도에 의해 좌우될 것이다.

그런데, 소비자가 갖고 있는 어떤 가치와는 일치하지만 나머지 다른 가치와는 일

---

3 Milton Rokeach, *The Nature of Human Values* (New York: Free Press, 1973), p. 5.

4 Wagner A. Kamakura and Jose Alfonso Mazzon, "Value Segmentation: A Model for the Measurement of Values and Value Systems," *Journal of Consumer Research*, September 1991, pp. 208-218.

치하지 않는 어떤 일을 해야 한다면, 가치갈등(value conflict)이라는 현상이 발생한다. 예컨대, 편리성과 환경보호에 대해 거의 대등한 가치를 두는 사람이 1회용 기저귀를 사용해야 할 때는 가치갈등을 겪게 될 수 있다.

가치는 어린이들이 가장 먼저 배우게 되는 것 중의 하나이기 때문에, 10세에 이르면 어린이의 가치시스템이 나름대로 형성된다.[5] 소비자는 사회화 프로세스를 통해서 가치를 학습하게 되는데, 이런 프로세스는 준거집단을 비롯한 여러 영향력원천에 대한 노출에서 비롯된다.[6] 예컨대, 부모가 대학을 졸업한 사람이고 또한 부모와 교사가 교육의 가치를 강조해 왔다면, 그 자녀도 교육에 가치를 두게 되기 마련이다. 또한, 돈이나 기술적으로 복잡한 제품 혹은 환경에 대해 두는 가치는 그 가족이나 친구 혹은 매체의 견해에 대한 노출에서 비롯될 수 있다. 가치는 동일한 제도와 문화 속에 있는 타인에게 노출됨으로써 학습되기 때문에, 같은 집단에 속하는 사람들은 서로 유사한 가치를 가지는 경우가 많다.

개인이 새로운 문화의 가치와 행동을 학습하는 프로세스를 문화적 동화(acculturation)라고 한다.[7] 예컨대, 다른 나라로 이민 간 사람들은 현지생활에 문화적으로 적응하기 위해 필요한 새로운 가치를 학습해야 한다. 소비자의 시각에서 새로운 문화가 매력적이고 자신의 문화와 유사한 가치를 가질수록, 소비자가 새로운 문화의 가치를 받아들일 가능성이 더 높아진다. 또한, 새로운 문화에 속하는 사람들이 응집력이 있고, 다수의 언어적 및 비언어적 신호를 통해 자신들이 가치를 두는 것을 알려주며, 자신들이 보유하는 가치에 대해 자부심을 내보일수록, 문화적 동화가 이루어지는 속도는 더 빨라진다.[8]

2. 가치의 종류

가치는 가치의 구체성(specificity)이라는 측면에서 대국적 가치와 영역특정적 가치로 구분된다. 대국적 가치는 가장 적용범위가 넓은 가치를 말하고, 영역특정적 가치는 오

---

5 Marieke K. de Mooij and Warren Keegan, *Advertising Worldwide* (London: Prentice-Hall International, 1991).

6 Francesco M. Nicosia and Robert N. Mayer, "Toward a Sociology of Consumption," *Journal of Consumer Research*, September 1976, pp. 65-75.

7 문화적 동화에 대해서는 제12장 제2절을 참조할 것.

8 Mary Gilly and Lisa Penaloza, "Barriers and Incentives in Consumer Acculturation," *European Advances in Consumer Research*, Vol. 1, 1993, pp. 278-286.

직 좁은 영역에만 적용되는 가치를 말한다.

1) 대국적 가치

대국적 가치(global value)는 소비자 개인이 가진 가치시스템의 핵심을 반영하는 가장 폭넓은 수준의 가치이다. 대국적 가치는 매우 지속적이고, 강하게 보유되며, 여러 상황에서 그대로 유지되는 특성이 있다. 예컨대, 미국의 정치철학은 '자유'라는 가치에 그 기반을 두고 있는데, 이는 미국인 일상생활의 각 분야에 깊이 침투되어 있다. 즉, 미국인들은 말할 자유, 원하는 곳에 갈 자유, 좋아하는 옷을 입을 자유, 원하는 곳에서 살 자유를 가져야 한다고 생각한다.

[그림 16-2]에 제시된 대국적 가치의 한 가지 분류체계에 따르면, 대국적 가치는 성숙(maturity), 안전(security), 친사회적 행동(prosocial behavior),[9] 제한적 순응(restrictive conformity), 생활의 향유(enjoyment in life), 성취(achievement), 그리고 자기관리(self- direction)이라는 일곱 가지 범주로 분류될 수 있다.[10] 여기서, 서로 가까운 위치에 배치되어 있는 범주들은 서로 유사하다는 것을 나타낸다. 예컨대, 성취와 자기관리는 개인에 대한 유사한 지향성을 반영하는 개인지향적 가치(individual-oriented value)이고, 친사회적 행동과 제한적 순응은 개인이 타인을 어떻게 다루어야 하는가에 관련되는 집단지향적 가치(group-oriented value)이다.

이런 일곱 가지 범주의 각각에서 대국적 가치는 궁극적 가치(terminal value)와 수단적 가치(instrumental value)라는 두 가지 유형으로 구분될 수 있다. [그림 16-2]에서 *표시가 된 궁극적 가치는 매우 바람직한 최종상태를 말하고, +표시가 된 수단적 가치는 매우 바람직한 최종상태를 달성하는 데 필요한 것을 말한다. 예컨대, '친사회적 행동'이라는 범주에는 평등과 구제라는 두 개의 궁극적 가치가 있고, 이런 궁극적 가치를 달성하는 데 도움을 주는 수단적 가치로 용서, 유용한, 신에 대한 믿음, 정직 그리고 사랑이 있다.

[그림 16-2]에서 지적해야 할 한 가지 중요한 측면은 가치의 양극화(polarization of value) 경향인데, 이것은 한 범주의 대국적 가치를 중요시하는 사람은 그 반대편에 있는 범주의 대국적 가치를 덜 중요시한다는 것을 의미한다.[11] 예컨대, '성숙'과 '안전'이라

---

9 친사회적 행동이란 타인을 위해 좋은 일을 하는 것을 말한다.

10 Shalom H. Schwartz and Wolfgang Bilsky, "Toward a Universal Psychological Structure of Human Values," *Journal of Personality and Social Psychology*, 53(3), 1987, pp. 550-562.

11 Schwartz and Bilsky(1987), *op. cit.*

그림 16-2 대국적 가치의 분류체계

혼합형 가치

성숙
* 성숙한 사랑
* 진정한 우정
* 지혜
* 미의 세계
+ 용기

안전
* 국가안보
* 자유
* 내적 조화
* 가족안전
* 평화로운 세계

개인지향적 가치

자기관리
* 성취감
* 자신감
+ 상상력 풍부한
+ 독립적인
+ 마음이 넓은
+ 지적인
+ 논리적인

성취
* 사회적 인정
* 신바람 나는 생활
+ 야망 있는
+ 유능한

집단지향적 가치

친사회적 행동
* 평등
* 구제
+ 용서
+ 유용한
+ 신에 대한 믿음
+ 정직
+ 사랑

제한적 순응
+ 복종하는
+ 겸손한
+ 자제하는
+ 청결한
+ 책임감 있는

생활의 향유
* 편안한 생활
* 쾌락
* 행복
+ 상쾌

주) *는 궁극적 가치, +는 수단적 가치를 표시한다.

※자료: Shalom H. Schwartz and Wolfgang Bilsky, "Toward a Universal Psychological Structure of Human Values," *Journal of Personality and Social Psychology*, 53(3), 1987, pp. 550–562.

는 대국적 가치를 중요시하는 사람은 그 반대편에 위치한 대국적 가치인 '생활의 향유'를 덜 중요시할 수 있다. 또한, '자기관리'와 '성취'라는 대국적 가치를 중요시하는 사람은 '친사회적 행동'과 '제한적 순응'을 덜 중요시할 수 있다.

2) 영역특정적 가치

영역특정적 가치(domain-specific value)는 종교, 가족 혹은 소비와 같은 특정한 분야에 대해서만 관련성이 있는 가치로 단지 좁은 영역에만 적용되는 가치이다.[12] 물질주의(materialism)는 개인이 물질적인 상품의 획득을 어떻게 보는가에 관련되는 가치이기 때문에 영역특정적 가치의 예이다.

영역특정적 가치의 달성이 한 개 이상의 대국적 가치의 달성에 수단적일 수 있다는 점에서 대국적 가치와 영역특정적 가치는 서로 관련성이 있을 수 있다. 예컨대, 소비자가 '건강'을 중요시하는 이유는 그것이 '내적 조화'나 '자신감'과 같은 대국적 가치의 달성에 도움이 되는 수단으로 간주되기 때문일 수 있다.

3. 현대사회의 소비를 규정하는 가치

소비자가 어떤 가치를 갖고 있느냐가 소비자행동에 중요한 영향을 미친다는 점을 고려할 때, 현대사회의 소비를 규정하는 가치에는 어떤 것이 있는지 살펴보는 것은 의미가 있다. 현대사회의 소비를 규정하는 주요 가치의 예로는 ① 물질주의, ② 집, ③ 일과 놀이, ④ 자녀와 가족, ⑤ 건강, ⑥ 쾌락주의, ⑦ 젊음 그리고 ⑧ 기술을 들 수 있다.

1) 물질주의

현대 문화를 지배해 온 한 가지 가치는 물질주의(materialism)이다.[13] 물질주의에 높은 가치를 두는 사람은 돈과 상품의 획득에 중요성을 둔다. 물질주의가 팽배한 사회에서 인간생활의 만족은 획득한 것과 획득하지 못한 것이라는 측면에서 판단된다.[14] 물질주의 성향이 강한 사람은 자동차, 보석, 밍크 및 보트와 같은 사치성 품목(luxury items)에 가치를 두는 반면, 물질주의 성향이 약한 사람은 부모가 물려준 예복, 가족기념품, 사진과 같은 상징적 품목(symbolic items)을 더 중요시한다.[15] 물질주의는 '더 큰 집, 더 좋은

---

12 Donald E. Vinson, Jerome E. Scott, and Lawrence M. Lamont, "The Role of Personal Values in Marketing and Consumer Behavior," *Journal of Marketing*, April 1977, pp. 44-50.

13 Russell W. Belk, "Materialism: Trait Aspects of Living in the Material World," *Journal of Consumer Research*, December 1985, pp. 265-280.

14 Russell W. Belk, "Three Scales to Measure Constructs Related to Materialism: Reliability, Validity, and Relationships to Happiness," *Advances in Consumer Research*, Vol. 11, 1984, pp. 291-297.

15 Marsha L. Richins, "Special Possessions and the Expression of Material Values," *Journal of*

자동차, 더 비싼 옷이 인간의 행복을 가져다준다.'는 신념을 유도하고, 다른 사람을 판단할 때 그 사람이 가진 소유물의 양과 질로 판단하게 한다.

물질주의는 [그림 16-2]에 제시된 궁극적 가치 중의 몇 개와 관련성이 있다. 예컨대, 소유물은 '사회적 인정(social recognition)'이라는 상위가치를 달성하는 수단이 될 수 있고, 자기 가치의 판단이 자신이 획득한 것에 입각한다면 물질주의는 '자아성취감'이나 '편안한 생활'의 달성에 두는 가치를 반영할 수 있다.

물질주의에 얼마나 가치를 두느냐는 개인적인 차이가 날 수 있다. 예컨대, 월급이 적은 직장생활을 하거나 자유재량소득이 적은 사람이라고 해서 다 불행한 것은 아니다. 성직자들은 일부러 물질적 소유물의 중요성을 거부하는 라이프스타일을 선택한다.[16] 또한, 물질주의를 거부하고, 단조롭고 고된 일에서 해방되어 '적게 일하고 적게 쓰자'는 식으로 자신의 생활을 단순화시키는 사람들이 점차 늘어나고 있다.[17]

원래 서구문화에서는 물질주의적인 성향이 강한 편이지만, 동양권과 구공산권 국가에서도 이런 성향이 증가하고 있는 추세이다. 조사에 따르면, 중국 소비자와 일본 소비자도 물질주의적인 라이프스타일을 점차 더 중요시하고 있다.[18] 역사적으로 중국 소비자는 자전거, 재봉틀 및 손목시계를 중요한 소비재로 간주해 왔지만, 1980년대 중반의 모택동 사망 이후에는 반드시 소유해야 할 소비재 필수품의 목록에 냉장고, 세탁기, 컬러TV, 사진기 및 VTR이 추가되었다.[19] 또한, 물질주의적인 성향은 일본 소비자를 대상으로 하는 홈쇼핑과 카탈로그 쇼핑을 성공하게 만든 중요한 요인 중의 하나이다.[20]

체코와 루마니아와 같은 구공산권 국가에서는 상품에 대한 욕구가 상당히 높은 편인데, 이런 국가의 소비자들은 자동차, TV, 패션의류 및 구두와 같은 여러 가지 서구

Consumer Research, December 1994, pp. 522–533.

16 Marsha L. Richins and Scott Dawson, "A Consumer Values Orientation for Materialism and Its Measurement: Scale Development and Validation," *Journal of Consumer Research*, December 1992, pp. 303–316.

17 G. Pascal Zachary, "When Shopping Sprees Pall, Some Seek the Simple Life," *Wall Street Journal*, May 24, 1995, pp. B1, B6.

18 Mary Yoko Brannen, "Cross Cultural Materialism: Commodifying Culture in Japan," in eds. Floyd Rudmin and Marsha Richins, *Meaning, Measure, and Morality of Materialism* (Provo, Utah: The Association for Consumer Research, 1992), pp. 167–180.

19 David K. Tse, Russell W. Belk, and Nan Zhou, "Becoming a Consumer Socirty: A Longitudinal Analysis of Print Ads From Hong Kong, the People's Republic of China, and Taiwan," *Journal of Consumer Research*, March 1989, pp. 457–472.

20 Nitin Sanghavi, "The Japanese Yen for Nonstore Retailing," *Direct Marketing*, April 1989, pp. 24–28.

상품을 더 많이 얻기 위해 투쟁하고 있는 실정이다.[21]

물질주의가 팽배한 사회에서는 예컨대, 팩스주문방식과 신용카드 결재방식처럼 소비자가 상품을 손쉽게 획득하도록 도와주는 마케팅전술이나 상품획득과 성취감(혹은 사회적 지위)을 서로 연결시키는 광고메시지를 잘 수용한다. 오늘날 세계 각국에서 특별세일, 쿠폰배포, 블루라이트 스페셜(blue-light special),[22] 한 개의 가격으로 두 개를 주는 판촉방식(two-for-one deals), 보너스팩, 창고형 도소매클럽과 같은 할인소매점이 크게 성행하고 있는 이유 중의 하나는 바로 소비자의 물질주의적 경향이 높아지고 있기 때문이다.[23] 한편, 소비자는 자신이 획득한 소유물을 안전하게 지킬 수 있기를 바라는데, 이에 따라 각종 보험회사 및 안전관리회사가 더 좋은 기회를 맞이하고 있다.

2) 집

집에 가치를 두는 소비자가 늘어나고 있는데, 특히 요즈음은 매력적이고 편안한 집을 가꾸는 것을 중요시하는 추세이다. 오늘날의 사람들은 과거에 비해 더 많은 시간을 집에서 보내는 추세를 보이고 있는데, 이를 코쿠닝(cocooning)이라고 한다.[24] 즉, 집 밖의 세상이 너무 복잡해졌고 피로하게 만들며 더 위험해졌기 때문에, 집안에 있는 것이 마치 천국처럼 보인다는 것이다. 또한, 자기 집을 통제본부(command central)로 보는 가족들이 늘어나고 있는데, 이는 외부세계로 들어가기 전에 각 활동이 조정되고 여러 자원이 결합되는 곳이라는 의미이다.[25]

집안에서 발생하는 소비활동이 증가하고 있다는 사실로 말미암아 여러 가지 새로운 추세가 파생되고 있다. 테이크아웃방식(take-out)이 외식을 대체하고, 비디오대여와 비디오배달 서비스가 영화관의 영화 관람을 대체하고, 홈쇼핑이 소매점의 쇼핑을 대체하는 추세가 등장하고 있다. 예컨대, 보드카판매회사인 스미노프(Smirnoff)가 "집은 당신이 그것을 발견하는 곳입니다(Home Is Where You Find It)."라는 주제로 광고캠페인을 전개한 것은 집과 코쿠닝을 강조하는 추세를 반영한 예이다.

---

21 Guliz Ger, Russell W. Belk, and Dana-Nicoleta Lascu, "The Development of Consumer Desire in Materializing and Developing Economies: The Cases of Romania and Turkey," *Advances in Consumer Research*, Vol. 20, 1992, pp. 102-107.

22 소비자에게 제품을 싸게 구입하도록 허용해서 다른 것을 구입할 수 있는 돈을 절약하게 해주는 것.

23 P. H. Ferguson, "Shoppers Leave Ivory Towers for Bargain Basements in Japan," *Austin American Statesman*, Devember 26, 1993, p. A26.

24 페이스 팝콘 지음/조은정 옮김, **팝콘리포트**, 21세기북스, 1995, pp. 48-57.

25 "Rewriting the Book on Buying and Selling," *Brandweek*, November 30, 1993, pp. 18-21.

3) 일과 놀이

현대사회에서는 일과 놀이에 대해 일종의 정신분열증적인 접근법(schizophrenic approach)이 존재한다. 세계 각국의 기업들이 다운사이징과 생산성향상에 역점을 두는 추세이기 때문에 사람들은 과거보다 더 열심히 그리고 더 오래 일하고 있다. 근로윤리가 상당히 약화되고 있는 현실에서 이렇게 일에 두는 가치가 상대적으로 높아진 이유는 일을 하는 것이 예컨대, 편안한 라이프스타일, 가족의 안정 및 자기성취와 같은 다른 중요한 가치를 달성하기 위한 수단적 기능을 가지기 때문이다.

하지만, 문화권에 따라서 일에 두는 의미는 차이가 날 수 있다. 예컨대, 구공산권 국가에서 일에 가치를 두는 이유는 일을 하는 것이 더 큰 사회적 선(social good)을 실현하는 데에 공헌하기 때문이다.

한편, 이렇게 더 열심히 일을 하고 있는 요즈음 사람들은 돈만큼이나 여가시간에도 높은 가치를 두는 경향이 있다. 예컨대, 요즈음 사람들은 집안청소, 심부름, 세탁과 같은 가사활동 서비스의 대행에 대한 대가를 기꺼이 지불하고 대신 얻게 되는 여유시간을 자신의 여가활동에 더 많이 소비하려고 한다. 여가시간을 늘리기 위해서라면 봉급삭감을 기꺼이 감수할 의도가 있다는 소비자가 2/3나 된다.[26]

더욱이, 직장생활과 가정생활의 구분도 점차 모호해지고 있다. 이제 컴퓨터, 팩스기계, e메일, 그리고 전자화상회의 분야에서 이루어진 기술발전으로 더 많은 사람이 재택근무를 할 수 있게 되었고, 직장에서도 집안의 소소한 일들을 처리하거나 주말에도 직장업무를 처리하는 데 많은 시간을 할애하는 사람들이 늘어나고 있다.

하지만, 일과 놀이에 두는 가치는 개인에 따라서 차이가 날 수 있다. 예컨대, 네덜란드 청소년을 대상으로 한 연구에 따르면, 네덜란드 청소년에는 두 가지 집단이 존재한다. 그 하나는 어떤 것을 달성하기 위한 수단으로써 일에 가치를 두는 집단('Yups')이고, 다른 하나는 일생 동안 언제나 일을 할 수 있으니 지금 즐기자고 생각하는 집단('Unambitious')이다.[27]

4) 자녀와 가족

비록 유럽과 아시아에서는 미국에 비해 부모가 자녀교육을 더 중요시하는 경향이

---

26 John P. Robinson, "Your Money or Your Time," *American Demographics*, November 1991, pp. 22-26.

27 Marleis Welms Floet, "Youth in Holland," *Industry Report*.

있지만,[28] 부모가 자녀에 대해 높은 가치를 두는 것은 세계 각국의 보편적인 현상이다. 어린이를 겨냥하는 각종 스낵제품, 짐보리, 어린이의류점, 디즈니랜드, 놀이방의 성공은 그런 현상을 반영하는 몇 가지 예에 불과하다.

한편, 현대인은 가족을 중요시하는 추세를 보이고 있다. 이런 추세는 사회적 지위를 나타내는 사치품(예: Volvo), 디자이너 상품(예: Litz Claiborne) 그리고 하이테크기업(예: IBM)이 전개하는 광고캠페인에 잘 반영되어 있다.[29]

5) 건 강

오늘날의 소비자는 건강에 더 많은 가치를 두는 추세를 보이고 있다. 날씬하고 정돈된 몸매가 건강의 척도이기 때문에, 건강은 개인의 자존심뿐만 아니라 평균수명과 생존에 관한 기초적인 관심과도 상당한 관련성이 있다.

건강을 중요시하는 최근의 추세는 지방, 칼로리, 소금 및 콜레스트롤이 적게 함유된 제품들이 점차 많이 시판되고 있는 것에 잘 반영되어 있다. 다음은 그런 추세를 반증하는 몇 가지 예이다.

첫째, 냉동요리, 후식 및 아침식사용 식품분야에서 건강을 강조하는 제품들이 성공하고 있는데, 그 대표적인 예로는 린퀴진(Lean Cuisine), 헬스초이스(Healthy Choice) 및 웨이트왓처(Weight Watchers)를 들 수 있다.

둘째, 나비스코(Nabisco)사의 저지방 쿠키('SnackWell')는 매우 인기가 높아서 이제 저지방 요구르트시장으로 제품확장을 모색하고 있는 중이고, 키블러(Keebler)사도 이런 저지방 쿠키 제품범주에서 아홉 개나 되는 상표를 도입하고 있다.

셋째, 켄터키 프라이드 치킨(Kentucky Fried Chicken)이 상호를 KFC로 개명한 것과 치킨꼬지(rotisserie-cooked chicken)를 도입한 배경에는 이 회사의 치킨이 '기름이 많은 프라이드(fried) 치킨'이라는 부정적인 이미지를 약화시키려는 의도가 깔려 있었다.

넷째, 살충제를 비롯한 각종 유해성분이 소비자의 건강에 미치는 효과에 대한 관심이 증가하면서, 자연식품과 주로 그런 제품을 판매하는 소매점의 인기가 높아지고 있다.

건강을 강조하는 추세는 각종 다이어트 서비스와 건강보조용품이 성장하는 기반이 되고 있다. 환자의 건강상태를 호전시키기 위해 에어로빅, 가라데 및 수상경기를 가르

---

28 아시아의 중산층 가운데, 자녀교육은 음식섭취 다음으로 제2위의 우선순위를 차지한다.

29 Joanne Lipman, "Marketers of Luxury Goods Are Turning from Self-Indulgence to Family Values," *Wall Street Journal*, October 22, 1992, pp. B1, B7.

쳐주는 교실을 열어두는 종합병원도 있고, 건강전문잡지도 과거보다 더 많이 시판되고 있다. 또한, 질병의 예방과 치료를 위해 건강식품과 의약품을 찾는 소비자도 늘어나고 있다. 그리고 미성년자 흡연에 대한 소비자단체의 우려, 공공장소에서의 금연조치, 담배와 술 제품에 대한 경고문 부착 등도 건강에 대한 관심이 높아졌음을 보여주는 단면들이다.

하지만, 소비자가 건강에 두는 가치와 소비자의 실제 행동은 차이가 나기도 하는데, 다음은 그런 차이를 보여주는 몇 가지 예이다.

첫째, 건강지향성이 매우 강해서 저지방 식품을 소비하기를 원한다고 말하는 사람은 많아도, 실제로 소매점에서 저지방 식품을 자신의 쇼핑카트에 담는 소비자의 수는 비교적 적다.

둘째, 맥도날드사가 새로 도입한 저지방 햄버거('McLean')는 그만 실패하고 말았는데, 그 이유는 전통적인 고지방 햄버거에 대한 소비자의 수요가 너무 강했기 때문이다.

셋째, 유기농 식품의 매출은 하락세를 겪고 있는 반면, 베이컨이나 티본(T-bone) 스테이크와 같은 고지방 식품의 매출은 꾸준히 강세를 보이고 있다.

6) 쾌락주의

쾌락주의(hedonism)의 원리에 입각하여 각 분야에서 즐거움을 추구하는 소비자가 늘어나고 있다. 요즈음은 소비자를 즐겁게 만들어주는 각종 제품이나 서비스에 대한 수요가 증가하고 있는데, 그 대표적인 예가 고급자동차와 해외여행이다.

또한, 커피에 대한 소비자의 기호가 일반커피에서 고급커피로 점차 전환하는 추세이다. 이에 따라서 스타벅스(Starbucks)와 같은 커피전문점은 크게 성공하고 있지만, 맥스웰하우스(Maxwell House)와 같은 기존의 커피제조업체들은 일종의 위기감마저 느끼고 있다.[30]

쾌락주의는 한편으로는 건강을 중요시하는 추세에 반하는 추세로 소비자의 식품소비패턴에 영향을 미치기도 한다. 다음은 그런 영향을 보여주는 몇 가지 예이다.

첫째, 한편으로는 무지방의 초콜릿칩 쿠키 및 냉동요구르트가 성공을 거두고 있지만, 다른 한편으로는 고지방 아이스크림인 하겐다즈가 성공하고 있다.

둘째, 건강에 대한 높은 관심에도 불구하고, 맛이 없으면 소비자들은 기존제품에서 저지방, 저칼로리 제품으로 잘 바꾸지 않는다.

---

30 Kathleen Deveny, "For Coffee's Big Three, A Gourmet-Brew Boom Proves Embarrassing Bust," *Wall Street Journal*, November 4, 1994, pp. B1, B9.

셋째, 벤앤제리(Ben & Jerry)와 같은 소수의 예외는 있지만, 요구르트회사들은 건강에 좋으면서 맛도 좋은 요구르트를 개발하는 데 상당한 어려움을 겪고 있다.

넷째, 소비자가 더 큰 사이즈의 식품을 요구하는 추세에 부응해서 성공한 예도 있다. 그런 예로는 피자헛의 빅풋 피자(Big Foot Pizza)와 패스트푸드 식당의 점보 사이즈를 들 수 있다.

7) 젊 음

현대의 소비자들은 젊음에 더 높은 가치를 두는 추세이다. 이런 추세는 잔주름제거용 크림(wrinkle creams), 사막건강온천(desert health spas), 피부관리(skin treatments), 헤어 컨디셔닝, 모발이식과 같은 노화방지용 제품이나 서비스의 성공으로 잘 입증된다. 젊고 예쁘게 보이기 위한 성형수술은 남녀를 불문하고 급성장하고 있는 의료분야 중의 하나이다. 펩시콜라의 'Be Young. Have Fun. Drink Pepsi' 캠페인도 젊음에 두는 가치를 잘 표현한 광고 소구법 중의 하나이다. 남미지역에서는 화장품의 소비규모가 연간 16억 달러가 넘는데, 그 이유는 이 지역 사람들의 젊음을 지향하는 성향이 특별히 강한 편이기 때문이다.[31]

8) 기 술

오늘날의 소비자들은 기술발전의 혜택을 톡톡히 누리고 있다. 예컨대, 컴퓨터, VCR, ATM, 자동응답기, 카폰, 그리고 팩스기계는 일상생활의 질을 크게 개선하고 있고, 정보고속도로는 전자쇼핑이나 상호작용쇼핑으로부터 가상현실영화에 이르는 폭넓은 제품이나 서비스를 소비자들에게 제공하고 있다. 심지어 유전공학의 발전으로 말미암아 과일이나 채소와 같은 저기술 제품(low-tech product)의 양과 질도 나날이 향상되고 있다.

하지만, 기술의 변화속도가 너무 빨라 이를 따라 가는데 어려움이 있기 때문에, 역으로 단순성을 다시 강조하거나 복잡성을 완화해주는 추세도 등장하고 있다.[32]

우선, 단순성을 강조하는 추세는 네덜란드에서 바디숍(Body Shop)이라는 새로운 소매개념이 등장한 것에 잘 반영되어 있다. 바디숍 소매점에서는 과거에는 있었지만 이제는 잘 취급하지 않는 각종 포장소재(예: 유리, 마분지상자, 종이)와 천연소재의 개인관리용

31 Diane Solis, "Cost No Object for Mexico's Makeup Junkies," *Wall Street Journal*, June 6, 1994, p. B1.

32 "Rewriting the Book on Buying and Selling"(1993), *op. cit.*

품들을 판매한다.

또한, 복잡성을 완화해주는 추세를 반영하는 예로는 기기 조작을 쉽게 해주기 때문에 인기를 모으고 있는 자동작동방식이 내장된 기술을 들 수 있다.[33] 이런 맥락에서 소비자용 소프트웨어와 작동시스템도 사용자에게 더욱더 편리한 방향으로 디자인되고 있다.

요컨대, 오늘날의 소비자는 기술발전 그 자체보다는 기술이 일상생활을 더 간편하게 만들어 준다는 이유 때문에 기술에 가치를 두고 있다. 즉, 기술발전은 현대 소비자가 추구하는 궁극적 가치라기보다는 수단적 가치이다.

9) 가치의 변화

부단히 발전하는 사회와 제도에 따라서 소비자의 가치시스템도 변한다. 현대의 소비자들이 중요시하는 가치의 주요 추세에는 앞에서 설명한 여덟 가지 추세 이외에도 생활의 캐주얼화(casualness)를 향한 움직임, 더 자유분망한 성적 태도, 행동의 복잡화, 남녀역할의 변화, 그리고 현대적으로 되고자 하는 열망 등이 포함된다.[34]

오늘날, 미국과 서유럽의 문화는 점차 서로 비슷해지는 모습을 보이고 있고 동양권의 일본도 점차 유사한 가치를 내보이고 있는데, 이를 가치일관성(value consistency)의 증가현상이라고 부른다. 이런 현상이 발생하는 것은 지역간 커뮤니케이션의 증가와 교통수단의 발전에 기인하는 바가 크다. 미국 소비자의 소비패턴이 서유럽 소비자에게도 역시 매력적인 것으로 간주되고 있다. 또한, 일본의 부유층은 전통적인 기대, 일 및 소유물에 더 낮은 가치를 두는 반면 개인적 선호, 균형적인 생활 및 경험에 더 높은 가치를 두기 시작하고 있다.[35]

4. 가치에 영향을 미치는 요인

소비자가 중요시하는 가치는 소비자집단에 따라서 차이가 날 수 있다. 이런 시각에서 여기서는 문화, 인종, 사회계층, 그리고 연령이 소비자의 가치에 미치는 영향을 설명하기로 한다.

---

33 Paul Schweitzer, "The Third Millennium: Riding the Waves of Turbulence," *News Tribune*, December 1993, pp. 5-27.

34 Sak Onkvisit and John J. Shaw, *International Marketing: Analysis and Strategy* (Columbus, Ohio: Merrill, 1989), p. 243.

35 Marieke K. de Mooij and Warren Keegan, *Advertising Worldwide*, 1990, pp. 122-129.

1) 문화별 가치차이

나라별로 사람들이 노출되는 문화적 경험에 차이가 있기 때문에, 가치의 교차문화적 차이(cross-cultural difference)가 존재한다.[36] 다음은 이런 차이를 보여주는 몇 가지 연구 결과이다.

첫째, 브라질 사람들은 우정, 성숙한 사랑 및 행복이라는 세 가지 가치를 중요시하지만, 미국인들은 가족안전, 평화로운 세계 그리고 자유를 가장 중요한 가치로 손꼽는다. 내적 조화의 중요성은 브라질 사람들에게 4위이지만, 미국인들에게는 13위이다.[37]

둘째, 중국인들이 가장 중요시하는 가치는 개인이 얻는 최선의 것을 잘 보존하는 것, 다른 사람에게 동정심을 갖는 것, 자기통제를 하는 것, 향유·행동·명상(contemplation)의 통합 등이다.[38]

셋째, 독일여성은 '친숙한 일상을 가지는 것'을 가장 중요시하지만, 이것이 영국여성의 경우에는 10위, 프랑스여성의 경우에는 23위에 불과하다. 또한, 독일여성은 '집에 아름다운 것을 두는 것'과 '최신의 아이디어를 갖고 있는 사람과 함께 있는 것'을 중요시하는 반면, 프랑스여성과 영국여성은 '바쁘게 해야 할 일을 갖고 있는 것'을 더 중요시한다.[39]

홉스테드(Hofstede)는 문화간 가치차이를 반영하는 요인으로 〈표 16.1〉에 제시된 바와 같은 네 가지 주요 차원을 제시하였다.[40] 즉, 모든 문화는 ① 개인주의와 집단주의(individualism vs collectivism), ② 불확실성 회피(uncertainty avoidance), ③ 남성다움과 여성다움(masculinity vs femininity), ④ 권력격차(power distance)라는 네 가지 차원에 따라서 분류될 수 있다.

어떤 문화가 위의 네 가지 차원에서 각각 어디에 속하는지를 이해하면, 가치의 교차문화적 차이에 관하여 귀중한 통찰력을 얻을 수 있다. 예컨대, 권력격차와 불확실성 회피의 정도가 낮고, 여성적인 가치가 강하며, 개인주의 성향이 강한 국가에서는 식당에서 팁을 주는 행위가 발생할 가능성이 낮다.[41] 유머광고의 주제 면에서 집단주의 성

---

36 Vinson, Scott, and Lamont(1977), *op. cit.*

37 Oliver H. M. Yau, *Consumer Behavior in China: Customer Satisfaction and Cultural Values* (New York: Rutledge, 1994).

38 Yau(1994), *ibid.*

39 Rebecca Piirto, *Beyond Mind Games* (Ithaca, N.Y.: American Demographic Books, 1991).

40 Geert Hofstede, "National Cultures in Four Dimensions," *International Studies of Management and Organization*, Spring-Summer 1983, pp. 46-74.

41 Michael Lynn, George M. Zinkhan, and Judy Harris, "Consumer Tipping: A Cross-Country

표 16-1 문화의 네 가지 차원

개인주의와 집단주의	문화가 집단보다는 개인에 더 초점을 두는 정도
불확실성 회피	문화가 비구조화된 상황보다는 구조화된 상황을 더 선호하는 정도
남성다움과 여성다움	문화에서 남성적인 가치(예: 독단, 성공, 경쟁)가 여성적인 가치(예: 생활의 질, 따뜻한 개인적 관계, 자상함)보다 더 강조되는 정도
권력격차	문화가 지위라는 측면에서 사회가 평등하거나 불평등한 정도

※ 자료: Geert Hofstede, "National Cultures in Four Dimensions," *International Studies of Management and Organization*, Spring–Summer 1983, pp. 46–74.

향이 강한 국가(예: 한국과 태국)에서는 집단을 강조하지만, 권력격차가 높은 국가(예: 미국과 독일)에서는 불평등한 지위 관계에 초점을 둘 가능성이 있다.[42]

2) 인종별 가치차이

한 문화권 내에서도 각 인종집단들은 서로 다른 인종별 하위문화(ethnic subculture)를 가질 수 있다. 이는 다양한 인종으로 구성되는 미국의 경우에 확연히 나타나는 현상이다. 같은 미국인이라도 앵글로계 미국인에 비해 히스패닉계 미국인은 가족과 집에 높은 가치를 두기 때문에 외식을 할 가능성이 낮다.[43] 또한, 히스패닉계 미국인은 평등과 내적 조화를 더 중요시하는 반면, 앵글로계 미국인은 평화로운 세계와 진정한 우정을 더 중요시한다.[44]

아시아계와 아프리카계 미국인은 확대가족에 대해 높은 가치를 둔다.[45] 아시아계 미국인은 전통과 협동을 중요시하기 때문에, 이런 가치에 초점을 두는 광고메시지에 잘 반응한다.[46] 또한, 아시아계 미국인은 개인보다는 집단을 더 중요시하기 때문에, 집

Study," *Journal of Consumer Research*, December 1993, pp. 478–488.

42 Dana L. Alden, Wayne D. Hoyer, and Chol Lee, "Identifying Global and Culture-Specific Dimensions of Humor in Advertising: A Multinational Analysis," *Journal of Marketing*, April 1993, pp. 64–75.

43 Rodolfo M. Nayga and Oral Capps, "Determinants of Food away from Home Consumption: An Update," *Agribusiness*, November 1992, pp. 549–559.

44 Van R. Wood and Roy Howell, "A Note on Hispanic Values and Subcultural Research: An Alternative View," *Journal of Academy of Marketing Science*, Winter 1991, pp. 61–67.

45 Steve Rabin, "How to Sell Across Cultures," *American Demographics*, March 1994, pp. 56–57.

46 Jonathan Burton, "Advertising Targeting Asians," *Far Eastern Economic Review*, January 21, 1993, pp. 40–41.

단중심의 소구방식이 더 성공하는 경향이 있다.[47] 중산층의 아프리카계 미국인은 가치 지향성에서 다른 중산층 미국인과 차이가 있다. 즉, 아프리카계 미국인(흑인)은 가족의 안전을 비롯해서 평등, 자유, 성취감, 관대함을 매우 중요시하는 반면, 앵글로계 미국인(백인)은 세계 평화를 훨씬 더 중요시한다.[48]

이런 인종별 가치차이는 세계 각국에서 존재한다. 예컨대, 인도의 북부지역과 남부지역의 차이를 예로 들어 보자. 우선, 인도 북부지역의 펀잡(Punjabi) 사람들은 다수가 가족경영사업을 소유하고 있기 때문에 창업에 높은 가치를 둔다. 이들은 서구적 가치를 보유하기 때문에, 돈벌이, 상향이동, 재산이나 지위를 나타내는 제품의 과시를 더 중요시한다. 또한, 자녀가 장차 출세할 기회를 주는 좋은 학교에 입학하는 것도 중요시한다.

한편, 인도 남부지역의 타밀(Tamils) 사람들은 지적 추구에 높은 가치를 두는 이상주의자이기 때문에, 문학, 음악 및 미술과 같은 지적 활동에 많은 시간을 소비한다. 이들은 과시적 소비를 하지 않고 단순한 스파르타식 라이프스타일을 영위한다. 따라서, 사회적 지위를 소구하는 방식과 개인의 돈벌이를 도와주기 위해 고안된 서비스에 대해 타밀 사람들과 펀잡 사람들은 서로 다른 반응을 보일 가능성이 높다.

3) 사회계층별 가치차이

사회계층의 한 가지 중요한 특성은 사회계층별로 서로 다른 가치를 중요시하는 경향이 있다는 것이다. 예컨대, 미국의 사회계층별 가치차이를 간단히 요약하면 다음과 같다.[49]

첫째, 미국의 근로계층 소비자는 가족과 우정을 중요시한다.

둘째, 미국의 중류층 소비자는 개인주의, 성취, 자아실현, 사회적 인정에 더 초점을 두며, 올바른 일을 하는 것, 좋은 집과 더 많은 재산의 소유, 다른 사람들이 구입하는 것을 자신도 구입하는 것을 중요시한다.

셋째, 미국의 상류층 소비자는 사회로 환원하는 일에 가치를 두는 친사회적 성향

---

47 Alice Z. Cuneo, "Companies Disoriented About Asians: Fast Growing but Diverse Market Holds Key to Buying Power," *Advertising Age*, July 9, 1990, pp. 52-54.

48 Thomas E. Ness and Melvin T. Smith, "Moddle-Class Values in Blacks and Whites," in eds. Robert E. Pitts and Arch G. Woodside, *Personal Values and Consumer Psychology* (Lexington Mass.: Lexington Books, 1984), pp. 231-237.

49 Richard P. Coleman, "The Continuing Significance of Social Class to Marketing," *Journal of Consumer Research*, December 1983, pp. 265-280.

을 가지기 때문에 사회사업, 문화사업 및 각종 대의명분사업의 자원봉사자이다. 또한, 자기표현이 주택, 옷, 자동차, 예술작품의 디자인을 비롯한 여러 형태의 소비에 반영된다.

4) 연령별 가치차이

연령별로 서로 동일한 세대를 동년배집단(cohorts)이라고 한다. 각 동년배집단은 역사적으로 다른 시기에 성장했기 때문에, 같은 동년배집단의 구성원들은 서로 유사하지만 다른 동년배집단의 구성원들과는 차이가 나는 가치를 공유할 수 있다.[50]

예컨대, 부모세대는 쾌락주의보다는 안전에 더 높은 가치를 두었는데, 그 주된 이유는 그들이 나이가 들어서 노인이 되었기 때문이 아니라 그들의 성장시기가 경제적으로 어려운 시기였기 때문이다. 따라서, 이들은 젊은 세대의 쾌락주의적 행동을 그저 천박하고 용납될 수 없는 행동이라고 바라볼 수도 있다. 한편, 베이비붐 세대는 정치적 격변, 반항, 자기탐닉의 시기인 1960년대에 성장했기 때문에 쾌락주의, 도덕성, 자기관리, 성취를 더 중요시한다.[51]

물론, 소비자가 가진 어떤 가치가 그의 연령에 기인하는지 아니면 과거의 개인적 이력에 기인하는지 분명하지 않은 경우가 있는 것은 사실이다. 하지만, 연령(동년배집단)에 의한 소비자의 차이는 분명히 존재하고, 이런 차이는 그들이 소비자로서 어떻게 행동하는가에 영향을 미칠 것이다.

5. 가치의 측정방법

소비자들이 중요시하는 가치와 그 변화추세는 어떻게 측정할 수 있을까? 기업이 소비자들이 중요시하는 가치, 그 중요성, 그리고 그 변화추세를 자사의 마케팅활동에 유익하게 이용하기 위해서는 우선 그런 가치를 적절히 측정하는 수단이 필요하다.

하지만, 소비자의 가치를 정확하게 측정한다는 것은 그리 쉬운 일이 아닌데, 다음과 같은 두 가지 이유를 들 수 있다. 첫째, 소비자들은 자신이 중요시하는 가치에 대해 별로 생각하지 않는 경우가 많기 때문에, 자신에게 진정으로 중요한 것이 무엇인지를

50 William Strauss and Neil Howe, "The Cycle of Generations," *American Demographics*, April 1991, pp. 25-33, 52.

51 Lawrence A. Crosby, James D. Gill, and Robert E. Lee, "Life Status and Age as Predictors of Value Orientation," in eds. Robert E. Pitts and Arch G. Woodside, *Personal Values and Consumer Psychology* (Lexington Mass.: Lexington Books, 1984), pp. 201-218.

응답해주는 데 어려움이 있을 수 있다. 둘째, 소비자들은 자신이 조사자의 눈에 좋은 사람으로 비춰지길 원하기 때문에, 가치설문지에 대해 일정한 방향의 응답을 해야 한다는 식의 사회적 압력을 느끼는 경우가 많다.

따라서, 소비자의 가치를 조사하려할 때는 덜 강제적이거나 더 간접적인 형태의 조사방법을 사용하는 것이 바람직하다. 이런 맥락에서 여기서는 그동안 소비자의 가치를 측정하는 데 많이 사용되어 온 세 가지 방법을 간략히 소개하기로 한다. 구체적으로 그것은 ① 문화적 여건으로부터 가치를 추론하는 방법, ② 목적-수단사슬분석 및 ③ 가치설문지이다.

1) 문화적 여건으로부터 가치를 추론하는 방법

문화적 여건(cultural milieu)으로부터 가치를 추론하는 방법은 소비자의 가치를 측정하는 방법 중에서 가장 덜 강제적인 방식이다. 문화적 여건의 대표적인 형태로는 광고를 들 수 있는데, 이로부터 소비자의 가치를 추론하는 방법이 있다.

첫째, 광고는 소비자의 가치를 반영하는 간단한 지표로 사용되는 경우가 많다.[52] 예컨대, 1900년과 1980년 사이에 인쇄광고에서 가장 자주 등장했던 소비자의 가치는 실용성, 가족, 현대성, 저렴함, 지혜 그리고 특유성이었다.

둘째, 광고는 교차문화적 가치차이를 발견하려는 데도 사용된다.[53] 같은 중국인이라도 중국, 대만 및 홍콩은 경제발전단계와 정치적 이념이 서로 다르기 때문에, 각국의 광고에 반영되는 가치의 유형에 서로 차이가 있다. 즉, 중국에서는 실용주의적인 주제와 더 좋은 생활을 약속하는 데 초점을 두고, 홍콩에서는 쾌락주의와 더 간편한 생활을 강조하며, 대만은 이 두 가지 유형의 중간에 속한다.

셋째, 광고는 가치의 변화추세(value trends)를 연구하는 데 사용된다. 예컨대, 일본광고의 역사적 분석에 따르면, 일본에서는 사회적 지위에 소구하는 방식이 점차 늘어나고 있다.[54] 현재 중국에서 발생하고 있는 경제적 변화에 따라, 이제 중국광고도 단순한 실용주의적인 주제로부터 제품의 다양성과 제품보증을 강조하는 방향으로 점차 바뀌고 있다.[55]

---

52 Robert E. Pitts, John K. Wong, and D. Joel Whalen, "Consumers' Evaluative Structures in Two Ethical Situations: A Means-End Approach," *Journal of Business Research*, March 1991, pp. 119-130.

53 Tse, Belk, and Zhou(1989), *op. cit.*

54 Russell W. Belk and Richard W. Pollay, "Materialism and Status Appeals in Japanese and U.S. Print Advertising," *International Marketing Review*, Winter 1985, pp. 38-47.

55 Tse, Belk, and Zhou(1989), *op. cit.*

그런데, 광고는 소비자의 가치를 반영하는 물질문화의 한 가지 영역에 불과하기 때문에, 다른 문화적 여건을 검토함으로써 소비자의 가치를 추론하는 방법이 얼마든지 있을 수 있다.

예컨대, 제품에 붙인 상표명을 검토함으로써 소비자의 가치를 추론할 수 있다. 예컨대, 모어(More), 오브세션(Obsession), 미닛 라이스(Minute Rice), IBM, 및 레디 윕(Reddi Wip)이라는 이름은 각각 물질주의, 쾌락주의, 시간, 기술 및 편리성이라는 가치를 암시함을 쉽게 알 수 있다.

또한, 소비자의 가치는 서적과 잡지, TV프로그램, 그리고 당대의 유명인에도 반영되기 때문에 이런 문화적 여건을 분석해서 소비자의 가치를 추론할 수 있다.

첫째, 서적과 잡지 중에서 잘 팔리는 코믹서적은 소비자의 가치를 잘 반영하는데, 아치(Archie), 더 폭스 앤 더 크로우(The Fox and the Crow), 엉클 스쿠루지(Uncle Scrooge), 그리고 리치리치(Richie Rich)와 같은 코믹서적의 주된 특질은 '물질주의'이다.56 그런데, 이런 물질주의가 좋은 것(즉, 행복과 호감을 가져다주는 것)으로 보이는 경우가 있지만, 나쁜 것(즉, 남용해서 남에게 상처를 주는 것)으로 보이는 경우도 있다.

둘째, TV프로그램의 등장인물이 소비자의 가치를 드러내기도 한다. 등장인물이 지나치게 물질주의적인 존재로 묘사되는 대표적인 예로는 'Fresh Prince of Bel Air'와 'A Different World'를 들 수 있다.

셋째, 인기가수의 노래가사에서도 소비자의 가치를 엿볼 수 있다. 예컨대, 마돈나의 노래 'Material Girl'은 물질주의를 반영하는 문화상품의 좋은 예이고, 미국의 낭만주의는 사랑과 로맨스 주제를 가지는 많은 노래에 잘 반영되어 있다.

이처럼 각종의 문화적 여건을 소비자의 가치를 반영하는 지표로 사용할 수 있지만, 과연 이런 문화적 여건들이 현재의 소비자의 가치를 반영하는지 아니면 소비자의 가치를 새로 창조하는지가 별로 명확하지 못하다는 비판이 있다. 예컨대, 마돈나의 노래 'Material Girl'이 성공한 이유가 사람들이 원래 물질주의에 가치를 두고 있기 때문인가 아니면 그 노래가 사람들의 모방을 조장했기 때문인가? 바로 이런 문제가 가치를 측정하는 다른 방법을 도입하게 만드는 결과를 초래했다.

2) 목적-수단사슬분석

목적-수단사슬분석(means-end chain analysis)은 소비자가 특정한 제품이나 서비스에서

56 Russell W. Belk, "Material Values in the Comics: A Content Analysis of Comic Books Featuring Themes of Wealth," *Journal of Consumer Research*, June 1987, pp. 26-42.

중요시하는 속성이 무엇인가를 분석함으로써 이에 관련된 소비자의 가치를 파악하는 데 사용될 수 있다. 즉, 특정한 제품이나 서비스에서 소비자들이 중요시하는 속성을 파악하면, 각 속성을 중요하게 만드는 소비자의 가치가 무엇인지 역으로 밝힐 수 있다.[57]

〈표 16-2〉에서 보듯이 어떤 소비자가 라이트 맥주(light beer)를 좋아한다고 하자. 그 이유는 라이트 맥주가 일반 맥주보다 칼로리가 적기 때문일 수 있다. 칼로리가 적은 것이 왜 중요한지 물으면, 소비자는 체중이 느는 것을 원하지 않기 때문이라고 말할 수 있다. 다시 그 이유를 묻는다면, 소비자는 건강하기를 원하기 때문이라고 답할 수 있다. 또다시 그 이유를 물으면, 결국 자신에 대해서 좋게 느끼길 바라기 때문이라는 답을 나올 수 있다.

표 16-2 목적-수단사슬의 예

제품	속성	편익	수단적 가치	궁극적 가치
라이트 맥주	칼로리가 적다.	체중을 늘리지 않는다.	건강에 도움을 준다.	자존심: 자신에 대해 좋게 느낀다.
		포만감을 덜 준다.	좋은 시간을 보내게 해준다.	소속감
	맛이 좋다.	즐겁다/편안한 느낌	우정	
쌀밥	끓이는 밥통에 들어 있다.	편리하다	시간을 절약하게 해 준다.	소속감: 가족과 더 많은 시간을 보낼 수 있다.

※ 자료: Jonathan Gutman, "A Means-End Chain Model Based Consumer Categorization Processes," *Journal of Marketing*, Spring 1982, pp. 62-72; Thomas J. Reynolds and John P. Rochon, "Means-End Based Advertising Research: Copy Testing Is Not Strategy Assessment," *Journal of Business Research*, March 1991, pp. 131-142.

위의 목적-수단사슬분석에서는 '속성-편익-수단적 가치-궁극적 가치'라는 네 가지 수준이 존재함을 보여준다.[58] 먼저, 소비자가 중요하게 생각하는 제품이나 서비스의 속성(attribute)이 있고, 그 이면에는 각 속성이 제공하는 편익(benefit)이 있다. 각 편익은 수단적 가치(instrumental value) 나아가 궁극적 가치(terminal value)를 제공하기 때문에 중요하

57 Beth A. Walker and Jerry C. Olson, "Means-End Chains: Connecting Products with Self," *Journal of Business Research*, March 1991, pp. 111-118.

58 여기서는 편의상 4단계로 분석한 자료를 예시하고 있지만, 일반적으로 목적-수단사슬분석은 '구체적 속성-추상적 속성-기능적 사용결과-사회심리적 사용결과-도구적 가치-궁극적 가치'라는 6단계로 분석한다. 이에 대해서는 다음의 자료를 참고할 것. M. Joseph Sirgy 지음/김재진·강명주 옮김, **통합마케팅커뮤니케이션**, 시그마프레스, 2002, pp. 162-165.

다. 요컨대, 목적-수단사슬의 전체적인 프로세스에서 어떤 제품이나 서비스의 속성은 소비자가 원하는 최종상태인 궁극적 가치를 달성하는 수단이 된다고 말할 수 있다.

〈표 16-2〉에서 다음과 같은 세 가지 중요한 사실을 알 수 있다. 첫째, 동일한 속성이지만 서로 다른 궁극적 가치들과 연결될 수 있다. 예컨대, 소비자가 라이트 맥주를 좋아하는 이유는 '자존심'을 세우기 위해서일 수 있지만, 다른 사람과 함께 라이트 맥주를 마시는 경우가 많아서 '소속감'을 느끼게 해주기 때문일 수도 있다.

둘째, 동일한 가치이지만 서로 다른 제품이나 서비스 혹은 그 속성들과 연결될 수 있다. 예컨대, 라이트 맥주와 쌀밥이라는 두 제품에 연결되는 속성들이 모두 '소속감'이라는 하나의 궁극적 가치에 소구할 수 있다.

셋째, 동일한 속성이지만 다수의 편익이나 가치와 연결될 수 있다. 예컨대, 소비자가 라이트 맥주를 좋아하는 이유는 자신을 건강하게 느끼도록 하는 데 도움을 줌과 동시에 소속감을 느끼게 만들기 때문일 수 있다.

목적-수단사슬분석을 사용해서 소비자에게 어떤 가치가 중요한지를 파악하면, 기업은 이런 가치와 일관성이 있는 마케팅활동을 모색할 수 있다.[59] 여기서는 제품개선과 광고전략의 두 방안만 소개하기로 한다.

첫째, 기업은 자사의 제품이나 서비스의 속성이 소비자의 가치와 일관성이 있도록 개선할 수 있다. 예컨대, 1990년대의 스포츠카는 대개 가격이 비싸고 편안하지 못했기 때문에 '오만하고 무책임하다'는 부정적인 이미지가 강했지만, 요즈음의 자동차제조업체들은 소비자의 가치에 부합하고자 좀더 '편안함'을 주는 자동차를 제공하기 위해 노력하고 있다.

둘째, 기업은 광고전략을 개발하는 데도 목적-수단사슬모델을 사용할 수 있다. 소비자가 어떤 속성을 중요시하는지를 알고 또한 소비자가 그런 속성을 중요시하는 이유를 알면, 기업은 광고를 디자인할 때 추구해야 할 전략을 더 효과적으로 구상할 수 있다. 다만, 광고에서는 특정한 속성과 동기를 반드시 명시적으로 연결해야 할 필요는 없기 때문에, 양자를 암묵적으로 연결시키는 것도 가능하다는 점에 주의해야 한다.[60]

---

59 Thomas J. Reynolds and J. P. Jolly, "Measuring Personal Values: An Evaluation of Alternative Methods," *Journal of Marketing Research*, November 1980, pp. 531–536.

60 Thomas J. Reynolds and John P. Rochon, "Means-End Based Advertising Research: Copy Testing Is Not Strategy Assessment," *Journal of Business Research*, March 1991, pp. 131–142.

3) 가치설문지

가치설문지(value questionnaire)는 소비자가 중요시하는 가치를 직접적으로 평가하는 수단인데, 그중에서 가장 널리 알려져 많이 사용된 도구로는 RVS와 LOV를 들 수 있다.

우선, RVS(Rokeach Value Survey)는 <표 16-3>에 제시된 18개의 수단적 가치와 18개의 궁극적 가치에 대해 소비자가 부여하는 중요도를 묻는 방법이다. RVS는 설문지가 표준화되어 있기 때문에, 이를 사용하면 ① 조사대상집단의 소비자에게 가장 중요한 가치가 무엇인지, ② 시간이 지나면서 소비자의 가치가 어떻게 변하는지 그리고 ③ 소비자의 가치가 소비자집단별로 어떤 차이가 있는지를 쉽게 파악할 수 있다는 이점이 있다.

RVS의 단점은 그것이 담고 있는 가치들이 모두 소비자행동에 중요한 가치인 것은 아니라는 것이다. 예컨대, '구원', '용서', 혹은 '순종'이 바로 그런 가치의 예이다. 따라서, 기업의 경우에는 소비자상황에 관련성이 있는 가치만을 포함하는 축약형 RVS를

표 16-3 RVS의 수단적 가치와 궁극적 가치

수단적 가치	궁극적 가치
1. 근면하고 포부가 있는(ambitious)	1. 편안하고 안락한 생활(a comfortable life)
2. 편견 없이 허심탄회한(broad-minded)	2. 쾌락적이고 재미있는 생활(a exciting life)
3. 능력이 있는(capable)	3. 성취감(a sense of accomplishment)
4. 명랑하고 즐거운(cheerful)	4. 평화로운 세계(a world at peace)
5. 깔끔하고 단정한(clean)	5. 미적 세계(a world at beauty)
6. 용감한(courageous)	6. 평등(equity)
7. 타인을 잘 용서하는(forgiving)	7. 가족의 안전(family security)
8. 도움이 되는(helping)	8. 자유(freedom)
9. 진지하고 진실한(honest)	9. 행복(happiness)
10. 창조적인(imaginative)	10. 내적 조화(inner harmony)
11. 독립적인(independent)	11. 성숙한 사랑(mature love)
12. 이성적이고 사려가 깊은(intellectual)	12. 국가의 안전(national security)
13. 일관성이 있고 합리적인(logical)	13. 즐거움(pleasure)
14. 자애롭고 상냥한(loving)	14. 구원(salvation)
15. 의무에 충실하고 순종하는(obedient)	15. 자존심(self-respect)
16. 예의바르고 정중한(polite)	16. 사회적 인정(social recognition)
17. 책임감이 있는(responsible)	17. 진실한 우정(true friendship)
18. 자기통제를 하는(self-controlled)	18. 지혜(wisdom)

※ 자료: 임종원·김재일·홍성태·이유재, **소비자행동**, 제2판, 경문사, 1999, p. 407.

사용하라고 권하기도 한다.[61]

한편, LOV(List of Values)는 소비자에게 아홉 개의 주요가치를 제시하고 그중에서 가장 중요한 가치를 두 개 정도 지적해 주거나 그 전체적인 중요도 순위를 매겨주도록 요청하는 방법이다.[62] 〈표 16-4〉에 제시된 바와 같이, LOV서베이에서 소비자에게 제시하는 아홉 개의 주요 가치는 ① 자아존중감, ② 안전감, ③ 타인과의 따뜻한 관계, ④ 성취감, ⑤ 자아충족감, ⑥ 소속감, ⑦ 타인으로부터의 존경, ⑧ 생활의 재미와 즐거움 그리고 ⑨ 흥분감이다.

그중에서 처음 여섯 개의 가치는 개인에서 비롯되는 대내적 가치(internal value)에 해당되는 반면, 나머지 세 개의 가치는 외부와 관련되는 대외적 가치(external value)에 해당된다. 또한, 아홉 개의 가치는 ① 개인 간 관계에 의해 충족되는 가치(예: 타인과의 따뜻한 관계, 소속감), ② 개인적 요인에 의해 충족되는 가치(예: 자아존중감, 타인으로부터의 존경, 자아충족감) 그리고 ③ 비개인적 요인에 의해 충족되는 가치(예: 성취감, 생활의 재미와 즐거움, 안전감, 흥

표 16-4 LOV서베이

다음은 아홉 개의 개인적 가치를 무작위 순서로 나열한 것이다. 이런 가치들은 우리의 행복감에 영향을 미치며, 우리가 여러 가지 제품과 서비스를 구매하고 소비하는 것에 간접적으로 영향을 미친다. 당신에게 가장 중요한 가치를 나타내는 순서대로 1부터 9를 오른쪽 밑줄 친 부분에 표시해 주세요.

가치	순위
자아존중감	________
안전감	________
타인과의 따뜻한 관계	________
성취감	________
자아충족감	________
소속감	________
타인으로부터의 존경	________
생활의 재미와 즐거움	________
흥분감	________

※ 자료: Michael D. Johnson 저/김재진·강명주 공역, **고객지향과 마켓액션**, 시그마프레스, 2001, p. 50.

61 J. Michael Munson and Edward F. McQuarrie, "Shortening the Rokeach Value Survey for Use in Consumer Research," *Advances in Consumer Research*, Vol. 15, 1988, pp. 381–386.

62 Sharon Beatty, Lynn R. Kahle, Pamela Homer, and Shekhar Misra, "Alternative Measurement Approaches to Consumer Values: The List of Values and Rokeach Value Survey," *Psychology and Marketing*, Fall 1985, pp. 181–200.

그림 16-3 LOV를 이용한 가치세분화의 결과

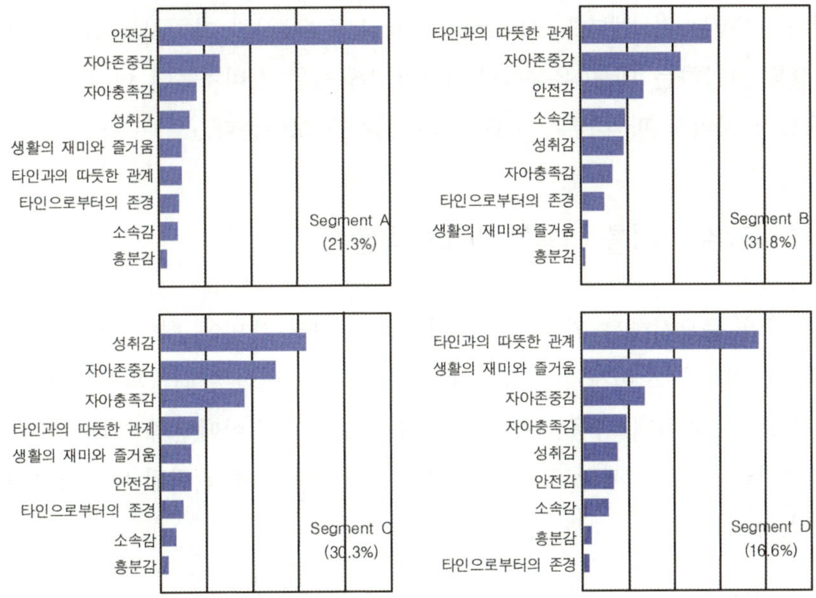

※ 자료: Wagner A. Kamakura and Thomas P. Novak, "Value–System Segmentation: Exploring the Meaning of LOV," *Journal of Consumer Research*, June 1992, pp. 119–132.

분감)로 분류될 수 있다.[63]

LOV를 적용한 연구결과를 간단히 소개하면 다음과 같다. 첫째, LOV는 다음과 같은 내용을 묘사하는 진술문에 대한 소비자의 반응을 잘 예측할 수 있다.[64]

- 자기보고식 소비특성: '나는 저축형이 아니고 지출형이다,' 'TV는 나의 주된 오락물이다.'
- 실제적인 소비행동: 영화보기나 뉴스듣기, 잡지읽기, 테니스하기나 콘서트참석과 같은 각종 활동에 참여하는 빈도.
- 시장현장에 관한 신념: '나는 소비자의 불평에 대해 만족을 주려는 기업의 수가 늘어나고 있다고 본다,' '나는 소비자운동이 물가상승의 원인이라고 생각한다.'

63 Lynn R. Kahle, Sharon Beatty, and Pamela Homer, "Alternative Measurement Approaches to Consumer Values: The List of Values(LOV) and Values and Life Style(VALS)," *Journal of Consumer Research*, December 1986, pp. 405–409.

64 Kahle, Beatty, and Homer(1986), *op. cit.*

둘째, RVS에 비해 LOV는 소비자행동을 더 잘 예측하게 해주고, 설문지의 길이도 더 짧기 때문에 시행하기가 더 용이하다.[65]

셋째, LOV는 가치세분화(value segmentation) 즉, 유사한 가치시스템을 가진 소비자의 세분시장을 파악하는 데도 유용하다. [그림 16-3]은 소비자들이 아홉 개의 가치에 두는 중요도에 따라서 파악된 가치세분화의 결과를 보여준다.

6. 소비자의 가치를 이용한 마케팅액션

소비자가 중요시하는 가치는 소비자행동의 여러 측면에 대해 중요한 영향을 미친다. 따라서, 기업은 소비자가 중요시하는 가치와 그 변화추세를 파악해서 이를 자사의 마케팅활동에 유익하게 사용할 수 있다. 여기서는 ① 소비패턴의 이해, ② 시장세분화, ③ 신제품개발, ④ 광고제작 그리고 ⑤ 기업윤리의 문제에 관련된 마케팅시사점을 논의하기로 한다.

1) 소비패턴의 이해

소비자는 자신이 중요시하는 가치와 일치하는 방식으로 제품이나 서비스를 구매, 사용 및 처분하는 경향이 있다. 따라서, 기업이 소비자가 중요시하는 가치를 적절히 파악한다면 소비자가 무엇을 하고자 하고 또한 무엇을 좋아하는지를 잘 알 수 있다. 다음은 이와 관련된 몇 가지 사례이다.

첫째, '생활의 재미와 즐거움'에 높은 가치를 두는 소비자는 스키, 댄싱, 자전거, 배낭여행, 캠핑, 음주, 그리고 롤링스톤(Rolling Stone) 잡지를 더 많이 소비하는 경향이 있고, '타인과의 따뜻한 관계'에 높은 가치를 두는 소비자는 선물구매, 카드발송 및 장거리통화를 많이 사용할 가능성이 높다.[66]

둘째, 바디숍(Body Shop)은 천연성과 건강을 비롯해서 소비자가 중요시하는 각종 가치에 부응하는 기업이미지를 확립하였기에 성공한 기업의 좋은 예이다. 예컨대, 이 회사는 자사가 인도에서 고아소년들을 채용해서 도움을 주고 있고, 브라질의 가난한 부족으로부터 원료를 구입해서 도움을 주고 있다는 사실을 소비자들에게 적극 알리고 있다.[67]

65 Beatty, Kahle, Homer, and Misra(1985), *op. cit.*

66 Beatty, Kahle, Homer, and Misra(1985), *op. cit.*

67 Judith Valente, "Body Shop Has a Few Aches and Pains," *Wall Street Journal*, August 6, 1993, pp. B1, B12.

셋째, 유교적 가치관이 강한 대만 사람들은 근면하고 진실하지만, 주택에서 식품에 이르기까지 모든 것에 대해 나름대로 정교하게 분류된 지위상징시스템(status symbol system)을 갖고 있다.[68]

기업의 국제마케팅에서 저지르는 대부분의 실수는 특정한 문화에서 중요시하는 가치를 제대로 이해하지 못한 데서 비롯된다.[69] 다른 문화에 속하는 소비자들이 중요시하는 가치와 자신들이 중요시하는 가치가 엇비슷할 것이라고 전제하는 것, 즉 자민족중심적 시각(ethnocentric perspective)이 바로 문제의 핵심이다. 예컨대, 남미에 진출한 캠벨(Campbell) 수프가 실패한 이유는 주부가 좋은 엄마인가 나쁜 엄마인가는 주부가 얼마나 가사활동에 시간을 투입하고 헌신하는가에 의해서 판단되기 때문이었다. 즉, 주부가 깡통에 들어있는 수프를 구입해서 가족에게 먹인다는 것은 곧 자기가족을 제대로 돌보지 않는다는 것을 의미하는 것이기 때문이었다.

2) 시장세분화

기업은 다른 집단에 속하는 사람들과 차이가 나지만 같은 집단에 속하는 사람들과는 공통적인 가치관을 가지는 몇 개의 소비자집단을 파악해서 이를 자사의 마케팅활동에 유익하게 사용할 수 있는데, 이를 가치세분화(value segmentation)라고 한다.

예컨대, ABC라는 자동차 제조기업이 소비자가 중요시하는 가치를 기반으로 해서 소비자집단을 조사해 본 결과 X와 Y라는 두 개의 세분시장이 발견되었다고 하자. 소비자집단 X는 가족, 편리성, 시간에 높은 가치를 두는 반면, 소비자집단 Y는 기술, 환경, 건강에 높은 가치를 두는 것으로 나타났다고 하자. 기업이 이런 두 소비자집단의 특성을 적절히 묘사하기 위해 인구통계적 변수를 검토한 결과, 소비자집단 X는 중년의 근로계층 소비자이고, 소비자집단 Y는 더 나이가 어린 중류층 소비자로 파악되었다고 하자.

기업은 이런 자료에 입각해서 두 세분시장에 대해 별개의 마케팅활동을 구사하는 방안을 모색할 수 있다. 예컨대, 소비자집단 X는 각종 기기의 조작이 용이하고 내부공간이 넓은 자동차를 원할 것으로 기대되고, 소비자집단 Y는 하이테크와 오염방지라는 특징을 가진 자동차를 원할 것으로 기대되기 때문에, 기업은 이런 사실을 염두에 두고

68 Mark Van Roo, "Researching the Taiwan Market: A Very Different Consumer," *Marketing and Research Today*, February 1989, pp. 54-57.

69 oram Wind, "The Myth of Globalization," *Journal of Consumer Marketing*, Spring 1986, pp. 23-26.

제품과 커뮤니케이션을 디자인해야 할 것이다. 요즈음은 자동차 제조기업들이 각각 중요시하는 가치가 다른 세분시장에 소구하기 위해 별도의 자동차모델을 제공하고 있는데, 그런 예로는 '물질적인 소유물'과 '성취'에 높은 가치를 두는 소비자에게 소구하기 위해 렉서스(Lexus)와 인피니티(Infiniti)라는 자동차모델을 도입한 일본 자동차회사를 들 수 있다.

또한, 기업이 소비자의 가치를 분석하면, 특정한 세분시장에 속하는 소비자들이 중요시하는 제품속성이라서 다른 상표보다는 특정한 상표를 구입할 동기유발요인으로 작용하는 속성이 무엇인지를 파악할 수 있다.[70] 예컨대, 옷을 구입하려고 할 때, '사회적 지위'에 높은 가치를 두는 사람들은 가격과 호화로움을 과시하는 옷을 찾을 것이고, '젊음'에 높은 가치를 두는 사람들은 자신을 더 젊게 보이도록 해주는 옷을 찾으며, '시류에 맞게 사는 것'에 높은 가치를 두는 사람들은 최근 추세에 잘 맞는 옷을 찾을 것이다.[71]

3) 신제품개발

소비자가 중요시하는 가치는 신제품에 대한 소비자의 반응에 영향을 미칠 것으로 기대된다. 예컨대, 변화에 가치를 두는 진취적인 소비자와 변화를 싫어하는 보수적인 소비자는 팩스기계나 e메일과 같은 혁신적인 신제품에 대해 서로 다른 반응을 보일 가능성이 높다.[72]

하지만, 신제품이 소비자가 중요시하는 가치와 일관성이 있을수록, 신제품의 성공 가능성은 그만큼 더 높아진다. 다음은 이런 사실을 반증하는 몇 가지 예이다.

첫째, 맛이 좋고 전자오븐에 데워 먹을 수 있는 저지방-저칼로리의 냉동식품이 성공한 이유 중의 하나는 이것이 현대의 소비자들이 중요시하는 여러 가지 가치(예: 쾌락주의, 시간, 편리성, 건강, 기술)와 일관성이 있기 때문이다.

둘째, 저지방형 애완동물먹이의 신제품들도 요즈음 애완동물 주인들이 갖고 있는 건강에 대한 가치와 일치하기 때문에 잘 팔리고 있다.

---

70 John A. Howard and Jagdish N. Sheth, *The Theory of Buyer Behavior* (New York: Wiley, 1969).

71 David K. Tse, John K. Wong, and Chin Tiong Tan, "Towards Some Standardized Cross-Cultural Consumption Values," *Advances in Consumer Research*, Vol. 15, 1988, pp. 387-393.

72 Edward F. McWuarrie and Daniel Langmeyer, "Using Values to Measure Attitudes Toward Discontinuous Innovations," *Psychology and Marketing*, Winter 1985, pp. 239-252.

셋째, CD-ROM 버전으로 제작된 브리태니커 백과사전은 현대의 소비자들이 중요시하는 자녀와 가족, 가정, 편리성, 기술이라는 가치와 일관성이 있는 좋은 예이다.

4) 광고제작

표적시장의 가치 프로파일(value profile)을 잘 검토하면, 기업이 효과적인 광고를 디자인하는 데 큰 도움이 된다.[73] 즉, 광고카피의 내용이 표적시장이 중요시하는 가치와 일관성이 높을수록 그 광고에 대한 소비자의 관여도가 높아져서, 소비자는 해당 광고가 자신과 관련성이 있다고 볼 가능성이 높아진다.[74]

제품의 속성과 편익은 결국 소비자가 원하는 최종상태(즉, 궁극적 가치)를 달성하기 위한 수단이기 때문에, 이를 소비자가 중요시하는 가치와 서로 잘 연결시키는 것은 기업의 입장에서 매우 중요하다. 예컨대, 캠벨(Campbell)은 자사제품의 애호고객들이 '육아(nurturing)'라는 가치를 기반으로 해서 자사상표에 대해 일종의 정서적 유대감(emotional bond)을 갖고 있다는 사실을 발견하게 되었다. 이에 따라, '애를 키우는 엄마,' '따뜻한 스카프로 감싼 아이' 그리고 '한번 캠벨 아이는 영원한 캠벨 아이'라는 주제를 강조하는 광고캠페인을 전개해서 대성공을 거두었다.

국제마케팅활동을 수행하는 기업이 마케팅 커뮤니케이션을 개발할 때는 그것이 진출대상국의 문화적 가치와 충돌하지 않도록 각별히 주의해야 한다. 다음은 이런 문제와 관련된 몇 가지 예이다.

첫째, 의류소매업체인 베네통(Benetton)은 특이한 광고를 해서 소란을 일으키는 것으로 유명한 회사 중의 하나이다. 이 회사의 광고 중에는 수녀와 신부가 서로 키스하는 장면을 연출한 광고도 있었는데, 이런 광고는 독실한 가톨릭국가에서 불쾌감을 불러일으키기에 충분하다고 하겠다.

둘째, 스위스에어(Swissair) 항공사는 정면으로 찍은 사진은 아니지만 여러 신체부위를 점차 드러내는 '누드로 날아다니는 남자(flying nude man)'라는 캠페인을 도입한 바 있다. 하지만, 이 캠페인의 내용은 유럽인들의 가치관에 비춰보아 수용가능한 영역 내에 속하였기 때문에 전례 없는 대성공을 거두었다.

73 Patricia F. Kennedy, Roger J. Best, and Lynn R. Kahle, "An Alternative Method for Measuring Value-Based Segmentation and Advertisement Positioning," *Current Issues and Research in Advertising*, Vol. 11, 1988, pp. 139-156.

74 Daniel L. Sherrell, Joseph F. Hair, Jr., and Robert P. Bush, "The Influence of Personal Values on Measures of Advertising Effectiveness: Interactions with Audience Involvement," in eds. Robert E. Pitts and Arch G. Woodside, *Personal Value and Consumer Psychology* (Lexington, Mass.: Lexington Books, 1984), pp. 169-185.

셋째, 성적 소구광고를 많이 하기로 유명한 캘빈 클라인(Calvin Klein)이 18세 미만의 모델들을 각종 누드 상태로 내세운 광고는 미국인들의 눈에 부정적으로 비춰졌다.

5) 기업윤리의 문제

소비자가 중요시하는 가치는 기업의 행동에 대해 소비자가 적합성을 판정하는 기준과 같은 역할을 한다. 예컨대, '도덕성'에 높은 가치를 두는 사람은 그런 가치에 위배되는 제품(예: X등급 비디오나 담배), 소비관행(예: 매춘이나 도박), 광고(예: 성적 소구광고)를 별로 달갑지 않게 생각할 것이다.

또한, 소비자는 공정성, 윤리, 적절함이라는 가치를 추구하는 기업의 행동을 좋게 평가하겠지만, 그런 가치와 일치하지 않는 기업의 행동은 불매운동이나 항의, 혹은 불평토로와 같은 소비자의 부정적인 반응을 자아낼 소지가 크다.[75] 예컨대, 존슨앤존슨(Johnson & Johnson)은 '예방차원의 건강관리'와 '소비자를 잘 돌봄'이라는 내용을 강조하는 일련의 기업이미지 캠페인을 개발한 바 있는데, 그 의도는 '제약회사들이 가격을 임의로 조작한다'는 인식이 소비자들 사이에 널리 퍼지는 것을 저지하기 위해서였다.

제 2 절 개성분석

1. 개성의 의의

서로 대등한 배경을 가진 사람들은 서로 유사한 가치를 중요시하는 경향이 있지만, 동일한 가치관을 가진 사람들이라고 해서 항상 동일한 방식으로 행동하는 것은 아니다. 예컨대, 소비자가 판매원의 설명을 듣고 있는 상황을 한번 생각해 보자. 그냥 조용히 듣다가 구입하라고 권하면 "제품이 흥미롭기는 하지만 당장 결정하지는 못하겠다."고 점잖게 말하는 소비자가 있는가 하면, 더 독단적으로 행동하면서 "그 제품에 대해서는 전혀 관심이 없다."고 말하며 세일즈맨의 말을 도중에 가로막아버리는 소비자

75 Pitts, Wong, Whalen(1991), *op. cit.*

도 있다. 요컨대, 소비자는 특정한 상황에서 반응하는 방식에서 각각 차이가 날 수 있는데, 이것이 바로 개성의 차이이다.

개성(personality)은 환경적 자극에 대한 일관된 반응으로, 어떤 사람을 다른 사람과 구분해 주는 행동, 경향, 자질, 혹은 개인적 성향의 뚜렷한 패턴을 말한다. 이런 패턴은 타고났거나 성장과정에서 비롯되는 소비자의 내적 특성이다. 소비자의 개성을 연구해보면, 소비자가 상황에 따라서 서로 다른 행동을 취하는 이유를 이해하는 데 도움이 된다.

2. 개성의 이론적 접근법

그동안 인간의 개성을 연구하는 다양한 이론적 접근법이 제시되어 왔다. 여기서는 그중에서 소비자행동연구에 많이 채택되어 온 다섯 가지 이론, 즉 ① 정신분석이론, ② 특질이론, ③ 현상학이론, ④ 사회심리이론 그리고 ⑤ 행동이론을 간략히 소개하기로 한다.

1) 정신분석이론

정신분석이론(psychoanalytic theory)에서는 인간의 개성이 형성되는 것은 마음속에서 일어나는 일단의 동태적이고 무의식적인 내적 투쟁에서 비롯된다고 본다.[76] 유명한 정신분석학자 프로이드(Freud)는 인간이 개성을 형성하는 데는 '구강기-항문기-남근기'라는 세 가지 발전단계를 거친다고 보았다.

첫째, 구강기(oral stage)는 욕구를 충족하기 위해 다른 사람에게 전적으로 의존하고, 빨아먹기, 씹기, 그리고 깨물기로부터 도출되는 구강 만족에 즐거움의 초점이 주어지는 단계이다.

둘째, 항문기(anal stage)는 화장실 사용방식을 훈련받는 문제에 직면하게 되는 단계이다.

셋째, 남근기(phallic stage)는 자신의 생식기를 알게 되고, 이성부모에 대한 열망(오디푸스 콤플렉스 및 엘렉트라 콤플렉스)을 처리해야 되는 단계이다.

만약 각 단계에서 등장하는 내적 갈등을 적절히 해결하지 못하면, 이것은 소비자의 개성형성에 영향을 미칠 수 있다. 다음은 이런 사실을 보여주는 몇 가지 예이다.

76 Sigmund Freud, *Collected Papers*, Vols. Ⅰ – Ⅴ (New York: Basic Books, 1959).

첫째, 구강기에 구강자극을 충분히 받지 못한 사람이 성인이 되면, 구강자극활동(예: 껌 씹기, 흡연, 과식)이나 타인(예: 기업)의 동기에 대한 불신을 통해서 그런 위기감을 표출한다.

둘째, 항문기에 화장실 사용훈련이 충분하지 못했던 사람이 성인이 되면, 어떤 통제감에 사로잡혀서 공공연히 순종적이거나 완고하거나, 혹은 인색한 사람이 될 수 있다. 즉, 이런 사람은 항문기에 고착화되어 찬장 정리정돈이나 과도한 절약과 같은 행동을 내보일 수 있고, 소비자로서 의사결정을 할 때 다른 사람들보다 더 광범위하게 정보탐색과 심사숙고를 하기도 한다.

셋째, 어려서 너무 관대한 화장실 사용훈련을 받은 사람은 커서 어질러지고 혼란스러운 성격의 소유자가 될 수 있다.

2) 특질이론

특질이론(trait theory)에서는 인간의 개성이라는 것이 개인을 표현하고 차별화하는 여러 가지 특질들로 구성된다고 본다.[77] 예컨대, 사람은 공격적이거나, 태평하거나, 조용하거나, 우울하거나, 부끄러워하거나 혹은 엄격하다는 특질로 표현될 수 있다.

심리학자 융(Jung)은 특질이론의 가장 기초적인 체계를 제안하였는데, 이에 따르면 개인은 내성(introversion)과 외향(extroversion)의 수준에 따라서 구분될 수 있다.[78] 내성적인 사람은 부끄러움을 많이 타고, 혼자 있기를 좋아하며, 다른 사람이 있으면 걱정을 하는 사람인 반면, 외향적인 사람은 사교적이고, 외출을 잘 하며, 대개 보수적인 사람이다. 내성적인 사람은 사회적 경로를 피하는 편이기 때문에 사회적 압력에 의해 동기가 유발될 가능성은 낮은 대신 스스로를 즐겁게 만드는 일을 잘 수행할 가능성이 높다.

최근에 와서는 행동의 일관성을 말하는 안정성(stability)이라는 특질을 내성-외향 차원과 결합해서 여러 가지 개성유형을 표현하는 연구[79]가 발표된 바 있다. 예컨대, 믿을 수 있는(reliable) 사람은 내성과 안정성이 모두 높은 편인 사람이지만, 소극적인(passive) 사람은 역시 내성적이지만 안정성이 매우 높거나 매우 낮지 않은 사람이다.

---

77 Gordon Allport, *Personality: Psychological Interpretation* (New York: Holt, Rinehart, & Winston, 1937).

78 Carl G. Jung, *Man and His Symbols* (Garden City, N.Y.: Doubleday, 1964).

79 Hans Eysenck and S. Rachman, *The Causes and Cures of Neurosis: An Introduction to Modern Behavior Theraphy Based on Learning Theory and Principles of Conditioning* (San Diego, Calif.: Knapp, 1965), p. 16.

그림 16-4 특질개념에 따른 개성유형

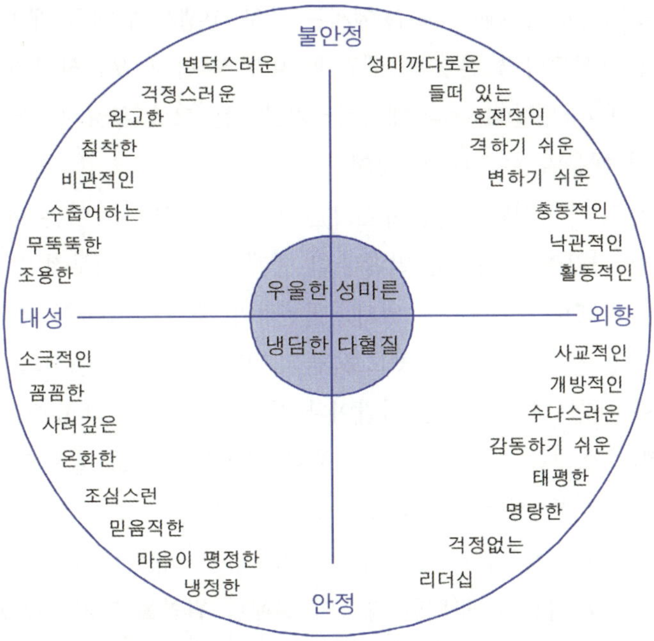

주) 가운데 동그라미는 히포크라테스의 네 가지 기질유형을 표시한다.

※ 자료: Hans Eysenck and S. Rachman, *The Causes and Cures of Neurosis: An Introduction to Modern Behavior Theraphy Based on Learning Theory and Principles of Conditioning* (San Diego, Calif.: Knapp, 1965), p. 16.

[그림 16-4]에 제시된 이 분류체계에서 볼 수 있는 한 가지 흥미로운 점은 내성-외향과 안정성이라는 두 차원으로 파악되는 개성유형이 이미 수세기 전에 히포크라테스가 파악했던 네 가지 기질유형과 서로 잘 대응된다는 것이다. 히포크라테스는 생물학을 기초로 해서 각 기질을 체액중의 우세한 한 가지에 귀속시키는 방식으로 기질유형을 구분하였다. 그것은 황담즙질의 과다인 성마른 유형(choleric), 흑담즙질의 과다인 우울한 유형(melancholic), 혈액질의 과다인 다혈질 유형(sanguin), 점액질의 과다인 냉담한 유형(phlegmatic)이다. 예컨대, 냉담한 사람은 내성적이면서 안정적인 사람에 해당되지만, 우울한 사람은 내성적이면서 불안정적인 사람에 해당된다.

3) 현상학이론

현상학이론(phenomenological theory)에서는 주로 인생사에 대한 개인의 해석에 의해서 인간의 개성이 형성된다고 본다.[80] 예컨대, 어떤 사람이 우울하다면, 그 원인은 내적 갈등(정신분석이론)이나 특질(특질이론) 때문이라기보다는 그가 주요사건을 해석하는 방식과 그 해석의 본질 때문일 수 있다는 것이다.

현상학이론의 핵심개념은 통제의 소재(locus of control)인데, 이는 어떤 일이 발생하게 된 이유에 대한 사람들의 해석을 말한다.[81] 통제의 소재는 내부적인 통제의 소재와 외부적인 통제의 소재로 구분될 수 있다. 내부적인 통제의 소재를 가진 사람은 좋거나 나쁜 결과에 대한 책임을 자신의 탓으로 돌리지만, 외부적인 통제의 소재를 가진 사람은 어떤 사안에 대한 책임을 다른 사람이나 사건, 혹은 장소의 탓으로 돌린다. 예컨대, 외부적인 통제의 소재를 가진 사람은 제품이 실패한 이유를 잘못된 제조활동, 잘못된 포장작업, 혹은 서투른 배달원의 탓으로 돌릴 수 있다.

통제의 소재는 소비경험과 관련해서 소비자가 느끼는 만족과 정서에 중요한 영향을 미칠 수 있다.[82] 예컨대, 구입한 제품이 실패한 원인을 자기 탓으로 돌리는 사람은 수치심과 자책감을 느끼겠지만, 남 탓으로 돌리는 사람은 분노를 느끼고 짜증을 내게 될 것이다.

4) 사회심리이론

정신분석이론에서는 인간의 개성을 생물학적 요인으로 설명하지만, 사회심리이론(social-psychological theory)은 인간의 사회적 요인을 강조한다. 즉, 사회심리이론은 개인이 사회적 상황에서 자신의 욕구를 만족시키기 위해 어떻게 행동하는가에 그 초점을 둔다.

사회심리이론을 대표하는 이론은 호나이(Horney)의 개성이론이다. 호나이는 인간의 행동이 세 가지의 주요 지향성에 의해 특징이 지워진다고 보았다.[83]

첫째, 순종(compliant)은 타인의존적이고, 겸손하며, 사람을 잘 믿고, 집단유대감이

80 Carl R. Rogers, "Some Observations on the Organization of Personality," *American Psychologist*, September 1947, pp. 358–368.

81 Bernard Weiner, "Attribution in Personality Psychology," in ed. Lawrence A. Pervin, *Handbook of Personality: Theory and Research* (New York: Guilford, 1990), pp. 465–484.

82 이에 대해서는 이 책의 제11장을 참고할 것.

83 Karen B. Horney, *Our Inner Conflicts* (New York: Norton, 1945).

강하다는 것을 의미한다.

둘째, 공격(aggressive)은 파워에 대한 욕구가 강하고, 타인에게서 이탈하며, 외출을 잘하고, 독단성, 자기확신 및 마음이 강하다는 것을 의미한다.

셋째, 초연(detached)은 독립적이고 자기충족적이지만, 의심을 잘 하고, 내성적이라는 것을 의미한다.

이런 개인의 주요 지향성은 CAD척도를 이용해서 측정된다.84 이 척도를 적용한 연구에 따르면, 독단성과 공격성이 소비자가 마케팅기관과 상호작용하는 스타일과 상당한 관련성이 있다.85 즉, 독단성과 공격성이 모두 높은 사람은 불평을 토로하기만 하면 잘 받아들여진다고 생각해서, 즐겨 그렇게 한다.

이런 개념과 다소 관련되는 것으로 상태지향적 소비자(state-oriented consumer)와 행동지향적 소비자(action-oriented consumer)의 구분이 있다.86 상태지향적 소비자는 자신의 행동을 안내하는 지침으로 주관적 규범에 많이 의존하는 반면, 행동지향적 소비자는 자신의 태도에 더 많이 근거해서 행동한다. 소비자는 사회적 비교정보에 대한 주의척도(ATSCI scale)87 라는 개성척도에서 차이가 날 수 있다. 이런 개성척도에서 점수가 높다는 것은 규범적 영향력(압력)에 더 민감하다는 것을 의미한다.

5) 행동이론

행동이론(behavioral theory)에서는 개성의 차이가 사람이 과거에 받았던 보상이나 처벌의 함수라고 본다. 말하자면, 인간은 과거에 어떤 보상(긍정적인 강화)을 받았던 행동을 계속 하려 들지만, 과거에 어떤 처벌을 받았던 행동을 하지 않으려는 특질을 가진다는 것이다.88

개성의 행동접근법은 작동적 조건형성(operant conditioning)의 원리를 그대로 반영한다고 보면 된다. 예컨대, 개인이 취했던 외향적인 행동이 다른 사람들로부터 '칭찬'이라

84 Jon P. Noerager, "An Assessment of CAD-A Personality Instrument Developed Specifically for Marketing Research," *Journal of Marketing Research*, February 1979, pp. 53-59.

85 Marsha L. Richins, "An Analysis of Consumer Interaction Styles in the Marketplace," *Journal of Consumer Research*, June 1983, pp. 53-59.

86 Richard P. Bagozzi, Hans Baumgartner, and Youjae Yi, "State Versus Action Orientation and the Theory of Reasoned Action, An Application to Coupon Usage," *Journal of Consumer Research*, March 1992, pp. 505-518.

87 ATSCI척도의 내용에 대해서는 이 책의 제15장 제4절을 참고할 것. William O. Bearden and Randall L. Rose, "Attention to Social Comparison Information: An Individual Difference Factor Affecting Consumer Conformity," *Journal of Consumer Research*, March 1990, pp. 461-471.

88 B. F. Skinner, *About Behaviorism* (New York: Knopf, 1974).

는 보상을 받았고 내성적인 행동이 '비난'이라는 처벌을 받았다면, 결국 그는 외향적인 성격의 소유자가 되었을 것이다. 마찬가지로, 화려한 색상의 옷을 입은 소비자가 주위의 사람들로부터 '정말 멋지다!'는 칭찬을 들었다면, 그는 화려한 색상의 옷을 입는 것을 선호하는 사람이 되었을 것이다.

3. 개성이 소비자행동에 미치는 영향

1) 개성연구의 종합적 검토

그동안 소비자와 관련된 개성연구에서는 대개 특질이론에 입각하여 소비자의 구매행동, 사용행동 및 처분행동에서 보이는 차이를 설명할 수 있는 개성특질을 파악하는 데 초점을 두었다. 이처럼 많은 연구들이 개성과 소비자행동의 관계를 파악하려고 노력했지만, 그런 연구결과들을 검토해 보면 소비자의 개성이 소비자행동을 매우 잘 예측해주는 요인으로 보이지 않음을 알 수 있다.[89]

이에 대해서는 여러 가지 이유가 있을 수 있지만, 그 이유 중의 하나는 다수의 개성연구에서 개성특질을 측정할 때 임상적 배경에서 인간의 성격장애(personality disorder)를 파악하기 위해 고안된 측정도구들을 그대로 사용한 것이 많았다는 점이다. 따라서, 그런 측정도구들이 과연 소비자행동에 관련된 개성특질을 제대로 파악할 수 있을까 하는 의문이 제기될 수 있다.

또한, 어떤 현상을 설명하기 위해 개성특질을 부적절하게 사용한 경우도 있었다. 예컨대, EPPS(Edwards Personal Preference Schedule)를 사용해서 포드(Ford) 자동차 소유자와 시보레(Chevrolet) 자동차 소유자의 차이를 검토한 연구에서는 매우 실망스러운 조사결과만 얻게 되었다.[90] 즉, 양자 간의 유일하게 유의적인 차이는 포드 자동차 소유자가 시보레자동차 소유자보다 더 지배적-공격적이라는 것이었는데, 이것은 별 의미도 없고 그리 유용한 결과도 아니다. 요컨대, 개성은 소비자의 상표선택을 예측하는 데 있어서 그다지 좋은 요인이 아닌 것으로 나타났다.

이처럼 소비자의 개성과 소비자행동 사이에 강한 관계가 있는 것으로 나타나지는 않았지만, 소비자 상황에 맞는 신뢰성 있는 개성특질 측정치를 개발하면, 양자의 관계

89 Harold H. Kassarjian, "Personality: The Longest Fad," *Advances in Consumer Research*, Vol. 6, 1979, pp. 122-124.

90 Franklin B. Evance, "Psychological and Objective Factors in the Prediction of Brand Choice," *Journal of Business*, October 1959, pp. 340-369.

를 더 적절히 규명할 수 있을 것으로 기대된다.[91] 지금까지 소비자의 개성과 소비자행동의 관계에 관련된 연구결과를 종합해 보면, 다음과 같은 몇 가지 잠정적인 결론을 내릴 수 있다.

첫째, 특정한 형태의 소비자행동에서는 소비자의 개성과 소비자행동 사이에 강력한 관계가 존재할 수 있다. 예컨대, 소비자의 개성이 소비자의 상표선택을 이해하는 데는 그리 유용하지 못하더라도, '설득에 대한 수용가능성'이나 '광고에 대한 호감' 혹은 '정보처리의 정도'와 같은 특정한 현상을 이해하는 데는 도움을 줄 수 있다.

둘째, 소비자의 개성은 일부의 제품과 서비스에 대해서 유용성이 더 높다. 특히, 주관적 특징이나 쾌락주의적 특징을 내포하는 제품이나 서비스는 소비자의 개성과 관련성이 높을 수 있는데, 그 좋은 예가 연하장(greeting card)이다. 연하장은 소비자의 개인적 메시지를 전달하는 것이므로 소비자의 개성의 연장이라는 의미를 가진다고 볼 수 있다.

셋째, 어떤 개성특질은 다른 개성특질보다 소비자행동과 더 높은 관계를 가질 수 있다. 이에 대해서는 아래에서 그 몇 가지 예를 간략히 설명하기로 한다.

2) 소비자행동과 관계가 깊은 개성특질

소비자행동과 비교적 관계가 깊은 것으로 파악된 몇 가지 개성특질이 존재하는데, 그런 예로는 ① 최적자극수준, ② 독단성, ③ 인지욕구, ④ 설득에 대한 수용가능성, ⑤ 자기감시성 그리고 ⑥ 국민성을 들 수 있다.

(1) 최적자극수준

소비자에게 심리적 각성(psychological arousal)을 유발할 수 있는 잠재력을 가진 활동이 여러 가지가 있다. 예컨대, 고속도로에서 시속 100km로 매우 신나게 달릴 때, 놀이공원에서 청룡열차를 탈 때, 공포영화를 볼 때, 혹은 매우 색다른 환경에 놓일 때, 사람들은 심리적 각성을 느끼게 된다. 즉, 물리적인 자극을 주거나, 감정적인 활력을 주거나, 참신한 것은 소비자에게 각성을 유발할 수 있는 잠재력을 가진다. 하지만, 소비자에게 높은 자극을 주는 활동이 항상 바람직한 것은 아니다.

최적자극수준이론에 따르면, 사람은 너무 높거나 너무 낮은 수준의 각성보다는 보통수준의 각성을 유발하는 자극을 더 선호한다.[92] 예컨대, 소비자는 집에서 늘 먹을 수

91 John L. Lastovicka and Erich A. Joachimsthaler, "Improving the Detection of Personality-Behavior Relationships in Consumer Research," *Journal of Consumer Research*, March 1988, pp. 583-587.

92 D. E. Berlyne, "Novelty, Complexity, and Hedonic Value," *Perception and Psychographics*,

있는 따분한 메뉴를 제공하는 식당이나 지나치게 이국적이고 특이한 메뉴를 제공하는 식당보다는 적당한 수준의 색다른 음식을 제공하는 식당을 더 선호할 수 있다.

이처럼 보통수준의 각성을 주는 자극이 일반적으로 선호되지만, 보통수준(즉, 적정한 수준)이라고 간주되는 각성의 수준은 개인에 따라 차이가 날 수 있다. 이는 최적자극수준(optimal stimulation level: OSL)의 개념으로 설명될 수 있다.

우선, 최적자극수준이 낮은 사람은 자신을 덜 각성시키는 활동을 선호한다. 대개 이들은 흥분이 자신을 미치게 만들 수 있기 때문에 흥분하는 것을 가급적 피하려 한다. 한편, 최적자극수준이 높은 사람은 매우 흥분시키고, 참신하며, 복잡하고, 매우 색다른 활동을 선호한다.

이와 관련된 개념으로 자극욕구(need for stimulation: NFS)라는 것이 있다. 자극욕구가 높은 사람일수록 스카이다이빙, 번지점프, 도박, 등산, 강 래프팅과 같은 자극이 강한 활동을 즐기고, 혁신적이고 창조적인 사람일 가능성이 높다.[93] 특히, 자극욕구가 높은 사람과 낮은 사람은 시장에 접근하는 방식에 차이가 있다. 즉, 자극욕구가 높은 사람은 새로 나온 제품이나 서비스를 가장 먼저 구입하고, 신제품에 관한 정보를 많이 탐색하며, 다양성추구행동을 내보일 가능성이 있다.[94] 특히, 이런 사람들은 높은 위험이 수반되는 제품도 많이 구입하고, 많은 소매점과 제품이 있는 쇼핑몰을 즐겨 찾으며, 기존의 소비관행에서 이탈하는 제품과 서비스를 선호할 가능성이 있다.

(2) 독단성

소비자는 개방적인 마음(open-minded)과 폐쇄적인 마음(close-minded)이라는 측면에서 개인별로 차이가 날 수 있는데, 이와 관련된 개성특질이 독단성(dogmatism)이다. 즉, 개방적인 마음을 가진 사람일수록 독단성이 낮고, 폐쇄적인 마음을 가진 사람일수록 독단성이 높다. 독단성이란 개인이 변화와 새로운 아이디어에 대해 저항하는 성향을 말한다.

독단성이 낮아서 개방적인 마음을 가진 소비자에 비해 독단성이 높아서 폐쇄적인

November 1970, pp. 279-286.

93 Elizabeth C. Hirschman, "Innovativeness, Novelty Seeking, and Consumer Creativity," *Journal of Consumer Research*, December 1980, pp. 283-295.

94 R. A. Mittelstadt, S. L. Grossbart, W. W. Curtis, and S. P. DeVere, "Optimal Stimulation Level and the Adoption Decision Process," *Journal of Consumer Research*, September 1976, pp. 272-282; Jan-Benedict E. M. Steenkamp and Hans Baumgartner, "The Role of Optimum Stimulation Level in Exploratory Consumer Behavior," *Journal of Consumer Research*, December 1992, pp. 434-448.

마음을 가진 소비자는 신제품과 새로운 광고를 비롯한 기업의 새로운 마케팅활동에 더 높은 저항을 내보일 것으로 기대된다. 예컨대, 나이지리아에서 시행된 연구에 따르면, 소비자의 신제품 수용도는 개인의 독단성 정도에 의존한다.[95]

(3) 인지욕구

소비자는 인지욕구(need for cognition: NFC)라는 개성특질에서 차이가 날 수 있다. 인지욕구란 소비자가 비교적 노력이 많이 드는 생각, 심사숙고 및 묵상으로부터 즐거움을 얻으려는 정도를 말한다. 인지욕구가 높은 사람은 제품의 속성이나 편익과 같은 것에 관해서 깊이 생각하는 것을 즐기지만, 인지욕구가 낮은 사람은 어떤 것에 대해서 깊이 생각하는 것을 별로 좋아하지 않기 때문에 어떤 간편법을 취하거나 자신의 느낌에 의존하는 것을 더 좋아한다.

인지욕구가 높은 사람과 인지욕구가 낮은 사람은 ① 제품과 서비스에 대한 관심, ② 정보탐색, ③ 광고에 대한 반응이라는 측면에서 서로 차이가 난다.[96] 인지욕구가 높은 사람은 학습요소와 숙달요소(mastery)를 내포하는 제품이나 서비스(예: 교육용 게임과 체스)에 관심이 많고, 신제품에 관한 정보를 탐색하여 그 특징을 파악하는 것에서 만족을 느끼며, 제품이나 서비스의 세부적인 측면을 묘사하는 길고 기술적으로 복잡한 광고에 대해 긍정적인 반응을 보인다.

또한, 인지욕구가 높은 사람은 그 신뢰성이나 장점을 고려하면서 광고메시지를 신중하게 검토한 후에 구매의사결정을 하지만, 인지욕구가 낮은 사람은 매력적인 모델이나 유머와 같은 각종 단서를 사용하는 짧은 메시지에 더 긍정적인 반응을 보이고 별로 깊이 생각하지 않고 구매의사결정을 한다.

(4) 설득에 대한 수용가능성

소비자는 특히, 개인 간이거나 대면상황인 경우에 설득에 대한 수용가능성(susceptibility to persuasion)에서 차이가 날 수 있다. 예컨대, 타인의 관찰로부터 자기이미지를 개선하려는 열망이 높은 사람은 주위의 다른 사람들이 행사하는 설득(혹은 지도)을 기꺼이 받아들인다.[97]

---

95 Leon G. Schiffman, William R. Dillon, and Festus E. Ngumah, "The Influence of Subcultural and Personality Factors on Consumer Acculturation," *Journal of Internatinal Business Studies*, Fall 1981, pp. 131–143.

96 Curtis R. Haugtvedt, Richard E. Petty, and John T. Cacioppo, "Need for Cognition and Advertising: Understanding the Role of Personality Variables in Consumer Behavior," *Journal of Consumer Psychology*, 1(3), 1992, pp. 239–260.

97 William O. Bearden, Richard G. Netemeyer, and Jesse H. Hill, "Measurement of Consumer

또한, 설득에 대한 수용가능성은 자신감(self-confidence)이라는 개념과 관계가 있다. 자신감이 강한 소비자에 비해 자신감이 약한 소비자는 사회적 확신(social confidence)과 정보처리의 확신(information processing confidence)이 낮기 때문에 광고에 의해 더 영향을 많이 받는 경향이 있다.[98]

(5) 자기감시성

소비자는 자기감시성(self-monitoring)이라는 개성특질에서 차이가 날 수 있다. 자기감시성이란 자신이 어떻게 행동해야 할 것인가에 관한 단서를 타인에게서 찾는 정도를 말한다. 자기감시성이 높은 사람(high self-monitor)은 자신의 행동에 대한 지침으로 타인의 열망과 영향력을 민감하게 받아들이지만, 자기감시성이 낮은 사람(low self-monitor)은 자신의 선호와 열망에 따라 행동하기 때문에 타인의 규범적인 기대에 의한 영향을 덜 받는다.[99]

자기감시성이 높은 사람과 자기감시성이 낮은 사람은 광고소구법에 대한 반응에서 차이가 난다.[100] 자기감시성이 높은 사람은 이미지중심적인 광고에 더 잘 반응하고 그런 이미지를 가진 것으로 광고되는 제품을 기꺼이 구매하지만, 자기감시성이 낮은 사람은 좋은 품질을 강조하는 광고에 대해 더 잘 반응하고 그런 고품질 제품을 기꺼이 구매한다.

(6) 국민성

개성특질이 특정한 나라의 국민에 대한 고정관념으로 작용하기도 하는데, 이는 특정한 국가의 국민적 성격(national character), 즉 국민성이라고 말할 수 있다.[101] 다음은 그런 고정관념적인 국민성의 몇 가지 예이다.

첫째, 프랑스인과 이탈리아인은 감정적이고 낭만적이지만, 영국인은 수줍음을 많이 탄다.

Susceptibility to Interpersonal Influence," *Journal of Consumer Research*, March 1989, pp. 472-480.

98 Peter Wright, Factors Affecting Cognitive Resistance to Ads, *Journal of Consumer Research*, June 1975, pp. 1-9.

99 Richard C. Becherer and Lawrence C. Richard, "Self-Monitoring as a Moderating Variable in Consumer Behavior," *Journal of Consumer Research*, December 1978, pp. 159-162.

100 Mark Snyder and Kenneth G. DeBono, "Appeals to Image and Claims about Quality: Understanding the Psychology of Advertising," *Journal of Personality and Social Psychology*, September 1985, pp. 586-597.

101 Dean Peabody, *National Characteristics* (Cambridge, England: Cambridge University Press, 1985).

둘째, 독일인, 프랑스인, 미국인은 영국인, 러시아인, 이탈리아인보다 더 독단적이다.

셋째, 프랑스인, 이탈리아인, 미국인은 비교적 여유가 있는 반면, 독일인, 영국인, 러시아인은 더 빡빡하다.

넷째, 미국인은 충동적이고 위험감수적이며 자신감이 강하지만, 캐나다인은 신중하고 절제하며 수줍음을 탄다.

세계 각국은 성취욕구, 내성-외향의 수준, 인간의 본성에 대한 선악관 및 융통성이라는 측면에서 서로 다른 국민적 성격을 가진다.[102] 이런 국민성을 고려하면, 기업의 마케팅활동에 대한 소비자의 반응에서 교차문화적 차이가 존재할 것이 기대된다. 예컨대, 캐나다인들은 신용카드의 사용과 임차행위를 꺼리는 편인데, 이것은 바로 그들의 신중하고 절제하는 국민성과 관계가 있는 것으로 보인다.[103]

4. 개성을 이용한 마케팅액션

소비자행동과 관련되는 개성특질의 경우에 기업은 각 개성유형에 소구할 수 있는 제품을 새로 개발하거나 그런 마케팅 커뮤니케이션을 개발하는 방안을 모색할 수 있다. 예컨대, 순응형이나 자기감시성이 높은 사람을 겨냥하는 광고는 타인의 승인에 초점을 두어야 하고, 최적자극수준이 높은 사람에게 소구하기 위해서는 매우 색다른 것을 한번 시도해보라고 권해야 한다. 다음은 이런 소비자의 개성에 초점을 두고 마케팅활동을 하는 기업의 몇 가지 예이다.

첫째, 요즈음의 신세대 음료는 주류에서 벗어난 소비자나 현대적인 소비자를 겨냥하고 있는데, 그 대표적인 예가 바로 스내플(Snapple)이다.

둘째, 식욕을 돋우기 위해 식사하기 전에 마시는 술인 캠파리(Campari)는 '그것을 마시는 사람만큼이나 독특하다(As distinctive as those who drink it)'는 것을 주제로 강조하는 광고캠페인을 전개하였다.

셋째, 소비자의 개성을 마음껏 표현할 수 있도록 해주는 '자기표현형' 넥타이가 많이 나오고 있는데, 그 예로 그레이트풀 데드(Greatful Dead)의 마일즈 데이비스(Miles

---

102 Terry Clark, "International Marketing and National Character: A Review and Proposal for an Integrative Theory," *Journal of Marketing*, October 1990, pp. 66-79.

103 Allan B. Yates, "Americans, Canadians Similar but Vive La Difference," *Direct Marketing*, October 1985, p. 152.

Davis), 프랑크 시나트라(Frank Sinatra), 제리 가르시아(Jerry Garcia)의 예술작품을 내세운 스톤헨지(Stonehenge) 넥타이를 들 수 있다.

제 3 절 라이프스타일분석

1. 라이프스타일분석의 의의

라이프스타일(lifestyle)은 소비자의 가치 및 개성과 밀접한 관계가 있는 개념이다. 앞에서 설명한 소비자의 가치와 개성이 소비자의 내적 상태나 특성을 반영하는 반면, 라이프스타일은 소비자의 외부적 표현(manifestation)으로서 실제적인 행동패턴을 의미한다.

소비자의 라이프스타일은 소비자의 활동(activity), 관심(interest) 및 의견(opinion)을 분석해서 그 구체적인 유형을 표현할 수 있는데, 이런 분석을 AIO분석이라고 한다(〈표 16-5〉 참조). 개인이 여가시간에 무엇을 하는가 하는 것은 그 사람의 라이프스타일을 반영하는 좋은 지표이다. 예컨대, 스키나 캠핑, 스쿠버 다이빙과 같은 동적인 활동을 좋아하는 소비자가 있는가 하면, 독서나 음악 감상, 조용히 집에 있는 것과 같은 정적인 활동을 좋아하는 소비자도 있다. 이처럼 각각 서로 다른 활동을 수행하고 또한 서로 다른 의견과 관심을 가진 소비자는 각각 별개의 라이프스타일 세분시장을 형성한다.

예컨대, 사냥이나 낚시 같은 옥외활동을 즐기는 사람(outdoor type)이 하나의 식별 가능한 세분시장을 형성할 수 있다.[104] 이들은 주로 인구밀도가 낮은 지역에서 살고, 고졸 정도의 학력을 가지며, 나이는 중년층의 비중이 가장 높고, 낮은 수준(20,000달러 이하)이거나 중간 수준(30,000~50,000달러)의 소득을 가진 사람들이다. 이런 사람들은 사냥용품과 낚시용품을 판매하는 기업의 주된 표적이 되며, 이는 캠핑용구, 하이킹부츠 및 쌍안경과 같은 옥외활동에 관련된 다른 제품의 경우에도 마찬가지다.

향수(affinity for nostalgia), 즉 옛 것에 대한 그리움도 하나의 라이프스타일 세분시장을 나타내는데,[105] 이런 변수에서 점수가 높은 사람은 옛날 영화, 옛날 서적 및 골동품

---

104 Blayne Cutler, "On TV, The Big Ones Never Get Away," *American Demographics*, January 1994, pp. 36-40.

105 Morris B. Holbrook, "Nostalgia and Consumption Preferences: Some Emerging Patterns of

표 16-5 AIO분석

활동	관심	의견	인구통계변수
▪ 일	▪ 가족	▪ 자기자신	▪ 나이
▪ 취미	▪ 집	▪ 사회적 문제	▪ 교육
▪ 사회적 사건	▪ 직업	▪ 정치	▪ 소득
▪ 휴가	▪ 지역사회	▪ 사업	▪ 직업
▪ 오락	▪ 레크리에이션	▪ 교육	▪ 가족규모
▪ 클럽회원	▪ 패션	▪ 경제	▪ 거주지
▪ 지역사회	▪ 음식	▪ 제품	▪ 지리
▪ 쇼핑	▪ 매체	▪ 문화	▪ 도시규모
▪ 스포츠	▪ 성취	▪ 미래	▪ 라이프사이클 단계

※자료: Joseph T. Plummer, "The Concept and Application of Life Style Segmentation," *Journal of Marketing, January* 1974, pp. 33–37.

을 위한 핵심적인 세분시장을 형성한다.

한 연구에서는 음주운전을 할 가능성이 높은 두 개의 소비자집단을 파악하였다. 그 중의 하나는 파티에 많이 참석하고 남성적이며 감각추구성향이 높은 '굿타이머(Good Timers)'이고, 다른 하나는 문제시되는 행동을 많이 하는 '문제아(Problem Kids)'이었다.[106]

위와 같이 라이프스타일을 일반적으로 분석하는 것과는 달리 더 구체적인 제품사용 패턴에 초점을 둔 라이프스타일 연구도 있다. 이런 연구는 기업의 제품이나 서비스가 소비자의 전반적인 행동패턴에 얼마나 적합한지를 이해하는 데 도움을 주는데, 다음은 그 두 가지 예이다.

첫째, 진통제제품에 관한 연구에서는 Severe Sufferers, Active Medicators, Hypochondriacs, 그리고 Practicalists라는 네 개의 주요 라이프스타일 집단이 파악되었다.[107]

둘째, 패션제품에 관한 연구에서는 Yester Years(나이 든 소비자), Power Purchasers(대졸의 기혼주부), Fashion Foregoers, Social Strivers, Dutifuls(매우 실용적인), 그리고 Progressive Patrons(고소득, 고품질 구매자)라는 여섯 개의 주요 라이프스타일 집단이 발

Consumer Tastes," *Journal of Consumer Research*, September 1993, pp. 245–256.

106 John L. Lastovicka, John P. Murray, Erich A. Joachimsthaler, Gaurav Bhalla, and Jim Scheurich, "A Lifestyle Typology to Model Young Male Drinking and Driving," *Journal of Consumer Research*, September 1987, pp. 257–263.

107 William D. Wells, "Psychographics: A Critical Review," *Journal of Marketing Research*, May 1975, pp. 196–213.

견되었다.[108]

세계 각국의 소비자는 나름대로 특징적인 라이프스타일을 가진다. 일례로 미국여자와 일본여자의 라이프스타일을 간단히 비교해 보자.[109] 미국여자에 비해서 일본여자는 가정중심적이고, 식당에 외식하러 갈 가능성이 낮으며, 가격에 덜 민감하고, 운전을 하거나 영화를 보러 갈 가능성이 적다. 이런 차이를 고려하면, 미국여자에 비해 일본여자는 집에서 요리하는 데 더 많은 시간을 소비할 것이기 때문에 요리의 질을 높이는 제품에 높은 가격을 기꺼이 지불하려 할 것으로 기대된다.

러시아인들에게는 연극이나 영화 관람과 특정한 스포츠(예: 축구, 아이스하키, 피겨스케이팅)가 인기가 있는 라이프스타일 활동이고, 중국인들은 스포츠경기 TV시청, 영화관람, 카드놀이, 독서, 스테레오 음악감상과 같은 라이프스타일 활동을 좋아한다.

2. 라이프스타일을 이용한 마케팅액션

기업은 소비자의 라이프스타일 유형을 분석해서 자사의 마케팅계획에 유익하게 활용할 수 있다. 여기서는 기업이 라이프스타일분석을 이용해서 ① 시장세분화, ② 마케팅 커뮤니케이션개발 및 ③ 신제품개발을 모색하는 방안을 설명하기로 한다.

1) 시장세분화

기업은 라이프스타일분석으로 제품이나 서비스의 세분시장을 구분해서 적절한 세분시장을 공략하는 방안을 모색할 수 있다. 다음은 그 몇 가지 예이다.

첫째, 맞벌이부부와 취업여성처럼 '편리성'과 '시간절약'을 추구하는 라이프스타일을 가진 소비자들에게는 전자오븐에 간단히 데워먹을 수 있는 레토르트식품, 패스트푸드, 놀이방, 청소대행 서비스 및 테이크아웃(take-out) 주문방식이 인기가 있다.

둘째, 원래는 유아용 제품을 전문으로 하는 기업인 미드 존슨(Mead Johnson)사는 '빨리 먹을 수 있는 건강식'을 원하면서 현재 점심을 감자칩과 콜라로 때우고 있는 성인을 겨냥해서 저지방의 영양이 풍부한 음료를 새로 도입하였다.

셋째, 화장품회사인 아쿠아 벨바(Aqua Velva)는 '젊고, 활동적이며, 옥외활동을 즐기는 사람(outdoors)'을 겨냥해서 아이스 블루(Ice Blue)라는 향수를 도입하였고, 특별히 '로맨스 소설을 즐기는 사람들'을 위해서 로맨틱 일루전(Romantic Illusion) 계열의 향수제품

108 Piirto(1991), *op. cit.*

109 Onkvisit and Shaw(1989), *op. cit.*, p. 283.

을 개발하였다.

넷째, 스누피(Snoopy)와 우드스톡(Woodstock) 휴대폰 구매자는 실용적이고 가정적이며 모험을 회피하는 사람들로서, 내구성이 있고 비공식적이며 전통적인 집기를 선호하는 특성이 있다.

다섯째, 록음악, 영화, 패션에 관심이 있는 사람들이나 일반적인 여행가 와 같은 특정한 라이프스타일 세분시장을 겨냥한 테마식당이 등장하고 있는데, 그런 예로는 하드록 카페(Hard Rock Cafe), 플래닛 할리우드(Planet Hollywood), 패션 카페(Fashion Cafe)를 들 수 있다.

기업은 라이프스타일 세분화를 통해서 중요한 문화적 차이와 그 변화추세를 이해해서 이에 대처할 수 있는데, 다음은 그 몇 가지 예이다.

첫째, 인구통계적 변수, 매체에 대한 행동, 정치적 성향 및 기분을 사용해서 유럽 12개국을 조사한 연구에 따르면, Traditionalists(18%), the Homebodies(14%), Rationalists(23%), Pleasurists(17%), Strivers(15%), 그리고 Trendsetters(13%)라는 여섯 개의 유럽형(Eurotype) 라이프스타일 세분시장이 존재한다.[110]

둘째, 과거에 모스크바의 주요 호텔들은 지저분하고 서비스도 형편없으며 침대도 좁아서 업무용 여행자를 위한 숙박시설로서는 낙제점이었다. 하지만, 최근에는 서구식 호텔에서 전형적인 여행자의 라이프스타일에 맞는 각종 서비스(예: 드라이클리닝, 룸서비스, 작은 술집)를 제공하는 형태로 변하고 있다.

셋째, 원래 일본인들은 자신이 거주하는 도시를 좀처럼 떠나지 않는 편이지만, 이제 옥외활동을 즐기는 소비자들 사이에 여가용 자동차(RV) 시장이 강한 성장세를 보이고 있다.

기업은 라이프스타일의 변화추세를 모니터해서 새로운 기회를 파악할 수 있는데, 다음은 그 몇 가지 예이다.

첫째, 요즈음에는 경영자가 직장에서 정장을 입지 않는 것을 허용하는 추세이고 심지어 금요일을 '평상복 입는 날(casual day)'로 지정해둔 기업도 있기 때문에, 정장보다는 캐주얼 의류에 더 많은 중점을 두는 의류회사와 의류소매상이 늘어나고 있다.

둘째, 격식을 차리지 않고 간편한 저녁식사를 제공하는 가족중심의 식당업이 급성장하고 있다. 그중에서 편안한 라이프스타일 이미지로 성공한 식당체인으로 T.G.I. Friday가 있는데, 이제 이 회사는 남성의류분야로도 확장을 시도하고 있다.

110 Mooij and Keegan(1991), *op. cit.*

셋째, 최근에는 가족중심적인 소비자와 최신기술을 갈망하는 TV애호가 사이에 홈엔터테인먼트센터가 많은 인기를 누리고 있다.

2) 마케팅 커뮤니케이션개발

기업은 특정한 라이프스타일에 잘 맞는 촉진활동을 고안하는 방안을 모색할 수 있다. 특히, 소비자가 바라는 라이프스타일의 상황에서 기업의 제품이나 서비스가 유용하게 사용되는 장면을 보여주는 광고를 제작할 수 있는데,[111] 다음은 그 몇 가지 예이다.

첫째, 리복은 적극적인 라이프스타일을 가진 사람들에게 소구하기 위해 '무한성능의 정신(spirit of undefined performance)'이라는 주제로 플래닛 리복(Planet Reebok) 캠페인을 시행하였는데, 나이키의 저스트 두 잇(Just Do It) 캠페인도 마찬가지다.

둘째, 스포츠를 즐기는 라이프스타일을 가진 사람들에게 소구하기 위해서 유명한 운동선수를 광고모델로 내세운 광고가 늘어나고 있다.

셋째, 맥주시장에서 부쉬(Busch)와 경쟁하는 밀러(Miller)가 빅 스카이(Big Sky)를 내세운 것은 옥외활동을 즐기는 사람들(outdoorsy)에게 소구하기 위해서였다.

기업은 라이프스타일분석으로 표적소비자가 즐겨 사용하는 특정한 매체와 그 변화추세를 파악해서 이를 효과적으로 활용할 수 있는데, 다음은 그 두 가지 예이다.

첫째, 과거와는 달리 요즈음의 가장들은 자녀양육에 비교적 높은 관심을 갖고 있기 때문에, 자녀양육문제를 다루는 잡지들은 이제 남성독자와 남성지향적인 광고에 더 많은 초점을 두고 있다.

둘째, 이제 홀리데이인(Holiday Inn)이나 유니버설 스튜디오(Universal Studios)와 같은 주요 서비스기업들은 사이버공간에서 인터넷 서핑을 즐기는 소비자들과 커뮤니케이션하려고 특별히 애쓰고 있다.

소비자의 매체사용패턴은 그의 라이프스타일과 직접적인 관계가 있는 것으로 나타나고 있는데, 다음은 그 두 가지 예이다.[112]

첫째, TV를 많이 보는 사람들은 대개 실업자이거나 사회적 품위가 낮은 직업을 가진 사람으로 문화적인 사안에 대해 별 관심이 없는 경향이 있다.

둘째, 잡지와 신문을 읽는 것은 지역사회문제와 정치참여문제에 대한 관심뿐만 아

---

111 Basil G. Englis and Michael R. Solomon, "To Be and Not to Be: Life Style Imagery, Reference Groups, and The Clustering of America," *Journal of Advertising*, Spring 1995, pp. 13-28.

112 Jacob Hornik and Mary Jane Schlinger, "Allocation of Time to the Mass Media," *Journal of Consumer Research*, March 1981, pp. 343-355.

니라 학력 및 직업적 품위의 수준과 긍정적인 관계가 있다.

3) 신제품개발

기업은 특정한 라이프스타일 세분시장의 미충족욕구(unserved need)를 파악함으로써 신제품을 개발하기 위한 아이디어를 수집할 수 있다. 다음은 그 몇 가지 예이다.

첫째, 직장에 도시락을 싸오는 사람들이 항상 샌드위치를 먹는 것을 지겨워한다는 사실에 입각해서 소비자가 휴대하기 쉽고 다양한 메뉴를 제공하는 '런치키트(lunch kit)'라는 점심식사가 새로 개발되었다.

둘째, 각종 스포츠를 즐기는 소비자들이 신발에 대해 다양한 욕구를 갖고 있다는 사실을 바탕으로 해서 에어로빅 운동화, 테니스화, 조깅화와 같은 다양한 운동화를 새로 도입하는 기업들이 늘어나고 있다.

셋째, 활동적이고 경제적 여유가 있는 소비자들은 독특하고 우수한 품질의 신제품을 원하는 추세를 보이고 있는데, 이에 편승해서 커피와 맥주 분야에서는 새로운 고급 상표가 많이 도입되고 있다.

넷째, 특별히 업무상 비행기를 자주 이용하는 여행객을 위해 공항내부에 샤워시설을 갖추고, 호텔 수행원을 두며, 심지어 기내 마사지 서비스도 제공하는 항공사가 등장하고 있다.

다섯째, 직장동료와 밤을 새워 술을 마시는 경우가 많기 때문에 대규모의 숙취해소제시장이 형성되고 있고, 간편하게 먹고 마시는 것을 좋아하는 소비자가 늘어나는 추세에 부응해서 버터가 발린 빵, 미리 만들어 둔 칵테일, 스푼이 필요가 없는 젤라틴과 같은 간편함을 강조하는 제품시장이 새로 형성되고 있다.

제 4 절 사이코그래픽스

현대적인 사이코그래픽 연구에서는 앞에서 설명한 가치, 개성 및 라이프스타일이라는 세 변수를 결합해서 연구하는 추세를 보이고 있다. 이 절에서는 가장 널리 알려진 사이코그래픽 도구 중의 하나인 VALS를 중심으로 해서 기업의 마케팅활동에 사이코그래픽스를 응용하는 방법을 설명하기로 한다.

1. VALS의 의의

SRI(stanford Research Institute)가 주관하는 VALS(Value and Lifestyle Survey)는 가장 널리 알려진 사이코그래픽 도구 중의 하나로, VALS I 조사와 VALS II 조사로 구분된다.

VALS I 조사는 1970년대에 인구통계, 가치, 태도 및 라이프스타일 변수를 중심으로 미국 소비자를 폭넓게 서베이한 것으로,113 문화적 가치에 따라서 소비자집단을 [그림 16-5]처럼 4집단의 아홉 개 세분시장으로 구분했다.114

그림 16-5 VALS I 조사에 의한 시장세분화

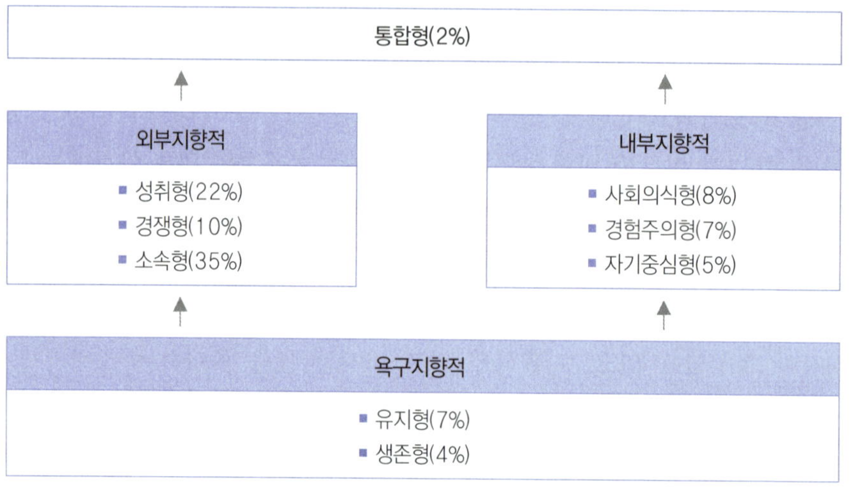

※ 자료: Del I. Hawkins, Roger J. Best, and Kenneth A. Coney, *Consumer Behavior*, 3rd Edition, Business Publications, Inc., 1986, p. 430.

첫째, 욕구지향적(need driven) 소비자집단은 가처분소득이 적어서 인간의 기본적 욕구충족이 주요 구매동기로 작용하는 소비자집단으로, 여기에는 생존형(survivors)과 유지형(sustainers)이라는 두 개의 세분시장이 포함된다.

---

113 Arnold Mitchell, *Consumer Values: A Typology* (Menlo Park, Calif.: Stanford Research Institute, 1978).

114 이학식·안광호·하영원, 소비자행동, 제2판, 법문사, 1997, pp. 346-347.

둘째, 외부지향적(outer directed) 소비자집단은 제품구매시 타인의 생각을 의식하고 기존의 규범에 순응하려는 동기가 강한 소비자집단으로, 여기에는 소속형(belongers), 경쟁형(emulators) 및 성취형(achievers)이라는 세 개의 세분시장이 포함된다.

셋째, 내부지향적(inner directed) 소비자집단은 기존의 문화적 규범보다는 자신의 내적 욕구를 충족시키기 위해 노력하고 자기표현을 하기 위해 제품을 구매하는 성향이 있는 소비자집단으로, 여기에는 자기중심형(I-am-me's), 경험주의형(experientials) 및 사회의식형(socially conscious)이라는 세 개의 세분시장이 포함된다.

넷째, 통합형(integrated)은 외부지향적 라이프스타일의 외향적 요소와 내부지향적 라이프스타일의 감각성과 내성적 요소를 모두 결합한 특성을 가진 단일 세분시장의 소비자집단이다.

VALS I 조사가 개발된 후 많은 기업들이 잠재적 표적시장을 파악해서 그들에게 효과적으로 커뮤니케이션하는 방법을 이해하기 위해 이런 조사를 사용해 왔다.

하지만, 1980년대 말에 와서는 VALS I 조사의 내용이 너무 오래된 것이라서 소비자의 행동을 잘 예측하지 못한다는 비판이 제기되었다. 또한, 민족집단의 다양성 증가, 매체의 다양화 그리고 가치와 라이프스타일의 변화로 말미암아, VALS I 조사는 1990년대의 소비자를 충분히 묘사하지 못하는 도구로 전락하였다.

이런 문제를 인식한 SRI는 VALS II 조사를 새로 개발하였다. VALS II 조사는 소비자 행동에 관련된 문항만 포함하기 때문에 VALS I 조사보다 소비에 대한 관련성이 훨씬 더 높은 장점이 있다. VALS II 조사는 4개의 인구통계 문항과 42개의 태도 문항으로 구성된다.[115] 170개의 제품범주에 대한 소비를 기반으로 해서 조사한 결과, 전체시장은 소비자의 자원과 자기지향성이라는 두 요인을 기준으로 해서 여덟 개의 세분시장으로 구분될 수 있었다.

소비자자원(consumer's resources)은 소비자가 가진 소득, 학력, 자신감, 건강, 구매갈망, 지능, 활력수준의 정도를 의미하고, 자기지향성(self-orientations)은 동기유발요인에 해당되는 활동과 가치를 의미한다.

자기지향성은 다시 원칙지향형 소비자(principle-oriented consumers), 지위지향형 소비자(status-oriented consumers), 행동지향형 소비자(action-oriented consumers)이라는 세 가지 유형으로 구분된다.

첫째, 원칙지향형 소비자는 자신의 느낌이나 타인의 의견보다는 여러 가지 지적인

115 Martha Fransworth Richi, "Psychographics for the 1990s," *American Demographics*, July 1989, pp. 24-54.

측면에 의해서 지도되는 소비자이다.

둘째, 지위지향형 소비자는 자기견해가 타인의 행동과 의견에 기반을 두고 형성되며, 타인의 승인을 얻고자 애쓰는 소비자이다.

셋째, 행동지향형 소비자는 사교적 행동, 신체적 행동, 다양성 활동을 추구하고 위험을 감수하는 소비자이다.

[그림 16-6]에 제시된 바와 같이, VALSⅡ조사에서는 소비자의 자원과 자기지향성이라는 두 변수를 기반으로 해서 여덟 개의 소비자 세분시장이 파악되었다. 이를 크게 다섯 개의 집단으로 구분해서 각 세분시장의 특징을 간략히 소개하면 다음과 같다.

그림 16-6 VALSⅡ조사에 의한 시장세분화

	실현형 (8%)	
원칙지향형	지위지향형	행동지향형
충족형 (12%)	성취형 (10%)	경험형 (11%)
신뢰형 (17%)	노력형 (14%)	제작형 (12%)
	분투형 (16%)	

※ 주) 위로 올라갈수록 소비자의 자원 보유도가 높다.

※자료: Judith Waldrop, "Markets with Attitude," *American Demographics*, July 1994, pp. 23－33.

첫째, 분투형(Strugglers)은 VALSⅡ의 세분시장 가운데 가장 소득수준이 낮아서 자원 위계구조의 맨 아래에 표시된 세분시장이다. 이들은 주로 생존문제에 초점을 두기 때문에 자기지향성의 측면에서 특별히 묘사되지 않는다.

둘째, 원리지향형 소비자에는 상대적으로 자원보유도가 낮은 신뢰형(Believers)과 상대적으로 자원보유도가 높은 충족형(Fullfilled)이 있다. 우선, 신뢰형은 VALSⅡ의 세분시장 가운데 가장 규모가 큰 세분시장으로 학력이 낮고, 행동강령과 윤리에 관해서 뿌리 깊은 신념을 갖고 있으며, 그 1/3 이상이 직장에서 은퇴한 사람이다. 한편, 충족형은 성숙하고, 책임감이 있으며, 학력이 높고, 절반 이상이 50세 이상인 사람들로서, 가족과 함께 행복한 생활을 꾸리고, 소득수준이 높으며, 가치지향적인 소비관행을 보인다.

셋째, 지위지향형 소비자에는 상대적으로 자원보유도가 낮은 노력형(Strivers)과 상대적으로 자원보유도가 높은 성취형(Achievers)이 있다. 우선, 노력형은 생산직 근로자로서 자신보다 더 성공했다고 보는 사람들을 모방하려고 애쓰는 특징이 있다. 한편, 성취형은 일과 가족을 중요시하며 자신의 직장에서 성공한 사람들인데 정치적으로 보수적이고, 권위를 존경하며, 변화지향성이 낮은 편이다.

넷째, 행동지향형 소비자에는 상대적으로 자원보유도가 낮은 제작형(Makers)과 상대적으로 자원보유도가 높은 경험형(Experiencers)이 있다. 우선, 제작자는 비교적 나이가 젊고 자기효능성에 가치를 두는 사람들로, 물질적 소유물이나 세상사에 별 관심이 없고, 가족과 일 및 신체적 여가활동에 초점을 둔다. 한편, 경험자는 운동과 사회적 활동에 많은 시간을 소비하는 나이가 젊은 활기찬 집단으로서 옷, 패스트푸드, 음악상품의 소비를 즐긴다. 대졸이 20% 미만이어서 다수가 학사학위를 받기 위해 열심히 일하고, 신제품을 매우 좋아하며, 나머지 세분시장에 비해 위험을 감수하는 성향이 높은 편이다.

다섯째, 실현형(Actualizers)은 VALSII의 세분시장 가운데 자원보유도가 가장 높은 세분시장으로 자신감이 강하고, 소득과 학력수준이 높아서, 어떤 자기지향성에도 속할 수 있다. 자신의 개인적 스타일, 기호 및 캐릭터를 반영하는 소유물을 사용하며, 폭넓은 관심사를 가진다.

VALS I 와 VALSII 프로파일은 원래 미국소비자의 특성을 묘사하기 위해 개발되었지만, 최근에는 이를 이용해서 유럽소비자의 프로파일을 개발하는 작업이 진행 중에 있고 일본에서도 약간 수정해서 적용한 바 있다. 일본의 VALS(jVALS)조사에서는 자아표현, 성취 및 전통이라는 세 개의 지향성을 기준으로 총 10개의 세분시장이 파악되었다.[116] 최근에는 인터넷 사용자를 분류하기 위한 목적으로 iVALS가 발표된 바 있다.[117]

그런데, 이런 VALS보다는 이미 설명한 바 있는 가치측정도구 LOV(List of Values)가 소비자 세분시장을 더 적절히 묘사한다는 주장이 제기되고 있지만, 아직 확실한 결론은 없는 상태이다. 그 이유는 LOV가 VALS보다 소비자행동에 대한 더 좋은 예측요인이라는 사실을 발견한 연구[118]가 있는가 하면, 그렇지 않다는 연구[119]도 있기 때문이

116 Piirto(1991), *op. cit.*

117 iVALS의 내용에 대해서는 다음의 자료를 참고할 것. 임종원·김재일·홍성태 ·이유재(1999), *op. cit.*, pp. 427–429.

118 Kahle, Beatty, and Homer(1986), *op. cit.*

119 Thomas P. Novak and Bruce MacEvoy, "On Comparing Alternative Segmentation Schemes: The List of Values(LOV) and Values and Life Styles(VALS)," *Journal of Consumer Research*,

다. 또한, VALSⅡ는 자기관련성이 높고 또한 감지된 관여도가 높은 제품이나 서비스에 가장 잘 적용된다.

2. VALS를 이용한 마케팅액션

VALSⅡ는 기업이 시장세분화, 신제품개발 및 광고개발에 적용가능한 유용한 도구이다. 예컨대, 제품의 대량사용자·중량사용자·소량사용자를 파악한 후, 각 세분시장의 VALSⅡ 프로파일을 검토할 수 있다.

〈표 16-6〉은 이부프로펜 진통제의 두 상표에 VALSⅡ를 적용한 결과이다. 이에 따르면, 누프린(Nuprin)은 '성취형'이 사용할 가능성이 가장 높은 반면, 애드빌(Advil)은 '경험형'이 가장 선호하고 그 다음이 '성취형'이다. 누프린의 입장에서는 자사제품이 진통제의 대량사용자인 '실현형'에게 좋은 호응을 받지 못하고 있기 때문에, 기본적으로 '성취형'을 계속 잘 공략하되 '실현형'에 대한 자사의 입지를 향상시키는 전략이 필요할 것이다.

미국 피츠버그의 아이언시티(Iron City) 맥주는 자사 이미지를 개선하고 매출의 하락

표 16-6 진통제상표에 대한 VALSⅡ의 적용

	애드빌	누프린
실현형	105	85
충족형	90	81
신뢰형	78	75
성취형	125	149
노력형	107	111
경험형	135	108
제작형	101	108
분투형	61	71

주) 표에 나타난 수치는 미국인의 평균을 100으로 해서 표현한 것이다.

※ 자료: Rebecca Piirto, *Beyond Mind Games* (Ithaca, N.Y.: American Demographic Books, 1991), pp. 88–89.

June 1990, pp. 105–109.

세를 반전시키기 위한 노력의 일환으로 VALSⅡ조사를 사용하였다.[120] 이 조사를 통해서 아이언시티맥주는 자사가 두 개의 세분시장을 갖고 있다는 사실을 알게 되었다. 그 중의 하나는 수년간 자사상표에 철저하게 물든 소비자인 '제작형'과 '신뢰형'이고, 다른 하나는 자사상표를 거부하는 젊은 소비자인 '노력형'과 '경험형'이었다.

이처럼 중요하지만 각기 다른 성격을 가진 두 세분시장에 모두에 소구하기 위해, 아이언시티는 피츠버그의 옛 이미지를 활기찬 도시의 살아있는 이미지로 새롭게 바꾸는 광고캠페인을 개발하였다. 특히, 이 광고캠페인에서는 재미를 느끼면서 열심히 일하는 '노력형'과 '경험형' 소비자의 모습을 보여주었다. 또한, '노력형'과 '경험형' 소비자가 애용하는 TV프로그램과 라디오방송에 이 광고를 내보냈다. 그 결과, 자사제품의 매출이 26%나 증가하는 좋은 성과를 거두었다.

3. 사이코그래픽스의 기타 응용

VALSⅡ는 현재 가장 널리 알려져 있고 많이 사용되는 사이코그래픽 도구중의 하나이지만, 여러 다른 서베이도 지속적으로 시행되고 있다. 그중에서 잘 알려진 라이프스타일 조사 중의 하나는 얀켈로비치 모니터(Yankelovich Monitor)인데, 이것은 미국에서 존재하는 가치와 라이프스타일의 변화추세를 평가한다.[121] 이 조사는 가족, 돈, 제도, 변화, 스트레스 및 미래와 같은 폭넓은 이슈에 대한 소비자의 행동과 느낌을 측정하고 추적해서, 그 주요 추세를 파악하는 데 사용된다. 그런 주요 추세의 예로는 여성취업, 가정의 아름다움, 내성, 큰 것에 대한 반대(antibigness), 성에 대한 자유분방한 태도 및 자기향상을 들 수 있다. 소비자의 라이프스타일의 변화추세를 파악하기 위해 이 자료를 구독하는 기업의 수가 세계적으로 80여 개에 이르고 있다.

광고대행사가 사이코그래픽 조사를 지속적으로 시행하는 사례가 많은데, 그 대표적인 예로는 다음과 같은 것을 들 수 있다.[122]

첫째, 그레이(Grey)사의 뉴 그로운업스 스터디(New Grownups Study)로서 생활과 시간사용을 기반으로 1990년대의 네 가지 가구유형을 파악한 조사이다.

둘째, 제이월터톰슨(J. Walter Thompson)사의 라이프스테이지(Life Stages)로서 독신, 결혼, 무자녀 기혼 등을 파악한 조사이다.

120 Piirto(1991), *op. cit.*
121 "The Yankelovich Monitor 1992," *Brandweek*, November 30, 1992, pp. 18–21.
122 Piirto(1991), *op. cit.*

셋째, 오길비앤매더(Ogilby & Mather)사의 뉴웨이브(NEW WAVE)로서 소비자의 새로운 추세를 파악하는 조사이다.

그 밖에 디디비 니드햄(DDB Needham)의 라이프 스타일 스터디(Life Style Study)가 있다.

각종 인구통계적 집단에 대한 사이코그래픽 조사도 시행되고 있다. 한 가지 예로 히스패닉 모니터(Hispanic Monitor)를 들 수 있는데, 이 조사에서는 Hopeful Loyalists, Recent Seekers(둘 다 외국태생), Young Strivers 그리고 Established Adapters라는 4 집단이 파악되었다.[123]

글로벌 소비자 세분시장을 파악하기 위해 광고대행사가 지속적인 사이코그래픽 조사를 시행하는 경우도 있는데, 다음은 그 세 가지 예를 보여 준다.

첫째, 광고대행사 BSBW(Backer Spielvogel Bates Worldwide)의 글로벌스캔(GlobalScan)이다. 이것은 북미, 유럽, 호주, 아시아(홍콩과 일본), 뉴질랜드 그리고 베네수엘라의 소비자를 조사대상으로 해서, 매체사용, 제품사용 및 구매패턴을 비롯해서 여러 가지 태도, 가치 및 행동패턴을 측정한다. 이 조사에서는 Strivers(26%), Achievers(22%), Pressured(13%), Traditionals(16%) 및 Adapters(18%)라는 다섯 개의 글로벌 소비자 세분시장이 파악되었지만, 소비자가 중요시하는 가치는 국가 간에 약간 차이가 있다.[124]

둘째, 광고대행사 DMB&B의 조사인데, 개성특질, 가치 및 제품을 이용해서 러시아의 주요 세분시장을 구분한다. 조사결과, 다섯 개의 소비자 세분시장이 존재하는 것으로 나타났는데, 그중에서 중요한 세 개만 소개하면 다음과 같다.

Kuptsi는 러시아 혁명이 일어나기 전에 이미 뿌리를 내린 보수적이고 마음이 편협한 사람들로, 외국제품을 별로 좋아하지 않으며, 제품을 구입할 때 높은 신뢰성과 가치를 추구한다. Russian Souls는 소극적이고, 선택하는 것을 두려워하며, 자신이 올바른 제품을 구입하는지 알기 위해 다른 사람들의 보증을 구하는 사람들로, 다른 사람들이 어떤 상표를 구입해서 성공적으로 사용하는 것을 보여주면 가장 잘 설득된다. Students는 넓고 사해동포주의적인 세계관을 가지며, 서구식 제품과 아이디어에 대해 매우 개방적인 사람들이다. 비록 이들이 서구식 제품을 갈망하는 것은 사실이지만, 이들은 자신의 욕구를 좀더 저렴한 형태의 제품으로 해결하는 경우가 많다.[125]

---

123 Piirto(1991), *op. cit.*

124 de Mooij and Keegan(1991), *op. cit.*, p. 122.

125 Cyndee Miller, "From Kuptsi to Cossacks: Ad Agency Divides Russia into Five Segments," *Marketing News*, June 8, 1992, p. 18.

셋째, 광고대행사 영앤루비컴(Young & Rubicam)의 4C(Cross-Cultural Consumer Characterizations) 시장세분화체계이다. 4C는 VALS와 유사하게 라이프스타일과 구매패턴뿐만 아니라 목표, 동기유발 및 가치에 대해서도 초점을 두는 조사이다. 이에 따르면, Resigned Poor, Struggling Poor, Mainstreamers, Aspirers, Succeeders, Traditionals 및 Reformers라는 일곱 개의 주요 세분시장이 존재한다.[126]

핵심용어

Keyword

가치, 가치갈등, 가치설문지, 가치세분화, 가치시스템, 가치의 교차문화적 차이, 가치의 양극화, 가치일관성의 증가현상, 가치프로파일, 개성, 개인지향적 가치, 공격, 구강기, 국민성, 궁극적 가치, 남근기, 내성, 대국적 가치, 대내적 가치, 대외적 가치, 독단성, 동년배집단, 라이프스타일, 목적-수단사슬분석, 문화적 동화, 문화적 여건, 물질주의, 사이코그래픽스, 사치성 품목, 사회심리이론, 사회적 비교정보에 대한 주의척도, 상징적 품목, 상태지향적 소비자, 설득에 대한 수용가능성, 소비자자원, 속성, 수단적 가치, 순종, 심리적 각성, 안정성, 얀켈로비치 모니터, 영역특정적 가치, 외향, 원칙지향적 소비자, 인종별 하위문화, 인지욕구, 자극욕구, 자기감시성, 자기지향성, 자민족중심적 시각, 자신감, 작동적 조건형성, 정신분석이론, 지위상징시스템, 지위지향적 소비자, 집단지향적 가치, 초연, 최적자극수준, 코쿠닝, 쾌락주의, 통제본부, 통제의 소재, 특질이론, 편익, 항문기, 행동이론, 행동지향적 소비자, 향수, 현상학이론, AIO분석, CAD척도, EPPS, iVALS, LOV, RVS, VALS, VALS I 조사, VALS II 조사

126 Piirto(1991), *op. cit.*

찾아보기

ㄱ

ㄴ

ㄷ

ㄹ

ㅁ

ㅂ

ㅅ

ㅇ

ㅈ

ㅊ

ㅋ

ㅌ

기타

저자 약력

강명주(姜明周) 교수는 부산대학교 경영학과를 졸업하고, 서울대학교 대학원에서 석사과정을 수료한 후, 경북대학교 대학원에서 마케팅 전공으로 경영학 박사학위를 취득하였다. 현재는 동의대학교 상경대학 유통물류학과에 재직 중이며, 소비자행동론과 마케팅커뮤니케이션 그리고 마케팅전략 등 마케팅관련 분야의 강의와 조사연구를 수행하고 있다.
주요 논문으로는 "소비자지식이 외부정보탐색수준에 미치는 영향"이 있고, 주요 저서로는 『마케팅전략』(2003), 『소비자행동』(2003), 『관계마케팅』(2004), 『마케팅세계의 이해』(2008), 『서비스마케팅의 기초』(2009) 및 『소비자심리학』(2009)이 있다. 주요 역서로는 『마케팅사례』(1986), 『마케팅조사론』(1990), 『하이테크마케팅전략』(1992), 『키즈마케팅』(1998), 『고객지향과 마켓액션』(2001), 『통합마케팅커뮤니케이션』(2002) 및 『고객가치를 창조하는 제품개발과 브랜드구축』(2006)이 있다.

제3판
소비자행동과 마케팅액션

초판발행 2010년 8월 20일
제2판발행 2012년 1월 30일
제3판인쇄 2015년 8월 25일
제3판발행 2015년 8월 31일

지은이 강명주
펴낸이 박노일

총괄기획 김중용
편 집 심성보

펴낸곳 pnc publishing and culture 피앤씨미디어
경기도 고양시 일산동구 강송로 153 310-1501
등록 제396-2012-000203호
전 화 070)7550-3758 팩 스 02)718-8554
홈페이지 www.pncmedia.co.kr 이메일 pnc@pncmedia.co.kr
ISBN 979-11-5730-242-0 93320

정 가 27,000원